John Rawls
A THEORY OF JUSTICE

The Belknap Press of
Harvard University Press
Cambridge, Massachusetts
1971
根据美国哈佛大学出版社 1971 年版译出

外国伦理学名著译丛

罗国杰　郑文林主编

正 义 论

［美］约翰·罗尔斯　著

何怀宏　何包钢　廖申白　译

中国社会科学出版社

图字：01-97-0700 号

图书在版编目(CIP)数据

正义论/（美）罗尔斯（Rawls, J.）著；何怀宏等译.—北京：中国社会科学出版社，1988.3（2025.9 重印）

（外国伦理学名著译丛/罗国杰，郑文林主编）

书名原文：A Theory of Justice

ISBN 978-7-5004-0244-2

Ⅰ.①正…　Ⅱ.①罗…②何…　Ⅲ.①正义—理论　Ⅳ.①B82

中国版本图书馆 CIP 数据核字(1998)第 13344 号

出版人	季为民
责任编辑	苏晓离
责任校对	李　晓
责任印制	张雪娇

出　　版	中国社会科学出版社
社　　址	北京鼓楼西大街甲 158 号
邮　　编	100720
网　　址	http://www.csspw.cn
发 行 部	010-84083685
门 市 部	010-84029450
经　　销	新华书店及其他书店

印　　刷	北京明恒达印务有限公司
装　　订	廊坊市广阳区广增装订厂
版　　次	1988 年 3 月第 1 版
印　　次	2025 年 9 月第 31 次印刷

开　　本	850×1168　1/32
印　　张	21
字　　数	520 千字
定　　价	32.00 元

凡购买中国社会科学出版社图书，如有质量问题请与本社营销中心联系调换
电话：010-84083683
版权所有　侵权必究

外国伦理学名著译丛序

出版一套外国伦理学名著译丛，我们素有此愿，但碍于各种原因，却一直未能实现。近几年，一些同志已经努力译出了一批国外伦理学专著，但毕竟力量分散，也难见系统。现在承中国社会科学出版社的同志大力支持，这套丛书得以陆续出版，这是一件值得拍手称庆的好事。

中国历来号称文明古国，礼仪之邦，伦理思想一向发达，特别是值此加强建设社会主义精神文明的时期，伦理学更有勃兴之势。为了迎接和促进伦理学的发展和繁荣，当然最重要的是研究当前我国社会主义社会的道德现象，按照党和人民的要求，探讨建设社会主义精神文明、提高全社会的道德水平和人们的精神境界的规律和方法，这是我们的主要着力点。但是，也有必要整理我国历史上流传下来的丰富的道德文化遗产，有必要借鉴国外的从古典到当代的各种独特的伦理思想成果，这是我们不能忽视的两翼。

这一套外国伦理学名著译丛，我们力求选入已有定论的古典名著和有较大影响的当代专著，包括较好的伦理学史和教科书；在翻译上，则力求做到文从字顺，不走原意。我们不仅希望伦理学专业的同志，也希望其他研究领域的同志来参加这一工作。本着贵精勿滥的原则，准备一年先出两三本，积数年之功想必会做出较大的成绩。

国外的伦理思想所产生的社会历史条件,所处理的道德问题和依凭的价值观念,跟我国目前的情况均有不同,所以,一番批判改造和消化吸收的功夫自然是不可少的。我们的读者,一定能以马克思主义的立场、观点、方法,带着中国的问题去阅读这些书,并从中得到正反两方面的启发借鉴,这也正是我们出这套丛书的希望所寄。

罗国杰 郑文林

译者前言

一

约翰·罗尔斯（John Rawls 1921—　），美国著名哲学家、伦理学家，1921年生于马里兰州的巴尔的摩，1943年毕业于普林斯顿大学，1950年在该校获博士学位，以后相继在普林斯顿大学（1950—1952年）、康奈尔大学（1953—1959年）、麻省理工学院（1960—1962年）和哈佛大学（1962—　）任教，现为哈佛大学哲学系教授。

罗尔斯著作不多，但在西方学术界影响甚大。1951年发表的《用于伦理学的一种决定程序的纲要》是他的初试之作。以后他专注于社会正义问题，并潜心构筑一种理想性质的正义理论，陆续发表了《作为公平的正义》（1958年）、《宪法的自由和正义的观念》（1963年）、《正义感》（1963年）、《非暴力反抗的辩护》（1966年）、《分配的正义》（1967年）、《分配的正义：一些补充》（1968年）等文。除了写作这些公开发表的论文，他还着手撰写《正义论》一书，前后三易其稿，最后又专门用了一段时间，在斯坦福的高级研究中心完成了此书，于1971年正式出版发行。

所以，《正义论》一书可以说是罗尔斯积近二十年的努力思考的一部心血之作，它集罗尔斯思想之大成，把罗尔斯十多年来所发表的论文中表达的思想发展成为一个严密的条理一贯的体系——即一种继承西方契约论的传统，试图代替现行功利主义

1

的、有关社会基本结构的正义理论。

《正义论》出版之后，更准确地说，还在它出版之前，其中的思想就已通过罗尔斯所发表的文章，产生了广泛的反响，引起了热烈的讨论。《正义论》的成书既是一种体系化的努力，又试图对各种已提出的反对意见进行辩驳或修正自身，这就自然使它在理论逻辑上更臻完善。所以，此书一出，很快就被誉为"二次大战后伦理学、政治哲学领域中最重要的理论著作"，甚至被认为将列入经典之林。一般大学的哲学、政治、法律等有关学科都把它列为最重要的必读书之一，作为"标准的精神食粮"，许多大学还开设了专门讲解这本书的课程。报刊上发表了许多评论文章，出版了一些专门的评论文集和辅助性读物，并召开了讨论这本书的各种规模的学术讨论会。对于一位在世的且并非老资格的哲学家来说，这种盛誉和影响确实还是不多见的。而且，这种影响还波及到美国以外的其他一些西方国家，在那儿也激起了热烈的反响。

在我们看来，《正义论》一书产生如此广泛的影响可能有以下几个原因：首先是罗尔斯所研究的社会正义问题涉及到广泛的领域。他是作为一个伦理学家从道德的角度来研究社会的基本结构的，即研究社会基本结构在分配基本的权利和义务、决定社会合理的利益或负担之划分方面的正义问题。然而由于这一对象的性质，他在学科上就必然要涉及到伦理学、政治学、法学、社会学、经济学等许多领域，而且，他所研究的问题又关系到对每个人来说都是至关重要的切身利益，因此，他的讨论就不仅为伦理学而且为其他一些学术领域的学者所注目，甚至为一般群众所关心。

其次，罗尔斯酝酿和写作《正义论》的年代，在美国正是一个动荡不安的年代。在五十年代，美国外有朝鲜战争，内有麦卡锡掀起的反共喧嚣等；到六十年代情况愈演愈烈，在涉外方面有古巴导弹危机、越南战争；在国内则有此起彼伏、如火如荼的争取民权运动，黑人抗暴斗争，校园学生运动，与豪富相对而言的贫困现象也成为令人瞩目的问题。美国社会正处在一种危机之中，处在一个亟须调整关系的关口，而罗尔斯《正义论》中所探讨的平等自由、公正机会、分配份额、差别原则等问题，恰以一种虚拟或抽象的方式提出了一些解决问题的建议或希望。照罗尔斯的说法，他的理论是理想性质的，不涉及任何现实的制度和政策，探讨范围仅限于一种"法律被严格服从的状况"限于一个"组织良好的社会"，因而他的理论又被人称为一种乌托邦理论。但是，这并不是那种老式的、真诚幻想和期待的乌托邦理论，而宁可说是一种证明方式和标准，一种想为非理想的正义理论提供基础的尝试。罗尔斯认为，正义论可分成两部分，第一部分即理想部分，确立了那些在有利的环境下一个组织良好的社会的原则，即那些处理人类生活中不可避免的自然限制和历史偶然因素的原则；第二部分即非理想部分，则面对现实，主要由解决不正义问题的原则组成。他主要考虑的是理想部分，然而，他认为理想理论是非理想理论的基础，理想的正义要为怎样对待现实的不正义提供指导。所以，在他的著作中实际上体现着一种高度的虚拟性和强烈的现实性的结合，他是有感而发的，但所发并非一定通过直接诉诸现实政治问题的形式。相反，有时思辨的程度愈高，倒愈能表现时代的面貌。因此，他的思想作为他所处的动荡时代、他所处的美国社会的一种折射乃至聚光，自然会引起许多人的注目和反应。

第三个原因涉及到罗尔斯理论的一些特点。二十世纪以来，英美伦理学乃至整个哲学一直是由实证和分析传统占主导地位的。伦理学家们大都专注于从形式方面探讨道德陈述及命令的语义和逻辑关系，而不太关心紧迫的现实道德问题，自然也不屑于构筑那种形而上的、绝对的伦理学体系。这样，在某种程度上，伦理学实际上变成了道德方面的逻辑学和认识论，以致被人讥为"冷冰冰的伦理学"。这种现象在哲学的其他一些领域内也同样存在。而罗尔斯的《正义论》的出版，则在某种意义上标志着哲学、伦理学潮流的一个重要转折：即由形式的问题转到实质性的问题，由怀疑和否定转到试图重新肯定，由实证的分析转到思辨的概括。这个转变在某种意义上可以说是对十九世纪及其以前的古典的非怀疑的哲学、伦理学传统的复归，是对康德、密尔等所代表的哲学传统的复归。罗尔斯明确地谈到：道德理论是一种描述我们的道德能力的企图，正义论即为描述我们的正义感的一种企图，与描述我们的语法感需要一种语法理论相类似，描述我们的正义感也需要涉及原则和理论结构，所以，不能高估定义与意义分析，它们在道德理论中并不占有中心地位，而是要随基本理论的兴衰而兴衰，而且，实质性地解释道德观念，反倒有益于意义分析。他说他"希望强调研究实质性道德观念的中心地位"。[①]但是，罗尔斯又吸收了分析哲学的某些成果，例如，他在构造其正义论体系时努力避免独断的倾向，谨慎小心地进行逻辑、语言方面的推敲，仔细琢磨证明的方式，确立自己的有限目标，对一些重大和根本的问题存而不论，以明智审慎来代替道德结论等等。罗尔斯正义论的上述特点引起了学术界乃至一般公众的广泛兴趣。实际上，这种在哲学领域中转向实质性问题的趋势在美国迄今仍在继续，并有加强之势。

罗尔斯理论的另一个特点是：在他的作为公平的正义理论中，表现出一种试图达到全面和综合的倾向，从而使得他的理论具有巨大的理论上的伸缩余地和回旋空间，以致具有相当不同倾向的理论家都能从他的著作中各取所需地证明自己的观点或找到抨击的对象。他的正义论既可以满足那些仍缅怀和执著于构造某

---

① 见本书第 48 页。

种永恒正义理论的人的思辨兴趣，又可以为那些焦灼地面对社会现实中的严重不正义而绞尽脑汁的人提供某些理论根据或启发；既可以说通过强调他的两个正义原则的平等主义倾向和展示社会的理想状态，而为抵制和反对政府政策的新老左派提供了某种支持，又可以说通过强调人人都享有平等的自由权利、强调设计社会基本结构要考虑到稳定性和可行性，而为政府和右派做出某些辩护和建议。一些人认为他属于自由主义一派，另一些人则又认为他属于平等主义一派。但无庸讳言，他是试图为他所处的美国民主社会提供一个合适的、能最广泛地为人接受的道德基础；他试图发掘这一社会的活力，建立这一社会的良性循环；他直率地承认，他的正义论要通过一种反复比较、互相修正，达到与这一社会所流行的、人们所考虑和推重的正义判断接近一致的状态，并且把这种"反思的平衡"（reflective equilibrium）作为证明他的正义论的一种方式。

当然，使罗尔斯的正义论产生巨大影响的最重要原因，还是他所提出的基本观点的具体内容和理论深度，这正是我们下面所要涉及的。

二

"正义"（justice）一词的使用由来已久。在亚里士多德那里，它主要用于人的行为。然而，在近现代的西方思想家那里，"正义"的概念越来越多地被专门用作评价社会制度的一种道德标准，被看作社会制度的首要价值。罗尔斯则更明确地规定，在他的正义论中，正义的对象是社会的基本结构——即用来分配公民的基本权利和义务、划分由社会合作产生的利益和负担的主要制度。他认为：人们的不同生活前景受到政治体制和一般的经济、社会条件的限制和影响，也受到人们出生伊始所具有的不平等的社会地位和自然禀赋的深刻而持久的影响,然而这种不平等却是个人无法自我选择的。因此,这些最初的不平等就成为正义原则的最初应用对象。换言之,正义原则要通过调节主要的社会制度,来从全社会的角度处理这种出发点方面的不平等,尽量排除社会历史和自然方面的偶然任意因素对于人们生活前景的影响。

为此,罗尔斯通过进一步概括以洛克、卢梭、康德为代表的契约论,使之上升到更高的抽象水平而提出了他的"作为公平的正义"理论。在此,契约的目标并非是选择建立某一特殊的制度或进入某一特定的社会,而是选择确立一种指导社会基本结构设计的根本道德原则(正义原则)。罗尔斯的契约论是完全与社会历史分开的。他认为,订立契约的"原初状态"(original position)纯粹是一假设的状态,一种思辨的设计,对它可以有各种旨在引出不同结论的不同解释;我们可以合理地设置原初状态的条件,使一个人任何时候都能进入这种假设状态,模拟各方进行合理的推理而作出对正义原则的选择。这些选择是在无知之幕(the veil of ignorance)后进行的。原初状态中相互冷淡的各方除了有关社会理论的一般知识,不知道任何有关个人和所处社会的特殊信息。这时,各方运用游戏理论中的最大的最小值规则(maximin rule)是恰当的,即选择那种其最坏结果相比于其他选择对象的最坏结果来说是最好结果的选择对象。这样,这一规则马上就排除了功利主义的选择对象,因为功利主义在产生最大利益总额(或平均数)的前提下容许对一部分人的平等自由的严重侵犯。罗尔斯认为:各方将选择的原则是处在一种"词典式序列"(lexical order)[①]中的两个正义原则,第一个原则是平等自由的原则,第二个原则是机会的公正平等原则和差别原则的结合。其中,第

[①] "词典式序列"即一种编辑词典时的次序安排:比如,只有列举完所有需列举的以 A 为首字母的单词,才能考虑以 B 为首字母的单词。

一个原则优先于第二个原则，而第二个原则中的机会公正平等原则又优先于差别原则。这两个原则的要义是平等地分配各种基本权利和义务，同时尽量平等地分配社会合作所产生的利益和负担，坚持各种职务和地位平等地向所有人开放，只允许那种能给最少受惠者带来补偿利益的不平等分配，任何人或团体除非以一种有利于最少受惠者的方式谋利，否则就不能获得一种比他人更好的生活。所谓"作为公平的正义"即意味着正义原则是在一种公平的原初状态中被一致同意的，或者说，意味着社会合作条件是在公平的条件下一致同意的，所达到的是一公平的契约，所产生的也将是一公平的结果。罗尔斯的正义论确实具有一种平等主义的倾向。

以上只是对罗尔斯正义论的一个极其简略的勾画，为了使读者对这一正义论的最主要观念获得一个大概的印象。具体说来，这一正义论分为两个部分：一是对原初状态的解释和对其间要选择的正义原则的概述，一是对实际选择正义原则的论证。

我们先扼要地阐述一下罗尔斯认为在原初状态中将被各方选择的两个正义原则的内容。罗尔斯认为，这两个正义原则是一个更一般的正义观的一个专门方面，这个一般的正义观是：

所有的社会基本价值（或者说基本善）——自由和机会，收入和财富、自尊的基础——都要平等地分配，除非对其中一种或所有价值的一种不平等分配合乎每一个人的利益。

而体现这一正义观的两个正义原则通过几次过渡性的陈述而达到的最后陈述则是：

第一个正义原则：每个人对与所有人所拥有的最广泛平等的基本自由体系相容的类似自由体系都应有一种平等的权利（平等自由原则）。

第二个正义原则：社会的和经济的不平等应这样安排，使它们：(1)在与正义的储存原则一致的情况下，适合于最少受惠者的最大利益（差别原则）；（2）依系于在机会公平平等的条件下职务和地位向所有人开放（机会的公正平等原则）。①

这两个正义原则暗示着社会基本结构的两大部分，一是有关公民的政治权利部分，一是有关社会和经济利益的部分，第一个原则要处理前一方面的问题，第二个原则则要处理后一方面的问题。

我们要注意这样一个转换：即从一般正义观的"合乎每一个人的利益"到两个正义原则的最后陈述的"合乎最少受惠者的最大利益"，这是理解罗尔斯正义论的一个关键。罗尔斯实际上总是从最少受惠者的地位来看待和衡量任何一种不平等，换言之，他的理论反映了一种对最少受惠者的偏爱，一种尽力想通过某种补偿或再分配使一个社会的所有成员都处于一种平等的地位的愿望。罗尔斯挑选出一种特殊地位（最少受惠者的地位），这不仅是理论上的简化所需要的（论证"合乎每一个人的利益"要复杂得多），而且使两个正义原则不仅仅是上述一般正义观的简单展开，更是前者的深化和倾向化，使罗尔斯的正义理论成为一种独具特色的理论。

要解释清楚"合乎最少受惠者的最大利益"，还有两件理论上的工作要做，这就是：（1）怎样鉴定最少受惠者的地位？（2）怎样衡量人们的利益，或者说合法期望的水平？对于前者，罗尔斯认为：每个人都占据两种地位，一是平等公民的地位，一是在收入和财富分配中的地位（假定权力与财富通常结为一体）；这样，确定最少受惠者可通过选择某一特定社会地位（如非熟练工人），或按达不到中等收入水平的一半的标准来进行。至于对人们的合法期望水平的衡量，罗尔斯则认为期望即等于基本社会善

---

① 参见本书第2编第46节。

的指标，如果说善就是理性欲望的满足，那么基本的社会善就是一个理性人无论他想要别的什么善他都想要的善。这些基本的社会善包括自由和机会、收入和财富以及自尊的基础。

但是，我们马上注意到一个情况：即我们所看到的正义原则不是一个，而是两个，不是像功利主义、至善论那样只有一个单独的最后标准（功利或至善），而是在某种程度上类似于容有一批不可再追溯的原则的直觉主义；而直觉主义的正义论按罗尔斯的话来说，"只是半个正义观"，因为它停留在一批最后标准上就认为它们是不可追溯的而逡巡不前了，不去寻找那种惟一的根本标准，这在理论上是不彻底的，且易走向相对主义。罗尔斯认为：他的"作为公平的正义理论"并不能完全排除对直觉的依赖，但他试图从几个方面来限制直觉，其中最重要的就是提出一种词典式序列来正视两个原则孰先孰后的优先性问题。他认为：第一原则优先于第二原则，第二原则中的公平机会又优先于差别原则，只有在充分满足了前一原则的情况下才能考虑后一原则，这样，就有了两个优先规则：

第一个优先规则（自由的优先性）：两个正义原则应以词典式次序排列，因此，自由只能为了自由的缘故而被限制。这有两种情形：（1）一种不够广泛的自由必须加强由所有人分享的完整自由体系；（2）一种不够平等的自由必须可以为那些拥有较少自由的公民所接受。

第二个优先规则（正义对效率和福利的优先）：第二个正义原则以一种词典式次序优先于效率原则和最大限度地追求利益总额的原则，公平机会又优先于差别原则，这也有两种情形：（1）一种机会的不平等必须扩展那些机会较少者的机会；（2）一种过高的储存率必须最终减轻承受这一重负的人们的负担。

实际上，在这两个优先的后面还蕴含着第三个也是最重要的优先，即正当（right）对善的优先。

9

正当与善这两个概念可以说是伦理学的两个基本概念,它们之间的关系也就成为伦理学的一个主要问题,西方伦理思想史上目的论与义务论两大流派的分野就与此有关。目的论认为善是独立于正当的,是更优先的,是我们据以判断事物正当与否的根本标准（一种目的性标准）；正当则依赖于善,是最大限度增加善或符合善的东西,而依对善的解释不同,就有各种各样的目的论,如功利主义、快乐主义、至善论等等。义务论则与目的论相反,认为正当是独立于善的,是更优先的,康德就是义务论的一个突出代表。罗尔斯认为他的作为公平的正义理论也是一种非目的论意义上的义务论,同样强调正当对善的独立性和优先性,这在两个优先规则中已经表现得很明显了,譬如他强调自由的优先性,强调由正义所保障的自由权利决不受制于政治的交易和社会利益的权衡,不管这种有损于自由的交易多么有利或将带来的社会利益多么大；自由只能为了自由本身的缘故而被限制。

正义在某种意义上可以说是正当的一个子范畴,或者说,正义即是应用于社会制度时的正当。按罗尔斯的说法,伦理学必须包括正义论,而正义总是意味着某种平等,这等于是说,设计一种正义的社会制度就是要使其最大限度地实现平等。罗尔斯的两个正义原则也确实透露出这样一种平等乃至平均主义的倾向；他认为他的差别原则达到补偿原则的某种目的,即给那些出身和天赋较低的人以某种补偿,缩小以至拉平他们与出身和天赋较高的人们在出发点方面的差距。在他看来,天赋不是道德上应得的,应当把个人的天赋看成是一种社会的共同资产,虽然自然资质的分布只是一个中性的事实,但社会制度怎么对待和处理它们却表现出正义与否的性质。他反复申明这两个原则决不会导致一个英才统治的社会,不会导致一个差别悬殊的社会,甚至不无天真地表现出这样一种预期：倘若始终遵循这两个原则的话,未来社会的人不仅将在制度形式上保证平等,而且能够接近事实上的平等。

以上只是阐述罗尔斯的一些主要结论，而不是他的论证。罗尔斯费力最多的也许还是提供证明和使论据完善化。

罗尔斯的正义论主要是通过契约论，或更具体地说，是通过原初状态来证明的。按照罗尔斯的契约观点，证明实际上是一种深思熟虑的设计，即通过假设原初状态的各种合理的和能被普遍接受的限制条件，详细描述这一把各种对选择正义原则有意义的约束联为一体的原初状态，从而达到选择他的两个正义原则而非功利原则等。换言之，对两个正义原则的证明在于合理地说明它们将在原初状态中被一致同意地选择。证明的另一途径则是将两个正义原则与我们所考虑和推重的直觉性和常识性的正义判断和准则进行对照和平衡。

对订立契约的最初状况可以有各种不同的解释，罗尔斯把他提出来用以论证他的两个正义原则的一种对最初状况的解释称之为"原初状态"，这一解释的要点如下：

选择的对象——罗尔斯认为，难以给原初状态中的各方列出所有可供选择的对象，而只能提供一个简短的表格，表格中的选择对象包括：①两个正义原则；②古典目的论观点（古典功利主义和平均功利主义、至善论等）；③直觉主义观念；④利己主义观念；⑤混合观念。他主要比较两个正义原则与功利主义。

正义的客观环境——各方所处的环境客观上存在着一种中等程度的匮乏，不可能完全满足人们的欲望和要求，而人人又都想得到较大的一份利益；人们的利益有一致的方面，又有冲突的方面，从而使人们的合作既有可能也有必要。

各方的主观动机和理性——各方都有自己的合理生活计划或者说不同的善的观念，虽然他们不知道其内容和细节。他们相互冷淡，不受仁爱或怨恨、妒忌的推动，既不自利也不利他，他们只是想寻求自己尽可能高的收益而不考虑去损害对方。他们以建立在社会基本善基础上的统一期望和对或然性的客观解释来采取达到目的的有效手段。罗尔斯特别强调客观环境中的中等匮乏条件和主观环境中的相互冷淡条件，认为只要相互冷淡的个人对中等匮乏条件下的社会利益的划分提出了冲突的要求，正义的环境就算达到了。

知识的限制——罗尔斯假设各方处在一种无知之幕之后进行选择，他们不知道他们的社会地位、阶级出身、天赋和气质，以及他们的善的观念的具体内容，也不知道他们属于什么世代和所处社会的经济、政治状况和文明水平；他们只知道他们的社会是处在正义的环境之中，只知道有关人类社会的一般事实、政治和经济的理论原则、社会组织基础和人们的心理学法则。换言之，一切会引起人们陷入争纭不已的特殊信息都被排除，无知之幕的假设就是为了达到一种全体一致的契约。这时，每个人都不能不为所有人选择。罗尔斯认为，"无知之幕＋相互冷淡"的假设胜过"仁爱＋知识"的假设，它简洁、清楚、合理，而且是一种弱条件，后者却太强，要求得太高。原初状态的假定要尽可能少而弱是罗尔斯原初状态解释中的一个基本思想，也是一种简化的手段。

对原则的形式限制——对所要选择的伦理原则（或者说正当概念）有五种形式的限制，这些限制来自正义在分配基本的权利和义务与划分社会合作的利益方面的作用和任务。这五种限制条件是：一般性、普遍性、公开性、有序性、终极性。一言以蔽之，它们在形式上应是一般性质的高度概括的，在应用上应是普遍适用于所有人的，它们应被公开地作为排列道德主体的冲突要求的次序的最终结论来接受。这样，这些限制条件马上就从选择对象的表格中排除了利己主义的原则：一般性排除了那种以第一人称或特定描述表述的利己主义；有序性排除了一般的利己主义（因为它们不可能排列冲突要求的次序）。利己主义实际上可以解释为是一种不想订立契约的立场。

选择两个正义原则的论证——系统的论证要包括引出它们在

社会制度方面的推论和结果，而且与我们所考虑和推重的正义判断相对照，这是在《正义论》的第二编"制度"中进行的。至于从原初状态的证明，罗尔斯借用了"最大的最小值规则"，认为别的原则（如功利原则）都可能导致一种不能忍受的后果，而两个正义原则公开申明保障一切人的平等自由和机会平等，且任何不平等的利益分配都要符合最少受惠者的最大利益，这就保证了最大的最小值，或者说最好的最坏结果。这样，各方就知道，一旦他们选择了两个正义原则，那么即使他们处在最少受惠者的地位，也不至于陷入功利原则可能容许的使某些个人成为最大限度地增加功利总额（或平均额）的牺牲品的危险境地，因而就倾向于选择这两个直接植入了平等正义的理想的原则。我们亦可以用公开性和终极性的形式限制条件来给出支持两个正义原则的主要论据。由于两个正义原则公开表示人们的相互尊重，从而保证了一种自我价值感，保证了人人互不把对方作为手段而只作为目的，因此增加了社会合作的有效性；两个正义原则的终极性也有助于带来相应的、稳固的正义感，并且，两个正义原则所要求的对契约的承担并不是很困难甚至不可能的，它们是容易被始终一贯地坚持的，而功利原则却不如此，它可能要求个人做出很大的牺牲，因而不容易稳固，所以功利主义常常不得不同时强调仁爱和同情，但那是不牢靠的，因为它的基本原则和最终标准仍是功利，所以功利原则要被排除。

　　其他选择对象的被排除——如上所述，罗尔斯在与两种功利主义（古典的和平均的功利主义）的比较中，论证了处在原初状态中的各方将选择两个正义原则而非功利原则。利己主义原则也已被排除。至于至善论和混合观念等选择对象，罗尔斯认为：至善论原则是形式的、分散的，其标准是隐晦不明的，准确地说，至善原则不是一个正义原则，不是一个政治原则，因为按照契约论的观点，公民的平等自由以及利益分配是不以人的不同目标或内在价值为转移的。至于混合两个正义原则与功利原则的观念则仍然存在着一种没有申明正义理想的暧昧性与因难于测量和计算福利而带来的含糊性。直觉主义的观念则如前所述，只是一种部分的不完全的正义观，它常常是和别的观念结合在一起的。

三

上面谈了罗尔斯正义论的基本点，这些内容大都见于《正义论》的第一编"理论"部分。然而，罗尔斯认为，如果不考察两个正义原则是怎样应用于制度和适应于我们目前所考虑和推重的正义判断的，如果不考察它们是怎样植根于人类思想感情之中和联系于我们的目标和志向的，正义论就不能算是完全的。

这样，在本书的第二编"制度"中，罗尔斯就通过描述一种满足两个正义原则的社会基本结构和考察两个正义原则所带来的义务和职责来展示两个正义原则的内容。第二编也有三章、第四章"平等的自由"讨论第一个正义原则，因而主要涉及的是政治学和法学的问题。它所假设的主要背景制度是一种立宪民主制。在这一章中，罗尔斯首先确立了将两个正义原则用于制度的一种四个阶段的序列：即①在原初状态中选择正义原则，②制定宪法，③制订法律，④规范的应用，并认为这一过程是一个逐步排除无知之幕的过程。然后他规定了自由的概念，进而按照上述的过程探讨了平等自由的三个问题：良心的平等自由和宽容、宪法的正义和参政自由、与法治相联系的个人自由。而所有这些可以说都是为了阐明自由的优先性，即第一个正义原则对第二个正义原则的优先，平等自由对社会经济利益的优先（第一个优先规则）。在这一章的最后一节，罗尔斯给出了一种对于"作为公平的正义"理论的康德式解释，认为原初状态和正义原则可被看成是对康德的自律和绝对命令的一种程序性说明。

第五章"分配的份额"讨论第二个正义原则,因而主要涉及的是经济学问题。在这一章中,罗尔斯试图描述在一现代国家的背景下满足第二个正义原则要求的制度安排。他首先解释政治经济方面的正义概念,或者说作为一种政治的经济理论的正义原则,认为一方面社会经济制度塑造人、决定人,另一方面对制度的选择又涉及到人类善的观念,涉及到人的理想,作为公平的正义恰为社会经济的安排提供了一个阿基米德式支点。然后,他进一步评论经济体系,特别谈到自由市场与私有制并无必然联系,它与社会主义也是相容的,声言私有制和公有制对两个正义原则都是开放的,都能够满足它们。罗尔斯还具体地假设了分配正义的背景制度,假设政府在这方面按功能分为四个部门,即配给、稳定、转让和分配部门,至于交换部门则与正义原则无关。之后,罗尔斯转到代际正义和储存(saving)的困难问题,即每一代要为后面的世代储存多少。他反对时间的偏爱,即反对为了未来而牺牲现在,或者只顾现在而不管未来;他强调代际之间的公平,为储存率提出了一个上限,反对功利主义可能要求的过高的积累率,并在这个问题上进一步论证正义对利益和效率的优先(第二个优先规则),强调不能以后代的更大福利为借口而损害现在这一代的公平份额。再后,罗尔斯试图说明,他对分配份额的阐述能够解释正义的常识性准则的从属地位,认为这些准则不能提高到第一原则的水平,例如工资政策方面的"按贡献分配"和"按努力分配"这两个准则之间就有矛盾。罗尔斯还区分了合法期望与道德应得(moral desert),反对一切利益均应按道德价值来分配的常识性观点。在本章的最后两节中,罗尔斯还把他的正义观与混合观念及至善论原则进行了比较。

第六章"义务与职责"讨论用于个人的道德原则,或者说由两个正义原则带来的义务和职责。罗尔斯认为:原初状态中的人在选择了用于社会基本结构的两个正义原则之后,还要选择用于

15

个人的原则,选择国际法原则和优先规则,也就是说要建立一种完全的正当观——"作为公平的正当"(rightness as fairness)。此时,"正当"实际上可置换成"符合原初状态中被选择的原则"的陈述。罗尔斯把用于个人的原则中的一组称为由公平原则统摄的各种职责(obligations),把另一组称为自然义务(naturalduties)。履行职责要有两个前提:一是背景制度是正义的,二是履行者自愿接受这一制度的利益或机会,它意味着一种合作体系的公平份额、公平负担,而自然义务则不涉及自愿行为,是无条件的、绝对的,与制度亦无必然联系。这样,例如,一般公民虽负有支持和促进正义制度的自然义务,但却没有政治家的那种政治职责。罗尔斯在本章的头两节考察了在原初状态中选择这些原则的理由以及它们在稳定社会合作方面的作用,然后用大部分篇幅研究这些原则对于一种立宪结构中的政治义务和职责理论的意义,特别是联系多数裁决规则(majority rule)和服从不正义法律的理由解释了非暴力反抗(civil disobedience)和良心的拒绝(conscientious refusal)以及它们在稳定一个接近正义的民主制度中的作用,这两个问题实际上已属于部分服从的非理想理论的范围。罗尔斯主要是想通过概述一种非暴力反抗的理论来阐明自然义务和职责原则的内容。这一理论包括三部分:一是规定把它与其他抵制形式区别开来的定义;二是证明它在哪些条件下是正当的;三是阐述它在稳定宪法制度方面的作用。罗尔斯最后说到:"如果正当的非暴力反抗看上去威胁了公民的和谐生活,那么责任不在抗议者那里,而在那些滥用权威和权力的人身上,那些滥用恰恰证明了这种反抗的合法性。"[①]

第三编名为"目的",在这一编的三章中,罗尔斯的主要目的是联系人类的思想情感和目标志向,解决作为公平的正义理论

---

① 见本书第 379 页。

的稳定性和正义与善的一致性问题，解释社会的各种价值和正义的善。在第七章"作为合理性的善"中，他提出了一种较之原初状态中所用的善理论更详细、更充分的善理论。他认为，一个人的善是由在合理有利的环境下他的合理的生活计划决定的。为了在他的作为公平的正义理论中保证正当对善的优先，罗尔斯区分了两种善的理论，一种是弱意义上的或者说不充分的善理论(The thin theory of good)，一种是强意义上的或者说充分的善理论(the full theory of good)，前者用于原初状态中定义最少受惠者和用基本善来规定福利指标和代表人的期望，在此，善的理论是不充分的，只展开到足以保证能够合理地选择两个正义原则为止。然而，若要说明人们的道德价值，尤其是若要解释社会价值和作为公平的正义理论的稳定性，就需要一种更广泛、更充分的善理论。罗尔斯首先假设了在简单情况下善的三个阶段的定义及其道德上的中立性，然后转到作为合理生活计划的善的定义。他认为：合理生活计划的两个条件是：要与合理选择的诸原则一致；要通过审慎的合理性，即在充分理解有关事实和仔细考虑后果之后做出。合理选择的诸原则包括有效手段原则、蕴涵原则和较大可能性原则。这样，我们就看到，善的定义实际上是纯粹形式上的，然而又确有某些被普遍追求的人类的善。另外，还要注意被罗尔斯看作是一个基本的动机原则的亚里士多德主义原则：即认为人们从实现他们的先天或后天的能力的活动中得到享受，而且这种能力实现得愈充分，它自身愈复杂，得到的享受也就愈大。罗尔斯认为这是一个有关人们动机的基本心理学事实。接着，罗尔斯考察了应用于个人的善的定义和道德价值。然后，他用作为合理性的善理论考察了自尊，认为这是最重要的善，它包括对自己的价值和对自己能力的信任。在最后一节中，罗尔斯谈到了在他的正义论中正当与善的几点区别：正当是在原初状态中被一致同意地选择的；不容有广泛不同的解释；是在无知之幕后被评价

17

或采用的，善却不是这样。而由这些区别又引申出契约论与功利主义的区别。

后两章主要是讨论稳定性问题，这分成两步：在第八章"正义感"中，罗尔斯主要考察一个组织良好的社会里的成员是如何获得一种正义感的，以及这种情感被不同的道德观念规定时的相对力量。他首先把一个组织良好的社会定义为是一个旨在推进其成员的利益、有效地被一种公开的正义观管理的社会，并在此简要评论了稳定性的意义。然后他转到讨论保证社会基本结构处在一种稳定的正义状态所需要的道德情感的形成和发展。他追溯了有关道德学习和培养的两种传统理论，一为经验主义的传统（当代如社会学习论）一为理性主义的传统（当代如皮亚杰的学说），然后勾画了在一个实现了两个正义原则的组织良好的社会中可能出现的道德发展过程：权威的道德——社团的道德——原则的道德。最初阶段的权威的道德的初级形式可看成是儿童的道德，主要是由一系列命令和规定构成，而发展到最后阶段的原则的道德，则上升为按照道德的首要和根本原则行动。罗尔斯进一步探讨了道德情感的某些特征，道德态度与自然态度之间的联系以及从道德发展三阶段总结出来的道德心理学三法则。他强调这些法则的互惠性质，然后联系它们讨论作为公平的正义理论与别的正义观在稳定性方面的优劣，指出作为公平的正义理论将比别的正义观带来更强有力的和稳定的正义感，因而是更可行的。在本章最后一节中，罗尔斯讨论了平等的基础——人区别于动物的一些特征，即他们能有一种善的观念，能有一种正义感，这种对于道德人格的潜在能力是每个人有权被平等对待的充分条件。

第九章"正义的善"继续讨论稳定性问题的第二个方面：即作为公平的正义和作为合理性的善是否一致的问题。罗尔斯认为，在一个符合两个正义原则的组织良好的社会中，一个人的合理生活计划将支持和巩固他的正义感。他首先讨论了自律与正当和正义判断的客观性，认为这两者是相容的，一个满足了两个正义原则的组织良好的社会有助于加强它们。在他看来，一个这样的社会是一种诸社会联合体的社会联合，体现了正义和社会联合理想的结合。这一社会也有助于减轻那种倾向于颠覆或动摇人们的正义感的妒忌和怨恨的倾向，削弱了产生它们的条件。罗尔斯还批评了认为现代的平等运动是一种妒忌的表现的观点。然后，他通过作为合理性的善的观念和道德心理学的法则来进一步阐明自由优先性的根据。有关幸福概念和一个支配性的根本目标的讨论则是为了引导到对作为一种选择方法的快乐主义的批评和自我统一性的讨论。他认为，并没有一个可根据它做出我们所有决定的根本目标，然而，尽管如此，一个合理的生活计划仍是可以通过由善的充分理论确定的审慎的合理性来选择的。在这之后，罗尔斯根据前面的论据，概括性地阐述了对决定稳定性来说可能是一关键的正义感与善观念的统一问题，至此，他对作为公平的正义的阐释全部完成，最后一节只是对证明问题的一些回顾和评论。

四

最后，我们对罗尔斯的正义论略作一些评价。如前所述，罗尔斯对其正义论的证明是从两方面进行的，一方面是与社会流行的、被人们所考虑和推重的正义判断的对照，一方面是看其是否符合一种假设的原初状态的理性人的选择，尤其是后者，罗尔斯主要是借助契约论来证明和推演自己的两个正义原则。在他的理论中，"原初状态"占有一个关键和中心的地位，正是通过对原初状态各种条件的设定和解释，他引出了原初状态中的人将选择两个正义原则而非功利原则的结论。契约论本来就具有一种虚拟和抽象的特征，虽然其早期代表人并不一定都清楚地自觉到这一点，例如洛克就倾向于认为自然状态是一种历史上实有的状态。

较之契约论的早期代表来，在罗尔斯这里契约论表现得更为纯粹和抽象，这不仅体现在他非常清楚地并有意识地把原初状态只是作为一种论证的方式，而且体现在他不是要从原初状态中证明某种政体或社会制度是恰当的，而是要引出适用于一切社会的抽象的道德原则。罗尔斯所处理的对象领域可以说是现实的，即不是探讨人生的根本意义、终极价值、人的本性和存在，而是探讨社会制度的正义问题。他所使用的方法则是虚拟和抽象的，他承认自己的理论有许多直觉的因素，现在的问题并不是在于不可以用一种虚拟和思辨的方式来探讨和思考实质性的道德问题，而是在于以一种原初状态来证明某种道德原则可能还是不够的。这里且不论罗尔斯的正义理想是否真正是值得人们追求的，也不谈他所认为的被人们所考虑和推重的正义判断是否是健全和普遍的，而是需要指出，正义乃至正当的理论还应当有更深厚的根基，应当依据某种深刻的对于人类历史和社会发展的认识，依据某种有关人及其文化的哲学，这样才可能使理论彻底，才可能根基稳固，才可能不仅揭示"应然"，而且指明从"实然"到"应然"的现实道路，才可能最终地说服和把握人。不然，从理论形态上严格地说来，它可能还是一种部分而非完全的正义论。我们知道，马克思在研究政治经济学时采用了一种从抽象上升到具体、由简单上升到复杂的方法，即从一些最抽象和最简单的概念（如"商品"和"劳动"）出发，揭示和展开整个资本主义社会的发展规律，然而，马克思在这一具体方法之上，还握有一种更根本的方法即唯物史观。马克思并指出："哪怕是最抽象的范畴，虽然正是由于它们的抽象而适用于一切时代，但是就这个抽象的规定性本身来说，同样是历史关系的产物，而且只有对于这些关系并在这些关系之内才具有充分的意义。"[①] 对社会契约论的一个基本

---

① 《马克思恩格斯选集》第2卷，人民出版社1972年版，第107—108页。

范畴"最初状况"(或者说"自然状态","原初状态")及其从属概念来说,我们也可以做如是言。契约论在历史上主要是一种社会政治理论,其起源可追溯到罗马法制度和斯多亚派如西塞罗的著作,但其充分发展则是在16—17世纪以后,它对于欧美现代民族国家的形成和发展、一般公民意识和道德的确立和成长曾经起过巨大的作用。契约论一般以自然法的某些概念为基础。所谓自然法,实际是一种运用理性去发现的、有关人类权利和社会正义,被认为是高于"实在法"的普遍适用的一套价值体系。契约论的特征主要在于它的理性主义和对道德或者说正义的强调,它在18世纪最盛,在19世纪则遇到强烈的反对,这些反对主要来自:(1)经验主义性质的功利主义派别,例如边沁;(2)强调理性主义与历史原则结合的费希特和黑格尔;(3)注重从历史角度研究法的形成和发展、研究语言和风俗的法的历史学派,如胡果、萨文尼等。到20世纪,两次世界大战及其他危机又复兴了人们对于价值的追求,几位有较大影响的思想家(如罗尔斯、富勒、德沃金)都被列入新自然法学派之列。但我们也确实要注意在契约论和自然法理论中蕴含的非历史倾向。我们强调历史性不仅意味着必须把契约论本身也看作是一种历史发展的产物,因而在把它作为一种方法时,也要考虑到它的历史蕴含;而且意味着按契约论原则建立起来的理论可能还需要一种历史哲学或文化哲学来提供某种依托或背景。

  罗尔斯在探讨正义理论的方法上确实有其细致和深刻之处。罗尔斯是一位学识渊博且治学严谨的学者,我们从他的著作中可以经常看到一种学术上的明智和谨慎。例如,罗尔斯使用了不少理论上的简化手段;社会基本结构的概念,无知之幕的假设,词典式的次序安排,最少受惠者地位的挑选,纯粹程序正义的概念,基本善的概念等等,从方法论的意义上都可以说是一些重要的理论上的简化手段。这不仅可以免去纷纭和争议,消除芜杂和臃肿，而且可以避免过多地诉诸直觉和价值判断。这种使理论简洁而清楚的作法是一种值得赞赏的努力，虽然形式不同，但其精神实际上是和本世纪爱因斯坦等人在科学上的努力、罗素和维特根斯坦等人在哲学上的努力一致的。①

罗尔斯转向实质性道德问题的努力也是值得注意的。美国另一位伦理学家威廉·高尔斯顿（W．A．Golston）认为罗尔斯在这方面是"开风气之先"。而且，罗尔斯注意的是社会制度的正义问题，在他的正义论中，对制度的道德评价和选择优先于对个人的道德评价和选择，原初状态中的人首先选择用于制度的根本道德原则，然后才选择用于个人的道德准则——义务与职责，这种次序是有道理的。举例来说，如果说个人负有支持正义制度的义务，那么制度必须首先是正义或接近正义的。离开制度来谈个人道德的修养和完善，甚至对个人提出各种严格的道德要求，那只是充当一个牧师的角色，即使本人真诚相信和努力尊奉这些要求，也可能只是一个好牧师而已。罗尔斯把个人理想与社会理想、个人的道德与制度的道德联系起来考虑，并专注于后者，无疑是有意义的。卢梭曾经谈到：对道德风尚进行的历史研究使他扩大了眼界，使他看出一切问题在根本上都取决于政治，而且任何民族永远都不外是它的政府的性质使它成为的那个样子② 因此，他从探讨道德转到探讨政治，探讨政治与道德的关系。自然，卢梭对影响道德的主要因素的理解虽然十分尖锐，却未免失之褊狭，罗尔斯在谈到社会制度塑造人时也存在这个问题，即并未言明对于人们的道德最终起决定作用的是什么力量（如果他承

---

① 例如，罗素谈到爱因斯坦的相对伦"具有一种伟观，凡用极少的材料而能得出广漠无垠、浩如烟海的结果的东西，都能予人以这种感觉"，谈到原始命题最少且最有普遍性的那种体系在美感上更胜一筹；维特根斯坦也说："使精神简洁的努力是一种巨大的诱惑"，正是这种诱惑推动了他的哲学工作。

② 参见《忏悔录》第2卷第9章，人民文学出版社1982年版，第500页。

认有这样一种力量的话）。马克思在这方面的经典表述是我们所熟悉的，他指出，物质生活的生产方式制约着整个社会生活、政治生活和精神生活的过程。①

当然，罗尔斯所考虑的主要是一种理想的正义，而非现实制度的不正义，也就是说，不仅他的方法，而且他的问题也有一种抽象、虚拟和形式的特征。他实际上主要考虑的是一个一切社会至少在形式上都要碰到的问题——即其成员出发点的平等问题。而在他的理论尝试中，则透露出一种试图使所有社会成员都尽量达到一种事实平等的努力。为鲜明起见，我们可以举一个例子：

假设我们置身在一个运动会中，田径场上在进行百米赛，选手们已站在同一起跑线上，发令枪响，那么，显然，先跑到终点者即为优胜者，这是公平的。然而如果我们稍微改变一下假设的条件，比方说安排了这样一场比赛，在众多选手中，其中一些选手脚有先天残疾，而另一些选手则被裁判员命令退到其他选手的起跑线之后若干米处起跑，那么我们能认为这场比赛是公平的吗？

如果说这种比赛方式只是一种假设的话，那么类似情况在人类社会中却是一个自然的事实。人从一出生便赋有不同的社会出身和自然天赋，这些差别人们不仅不能加以选择，而且这些差别还对人们的一生产生深刻的影响。这在奴隶制、封建制社会中尤甚，诚如帕斯卡尔所言："贵族身份是一种极大的便宜，它使一个人在十八岁上就出人头地、为人所知并且受人尊敬，就像别人要到五十岁上才配得上那样。这就不费力地赚了三十年。"② 对天赋很高者在某个范围内亦可这样说。

是否有可能通过社会改革乃至使家庭解体来消除社会出身方

---

① 《马克思恩格斯选集》第2卷，人民出版社1972年版，第82—83页。
② 《思想录》，商务印书馆1985年版，第148页。

面的差别和通过科学手段（例如优生学）来消除自然天赋方面的差别？我们姑且不论这一看来颇令人生畏的问题，而是把这些差别接受为一种既定事实。既然我们不能改变这一事实，我们就要考虑社会基本结构怎样从全社会的角度来对待和处理这一事实（不是仅改变个别人或少数人的命运），这样，在社会制度对这些事实的处理中就显示出正义与否的性质。而按照罗尔斯的观点，正义就意味着制度要遵循这样的原则：使所有社会成员在政治、思想等方面都享有平等的自由，使他们面临的机会都是公正平等的（即不是形式的平等，而是要采取措施使天生不利者与有利者一样可以同等地利用各种机会），并且在分配社会合作所产生的利益方面，始终从最少受惠者的立场来考虑问题。这样，这些原则实际上就达到了补偿原则的某种效果，即给了天生处于劣势者以某种补偿。

具体地说，比如在工资政策上，实际上存在着"按贡献分配"和"按努力分配"两种标准。如果按贡献付酬，天赋较高者就可能只付出较少的努力便取得与天赋较低者一样的报酬，因为他们的贡献是一样大的。我们借用前喻可以看到，在实际生活中人们确实常常习惯于从终点对选手进行评价而不考虑他们的不同起点。而罗尔斯则认为按照他的正义原则，社会应更重视"按努力分配"的标准。一般来说，尽力消除和补偿社会出身方面的差距的主张还比较容易被人理解和接受，而消除和补偿自然天赋方面的差距的主张却容易引起争议。在这方面，罗尔斯认为人们的天赋是偶然任意的，不是道德上应得的，因而要把这种天赋看成一种社会的共同资产而不是拥有者个人的资产。然而，他这种认为社会要更重视天赋较低者的主张是容易遭到质疑的。例如，同为哈佛大学教授的诺伯特·诺齐克（R. Nozick）就反对这一主张。尽管他承认罗尔斯的理论具有"政治哲学家要么接受要么给出反对它的理由"的不容回避的重要意义，但他认为，不能把包括天赋在内的所有优势和利益都看成是社会的共同资产,因而必须在人们中间按集体的判断进行调节和分配。给予最少受惠者的偏爱亦是任意的。试问,假如家庭把其教育的资金主要用来发展其中才能最少的孩子并没有直接的自明的理由,那么这种在公共政策中的偏爱怎么能够是恰当的呢?除了诺齐克的反驳理由,我们还可以从社会合作体系的角度看待这个问题。即使天赋较高者像罗尔斯所说的仍是受惠者,因为凭此他们可得到较不利者的自愿合作,从而使他们能过一种比没有这种合作而独自生活更好的生活;即使他们愿意进入这种合作,他们会在多大程度上发挥他们的积极性仍是一个问题。而判断一个社会优劣的标准,除了正义的标准(正义的标准是否可仅仅理解为平等也是一个疑问)之外也还有其他的标准,例如效率和稳定。

罗尔斯期望达到一种事实上的平等,而这种平等实际上需要以一种不平等为前提,即对先天不利者和有利者使用并非同等的而是不同等的尺度,也就是说,为了事实上的平等,形式的平等要被打破,因为对事实上不同等的个人使用同等的尺度必然会造成差距。然而,是否任何社会发展阶段都要或都能采取这种致力于达到事实上的平等的原则呢?平等的问题只要脱离纯粹抽象的、形式的讨论而赋予具体的内容,就马上成为一个历史的问题。因此,我们可以看到,在历史上,正像不平等的产生对于原始的平等来说是一种必然趋势一样,这种不平等又经历了自己的发展历程。它在形式上亦可以说是平等;因为它对不同人使用的是同一尺度:或者以血统和出身,或者以地位和权力,或者以金钱和财富,或者以劳动和贡献,无疑,后面的尺度一般来说优于前面的尺度。然而,即使劳动的尺度也没有达到事实上的平等,因为它默认不同等的个人天赋,也撇开了劳动者其他方面的情况,例如他们的不同需求。"要避免所有这些弊病,权利就不应当是平等的,而应当是不平等的。"①然而,"权利永远不能超出社会的经济结构以及由经济结构所制约的社会的文化发展。"②

1789年法国大革命是典型的资产阶级革命,它提出的口号是"自由、平等、博爱",但是,随着资本主义社会的发展和资产阶级对这些口号的实践,人们就发现,在自由、平等、博爱三者之间实际上存在着矛盾。博爱的概念相对来说不够确定,在制度方面没有前两者重要,也不如前两者有影响,它与其说是一个政治原则、制度原则,不如说是一种纯道德原则、道德要求;因而主要的问题是自由和平等之间存在着一种深刻的矛盾。因为,要彻底保障个人自由,保障每个人的言论、思想和参政自由,拥有财产和积聚财富的自由,就可能由于人们天赋和出身方面的差别而导致有时是很悬殊的不平等;而如果要大力推行具有平等主义倾向的政策,通过税收等各种手段来缩小财富和权力等方面的差距,就有可能导致政府对个人自由和经济活动的严重干预。正是在这些问题上美国国内形成了两派,右派或者说彻底的自由主义者主张个人的自由权利神圣不可侵犯;左派或者说平等主义者主张只有平等、公平才符合社会正义的理想。罗尔斯试图调和这两派的主张,他认为他的两个正义原则相应于传统的"自由、平等、博爱"的口号;即第一原则和自由优先性的规则相应于自由;机会公正平等的原则以及第一原则中强调的人人对自由的平等权利相应于平等;照顾最少受惠者利益的差别原则相应于博爱。罗尔斯的正义论不仅表现出一种平等主义的倾向,而且也表现出一种自由主义的倾向。但是,这种调和是否成功呢?是否能够真正解决这些问题呢?罗尔斯继续受到来自两方面的诘难。右派认为对最少受惠者的偏爱是没有道理的,致力于事实上的平等将侵犯人们的自由权利;左派则认为罗尔斯对自由优先性的强调将影响平等和正义的实现,这种理论仍然有利于富有者和剥削

---

① ② 《马克思恩格斯选集》第3卷,人民出版社1972年版,第12页。

者阶层。这些激烈争论虽然并没有超出西方资产阶级民主制的范畴，但也确实反映了西方民主制的内在文化矛盾和某种危机征兆。当然，更可怕的是那种自由与平等尽失的状况，但这种自由与平等的矛盾亦不容忽视。从理论上讲，自由与平等本身都存在着某种悖论。因为，如果把平等彻底地贯彻到一切领域，比方说经济领域，主张人人都有一种平等的自由权，那么正是这种平等的自由权却可能导致一种财富分配和社会地位上的不平等；而如果把自由的权利也加以彻底的贯彻，那么，处于较低阶层的人们不是亦有权通过各种手段乃至暴力来抗议自己的不幸状况和待遇吗？所以，形式地讨论自由平等虽然也是有意义的，但并不具有决定性的意义；对自由和平等还需要一种历史和辩证的领悟。

以上只是对罗尔斯所讨论的问题及方法的一点初步评价。总之，罗尔斯确实提出了许多有意义的问题，而这些问题我们深信不仅是伦理学研究工作者应当深为关切的，其他诸如政治学、法学、经济学等领域的研究者也会感到浓厚的兴趣。这些问题以及罗尔斯所使用的方法将给我们以启发和借鉴，有助于推动我们对社会的正义和平等问题进行深入的思考，而对于罗尔斯的正义理论的进一步分析和批评亦将从中产生。

* * *

《正义论》一书的翻译起自去年冬，至今年夏止，时间上未免急促了些。罗尔斯的著作又比较难读，这种阅读上的困难也许主要并不在于文字的艰深或术语的生涩，而在于他的思辨方式和学术风格与我们所习惯的颇为不同，再加上这是一个体系，因而常常会出现单独一句话看来明白却又不知所云的情形。我们在翻译中努力想为读者消除一些这方面的障碍，在忠实于原文的前提下尽力照顾行文的流畅，但在"信""达"难于兼顾时则求其次：

即宁损其达而求其信,至于"雅"则是我们不敢奢望的。然而,即使这样,我们的这种努力是否成功仍还有待于读者来检验。另外,我们在这篇序中对罗尔斯正义论的长篇述评可能会有助于读者把握他的思路,读者可以先看此序或在阅读中参照。《正义论》的内容涉及到许多学科领域,任何一个领域的研究者翻译此书大概都会碰到不谙其他领域的困难,就此我们虽做出了一定努力,但仍恐有力所不逮之处,所以我们恳切希望各方面的专家批评指正。

本书在翻译过程中得到了责任编辑苏晓离同志的密切合作,他为本书付出了辛勤的劳动,谨在此表示衷心感谢。

本书第一编由何怀宏译出,第二编由何包钢译出,第三编由廖申白译出。在翻译中我们彼此经常切磋和讨论。初稿完成后由何怀宏校阅了第二编和看了第三编部分译稿,由廖申白编制了书后的"术语索引"和"人名索引"。

一九八七年夏于北京
中国人民大学哲学系

目 录

译者前言 ………………………………………………… (1)
序言 ……………………………………………………… (1)

第一编 理论

第一章 作为公平的正义 …………………………… (3)
1. 正义的作用 …………………………………………… (3)
2. 正义的主题 …………………………………………… (7)
3. 正义论的主要观念 …………………………………… (11)
4. 原初状态和证明 ……………………………………… (17)
5. 古典的功利主义 ……………………………………… (21)
6. 一些有关的对照 ……………………………………… (27)
7. 直觉主义 ……………………………………………… (33)
8. 优先问题 ……………………………………………… (40)
9. 对道德理论的评论 …………………………………… (45)

第二章 正义的原则 …………………………………… (54)
10. 制度与形式的正义 …………………………………… (54)
11. 正义的两个原则 ……………………………………… (60)
12. 对第二个原则的解释 ………………………………… (65)
13. 民主的平等和差别原则 ……………………………… (75)
14. 机会的公平平等和纯粹程序的正义 ………………… (84)

1

15. 作为期望基础的基本的社会善 …………………… (90)
　16. 相关的社会地位 …………………………………… (96)
　17. 平等的倾向 ………………………………………… (100)
　18. 对个人的原则：公平的原则 ……………………… (108)
　19. 对个人的原则：自然的义务 ……………………… (114)

第三章　原始状态 ……………………………………… (118)
　20. 正义观论证的性质 ………………………………… (118)
　21. 选择对象的提出 …………………………………… (122)
　22. 正义的环境 ………………………………………… (126)
　23. 正当观念的形式限制 ……………………………… (129)
　24. 无知之幕 …………………………………………… (136)
　25. 各方的推理的合理性 ……………………………… (141)
　26. 引向两个正义原则的推理 ………………………… (149)
　27. 引向平均功利原则的推理 ………………………… (160)
　28. 平均原则的某些困难 ……………………………… (165)
　29. 两个正义原则的主要根据 ………………………… (173)
　30. 古典的功利主义、公平和仁爱 …………………… (182)

第二编　制度

第四章　平等的自由 …………………………………… (193)
　31. 四个阶段的序列 …………………………………… (193)
　32. 自由的概念 ………………………………………… (199)
　33. 良心的平等自由 …………………………………… (203)
　34. 宽容和共同利益 …………………………………… (209)
　35. 对不宽容者的宽容 ………………………………… (214)
　36. 政治正义和宪法 …………………………………… (219)
　37. 对参与原则的限制 ………………………………… (226)
　38. 法治 ………………………………………………… (233)

39. 自由优先性的规定 ………………………… (241)
40. 对作为公平的正义的康德式解释 ………… (250)

第五章 分配的份额 ……………………………… (258)
41. 政治经济理论中的正义概念 ……………… (258)
42. 关于经济体系的一些评论 ………………… (265)
43. 分配正义的背景制度 ……………………… (275)
44. 代际的正义问题 …………………………… (285)
45. 时间的偏爱 ………………………………… (294)
46. 优先性的进一步论据 ……………………… (298)
47. 正义的准则 ………………………………… (304)
48. 合法期望和道德应得 ……………………… (310)
49. 与混合观念的比较 ………………………… (315)
50. 至善原则 …………………………………… (325)

第六章 义务和职责 ……………………………… (333)
51. 自然义务原则的论证 ……………………… (333)
52. 公平原则的论证 …………………………… (343)
53. 服从一种不正义法律的义务 ……………… (350)
54. 多数裁决规则的地位 ……………………… (356)
55. 非暴力反抗的定义 ………………………… (363)
56. 良心拒绝的定义 …………………………… (368)
57. 非暴力反抗的证明 ………………………… (372)
58. 良心拒绝的证明 …………………………… (378)
59. 非暴力反抗的作用 ………………………… (383)

第三编 目的

第七章 作为合理性的善 ………………………… (395)
60. 对一种善理论的需要 ……………………… (395)
61. 简单情况下的善的定义 …………………… (399)
62. 关于意义的评注 …………………………… (405)

3

63. 生活计划的善的定义 ……………………………… (408)
64. 审慎的合理性 …………………………………… (417)
65. 亚里士多德主义原则 …………………………… (426)
66. 应用于个人的善的定义 ………………………… (435)
67. 自尊、美德和羞耻 ……………………………… (442)
68. 正当与善的几个比较 …………………………… (449)

第八章 正义感 …………………………………… (455)
69. 一个组织良好的社会的概念 …………………… (455)
70. 权威的道德 ……………………………………… (465)
71. 社团的道德 ……………………………………… (469)
72. 原则的道德 ……………………………………… (475)
73. 道德情操的特征 ………………………………… (481)
74. 道德态度与自然态度之间的联系 ……………… (488)
75. 道德心理学的原则 ……………………………… (492)
76. 相对稳定性的问题 ……………………………… (499)
77. 平等的基础 ……………………………………… (506)

第九章 正义的善 ………………………………… (516)
78. 自律与客观性 …………………………………… (516)
79. 社会联合的观念 ………………………………… (523)
80. 妒忌问题 ………………………………………… (533)
81. 妒忌与平等 ……………………………………… (537)
82. 自由的优先性的根据 …………………………… (544)
83. 幸福与支配性目的 ……………………………… (551)
84. 作为一种选择方法的快乐主义 ………………… (557)
85. 自我的统一 ……………………………………… (564)
86. 正义感的善 ……………………………………… (570)
87. 对证明的总结 …………………………………… (581)

术语索引 ……………………………………………… (592)

人名索引 ……………………………………………… (621)

序　言

　　我想通过提出一种正义论，把我过去十余年来所写论文中所表达的观念综合为一个前后连贯的观点。那些论文的所有主题都又在此涉及，但通常给予了更为缜密的考察，为完善这一理论所需的进一步问题也得到了讨论。这些阐述共分三编，第一编更认真地考察了《作为公平的正义》（1958年）和《分配的正义：一些补充》（1968年）这两篇文章中述及的理论根据；第二编的三章则分别对应于下面三篇文章的主题：《宪法的自由和正义的观念》（1963年）、《分配的正义》（1967年）和《非暴力反抗的辩护》（1966年），但在内容上作了许多增加；第三编的第二章则涉及到《正义感》一文（1963年）的主题。除少数地方外，这一部分的其他章并不对应于发表的论文。虽然主要的观点是相当一致的，但在许多地方我都力图消除矛盾，充实和加强论据。

　　也许我能最好地把本书的目的解释如下：在现代道德哲学的许多理论中，占优势的一直是某种形式的功利主义。出现这种现象的一个原因是：功利主义一直得到一系列创立过某些确实富有影响和魅力的思想流派的杰出作家们的支持。我们不要忘记：那些伟大的功利主义者像休谟、亚当·斯密、边沁和密尔也是第一流的社会理论家和经济学家；他们所确立的道德理论旨在满足他们更宽广的兴趣和适应一种内容广泛的体系。而那些批评他们的人则常常站在一种狭窄得多的立场上。他们指出了功利原则的模糊性，注意到它的许多推断与我们的道德情感之间的明显的不一致。但我相信，他们并没有建立起一种能与之抗衡的实用和系统的道德观。结果，我们常常看来不得不在功利主义和直觉主义之间进行选择，最后很可能停留在某一功利主义的变种上，这一变种在某些特殊方面又受到直觉主义的修正和限定。持上述这种观点虽然不无道理，而且，我们也并没有把握一定能达到另一种更好的观点，但没有理由不试一试。

我一直试图做的就是要进一步概括洛克、卢梭和康德所代表的传统的社会契约理论，使之上升到一种更高的抽象水平。借此，我希望能把这种理论发展得能经受住那些常常被认为对它是致命的明显攻击。而且，这一理论看来提供了一种对正义的系统解释，这种解释在我看来不仅可以替换，而且或许还优于占支配地位的传统的功利主义解释。作为这种解释之结果的正义论在性质上是高度康德式的。确实，我并不认为我提出的观点具有创始性，相反我承认其中主要的观念都是传统的和众所周知的。我的意图是要通过某些简化的手段把它们组织成一个一般的体系，以便它们的丰富内涵能被人们赏识。如果本书能使人们更清楚地看到那隐含在契约论传统中的这一可作替换的正义观的主要结构性特点，并指出进一步努力的途径，那么我写这本书的意图也就完全实现了。我相信，在各种传统的观点中，正是这种契约论的观点最接近于我们所考虑的正义判断，并构成一个民主社会的最恰当的道德基础。

这是一本大书，它不仅在篇幅上，而且在内容上也很庞大。因此，为了读者的便利，需要一些引导性的解释。正义论的基本的直觉性观念是在第一章的第一至四节中提出来的，由此才可能直接进入第二章的第十一至十七节中有关制度的正义的两个原则的讨论，然后，再转到第三章全章有关"原初状态"的说明。如果不熟悉这个概念，浏览一下第八节有关优先问题的讨论可能是必要的。接着，第四章的第三十三至三十五节讨论平等的自由，第三十九至四十节讨论自由之优先的意义以及康德的解释，并给出了这一理论的最好描述。上述这些内容大概占全书的三分之一，包括了正义论的大部分要素。

然而，若不考虑本书的最后一部分提出的论据，正义论就有被误解的危险。我特别要强调一下下面的章节：第七章的第六十六至六十七节有关道德价值、自尊及相关概念的讨论；第八章的第七十七节有关平等的基础、第七十八至七十九节有关自律与社会联合、第八十二节有关自由之优先、第八十五至八十六节有关自我的统一与和谐的讨论（所有这些也在第九章中被讨论）。但即使加上这些章节也还不到书的一半。

每节的标题、每章前面的说明以及书后的索引将帮助读者把握书的内容。对此再作评论看来是多余的，我只是说明一下在本书中我避免了作广泛的方法论的讨论。我在第九节对道德理论的性质，第四节和第八十七节对证明的性质有一简要的考察，在第六十二节有一短暂的离题：讨论"善"的意义问题，别处偶尔也有一些有关方法论的评论等，但我主要的精力是放在建立有关正义的实质性理论的工作上。与其他理论的比较和对照，由此而引起的对其他理论特别是功利主义理论的批评，都只是作为达到这一目的的手段。

我没有把第四至第八章的大部分算在本书较基本的部分之内，这并不意味着我把这些章节看作是边缘性质的，或仅仅是一些应用。相反，倒不如说，我相信测试一种正义理论的重要办法，就是看它能在什么程度上把条理和系统引入我们对一个宽广领域的问题的判断之中。所以，这些章节的主题需要论及的，所达到的结论会依次修正所提出的观点。但是，对这些部分，读者可以更自由地遵循他自己的喜好，注意那些他最感兴趣的问题。

＊　　＊　　＊

在写作这本书的过程中，除了书中已指出的外，我还得到了许多其他人的帮助。在此，我想对其中的一些致以谢意。本书有三种不同的手稿在学生和同事们中间传阅过，我从我得到的无数建议和批评中获益匪浅。我感谢阿伦·吉伯德对第一份手稿（1964—1965年）的批评。为回答他对当时提出的"无知之幕"的反对，似乎需要把一种善的理论包括在内，结果就产生了以第七章讨论的善的观念为基础的基本善的概念。我也感谢诺曼·丹尼尔斯指出了我把功利主义解释为个人义务和责任的一个基础的困难。他们的反对引导我排除了这一题目的许多内容，简化了正义论这一部分的论述。大卫·戴蒙德有力地反对我有关平等的论述，特别是它在处理相关地位方面的失败，这终于使我把一种自尊的概念也放进基本善的行列之中，以处理这个问题以及别的一些问题——包括那些作为各个集体的一个社会联合体的问题和自由的优先问题。我与大卫·理查兹对政治义务和职责的问题进行过富有成效的讨论。"分外"行为虽然并非本书的一个主题，但我在对它的评论中得到过巴里·柯蒂斯和约翰·特罗耶的帮助，即使他们可能仍不同意我所说的。我还要因我在最后一稿中所做的几处订正感谢迈克尔·加德纳和贞妮·英格利希。

我一直幸运地从讨论我发表的文章的人们那里得到有价值的批评。[①] 我感谢布赖恩·巴里、迈克尔·莱斯诺夫和R.P.沃尔

[①] 按照序言开头一段提到的次序，六篇文章如下：《作为公平的正义》，载于《哲学评论》第57卷（1958年）；《分配的正义：一些补充》，载于《自然法论坛》第13卷（1968年）、《宪法的自由和正义的观念》，载于《法律，卷六：正义》，C.J.弗雷德利希与约翰·查普曼编（纽约，阿塞顿出版社1963年版）；《分配的正义》，载于《哲学、政治学和社会》第3集，彼德·拉斯利特与W.C.朗西曼编（牛津，巴兹尔·布莱克韦尔公司1967年版）；《非暴力反抗的辩护》，载于《非暴力反抗》，H.A.比多编（纽约，柏伽索斯公司，1969年版）；《正义感》，载于《哲学评论》第62卷（1963年）。

4

夫对正义的两个原则的概括和论据的讨论。① 在我不接受他们的结论的地方我必须扩充论据以回答他们的反对。我希望按现在面目出现的正义论不再碰到他们指出的困难,也不再碰到约翰·查普曼指出的困难。② 正义的两个原则之间的联系和我所说的正义的一般观念类似于 S. I. 贝恩提出的观念。③ 我感谢他,还有劳伦斯·斯泰恩、斯各特·布尔曼在这方面的建议。诺曼·凯尔对我那些论文中论述的道德理论观的批评,其主旨在我看来是有道理的,我在确立我的正义论中力图避免这一反对。④ 在这一过程中,我亦得益于伯顿·德雷布恩,他使我清楚了 W. V. 奎因的观点,说服我相信意义和分析的概念并不像我想像的那样在道德理论中起着关键的作用。它们与别的哲学问题的关联并不需要在此以某种方式争论,但我一直试图使正义论独立于这些问题。这样我就在遵循我的《伦理学纲要》一文中的观点的同时做出了某

---

① 见布兰·巴里:《论社会正义》,载于《牛津评论》(秋季号,1967年);第29—52页;迈克尔·莱斯诺夫:《约翰·罗尔斯的正义论》,载于《政治研究》第19卷(1971年)第65—80页;R. P. 沃尔夫:《对罗尔斯正义论的一个反驳》,载于《哲学杂志》第63卷(1966年)第179—190页。虽然我的《分配的正义》(1967年)是在沃尔夫文章发表前完成和送交出版社的,但我仍对没有在校样中提及沃尔夫的文章的疏忽感到遗憾。

② 见约翰·查普曼:《正义与公平》,载于《法律,卷六:正义》。

③ 见 S. I. 贝恩:《平均主义与利益平等的考察》,载于《法律,卷九:平等》,J. R. 潘洛克与约翰·查普曼编(纽约,阿塞顿出版社1967年版),第72—78页。

④ 见诺曼·凯尔:《契约论与道德批评》,载于《形而上学评论》第23卷(1969年)第85—101页。在此我也要感谢 R. L. 坎宁安对我的著作的批评:《正义:效率与公平》,载于《人格主义者》第52卷(1971年);还有多罗西·埃比特:《正义》,载于《亚里士多德协会会刊》增刊(1969年);查尔斯·弗兰克尔:《正义与合理性》,载于西尼·摩根贝塞尔、特特里克·休泼斯和莫尔顿·怀特编的《哲学、科学与方法》一书中(纽约,圣马丁出版社1969年版),以及 ch. 佩雷尔曼:《正义》,(纽约,伦德姆豪斯出版社1967年版),特别是第39—51页。

些修正。① 我也要感谢 A．K．斯恩对正义论的探讨和批评。② 这些探讨和批评使我能够在一些不同的地方改善我的提法。他的书对于那些希望研究如经济学家所认为的那种较形式化的社会选择理论的哲学家来说是必不可少的，而且，哲学的问题也在其中得到仔细的论述。

许多人自愿为我这本书的几个手稿撰写评论。吉尔伯特·哈曼对最早的一份手稿的评论是很重要的，迫使我放弃一些观点，并在许多点上做出基本的改变。1966 年夏季，在布尔德的哲学讲习会上，我又得到了伦纳德·克雷默曼，理查德·李，亨廷顿·特雷尔的（后来再次从他得到）批评意见。我尽量接受这些意见，接受查尔斯·弗利德，罗伯特·诺齐克和 J．N．希克拉的非常广泛和富有教益的意见，他们每个人都给了我巨大帮助。在发展善的解释方面，我从 J．M．库柏、T．M．斯坎伦、A．T．泰姆佐科，以及多年来与托马斯·内格尔的讨论中得到过很多启发，在弄清正义论与功利主义之间的联系方面，我亦曾从他们那里受益。我也必须感谢 R．B．布兰特和乔希·罗宾柔兹对改进第二份手稿（1967—1968 年）的许多有用意见，以及 B．J．迪各斯和 J．C．哈桑伊富有启发的通信。

在最后一稿的写作中（1969—1970 年），布兰特、特雷西·肯德尔、E．S．菲尔普斯、艾米莉·罗特都不断提供意见，他们的批评给我以很大帮助。我还从赫伯特·莫里斯、莱斯诺夫和诺齐克那里得到过许多有价值的改正意见，这些意见使我避免了一些小错和使书写得更好。我特别感谢诺齐克在最后阶段所给予的不断帮助和鼓励。可惜我不能考虑他们所有的批评意见，我清楚地

---

① 《哲学评论》，第 50 卷（1951 年）。
② 《集体选择与社会福利》（旧金山，霍尔登—戴公司，1970 年版）。特别是第 136—141、156—160 页。

知道书中还留有错误，但我依然感激他们，因为我的感激所依据的是书的已有成果，而与它的未臻完善无关。

斯坦福的高级研究中心为我提供了理想的环境来完成这本书。我深深地感谢它在 1969—1970 年为我的工作提供的支持，感谢库根海姆和肯德尔基金会在 1964—1965 年对我的支持。我也感谢安娜·托尔、玛格丽特·格里芬帮助我完成最后的手稿。

没有所有这些好人们的善意帮助，我决不可能完成本书。

约翰·罗尔斯
坎布里奇，马萨诸塞州
1971 年 8 月

第一编

理 论

第 一 章

作为公平的正义

在这导论性的一章中,我将概述我试图建立的正义论的一些主要观念。这种阐述是非正式的,是打算为随后较详细的论证引路,因而这一章与后面的讨论之间不免会有某些重叠之处。本章一开始将首先描述正义在社会合作中的作用,简要地说明作为正义的主要问题的社会基本结构。然后,我要提出作为公平的正义的主要观念,提出一种使传统的社会契约论更为概括和抽象的正义论。在此,社会的契约被一种对最初状态的解释所代替,这一状态把某些旨在达到一种有关正义原则的原初契约的程序限制条件结为一体。为了清晰和对照起见,我也要论及古典的功利主义的正义观和直觉主义的正义观,考察这些观点和作为公平的正义观之间的某些区别。我的目标是要确立一种正义论,以作为一种可行的选择对象,来替换那些长期支配着我们的哲学传统的理论。

1. 正义的作用

正义是社会制度的首要价值,正像真理是思想体系的首要价值一样。一种理论,无论它多么精致和简洁,只要它不真实,就必须加以拒绝或修正;同样,某些法律和制度,不管它们如何有效率和有条理,只要它们不正义,就必须加以改造或废除。每个人都拥有一种基于正义的不可侵犯性,这种不可侵犯性即使以社会整体利益之名也不能逾越。因此,正义否认为了一些人分享更大利益而剥夺另一些人的自由是正当的，不承认许多人享受的较大利益能绰绰有余地补偿强加于少数人的牺牲。所以，在一个正义的社会里，平等的公民自由是确定不移的，由正义所保障的权利决不受制于政治的交易或社会利益的权衡。允许我们默认一种有错误的理论的惟一前提是尚无一种较好的理论，同样，使我们忍受一种不正义只能是在需要用它来避免另一种更大的不正义的情况下才有可能。作为人类活动的首要价值，真理和正义是决不妥协的。

上面这些命题看来表达了我们对正义的首要性的一种直觉的确信。它们在语气上无疑是表现得过于强烈了一点。但不管怎样，我希望探讨这些论点（或别的类似观点）是否正确，它们是否能够被如此说明。为此就有必要建立一种正义论，借助于它，就可以解释和评价这些论断。我将从考虑正义原则的作用开始。为使观念确定起见，让我们假定一个这样的社会，这个社会是由一些个人组成的多少自足的联合体，这些人在他们的相互关系中都承认某些行为规范具有约束力，并且使自己的大部分行为都遵循它们。我们再进一步假定这些规范标志着一个旨在推进所有参加者的利益的合作体系。而且，虽然一个社会是一种对于相互利益的合作的冒险形式，它却不仅具有一种利益一致的典型特征，而且也具有一种利益冲突的典型特征。由于社会合作，存在着一种利益的一致，它使所有人有可能过一种比他们仅靠自己的努力独自生存所过的生活更好的生活；另一方面，由于这些人对由他们协力产生的较大利益怎样分配并不是无动于衷的（因为为了追求他们的目的，他们每个人都更喜欢较大的份额而非较小的份额），这样就产生了一种利益的冲突，就需要一系列原则来指导在各种不同的决定利益分配的社会安排之间进行选择，达到一种有关恰当的分配份额的契约。这些所需要的原则就是社会正义的原则，它们提供了一种在社会的基本制度中分配权利和义务的办法，确定了社会合作的利益和负担的适当分配。

现在让我们说：一个社会，当它不仅被设计得旨在推进它的成员的利益，而且也有效地受着一种公开的正义观管理时，它就是组织良好的社会。亦即，它是一个这样的社会，在那里：(1)每个人都接受、也知道别人接受同样的正义原则；(2)基本的社会制度普遍地满足、也普遍为人所知地满足这些原则。在这种情况下，当人们可能相互提出过分的要求时，他们总还承认一种共同的观点，他们的要求可以按这种观点来裁定。如果说人们对自己利益的爱好使他们必然相互提防，那么他们共同的正义感又使他们牢固的合作成为可能。在目标互异的个人中间，一种共有的正义观建立起公民友谊的纽带，对正义的普遍欲望限制着对其他目标的追逐。我们可以设想一种公开的正义观，正是它构成了一个组织良好的人类联合体的基本条件。

现存的各种社会形态当然很少是在这个意义上组织良好的，因为，何为正义，何为不正义通常都被纷争不已。人们在应当用哪个原则来确定他们联合体的基本条款上意见分歧。但尽管有这种分歧，我们还是可以说，他们每个人都有一种正义观。亦即，他们懂得他们需要（他们也准备来确定）一系列特殊原则来划分基本的权利和义务，来决定他们心目中的社会合作的利益和负担的适当分配。这样，把正义概念看作有别于各种不同的正义观，看作由这些不同的原则、不同的观念所共有的作用所指定的，看来就是很自然的了。[1] 因此，那些抱有不同的正义观的人就可能还是会一致同意：在某些制度中，当对基本权利和义务的分配没有在个人之间作出任何任意的区分时，当规范使各种对社会生活利益的冲突要求之间有一恰当的平衡时，这些制度就是正义的。

---

[1] 在此我遵循了 H. L. A. 哈特的观点：《法的概念》（牛津，克莱伦顿出版社 1961 年版），第 155—159 页。

人们能够一致同意对正义制度的这种描述，因为不做任意区分和恰当平衡的概念（它们都是包括在正义概念之内的）仍然给每个人留有充分余地，使他能根据他所接受的特定正义原则对之进行解释。这些正义原则指出在人们中间哪一些相似和差异是与决定权利和义务有关的，利益要怎样划分才是适当的。显然，正义的概念与正义观之间的这种区分并不能解决任何重要问题，它只是有助于使我们辨识社会正义原则的作用。

然而，有关正义观的某种统一标准，并不是一个有活力的人类群体的惟一先决条件。还有其他的社会基本问题，特别是有关合作、效率和稳固的问题。这样，个人的计划就需要相互调整，以使他们的活动和衷共济并都能贯彻到底，不使任何合法的愿望受到严重挫折。而且，这些计划的实行应当导致以有效率的和与正义一致的方式实现一定的社会目标。最后，社会合作的计划必须是稳定的。它必须多少有规律地被人们遵循，它的基本规范自动地起作用，一旦有违反的现象产生，稳定性的力量就应出来防止进一步的违反和促进原来安排的恢复。显然，这三个问题都与正义问题相联系。缺少某种统一有关正义与非正义意见的标准，个人要有效地协调他们的计划以保证坚持那些相互有利的安排显然就会困难得多。怀疑和不满腐蚀着礼仪的纽带，猜忌和敌意诱使人们以一种他们本来要避免的方式行动。所以，既然正义观的特定作用就是指定基本的权利和义务，决定恰当的分配份额，正义观的作用方式就必然要影响到效率、合作和稳定的问题。一般来说，我们不可能仅仅通过一种正义观在分配方面的作用来把握它，不管这种作用可能对辨识正义的概念是多么有用。我们必须考虑它的更为宽广的联系，因为，即使正义有某种优先性，是制度的最重要价值，下面这种说法也还是正确的：在其他条件相同的情况下，一种正义观比另一种正义观更可取是因为它的更广泛的结果更可取。

2. 正义的主题

许多不同的事物被说成是正义或不正义的：不仅法律、制度、社会体系是如此，许多种特殊行为，包括决定、判断、责难也是这样。我们也如此称人们的态度、气质以至人们本身。然而，我们现在的题目是社会的正义问题。对我们来说，正义的主要问题是社会的基本结构，或更准确地说，是社会主要制度分配基本权利和义务，决定由社会合作产生的利益之划分的方式。所谓主要制度，我的理解是政治结构和主要的经济和社会安排。这样，对于思想和良心的自由的法律保护、竞争市场、生产资料的个人所有、一夫一妻制家庭就是主要社会制度的实例。把这些因素合为一体的主要制度确定着人们的权利和义务，影响着他们的生活前景即他们可能希望达到的状态和成就。社会基本结构之所以是正义的主要问题，是因为它的影响十分深刻并自始至终。在此直觉的概念是：这种基本结构包含着不同的社会地位，生于不同地位的人们有着不同的生活前景，这些前景部分是由政治体制和经济、社会条件决定的。这样，社会制度就使人们的某些出发点比另一些出发点更为有利。这类不平等是一种特别深刻的不平等。它们不仅涉及面广，而且影响到人们在生活中的最初机会，然而人们大概并不能通过诉诸功过来为这类不平等辩护。假使这些不平等在任何社会的基本结构中都不可避免，那么它们就是社会正义原则的最初应用对象。所以，这些原则调节着对一种政治宪法和主要经济、社会体制的选择。一个社会体系的正义，本质上依赖于如何分配基本的权利义务，依赖于在社会的不同阶层中存在着的经济机会和社会条件。

我们从两个方面来限制我们的探讨范围。首先，我关心的是正义问题的一种特殊情形，我不想普遍地考虑制度和社会实践的正义，除了在第五十七节谈到一下国际法和国家之间联系的正义外。因此,即便有人假定正义的概念适用于一切有利害关系的分配的话,我们也只感兴趣于这类分配中的一种。没有理由先决地认为满足了基本结构的原则对所有情况都同样有效。这些原则可能对私人交往的规范和实践就不起作用,或者不能对那些范围较小的社会群体的规范和实践发生效力。它们可能同日常生活中的各种非正式的风俗习惯亦不相干,不能够用来解释自愿的合作安排或制订契约的过程的正义性质(或更好地说:公平性)。对于各国际法来说,也可能需要以多少不同的方式达到不同的原则。如果可能的话,做到下一点我就满足了:为一个被理解为暂时同其他社会隔绝的封闭社会的基本结构,概括出一种合理的正义观来。这一特殊情形的意义是明显的,无需解释。我们可以很自然地推测:我们一旦有了一种对于这种情形的正确理论,借助于它,其他有关的正义问题就能比较容易地处理了。在某种意义上,这样一种理论可以为别的一些正义问题提供钥匙。

我们为我们的讨论规定的另一个限制是:我们主要考察那些调节着一个组织良好的社会的正义原则。每个人都被假定是在符合正义地行动,在坚持正义的制度中尽他的职责。虽然正义可能像休谟评论的是一种谨慎的、吝惜的德性,[①] 我们还是可以探讨一个完全正义的社会会是什么情形。这样,我主要考虑的就是我所称的严格的服从(strict compliance),它对立于部分服从(partialcompliance)的理论(见第 25、39 节)。部分服从理论研究指导我们对待不正义的原则,它包括诸如惩罚理论、正义战争论、反对不正义政权的各种方式的证明、以及从非暴力反抗、好斗的抵制一直到革命和起义这样一些主题。它也包括补偿的正义和相对于另一种制度来衡量某种制度的非正义性的问题。显然,部分

---

① 《道德原理探究》,第 3 节第 1 点第 3 段,L. A. 舍尔拜—贝格编,第 2 版(牛津,1902 年),第 184 页。

服从的理论面临的是一些紧迫的问题，是我们在现实生活中碰到的问题。我相信，我们从理想的理论开始的理由是，这种理论能为系统地把握那些较紧迫的问题提供惟一的基础。例如，对非暴力反抗的讨论就依赖于它（见第54—59节）。至少，我认为一种较深刻的理解不可能通过别的方式达到，一个完全正义的社会的性质和目标是正义论的基础部分。

现在公认的社会基本结构的概念多少有些含混，究竟哪些制度及其成分要包括进来并不总是很清楚的，但现在为这个问题烦恼还略嫌过早。现在我要着手讨论的是应用于凭直觉就可确知是属于基本结构的制度的原则，然后，我要试图扩大这些原则的应用，使之覆盖那些看来是这一结构的主要成分的制度。这些原则有可能变得具有完全的普遍性，虽然可能性不大；但它们只要能适用于社会正义的最重要领域也就足够了。我们要牢记在心的是：一种对于基本结构的正义观是值得为自身的缘故而拥有的，不应当因为它的原则不能到处适用就放弃它。

这样，一种社会正义观将在一开始就被视作是为确定社会基本结构中的分配而提供的一个标准。然而，这个标准不可混淆于确定别的价值的原则，因为社会基本结构和一般的社会安排可能是有效率或无效率的、自由或不自由的等等，就像它们可能是正义或不正义的一样。一种为社会基本结构的所有价值以及当它们冲突时各自的分量确定原则的完整观念，要比一种正义观的内容丰富得多。它是一种社会理想，正义原则只是其中的一部分，虽然也许是最重要的一部分。一个社会理想又联系着一种社会观，一种对社会合作目标的理解。在有关人类生活的自然需求和机会的不同观点的背景下，各种社会概念派生出不同的正义观。因此，为了充分理解一种正义观，我们必须弄清使它产生的社会合作观念。但在这样做时，我们不应当忽视正义原则的特定作用或它们适用的主要问题。

在这些预备性的评论中,我把意味着在竞争要求之间的一种恰当平衡的正义概念与正义观念区别开来,后者是把决定这种平衡的有关考虑统一起来的一系列原则。我也认为正义只是社会理想的一部分,虽然我将提出的理论无疑要扩展它的日常意义。这一理论不是要提供一种对社会基本结构的某些分配原则的通常意义的描述,而是要解释它们。我认为,任何合理地完成的伦理学理论都必须包括有关这个基本问题的原则,这些原则不管是什么,都构成这一伦理学中的正义理论。这样,我认为,正义的概念就是由它的原则在分配权利和义务、决定社会利益的适当划分方面的作用所确定的。而一种正义的观念则是对这种作用的一个解释。

这种处理方法初看起来可能不合传统,但我相信实际上并不如此。亚里士多德给予"正义"的较专门意义(从中衍生了许多我们所熟悉的提法)是避免贪婪(pleonexia),亦即避免通过夺去另一人的所有(他的财产、奖赏、职位等),或者通过拒绝给予某个人以他应得的尊敬、偿款和不遵守对他的诺言来为自己谋利。[1] 显然,这一定义是适用于行为的,就人们有一种对正当行为的稳固有效的欲望(作为他们性格中的一个稳定因素)而言,他们被认为是正义的。然而,亚里士多德的定义显然预先假定了一种对什么应当是属于一个人的,什么是他应得的份额的解释。而这些应得的份额,我相信,通常都来自社会制度及制度所造成的合法期望。亚里士多德无疑不会反对这一说法,他肯定有一种可以解释这些要求的社会正义观。所以,由于我采取的定义是打

---

[1] 《尼各马可伦理学》,第 1129b—1130b 页 5。我遵循格雷戈里·弗拉斯脱在《〈理想国〉中的正义和幸福》一文中的解释,见《批评文集》,瓦斯脱编(加登城,纽约,道布尔戴出版公司,1971 年版),第 2 卷,第 70 页以后。有关亚里士多德对正义的讨论,见 W. F. R. 哈迪:《亚里士多德的伦理学理论》(牛津,克莱伦顿出版社 1968 年版),第 10 章。

算直接用于最重要的情形——社会基本结构的正义的,所以它和传统的正义概念就并没有什么冲突。

3．正义论的主要观念

我的目的是要提出一种正义观,这种正义观进一步概括人们所熟悉的社会契约理论(比方说:在洛克、卢梭、康德那里发现的契约论),使之上升到一个更高的抽象水平。[①] 为做到这一点,我们并不把原初契约设想为一种要进入一种特殊社会或建立一种特殊政体的契约。毋宁说我们要把握这样一条指导线索:适用于社会基本结构的正义原则正是原初契约的目标。这些原则是那些想促进他们自己的利益的自由和有理性的人们将在一种平等的最初状态中接受的,以此来确定他们联合的基本条件。这些原则将调节所有进一步的契约,指定各种可行的社会合作和政府形式。这种看待正义原则的方式我将称之为作为公平的正义(justice as fairness)。

这样,我们就可以设想,那些参加社会合作的人们通过一个共同的行为,一起选择那些将安排基本的权利义务和决定社会利益之划分的原则。人们要预先决定调节他们那些互相对立的要求的方式,决定他们社会的基本蓝图。正像每个人都必须通过理性的反省来决定什么东西构成他的善——亦即他追求什么样的目标体系才是合理的一样,一个群体必须一次性地决定在他们中间什

---

① 如书中所示,我将把下面的书看作契约论的经典:洛克的《政府论》下篇;卢梭的《社会契约论》;康德的从《道德形而上学基础》开始的一系列伦理学著作。霍布士的《利维坦》尽管是伟大的,但它提出的问题是专门性的。J. W. 高夫提供了一个历史的概观:《社会契约论》,第2版(牛津,克莱伦顿出版社1957年版),还有奥托·吉尔科的《自然法与社会理论》,有厄内斯特·巴克尔的英译本(剑桥,剑桥大学出版社1934年版)。把契约论观点主要作为一种伦理学理论提出来的是G. R. 格赖斯:《道德判断的基础》(剑桥,剑桥大学出版社1967年版)。亦见第110页注①。

么是正义的,什么是不正义的。有理性的人们在假定的同等自由的状况中做出的这一抉择(现在假定这一抉择已经产生)决定着正义原则。

在作为公平的正义中,平等的原初状态相应于传统的社会契约理论中的自然状态。这种原初状态当然不可以看作是一种实际的历史状态,也并非文明之初的那种真实的原始状况,它应被理解为一种用来达到某种确定的正义观的纯粹假设的状态。① 这一状态的一些基本特征是:没有一个人知道他在社会中的地位——无论是阶级地位还是社会出身,也没有人知道他在先天的资质、能力、智力、体力等方面的运气。我甚至假定各方并不知道他们特定的善的观念或他们的特殊的心理倾向。正义的原则是在一种无知之幕(veil of ignorance)后被选择的。这可以保证任何人在原则的选择中都不会因自然的机遇或社会环境中的偶然因素得益或受害。由于所有人的处境都是相似的,无人能够设计有利于他的特殊情况的原则,正义的原则是一种公平的协议或契约的结果。因为,在这种既定的原初状态的环境中,在所有人的相互联系都是相称的条件下,对于任何作为道德人,即作为有自己的目的并具有一种正义感能力的有理性的存在物的个人来说,这种最初状态是公平的。我们可以说,原初状态是恰当的最初状况(status quo),因而在它那里达到的基本契约是公平的。这说明了"作为公平的正义"这一名称的性质:它示意正义原则是在一种公平的原初状态中被一致同意的。这一名称并不意味着各种正义

---

① 康德很清楚这种原初契约是假设的。见《道德形而上学》第1编,特别是第47、52节;以及论文《论一个通常的说法:这可能是真实的但却不见诸于实践》的第2部分,收在《康德政治论集》,汉斯·莱斯编,H. B. 尼斯贝特译(剑桥,剑桥大学出版社1970年版),第73—87页。进一步的讨论见乔治·瓦科斯:《康德的政治思想》(巴黎,法兰西大学出版社1962年版),第326—335页;还有J. G. 默菲:《康德:正当的哲学》(伦敦,麦克米兰公司1970年版),第109—112、133—136页。

概念和公平是同一的，正像"作为隐喻的诗"并不意味着诗的概念与隐喻是同一的一样。

正如我说过的，作为公平的正义以一种可能是大家一起作出的最一般的选择开始，亦即选择一种正义观的首要原则，这些原则支配着对制度的所有随后的批评和改造。然后，在选择了一种正义观之后，我们就可推测他们要决定一部宪法和建立一个立法机关来制定法律等，所有这些都须符合于最初同意的正义原则。我们的社会状况如果按这样一种假设的契约系列订立成一种确定它的规范体系，那么它就是正义的。而且，假定原初状态决定着一系列原则（即一种特殊的正义观将被选择），那么下述情况就是真实的：凡是社会制度满足这些原则的时候，那些介入其中的人们就能够互相说，他们正按照这样的条件在合作——只要他们是自由平等的人，他们的相互联系就是公平的，他们就都会同意这些条件。他们都能够认为他们的社会安排满足了他们在一种最初状态中将接受的那些规定，这种最初状态体现了在选择原则问题上那些被广泛接受的合理限制。普遍地承认这一事实就将为一种对于相应的正义原则的公开接受提供基础。当然，没有任何社会能够是一种人们真正自愿加入的合作体系，因为每个人都发现自己生来就在一个特定的社会中处于一个特定的地位，这一地位的性质实质上影响着他的生活前景。但一个满足了作为公平的正义的原则的社会，还是接近于一个能够成为一种自愿体系的社会，因为它满足了自由和平等的人们在公平的条件下将同意的原则。在此意义上，它的成员是自律的，他们所接受的责任是自我给予的。

作为公平的正义还有一个特征，它把处在原初状态中的各方设想为是有理性的和相互冷淡（mutually disinterested）的。这并不意味着各方是利己主义者，即那种只关心自己的某种利益，比方说财富、威望、权力的个人，而是被理解为对他人利益冷淡的个人。他们推测他们的精神目标甚至可能是对立的（以那种对立的宗教目标的方式相对立）。而且，对合理性这样一个概念必须尽可能在狭窄的意义上理解，可以按照经济理论的标准，解释为采取最有效的达到既定目标的手段。在后面的解释中（见第25节），我将在某种程度上修改这一概念，但是，我们必须努力避免在这个概念中引入任何会引起争论的伦理因素。原初状态必须具有这样一种特征：在那里规定是被广泛接受的。

在确立作为公平的正义观时，一个主要的任务显然是考察处在原初状态中的人们将会选择哪些正义原则。为此我们必须详细地描述这一状态，认真概括它提出的选择问题。这些内容我将在后面两章中涉及。然而，我们可以看到，一旦正义原则被设想为是从一种平等状态中的原初契约中产生出来的，功利原则是否会被接受就成为问题了。因为这几乎马上就成为不可能的——那些认为他们都是平等的、都同样有资格相互提出要求的人们决不会同意这样一个原则：只是为了使某些人享受较大的利益就损害另一些人的生活前景。因为每个人都希望保护他的利益，保护他提出他自己的善的观念的权利，没有理由认为为了达到一个较大的满意的净余额就可以默认对自己的不断伤害。在缺少强烈和持久的仁爱冲动的情况下，一个理智的人不会仅仅因为一个不顾及他的基本权利与利益的基本结构能最大限度地增加利益总额就接受它。这样看来，功利的原则就与平等互利的社会合作观念冲突了，它也不符合隐含在一个组织良好的社会概念中的互惠观念。我以后将就此作出论证。

反过来，我要坚持认为，处在原初状态中的人们将选择两个相当不同的原则：第一个原则要求平等地分配基本的权利和义务；第二个原则则认为社会和经济的不平等（例如财富和权力的不平等）只要其结果能给每一个人，尤其是那些最少受惠的社会成员带来补偿利益，它们就是正义的。这些原则拒绝为那些通过较大的利益总额来补偿一些人的困苦的制度辩护。减少一些人的所有以便其他人可以发展——这可能是策略的，但不是正义的。但是，假如另一些并不如此走运的人们由此也得到改善的话，在这样一些人赚来的较大利益中就没有什么不正义。在此直觉的观念是：由于每个人的幸福都依赖于一种合作体系，没有这种合作，所有人都不会有一种满意的生活，因此利益的划分就应当能够导致每个人自愿地加入到合作体系中来，包括那些处境较差的人们。只要提出的条件合理，这还是可以期望的。上述两个原则看来是一种公平的契约，以它为基础，那些天赋较高、社会地位较好（对这两者我们都不能说是他们应得的）的人们，能期望当某个可行的体系是所有人幸福的必要条件时，其他人也会自愿加入这个体系。[①] 一旦我们决定像反对派追求政治和经济利益那样，来寻找一种可使自然天赋和社会环境中的偶然因素归于无效的正义观时，我们就被引导到这些原则。它们体现了把那些从道德观点看来是任意专横的社会因素排除到一边的思想。

然而，原则的选择是个极其困难的问题。我不期望我建议的回答会对每个人都有说服力。因此，我们从一开始就需要注意：作为公平的正义像别的契约理论一样，包括两个部分：（1）一种对原初状态及其间的选择问题的解释；（2）对一组将被一致同意的原则的论证。一个人可能接受这一理论的第一部分（或其变化形式），但不接受第二部分，反之亦然。原初的契约状态可能被看作是合理的，虽然那些提出的特殊原则被拒绝。确实，我想坚持的是：关于这种状态的最适当观念必定导致与功利主义和至善主义相反的正义原则，所以，契约论提供了一个替换功利主义等观点的选择对象。但是，一个人即使承认契约论的方法是研究伦理学理论和建立它们的基本结论的一种有用方法，他还是可以对

---

① 对这一直觉观念的概括，我得益于阿兰·吉巴德。

上述论点提出质疑。

作为公平的正义是我所说的契约论的一个标本。可能会有人反对"契约"这个词及其有关表示法,但我想它是很适用的。许多词都具有那种从一开始就易使人混淆和误解的歧义。"功利"与"功利主义"当然也不例外,它们也有批评的对手愿意利用的不幸的歧义,但对于那些准备来研究功利主义理论的人来说,它们还是足够清楚的。用于道德理论的"契约"一词也是如此。我说过,要理解它就必须把它暗示着某种水平的抽象这一点牢记在心。特别是我的正义论中的契约并不是要由此进入一个特定的社会,或采取一种特定的政治形式,而只是要接受某些道德原则。而且,它所涉及的承诺也纯粹是假设的:一种契约的观点认为,那些确定的原则是在一个恰当定义的原初状态中被接受的。

契约论术语的优点是它表达了这样一个观点:即可以把正义原则作为将被有理性的人们选择的原则来理解,正义观可以以这种方式得到解释和证明。正义论是合理选择理论的一部分,也许是它最有意义的一部分。而且,正义的原则处理的是分享社会合作所带来的利益时的冲突要求,它们适用于在若干个人或若干团体之间的关系。"契约"一词暗示着这种个人或团体的复数,暗示必须按照所有各方都能接受的原则来划分利益才算恰当。"契约"的用语也表现了正义原则的公开性。这样,如果这些原则是一个契约的结果,公民们就具有对这些决定其他原则的最初原则的知识。强调政治原则的公开性正是契约论的特点。最后,契约论还有一种悠久的传统。以这一思考方式来表现人际关系有助于明确观念且符合自然的虔诚(natural piety)。这样就有了好几个使用"契约"一词的优点。只要抱以必要的小心,它是不会被误解的。

最后我们说:作为公平的正义并不是一种完全的契约论。很明显,契约的观念能扩大到多少是完整的一个伦理学体系的选择,即扩大到包括所有德性原则而不仅包括正义原则的体系的选择。既然我将主要只考虑正义原则以及和它们有密切联系的原则，我就不想以一种系统的方式来讨论德性。显然，如果对作为公平的正义的探讨进行得合理而成功，下一步就是研究"作为公平的正当"一词所暗示的较普遍的观点。但即使这一更宽广的理论也不能包括所有的道德关系，因为它看来只包括我们与其他人的关系，而不考虑我们在对待动物和自然界的其他事物方面的行为方式。我不想辩论契约的概念是否提供了一种接近这些肯定是头等重要的问题的途径，而是认为必须把这些问题放到一边。我们必须承认作为公平的正义和它示意的一般类型的观点的有限范围。我们不可能提前决定，一旦别的问题被理解了，对作为公平的正义的结论须如何作出修正。

4．原初状态和证明

我说过，原初状态（original position）是恰当的最初状态（initial situation），这种状态保证在其中达到的基本契约是公平的。这个事实引出了"作为公平的正义"这一名称。那么显然，如果理性的人在这种最初状态中选出某种正义观的原则来扮演正义的角色，这种正义观就比另一种正义观更合理，或者说可以证明它是正义的。各种正义观将按照它们为这种状况中人们能够接受的程度来排列次序。按这种方式理解，证明问题就是通过提出一个慎思的问题来解决的：我们必须弄清采取哪些原则在这种给定的契约状态下是合理的。这就使正义的理论与合理选择的理论联系起来。

要使这种证明方式成功，我们当然必须详细地描述这一选择问题的性质。只要我们知道各方的信仰和利益、他们的相互联系、可供他们选择的各种对象、他们做出决定的程序等等，一个合理选择的问题就会有一个确定的答案。随着呈现的情况不同，所接受的原则也相应不同。我所说的原初状态的概念，是一种用于正义论目的的、有关这种最初选择状态的最可取的哲学解释。

但我们是根据什么来决定何为最可取的解释呢？我想，其中一点是：契约的一个起码标准是正义原则的选择要在某些条件下进行。我们要证明一种特殊的对最初状态的描述，就要展示它联合了这些共同分享的假设条件。我们要从广泛接受的前提而不是从较专门结论的薄弱前提去论证。每个假设条件都应当本身是自然的和看来是有道理的，其中有一些可能会显得乏味和琐碎。契约论方法的目标就是要把对可接受的正义原则有意义的约束联为一体。理想的结果将是：这些条件决定一组独特的原则；但如果它们足以排列一些主要的传统社会正义观念，我也就满足了。

我们不应当因某些作为原初状态特征的多少有点异常的条件而误入歧途。我们要明白这只是为了使我们生动地觉察到那些限制条件——那些看来对正义原则的论证、因而对这些原则本身也是合理的限制条件。这样，在选择原则时任何人都不应当因天赋或社会背景的关系而得益或受损看来就是合理和能够普遍接受的条件了。而不允许把原则剪裁得适合于个人的特殊情形看来也是能得到广泛同意的。我们还应进一步保证被采用的原则不受到特殊的爱好、志趣及个人善恶观的影响。这是为了排除那些作为提议似乎有道理，但只要人们知道一些与正义立场无关的事情就很少有成功希望的原则。例如，如果一个人知道他是富裕的，他可能会认为提出把累进税制看作是不公正的原则是有道理的；而如果他知道他是贫穷的，他可能就会提出相反的原则。为体现这些可取的限制，我们可想像一个所有人都被剥夺了这种信息的状态。这种状态排除了对那些会使人们陷入争吵、使自己受自己的偏见指引的偶然因素的察知。这样，我们自然就达到了"无知之幕"的概念，只要我们在心里牢记它的意思是要表示对论证的限制，这个概念就不会引起任何困难。可以说，任何时候我们都能进入原初状态，只要遵循某种程序，即通过相应于这些限制条件对正义原则所作的论证。

假定在原初状态中的各方的平等是合理的，也就是说，所有人在选择原则的过程中都有同等的权利，每个人都能参加提议并说明接受它们的理由等等。那么显然，这些条件的目的就是要体现平等——体现作为道德主体、有一种他们自己的善的观念和正义感能力的人类存在物之间的平等。平等的基础在于人们这样两方面的相似：目的体系并不是以价值形式排列的；每个人都被假定为具有必要的理解和实行所采用的任何原则的能力。这些条件和无知之幕结合起来，就决定了正义的原则将是那些关心自己利益的有理性的人们，在作为谁也不知道自己在社会和自然的偶然因素方面的利害情形的平等者的情况下都会同意的原则。

然而，要证明一种对原初状态的特殊描述还有另外的事情要做。这就是看被选择的原则是否适合我们所考虑的正义信念，或是否以一种可接受的方式扩展了它们。我们可以注意：采用这些原则是否能使我们对社会的基本结构做出我们现在直觉到的、并抱有最大确信的同样判断；或者，如果我们现在的判断是犹疑不决的，这些原则是否能提供一个我们通过反省可加以肯定的答案。有一些我们感到确信的问题必须以一种确定的方式回答。例如，我们深信宗教迫害和种族歧视是不正义的，我们认为我们仔细考察了这些现象，达到了一个我们自信是公正的判断，这一判断看来并没有受到我们自己利益的曲解。这些信念是我们推测任何正义观都必须去适应的暂时确定之点。但我们在怎样正确地划分财富和权力的问题上的确信却要少得多。这里我们可能在寻求一种能消除我们的疑惑的途径。所以，我们考察对原初状态的一种解释所提出的原则能否符合我们最坚定的信念并提供必要的指导，便可看出它是否合理。

在寻求对这种原初状况的最可取描述时，我们是从两端进行的。开始我们这样描述它，使它体现那些普遍享有和很少偏颇的条件，然后我们看这些条件是否足以强到能产生一些有意义的原则。如果不能，我们就以同样合理的方式寻求进一步的前提。但如果能，且这些原则适合我们所考虑的正义信念，那么到目前为止一切就都进行得很顺利。但大概总会有一些不相符合的地方,在这种情况下我们就要有一个选择。我们或者修改对原初状态的解释;或者修改我们现在的判断;因为,即使我们现在看作确定之点的判断也是可以修正的。通过这样的反复来回:有时改正契约环境的条件;有时又撤销我们的判断使之符合原则,我预期最后我们将达到这样一种对原初状态的描述:它既表达了合理的条件;又适合我们所考虑的并已及时修正和调整了的判断。这种情况我把它叫做反思的平衡。① 它是一种平衡,因为我们的原则和判断最后达到了和谐;它又是反思的,因为我们知道我们的判断符合什么样的原则和是在什么前提下符合的。此时可以说一切都有条有理。但这种平衡并不是一定稳固的,而是容易被打破的。这一方面是由于对加于契约状态之条件的进一步考察;另一方面是由于那些可能导致我们修改自己判断的特殊情形。但至少目前我们还是做了为达到首尾一致和证明我们有关社会正义的信念所能做的事情。我们得到了一种原初状态的观念。

当然,我实际上并不按照这一程序工作。但我们还是可以设想,我能把对原初状态的解释作为这种假设的反思过程的结果来考虑。这一状态力图通过一种结构同时提供有关原则的合理哲学条件和我们所考虑的正义判断。在做出原初状态的这一可取解释的过程中,无论对一般观念还是特殊信念,我并没有诉诸传统意义上的自明性。我并不要求提出的正义原则一定要是必然真理或来自这种真理。一种正义观不可能从原则的自明前提或条件中演绎出来,相反,它的证明是一种许多想法的互相印证和支持,是所有观念都融为一种前后一致的体系。

最后,我们想说,某些正义原则得到证明是因为它们将在一

---

① 原则和所考虑的判断之间的相互调整过程并不是道德哲学独有的。见尼尔森·古德曼:《事实、想象和预测》(坎布里奇,马萨诸塞州,哈佛大学出版社 1955 年版),里面有对演绎和归纳原则的证明的一些相应评论,第 65—68 页。

种平等的原初状态中被一致同意。我强调这种原初状态是纯粹假设的，人们自然会问，既然这种一致同意决不是现实的，我们为什么还要对这些原则是否是有道德的感兴趣呢？我的回答是，体现在这种原初状态的描述中的条件正是我们实际上接受的条件。或者，如果我们没有接受这些条件，我们或许也能被哲学的反思说服去接受的。我们能对契约状态的每一方面都给出支持的理由。这样，我们所要做的事情就是根据那些我们经过必要的考虑认为是合理的原则，把一系列条件结合为一种观念。这些约束条件表现了我们按照社会合作的公平条件准备接受的限制。因此，我们可把原初状态的观念看作一种显示手段，它总结了这些条件的意义，帮助我们抽绎其结果。另一方面，这个观念也是一种精致的直觉性观念，通过它我们可以较清楚地确定一个可以使我们最好地解释道德关系的立场。我们需要一种能使我们从远处观察我们的目标的观念，关于原初状态的直觉概念正是在为我们做这件事。①

5．古典的功利主义

功利主义形式繁多，而且最近一些年来仍在继续发展。我不想总观这些形式，也不打算考虑当代讨论中出现的无数细致精巧的推论。我的目的是确定一个能够代替一般的功利主义、从而也能代替它的各种变化形式的作为一种选择对象的正义论。我相信契约论与功利主义的对立在所有情况中本质上都是一样的，因此我将以一种最简洁的方式把作为公平的正义与我们熟悉的各种直觉主义、至善主义、功利主义进行比较，以便揭示出它们之间的根本差别。按照这一目的，我在此要描述的功利主义就将是一种严格的、古典的理论，这种理论也许在西季维克那里得到了最清

---

① 亨利·彭加勒写道："我们需要一种能力使我们能从远处看到目标，这种能力就是直觉。"《科学的价值》（巴黎，弗拉马里翁公司1909年版），第27页。

楚、最容易理解的概述。其主旨是说：如果一个社会的主要制度被安排得能够达到总计所有属于它的个人而形成的满足的最大净余额，那么这个社会就是被正确地组织的，因而也是正义的。①

我们可能首先注意到：确实存在这样一种思考社会的方式，它使人们容易假定最合理的正义观是功利主义的。因为可以想

---

① 我将把亨利·西季维克的《伦理学的方法》（伦敦1907年，第3版）看作功利主义道德理论发展的一个总结。他的《政治经济学原理》一书（伦敦，1883年）把功利主义理论应用于经济和社会正义问题，是《福利的经济》（伦敦，麦克米伦公司1920年版）一书的作者A. C. 皮古的一个先驱。西季维克的《伦理学史纲》，第5版（伦敦，1902年）包含着功利主义传统的一个简史。我们可以追随他，认为（虽然这多少有些专断）这一传统开始于莎夫茨伯利的《德性与价值的探讨》（1711年）和哈奇逊的《道德善恶的探讨》（1725年）。哈奇逊看来是第一个清楚地叙述功利原则的人。他在《探讨》一书的第3节第8段中说："那给最大多数人带来最大幸福的行为是最好的行为；反之，那以同样的方式带来悲惨的行为是最坏的行为。"18世纪这方面的主要著作有休谟的《人性论》（1739年）和《道德原理探究》（1751年）；亚当·斯密的《道德情操论》（1759年）；边沁的《道德与立法原理》（1789年）。19世纪则有以《功利主义》（1863年）为代表的J. S. 密尔的著作，还有F. Y. 埃奇沃思的《数学心灵学》（伦敦，1888年）。

在最近一些年里，功利主义的讨论有了一个转折，主题放在了我们可以称之为合作及相关的公开性问题上。这种转折发端于这些论文：R. F. 哈罗德的"修正的功利主义"，载于《精神》第45卷（1936年）；J. D. 马博特的《惩罚》，载于《精神》第48卷（1939年）；乔纳森·哈里森的《功利主义、普遍化和我们对正义的义务》，载于《亚里士多德协会会刊》第53卷（1952—1953年）；J. O. 厄姆森的"对J. S. 密尔哲学的解释"，载于《哲学季刊》第3卷（1953年）。亦见J. J. 斯马特的《极端和限制的功利主义》，载于《哲学季刊》第6卷（1956年）；以及他的《功利主义伦理学纲要》（剑桥，剑桥大学出版社1961年版）。有关这些题材的考察，见大卫·莱昂斯的《功利主义的形式和界限》（牛津，克莱伦顿出版社1965年版），以及阿兰·吉巴德：《功利主义与合作》（学术讲演，哈佛大学1971年）。这些著作所提出的问题是重要的，但我将不考虑那些与我想讨论的较基本的分配问题没有直接关系的论述。

最后，我们在此还应当注意J. C. 哈桑伊的论文，特别是《在福利经济和冒险理论中的基本功利》，载于《政治经济学杂志》（1953年）；《基本福利，个人化的伦理以及人与人之间的利益比较》，载于《政治经济学杂志》（1955年）；还有R. B. 布兰特的《一种规范功利主义形式的某些优点》，载于《科罗拉多大学学报》（布尔德，科罗拉多，1967年）。见后面的第27—28节。

到:每个在实现他自己利益的人都肯定会自动地根据他自己的所得来衡量他自己的所失。因此,我们就有可能在目前做出某种自我牺牲,以得到未来的较大利益。既然一个人能非常恰当地行动(至少在别人不受影响的情况下),以达到他自己的最大利益,尽可能地接近他的合理目的,那么为什么一个社会就不能按照同样的原则去行动,并因此把那种对一个人是合理的行动看作对一个联合体也是正当的呢?正像一个人的幸福是由在不同时刻及时经验到的、构成个人生活的一系列满足形成的,社会的幸福也是由属于它的许多个人的欲望体系的满足构成的。个人的原则是要尽可能地推进他自己的福利,满足他自己的欲望体系,同样,社会的原则也是要尽可能地推进群体的福利,最大程度地实现包括它的所有成员的欲望的总的欲望体系。正像一个人是根据现在和未来的损失来衡量现在和未来的利益一样,一个社会也可以如此在不同的个人之间衡量满足和不满足。这样,通过这些思考,一个人就以一种自然的方式达到了功利原则:一个社会,当它的制度最大限度地增加满足的净余额时,这个社会就是安排恰当的。这样,一个人类社会的选择原则就被解释为是个人的选择原则的扩大。社会正义则是应用于集体福利的一个集合观念的合理慎思的原则(见第30节)。①

进一步的考虑使这个观点更加吸引人了。伦理学的两个主要概念是正当和善。我相信,一个有道德价值的人的概念是从它们

---

① 有关这一点亦见D. P. 高塞勒:《实际的推理》(牛津,克莱伦顿出版社1963年版),第126页以后。这本书发展了他在《宪法的自由和正义的概念》一文中的观点,该文见《法律,卷六:正义》,弗雷德里希和查普曼编(纽约,阿塞顿出版社1963年版),第124页以后,它依次与作为一种较高层次的行政决定相联系。见《作为公平的正义》,载于《哲学评论》,1958年,第185—187页。有关明确肯定这种扩充的功利主义者见第180页注①。R. B. 培里阐述过社会反歧视原则与个人反歧视原则的不同,见他的《价值概论》(纽约,朗曼公司1926年版)第674—677页。他把忽视这一事实的错误归之于爱弥尔·杜克海姆和持类似观点的其他人。他的社会反歧视观念是由一种共享和支配性的仁爱目的导出的。见第24节。

派生的。这样,一种伦理学理论的结构就大致是由它怎样定义和联系这两个基本概念来决定的。而联系它们的最简便方式看来是由目的论理论做出的:首先把善定义为独立于正当的东西,然后再把正当定义为增加善的东西。[1] 更确切地说,这样一些制度和行为是正当的:它们是能产生最大善的可选择对象,或至少能像其他可行的制度和行为一样产生同样大的善(当这种对象不止一个时就需要有一个附加条款)。目的论理论有一种深刻的直觉诱力,因为它们看来把合理性的观念具体化了。设想合理性就是最大限度地增加某种东西(在道德上必须是最大限度地增加善)是很自然的。确实,人们很容易被诱使去设想事物应当安排得导致最大善这一点是自明的。

牢记以下这一点是很重要的:一种目的论理论是把善定义为独立于正当的。这意味着两点,第一,目的论把我们考虑的有关何物为善的判断(价值判断)作为一种分离的可以为常识直觉地加以辨别的判断来解释,然后,又提出正当是最大限度地增加已经指定的善的东西。第二,目的论使一个人无需参照何谓正当来判断事物的善。例如,如果快乐被说成是惟一的善,那么,对这种快乐的价值的承认和排列,大概就不根据任何正当或类似正当的标准。而如果对各种善的分配也被看作是一种善,也许还是较高层次的善,这一理论就指示我们去创造最大的善(包括在他人中分配的善),它就不再是一种古典意义上的目的论观点了。当一个人直觉地理解分配问题时,这个问题就被放到了正当的概念之下,所以,这一理论缺少一种善的独立定义。古典目的论理论的清楚和简洁大都来自这样一个事实:它们把我们的道德判断解析为两类:一类是单独赋予特征的,而另一类则是随后通过一种

---

[1] 在此我采取了 W. F. 弗兰克纳在《伦理学》一书中对目的论理论所下的定义(英格伍德·克利弗斯,新泽西州,普兰梯利—霍尔公司 1963 年版),第 13 页。

最大值原则来与第一类相联系的。

很明显,根据说明善的观念的不同方式,目的论理论也是不同的。如果善被看作是使人的优越性通过各种不同文明形式得以实现,我们就有了所谓的至善主义。这个概念可以在亚里士多德、尼采等人那里发现。如果善被定义为快乐,我们就有了快乐主义;如果被定义为幸福,我们就有了幸福论,等等。我将把古典的功利原则理解为把善定义为欲望的满足,或者更好一些,是把善定义为理性欲望的满足。我相信,这一说法在所有要点上都符合功利主义观点,给出了对它的一个公平的解释。不管什么样的环境因素,只要它将达到个人理性欲望的最大满足,它就构成社会合作的恰当条件。不容否认,这种观点初看起来是有道理和吸引人的。

功利主义观点的突出特征是:它直接地涉及一个人怎样在不同的时间里分配他的满足,但除此之外,就不再关心(除了间接的)满足的总量怎样在个人之间进行分配。在这两种情况下的正确分配都是那种产生最大满足的分配。社会必须如此分配它的满足手段——无论是权利、义务,还是机会、特权、或者各种形式的财富,以便达到可能产生的最大值。但是没有任何分配形式本身会比另一种形式更好,除非要选取较平等的分配来打破僵局。① 确实,有关正义的某些常识性准则,特别是那些涉及自由与权利保护,或者表达被遗弃者要求的准则,看来是与这一内容冲突的。但从一个功利主义者的立场看来,这些准则及其令人信服的特点可解释为:它们是经验告诉我们应当严格遵守的,并且仅仅在应当最大限度地增加利益总额的条件下才可与之背离的准

---

① 有关这一点见西季维克:《伦理学的方法》,第416页以后。

则。[1] 像所有其他准则一样，这些有关正义的准则也仍然是从达到最大满足余额的目的获得的。这样，原则上就没有理由否认可用一些人的较大得益补偿另一些人的较少损失，或更严重些，可以为了使很多人分享较大利益而剥夺少数人的自由。但在大多数情况下，至少在一个合理的文明发展阶段，最大利益并不是通过这种方式达到的。无疑，有关正义的常识性的严格准则有助于限制人们的不正义倾向和损害社会的行为，但功利主义者相信，把这类严格准则作为道德的一个首要原则是错误的。因为，正像最大限度地满足一个人的欲望体系对他来说是合理的一样，最大限度地增加一个社会所有成员的满足的净余额，对这个社会也是正当的。

达到功利主义的最自然方式（当然不是惟一方式），就是对作为一个整体的社会采取对一个人适用的合理选择原则。一旦认识到这一点，在功利主义发展史上的公平观察者（impartial spectator）的地位和对同情的强调也就容易理解了。因为，人们正是通过公平观察者的观念和同情的认同，而设想把个人的原则应用于社会的。正是这个观察者被领悟为在把所有人的欲望组织成一种和谐一致的欲望体系，并通过这种组织使许多人融为一体。被赋予同情和想像的观念能力的这个观察者是完全理性的个人，他统一和体验别人的欲望，仿佛这些欲望是他自己的一样。他通过这种方式清楚了这些欲望的强度，在一个欲望体系中恰当地估价它们，然后理想的立法者就试图通过调整社会体系的规范来最大限度地满足它们。按照这种社会观，分离的个人就被设想为多种不同群类，应依据这些差别按照给予需求以最大满足的规则来进行权利和义务的分配以及有限满足手段的配给。因此，这一理想

---

[1] 见 J. S. 密尔：《功利主义》，第 4 章最后两段（参见商务印书馆 1957 年版中文本：《功用主义》）。

的立法者所作的决定，就类似于一个考虑怎样通过生产这种或那种产品来获取最大利润的企业家的决定，类似于一个考虑怎样通过购买这些或那些商品来得到最大满足的消费者的决定。在这些情况中都是一个单独的人出现，他的欲望体系决定着有限资源的最好分配。正确的决定本质上是一个有效管理的问题。社会合作的观点是把个人的选择原则扩展到社会的结果，然后，为了使这种扩展生效，就通过公平和同情的观察者的想像把所有的人合成为一个人。功利主义并不在人与人之间做出严格的区分。

6．一些有关的对照

在许多哲学家看来（并且得到常识性信念的支持），自由与权利的要求和对社会福利的总的增长的欲望之间是有原则区别的。我们把前者如果不是看得绝对重要的话，也是看得更为优先的。社会的每一成员都被认为是具有一种基于正义、或者说基于自然权利的不可侵犯性，这种不可侵犯性甚至是任何别人的福利都不可逾越的。正义否认为使一些人享受较大利益而剥夺另一些人的自由是正当的。把不同的人当作一个人来计算他们的得失的方式是被排除的。因此，在一个正义的社会里，基本的自由被看作是理所当然的。由正义保障的权利不受制于政治的交易或社会利益的权衡。

作为公平的正义试图通过展示那些有关正义优先的常识性信念正是在原初状态中被选择的原则的推论，来解释这些常识性信念。这些判断反映了订约的各方合理的选择和始初的平等。虽然功利主义者承认，他的理论严格说来是与这些正义感相冲突的，但他还是主张正义的常识性准则和自然权利的概念作为次一级的规则具有一种从属的有效性，这种有效性来自以下事实：在文明社会中，除了例外情形，在绝大多数情况下遵循它们会带来巨大的社会利益。甚至我们在肯定这些准则和诉诸这些权利时常常出现的巨大热情本身也被看作是某种有用性，因为它抵消了人的以功利原则无法核准的方式违反它们的自然倾向。一旦我们理解到这一点，在功利原则和正义准则的力量之间的明显差别就不难在哲学上说明了。因此，契约论在其完全的意义上认可我们有关正义优先的信念，而功利主义则试图把它作为一种在社会交往中有用的幻像来解释它们。

第二个对照是：功利主义者把个人的选择原则扩展到社会，而作为公平的正义则持一种契约论的观点，认为社会选择的原则（因而也是正义的原则）本身是一种原初契约的目标。假定一个人类社团的调节原则只是个人选择原则的扩大是没有道理的。相反，如果我们承认调节任何事物的正确原则都依赖于那一事物的性质，承认存在着目标互异的众多个人是人类社会的一个基本特征，我们就不会期望社会选择的原则会是功利主义的。确实，我目前所讲的一切还没有证明原初状态中的各方不会选择由功利原则来决定社会合作的条件。我后面将考察的这一问题是一个难题。根据一个人在这方面的全部所知，采用功利原则的某种形式是完全可能的，因此，契约论最后就导致一种对功利主义的更隐蔽和更迂回的证明。事实上，在边沁和埃奇沃思那里有时就隐约透露出这样一些倾向，虽然他们并没有以一种系统的方式发展它们。据我所知，在西季维克那里没有出现这种情况。① 现在我将只假定原初状态中的人们会拒绝功利原则，并由于前面已经扼要叙述过的各种理由，会采取我提过的那两条正义原则。无论如何，从契约论的观点来看，我们不能仅仅通过把合理慎思的原则扩大到用于由公平的观察者建立的欲望体系来达到一种社会选择

---

① 对边沁可参见《国际法的原则》，《边沁著作选》的第 1 篇论文（约翰·波林编，爱丁堡，1838—1843 年），第 2 卷，第 537 页，对埃奇沃思可参见《数学心灵学》，第 52—56 页，亦见《纯粹征税理论》的头几页，载于《经济学杂志》第 7 卷（1897 年），在那里较简明地提出了同样的论证。见后面第 28 节。

原则。这样做没有严格地考虑个体的众多和区别，没有把人们将一致同意的东西看作正义的基础。在此我们可以注意到一种奇怪的反常现象。人们习惯上认为功利主义是个人主义的，这种看法肯定有一些道理。功利主义者是思想自由和公民自由的坚强捍卫者，他们主张社会的善是由个人享受的利益构成的。但功利主义却不是个人主义的，至少通过一番较自然的思考我们可以达到这一结论。通过合成所有欲望体系，功利主义把适合于个人的选择原则应用于社会。这样，我们就看到第二个对照是与第一个对照相联系的，因为它是这样的一种合成，依据这种合成的原则使正义所保障的权利受制于社会利益的计算。

我现在要述及的第三个对照是：功利主义是一种目的论的理论，而作为公正的正义却不是这样。那么，按定义，后者就是一种义务论的理论，一种不脱离正当来指定善；或者不用最大量地增加善来解释正当的理论（应注意：我们在此把义务论理论定义为非目的论的理论，而不是定义为把制度和行为的正当看作是独立于它们的结果的性质的观点，所有值得我们注意的伦理学理论都须在判断正当时考虑结果，不这样做的伦理学理论是奇怪的和不可理喻的）。作为公平的正义是上面第二种意义上的义务论。因为，如果假定在原初状态中的人们要选择一种平等的自由原则和有利于每一个人的有限的经济和社会不平等，那就没有理由认为正义的制度会最大量地增加善（在此我与功利主义一起假定善被定义为合理欲望的满足）。当然，在这种情况下产生最大的善并不是没有可能，但这只是一个巧合。达到满足的最大净余额的问题决不会在作为公平的正义理论中产生，这个最大值原则在这里完全是多余的。

我们在这方面还需要进一步的考察。按功利主义观点，任何欲望的满足本身都具有某种价值，必须在决定什么是正当时加以考虑。在计算满足的最大余额时并不涉及（除了间接地）这些欲望是什么样的欲望。[①] 我们要把制度安排得能得到最大限度的满足，并不问这些满足的来源和性质而只管它们会怎样影响幸福的总量。社会福利直接依赖也仅仅依赖于个人的满足或不满足的水平。这样，如果人们在相互歧视或者在损害别人自由以提高自己尊严的行为中得到某种快乐，那么，对这些欲望的满足，我们也必须根据它们的强度或别的什么因素，把它们和别的欲望放到一起来加以审议和衡量。如果社会决定拒绝实行它们，或压制它们，这是因为它们对社会具有破坏性的倾向，以及能通过别的途径达到一种较大福利。

另一方面，在作为公平的正义中，人们预先接受一种平等的自由的原则，他们在接受这一原则时处在一种对他们较特殊的目标的无知状态中，因此，他们明确同意，要使他们的善的观念符合正义原则的要求，或至少不坚持那些直接违反它们的要求。一个发现他很欣赏别人的不自由的人，会懂得他对这种欣赏没有任何权利。他在别人的不自由中得到的快乐本身是错误的，是一种与他在原初状态中同意的原则背道而驰的满足。正当原则和正义原则使某些满足没有价值，在何为一个人的善的合理观念方面也给出了限制。人们在制订计划和决定志向时要考虑这些限制。因此，在作为公平的正义中，我们并不把人们的倾向和癖好看作既定的（无论它们是什么），然后再寻求满足它们的最好方式。相反，他们的欲望和志向从一开始就要受到正义原则的限制，这些原则指定了人们的目标体系必须尊重的界限。我们可以这样说，在作为公平的正义中，正当的概念是优先于善的概念的。一个正

---

① 边沁：《道德与立法原理》，第 1 章，第 4 节。

义的社会体系确定了一个范围,个人必须在这一范围内确定他们的目标。它还提供了一个权利、机会和满足手段的结构,人们可以在这一结构中利用所提供的东西来公平地追求他们的目标。正义的优先部分地体现在这样一个主张中:即,那些需要违反正义才能获得的利益本身毫无价值。由于这些利益一开始就无价值,它们就不可能逾越正义的要求。[①]

在作为公平的正义中,这种正当对善的优先成为这种正义观的一个基本特征。它给总的基本结构的设计提供了某些确定的标准,规定制度的安排决不能有违反从一开始就有确定内容的两个正义原则的倾向,它们必须保证正义的制度是稳固的。这样,在什么是善、什么样的性格是有道德价值的、人们应当成为什么样的人的问题上就确立了某些最初的界限。任何正义理论都要建立一些这样的限制——即一些如果要使它的首批原则满足既定环境就必须要有的限制。功利主义排除了那些如果被鼓励和允许、由于环境缘故将会减少满足总额的欲望和倾向。但这种限制只是大致上的,在对环境缺少详细了解的情况下,它并不能确切地说明这些欲望和倾向到底是什么。这一点本身并不是反对功利主义的一个理由。以下情况只是功利主义理论的一个特征:它在决定一个正义社会应鼓励什么样的道德性格的问题时非常依赖于自然事实和人类生活中的偶然因素,而作为公平的正义的道德理想则较深刻地孕育在伦理学理论的首要原则之中。这正是自然权利观点(契约论传统)对立于功利理论的一个特点。

在阐明作为公平的正义和功利主义之间的对照时,我心目中

[①] 正当的优先是康德伦理学的一个基本特征。例如,见《实践理性批判》第1卷第1编第2章,一个清楚的陈述可在《理论与实践》(题目系缩写)中找到,载于《康德政治著作集》第67页以后。

的功利主义只是一种古典的理论，这就是边沁和西季维克、功利主义经济学家埃奇沃思和皮古的观点。的确，从休谟发端的那种功利主义理论并不适合于我的目的，严格说来它不是功利主义。例如，在他的著名的反对洛克契约论的论证中，休谟坚持认为忠实和忠诚（fidelity and allegiance）的原则有着同样的功利基础，因此，并没有什么东西是从基于一种原始契约的基本政治义务那里获得的。在休谟看来，洛克的契约论代表一种不必要的混淆，一个人也可以直接地诉诸功利。① 但休谟所说的功利看来只不过是社会的普遍利益和必要性。忠实和忠诚的原则是在下述意义上产生于功利的：除非普遍接受这些原则，维持社会秩序就是不可能的。但休谟设想每个人从他的长远利益判断，当法律和政府符合功利准则时，他就会遵守诺言。休谟没有一句话提到一些人的所得在量上多于另一些人的损失的情形。对休谟来说，功利看来等同于某种形式的共同利益，当制度适合于所有人的利益时（至少从长远看），它们就满足了功利的要求。这样，如果对于休谟的这种解释是正确的，那么它自然就和正义的优先并无冲突，跟洛克的契约理论也没有什么不相容了。在洛克那里，平等权利的作用正在于保证对自然状态的惟一被允许的违反是那些尊重这些权利和服务于公共利益的违反。显然，洛克所赞成的对自然状态的所有改变都要满足这个条件，都将是所有关心推进他们目标的理性人在一种平等状态中会同意的。休谟在任何地方都没有争论这些限制是否适当。他对洛克契约论的批评决不否认，甚至看来还承认它的基本内容。

---

① 《论原始契约》，载于《论文集——道德、政治与文学》，T. H. 格林与 T. H. 格罗西编，第 1 卷（伦敦，1875 年）第 454 页以后。

由边沁、埃奇沃思和西季维克所概括的古典功利观点的长处是它清楚地认识到那个关键性的东西：正义原则和由这些原则确立的权利的相对优先。问题是：对一些人的损害是否能够被一种其他人享受的较大的利益总额绰绰有余地抵消，或者，正义是否要求一种对所有人的平等的自由，且只允许那些有利于所有人的经济和社会的不平等存在。在古典的功利主义和作为公平的正义之间的对照中隐涵着一种根本的社会观的差别。在我们的理论里，我们把一个组织良好的社会设想为一个由那些人们在一种公平的原初状态中将选择的原则来调节的互利互惠的合作体系，而在古典功利主义的理论中，组织良好的社会则被设想为一种对社会资源的有效管理，这种管理能最大限度地增加由公平的观察者从许多既定个人欲望体系造成的总的欲望体系的满足。与古典功利主义的较自然的推论的比较，使我们看清了这一对照。

7．直觉主义

我将以一种比惯常更一般的方式来考察直觉主义，即把它作为一种含有不能再追溯的最初原则的理论，那些最初原则是必须通过询问我们自己来得到我们所认为的公正衡量的。一旦我们达到某种一般原则的水平，直觉主义者就坚持认为不再有任何更高的建设性标准可用来恰当地衡量各种冲突的正义原则。当道德事实的复杂性要求一系列明确的原则时，却没有任何单独的标准来解释或者衡量它们。这样，直觉主义理论就有两个特征：首先，它们是由一批最初原则构成的，这些最初原则可能是冲突的，在某些特殊情况下给出相反的指示；其次，它们不包括任何可以衡量那些原则的明确方法和更优先的规则，我们只是靠直觉，靠那种在我们看来是最接近正确的东西来决定衡量。即便有什么优先的规则，它们也被认为多少是琐碎的，不会在达到判断时有实质性的帮助。①

通常与直觉主义联系的还有一些别的不同论点，例如：认为正当与善的概念是不可分析的，恰当概括的道德原则表达了合法的道德要求的自明命题等等。但我将把这些搁置不论。这些只有认识论特征的观点并不是我所理解的直觉主义的一个必要组成部分。也许我最好还是在一种广义多元论的意义上谈论直觉主义。一种不要求我们靠直觉来衡量其原则的正义观也能是多元论的。它可能包含必要的优先规则。为了强调在衡量原则中对我们所考虑的判断的直接诉诸，以这种较一般的方式考虑直觉主义看来是适当的。至于这样一种观点在通往哲学认识论问题的道路上走得多远，则是另外一个问题。

如此理解的话，就有许多种直觉主义。不仅包括我们日常生

---

① 这种形式的直觉主义理论见于布赖恩·巴里：《政治的论证》（伦敦，劳特利奇与基根·保罗公司1965年版），特别是第4—8页，尤其第286页以后；R. B. 布兰特：《伦理学概论》（英格伍德·克利弗斯，新泽西州，普兰梯利—霍尔公司，1959年版），第404、426页和第429页以后，在那里功利原则是与平等原则结合在一起的；还有尼古拉·莱塞尔：《分配的正义》（纽约，波布斯—米内尔公司1966年版），第34—51、115—121页，在那里由平均效果的概念导出了类似的限制。罗伯特·诺齐克讨论了发展这种直觉主义的一些问题：《道德服从和道德结构》，载于《自然法论坛》第13卷（1968年）。

传统意义上的直觉主义包括某些认识论的命题，例如有关道德原则的自明性和必然性的问题。这方面的代表著作有G. E. 摩尔的《伦理学原理》（剑桥，剑桥大学出版社，1903年版），特别是第1章和第6章；H. A. 普里查德收在《道德义务》中的论文和讲演（牛津，克莱伦顿出版社1949年版），特别是第1篇论文《道德哲学停留在一个错误上吗？》（1912年）；W. D. 罗斯：《正当与善》（牛津，克莱伦顿出版社，1930年版），特别是第1、2章，以及《伦理学基础》（牛津，克莱伦顿出版社1939年版）。亦见18世纪的一篇理查德·普莱斯所写的论文：《道德原则问题评论》，第3版，1787年，拉菲尔编（牛津，克莱伦顿出版社1948年版）。有关古典的直觉主义的新近讨论，见H. J. 麦考斯塞：《元伦理学与规范伦理学》（海牙，马提尼·尼尔霍夫公司1969年版）。

活中的直觉性概念，也许还包括大多数哲学理论。区别各种直觉主义观点的一个办法是根据它们的原则的一般性程度。常识性的直觉主义采取一组相当专门的准则形式，每一组都适用于一种特殊的正义问题。有的适用于公平工资的问题，有的适用于征税的问题，还有的适用于刑罚的问题等等。比方说，在形成公平工资的概念中，我们要平衡那些多少有些冲突的标准——例如技术、训练、表现、职责、工作的危险方面的要求，还要考虑到需要的要求。大概没有人会仅仅根据这些准则中的一个行事，而是必须在这些准则之间做出某种平衡。现有制度的工资改革实际上也就代表着对这些要求的一种特定衡量。然而，这种衡量一般都受到不同社会利益的各种要求的影响，也受到相对的权势地位的影响。因此，它可能不符合任何一个人所持的公平工资的观念。这很可能是真实的，因为，利益不同的个人很容易强调那些促进他们利益的标准。那些较有技术和受过教育的人趋向于强调技术和训练方面的要求，而那些缺少这些优势的人们则强调需要的要求。而且不仅我们自己的处境在影响着我们的日常正义观，这种正义观也带有风俗和时尚的色彩。我们要依据什么标准来判断这风俗本身的正义性和这些时尚的合法性呢？为了达到某种理解和统一的标准，使这种标准超越于对利益竞争的仅仅事实的解决和对现存风俗与特定愿望的依赖，有必要寻求一种衡量这些准则、或至少把它们限制在一个较小范围内的较一般的理论结构。

这样，我们就可参照社会政策的某些目的来考虑正义问题。但这种办法看来还要依靠直觉，因为它一般是采取平衡不同的经济和社会目标的形式。例如，假如分配效益、充分就业、较大国家收入及其比较平等的分配被接受为社会目标，那么，如果这些目标和现有制度体制都是重要的，人们就会强调公平的工资和公正的税收等等准则的重要意义。为了达到较大的效益和公平，我们可能遵循一种在工资政策上强调技术和表现的策略,而用另一种方式(也许是福利救济)来处理生活需要问题。对社会目标的一种直觉,为解决参照收税来决定公平工资是否合理的问题提供了一个基础。我们如何衡量一组准则,要根据我们衡量另一组准则的情况来调整。这样我们就把某种连贯性引入了我们的正义判断,我们就从现实中较狭窄的利益调和达到了一种较宽广的观点。当然,我们在衡量策略本身的较高层次的目的中还是要诉诸直觉,对它们的不同衡量不是因为任何琐碎的手段差异,而是常常来自各种深刻对立的政治信念。

哲学观念的原则是最有普遍性的原则。它们不仅打算解释社会策略的目的,而且应根据对这些原则的强调来相应地决定这些目的的平衡。为明白起见,让我们讨论一种基于总和—划分的二分法(aggregative – distributive dichotomy)的相当简单且为人熟悉的观念,它有两个原则:首先,社会的基本结构要设计得在保证满足的最大净余额的意义上产生最大善;其次是要平等地分配满足。当然,两个原则都有其他的相同附款。第一个原则,功利的原则,在这种情况下是作为效率标准活动的,它督促我们尽可能创造最大的总额(假定其他情况都相同);而第二个原则则是作为一种正义标准而活动的,它限制对福利总额的追求,使利益分配趋于平等。

这个观点是直觉主义的,因为没有提供任何更优先的规则来决定这两个原则如何互相平衡。因此,对这些原则的接受容有非常不同的权衡。无疑;提出大多数人实际上会怎样平衡它们的看法是很自然的。比方说,在满足总额的不同构成和平等的不同程度方面,我们可能会给予这些原则以不同的衡量。例如,面对有一巨大数量但非平等分配的满足总额的情况,我们可能就比对于大量的集合福利已经被相当公平地分享时要把促进平等看作更紧迫的事。在形式上可以通过经济学家对无差别曲线(indifferencecurve)的设计来更充分地说明这一点。① 假设我们可以衡量基本结构满足这些原则的程度,并设正 x 轴代表满足总额,正 y 轴代表平等(可假定有一完全平等的上限)。基本结构的某种安排满足这些原则的程度,现在就能由平面上的一点表示出来:

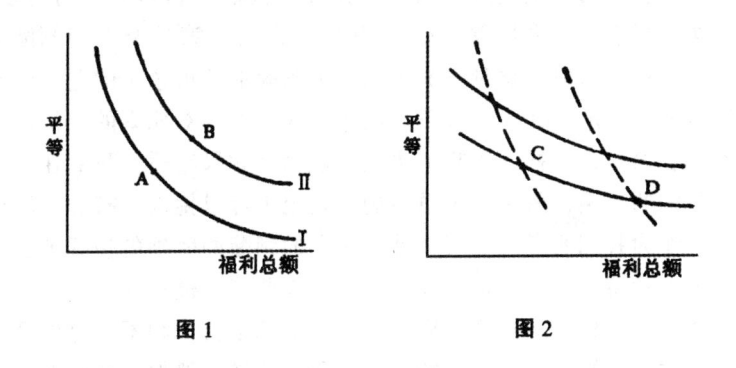

图 1

图 2

那么很清楚,处在右上方的一点比起另一点来说是一个较好的安排;它在两方面都占有优势。例如,在图 1 中,B 点比 A 点要好。无差别曲线是由连接作为同等正义的各点构成的,这样,图 1 中的曲线 I 上的各点就与位于这条曲线上的 A 点等级相同,而曲线 II 上的各点也与 B 点等级相同。我们可以假设这些曲线向右下方倾斜,而且假设它们不会相交,因为不然的话,它们所代表的判断就会前后矛盾了。那么,曲线在任何一点的斜率都表示着平等与满足在这一点所代表的结合中的相对分量,沿着一条无差别曲线变化着的斜率反映了在原则或多或少被满足时原则的相对紧迫性的变化情况。这样,沿着图 1 中的一条无差别曲线行

---

① 有关用这种设计来说明直觉主义观点的,见巴里:《政治的论证》,第 3—8 页。大多数论及需求理论或福利经济的著作都包含一种阐释。W. J. 鲍莫尔:《经济理论与操作分析》,第 2 版(英格伍德·克利弗斯,新泽西州,普兰梯利—霍尔公司 1965 年版),第 9 章提供了一个较清楚的解释。

进，我们就可以看到：随着平等的减少，满足的总额就需要不断增大以补偿这种减少。

而且，这些原则是容有差别很大的评价的。假定图 2 代表着两个不同的人的判断，其中两条实线表示一个比较重视平等的人的判断，而两条虚线则表示一个比较重视福利总额的人的判断。这样，当第一个人同等估价 D 点与 C 点时，第二个人则判断 D 点要好些。所以，这种正义观在何为正确的评价这个问题上没有设置任何标准，因而允许不同的人达成不同的对原则的权衡。然而不管怎样，这样一种直觉主义的观念，如果它适应我们在反思中考虑的判断，就决非不重要的，它至少可以挑选出有意义的标准，作为我们所考虑的有关社会正义的判断的明确的坐标轴。直觉主义者希望，一旦这些坐标轴（或者原则）被辨明，人们实际上就将多少相近地平衡它们，至少在他们是公平和不过分注意个人利益的时候会这样做。如果情况不是这样，那他们至少能同意某种结构，这种结构能调和他们的不同意见。

注意到下一点是非常重要的，即直觉主义者并不否认我们能够描述我们是如何平衡各种冲突原则的，或者，假使人们对这些原则的权衡各不相同，他也不否定我们能描述任何一个人的权衡方式。直觉主义者承认用无差别曲线描述这些权衡的可能性。知道了这些描述，我们就可以预测将做出什么判断。在此意义上，这些判断有一种一贯和确定的结构。当然，人们可以断言，在衡量的过程中我们会无意识地受到某些进一步的标准，或某些总是能最好地实现某个目标的思想的支配。也许，我们认为重要的正是那些当我们采取这些标准或追求这个目标时将产生效果的东西。虽然，任何既定的原则平衡都受制于这种解释，但直觉主义者断言实际上没有这种解释。他争辩说不存在任何明确的支持这种衡量的伦理学观念。可以用一种几何图形或数学函数描述这些衡量，但没有任何确立其合理性的建设性道德标准。直觉主义坚持主张：在我们有关社会正义的判断中，我们最后必然是达到一批最初原则，对于它们，我们只能说，这种平衡在我们看来比另一种平衡要正确一些。

那么，在这种直觉主义理论那里就没有什么在本质上是非理性的东西了。的确，这可能是真实的。我们确实不能认为我们对社会正义的判断全部是从可认识的伦理学原则获得的。相反，直觉主义者相信道德事实的复杂性抗拒着我们充分解释我们的判断的努力，使一批互相冲突的原则成为必然。他们争辩说，超越这些原则的企图或者是陷入琐碎肤浅，例如说社会正义即是给每个人以他应得的份额；或者是走向错误和过分简单化，例如说一个人是根据功利原则来确定一切的。因此，同直觉主义争辩的惟一办法就是建立一些可解释各种衡量的可认识的伦理学标准，这些标准在我们看来对那些原则是适当的。要驳倒直觉主义者，就须提出一种据他们说是不存在的建设性标准。诚然，可认识的伦理学原则这一概念是含糊的，虽然从传统和常识给出许多实例是容易的。但是抽象地讨论此问题是没有意义的。直觉主义者及其批评者都必须在批评者一旦提出他的较系统的建设性解释时就讨论这个问题。

人们可能要问，直觉主义理论是目的论的还是义务论的呢？我认为，它们可以是两者的任何一种。任何伦理学观点都必然在许多点上和某种程度上依赖直觉。例如，一个人可以像穆尔一样坚持认为：个人的爱和人类的理智、美的创造和观照、知识的获得和欣赏是主要的善的事物，它们伴随着快乐。[①] 一个人也可以不同意穆尔，坚持认为这些都是惟一内在的善。由于这些价值是独立于正当指定的，如果正当被定义为最大量地增加善，我们就

[①] 见《伦理学原理》第 6 章。穆尔的理论的直觉主义性质是被他的有机统一的原则确定的，第 27—31 页（参见商务印书馆 1983 年版中文本）。

有一种至善主义类型的目的论。但在评价是什么东西产生最大善时，这一理论可能还是坚持认为必须靠直觉来衡量这些价值，它可能说，在此，并没有任何实质性的标准可供指导。然而，直觉主义理论常常是义务论的。罗斯明确地表示：根据道德价值对善的事物进行的分配（即分配的正义）被包括在高层次的善之中，而产生最大善的原则则被列为一个最先原则，它是一个只能靠直觉来相对于别的自明原则进行衡量的原则。① 所以，直觉主义观点的鲜明特征并不在于它们是目的论的还是义务论的，而在于它们特别强调我们那些不受可认识的建设性伦理标准指导的直觉能力。对于优先问题，直觉主义否认存在着任何有用和明确的答案。我现在就想简要地讨论一下这个问题。

8．优先问题

我们看到，直觉主义提出了范围的问题：即在什么范围内我们有可能对我们所考虑的有关正义的判断给出一种系统的解释。直觉主义特别认为，对于各种冲突的正义原则的衡量，不可能给出任何建设性的解答，我们至少在此必须依靠我们的直觉能力。当然，古典的功利主义试图完全避免诉诸直觉，它是一种单独原则的观点，只有一个根本标准。对衡量的调整至少在理论上是参照功利原则来决定的。密尔认为，必须只容许一个这样的标准，否则，在冲突的标准之间就没有仲裁者了。西季维克详细地论证说，功利原则是惟一能够充当这一角色的原则。他们坚持主张，我们的道德判断在下述意义上无疑是功利主义的，即当面临道德命令的冲突，或者概念模糊不清时，我们没有别的选择，而只能采取功利主义。密尔与西季维克在有些地方相信：我们必须有一

---

① 见 W. O. 罗斯：《正当与善》，第 21—27 页。

个单独的原则来改正和统一我们的判断。[1]毋庸置疑，这种古典理论的一个最大魅力就在于它正视优先问题并试图避免依靠直觉。

如我所述，在解决优先的问题时诉诸直觉并没有什么必然不合理的地方。我们必须承认这样一种可能性：即没有办法避免一批原则的存在。任何正义观无疑都要在某种程度上依赖直觉。然而，我们应尽可能地减少直接地诉诸我们所考虑的判断。因为如果人们都以不同的方式衡量最后原则（像他们可能经常做的那样），那他们的正义观也就会各个不同。对原则的衡量是正义观的一个基本的而不是次要的部分。如果我们不能解释这些衡量是如何由合理的伦理标准决定的，我们就不可能再进行理性的讨论。我们可以说，一个直觉主义的正义观只是半个正义观。我们应该尽我们所能地概括适用于优先问题的明确原则，即使不能完全排除对直觉的依赖。

在作为公平的正义中，直觉的作用受到几方面的限制。由于整个问题是相当困难的，我在此将只做一些评论，其充分意义要到后面才能清楚。第一点涉及到下述事实，即正义原则是那些将在原初状态中被选择的原则，它们是一种确定的选择状态的结果。作为这种原初状态中的理性人，他们认识到应当考虑这些原则的优先性。因为，如果希望建立一致同意的标准以裁决他们彼此的要求，他们就将需要用来衡量的原则。他们不可能认为他们对优先问题的直觉判断是普遍一样的，只要他们在社会中处于不同地位，他们的判断就肯定不会一致。这样，我就假设，在原初状态中各方试图达到一种怎样平衡正义原则的契约。那么"选择原则"这一概念的意义就在于那些使人们一开始采用这些原则的

---

[1] 关于密尔，可见《逻辑体系》第6编第12章第7节，还有《功利主义》第5章第26—31段，在那里论证是联系于正义的常识性准则作出的。关于西季维克可见《伦理学方法》，例如第4编第2、3章，那里总结了第3编的论据。

理由同时也可以是对原则的某种评价。由于在作为公平的正义中，正义的原则并不被认为是自明的，而是在它们将被选择的事实中得到证明，我们就可以在接受它们的理由中发现某种有关它们是怎样被衡量的指导或限制。只要给定一个原初状态的条件，那么下述情况就可能是清楚的：某些优先的规则之所以被认为比其他规则更可取，其理由基本上就是那些使人们最初同意原则的理由。通过强调正义的作用和最初选择状态的特征，优先问题可以较容易地把握。

第二种可能是：我们也许能把原则放入一种词典式的序列中去[①]（正确的词是"词典编辑的序列"，但那未免有些累赘）。这

[①] "词典编辑法"一词来自这样一个事实，即这样一种次序的最为人熟悉的范例就是一部词典中安排词汇的次序。为明白这一点，我们可以用数字来代替字母：如以"1"代表"a"，以"2"代表"b"等，然后从左至右排列这一数字轴线，只是当需要打断时才移到轴线右端。一般来说，一种词典式次序不可能用一种功利的连续实函数表示，因为这样一种排列违反了连续性的假设。见 I. F. 皮尔斯：《需求分析论稿》（牛津，克莱伦顿出版社1946年版），第22—27页；A. K. 斯恩：《集体选择与社会福利》（旧金山，霍尔登—戴公司，1970年版），第34页以后。进一步的参考见 H. S. 豪森克：《现状消费理论》，载于《计量经济学》第29卷（1961年）第710页以后。

在道德哲学史上，词典式次序的观念也偶尔出现，但并没有被明确地讨论过。这在哈奇逊的《道德哲学体系》（1755年）中有一清楚的实例。他提出我们可根据强度和持续性来比较性质相同的快乐；而在比较性质不同的快乐时，我们必须同时考虑它们的持续性和尊贵性。较高级的快乐可能有一种比起较低级的快乐（不管它的强度多大和多么持久）更大的价值。见 L. A. 塞尔拜—比基：《英国道德学家》，第1卷（牛津，1897年）第421—423页。J. S. 密尔的《功利主义》第2章第6—8段中表述的著名观点也类似于哈奇逊的观点。词典式地把道德价值都排列在非道德价值之前也是很自然的。例如参见罗斯：《正当与善》，第149—154页。当然，在第1节中叙述的正义的优先和可在康德那里发现的正当的优先，也是这种次序的进一步实例。

经济学中的功利理论也从一种对需求的等级结构和道德考虑的优先开始。这可以清楚地见之于 W. S. 杰文斯的《政治经济学理论》（伦敦，1871年）第27—32页。杰文斯叙述了一种类似于哈奇逊的观点，把经济学家对功利的计算放在道德情感的最低排列之下。有关需求等级及其与功利理论的联系的讨论，见尼古拉·乔治斯库-罗根的《选择、前景和可测量性》，载于《经济学季刊》第68卷（1954年），特别是第510—520页。

是一种要求我们在转到第二个原则之前必须充分满足第一个原则的序列，然后，在满足第二个原则之后才可以考虑第三个原则，如此往下类推。一个原则要到那些先于它的原则或被充分满足或不被采用之后才被我们考虑。这样，一种连续的序列就使我们避免了衡量所有原则的麻烦。那些在序列中较早的原则相对于较后的原则来说就毫无例外地具有一种绝对的重要性。我们可以把这样一种排列看作有限制的最大限度原则。因为我们可以想到，在次序中的任何原则都必须最大限度地受制于那些被充分满足的在先的原则。作为一种重要的专门情况，我实际上将通过把平等的自由的原则排在调节经济和社会不平等的原则之前来显示这样一种排列。这实际上意味着，社会基本结构要以在先的原则所要求的平等的自由的方式，来安排财富和权力的不平等。一种词典式的或连续的次序概念肯定不能马上就显示出它的意义，的确，它看来是违反我们对正确判断的见解的。而且，它需要这样的前提：即在序列中的原则必须是一种相当专门的原则。例如，除非在先的原则只有一种有限的应用，并规定了能够满足的有限要求，否则后面的原则就决不能发挥作用。例如平等自由的原则就能够占据一个优先的地位，因为它可以被满足。而如果让功利原则成为最先的，它就会使所有随后的标准都成为没用和多余的。我将努力表明，至少在某些社会环境里，一种正义原则的连续序列能够提供对优先问题的一个大致解答。

最后，对直觉的依赖可以通过提出更为限定的问题和用明智代替道德判断来减少。这样，面对一种直觉主义原则的人就可以回答说，没有某些可供审慎思考的线索，他就做不出什么评价。例如，他可能坚持说，他不能够平衡在满足的分配中功利总额对平等的分量。在此涉及的概念对他来说不仅太抽象和广泛，使他不可能有做出判断的信心，而且对它们意义的解释也存在巨大的分歧。总和—划分的两分法无疑是一个有吸引力的观念，但在这种情况下看来却是难以应用的。它不可能把社会正义的问题分解为足够小的部分。在作为公平的正义中，对直觉的诉诸集中表现在两个方面，首先我们从社会体系中挑选出一种可用来判断社会体系的确定状态，然后，我们从处在这一状态中的一个代表人的立场，探讨选取某种社会基本结构是否合理的问题。在我们给定的某些假设条件下，经济和社会的不平等将通过最少受惠的社会群体的长远前景来判断。当然，对这一群体的规定并不是很确切的，我们的明智的判断肯定也会给直觉留下很大余地，因为我们并不能概括出决定我们判断的原则。然而，我们提出了一个大大限制了的问题，用一种合理考虑的判断代替了一个道德判断。这样，我们应当怎样决定就常常是清楚的。对直觉的依赖在性质上就不同于直觉主义的总和一划分的二分法，依赖的程度也要小得多。

我们在论述优先问题时的任务是要减少而非完全排除对直觉判断的依赖。没有理由认为我们能完全避免对任何一种直觉的诉诸，或假定我们应当试图避免。我们的实际目标是要达到一种可以合理依靠的一致判断，以提供一种共同的正义观。如果人们的直觉性优先判断是相似的，从实践的意义上说，他们即使不能概括出解释这些确信的原则，甚至不知道这些原则是否存在都没有什么关系。然而，相反的判断却引起了一个困难，因为裁决它们的基础在某种程度上是模糊的。这样，我们的目的就应当是概括出这样一种正义观，不管它是如何多地诉诸直觉（伦理的或明智的直觉），它都倾向于使我们所考虑的正义判断集中起来。如果这样一种正义观存在，那么，站在原初状态的立场，就有很充分的理由要接受它，因为把进一步的连贯性引进我们共同的正义信念是合理的。确实，一旦我们从原初状态的立场看待事物，优先的问题就不是怎样处理不可改变的既定道德事实的复杂性问题，而是要概括出合理的和能被普遍接受的提议以达到所希望的判断一致。按照契约论的观点，道德事实是由将在原初状态中被选择的原则确定的。这些原则指定了与社会正义立场有关的那些考虑。由于选择这些原则的问题是由处在原初状态中的人们决定的，所以，决定他们想要哪种复杂程度的道德事实的正是他们自己。原初的契约决定着他们准备在调和与简化方面走多远以建立一种共同的正义观所需要的优先规则。

我评论了两种明白而简单的建设性地处理优先问题的方式，一种是通过一个单独的普通原则，另一种是通过一批按词典次序排列的原则。无疑还有一些别的方式，但我将不再考虑它们。传统的道德理论主要是单独原则的或者直觉主义的，所以，从设计一个序列开始还是足够新奇的。一般来说，一种词典式次序虽然不可能很准确，但它可以对某些特殊的但却有意义的条件提供一个大致说明（见第82节）。它可能以这种方式指出了正义观的较一般的结构，并暗示着那些走下去将会感到它们越来越合适的路线。

9. 对道德理论的评论

为防止误解，在此简单地讨论一下道德理论的性质看来是可取的。这项工作将通过详细地解释关于在反思的平衡中被考虑的判断这个概念，并提出它的理由来进行。[1]

让我们假定，每个达到某一年龄和具有必要理智能力的人在正常的社会环境中都会建立一种正义感。我们在判断事物是否正义并说明其理由的过程中获得了一种能力。而且，我们通常有一种使自己的行为符合这些判断的欲望，并希望别人也有类似的欲望。显然，这种道德能力是极其复杂的，只要看看我们准备做出

---

[1] 在这一节中我遵循我在《伦理学程序纲要》中的一般观点（《哲学评论》，第60卷，1951年），但其中与语言的比较当然是新的。

的判断在数量上和变化上的潜在的无限性,就足以明白这一点。我们在判断中常常不知所措或感到困难的事实,并不减少我们拥有的这种能力的复杂性。

现在一个人可以在一开始(我强调这一观点的预备性质)把道德理论设想为想描述我们的道德能力的企图,或者,在现在的情形中,可以把一种正义论看作一种想描述我们的正义感的企图。这一工作是很困难的,因为这一描述并不仅仅意味着一份对我们拟采取的制度和行为的判断的表格,以及相伴随的理由说明。相反,不如说这里所需求的是一系列原则的概括。这些原则在与我们的信仰、我们对环境的知识结合起来时,将引导我们达到上述判断及其理由,只要我们真诚和明智地采用这些原则。当我们的日常判断符合一种正义观的原则时,这种正义观就表现了我们的道德感受性的特征。这些原则能够作为达到相应判断的论证前提的一部分。我们直到以一种系统的方式了解了这些原则所覆盖的宽广领域时,才算理解了我们自己的正义观。只有对我们的日常判断和做出这些判断的自然倾向的一种不可靠的了解才能掩盖下述事实:描述我们的道德能力的特征是一件复杂而困难的工作。描述我们的道德能力的原则应当被看作是有一个复杂的结构的,它们所涉及的概念需要给以严格的研究。

在此,与描述我们对母语句子的语法感的问题做一比较是有益的。[①] 这种描述的目的是要通过概括出使操此语言者都做出同样辨别的明确清楚的原则,来改进这种接受组织恰当的句子之能力的特征。这是一个困难的工作,虽然还没有完成,但我们已知道它需要某些理论构造,这些构造远远超出我们拥有的明确的语

---

① 见诺姆·乔姆斯基:《句法理论的若干问题》(坎布里奇,马萨诸塞州,马萨诸塞理工学院出版社 1965 年版),第 3—9 页(参见中国社会科学出版社 1986 年版,中文本)。

法知识的特殊规则的范围。在道德哲学中大概也存在着类似的情况。没有理由认为我们的正义感能够准确地由大家所熟悉的常识性准则来表现其特征,或者从更明显的学习原则获得。对道德能力的正确解释肯定要涉及原则和理论结构,它们远远超越了日常生活中所列的规范和标准的范围,最后还可能需要相当精确的数学。我之所以这样认为是由于,按照契约论的观点,正义论是合理选择理论的一部分。这样,关于原初状态及其间的一个有关原则的契约的观念就不显得是太复杂和多余的了。这些观点甚至是相当简单的,只能作为一个开端。

到此为止,虽然我还没有对所考虑的判断(considered-judgment)说过什么,但是,正如我已经暗示的那样,它们是作为这样的判断被引进的,即我们的道德能力最能够不受曲解地体现在这些判断之中。这样,在决定哪一些判断属于所考虑之列时,我们可以合理地选择其中的一些而排除另一些。例如,我们能排除那些犹豫不决的判断,或者我们只抱很少信心的判断。同样,那些在我们迷惑或惊吓时作出的判断,或者我们在以某种方式坚持自己的利益时作出的判断也都要弃之一边。所有这些判断可能都是有错误的,或者受到对我们自己利益的过分关注的影响。被考虑的判断只是那些在有利于实现正义感的条件下做出的判断,因此,它们不会出现在那些很容易导致错误判断的环境里。所以判断者被假定有达到一种正确决定的能力、机会和欲望(或至少没有不这样做的欲望)。而且,统一这些判断的标准不是任意的;它们实际上类似于那些挑选出任何一种被考虑的判断的标准。一旦我们把正义感看作一种精神能力,看作有关思想的训练的,那么,相关的判断就是那些在有利于一般的思考和判断的条件下做出的判断。

我现在转向"反思的平衡"的概念。产生这个概念的需要是:根据道德哲学的暂时目标,我们可以说作为公平的正义是这样一种假设，它假定那些将在原初状态中被选择的原则是和那些我们所考虑的判断依据的原则一致的，所以，这些原则描述了我们的正义感。但这一解释显然是太简单了。在描述我们的正义感时，必须容有这样一种可能性：即被考虑的判断尽管是在有利的环境中做出的，但无疑还是受到了某些偶然因素的影响和曲解。当向一个人提出一种有感染力的对他的正义感的直觉解释时（比方说一个体现了各种合理的和自然的假设的解释），他可能在修正他的判断以适应那种正义观的原则，即使这一理论跟他的既定判断并不是很吻合。如果他对于这种破坏他对最初判断的信心的背离能找到一种解释，同时，向他呈现的正义观能给出一个他感到现在可以接受的判断，在这种情况下，他特别有可能修正自己的判断。从道德哲学的立场看，对一个人正义感的最好解释并不是那种跟他在考察各种正义观之前就具有的判断相适应的解释，而是那种跟他在反思的平衡中形成的判断相适应的解释。如我们所见，这种情况是在一个人衡量了各种提出的正义观之后达到的，他或者是修正了他的判断以符合其中的一种正义观，或者是继续坚持他的最初信念以及相应的观念。

　　反思的平衡的概念引出了一些需要加以评论的复杂情况。其中一个情况是，它是一个具有下述特征的概念：它研究的是那些通过自我考察形成的行为指导原则。道德哲学是苏格拉底式的：一旦调节我们现在所考虑的判断的原则被阐明，我们就可能想改变这些判断。我们可能这样做，即使这些原则完全适合这些判断。对这些原则的认识可以引出进一步的反思，使我们修改我们的判断。然而这一特征并不是道德哲学特有的，或者别的哲学原则的研究特有的（比方说，归纳法和科学方法的研究）。例如，尽管我们可能不期望根据一种其原则在我们看来是特别自然的语言理论对我们的正确语法感做出实质性改变，这样的一种改变还是可以想象的，并且，我们的正确语法感无疑有可能在某种程度上受到这种知识的影响。但是存在着一种对比,比方说和物理学的对比。举一个极端的例子,即便我们对天体事物的运动有了一个准确的但不吸引人的解释,我们还是不可能改变这些运动以使它们符合于一种较吸引人的理论。关于天体的机械运动的原则是否有一种理智的美,那只是一个运气好坏的问题。

然而,对反思的平衡存在着好几种解释,因为这个概念是变化的,该变化取决于它是只向个人提出了除一些小的差异外大致适应他的现有判断的描述,还是提出了所有可能的描述,以致他很可能将他的判断及其全部的哲学论据与其相适应。在前一种情况下,我们要相当如实地描述一个人的正义感,虽然允许抹去某些偶然因素;在后一种情况下,一个人的正义感却可能发生一种彻底的变化。显然,正是在第二种意义下的反思的平衡中,一个人才涉及到道德哲学。诚然,人们是否能达到这种状态是可怀疑的,因为,即使所有可能的描述和相关的哲学论证都被恰当地确定(那是很难做到的),我们也不可能逐个考察它们。我们能做的至多是研究和考察我们通过道德哲学史所得知的以及自己的正义观。但我要做的事情还是不少的,因为在提出作为公平的正义时,我将把它的原则和论据与别的一些熟悉观点相比较。借助于这些比较,作为公平的正义就能被理解。比方说,我们就能理解前面述及的两个原则将在原初状态中被认为比别的传统正义观——例如功利的和完善的正义观——更可取而被人们选择,以及这些原则比那些别的供选择的原则更适合于我们经过反思达到的判断。这样,作为公平的正义就使我们更接近于哲学的理想,当然,它并没有达到这一理想。

对反思的平衡的解释还直接引出了一些进一步的问题。例如,一种反思的平衡(在哲学理想的意义上)真的存在吗?若存在,它是惟一的吗?即使它是惟一的,它能够达到吗?也许我们最初的判断,或反思的过程(或两者一起)影响了我们最后达到的立场（如果有的话）。然而，在此思考这些问题是无用的。它们远远超出了我们的力量范围。我甚至不想探讨某一个人所考虑的判断之特有的原则是否和另外的一个人所考虑的判断之特有的原则相同。我将认为下面的情况是当然的：这些原则对在反思的平衡中的判断者来说是大致一样的，而如果不同的话，他们的判断便是沿着我将讨论的传统理论的一些主要路线划分的（的确，一个人可能发现自己在同一时刻被两种对立的观点所纠缠）。如果人们的正义观最后变成迥然不同的，这种不同的方式就具有头等的重要性。我们当然要等较好地解释了这些观点的结构之后才能知道它们是如何不同的，或者有没有不同。我们现在正缺少这种解释，甚至在一个人或一群相似的人的情况中也是如此。这一点看来也和语言学相似：如果我们能描述一个人的语法感，我们肯定要对语言的一般结构知之甚多。同样，如果我们能描述一个受过教育的人的正义感，我们就要开始致力于一种正义论。我们可以假定每个人自身都有一种完整的道德观。这样，对于本书的目的来说，它仅仅考虑读者和作者的观点，其他人的意见只用来澄清我们的思想。

我希望强调，正义观只是一种理论，一种有关道德情感（重复一个十八世纪的题目）的理论，它旨在建立指导我们的道德能力，或更确切地说，指导我们的正义感的原则。这些推测性的原则能对照于一组确定的事实（即我们在反思的平衡中所考虑的判断）来进行检查。一种正义论遵循和别的理论一样的方法规则。定义与意义分析并不占一个特殊的地位：定义只是建立理论的一般结构的一个手段，一旦整个结构设计出来，定义就失去其突出地位，它们随理论本身的兴衰而兴衰。无论如何，仅仅在逻辑的真理和定义上建立一种实质性的正义论显然是不可能的。对道德概念的分析和演绎（不管传统上怎样理解）是一个太薄弱的基础。必须允许道德哲学如其所愿地应用可能的假定和普遍的事实。没有别的途径可以解释我们在反思的平衡中所考虑的判断。这是至少可以追溯到西季维克的经典作家们对此学科的看法,我看没有理由违反它。①

而且,如果我们能准确地解释我们的道德观念,意义和证明的问题也就会容易回答得多。其中有些问题的确有可能不再是真正的问题。例如,我们可以注意到,由于弗雷格和坎托以来的发展,使我们有可能大大加深对逻辑和数学中陈述的意义和证明的理解。对逻辑和集合论的基本结构及其与数学的联系的知识,以一种概念分析和语言研究决不可能有的方式改变了这些领域的哲学。一个人只要看看理论被分为可决定的和完全的、不可决定的但完全的、不完全也不可决定的三种类型这一划分的效果就够了。说明这些概念的逻辑体系的发现深刻地改变了逻辑和数学中的意义和真理问题。一旦道德观念的实质性内容得到较好的理解,一种类似的变化也就可能出现。以下情况是合理的:对道德判断的意义和证明的问题,不可能用别的方式找到有说服力的答案。

所以,我希望强调研究实质性道德观念的中心地位。但我们在承认它们的复杂性时也要承认我们现在的理论是原始的,有着很大的缺陷。我们需要容忍它们在揭示和接近我们的判断的一般结构时的简单化。在通过反例提出反对意见时必须小心,因为它

---

① 我相信这种观念的要点可上溯到亚里士多德在《尼可马克伦理学》中所采取的做法。见 W. F. R. 哈迪:《亚里士多德的伦理学理论》,第 3 章,特别是第 37—45 页。西季维克认为道德哲学史是一系列这样的企图,它们想"十分广泛和清楚地叙述理性的那些主要直觉,并通过科学地应用这些直觉,使人类的共同道德思想能迅速地总结起来和加以改正(《伦理学的方法》,第 373 页以后)。他认为哲学的反思将导致我们修正所考虑的判断是理所当然的。虽然在他的理论中有认识论直觉主义的成分,但它们没有被系统的思考所支持因而不占很大比重。有关西季维克的方法论的解释,见 J. B. 施奈温:《西季维克伦理学中的首要原则和常识道德》(《哲学史文献》第 45 卷〔1963 年〕)。

们可能只告诉我们已经知道的东西，即我们的理论在什么地方有错误，而重要的是要找出错误的频率和程度。所有的理论大概都有错误。不论何时，真正的问题是已提出的观点中哪一个在各方面都最好地接近真实。为确定这一点，对各种对立理论的结构的某种把握肯定是需要的。正是因为这个理由，我才试图参照各种正义观的基本的直觉观念（因为这些观念揭示了各种正义观之间的主要差别）来划分和讨论它们。

在陈述作为公平的正义时，我将把它与功利主义相对照。我这样做有好几个原因，部分是作为一种揭示我的正义论的手段，部分是由于功利主义观点的几种变化形式长期以来一直支配着我们的哲学传统。尽管功利主义很容易引起连续不断的怀疑和担心，它却始终占据着这样一种支配地位。我相信，这种特殊情况的原因在于：人们一直没有提出什么建设性的替换理论，即尚无具有清晰和系统的同时又能减轻那些疑虑的显著价值的理论出现。直觉主义不是建设性的，至善主义是不能接受的。我想，恰当设计的契约论也许能够填补这一空白，作为公平的正义的理论就是朝着这个方向的一个努力。

当然，我将提出的契约论是很容易受到我们刚才说过的那些责难的。它也无例外地带有印在现有道德理论上的原始性。例如，有关优先规则我们所能说的就非常之少，以致不能不使人沮丧；一个词典式的序列可能可以相当好地服务于某些重要情况，但我想它也不会完全令人满意。然而，不管怎样，我们是可以应用简化的手段的，正像我经常做的那样。我们应把正义论看作一种指导性结构，用来集中我们的道德感受，在我们的直觉能力面前提出较有限和较易处理的问题以便判断。正义的原则统一了在道德上相关的某些思考；优先规则指示着这些思考冲突时需采取的适当步骤；而原初状态的概念则确定了要展示我们的思考的根本观念。如果这整个体系看来是想通过反思弄清和整理我们的思想，如果它倾向于减少分歧和使歧异的信念较为一致，那它就做了一个人们可以合理地要求它做的全部事情。其中的许多简化，作为一种看来的确是有益的结构的一些部分，可以被看作暂时已得到了证明。

第 二 章

正义的原则

正义论可以划分为两个主要部分：(1) 一种最初状态的解释和一种可用于其间的选择的各种原则的概述；(2) 一种对实际上要采用哪个原则的论证。这一章将讨论用于制度的两个正义原则和几个用于个人的原则，解释它们的意义。这样，我目前关心的只是正义论第一部分的一个方面。我要到下一章才能解释最初状态，开始论证在此考虑的原则的确要被接受。在此，要讨论一些不同的题目：作为正义的主题的制度、形式的正义的概念、三种程序上的正义、善论的地位、在什么意义上正义原则是平等主义的等等。所有这些讨论都旨在解释正义原则的意义和应用。

10．制度与形式的正义

社会正义原则的主要问题是社会的基本结构，是一种合作体系中的主要的社会制度安排。我们知道，这些原则要在这些制度中掌管权利和义务的分派，决定社会生活中利益和负担的恰当分配。适用于制度的原则决不能和用于个人及其在特殊环境中的行动的原则混淆起来。这两种原则适用于不同的主题，必须分别地加以讨论。

现在我要把一个制度理解为一种公开的规范体系，这一体系确定职务和地位及它们的权利、义务、权力、豁免等等。这些规范指定某些行为类型为能允许的，另一些则为被禁止的，并在违反出现时，给出某些惩罚和保护措施。对于制度或较普遍的社会实践的实例，我们可以想像一下运动会、宗教仪式、审判和议会、市场和财产制度。一种制度可以从两个方面考虑：首先是作为一种抽象目标，即由一个规范体系表示的一种可能的行为形式；其次是这些规范指定的行动在某个时间和地点，在某些人的思想和行为中的实现。这样，在现实的制度或作为抽象目标的制度中，对何为正义或不正义的问题，还存在一种含糊性。看来最好是说：正义与否的问题只涉及现实的并且被公平有效地管理着的制度。至于作为一个抽象目标的制度的正义与否，则是指它的实现将是正义的或不正义的而言。

当一个制度所指定的行为按照一种公开的理解——即确定制度的规范体系应被遵循——而有规则地实现时，它就是存在于一定时间和地点中的。例如，议会制度就是被某种规范体系（或容有变化的一组这样的体系）确定的。这些规范列举了某些行为类型：从召开一系列议会会议对一项议案进行投票，到对一种议事规程提出质疑。各种一般规范被组织成一种首尾一贯的体系。一种议会制度存在于这样一个确定的时间和地点：当某些人们实行恰当的行动，以一种必要的方式介入这些活动，并相互承认大家都理解他们的行为要符合他们想服从的规范。[①]

当谈到一种制度因而社会的基本结构是一种公开的规范体系时，我的意思是说，每个介入其中的人都知道当这些规范和他对规范规定的活动的参与是一个契约的结果时他所能知道的东西。一个加入一种制度的人知道规范对他及别人提出了什么要求。他也清楚：别人同样知道这一点，他们也清楚他知道等等。诚然，这一条件在现实制度中并不总是被满足，但这是一个合理简化的

---

① 见 H. L. A. 哈特：《法律的概念》（牛津，克莱伦顿出版社 1961 年版），第 59 页以后、第 106 页以后及第 109—114 页上关于一种有关规范和法律体系何时可以说是存在的讨论。

假设。将用于社会安排的正义原则在这种意义上被人们理解为公开的。在那个制度的某个次要部分的规范仅为属于这部分的人们所知的地方,我们可以假定那些人理解到他们是能够为自己制订规范的,只要这些规范是为了达到普遍接受的目的,同时别的规范也不受到影响。一种制度,其规范的公开性保证介入者知道对他们互相期望的行为的何种界限以及什么样的行为是被允许的。存在着一个决定相互期望的共同基础。而且,在一个组织良好的社会里即一个由一种共同的正义观有效地调节的社会里,对何为正义非正义也有一种公开的理解。后面我假定正义的原则是在知道它们是公开的条件下选择的(见第23节)。这一条件在契约论理论中是很自然的。

我们有必要把一个制度确定各种权利义务的基本规则,与如何为了某些特定目标而最好地利用这个制度的策略和准则区别开来。[1] 合理的策略准则立足于对允许的行动的一种分析,这些允许的行动是个人和集体按照对自身利益、信仰及相互计划的推测决定的。这些策略准则本身并不是制度的一部分,而宁可说它们属于有关制度的理论,比方说,属于议会政治的理论。一个制度的理论,正像一种游戏的理论一样,一般都把基本规则看作是既定的,它分析权力分配的方式,解释那些介入者可能会怎样利用他们的机会。在设计和改造各种社会安排时,我们当然必须考察各种方案和它容许的策略,以及它倾向于鼓励的行为方式。从理想上来说,这些规范必须如此建立,也就是使人们的主要利益能推动他们向着普遍欲望的目标行动。个人受合理计划指导的行为应当尽可能地协调一致,以达到他们虽然未曾料到却还是对社会

---

[1] 关于基本的规范和制度,见 J. R. 塞尔:《言语行为》(剑桥,剑桥大学出版社 1969 年版),第 33—42 页。亦见 G. E. M. 安斯康波:《论野蛮事实》,载于《分析》第 18 卷(1958 年);B. J. 迪格斯:《规范与功利主义》,载于《美国哲学季刊》第 1 卷(1964 年),那里讨论了对规范的不同解释。

正义最好的结果。边沁把这种协调设想为利益的人为统一（artificial identification of interests），亚当·斯密则把这看作是一只不可见之手的作用。[①] 这是理想的制订法律的立法者和督促改造法律的道德家的目标。然而，个人所遵循的对评价制度十分重要的战略策略，并不是公开规范体系的一部分，虽然它们是由规范体系决定的。

我们也许还要把单独一个或一组规范、一种制度或它的一个主要部分，与作为一个整体的社会体系的基本结构区别开来。这样做的理由是，一个制度的一个或几个规范可能是不正义的，但制度本身却不是这样。同样，也可能某一种制度是不正义的，而整个社会体系却非如此。不仅有这样一种可能：即单独的一些规范和制度本身并不是足够重要的；而且有这样一种可能：在一个制度或社会体系的结构中，一种明显的非正义可补偿另一种非正义。社会总体系如果只包含一个不正义部分，那么它就并非与那个部分是同等地不正义的。而且，以下情况也是可以想像的：一个社会体系即使其各种制度单独地看都是正义的，但从总体上说它却是不正义的，这种不正义是各种制度结合成一个单独的体系时产生的结果。其中一种制度可能鼓励或辩护为另一种制度所否认或无视的愿望。这些区别是足够明显的。它们只是反映了这样一个事实：我们在评价制度时，既可以从一个较宽广的角度也可以从一个较狭窄的角度去观察它们。

应当指出，也有些制度是正义概念通常并不适用的。比方说，一种宗教仪式通常并不被人看作是正义或非正义的，虽然有些并不真正属于它的情况无疑能被想像出来，例如将长子和战俘

---

① "利益的人为统一"这一说法出自伊利·阿莱维在《哲学激进主义的形式》第1卷，第20—24页里对边沁的解释（巴黎，菲利克斯·阿尔坎公司1901年版）。至于"不可见之手"，见亚当·斯密的《国富论》，埃德温·克兰编（纽约，《现代丛书》1937年版），第423页。

用于献祭。一种普遍的正义论要考察：那些通常并不被认为是正义或非正义的宗教仪式或别的实践形式，在什么时候的确要受到这种评价。大概它们必须以某种方式涉及在人们中间对某些权利和价值的分配。然而，我将不进行这种较广泛的探讨。我们仅仅关心社会的基本结构和它的主要制度，以及社会正义的标准情形。

现在让我们假定某种基本结构存在，它的规范满足了某种正义观。我们自己可能不接受它的原则，甚至可能发现它们是可憎和非正义的。但它们在下述意义上是正义的原则——即它们为这个体系扮演了正义的角色，它们为基本的权利和义务提供了一种分配办法，并决定着社会合作利益的划分。让我们也设想这种正义观从整体看来被这个社会接受，制度由法官及别的官员公正一致地管理着。这就是说，类似情况得到类似处理，有关的同异都由既定规范来鉴别。制度确定的正确规范被一贯地坚持，并由当局恰当地给予解释。这种对法律和制度的公正一致的管理，不管它们的实质性原则是什么，我们可以把它们称之为形式的正义。如果我们认为正义总是表示着某种平等，那么形式的正义就意味着它要求：法律和制度方面的管理平等地（即以同样的方式）适用于那些属于由它们规定的阶层的人们。正像西季维克强调的，这种平等恰恰就隐含在一种法律或制度的概念自身之中，只要它被看作是一个普遍规范的体系。[①] 形式的正义是对原则的坚持，或像一些人所说的，是对体系的服从。[②]

西季维克补充道，显然，法律和制度可能在被平等地实施

[①] 《伦理学的方法》，第 7 版（伦敦，麦克米兰公司，1907 年版），第 267 页。
[②] 见 ch. 佩雷尔曼：《正义的观念和论证的问题》，J. 皮特纳译（伦敦，劳特利奇与基根·保罗公司 1963 年版），第 41 页。此书的头两章即对《正义》（布鲁塞尔1943 年）的译文是与此有关的，尤其是第 36—45 页。

着的同时还包含着非正义。类似情况类似处理并不足以保证实质的正义。这一准则有赖于社会基本结构与之相适应的原则。我们可以假定一个奴隶制或等级制的社会,或者一个准许最专横的种族歧视存在的社会,是被平等一致地管理着的,虽然实际情况可能不会这样,但这种假定至少并无逻辑上的矛盾。然而,形式的正义(或作为规则性的正义)却排除了一些重要的非正义。因为如果假定制度确实是正义的,那么执政者应当公正不阿,在他们处理特殊事件中不受个人、金钱或别的无关因素的影响就是十分重要的事情。在法律制度中的形式正义正是那种支持和保障合法期望的法律规范本身的一个方面。而有一种非正义即为:法官和别的有权力者在判断各种要求时不能坚持适当的规范或正确地解释它们。一个因自己的性格爱好而倾向于这种行为的人是不正义的。而且,即使在法律和制度不正义的情况下,前后一致地实行它们也还是要比反复无常好一些。这样,那些受制于它们的人至少知道它们所要求的是什么,因而可以尝试着保护自己,相反,如果那些已经受害的人们在某些规范可能给予他们某种保障的特殊情况下,还要受到任意专横的对待,那就是一种甚至更大的不正义了。另一方面,在某些特殊情形中,通过违反既定规范来减轻那些受到不公正待遇的人的困苦也可能不失为上策,但我们为这种事的辩护究竟能走得多远(特别是在损害以信任现行制度为基础的期望的情况下),仍然是政治正义领域中一个很纠缠人的问题。总起来说,我们所能说的就是:形式正义要求的力量或遵守制度的程度,其力量显然有赖于制度的实质性正义和改造它们的可能性。

有些人坚持说,实质性正义和形式的正义事实上倾向于结为一体,因此,至少那些很不正义的制度是不可能被公正一致地管理的，至少这种情况很罕见。[①] 据说，那些拥护不正义的安排并从中得到好处的人们，那些轻蔑地否认别人的权利与自由的人们，对在特殊情形中妨碍到他们利益的法律规范是会毫无顾忌地破坏的。法律一般难于避免的含糊性及其给不同解释留下的广泛余地，会在制定决策时鼓励一种任意性，只有对正义的忠诚才能够减少这种任意性。因此，他们坚持认为凡发现有形式的正义、有法律的规范和对合法期望的尊重的地方，一般也能发现实质的正义。公正一致地遵循规范的愿望、类似情况类似处理的愿望、接受公开规范的运用所产生的推论的愿望，本质上是与承认他人的权利和自由、公平地分享社会合作的利益和分担任务的愿望有联系的。有前一种愿望，就会倾向于有后一种愿望。这种论点肯定是有些道理的，但我不欲在此考察它。因为只有到我们知道什么是合理的实质性正义原则、知道在什么条件下人们会肯定和依靠它们之后，我们才可能恰当地评价这一论点。一旦我们理解了这些原则的内容、它们的合理基础以及人类的态度，我们或许就能决定实质性正义和形式正义是否是结为一体的。

11．正义的两个原则

我现在将以一种暂时的形式，陈述我相信将在原初状态中被选择的两个正义原则。我希望在这一节中仅做出最一般的评论，因此，对这些原则的首次概括只是尝试性的。随着我们的继续行进，我将提出好几种概括，一步一步地接近那个将在书较后地方提出的最后陈述。我相信这样做将使阐述以一种自然的方式前进。

两个原则的首次陈述如下：

第一个原则：每个人对与其他人所拥有的最广泛的基本自由

---

① 见朗·费勒：《法律的道德》（纽黑文，耶鲁大学出版社 1964 年版），第 4 章。

体系相容的类似自由体系都应有一种平等的权利。

第二个原则：社会的和经济的不平等应这样安排，使它们①被合理地期望适合于每一个人的利益；并且②依系于地位和职务向所有人开放。

在第二个原则中有两句含糊的短语，即"每一个人的利益"和"平等地对所有人开放"。更确切地阐述它们的意义将引出在第 13 节中对这一原则的第二个概括。两个原则的最后陈述将在第 46 节中给出，而在第 39 节就要推出第一个原则。

一般来说，如我所述，这些原则主要适用于社会的基本结构。它们要支配权利与义务的分派，调节社会和经济利益的分配。正如这些原则的公式所暗示的，这些原则预先假定了社会结构能够划分为两个大致明确的部分，第一个原则用于第一个部分，第二个原则用于第二个部分。它们区别开社会体系中这样两个方面：一是确定与保障公民的平等自由的方面，一是指定与建立社会及经济不平等的方面。大致说来，公民的基本自由有政治上的自由（选举和被选举担任公职的权利）及言论和集会自由；良心的自由和思想的自由；个人的自由和保障个人财产的权利；依法不受任意逮捕和剥夺财产的自由。按照第一个原则，这些自由都要求是一律平等的，因为一个正义社会中的公民拥有同样的基本权利。

第二个原则大致适用于收入和财富的分配，以及对那些利用权力、责任方面的不相等或权力链条上的差距的组织机构的设计。虽然财富和收入的分配无法做到平等，但它必须合乎每个人的利益，同时，权力地位和领导性职务也必须是所有人都能进入的。人们通过坚持地位开放而运用第二个原则，同时又在这一条件的约束下，来安排社会的与经济的不平等，以便使每个人都获益。

这两个原则是按照先后次序安排的，第一个原则优先于第二个原则。这一次序意味着：对第一个原则所要求的平等自由制度的违反不可能因较大的社会经济利益而得到辩护或补偿。财富和收入的分配及权力的等级制，必须同时符合平等公民的自由和机会的自由。

显然，这两个原则的内容是相当专门的，对它们的接受立足于某些假设，而我最终必须解释和证明这些假设。一种正义论在某些方面依赖于一种社会理论，这些方面随着我们的阐述将变得明朗起来。现在，我们应当注意到，这两个原则（包括它所有的概括形式）是一种可以表述如下的更一般的正义观的一个专门方面。

这一表述是：

所有社会价值——自由和机会、收入和财富、自尊的基础——都要平等地分配，除非对其中的一种价值或所有价值的一种不平等分配合乎每一个人的利益。

这样，不正义就仅是那种不能使所有人得益的不平等了。当然，这个观念是极其含糊和需要解释的。

作为第一步，我假定社会的基本结构分配某些基本的善——即分配预计每个有理性的人都想要的东西。这些善不论一个人的合理生活计划是什么，一般都对他有用。为简化起见，假定这些社会掌握的基本善是权利和自由、权力和机会、收入和财富（在后面的第三编中将集中探讨作为自尊的基本善）。这些善是基本的社会善。别的基本善像健康和精力、理智和想像力都是自然赋予的，虽然对它们的占有也受到社会基本结构的影响，但它们并不在它的直接控制下。那么，让我们假设一个最初的安排，在这一安排中，所有的社会基本善都被平等地分配，每个人都有同样的权利和义务，收入和财富被平等地分享。这种状况为判断改善的情况提供了一个水平基点。如果某些财富和权力的不平等将使每个人都比在这一假设的开始状态中更好，那么它们就符合我们的一般观念。

那么，下面这种情况至少从理论上是可能的：人们所放弃的某些基本的自由能从作为其结果的社会经济收益中得到足够的补偿。我们的正义论的一般观念并不对究竟允许哪一种不平等做出任何规定，它只是要求这种不平等能改善每一个人的状况。我们不需要去假定某种类似奴隶制那样极端的事情，而只是设想人们在这样的情况下放弃某些政治权利：即当经济回报是巨大的，而他们通过运用这些权利影响政策过程的能力却是微乎其微的时候。但这种交换仍是上述两个原则要排除的交换，由于它们的次序，它们不允许在基本自由和经济社会收益之间进行交换。原则的次序表现了对各种基本社会善的一个根本的偏爱。当这种偏爱有合理性的时候，对处在这种次序中的原则的选择也是有合理性的。

在确立作为公平的正义理论时，我将在很多地方把正义的这个一般观念搁置一边，转而专门考察两个原则的先后次序的情形。这种作法的优点是从一开始就注意到优先的问题，并努力想找到处理它的原则。人们被引导到始终注意某些条件——在这些条件下，承认自由相对于社会经济利益的绝对重要性（这是由两个原则的词典式次序决定的）将是合理的。这种排列初看起来是极端的，太专门化了，以致不会引起人们很大的兴趣，但这只是初步的印象，对这种排列我们可以有更多的证明。无论如何，我要坚持这种做法（见第82节）。再者，在基本的权利自由和经济社会利益之间的差别反映了人们欲利用的基本社会善的不同。它暗示着对社会体系的一种重要划分。当然，这种划分和次序至多只是一个近似，肯定有一些它们要在其中归于无效的情形。但最重要的是清楚地描述一种恰当的正义观的主要轮廓，而在许多情况中，这两个处在先后次序中的原则都能很好地服务于这个目的。必要的时候，我们也可以回到较一般的概念上。

这两个原则是适用于制度的事实引出了某些推论。首先，这些原则所涉及的权利和自由，是那些由基本结构的公开规范确定的权利和自由。一个人是否自由，是由社会主要制度确立的权利和义务决定的。自由是社会形式的某种样式。第一个原则仅仅要求某些规范（那些确定基本自由的规范）平等地适用于每一个人，要求这些规范承认与所有人拥有的最广泛的自由相容的类似自由。确定自由的权利和减少人们自由的惟一理由，只能是由制度所规定的这些平等权利会相互妨碍。

另一件要记住的事情是，当原则述及个人或要求每一个人都从不平等中得益时，这里的人是指占据着由社会基本结构确定的各种地位、职务等的代表人。这样在应用第二个原则时，我就将假定可以把一种对福利的期望指定给占据这些地位的代表人。这种期望指示着从他们的社会地位所展望的生活前景。一般来说，这些代表人的期望依赖于整个基本结构对权利和义务的分配。当这种分配改变时，期望也就改变了。所以，我假定这些期望是相互联系的：若提高某一地位代表人的前景，大概就要增益或减损另一地位代表人的前景。由于原则是适用于制度的，第二个原则（或宁可说是它的第一部分）就要参考代表人的期望来说明。如我下面将讨论的，两个原则不适用于那种按姓名分辨的特殊个人的特殊物品的分配。那种某人要考虑怎样把某些东西分配给他认识的需求者的情况，也不在我们的原则讨论范围之内。我们的原则是要调节基本制度的安排。我们决不要犯这样的错误：以为从正义的角度看，一种对专门的人进行的管理性的利益分配和社会的恰当设计之间会有很多相似之处。适用于前者的常识性直觉对后者可能只是一种贫乏的指导。

第二个原则坚持每个人都要从社会基本结构中允许的不平等获利。这意味着此种不平等必须对这一结构确定的每个有关代表人都是合理的，如果这种不平等被看作是一种持续的情形，每个代表人宁愿在他的前程中有它存在而不是没有它。我们不能根据处在某一地位的人们的较大利益超过了处在另一地位的人们的损失额而证明收入或权力方面的差别是正义的。对自由的侵犯很少能通过这种方式来抵消。用于基本结构的功利主义原则要我们最大限度地增加代表人的期望总额（按古典功利主义观点，这总额由代表人代表的人数来衡量），这允许我们用一些人的所得补偿另一些人的所失。相反，两个正义原则却要求每个人都从经济和社会的不平等获利。然而，如果把平等的最初安排当作一个水平基点，显然有无数的方式可以使所有人得利。那么我们怎么在这些可能性中选择呢？对原则的说明必须使它们能产生一个决定性的结论。我现在就转向这个问题。

12. 对第二个原则的解释

我已经提到过：由于"每个人的利益"和"平等地向所有人开放"是含糊不清的，第二个原则的两部分就各有两种自然的意义。又因为这些意义都是相互独立的，这一原则就有了四种可能的意义。假定有关平等自由的第一个原则有完全一致的意义，那么我们对这两个原则就有四种解释。这些解释见下表：

"平等地开放"	"每个人的利益"	
	效率原则	差别原则
作为向才能开放的前途的平等作为公平机会平等的平等	自然的自由体系 自由的平等	自然的贵族制 民主的平等

我将依次概述三种解释：自然的自由体系、自由的平等和民主的平等。在某些方面这个次序是较直觉的次序，但我们顺便解释一下自然的贵族制是不无益处的，我将对它略加评述。在确立作为公平的正义时，我们必须决定哪个解释更可取。我采用的是

民主的平等的解释，并将在本章中说明这一概念的意义，而对它在原初状态中被接受的论证则要等到下一章。

在两个序列中，任何一个序列中的第一种解释，我都将其看作是自然的自由体系。按这种表述，第二个原则的第一部分就被理解为被调整得适用于制度或社会基本结构的效率原则，第二个部分就被理解为一种开放的社会体系，在这一体系中，用传统的话说，前途是向才能开放的（careers are open to talents）。在所有的解释中我都假定有关平等的自由的第一个原则是被满足的，经济大致是一种自由的市场经济，虽然生产资料可能是、也可能不是私人所有。那么，自然的自由体系坚持：满足了效率原则的、其中各种地位是向所有能够和愿意去努力争取它们的人开放的社会基本结构，将导致一种正义的分配。这种分配权利和义务的方式被设想为给出一个分配方案，在这一方案中以一种公平的方式分配财富和收入、权力和责任，而不管分配的结果是什么。这一理论包含一种纯粹程序的正义的重要因素，这一因素被其他解释加以吸取了。

在此我们略微离题，解释一下效率原则，这是有必要的。这个原则是转用于社会基本结构的巴莱多最佳原则（Pareto Optimality）（像经济学家所称的）。[1] 我将始终以"效率"这个词来代

---

[1] 在大多数有关社会选择或价格理论的著作中有对此原则的说明，一种清楚的解释可见之于 T. C. 库普曼的《论经济科学状况的三篇论文》（纽约，1957年），第41—46页。亦见斯恩：《集体选择与社会福利》（旧金山，霍尔登—戴公司1970年版），第21页以后。这些著作包括所有我们这本书在这方面所需要的东西（甚至更多），后者并考虑了有关的哲学问题。效率原则是由威尔弗雷德·巴莱多在他的《政治经济学教程》（巴黎，1909年）一书中介绍的第6章第53节和附录第89节。一些有关段落的翻译可见之于 A. N. 佩奇：《功利理论：阅读材料选》（纽约，约翰·威利父子公司1968年版），第38页以后。无差别曲线的有关概念可回溯到 F. Y. 埃奇沃思，《数学心灵学》（伦敦，1888年），第20—29页，亦见佩奇上述著作，第160—167页。

替它。因为这在文字上是正确的,而"最佳"这个词暗示的意义要比它实际的意义宽广得多。[①] 确实,这个原则开初并不是打算用于社会制度,而是用于经济体系的特殊结构,例如用于商品在消费者中的分配或者生产类型。这个原则认为,一种结构,当改变它以使一些人(至少一个)状况变好的同时不可能不使其他人(至少一个)状况变坏时,这种结构就是有效率的。这样,对于一批产品在某些个人中的某种分配来说,如果不存在任何改善这些人中至少一个人的状况而同时不损害到另一个人的再分配办法,那么,这种分配就是有效率的。对于某种生产组织来说,如果没有任何改变投资以生产更多的某种产品而不同时减少另一种产品的生产的办法,这种生产组织就是有效率的。因为,如果我们能生产较多的某种产品而且不必减少另一种产品的生产,较多的商品储存就能用来改善某些人的状况而无需使另一些人的状况变坏。这一原则的这些应用展示了它的确是一种效率原则。对某种商品分配方式或某个生产计划来说,如果有一些别的方式可以改善一些人且不损害另一些人的状况,那么它们就是无效率的。我将假定处在原初状态中的各方要采用这一原则来判断经济和社会安排的效率(见这里所附带的对效率原则的讨论)。

效率原则

假定有一确定数量的产品要在两个人(X_1 与 X_2)中间分配(见图3)。设曲线 AB 代表 X_1 的相应水平的所得,并且没有其他的产品分配办法可令 X_2 的状况比这曲线所指示的对应各点更好。试考虑 D 点 = (a, b),那么让 X_1 处在 a 水平,X_2 能达到的最好水平就是 b 水平了。在图3中,O 点(原点)代表任何产品被

[①] 这一点见库普曼:《论经济科学状况的三篇论文》,第49页。库普曼评论说,"配给的效率"将是一个更准确的名称。

分配前的状况，在曲线 AB 上的各点是有效率的各点，每一点都满足了巴莱多的标准：没有任何再分配方式能使一人状况更好而不使另一人状况变坏。这就是曲线 AB 向右下方倾斜的事实所表达的。由于只有一确定量的储存，就决定了一人有所得时另一人必有所失（当然，这一假定是偶然落入社会基本结构情况中的，这一基本结构是产生一种积极利益总额的合作体系）。OAB 区通常被看作是一个凸面，这意味着对于这一凸面中给定的任何两点来说，连接这两点的直线上的各点也是处在凸面内。圆形、椭圆形、正方形、三角形等等，都是凸面。

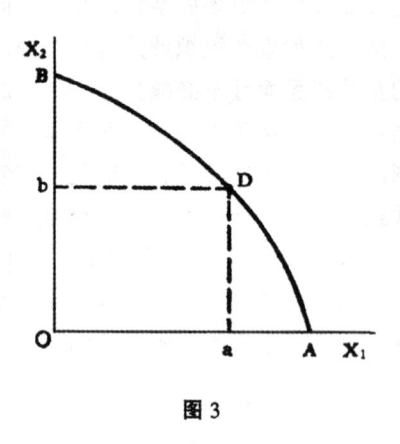

图 3

显然，事实上有许多效率点，曲线 AB 上的所有点都是效率点。效率原则本身并不能选择一种有效率的对特殊产品的分配方式。要在这些有效率的分配中挑选一个，需要采用其他的原则，比方说，一个正义的原则。

在两点中，按照效率原则，处在另一点右上方的一点较优。处在左上方或右下方的点是不可能比较的。由效率原则确定的次序只是局部的次序。这样，在图 4 中当 C 优于 E 及 D 优于 F 时，曲线 AB 上的各点之间则谈不上任何优劣。在这些效率点之间不可能排列等级。甚至代表其中一方享有全部产品的两个端点（A 和 B）也都像曲线 AB 上其他点一样是有效率的。

如此看来，我们并不能说 AB 线上任一点都优于 OAB 区域内的所有点。线段 AB 上的每一点都仅仅优于那些在它左下区域内的各点。这样 D 点就优于连接 D、a、b 点的虚线划出的长方形区域内的所有点。但 D 点并不优于 E 点。这两点不可能比较出等级。然而 C 点却优于 E 点，而且，曲线 AB 上那些属于以 E 点作为三角形的一个顶点用斜线划出的小三角形区域的各点也都优于 E 点。

另一方面，如果我们用一条与水平轴夹角为 45°的线来表示平等分配的轨迹（这假定着一种以两轴为代表的人际关系的基本解释，是在前面评论中没有的假定），如果我们把这也看作抉择的一个附带根据，那么考虑到这全部条件，D 点可能就比 C 点和 E 点更可取，因为它更接近于这条斜率为 1 的表示平等的直线。一个人甚至可能认为，像 F 这样一个区域内的点，要比作为效率点的 C 点更可取。实际上，在作为公平的正义中，正义原则是先于对效率的考虑的，因此，大致来说，代表正义的分配的内部点一般要比代表不正义分配的效率点更可取。当然，图 4 仅仅描绘了一种很简单的状况，不可能用于社会基本结构。

然而，存在着许多有效率的结构。例如，那种一个人得到全部产品的分配也是有效率的，因为没有别的可使某人得益而不使其他人受损的再分配办法。这个占有全部产品的人决不能失去什么。但我们当然不能接受这种不平等分配的效率所可能暗示的东西，即以为一切分配都是有效率的。只要一种分配使某些人愿意与别人交换物品，它就不可能是有效率的，因为交易的意愿说明有一种改善某人的境况而不损害别人的再分配形式。的确，一种有效率的分配应是一种在其中不可能发现更有利的交换的分配。在此意义上，那种一个人占有一切的分配之所以是有效率的，是因为别人没有任何东西能和他交换。效率的原则从而就容有许多种有效率的结构，每种有效率的安排都比一些别的安排要好，但任何有效率的安排都不比另一个有效率的安排更好。

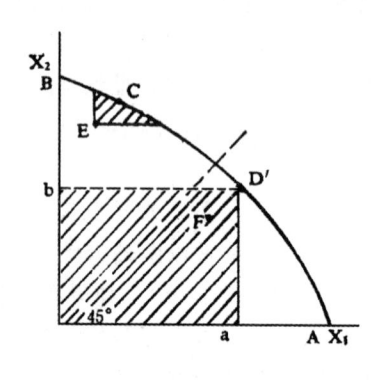

图4

现在效率原则可以参照各代表人的期望应用于社会基本结构。[①] 这样，我们就可以说，对于社会基本结构中某种权利和义务的安排来说，只要不可能把规范改变得、把权利义务方案重订得能提高某些代表人（至少一个）的期望而不同时降低另一些代表人（至少一个）的期望，这种安排就是有效率的。当然，这些

---

① 有关巴莱多标准在公开规范体系中的应用，见 J. M. 布坎南：《巴莱多最佳原则的相关性》，载于《冲突之解决杂志》第6卷（1962年），以及他同戈登·塔洛克合著的《同意的计算》（安阿伯，密执根大学出版社，1962年版）。在把这个原则和其他原则用于制度时，我遵循了《规范的两个概念》（载于《哲学评论》第64卷，1955年）中的一个观点。这样做在其他方面有一种通过公开效果限制原则之应用的优点，见第127页注①。

改变必须符合别的原则，即，在改变基本结构时，我们不允许违反平等自由的原则或地位开放的要求。能够改变的是收入和财富的分配，是组织的权力和一些别的调节合作活动的权力形式。在保证自由和开放的前提下，这些基本善的分配可以调整、修正各个代表人的期望。对于某种社会基本结构的安排来说，如果没有别的可改善某些人的前景而不损害另一些人的前景的再安排方式，这种安排就是有效率的。

我猜想存在着许多这种有效率的社会基本结构的安排。每一安排都标志着一种对社会合作利益的特殊划分。问题是要在它们之间进行选择，找到一种正义观来选出一种有效率的同时也是正义的分配形式。如果我们做到了这一点，我们将超越单纯的对效率的考虑，而且是以一种与它相容的方式超越的。这里，对于那种认为只要社会体系是有效率的就没有理由关心分配的观点作些考察，是很自然的。这种观点等于宣布说所有有效率的安排是同等正义的。这一宣称对于在一批给定个人中间的特殊物品的分配当然是古怪的；从正义的立场看没有人会认为恰巧由某一个人占有一切这件事无关宏旨。这一宣称对于社会基本结构来说看来也同样不合理。可能有这样一种情况：在某些条件下，若不降低某一代表人（比方说土地所有者）的期望，就不可能对农奴制做出任何重要的改变，在这种情况下农奴制就是有效率的。但在同样的条件下也可能发生另一种情况：若不降低某一代表人（比方说自由劳动者）的期望，就不可能对一种自由劳动体系作出改变，在这种情况里自由劳动制也是有效率的。广而言之，凡是一个社会被相应地划分成一些阶层的时候，是有可能在一个时期里使有关的各方的利益都得到最大限度的增加的。这些最大值至少给予这种划分以许多有效率的点，因为在这些代表中，没有一方能脱离此种划分而在不降低某一方（即跟最大值的确定有关系的一方）的期望的前提下提高另一方的期望。所以，这些极端情形的每一个都是有效率的，但它们肯定不可能都公正，也不都同等地不公正。这些评论仅仅把某个人占有一切这种给定个人中的产品分配仍有效率的情况与社会体系中的情况作了类比。

上述思考展示了我们一直知道的东西，即：仅仅效率原则本身不可能成为一种正义观。[①] 因此，它必须以某种方式得到补充。在自然的自由体系中，效率的原则受到某些背景制度（background institution）的约束，一旦这些约束被满足，任何由此产生的有效率的分配都被承认是正义的。自然的自由体系选择一种有效率的分配方式的过程大致如下：让我们假定，我们从经济理论得知，在一种典型的市场竞争经济的条件下，收入和财富将以一种有效率的方式分配；得知这种始终起作用的有效率的分配是由资源的最初分配决定的，亦即，由收入和财产、自然才干和能力的最初分配决定的。正是在所有这些最初分配的条件下，达到了一种确定的有效率的结果。最后，倘若我们要把这一结果接受为正义的而不仅仅是有效率的，我们就必须接受那个在某个时候决定了资源的最初分配的基础。

在自然的自由体系中，最初的分配是由隐含在"向才能开放的前途"这一概念中的安排所调节的。这些安排以一种平等自由的背景（由第一个原则指定的）和一种自由的市场经济为先决条件。它们要求一种形式的机会平等：即所有人都至少有同样的合法权利进入所有有利的社会地位。但由于没有做出努力来保证一种平等的或相近的社会条件（除了保持必要的背景制度所需要的之外），资源的最初分配就总是受到自然和社会偶然因素的强烈

[①] 这一事实在福利经济学中得到普遍承认，例如，人们认为效率要相对于平等来衡量。见蒂博尔·西托维斯基：《福利与竞争》（伦敦，乔治·艾伦有限公司，1952年版），第60—69页；I. M. D. 利特尔：《评福利经济》，第2版（牛津，克莱伦顿出版社1957年版），第6章第112—116页。见斯恩有关效率原则局限性的评论：《集体选择与社会福利》，第22、24—26、83—86页。

影响。比方说，现存的收入和财富分配方式就是自然的资质（自然禀赋，即自然的才干和能力）的先前分配累积的结果，这些自然禀赋或得到发展，或不能实现，它们的运用受到社会环境以及诸如好运和厄运这类偶然因素的有利或不利的影响。我们可直觉到，自然的自由体系最明显的不正义之处就是它允许分配的份额受到这些从道德观点看是非常任性专横的因素的不恰当影响。

我所说的自由主义的解释，试图通过下面的办法来改正这一缺陷：即在对才能开放的前途的主张之外，再加上机会的公平平等原则的进一步限定。也就是说：各种地位不仅要在一种形式的意义上开放，而且应使所有人都有一平等的机会达到它们。这里的意思马上就变得不清楚了，但我们也许可以说这意思是指那些有着类似能力或才干的人也应当有类似的生活机会。具体地说，假定有一种自然禀赋的分配，那些处在才干和能力的同一水平上、有着使用它们同样愿望的人，应当有同样的成功前景，不管他们在社会体系中的最初地位是什么，亦即不管他们生来是属于什么样的收入阶层。在社会的所有部分，对每个具有相似动机和禀赋的人来说，都应当有大致平等的教育和成就前景。那些具有同样能力和志向的人的期望，不应当受到他们的社会出身的影响。[1]

所以，对两个原则的自由主义解释试图减少社会偶然因素和自然运气对分配份额的影响，为此就需要对社会体系增加进一步的基本结构性条件。自由市场的安排必须放进一种政治和法律制度的结构之中，这一结构调节经济事务的普遍趋势、保障机会平

---

[1] 这一定义遵循了西季维克在《伦理学的方法》中的建议，见第285页以后。亦见R. H. 托勒：《平等》（伦敦，乔治·艾伦有限公司1931年版），第2章第2节；B. A. D. 威廉斯：《平等的观念》，载于《哲学、政治学和社会》，彼得·拉斯莱特和W. G. 朗西曼编（牛津，巴兹尔·布莱克韦尔公司1962年版），第125页以后。

等所需要的社会条件。我们对这一结构的要素是足够熟悉的，虽然我们可能还是值得回顾一下防止产业和财富的过度积聚以及坚持所有人受教育的机会平等的重要性。获得文化知识和技艺的机会不应当依赖于一个人的阶级地位，所以，学校体系（无论公立还是私立学校）都应当设计得有助于填平阶级之间的沟壑。

自由主义的解释看来显然要比自然的自由体系更可取，但我们还是可以直觉到它的缺陷。其中一个是，即使它完善地排除了社会偶然因素的影响，它还是允许财富和收入的分配受能力和天赋的自然分配决定。在背景制度允许的范围内，分配的份额是由自然抓阄的结果决定的，而这一结果从道德观点看是任意的。正像没有理由允许通过历史和社会的机会来确定收入和财富的分配一样，也没有理由让天资的自然分配来确定这种分配。而且，公平机会的原则只能不完全地实行，至少在家庭制存在的情况下是这样。自然能力发展和取得成果的范围受到各种社会条件和阶级态度的影响。甚至努力和尝试的意愿、在通常意义上的杰出表现本身都依赖于幸福的家庭和社会环境。保障那些具有同样天资的人在受教育和取得成功方面的机会平等在实践上是不可能的，因此我们可能想采取一个在承认这一事实同时能减轻自然抓阄的任意结果的原则。自由主义的解释在这方面的失败鼓励人们寻找对两个正义原则的另一种解释。

在转到民主的平等的观念之前，我们应该注意一下自然的贵族制的观念。按照这种观念，除了形式的机会平等所要求的以外，不再作任何调节社会的偶然因素的努力，但是，具有较高的自然禀赋的人们的利益将被限制在有助于社会的较贫困部分的范围之内。贵族制的理想适用于一个开放的体系，至少从一种法律的观点看是这样，那些从它受惠的人的较好境况只有在这种时候才被看作是正义的：假如对处在上层的人给得较少，那么那些处在下层的人得到的东西也会减少。① 以这种方式,"贵人行为理应高尚"(noblesse oblige)的观念被自然的贵族制的观点所吸取了。

自由主义的观念和自然贵族制的观念都是不稳定的。因为,我们在决定分配份额时,对于社会和自然两方面的偶然因素来说,只要我们因其中一方面因素的影响而苦恼,按道理我们也就必定要受到另一方面因素的烦扰。从道德的立场来看,这两方面的偶然因素都是同样任意的。所以,无论我们如何脱离自然的自由体系,只要没有民主的观念,我们就不可能得到满意的回答,但民主这个观念还有待于解释。而且,前面的所有评论都不是这一观念的论据,因为,在契约的理论中,严格地讲,所有论据都要通过原初状态中的合理选择给出。但我在此关心的是为两个原则的可取解释开辟道路,以便这两个原则,特别是第二个原则,不会使读者觉得太古怪或太反常。我试图展示,如果我们要去寻找一个对它们的表述,这个表述要平等地把每一个人看作一个道德人来对待,决不可根据人们的社会或者自然运气来衡量他们在社会合作中利益和负担的份额,那么这四种解释中最好的显然是民主的解释。以上述的评论作为一个引子,我现在就要转到这一观念。

13. 民主的平等和差别原则

如前表所示,民主的解释是通过结合机会公平的原则与差别

---

① 对贵族制理想的概括来自桑塔耶那的解释:《理性与社会》,第4章(纽约,查尔斯·斯克里布纳公司,1905年版),第109页以后。例如,他说:"只能这样为一种贵族政体辩护:即说它广泛给出利益,并证明如果给予居上者较少,居下者的所得也会较少。"我感谢罗伯特·罗兹,他向我指出:自然的贵族制也是两个正义原则的一种可能解释,一种理想的封建制也可能试图满足差别原则。

原则（difference principle）达到的。这一原则通过挑选出一种特殊地位消除了效率原则的不确定性。基本结构的社会和经济不平等将通过这一地位来判断。我们假定存在着平等的自由和公平机会所要求的制度结构，那么，当且仅当境遇较好者的较高期望是作为提高最少获利者的期望计划的一部分而发挥作用时，它们是公正的。在此直觉的观念是：社会结构并不确立和保障那些状况较好的人的较好前景，除非这样做适合于那些较不幸运的人的利益（见随后的差别原则的讨论）。

差别原则

假定无差别曲线代表那种被判断是平等正义的分配。那么差别原则在下面的意义上就是强烈平均主义的观念：除非有一种改善两个人状况的分配（为简化起见我们以两人为例），否则一种平等的分配就更可取。无差别曲线取图5中描绘的形式。这些曲线实际上是由垂直线和水平线在斜率为1的线上直角相交形成的（仍然假定一种两轴所代表的基本人际关系的解释）。从差别原则看，不管其中一人的状况得到多大改善，除非另一个人也有所得，不然还是一无所获。

假定 X_1 是在社会基本结构中最有利的代表人。当他的期望提高时 X_2（最少受惠者）的前景也改善。在图6中我们设曲线 op 代表 X_1 的较大期望向 x_2 的期望所做的贡献。原点 O 代表所有社会基本善都被平等地分配的假定状况。现在曲线 op 总是处在与水平轴夹角为45°的直角平分线之下，因为 x_1 总是状况较好。这样，跟无差别曲线有关的部分就只是那些在斜率为1的线之下的部分，图6的左上部分就不再画出了。显然，差别原则只是当曲线 op 正切于它接触的那条最高无差别曲线时才被完全满足。在图6中那就是 a 点。

图 5 　　　　　　图 6

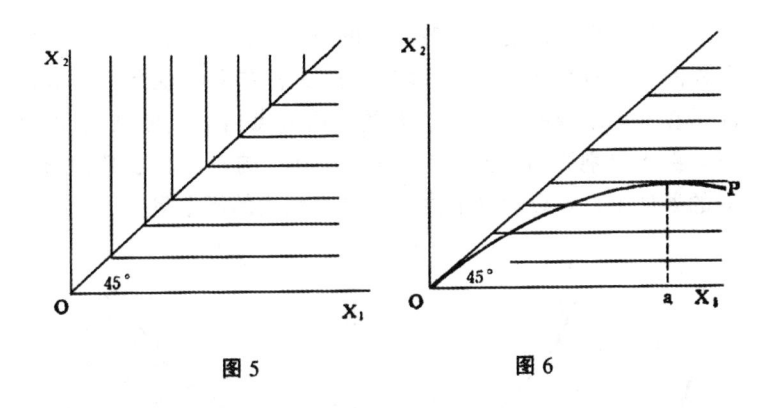

请注意这条贡献曲线（contribution curve）（曲线 op）假定了由社会基本结构确定的社会合作是互相有利的。那么，一种确定量的善就不再是一个妨碍了。即使准确的人与人之间的利益比较不可能进行也没有什么关系。这一比较足以使我们能够鉴别最少获利的人，并确定他的合理偏爱。

有一种比差别原则平均主义程度较低、初看起来也许要更合理的观点，它认为：对于正义的分配（或对于所有被考虑的事情）的无差别曲线是图 7 中凸面朝着原点的平滑曲线。有关社会福利函数的无差别曲线常常是以这种形式表现的。这种曲线表示以下事实：当其中一人与另一人相比增加了所得时，他的进一步所得从某种社会观点来看价值就降低了。

另一方面，一个古典的功利主义者对怎样分配不断增长的利益总额的问题却是冷淡的。他只是在需要打破僵局时才诉诸平等。如果只有两个人，再假定两轴代表两人之间的关系，那么功利主义的分配的无差别曲线就是那些彼此垂直于斜率为1的直线的直线。然而，既然 X_1 和 X_2 是代表人，他们的所得就必须按他们各自代表的人数来衡量。既然假定 X_2 代表着比 X_1 更多的人，无差别曲线就像图8中那样呈相互平行状。有利的人数与不利的人数之间的比例就决定着这些直线的斜率。我们若像前面一样画出同样的贡献曲线 op，就可看到，按功利主义的观点，最好的分配是在 b 点之外的一点上达到的，而 b 点恰恰是曲线 op 的极值点。由于差别原则选择 b 点，b 总是在 a 的左面，在其他情况相同的条件下，可以说功利主义允许有较大的不平等。

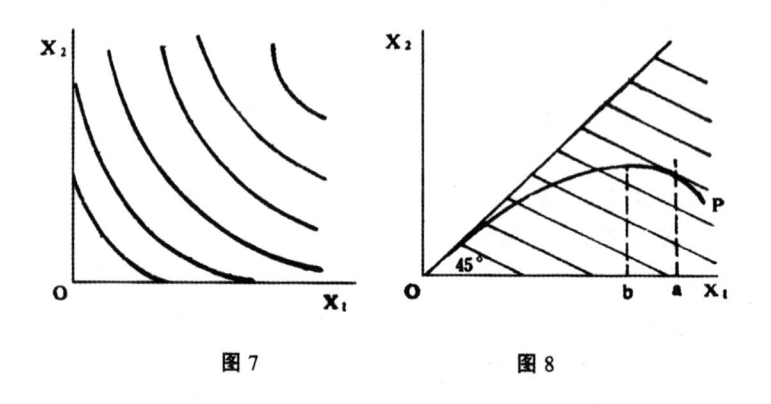

图 7

图 8

为说明差别原则，我们要考虑在社会各阶层中的收入分配。让我们假定一些与不同的收入阶层相联系的代表人，我们可以参照他们的期望来判断分配。这样，在财产私有制的民主社会里，那些作为企业家开始的人可以说比起那些从不熟练工人的阶层开始的人就有一种较好的前景。即使现存的社会不正义被消除，情况也很可能还是这样。那么，有什么东西可以为这种生活前景的最初不平等辩护呢？根据差别原则，它只有在这种期望的差别有利于那些处于较差状况的代表人（在此就是不熟练工人）时才是可辩护的。这种期望的不平等只有在减少它将使工人阶层状况甚至会更坏的情况下才是可允许的。设定在第二条原则之上加上地位开放条件，及自由原则条件，企业家可以拥有的较大期望大概就能鼓舞他们做促进劳动者阶级长远利益的事情。他们的较好前景将作为这样一些刺激起作用：使经济过程更有效率，发明革新加速进行等等。最后的结果则有利于整个社会，有利于最少得益者。我将不考虑这些情况在多大程度上是真实的。问题是若要使这些不平等在差别原则看来是正义的，就必须对这类情况作出某些论证。

现在我将对这一原则略加评论。首先，在采用它时，我们应区别两种情况。第一种情况是最少获益的那些人的期望的确是最大限度地增加了（当然，是在前述的限制条件下）。对那些状况较好的人的期望的任何改变都不可能改善境遇变差的人的境况。这样的最好的安排中包括着我将称它为一个完全正义的方案。第二种情况是所有那些状况较好的人的期望至少对较不幸的那些人的福利有所贡献。亦即，如果他们的期望被降低，最少获益的那些人的前景也要受损。但这里却没有达到增加的最大值。甚至较有利者的较高期望也会提高那些处在最底层的人们的期望。我将认为这第二种方案是充分正义的，但不是最好的正义安排。我们说，当一种或几种较高期望变得过度的时候一种与之联系的方案便是不正义的。如果这些期望被降低，最不利者的状况将得到改善。一种安排的不正义程度要依较高期望的过分程度和它们对别的正义原则，例如机会平等原则的违反程度而定。但我在此不想准确地衡量非正义的程度。在此要注意的是：尽管差别原则严格地讲是一种最大值的原则，在那些都没有达到最好安排的情况之间仍有一种重要的区别。一个社会应当避免使那些状况较好的人的边际贡献是一负数，因为，即使其他条件相同，这看来也比虽未达到最好安排但捐助是一正数的方案有更大的缺陷。在富人和穷人之间的差距越大，穷人的状况也就越差，这违反了相互有利和民主平等的原则（见第17节）。

再一点是，我们看到，自然的自由体系和自由主义的观念试图通过下述措施超越效率原则：它们节制其活动范围，用某些背景制度来约束它，在其他方面也诉诸一种程序上的正义。民主的观念则认为：这几种解释即使在某种程度上诉诸纯粹的程序正义，还是给社会和自然的偶然因素留下了很多余地。但是，应当注意，差别原则与效率原则是相容的。因为，如果差别原则得到了充分满足，使任何一个代表人的状况更好而不使另一个人更差的再分配就的确是不可能的，也就是说，最不利的代表人的期望也被我们最大限度地增加了。这样正义就被确定为是与效率一致的，至少在这两个原则充分满足的情况下是这样。当然，如果社会基本结构是不正义的，这些原则将允许作出一些可能降低状况较好的一些人的期望的变更，因此，如果效率原则意味着只有改善所有人前景的改变才是允许的，那么民主原则就是和效率原则不一致了。正义是优先于效率的，要求某些在这种意义上并非有效率的改变。一致性仅仅在一个完全正义同时也有效率的体系那里达到。

接着，我们可考虑有关差别原则的某种复杂性。以下情况一直被看作是理所当然的：如果满足这一原则，所有人都要获益。这一说法的一个明显的意义是：每一个人的地位相对于平等的最初安排来说都可得到改善。但我们显然无需依赖对这种最初安排的鉴别能力，确实，人们在这种最初状况中生活得怎样的问题对采用差别原则并无实质意义。我们只是在必要的约束下最大限度地增加处于最不利状况的人的期望。只要这事如我们所假定的，对所有人都是一种改善，估价从这种假设平等状况增加了多少所得就是无关紧要的，且不说这种估价无论如何是很困难的。然而，每人都要从满足差别原则中获益的说法可能还有一种进一步的意义，至少在我们做出某些自然的假设的情况下是这样。让我们假定各种期望间的不平等是像链条式地联系着的，亦即，如果一种利益提高了最底层人们的期望，它也就提高了其间所有各层次人们的期望。例如，如果企业家的较大期望有利于不熟练工人，它们也同样有利于半熟练工人。要注意，我们这种链式联系跟那种最小获益者并不得利，因而效果并不相互影响的情况没有联系。我们再进一步假定期望都是紧密啮合的，即不可能增减任何代表人的期望而不影响到所有别的代表人的期望，特别是最少得益者的期望。也就是说，在期望的联接处没有松动脱节的地方。这样，在这些假设下，说每个人都从满足差别原则中得利就又有了一种意义。在任何一对比较中，那些状况较好的代表人从提供给他们的利益中获利，而那些状况较差的人则从这些不平等带来的贡献中获利。当然，情况可能并不总是如此。但是在这种情况中，那些状况较好的人不应有权否决可为最不利者提供的利益。我们还是要最大限度地增加那些最不利者的期望（见链式联系的讨论）。

链式联系

为简化起见，我们假定三个代表人。设 X_1 是最有利者，X_3 是最不利者，X_2 则为居间者。设 X_1 的期望是沿着水平轴画出的，X_2 与 X_3 的期望是沿着垂直轴画出的。这些表示最有利者对别的群体的贡献的曲线在代表平等的假设状态的原点开始。而且，允许给最有利者的最大利益是受下述前提限定的，即纵使差别原则允许这一利益，如果它对政治体制有一不正义的效果，也要被自由优先的原则排除。

差别原则选择代表 X3 的曲线达到其最大值的一点，在图 9 中即为 a 点。

链式联系意味着：在 X_3 曲线向右升高的任何一点，X_2 曲线也在升高，正如图 9 中 a 点和图 10 中 b 点左边的区间所示。链式联系与 X_3 曲线正向右降低的情况无关，如图 9 中 a 点右面的部分。X_2 曲线此时可能或是升高（见图 9 中实线 X_2）或是降落（见虚线 $X'2$）。链式联系不适于图 10 中 b 点右面的情况。

图9 图10

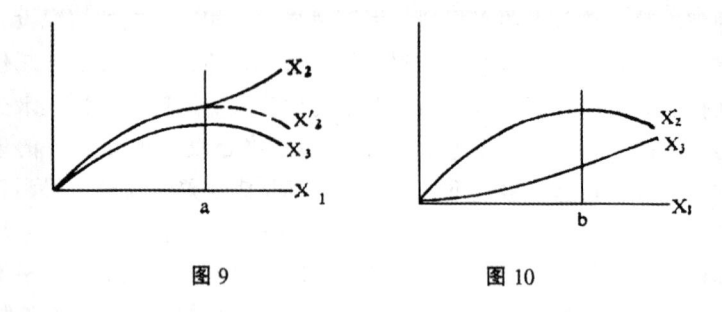

X_2 与 X_3 曲线都在升高的区间确定着正值的贡献的范围。其间，越向右越是增加着平均的期望（也可以说平均的功利，如果功利是由期望来衡量的话），越是满足作为变化的一个标准的效率原则，就是说，靠右的点改善了每一个人的状况。

在图9中，平均的期望可能越过 a 点继续升高，虽然最不利者的期望在降低（这需要多用几个群体来衡量）。但差别原则排除了那种考虑而选择 a 点。

"紧密啮合"意味着在代表 X_2 与 X_3 的曲线上没有任何水平的伸展。在每一点上两条曲线都是或升或降。所有示范的曲线都是紧密啮合的。

我不打算考察这种紧密啮合的链式联系的有效概率。差别原则并不是要在这些联系被满足时才可能产生。然而，我们可以注意到，当状况较有利者的贡献普遍地散布于社会而不仅仅限于一些特殊方面时，那么，当地位最不利者获益时，处于中间状况的其他人们也将获益看来是有道理的。而且，利益的广泛分布是得到体现社会基本结构的制度的两个特征赞许的：首先，制度的建立旨在推进所有人共享的某些基本利益；其次，各种职务和地位都是开放的。这样，下述情况看来就是可能的：如果立法者和法官运用他们的特权和权力改善了较不利者的状况，他们也就普遍改善了所有公民的状况。假定其他的正义原则被满足,那么链式联系可能常常是真实的。如果情况真的如此,那么我们就可观察到,在正值的贡献的范围里(在那里,所有处在有利地位的人的利益都提高了最不幸运者的前景),任何倾向于完全正义的安排的行动都同时提高了平均的福利和每一个人的期望。在这些假设条件下,差别原则就有与平均功利原则及效率原则一样的实践效果。当然,如果链式联系很少有效且上述情况被人们忽视,在这些原则之间的一致就只是一件稀罕事。但我们常常设想在正义的社会安排中,像利益的普遍分布这样的情况并不发生,至少从长远看是这样。假如这是真的,这些评论就指明差别原则如何能在特殊情况下解释这些人们较熟悉的概念,虽然还有待于证明:从道德观点看这一原则是更基本的原则。

还有一种进一步的复杂性。在次序中假定的紧密啮合是为了简化差别原则的陈述。不管紧密啮合的链式影响在实践中是多么可能发生和多么重要,下面的情况却还是可以为我们清楚地领悟到:最不利者并不以这种或那种方式受到最有利者状况变化的影响,虽然这些变化可以对别人发生有利影响。在这种情形中紧密啮合就失效了。为包括这一情况我们可以表述一个更一般的原则:在一有几个有关代表人的基本结构中,首先要最大限度地增加状况最差的代表人的福利;其次,为了最差代表的平等福利,要最大限度地增加次最差代表的福利;如此类推直到最后:为了所有前面的 n—1 代表的平等福利,最大限度地增加状况最好的代表的福利。我们可以把这看作词典式序列的差别原则。[①] 然而,我将总是以较简单的形式应用差别原则。所以,作为这几节讨论的结果,第二个原则可以表述如下:

社会的和经济的不平等应这样安排;使它们:①适合于最少

[①] 这一点可见斯恩的《集体选择与社会福利》第138页脚注。

受惠者的最大利益；②依系于在机会公平平等的条件下职务和地位向所有人开放。

最后，应当注意到，差别原则（或者由它表达的观念）很容易和我们的正义论的一般观念和谐一致。事实上，正义的一般观念只是应用于所有基本善（包括自由和机会）的差别原则，所以不再被特殊观念的其他部分所限制。在对正义原则的较早的简略讨论中这是很明显的。正像我将要不时指出的那样，这些序列中的原则是一般观念在社会条件改善时最终要采取的形式。这个问题与我将在后面（见第 39、82 节）要讨论的自由的优先问题有联系。而在此时我们已足可以说：这种或那种差别原则始终是基本的原则。

14. 机会的公平平等和纯粹程序的正义

现在我想评论第二个原则的第二部分，它在后面将被理解为机会公平平等的自由主义原则。我们决不可使它混淆于向才能开放的前途的概念，也不能忘记：由于它与差别原则相联系，它的推论相当清楚地区别于对两个原则的自由主义解释。特别是，在第 17 节我将试图展示：这一原则并不像反对者所认为的引向一个英才统治的社会。在此我希望考虑一些别的问题，特别是它与纯粹程序正义观念的联系。

然而，首先我应当指出：要求地位开放的理由不仅仅是、甚至主要不是效率的理由。我并不是认为如果实际上所有人都能从一种安排中得利职位就必须开放。因为，以下情况也许是可能的：通过赋予某些不完全开放的职位以权力和利益，可使每一个人的状况得到改善。虽然这些职位并不完全开放，但这或许更能吸引较高的人才和鼓舞较好的表现。可是，地位开放的原则是不允许有任何限制的。它表达了这样的信念：如果某些地位不按照一种对所有人都公平的基础开放，那些被排除在外的人们觉得自己受到了不公正待遇的感觉就是对的，即使他们从那些被允许占据这些职位的人的较大努力中获利。他们的抱怨有道理不仅是因为他们得不到职位的某些外在奖赏例如财富和特权，而且是因为他们被禁止体验因热情机敏地履行某些社会义务而产生的自我实现感。他们被剥夺了人类的一种基本善。

我说过社会基本结构是正义的主要问题。如我们所见，这意味着首要的分配问题是基本权利和义务的分配，是社会和经济的不平等以及以此为基础的合法期望的调节。当然，任何伦理学理论都承认社会基本结构作为正义主题的重要性，但并非所有的理论都同样地看待这种重要性。在作为公平的正义中，社会被解释为一种为了相互利益的合作冒险。其基本结构是一个公开的规范体系，它确定一种引导人们合力产生较大利益，并在此过程中分派给每一合理要求以应得的一份的活动方案。一个人做什么要依公开规范认为他有权做的而定，反过来，一个人有权做的又依赖于他所做的。最终的分配是通过尊重某些权利达到的，而这些权利又是由人们根据合法期望约定去做的事情决定的。

这些考虑暗示着作为一种纯粹的程序正义来论述分配的份额问题的想法。[1] 直觉的观念是：要这样设计社会系统，以便它无论是什么结果都是正义的（至少在某一范围而言）。纯粹的程序正义的概念可以最好地通过对完善和不完善的程序正义的比较来理解。为说明前者，可考虑公平分配的最简单情形。一些人要分一个蛋糕，假定公平的划分是人人平等的一份，什么样的程序将给出这一结果呢？我们把技术问题放在一边，明显的办法就是让一人来划分蛋糕并得到最后的一份，其他人都被允许在他之前

---

[1] 有关一种程序正义的一般讨论，见布兰·巴里：《政治的论证》（伦敦，劳特利奇和基根·保罗公司1965年版），第6章。有关公平划分的问题，见R. D. 卢斯与霍华德·雷法：《游戏和决定》（纽约，约翰·威利父子公司1957年版），第363—368页；雨果斯坦豪斯：《公平划分的问题》，载于《计量经济学》第16卷（1948年）。

拿。他将平等地划分这蛋糕,因为这样他才能确保自己得到可能有的最大一份。这个例子说明了完善的程序正义的两个特征。首先,对什么是公平的分配有一个独立的标准,一个脱离随后要进行的程序来确定并先于它的标准。其次,设计一种保证达到预期结果的程序是有可能的。当然,在这一事例中有某些假设,比方说被选择的人在技术上能够均等地划分这块蛋糕,并且有想得到他能得到的最大一份的愿望等等。但我们可略去这些细节,关键的是有一个决定什么结果是正义的独立标准,和一种保证达到这一结果的程序。显然,在具有重大实践利害关系的情形中,完善的程序正义如果不是不可能,也是很罕见的。

不完善的程序正义可举刑事审判为例。期望的结果是:只要被告犯有被控告的罪行,他就应当被宣判为有罪。审判程序是为探求和确定这方面的真实情况设计的,但看来不可能把法规设计得使它们总是达到正确的结果。审判的理论考察哪一些程序和证据规则预期能最好地达到与法的其他目的相一致的这一目的。我们也许可以合理地预期:一些不同的听证安排能在一些不同的情况里(虽不是一贯如此,但至少在大部分时间里),产生正确的结果。那么,一种审判就是不完善的程序正义的一例。即便法律被仔细地遵循,过程被公正恰当地引导,还是有可能达到错误的结果。一个无罪的人可能被判作有罪,一个有罪的人却可能逍遥法外。在这类案件中我们看到了这样一种误判:不正义并非来自人的过错,而是因为某些情况的偶然结合挫败了法律规范的目的。不完善的程序正义的基本标志是:当有一种判断正确结果的独立标准时,却没有可以保证达到它的程序。

与此作为一种对照,在纯粹程序正义中,不存在对正当结果的独立标准,而是存在一种正确的或公平的程序,这种程序若被人们恰当地遵守,其结果也会是正确的或公平的,无论它们可能会是一些什么样的结果。这种程序可以举赌博为例。如果一些人参加了一系列公平的赌博，在最后一次赌博后的现金分配是公平的（或无论这种分配是什么，至少不是不公平的）。我在此还假设公平的赌博是那些没有得利期望的赌博，赌博是自愿进行的，没有人欺骗等等。赌博的程序是公平的，在公平条件之下自由地进入的。这样，这些背景的假设就确定了一种公平的程序。现在，对参加赌博者拥有的全部现金的任何一种分配，都可能从一系列公平的赌博中产生。在此意义上，所有这些特殊分配都是同样公平的。纯粹程序正义的一个明确特征是：决定正当结果的程序必须实际地被执行，因为在这些情形中没有任何独立的、参照它即可知道一个确定的结果是否正义的标准。显然，我们不能因为一种特殊结果是在遵循一种公平的程序中达到的就说它是正义的。这个口子开得太大，会导致荒唐的不公正的结果。它将允许人们说几乎所有的利益分配都是正义或公平的，因为它可能是作为公平赌博所达到的一个结果。使赌博的最后结果公平或者不公平的并非是它来自一系列公平的赌博。一种公平的程序解释其结果的公平性只是在它被实际地执行的时候。

　　因此，为了在分配份额上采用纯粹的程序正义的概念，有必要实际地建立和公平地管理一个正义的制度体系。只有在一种正义的社会基本结构的背景下，在一种正义的政治结构和经济和社会制度安排的背景下，我们才能说存在必要的正义程序。在本书的第二编我将详细地描述一种具有必要特征的社会基本结构，它的各种具体制度将被解释，并与两个正义原则相联系。在那里直觉的观念也是人们所熟知的。假定法律和政府在有效地保证着市场的竞争，保证着资源的充分利用，并且通过税收以及无论何种其他形式保证着财产和财富（尤其是在生产资料私有制条件下的财产和财富）的普遍分配。再假定那种全民的教育保证着机会的公平平等，并且别的平等自由也有保证。那么，最后的收入分配和期望类型将倾向于满足差别原则。在这种我们认为是在现代国家中建立了社会正义的制度结构中,地位较好者的利益改善着地位最差者的条件。即使情况不这样,也能够被调整成这样,例如,通过确定适当水平的社会最低值来调整。这些制度在目前的现实存在,确实被各种严重的不正义破坏得百孔千疮,但大概还是存在着一些与它们的基本设计和意图相容的管理它们的方式,所以它们既满足着自由和机会公平平等的要求,又满足着差别原则。这一事实支持我们的下述确定信念,即这些安排能被改造为正义的。

显然,公平机会原则的作用是要保证合作体系作为一种纯粹的程序正义。除非它被满足,分配的正义就无从谈起,即使在一有限的范围内。这样,纯粹的程序正义的巨大实践优点就是:在满足正义的要求时,它不再需要追溯无数的特殊环境和个人在不断改变着的相对地位,我们避免了将由这类细节引起的非常复杂的原则问题。专门注意个人变化着的相对地位是错误的,要求那被孤立地考察的每一改变本身是正义的也是错误的。我们要判断的是社会基本结构的安排,而且是从一种普遍的观点判断。除非我们准备从一个处在特殊地位的相关的代表人的立场批评它,我们就不会抱怨这一点。这样,接受两个原则就构成这样一种理解:要把许多信息和日常生活中的复杂情况作为与社会正义无关的事情弃而不论。

这样,在纯粹的程序正义中,利益分配一开始就不是对一定量的可用于已知个人的特定欲望和需求的利益的分配。对产品的分配要按照公开的规范体系进行,这一公开的规范体系决定着生产什么、生产多少和用什么手段生产。合法的要求也是由它决定,对这些要求的接受将产生出分配的结果。这样,在这种程序正义中,分配的正确性取决于产生分配的合作体系的正义性和对介入其中的个人要求的回答。我们不可以离开作为分配原因的体系，或撇开个人自信地根据既定期望所做的事情来判断一种分配。如果抽象地问：一种在我们已知其欲望和偏爱的特定个人中的定量物品的分配是否比另一种好，那么对这个问题不会有什么答案。两个原则并不把分配正义（distributive justice）的主要问题解释为一个配给正义的问题。

通过对照，配给的正义观（conception of allocative justice）看来自然适应于一定量的物品要在我们已知其欲望和需求的特定个人中分配的场合。要配给的物品并不是这些人生产的，这些人之间也不存在任何既定的合作关系。由于对这些要分配的东西没有任何优先的要求，根据欲望和需求，甚至根据最大限度地增加满足的净余额来分享它们也就是很自然的。正义变成了一种效率问题，除非平等被认为更可取。我们可以恰当地概括说：配给的观念导向古典的功利主义观点。因为正如我们所见，这一理论把正义化为公平的旁观者的仁爱、仁爱又转向制度的最有效设计以达到满足的最大余额。如我前面所述，按照这一观念，社会被设想成许多分离的个人，每个人都各自由一条独立的线段代表，权利与义务、满足的稀缺手段就要按照能达到欲望的最大满足的规范分配给他们。我将暂时把对这种观念的另一方面的考虑搁置一边，在此我要注意的是功利主义并不把社会基本结构解释为一种纯粹程序正义的体系。因为，一个功利主义者至少在原则上有一个判断所有分配的独立标准，即它们是否能产生满足的最大余额。在他的理论中，制度对于达到这一目的来说是多少不完善的安排。这样，在既定的欲望和偏爱及其恰当的自然延续的条件下，政治家的目的就是建立那些将最好地接近一个已经指定的目标的社会体系。由于这些安排受制于日常生活中不可避免的各种限制和阻碍，社会基本结构就是不完善的程序正义的一个实例。

现在我将暂时假定第二个原则的两个部分是以词典式次序排

列的。这样我们就在一个大的词典式次序中又有了一个小的词典式次序。但在必要时,这一次序可以按照正义的一般观念修正。这个特殊观念的优点是它有一种确定的形式,引出了某些需要探讨的问题,例如,我们在什么条件(如果有的话)下会选择词典式次序?我们的探讨被给定了一种特殊的方向而不再局限于普遍性问题。当然,这种分配的份额观显然是一个巨大的简化。其目的在于使用纯粹程序正义观念清楚地表达社会基本结构的特征。但我们还是应当试着找到能够组合的简单概念来给出一种合理的正义观。社会基本结构的概念、无知之幕的概念、词典式次序的概念、最不利地位以及纯粹程序正义的概念就是这样的概念。这些概念仅靠自身并不起作用,但恰当地组合到一起就卓有成效地为我们服务。当然,以为由此能达到一种对所有甚至大多数道德问题的合理解答无疑是期望太高了。也许只有一些问题能够令人满意地回答。但无论如何,有关社会的智慧就在于在观念上把制度设计得使头疼的问题不常出现;就在于承认我们需要清楚而简单的原则。

15. 作为期望基础的基本的社会善

我们在简要的陈述和解释正义的两个原则以及它们表达的程序观念上花了不少时间,在后面的第二编中,我将通过描述一种实现这一观念的制度安排来呈现进一步的细节。然而,此刻还有几个必须正视的预备性问题,我想从讨论各种期望以及怎样估价它们入手。

这个问题的意义可以通过与功利主义的比较显示出来。功利原则在应用于社会基本结构时要求我们最大限度地增加包括所有相关地位的期望的算术总额(功利主义的古典原则通过处在这些地位上的人们的总数来衡量这些期望,平均原则则通过人平均数来加以衡量)。我们把是什么确定着一种相关地位的问题放到下一节去，显然，功利主义对这些期望采用了一种相当准确的标准。不仅对每一个代表人必须有一个基本的标准，而且这些标准必须对人与人之间的比较有意义。如果我们说某些人的所得将大于某些人的所失，需要先假定某种比较不同人得失的方法。在这方面要求有很大的精确性是不合理的，同时也不能把这些估价委弃给我们的无指导的直觉。因为对利益的较大余额的判断为冲突的要求留下了太多余地。而且，这些判断可能建立在伦理的或别的概念上，且不说受偏见和私利的支配，这就使它们的确实性成为问题。仅仅因为我们实际上做了所谓的人与人之间的福利比较，并不意味着我们理解了这些比较的基础，或我们应当把它们接受为正确的。要解决这些问题，我们需要对这些判断给出一种解释，找出支持它们的标准（见第 49 节）。为了社会正义的问题，我们应当试图发现一些人们能够承认和同意的有关这些比较的客观基础。现在看来，功利主义观点对这些困难并没有给出令人满意的回答。因此，至少暂时可以说，功利原则如此强调地要求诉诸我们估计利益余额的能力，至多是确立了对正义问题的一个含糊的上诉法庭。

然而，我并不认为对这些问题的一种令人满意的解决是不可能的。尽管人际比较的确面临着困难而且提出差别原则就是为了减少这些困难，我却不想夸大差别原则在这方面的优点。因为，对人际比较的怀疑常常依赖于一些可疑的论点。比如：快乐的强度或那种标志着幸福的享乐的强度纯粹是一些感觉上的强度；又比如，由于这种感觉的强度只能够被主体所经验和知晓，其他人要确实地知晓和推测它是不可能的，等等。这两种观点看来都是错误的，的确，第二个观点只是关于别人的心灵经验的一种怀疑主义的一部分，除非它展示为什么有关幸福的判断提出了那种不可能克服的专门问题。[①] 我相信功利主义的真正困难是在别的地方,关键是即便能够做出令人满意的人际比较,这些比较也必须反映出那种使追求有意义的价值。只是因为某一目的能较准确地估价就提出它是不合理的。有关快乐的人际比较的争论容易模糊真正的问题,即,是否总计的(或平均的)幸福从一开始就要最大限度地增加。

差别原则解决了人际比较中的某些困难。这是从两方面进行的。首先,只要我们能鉴别出最少受惠的代表人,然后就仅需要对福利的通常判断就够了,我们知道应从什么地位去判断社会体系。它不涉及这一代表人与其他代表人状况比较的差距究竟多大的问题。如果各种地位能够按较好较差排列,就能发现最低的地位,基本衡量标准的进一步困难就不再出现了,因为不再需要任何别的人际比较。当然,在最大限度地增加最少受惠者的利益时,我们无需超越通常的判断。如果我们能决定社会基本结构中的一种变化是否使他状况变好或变坏,我们就能决定他的最好状态。我们不必知道他喜欢一种状况更甚于另一种状态的程度。这样差别原则就对我们有关福利的判断的精确性要求得少些。我们在涉及一个基本的衡量时决不需要计算利益的总额。尽管为了找出最低状态需要进行定性的人际比较,但对其余状态来说,找出一个代表人的通常判断就足以应付了。

差别原则也简化了人际比较的基础,从而避开了一些困难。这些比较是根据对基本的社会的善的期望做出的。事实上,我把这些期望直接定为一个代表人所能期望的这些善的指标。处于某地位的代表人的指标越高,一个同此地位者的期望也就越大。而基本的善(primary goods),像我已经指出过的,是那些被假定为

---

① 见 H. L. A. 哈特:《边沁》,载于《不列颠学院院刊》第 48 卷(伦敦,1962 年),第 340 页以后;利特尔:《评福利经济》,第 54 页以后。

一个理性的人无论他想要别的什么都需要的东西。不管一个人的合理计划的细节是什么，还是可以假定有些东西是他会更加喜欢的。如果这类善较多，人们一般都能在实行他们的意图和接近他们的目的时确保更大的成功。这些基本的社会善在广泛的意义上说就是权利和自由、机会和权力、收入和财富（另一种很重要的主要善是一个人的自我价值感，但为简化起见我到第67节再讨论它）。显然，这些东西一般都符合对基本善的描述。鉴于它们是与社会基本结构相联系的，它们是社会的善：自由和权力是由主要制度的规范确定的，收入和财富的分配也是由它们调节的。

用来解释基本善的善的理论将在第七章中较全面地提出。这一善的理论是一种向亚里士多德的人所熟知的理论的回溯。类似的观点也被在其他方面迥然不同的哲学家如康德和西季维克所接受。这一善的理论并不涉及契约论和功利主义之间的争论。其主要的观念是：一个人的善是由下述问题决定的：在给定的合理有利的环境里，究竟什么是他最合理的长远生活计划？当一个人多少成功地执行了他的计划时，他是幸福的。简要地说，善就是理性欲望的满足。然后，我们要假定每个人都有一个参照他面临的条件而制订的生活计划。这个计划旨在和谐地满足他的各种利益，把自己的活动安排得使各种欲望能不受干扰地满足。人们通过否定别的——或者是成功可能较小，或者是没有全面包容各种目的—计划而达到这一计划。假定有各种可供选择的对象，那么一个合理的计划就是一个不可能再有改善机会的计划；在考虑到所有情况时，没有任何别的计划能比它更可取。

现在假设人们的合理计划虽然有各种不同的最后目标，他们为执行计划还是共同要求某些基本的善：自然的和社会的善。计划的不同是由于个人的能力、环境和需求的不同，合理的计划需调整得适应于这些偶然因素。但无论一个人的目标体系是什么，

93

都需要某些基本的善作为必要的手段。例如，较好的智力、财富和机会能使一个人达到换一种较差的情况会不敢考虑的目的。那么，代表人的期望就是由他们可利用的基本的社会善的指标确定的。当处在原初状态中的人并不知道他们的善的观念时，我假定他们知道他们较喜欢基本的而非次要的善。而这一知悉足以使他们知道怎样在原初状态中推进他们的利益。

让我们考虑几种困难。一个问题显然是指标本身的结构。怎样衡量不同的基本社会善呢？假定正义的两个原则是有先后次序的，这个问题就十分简单了。那些基本的自由总是相互平等的，有一个机会的公平平等；一个人不需要相对于别的价值来衡量这些自由和权利。而那些在其分配中会有变化的主要的社会善是权力和特权、收入和财富。但由于不同原则的性质，困难并不像初看起来那样大。惟一与我们有关的指标问题只是最少受惠阶层的指标。由别的代表人享受的基本善被调整以提高这一指标（当然是在通常的约束条件下）。细致地确定对各种较有利地位的衡量是不必要的，只要我们确信它们是较有利的就够了，而这常常是容易做到的，因为它们常常拥有较多的各种基本善，较大的权力和财富也倾向于结为一体。只要我们知道对较有利者的善的分配怎样影响着最不利者的期望，这就足够了。那么，指标的问题大都可以归结为衡量最不利者，衡量那些拥有最少的权力和收入（因为这些东西也倾向于相互联系）的人们的基本善的问题。我们做这件事的办法是通过以一个人代表这一群体，然后探讨究竟哪一种基本社会善的结合方式是这一代表人可以合理地选取的。在这样做时我们承认依靠了我们的直觉能力，然而这是不可能完全避免的。我们的目的是以合理的慎思来代替道德判断，使对直觉的诉诸较受限制和较为集中。

另一个困难是：人们可能反对说，期望无论如何不应定义为基本善的一个指标，而宁可把它定义为利用这些善执行个人计划时所期望的满足。归根结底，使人们幸福的是这些计划的满足，因此对期望的评定不应建立在可利用的手段上。然而，作为公平的正义观取一不同的观点，它并不考察人们对他们可利用的权利和机会的使用方式以衡量他们是否达到了最大限度的满足。它也不试图评价不同的善的观念的各自优点。相反，它假定社会成员是能够调整他们的善的观念以适应他们的环境的有理性的人们。一旦假定不同个人的观念是与正义观念相容的，就没有必要来比较这些观念的各自价值。每个人都被保障有一种平等的自由来追求他高兴的生活计划，只要这计划不违反正义的要求。人们按照这样一种原则来分享基本的善：一些人可以拥有较多的善，如果这些善是通过改善那些拥有较少的善的人的境况的方式而获得的。一旦整个的安排被建立和运转起来，就没有什么有关满足或完善的总额问题了。社会自己根据那些在原初状况中被选择的原则运行。那么，按照这一社会正义观，期望就被定义为一个代表人能合理地期待的基本善的指标。如果一个人能够预期得到这些善的一种较好集合，他的前景就被改善了。

值得注意的是，对期望的这一解释实际上代表着一种共同意见——认为要仅仅参照那些被假定是所有人都更喜欢的东西来比较他们的境况。所以，这看来是建立一种公认的客观标准，即建立理智的人们都能接受的共同标准的最可行方式。然而，对怎样评价幸福，比方说，评价主要由人们在执行他们的合理计划中取得的成功、而非由这些计划的内在价值决定的幸福，却不可能有类似的统一意见。这样，在基本善的基础上建立"期望"这一概念就又是一种简化的手段。在此我想说明一下：这一个或其他的简化概念都伴有某种哲学的解释，虽然这并不是始终必要的。理论的推演当然不能仅仅是简化，而是必须鉴别某些解释我们想理解的事实的的基本观点。同样，一种正义论的各部分也必须表现社会结构基本道德特征，如果这些特征中的某一个似乎被搁置一边，那么我们最好能使自己确信它并不属于基本道德特征之列，我将努力遵循这一规则。但即使这样，正义论的健全性也是既表现于其前提的自明的可接受性中，也表现于其结论之中。的确，它的前提与结论不可能被有效地分离，因此，对制度问题的讨论（特别是在第二编中）初看起来可能是非哲学的，但实际上却是不可免的。

16．相关的社会地位

在把两个正义原则应用于社会的基本结构时，我们要考虑某些代表人的地位，考虑社会体系怎样照顾他们。例如，差别原则要求较有利者的较高期望有助于最不利者的生活前程。或像我有时广义地说的，社会和经济的不平等必须有利于所有有关社会地位的代表人。那些处于这种地位的人们的前景提供了一个恰当的普遍观察点。但肯定不是所有社会地位都是相关的。因为，比方说，不仅有农场主，而且有生产乳制品的农场主，种植小麦的农场主，占有大片土地的农场主和小农场主等无数别的职业和集体。如果我们必须把这样多的地位都考虑进来，就不可能有一个条理一贯和容易把握的理论。评价如此多的冲突要求是不可能的。所以我们需要把某些地位鉴定为较基本的地位，以提供判断社会体系的恰当立场。这样，对这些地位的选择也变成了正义论的一部分。那么，它们要按照什么原则来鉴别呢？

为回答此问题，我们必须牢记正义的基本问题和两个正义原则处理这问题的方式。正如我强调的，正义的主要问题是社会的基本结构，其理由是它的影响是极其深刻和广泛并自始至终。这一结构在划分社会合作产生的利益时使某些出发点比另一些出发点更为有利，两个正义原则要调节的正是这些不平等。一旦满足了这两个原则，别的不平等就被允许从人们符合自由联合的原则的自愿行动中产生。这样，各种相关的社会地位可以说就是一些被恰当地概括和聚集的出发点。在选择这些指示着一个普遍的观察点的地位时,我们遵循的是这样一个观念:两个正义原则试图减轻自然的偶因和社会的机遇的任意影响。

然后,我假定每个人主要占据两种相关地位:平等公民的地位和在收入和财富分配中的地位。所以,相关的代表人就是有代表性的公民和代表不同福利水平的人。由于我假定别的地位一般是自愿进入的,我们在判断社会基本结构时就不需要考虑人们在这些地位中的观点。的确,我们要把整个结构调整得适合于那些正站在各种出发点上的人们的意愿。在判断社会体系时,我们要略去我们较专门的利益和联系,从这些代表人的立场来看待我们的状况。

现在我们应当尽可能地从平等公民的地位来评价社会基本结构。这一地位是由平等自由的原则和机会的公平平等的原则所要求的权利和自由确定的。当这两个原则被满足时,所有人都是平等的公民,也就是说每个人都占据同一地位。在这个意义上,平等的公民权确定了一个普遍的观察点。基本自由的裁决要参照这一观察点来解决。这些问题我将在第四章中讨论。但在此应当指出,许多社会政策问题也可以从这种地位考虑,因为有许多既关系到每个人的利益,又与分配的结果不相干或关系不大的事情,在这些情况中就可采用共同利益的原则。根据这一原则,制度是按照它们如何有效地保障那些对所有人平等地接近他们的目的所必需的条件,或者是如何有效地推进那些将同样有益于每个人的共同目的来排出高下的。这样,维护公共秩序和安全的合理规则、维护有利于公众健康和卫生的有效措施就在此意义上推进了公共利益。在一场正义的战争中为保卫国家的集体努力也是这样。这可能暗示着在维护公众健康和安全或打赢一场正义战争中也有一种分配的效果:富人比穷人得利更多,因为富人本来会有较多的东西失去。但如果社会和经济的不平等是正义的,这些效果可能被排除,共同利益的原则可以被采用。总之,平等的公民的立场是一恰当的立场。

用于判断社会和经济不平等的代表人的定义却不是那么令人满意。其中一点是,当我把这些代表人看作是由收入和财富水平所决定的时候,我假定这一类的基本社会善是与权力和权威紧密相关的,以此来避免确定指标的困难。即我假定那些拥有较大的政治权力,或处在制度较上层的人们一般在别的方面也状况较好。总的来说,这一假定对于我们的目的来说是足够可靠的。还有一个问题是要挑选多少这样的代表人,但它并不是关键问题,因为差别原则选择一个代表扮演一个专门的角色。严重的困难是怎样确定最不利的群体(the least fortunate group)。

在此看来不可能避免某种专断。一种可能的办法是选择一种特定的社会地位,比方说不熟练工人的地位,然后把所有那些与这一群体同等或收入和财富更少的人们与之合在一起算作最不利者。最低的代表人的期望就被定义为包括这整个阶层的平均数。另一个办法是仅仅通过相对的收入和财富而不管其社会地位来确定。这样,所有达不到中等收入和财富的一半的人都可以算作最不利的阶层。这一定义仅仅依赖于分配中较低的一半阶层,有使人集中注意最不利者与居中者相隔的社会距离的优点。① 这一距离是较不利的社会成员的境况的一个本质特征。我想这两个定义中的任何一个,或它们的某种结合,都能足够好地服务于我们的理论。

无论如何,我们要在某种程度上聚集状况最差者的期望,被选择作为这些计算基础的人是处在一种特殊范围里的。但我们还

---

① 对这一定义,见 M. J. 鲍曼对所谓富克斯标准的讨论:《富足社会中的贫困》,收入《当代经济问题》,N. W. 昆布兰编(霍姆伍德,伊利诺斯州,R. D. 欧文公司 1969 年版),第 53—56 页。

是有权在概括差别原则的某些内容时诉诸实际的考虑。哲学或其他理论提供精细区分的潜力迟早要被用尽的。我因此假定处在原初状态中的人们理解差别原则要以这些方式中的一种来确定。他们从一开始就把它解释为一种有限聚集的原则，并在与其他标准的比较中如此评价它。这并不是说似乎他们同意把最不利者设想为字面上状况最差的个人，然后为使这一标准生效再在实践中采用某种均分的形式。相反，从原初状态的角度评价，它是本身切实可行的标准。① 最后情况可能变成这样：对最不利者的更准确的定义被证明是不必要的。

这样，作为公平的正义是尽可能地从平等公民的地位和收入与财富的不同水平来评价社会体系。然而，有时可能也需要考虑别的地位。例如，如果存在建立在确定的自然特征基础上的不平等的基本权利，这些不平等也将挑选出一些相关地位。由于这些特征不可能改变，它们确定的地位就被算作社会基本结构中的出发点。两性的差别就是这种类型的差别，那些基于种族和文明的差别也是如此。这样，比方说，如果男人在基本权利的分配中较为有利，这种不平等就只能被一般意义上的差别原则如此辩护：只有当这种不平等有利于妇女、并能为她们接受的情况下才是正当的。类似的限制条件也适用于对等级制度或种族不平等的辩护（见第39节）。这种不平等增加了许多要考虑的相关地位，使两个原则的应用复杂化。另一方面，这些不平等是很少能适合于较不利者的利益的，因此，在一个正义的社会里，通常只需考虑较少的相关地位就足够了。

那么以下一点是关键的：从相关地位的角度做出的判断排除了我们容易在较特殊境况中提出的要求。如果我们参照我们的特定地位想想我们自己就会知道：并不是每一个人都总是能从两个

---

① 我感谢斯各特·布尔曼澄清了这一点。

正义原则的要求中得益。除非相关地位的观点有一优先权，否则人们还会在各种冲突的要求面前陷入混乱。这样，两个原则实际上就表达了一种通过给予我们的某些利益以特殊的重视来安排我们的利益的理解。例如，置身某一工业领域的人们常常发现自由贸易与他们的利益相敌对，也许，这种工业没有关税或别的限制就不可能保持繁荣。但如果自由贸易从平等公民权或最不利者的观点看来是可取的，它就被证明是正当的，即使它损害到某些较特殊的利益。因为我们应预先同意正义的原则，以及它们从某些地位的立场看来是一致的应用。如果代表人的地位被过于狭窄地定义，就没有办法确保所有人在所有时候的利益。如果承认某些原则和应用它们的某种方式，我们就必定要接受这种推论。当然，这并不意味着自由贸易可以不受限制地全面推行。但限制它们的安排要从一种恰当的普遍观察点来考虑。

所以，相关的社会地位就指示了一种普遍的观察点，两个正义原则将通过它应用于社会基本结构。通过这种方式，每个人的利益都被考虑到了，因为，每个人都是一个与别人平等的公民，都在收入和财富的分配中，或作为分配基础的确定的自然特征系列中占有一个地位。相关地位的某种选择对一个前后一贯的社会正义论来说是必要的。被选择的地位应当符合它的最初原则。通过选择所说的出发点，我们贯彻了减少自然事件与社会环境中偶然因素的影响的观念。除非以一种泽及他人福利的方式，没有人能从这些偶然因素中获益。

17．平等的倾向

我希望在结束两个原则的讨论时，解释一下它们所包含的一种平均主义的意义，并拟消除一种说公平机会的原则将导致一个无情的英才统治的社会的反对意见。为了准备这件事，我注意到我确立的正义观的几个方面。

首先，我们可以看到：差别原则强调补偿原则所提出的一些考虑。这是有关不应得的不平等要求补偿的原则；由于出身和天赋的不平等是不应得的，这些不平等就多少应给予某种补偿。[①]这样，补偿原则就认为，为了平等地对待所有人，提供真正的同等的机会，社会必须更多地注意那些天赋较低和出生于较不利的社会地位的人们。这个观念就是要按平等的方向补偿由偶然因素造成的倾斜。遵循这一原则，较大的资源可能要花费在智力较差而非较高的人们身上，至少在某一阶段，比方说早期学校教育期间是这样。

据我所知，补偿原则并不是提出来作为正义的惟一标准，或者作为社会运行的惟一目标的。它的有道理正像大多数这种原则一样只是作为一个自明的原则，一个要与其他原则相平衡的原则。例如：我们要相对于提高生活的平均标准的原则，或相对于推进共同利益的原则来衡量它。[②] 但无论我们采取什么原则，都要考虑补偿的要求。它被看作是代表着我们的正义观念中的一个成分。而差别原则当然不是补偿原则，它并不要求社会去努力抹平障碍，仿佛所有人都被期望在同样的竞赛中在一公平的基础上竞争。但是，可以说，差别原则将分配教育方面的资源，以便改善最不利者的长远期望。如果这一目的可通过更重视天赋较高者来达到，差别原则就是可允许的，否则就是不允许的。在做出这一决定时，教育的价值不应当仅仅根据经济效率和社会福利来评价。教育的一个作用是使一个人欣赏他的社会的文化，介入社会的事务，从而以这种方式提供给每一个人以一种对自我价值的确信。教育的这一作用即使不比其他作用更重要，至少也是同等重

---

① 见赫伯特·施皮格尔伯：《保卫人类平等》，载于《哲学评论》第53卷（1944年），第101、113—123页；D. D. 拉菲尔：《正义与自由》，载于《亚里士多德协会会刊》（1950—1951年），第187页以后。

② 例如见施皮格尔伯，同上书，第120页以后。

要的。

所以，差别原则虽然不等同于补偿原则，但它却达到补偿原则的某种目的。它改变社会基本结构的目标，使整个制度结构不再强调社会效率和专家治国的价值。这样我们就看到差别原则实际上代表这样一种安排：即把自然才能的分配看作一种共同的资产，一种共享的分配的利益（无论这一分配摊到每个人身上的结果是什么）。那些先天有利的人，不论他们是谁，只能在改善那些不利者的状况的条件下从他们的幸运中得利。在天赋上占优势者不能仅仅因为他们天分较高而得益，而只能通过抵消训练和教育费用和用他们的天赋帮助较不利者得益。没有一个人能说他的较高天赋是他应得的，也没有一种优点配得到一个社会中较有利的出发点。但不能因此推论说我们应当消除这些差别。我们另有一种处理它们的办法。社会基本结构可以如此安排，用这些偶然因素来为最不幸者谋利。这样，如果我们希望建立这样一个社会体系，它使任何人都不会因为他在自然资质的分配中的偶然地位或者社会中的最初地位得益或受损，而不同时给出或收到某些补偿利益，我们就被引导到差别原则。

根据这些评论，我们就可否定下述论点，这一论点认为制度的不正义总是存在的，因为自然才能的分配和社会环境中的偶然因素是不正义的，这种不正义必然要转移到人类的社会安排之中。这种思想偶尔也被用来为对非正义无动于衷的态度进行辩解，仿佛不肯默认非正义是和不能接受死亡一样。我认为，自然资质的分配无所谓正义不正义，人降生于社会的某一特殊地位也说不上不正义。这些只是自然的事实。正义或不正义是制度处理这些事实的方式。贵族制等阶级社会不正义，是因为它们使出身这类偶然因素成为判断是否属于多少是封闭的和有特权的社会阶层的标准。这类社会的基本结构体现了自然中发现的各种任性因素。但是人们没有任何必要听命于偶然因素的任意支配。社会体系并不是超越人类控制的不可改变的体制,而是人类活动的一种类型。在作为公平的正义中,人们同意相互分享各自的命运。他们在设计制度时利用自然和社会的偶然因素,只是在这样做有利于共同利益的情况下。两个正义原则是一种对待命运中的偶然因素的公平方式;即使在别的方面无疑存在不完善,但满足了这两个原则的制度仍然是正义的。

再一点是差别原则表达了一种互惠的观念,它是一个互相有利的原则。我们看到,至少在链式联系有效的时候,每个代表人都能承认社会基本结构是旨在推进他的利益的。社会结构能向每一个人,尤其是那些最不利者证明自己的正当性,在此意义上它是平均主义的。但是,以一种直觉的方式考虑相互有利的条件是怎样满足的看来是有必要的。让我们考虑任何两个代表人:A和B,设B是较不利者。实际上,由于我们最关心与最不利者的比较,我们就再假设B是最不利者。现在B能接受A的较好状况,因为A的利益是通过改善B的前景的方式获得的。假如不让A有这种较好地位,那么B的状况会比他现在的状况更坏。现在的困难是说明A也没有理由抱怨。也许由于他要让渡一部分利益给B,他得到的就比本来可能得到的要少呢?现在我们可以对这个较有利者说什么呢?首先,清楚的是:每个人的福利都依靠着一个社会合作体系,没有它,任何人都不可能有一个满意的生活;其次,我们只可能在这一体系的条件是合理的情况下要求每一个人的自愿合作。这样,差别原则看来就提供了一个公平的基础,在这一基础上,那些天赋较高者,社会条件较幸运者能够期待别人在所有人的利益都要求某种可行安排的条件下与他们一起合作。

有一种自然的倾向认为那些处境较好的人总是不应得到他们的较大利益,不管这些利益是否有利于别人。在此弄清楚"应得"的概念是必要的。以下一点是完全正确的:在作为一种公开规范体系的合作体制和由它建立的各种期望的条件下,那些希望改善自己的条件,做了这一体制宣布要奖赏的事情的人,是有权利获得他们的利益的。在此意义上,较幸运者有权要求更好的状况,这些要求是由社会制度建立的合法期望,社会是有义务满足它们的。但是这种意义之上的应得预先假定了合作体系的存在,它不去问是否从一开始合作体系的设计就要符合差别原则或某一别的标准的问题。

也许有些人会认为:天赋较高的人是应得那些资质和使它们可能发展的优越的个性的。因为他在这个意义上是更有价值的,所以他应得他用它们能达到的较大利益。然而,这个观点却是不正确的。没有一个人应得他在自然天赋的分配中所占的优势,正如没有一个人应得他在社会中的最初有利出发点一样——这看来是我们所考虑的判断中的一个确定之点。认为一个人应得能够使他努力培养他的能力的优越个性的断言同样是成问题的,因为他的个性很大程度上依赖于幸运的家庭和环境,而对这些条件他是没有任何权利的。"应得"的概念看来不适应于这些情况。这样,较有利的代表人就不能说这些有利条件是他应得的,因而他有权以一种不促进他人利益的方式从他可参加的合作体系获利。他的这一要求没有任何根据。这样,从常识的立场来看,差别原则看来也是可以同时被较有利者和较不利者接受的。当然,严格地说这些都不是这一原则的论据,因为在一种契约理论中,论据都是从原初状态的观点做出的。但是这些直觉的考虑有助于我们弄清这一原则的性质和它的平均主义意义。

我在前面(见第 13 节)曾提到:一个社会应当努力避免使那些状况较好者对较差者福利的边际贡献是一负数。它只应当按照贡献曲线的上升部分运行(当然包括最大值)。我们现在可以看到,其中的一个理由是,只有在曲线的上升段才能使互利的标准总是得到满足。而且,这自然地达到了社会各种利益的和谐,代表人不是在牺牲对方利益的情况下获利，因为只有互惠的利益才被允许。确实，贡献曲线的形状和斜率至少部分地是由先天资质的自然分配决定的，所以它既非正义亦非不正义。但假定我们设想那条斜率为 1 的线代表一种利益完全和谐的理想，它是一条意味着每个人都获得同等利益的贡献曲线（在这种情况中是一条直线）。那么，两个正义原则的一致实现倾向于把这条曲线提高到接近于利益的完美和谐的理想。一旦一个社会越过了最大值，它就沿着曲线的下降部分运行，利益的和谐不复存在，当较有利者有所得时较不利者则有所失，反之亦然。这种境况类似于处在一种效率的边缘上。当涉及到社会基本结构的正义时，这是颇不可取的。这样，我们应停留在正值的贡献的范围内，就是要在自然给予我们的条件下实现利益和谐的理想，满足互利互惠的标准。

差别原则的另一优点是它提供了对博爱原则的一个解释。与自由、平等相比较，博爱观念在民主社会中地位较次要。它被看作是较不专门的一个政治概念，本身并不定义任何民主的权利，而只是表达某些心灵态度和行为类型，没有它们，我们就看不到这些权利所表现的价值。[①] 或者与此紧密关联，博爱被认为是体现了某种社会评价方面的平等，这种平等表现于各种公共习俗和对奴颜婢膝的鄙弃中。[②] 博爱无疑含有这些意思，以及一种公民友谊和社会团结的意义，但如此理解就意味着它不表达任何确定的要求。我们还是必须发现一个适应这一根本观念的正义原则。而差别原则看来正相应于博爱的一种自然意义，即相应于这样一个观念：如果不是有助于状况较差者的利益，就不欲占有较大的

[①] 见 J. R. 彭诺克：《自由主义的民主：它的优点和结构》（纽约，莱因哈特公司 1950 年版），第 94 页以后。

[②] 见 R. B. 培里：《清教主义与民主》（纽约，先锋出版社 1944 年版），第 19 章第 8 节。

利益。家庭在其理想观念中（也常常在实践中）是一个拒绝最大限度地增加利益总额之原则的地方。一个家庭的成员通常只希望在能促进家庭其他人的利益时获利。那么按照差别原则行动正好也产生这一结果。那些处境较好者愿意只在一种促进较不利者的利益的结构中占有他们的较大利益。

博爱的理想有时被认为是想在一个较大的社会的成员之间建立那种不现实的联系纽带。这肯定是它在民主社会中被相对忽视的另一个理由。许多人都感到博爱在政治事务中并没有合适的地位。但如果把它解释为差别原则的各种要求的联合，它就不是一个不现实的观念了。看来，我们最确信是正义的那些制度和政策满足了它的要求，至少是在它们所允许的不平等有助于较不利者的福利的意义上。我将试图在第五章中给出这方面的论据。按照这一解释，博爱的原则就是一个完全可行的标准了。一旦我们接受了这一点，我们就可以把自由、平等、博爱的传统观念与两个正义原则的民主解释如此联系起来：自由相应于第一个原则；平等相应于与公平机会的平等联系在一起的第一个原则的平等观念；博爱相应于差别原则。这样我们就为博爱的观念在两个原则的民主解释中确立了一个地位，我们看到它对社会的基本结构提出了一种确定的要求。博爱的其他方面的含义当然也不应忘记，但差别原则从社会正义的立场表达了它的基本意义。

通过这些考察，现在看来明显的是：两个原则的民主解释将不会导致一个英才统治的社会。[1] 英才统治的社会结构遵循前途向才能开放的原则，用机会平等作为一种在追求经济繁荣和政治统治中释放人们精力的手段。那儿存在着一种显著的上层与下层阶级之间的不平等，表现在生活资料和组织当局的特权两个方

---

[1] 英才统治的社会的问题是迈克尔·扬的幻想作品《英才统治的兴起》的主题（伦敦，泰晤士与赫德森公司1958年版）。

面。较贫困阶层的文化枯萎凋零，作为统治者的一批技术精英的文化则牢固地建立在服务于国家的权力和财富的基础上。机会的平等仅意味着一种使较不利者在个人对实力和社会地位的追求中落伍的平等机会。[①] 这样，一个英才统治的社会对于正义原则的其他解释来说确实是一种危险，但对于民主的解释却不是这样。因为，正如我们刚才所见，差别原则在基本的方面改变了社会的目标。一旦我们注意到我们在必要时必须考虑自尊这一根本的基本善，注意到一个组织良好的社会是诸种社会联合的一种社会联合的事实（见第79节），这一结果甚至就更明显了。据此可推论一种对自我价值的自信应当为最不利者寻求，这限制着等级制的形式和正义所允许的不平等的程度。这样，例如，对教育资源的分配就不仅仅或不一定主要根据它们将产生的在培养能力方面的效果来估价，而是也根据它们在丰富公民（在此包括较不利者）的个人和社会生活方面的价值来估价。随着一个社会的进步，后一种考虑变得越来越重要了。

这些评论已足以勾画出这两个对于制度的原则所表现的社会正义观念。在转到对于个人的原则之前，我应当述及另一个问题。迄今为止我一直假定自然资质的分配是一个自然事实，没有着手改变它的企图，甚至没有去考虑这种改变。但是，在某种程度上这种分配是必定受社会体系影响的。例如，一种等级制倾向于把社会划分成一些分离的生物学的人群，而一个开放的社会则鼓励最广泛的遗传差异。[②] 加之，多少明确地采取优生学的政策是有可能的。我将不考虑优生学的问题，始终使自己限于对社会

---

① 有关这一点的详细说明，我得益于约翰·沙尔：《机会平等及超越》，载于《法律，卷九：平等》（纽约，阿塞顿出版社1967年版）；以及 B. A. O. 威廉斯：《平等的观念》，第125—129页。

② 见西奥多西斯·多布金斯基：《人类的进化》（纽黑文，耶鲁大学出版社1962年版），第242—252页，那里有对这一问题的讨论。

正义的传统关注。然而，我们应当注意，减少别人才能的政策一般并不适合于较不利者的利益。相反，如果接受差别原则，他们将看到，较大的能力可作为一种社会的资产用来促进公共利益，但同时也适合于每个有较高的自然资质的人的利益，使他追求一种较好的生活计划。所以，在原初状态的各方都想保证他们的后代有最好的遗传天赋（假定他们自己的天赋是确定的）。从这点来看，追求较好生活的合理策略成了前代留给后代的问题，成了代际间出现的问题。这样，在一定时期中的一个社会就要采取步骤至少保持自然能力的一般水平，防止严重自然缺陷的扩散。这些措施是受那些各方为了他们的后代而自愿同意的原则指导的。我述及这一思辨的和困难的题材是想再一次指出差别原则可能改变社会正义问题的方式。我们可以推测：从长远看来，如果有一种能力的上限，我们最终会达到一个拥有最大平等自由的社会，这一社会的成员享受着最大的平等才能。但我在此不再考虑这些想法了。

18. 对个人的原则：公平的原则

在迄今为止的讨论中，我考虑了应用于制度，或更准确地说，应用于社会基本结构的原则。然而，很清楚，另一种类型的原则也必须选择，因为一种完善的正当理论也包括对于个人的原则。事实上，正像这里的图表所指示的，此外，人们还需要有关国际法的原则，当然还有在原则冲突时进行衡量的优先规则。我将不考虑有关国际法的原则，除了顺便的讨论（见第58节）。我也不想系统地讨论对于个人的原则。但是，有某些这种类型的原则是任何正义理论都必不可少的部分。所以，在这一节和下一节中我将解释几个这样的原则的意义，虽然对选择它们的理由的考察将推迟到后面（见第51—52节）。

这里的图表纯粹是纲要式的。它并不暗示着：与较下面的概

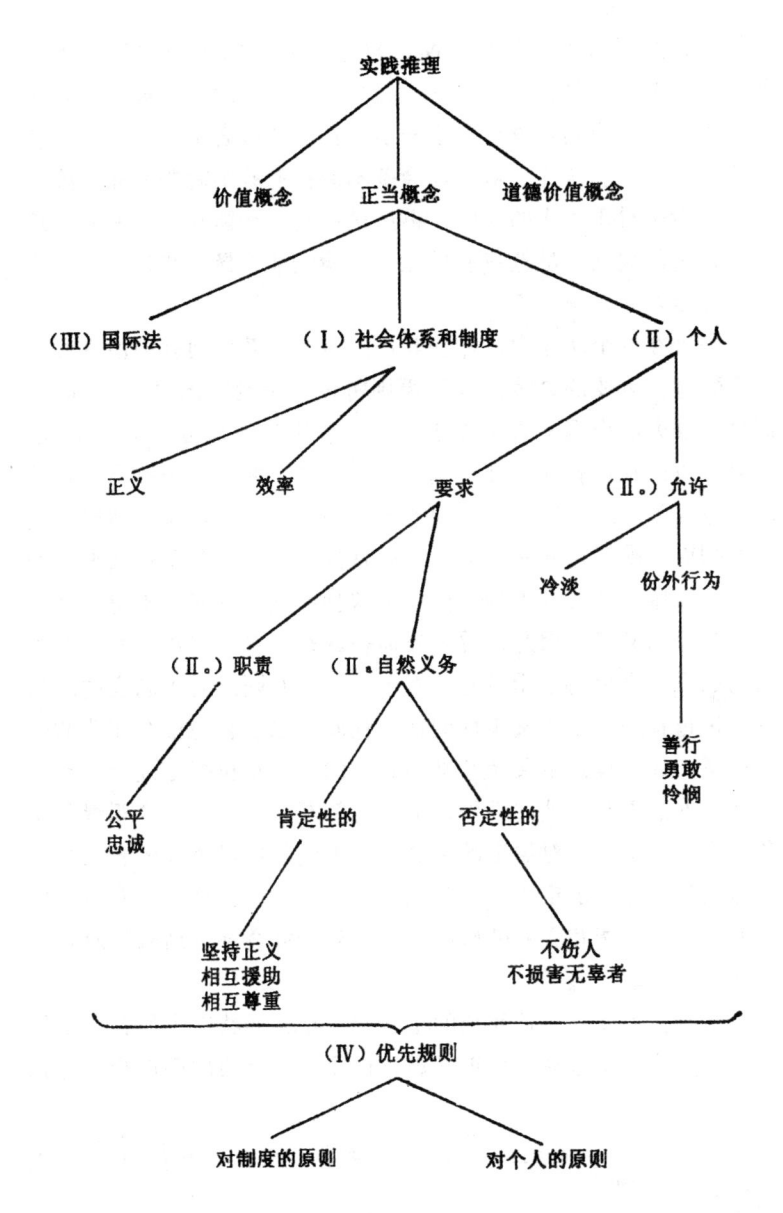

```
                            实践推理
                    ┌──────────┼──────────┐
                 价值概念    正当概念    道德价值概念
              ┌──────────────┼──────────────┐
         (Ⅲ)国际法      (Ⅰ)社会体系和制度      (Ⅱ)个人
                     ┌────┬────┐              │
                   正义  效率  要求         (Ⅱ₀)允许
                                             ┌──┴──┐
                                           冷淡   份外行为
                                                     │
                                                    善行
                                                    勇敢
                                                    怜悯
              ┌──────────────┬──────────────┐
         (Ⅱ₁)职责        (Ⅱ₂自然义务
           │              ┌──────┴──────┐
         公平           肯定性的       否定性的
         忠诚              │              │
                        坚持正义         不伤人
                        相互援助       不损害无辜者
                        相互尊重

                    ⎧─────────────────────⎫
                         (Ⅳ)优先规则
                       ┌──────┴──────┐
                   对制度的原则    对个人的原则
```

109

念相联系的原则是从与较上面的概念相联系的原则中推演出来的。这一图表只是指出：在一个完全的正当观形成之前，必须选择哪些种类的原则。罗马数字表示了在原初状态中接受各种不同的原则的次序。这样，对于社会基本结构的原则就要首先达成协议，然后是对于个人的原则，再后是那些用于国际法的原则，最末是优先的规则，虽然我们可能先试验性地选择一些作为应急之用，然后再来修正它们。

在现在这个次序中，那些其选择引出一系列问题的原则我将一带而过。重要的事情是各种原则将按一个确定的序列被选用，而这一序列的根据又联系着正义论中较困难的部分。举例来说：尽管有可能在选择对于社会基本结构的义务之前就选择许多自然的义务且没有对原则作出任何实质性的改变，但在这种情况下上述序列就反映了这样一个事实：职责预先假定了对于社会形式的原则。某些自然义务也预先假定了这种原则，例如，支持正义的社会制度的义务。因此，看来较简捷的是：在采用对于社会基本结构的原则之后再采用所有的对于个人的原则。对于制度的原则首先被选择展示了正义德性的社会性质，以及它与社会实践的内在联系，那是理想主义者常常注意到的。当布拉德雷说个人是一个贫乏的抽象时，他的话可以恰当地解释为：一个人的职责和义务预先假定了一种对制度的道德观，因此，在对个人的要求能够提出之前，必须确定正义制度的内容。[1] 这就是说，在大多数情况里，有关职责和义务的原则应当在对于社会基本结构的原则确定之后再确定。

所以，为建立一种完全的正当观，在原初状态中的各方不仅要按一定的次序选择一种正义观，也要按一定的次序选择那些其

---

[1] 见 F. H. 布拉德雷：《伦理学研究》，第 2 版（牛津，克莱伦顿出版社 1927 年版），第 163—189 页。

主要概念都属于正当范畴的原则。我将假定这些概念在数量上是相当少的,而且彼此有一种决定性的联系。这样,除了对于制度的原则的契约之外,必定还有一种有关公平和忠诚、相互尊重和仁爱这类概念(均应用于个人)以及有关指导国家事务的原则的契约。直觉的观念是这样的:某事物是正当的概念,若换成某事物与原初状态中被接受的,适用于这类事物的原则相符的概念,不仅意义一样,或许还更好一些。我不想通过分析"正当"一词通常用在道德方面的意义来解释正当概念。它并不意味着在传统意义上对正当概念的分析,而宁可说,作为公平的正当的较广义概念要被理解为对现有的各种正当概念的一个代替,我们没有必要说:"正当"一词(和它的关系词)的通常用法与用来表示这种观念的契约论的正当观念的较精致的特殊说法之间意义是相同的。为了我们的目的,在此我接受这样一个观点:一种健全的分析最好被理解为提供了一个令人满意的代用词,一个在避免含糊和混淆的同时又满足某些急需的代用词。换句话说,阐明就是排除;我们从一个概念开始,对它的解释是多少让人苦恼的,但它可服务于某些不可能放弃的目的。一种阐明以某些相对免除了困难的其他方式达到这些目的。[1]这样,如果作为公平的正义,或更一般地说,作为公平的正当理论适合我们在反思的平衡中所考虑的判断,如果它能使我们说出按照适当的考察我们想说的话,那么它就提供了一种排除传统的说法而采用别的表达法的方式。按照这种理解,一个人可以把作为公平的正义和作为公平的正当设想为提供一种对正义概念和正当概念的定义或阐释。

我现在转到适用于个人的一个原则,公平的原则。我将试图用这一原则来解释所有的社会要求,即那些不同于自然义务的职

---

[1] 见 W. V. 奎因:《词语与对象》(坎布里奇,马萨诸塞州,马萨诸塞理工学院出版社1960年版),第257—262页,在此我遵循了他的观点。

责（obligation）。这一原则在下述两个条件被满足时，要求一个人履行一个制度的规范所确定的他的职责。这两个条件是：首先，这一制度是正义的（或公平的），即它满足了正义的两个原则；其次，一个人自愿地接受这一安排的利益或利用它提供的机会促进他的利益。这里主要的意思是说：当一些人根据规范参加了一种互利的合作冒险，就以产生对所有人的利益的必要方式限制了他的自由，那些服从这些约束的人们就有权要求那些从他们的服从得利的人有一同样的服从。[①] 我们不做我们的公平的一份工作就不应当从他人的合作劳动中得益。两个正义原则确定了属于社会基本结构的制度中的公平份额。所以，如果这些安排是正义的，那么当所有人都履行他的职责时，人人都有一份公平的工作。

那么，按定义，由公平原则指定的要求就是职责。所有的职责都是以这种方式产生的。然而，注意公平原则有两部分是很重要的，第一部分说明所涉及的制度或实践必须是正义的，第二部分指出作为必要的自愿的行为的特征。第一部分概括了这些自愿的行为要产生职责所必需的条件。按照公平原则，它们不可能依附于不正义的制度，或至少不可能依附于那些其不正义超越了可忍受范围的制度（对此种制度迄今尚未定义）。特别是，不可能对独裁和专横的政府形式有什么义务，不管怎样表述，这里都不存在从双方同意的或别的行为产生职责的必要背景。职责的约束预先假定着正义的制度，或那些相对环境来说是合理地正义的制度。因此，反对作为公平的正义和一般的契约论，认为它们的推论会使公民处在对不正义的制度的义务之下，这些制度强制他们同意或者用狡猾的方式赢得他们的默许这种说法是错误的。尤其

[①] 在此我得益于 H. L. A. 哈特的《有无自然权利?》，载于《哲学评论》第64卷（1955年），第185页以后。

洛克一直是这种错误批评的对象，这种批评忽视了某些背景条件的必要性。①

职责有几种不同于其他道德要求的特征。其中一个是，它们是作为我们自愿行为的一个结果产生的，这些自愿行为可能是明确地给出的或者默默地承担的，像允诺和协议，但它们不是一定要如此，像在接受利益的情况中那样。再者，职责的内容总是由一种制度或实践确定的，这一制度或实践的规范指示着要求一个人做的事情。最后，职责一般是归之于确定的个人的，即那些一起合作以坚持他们的制度安排的个人。②作为一个说明这些特征的例子，让我们考虑一种追求和在成功后保持一个立宪政府中的公开职务的政治行为，这一行为导致了以下职责：履行职务所要求的义务，这些义务决定着职责的内容。在此我不是把义务考虑为道德义务，而是作为分派给某些职位的任务和责任。然而，一个人在履行这些义务时可能有一种道德理由（一种基于一道德原则的理由），如在依公平原则履行义务时必是如此。一个占据公职的人也对他的同胞公民负有义务，他一直寻求他们的信赖和信任，与他们在管理民主社会中协力合作。同样，当我们结婚或者接受某些法律、管理或别的行政职位时也负有职责。我们通过允诺和默默的承担担负起职责，甚至当我们加入一种游戏时，也负有遵守规则和正大光明的职责。

---

① 洛克坚持认为：征服、暴力和伤害都不是正当的，不管它们"被冠以何种名称、托辞，或法律形式"：见《政府论》下篇，第176段，第20段（参见商务印书馆1981年版中文本）。见汉纳·皮特金对洛克的评论：《职责和同意》，载于《美国政治科学评论》第59卷（1965年），特别是第994—997页，其中的基本观点是我同意的。

② 在区别职责与自然义务时，我一直得益于H.哈特：《法律义务和道德义务》，载于《道德哲学论文集》，A. L. 麦尔登编（西雅图，华盛顿大学出版社1958年版），第100—105页；C. H. 怀特莱：《论义务》，载于《亚里士多德协会会刊》第53卷（1952—1953年）；R. B. 布兰特：《义务与责任的概念》，载于《精神》第73卷（1964年）。

我相信，所有这些职责都被公平的原则包括在内。然而，有两种重要的情形可能没有充分地体现公平原则：一是当政治职责应用于普通公民而非应用于占居公职者的时候；一是守诺之责。在第一种情形中有些东西是不清楚的：比如，什么是履行公平原则的必要的约束行为，以及，谁已经履行过这种行为？我相信，严格地说，在一般情况下，对于普通公民并没有什么政治职责。在第二种情形里，需要解释受托之责是怎样从利用一种正义实践中产生出来的。我们需要深入考察与这种情况有关的实践的性质，我将在另一个地方讨论它们（见第51—52节）。

19. 对个人的原则：自然的义务

在用公平原则解释了所有职责之后，还有许多肯定性质或否定性质的自然义务。我不想把它们归到一个原则之下。显然，这种统一性的缺少将带来滥用优先规范的危险，但我必须把这一困难置之一边。各种自然义务可举例如下：当别人在需要或危险时帮助他的义务（假定帮助者能够这样做而不必冒太大的危险或自我牺牲）；不损害或伤害另一个人的义务；不施以不必要的痛苦的义务。这些义务中的第一个义务：互相援助的义务是一种肯定性质的义务——即一种要为另一个人做某种好事的义务，而后两种义务则是否定性质的义务——即要求我们不要做不好的事的义务。肯定性和否定性义务之间的区别在很多情形中可直观地觉察到，但也常常有模糊不清的时候。我将不强调这些区别。区别仅仅在联系到优先问题时才是重要的，因为下述看法看来是有道理的：当区别是清晰的时候，否定性的义务比肯定性的义务有更重的分量。但我在此将不追索这个问题。

现在与职责相对照，自然义务的特征是它们在用于我们时并不涉及我们自愿的行为。而且，它们与制度或社会实践没有任何必然的联系，它们的内容一般来说并不是由这些社会安排的规则确定的。这样我们就负有一种勿残忍的自然义务，一种帮助他人的义务，不管我们是否愿意承担这些行为。说我们没有做过不残忍或不复仇的允诺，或者没有做帮助别人的允诺，都不能成为推卸这些义务的理由或辩解。的确，像"不杀人的允诺"正规说来是一可笑的赘语，以为它在尚无任何道德要求的地方建立了一种道德要求的看法是错误的。这样一个允诺是有前提的，如果曾经有过这种允诺，那只是在因某种特殊理由一个人有权杀人的时候——也许是在一场正义战争中出现的情况中。自然义务的另一个特征是它们不管人们隶属于什么制度而始终有效，它们在所有作为平等的道德个人中间得到公认。在此意义上，自然义务不仅归之于确定的个人，比方说，那些在某种特殊的社会安排中共同合作的人，而且归之于一般的个人。这一特征尤其暗示出"自然的"这一形容词的性质。国际法的一个目的就是要确保在国际事务中承认这些义务。这在限制战争手段，假设至少在某些情况下自卫战争是正当的等方面是特别重要的（见第58节）。

　　根据作为公平的正义的立场，一个基本的自然义务是正义的义务。这一义务要求我们支持和服从那些现存的和应用于我们的正义制度。它也促使我们推动还未建立的正义安排产生，至少在这无须我们付出很大代价的情况下。这样，如果社会的基本结构是正义的，或者相对于它的环境可以合理地看作是正义的，每个人就都有一种在这一现存的结构中履行自己职责的自然义务。每个人对这些制度都有一种义务，不管他是不是自愿。这样，即使自然义务的原则是从一种契约论的观点脱胎而来的，对它们的应用也并不以人们的明确的或默契的同意行为甚或自愿行为作为先决条件。对个人有效的原则，正像对制度有效的原则一样，是那些将在原初状态中接受的原则。这些原则被理解为一种假设的契约的结果。如果对它们的概括展示了没有任何订约的行为（不管是不是各方同意的）作为采用它们的前提，那么它们的采用就是无条件的。职责之所以依赖自愿行为,源自叙述这种条件的公平原则的第二部分。这跟作为公平的正义的契约论性质没有关系。[①] 事实上,一旦完整的原则体系、一种完全的正当观被把握,我们就能干脆略掉原初状态的观念,像采用别的原则一样采用这些原则。

作为公平的正义允许无条件的绝对原则,这并没有什么前后矛盾或让人奇怪之处。我们只需说明在原初状态中的各方将同意确定自然义务的原则(那些被概括为是绝对有效的原则)也就够了。我们应当注意,由于公平原则可能建立一种对于现有正义安排的约束,它所包括的职责能够支持已经从正义的自然义务产生的现有纽带。这样,一个人就可能既有一种服从某种制度并完成分内的工作的职责又有一种自然义务。也就是说,一个人可能从好几个方面对政治制度负有义务。在大多数情况下,正义的自然义务是较基本的,因为它普遍约束着公民,无需自愿行为作为采用的前提。而另一方面,公平的原则只约束那些占据公职的人们,或者说,那些境况较好的,能在社会体制内部接近他们目标的人。这样,就有了"贵人行为理应高尚"的另一种意义:即,那些较有特权的人们将负起把他们更紧地束缚于一种正义制度的职责。

我将不怎么讨论对个人的其他原则。虽然允许的行为并非一

---

① 我感谢罗伯特·阿姆杜尔帮助我弄清了这些问题。寻求仅仅从相互同意的行为获得政治约束的观点可见之于迈克尔·沃尔泽:《职责:有关反抗、战争和公民权的论文集》(坎布里奇,马萨诸塞州,哈佛大学出版社1970年版),特别是前言第9—16页,正文第7—10,18—21页和第5章;约瑟夫·图斯曼:《职责和团体政治》(纽约,牛津大学出版社1960年版)。有关后者,见皮特金:《职责与同意》,第997页以后。有关同意理论的进一步讨论,除皮特金外,见阿兰·格维尔兹:《政治的正义》,载于《社会正义》,R.B.布兰特编(英格伍德·克利弗斯,新泽西州,普兰梯利—霍尔公司1962年版),第128—141页以后;J.P.普拉门拉兹:《同意、自由与政治职责》,第2版(伦敦,牛津大学出版社1968年版)。

116

类不重要的行为，但我必须把这种讨论限制在跟社会正义理论有关的范围内。然而，可以看到，一旦所有确定要求的原则被选择，就无需进一步的选择来确定允许的行为了。这是因为允许的行为是那些我们可以自由地做或不做的行为。它们是不违反任何职责或自然义务的行为。在研究这类行为时，一个人希望挑选出那些在道德上有意义的行为，解释它们与义务和职责的联系。这类行为有许多在道德上是中性的或琐屑的。但是，诱人的分外行为也是属于允许的行为一类，像仁慈（benevolence）和怜悯、英雄主义和自我牺牲的行为等等。做这些行为是好的，但它并非一个人的义务或责任。分外行为不是被要求的，虽然如果不是因为涉及到行为者本人的牺牲或冒险，本来一般会要求它们的。一个做了一件分外事情的人，就是做了自然义务允许免除的事情的人。因为当我们有一种创造重要利益的自然义务时，那是在我们能够相对容易地这样做的情况下，而在我们要为此付出巨大代价时，我们就可免除这一义务。分外行为提出了有关伦理学的头等重要的问题。例如，我们马上就可看到：古典的功利主义解释不了这种行为。因为按照它的观点，我们似乎有义务实行不管我们自己损失多大却能给别人带来较大利益的行为，只要利益相加的总额会超过我们可做的别的行为的利益总额。在它对自然义务的表述中，不含任何对相应于豁免的东西的说明。这样，作为公平的正义看作分外的某些行为，就可能要被功利原则作为义务来要求。然而，我将不再探讨这个问题。在此提到分外行为只是为了使理论完整。现在我们必须转向对原初状态的解释。

第 三 章

原 初 状 态

在这一章里我要讨论对最初状况的可取的哲学解释。我把这种解释称作原初状态。我一开始将略述适用于正义观的论据的性质，解释要怎样提出选择对象来以使各方从一系列确定的传统观念中选择。然后我要分以下几个题目描述表现最初状况特征的条件：正义的环境，正当概念的形式限制，无知之幕，契约各方的理性。在每个题目中我都要努力指出用于可取的解释的特征从哲学的观点看为什么是合理的。接着我将考察正常地导向正义两原则和平均功利原则的推理过程，并继而考察这样两种正义观念的相对优劣。我将做出接受两个正义原则的论证，并给出支持这一论点的一些主要根据。为了弄清不同正义观之间的差别，本章最后还要再考察一下古典的功利原则。

20. 正义观论证的性质

作为公平的正义的直觉观念是：正义的首要原则本身是在一种恰当定义的最初状态中的一个原初契约的目标。这些原则是那些关心他们利益的人在这种状态中，为确定他们联合的基本条件将接受的。那么，我们就必须说明：两个正义原则正是由原初状态提出来的选择问题的答案。为达到这一点，我们就必须确认：在给定的各方的环境，他们的知识、信仰、利益的情况下，一种基于这些原则的契约，相对于其他可选择原则来说，是每个人实现他的目标的最好方式。

显然，任何人都不可能得到他想要的一切，仅仅别人的存在就阻止了这一点。对一个人最好的莫过于：其他所有人都和他一起来推进他的善的观念而不管这一观念是什么；若做不到这一点的话，就要求其他所有人都正当地行动，只有他有权任意豁免自己。由于其他人决不会同意这种联合的条件，所以这些形式的利己主义是行不通的。而正义的两个原则看起来却是一个合理的建议。实际上，我想说明的就是：这些原则可以说是每个人对别人的相应要求的最好回答。在这个意义上，这一正义观的选择就是对原初状态设立的问题的惟一解决办法。

通过这种论证，一个人遵循着一种在社会理论中常见的程序。即：一种简化的状况将被描述，在那里，怀有某些目的并以某种方式相互联系着的有理性的个人，将根据他们对环境的知识在各种不同的行动方案中进行选择。我们根据有关他们的信仰、利益、状况和可以选择的对象的假设，经过严格的演绎推理，就可得知这些个人将做出什么。他们的行为用巴莱多的话来说，是兴趣和障碍相互作用的结果。[①] 例如，在价格理论中，竞争市场的平衡被设想在这样一种时候出现：很多各自推进他们自己利益的人相互让步，以便他们能最好地以其让步得到他们最想要的回报。平衡是在自愿的贸易者之间形成的自发协议的结果。对每个人来说，这种平衡都是他通过自由交换所能达到的最好状态，这种自由交换是与以同样方式推进他们利益的其他人的权利与自由相一致的。正是由于这个原因，这种事态就是一种平衡，一种倘若环境不再有进一步的变化就不会改变的平衡，没有人想去打破它。如果从这种状况的脱离又倾向于使它恢复，那么这种平衡就

---

① 见《政治经济学教程》（巴黎，1909年），第3章第23节；巴莱多说："平衡恰产生于兴趣和障碍的对立。"

是稳定的。

当然，一种状态是一种平衡、甚至是一种稳定的平衡的事实并不说明它就是正当的或正义的。它只意味着人们对他们状况的一种评价。他们在有效地保持着它。显然，一种厌恶和敌意的平衡也可能是一种稳定的平衡，每个人都可能认为任何可行的变化将会使情况更坏，一个人能为他自己做的最好事情可能是达到一种较少不正义而非有较大利益的状况。对平衡状态的道德评价依赖于决定这种状况的背景。正是在这一点上，原初状态的观念体现了专属于道德理论的特征。因为，比方说，当价格理论是试图通过推测实际活动的趋势来解释市场运动时，对原初状态的可取的哲学解释则是联合各种被认为对原则的选择是合理的条件。通过与社会理论的对照，我们想描述这一状态的特征，以便那些将被选择的不论什么原则从一种道德观点来看是可接受的。原初状态是这样定义的：它是一种其间所达到的任何契约都是公平的状态，是一种各方在其中都是作为道德人的平等代表、选择的结果不受偶然因素或社会力量的相对平衡所决定的状态。这样，作为公平的正义从一开始就能使用纯粹程序正义的观念。

那么，很清楚，原初状态纯粹是一假设的状态，它并不需要类似于它的状态曾经出现，虽然我们能通过仔细地追寻它表示的限制条件来模拟各方的思考。原初状态的观念除了试图解释我们的道德判断和帮助说明我们拥有的正义感之外，并不打算解释我们的行为。作为公平的正义是一种通过我们在反思的平衡中所考虑的判断显示的、有关我们的道德情感的理论。这些情感大概在某种程度上影响着我们的思想和行为。所以，原初状态的观念虽是行为理论的一部分，它却并不能使人因此推论说有类似于它的现实状态。我们必须说的只是：这些将被接受的原则在我们的道德思考和行为中扮演着不可或缺的角色。

我们也必须注意：这些原则的接受不是作为一种心理学的定

律或者或然性被推测出来的。至少在观念上，我想说明接受它们是符合原初状态的全面描述的惟一选择。论证的目标最终是严格演绎的。诚然，处在原初状态中的人是持有某种心理状态的，因为要做出有关他们的信仰、利益的各种假定，这些假定在对这一原初状态的描述中要随别的前提一起出现。但从这些前提而来的论证显然能够是充分演绎的，就像政治学和经济学理论所证实的那样。我们应当向一种有几何学全部严密性的道德几何学努力。不幸的是，我将做的推理离此还差得很远，因为它从头至尾都是高度直觉的，但在心里抱有这样一个欲达到的理想还是重要的。

最后，正如我说过的，对原初状态可以有许多种解释。对这一观念的不同解释依赖于怎样领悟订约的各方，他们的信仰和利益是什么，以及有哪些可供选择的对象等等。在这个意义上，有许多不同的契约论，作为公平的正义只是其中之一。但是，证明的问题（就其能被解决而言）是通过说明有一种对于最初状况的解释，这一解释能最好地表现那些被广泛地认为对进行原则的选择是合理的条件，并且导向一种体现了我们在反省的平衡中所考虑的判断之特征的观念，而得到解决的。我们把这一最可取的或标准的解释称之为"原初状态"，我们可以推测：每种传统的正义观中都有一种对最初状态的解释，按该种解释它的原则就是最可取的。这样，比方说，就也有倾向于导向古典的功利原则和平均功利原则的解释。在我们后面的论述中将提到这些对最初状况的不同解释。因此，契约理论的程序就为正义观念的比较研究状提供了一种普遍的分析方法。人们试图以契约环境来提出各种不同的条件，在那种状态里将选择他们的原则。人们就通过这种方式概括作为各种正义观基础的各种根本假设。但如果有一种解释在哲学上是最可取的，如果它的原则体现了我们所考虑的判断，我们就也有了一种证明的程序。我们一开始不可能知道这样一种解释是否存在，但至少我们知道寻求它。

21. 选择对象的提出

现在让我们从有关方法的评论转向对原初状态的描述。我将从可供这种状态中的人选择的对象开始。在观念上当然可以说他们将在所有可能的正义观中选择。但有一个明显的困难：即如何叙述这些观念的特征以便使它们向处在原初状态中的人们呈现。即使我们承认这些观念能够确定，也不能保证各方做出最好的选择，那些最可取的原则还是可能被忽视。的确，可能并不存在最好的选择对象，我们对每一个正义观念都可以想像有一个比它更好的正义观念。即使有一个最好的选择对象，描述契约各方的理智能力、以便使这一最理想甚或只是较有理的观念确实向他们呈现出来看来也是困难的。选择问题的有些答案对于认真的反思来说可能是足够清楚的，描述各方以使他们的思考产生这些选择对象则是另外一个问题。这样，虽然两个正义原则可能优于那些已为我们所知的观念，但或许某些迄今尚未被表述过的原则比它们还要好。

为了对付这一难题，我将诉诸下面的方法。我要仅仅考虑一个给定的简要表格，其中包括一些传统的正义观，例如，那些在第一章中讨论过的正义观，以及由两个正义原则引出的一些别的可能性。然后我假定此表是向各方呈现的，并要求各方在列举的各种观点中哪个最好的问题上达成一致同意（unanimity）。我们可以假设这一决定是通过一系列的一对对比较达到的。这样，一旦所有人都同意排除别的选择对象而选择这两个原则，那么这两个原则就被表明是较可取的。在本章中我将主要考虑在这两个正义原则与两种功利原则形式（古典原则和平均原则）之间的选择。后面将讨论与至善主义及混合理论的比较。我试图以这种方式表明两个正义原则将被人们从表中选出。

显然，这是一种不能令人满意的进行方式。假如我们能够确定一种惟一最好的正义观的必要和充分条件,然后展示一种满足这些条件的观念,那当然更好,最终人们可能能够做到这一点。然而,暂时我还不知道如何避免粗糙和便利。而且,用这样的程序可能导向对我们的问题的一种一般的解决办法。比如说,就可能有这样的结果:当我们进行这些比较时,各方的推理就挑选出社会基本结构的某些特征作为可欲的,这些形式具有自然的最大值和最小值的性质。例如,假定处在原初状态中的人们对一个具有最大的平等自由的社会的偏爱是合理的;再假定尽管他们偏爱其社会经济利益甚于为共同善工作,他们仍然认为他们应调节自然和社会的偶然性影响人们利害的方式。如果这两种特征是惟一与选择者相关的,如果平等自由的原则是第一个特征的自然的最大值,受机会的公正平等限制的差别原则是第二个特征的自然的最大值,再把优先的问题暂放一边,这两个原则就是最理想的答案。虽然一个人不可能建设性地确定或列举所有可能的正义观,或描述各方以使他们必然思考它们,但这一事实并不阻碍我们达到上述结论。

再追索这些思考不会有什么益处。迄今为止,我们还没有讨论过哪一种是最好的这个一般问题。下面,我将始终从这样一个较弱的论点,即两个正义原则将被人们从下表所列的诸正义观念中选出,来进行论证。

A. 处在一种序列中的两个正义原则
   1. 最大平等自由的原则
   2.（a）机会的（公平）平等的原则
      （b）差别原则
B. 混合的观念。以下面的一个代替上面的 A2
   1. 平均功利的原则,或
   2. 受到下面任一限制的平均功利原则:
     （a）应当维持某种社会的最低受惠值,

（b）总分配不应太广泛，或者
　　3．受到 B2 中（a）或（b）的限制并与机会公平平等原则相结合的平均功利原则
　C．古典目的论的观点
　　1．古典功利原则
　　2．平均功利原则
　　3．至善原则
　D．直觉主义的观念
　　1．平衡总功利与平等分配原则的直觉主义观念
　　2．平衡平均功利与补偿原则的直觉主义观念
　　3．平衡（恰当的）少数自明原则的直觉主义观念
　E．利己主义的观念（见第 23 节，那里解释了严格说来为什么利己主义不能成为选择对象的原因）
　　1．第一人称的专制：所有人都应服务于我的利益
　　2．自由骑手或逃票乘客式的（Free - rider）：所有人都应行为正当，惟有我可以我行我素
　　3．一般的：允许所有人如其所愿地推进他的利益

　　这些传统理论确实具有值得我们努力排列它们的价值。无论如何，对这种排列的研究是一种有用的试着进入较大问题的方式。现在的这些观念中每一个大概都有它的优劣，其中任何一个都可找到支持和反对选择它的理由。一种观念可能受到批评的事实并不一定就是反对它的决定性理由，某些可欲的特征也不总是赞成它的决定性理由。如我们将看见的，处在原初状态中的人们的决定是根据一种对许多不同的考虑的平衡。在这个意义上，可以说，在正义论的基础部分，有一种对直觉的诉诸。但当所有东西都被考虑到时，就可能清楚地看出平衡的理由何在。通过对原初状态的描述，一些有关的理由可能被如此给出和分析，以使一种正义观比起别的来显然更可取。对它的论证严格说来并不是一

个证据，但无论如何，用密尔的话来说，它可能提出了能够决定理智的考虑。[1]

表中的观念大都是自明的。然而，一些简要的解释可能是有用的。每一观念都是以一种简单的合理的方式表示的，都是绝对有效的，即不管在什么样的社会环境和状态里都有效，这些原则都不以某些社会或其他条件为转移。这样做的一个理由就是使事情简化。列出一个观念的体系，使其中每一个观念仅适用于特殊的环境，然后尽举其所需的各种条件并令其相互排斥，这是很容易的。例如，一种观念可能对某一个文化阶段有效，某另一观种念可能对另一个文化阶段就效。这样一种观念体系本身不能算作是一种正义观，它是由有次序的一对对观念组成的，每一对都是一种适合于它应用的环境的正义观。如果把这种观念放入表中，我们的问题就会变得十分复杂甚至无法解决。而且，还有一个排除它们的理由：人们很自然要问究竟是什么根本原则决定着这些有次序的对子。在此我假定某种可认识的伦理学观念给每种条件指定了恰当的原则。确定这些成对系列所表示的观念的正是这一绝对的原则。这样，要允许这类观念体系放入表中就要包括揭示它们的恰当基础的选择对象。所以为了这一原因我也要排除它们。确定原初状态的特征以使各方选择那些在任何环境里都绝对有效的原则是可取的。这一事实是与有关作为公平的正义的康德式解释相联系的。但是我将在后面（见第40节）讨论这一问题。

最后一点是很明显的：对于两个正义原则（也是对于任何正义观念）的一种论证，总是跟某个包含一些选择对象的表格有联系的。如何我们改变这个表格，一般来说，论证也必将不同。这一评论也适用于对原初状态的所有特征的描述。有无数种最初状况，因此无疑也有无数的道德几何学理论。在这些有关最初状况

---

[1] 《功利主义》，第1章第5段。

的理论中,只有少数具有哲学的意义,因为它们大多数是与一种道德观无关的。我们必须努力绕开那些无关的题目,同时决不要忽视这一论证的某些专门假设。

22. 正义的环境

正义的环境可以被描述为这样一种正常条件:在那里,人类的合作是可能和必需的。[①] 这样,像我一开始就注意的,虽然一个社会是一种为了相互利益的合作冒险,它却同时具有利益冲突和利益一致的特色。由于社会合作使所有人都能过一种比他们各自努力、单独生存所能过的生活更好的生活,就存在一种利益的一致;又由于人们谁也不会对怎样分配他们的合作所产生的较大利益无动于衷(因为为追求他们的目的,每个人都想要较大而非较小的份额),这样就又存在一种利益的冲突。如此就需要有一些原则来指导人们在决定利益划分的各种不同的社会安排中进行选择,来签署一份有关恰当的分配份额的协议。这些要求表明了正义的作用。正义的环境就是产生这些必要性的背景条件。

这些条件可以分成两类。首先,存在着使人类合作有可能和有必要的客观环境。这样我们假定,众多的个人同时在一个确定的地理区域内生存,他们的身体和精神能力大致相似,或无论如何,他们的能力是可比的,没有任何一个人能压倒其他所有人。他们是易受攻击的,每个人的计划都容易受到其他人的合力的阻止。最后,在许多领域都存在着一种中等程度的匮乏。自然的和其他的资源并不是非常丰富以致使合作的计划成为多余,同时条件也不是那样艰险,以致有成效的冒险也终将失败。当相互有利

[①] 我的说明大致遵循休谟在《人性论》第3卷第2部分第2节(参见商务印书馆1980年版中文本)以及《道德原理探究》第3节第1部分中的观点。亦见哈特:《法律的概念》(牛津,克莱伦顿出版社1961年版),第189—195页;卢克斯:《政治学原理》(牛津,克莱伦顿出版社1966年版),第1—10页。

的安排是可行的时候，它们产生的利益与人们提出的要求尚有差距。

主观的条件涉及到合作的主体，即在一起工作的人们的有关方面。这样，一方面各方都有大致相近的需求和利益（或以各种方式补充的需求和利益），以使相互有利的合作在他们中间成为可能；另一方面他们又都有他们自己的生活计划。这些计划（或善的观念）使他们抱有不同的目的和目标，造成利用自然和社会资源方面的冲突要求。而且，虽然由这些计划提出的利益并不被假定为是某个特定的自我的利益，但他们是一自我的利益，这一自我把它的善的观念看作值得接受的，认为有关它自己的要求是应当满足的。我将通过假设各方对别人的利益不感兴趣来强调正义环境的这一方面。我也要假定人们受知识、思想和判断方面的缺点的影响，他们的知识必然是不完全的，他们的推理、记忆力和注意力总是受到限制，他们的判断易被渴望、偏见和私心歪曲。在这些缺点中，有的是来自道德缺陷，来自自私和疏忽，但在很大程度上，它们只是人们的自然状态的一部分。结果各人不仅有不同的生活计划，而且存在着哲学、宗教信仰、政治和社会理论上的分歧。

对于这样一种条件的分布，我将称之为正义的环境。休谟对它们的解释是特别明晰的，我前面的概述对休谟特别详细的讨论并没有增加什么重要的东西。为简化起见，我常常强调客观环境中的中等匮乏条件，强调主观环境中的相互冷淡或对别人利益的不感兴趣的条件。这样，一个人可以扼要地说，只要互相冷淡的人们对中等匮乏条件下社会利益的划分提出了互相冲突的要求，正义的环境就算达到了。除非这些环境因素存在，就不会有任何适合于正义德性的机会；正像没有损害生命和肢体的危险，就不会有在体力上表现勇敢的机会一样。

应当注意我的几点澄清。首先，我将假定原初状态中的人们

127

知道这些正义的环境因素已经形成。至此他们把他们的社会条件看作是理所当然的。我们进一步假定各方试图尽可能好地提出他们的善的观念，在尝试这样做时他们彼此并不受到优先的道德戒律的约束。

然而，在此出现了一个问题：原初状态中的人们是否有对第三者的职责和义务，例如是否有对于他们的直系后裔的义务？如果有，就要涉及到一种处理代与代之间的正义问题的方式。然而，作为公平的正义的目的是要从某些别的条件获得所有的义务和职责，所以这种方式应当避免。作为替代，我将做出一种动机的假设。各方被设想为代表着各种要求的连续线，设想为宛如一种持久的道德动因或制度的代表。他们不必考虑他们生命的恒久的影响，但他们的善意至少泽及两代。这样，处在邻近的时代的代表就有一种重叠的利益。例如，我们可以想像作为家长，因而欲望推进他们的直接后代的福利的各方，作为各个家庭的代表，他们的利益像正义的环境所暗示的那样是对立的。虽然我将普遍地遵循这一解释，但设想各方作为家长并非必需。关键是在原初状态中的每个人都应当关心某些下一代人的福利，并假定他们的关心在每个场合都是对不同的个人的。而且，对下一代的任何人，都有现在这一代的某个人在关心他。这样，就使所有人的利益都被照顾到了，在无知之幕的条件下，全部的线头都接到了一起。

应当注意：对于各方的善的观念，我除了假定它们是合理的长期计划之外，再没有任何的规定。当这些计划决定着一个自我的目的和利益时，这些目的、利益并没有被假设是利己的或自私的。是否属于这种情况依赖于一个人究竟追求什么样的目的。如果财富、地位、势力和社会威望是一个人的最后目的，那么他的善的观念确实是自私的，他的主要利益是他自己的，而不仅仅是

（像它们必然总是那样的）一个自我的利益。[①] 那么，这跟以下假定并无矛盾——假定一旦消除无知之幕，各方就会发现他们有各种情感和爱的纽带，想去推进他人的利益，并看到他们实现其目的。但是，在原初状态中假定相互冷淡是为了确保正义原则不致依赖于太多的假设。我们可回想一下：原初状态是意味着合并广泛分享同时又不太强烈的条件。那么，一种正义观不应当预先假定广泛的自然情感的纽带。在理论的基础部分，我们要努力做出尽可能少的假定。

最后，当我们假定各方是相互冷淡、不愿为了别人牺牲他们的利益时，我们的意图是想表现在正义问题出现时人们的行为和动机。圣徒英雄的精神理想能够像别的利益一样毫不妥协地互相对立。在追求这些理想中发生的冲突是所有悲剧中最大的悲剧。这样，正义就是实践中的德性，在那些实践中，人们的利益相互冲突，人人觉得自己有资格凌驾于别人之上。在一个抱有共同理想的圣徒团体中（如果这样一个集体能够存在），有关正义的争论就不会出现，每个人都会无私地为一个由他们的共同宗教所确定的目标工作。他们将参照这一目标（假定它是被清楚定义的）决定所有有关正当的问题。但是一个人类社会却具有正义环境的那种特征。我们对这些条件的解释并不牵涉任何特殊的人类动机理论，而宁可说，我们的目的是要在原初状态的描述中包括那些为正义问题提供场所的个人之间的相互联系。

23. 正当观念的形式限制

原初状态中人们的状况反映了某些限制条件。他们可以选择的对象和他们对环境的知识都受到各种约束。我把这些约束称作

[①] 有关这一点见 W. T. 斯特斯：《道德的概念》（伦敦，麦克米兰公司 1937 年版），第 221—223 页。

正当概念的形式约束，因为它们不仅对正义原则的选择，而且对所有伦理原则的选择有效。如果各方也要接受别的德性原则，这些限制也还是适用的。

我首先考虑选择对象方面的限制。有某些形式的限制条件，在那份可以提交给各方的正义观念的表格上加上这些条件看来是合理的。我并不坚持认为这些条件是来自正当的概念，更不坚持认为它们是来自道德的正义。我避免在这一关键点上诉诸概念的分析。有许多能够合理地联系于正当概念的限制，人们能够从这些限制中做出不同的选择，并在一个特殊理论中把它们看作是确定的。任何定义的价值都依赖于它产生的理论是否健全，仅凭自身，一个定义是不可能解决任何基本问题的。[1]

这些形式的限制条件的恰当性源自正义原则调整人们对制度和互相提出的要求的任务。如果正义原则要发挥它们的作用，即要分配基本的权利义务和决定利益的划分，自然就需要这些条件。其中的每一条件都是起码的，我猜想它们能够被传统的正义观满足。然而，这些限制条件排除了各种利己主义形式（如我下面所指出的，它们并不是没有道德力量的）。这使下面一点更明白了，即这些限制条件不能被定义或概念分析所证明，而只能被含有定义和概念分析的理论的合理性所证明。下面我以五个人们熟知的题目来举出这些限制条件。

---

[1] 弗兰克纳讨论了对道德概念的各种解释，见载于卡斯特拉登与乔治·奈科尼肯编的《道德与行为语言》的《近来的各种道德概念》（底特律，韦恩州立大学出版社1965年版）以及《哲学》杂志第63卷（1966年）中的《道德概念》一文。头一篇文章中包含有许多参考资料。教科书给出的解释也许跟库尔特·贝尔的解释最接近，见《道德的观察点》（纽约，康乃尔大学出版社1958年版），第8章。我与他一样强调这些条件，公开性（他没有用这个词，但其含义包括在他所说的普遍可教的规定中）、有序性、终极性和实质性内容（虽然按照契约论观点，这最后的条件是作为一种结果出现的，见第25节和第143页注①）。一些别的讨论见W. D. 福尔克：《道德、自我和他人》，亦收在《道德和行为语言》中；P. F. 斯特劳森：《社会道德和个人理想》，载于《哲学》第36卷（1961年）。

首先，原则应当是一般性质的，即必须能够不使用那些明显的专有名称或通过拼装特定描述的方法来概括原则。这样，对原则的陈述就应当表达一般的性质和联系。然而不幸的是，深刻的哲学上的困难看来阻碍着达到一种令人满意的解释。[1] 我不想在这里对付这些困难。一个人在提出一种正义论时有权利避免定义一般性质和联系的难题，而只受看来合理的东西的引导。而且，由于各方对他们自己或他们的状况并没有专门的了解，他们无论如何不可能辨认自身。即使一个人能够使别人同意他，他也不知道怎么把原则剪裁得适合于自己的利益。各方被有效地迫使去坚持一般的原则，在此要以一种直觉的方式来理解这一概念。

这一限制的合理性部分地是由于这样一个事实：即首要原则必须能够始终作为一个组织良好的社会的公开蓝图。它们是绝对的，是在正义的环境里始终有效的，任何时代的个人都一定能知道它们。这样，对这些原则的理解就不应要求有一种对偶然的特殊情形的知识，就不能参照特定的个人或集体。传统上对这一条件的最明显测试就是正当的东西符合上帝意志这一观点。但事实上这一理论通常是由一种来自一般原则的论证支持的。例如，洛克认为道德的基本原则如下，如果一个人是被另一个人创造的（在神学的意义上），那么这个人就有义务服从他的创造者为他设立的戒律。[2] 这一原则完全是一般性质的，若按洛克的观点来确认世界的性质，它就挑选了上帝作为合法的道德权威。这一一般性条件没有被违反，虽然初看起来可能被违反了。

其次，原则在应用中也须是普遍的。它们因人们有道德人格而必然对每个人有效。这样我们就假定每个人都能理解这些原则，并在思考中运用它们。这对它们可能有的复杂程度、它们能引出

---

[1] 例如，见奎因：《本体论的相对性及其他论文》（纽约，哥伦比亚大学出版社，1969年版），第5章，名为"自然性质"。

[2] 见 W. 封·莱登编《自然法论文集》（牛津，克莱伦顿出版社1954年版），第4篇论文，特别是第151—157页。

的区分的类型和数目给出了一种上限。而且,一个为所有人实行的原则如果是自相矛盾、自行挫败的,它就要被排除。同样,假如一个原则只有在别人服从另一个原则时遵循它才是合理的话,它也是不能接受的。原则将参照所有人服从它们的结果来选择。

正如定义所示,一般性和普遍性是两个不同的条件,例如,第一人称的专制形式的利己主义(每一个人都要服务于我,或伯利克里的利益)满足了普遍性的要求,但没有满足一般性的要求。虽然所有人都可能按照普遍性原则行动,而且在某些情况下按照专制者的利益来衡量结果可能不总是坏的,但是第一人称代词或名词却违反了第一个限制条件。另外,一般的原则也可能不是普遍的。它们的结构可能只对有限的一群个人有效。比方说只对那些按专门的生理或社会特征(比方说发色或阶级地位等等)挑选出来的人们有效。诚然,个人在他们的生活过程中获得和承担专属于他们的责任和义务。然而,这些不同的义务和职责却是对所有道德人有效的首批原则的推论,它们的产生有一共同的基础。

第三个限制条件是公开性的条件,这自然是契约论所要求的。各方假定他们是为了一种公开的正义观而选择原则的。[1] 他们假定:对这些原则,每个人都知道若接受它们是一项契约的结

---

[1] 在康德"道德律"的概念中显然含有公开性的意思,但就我所知,他只在一个地方明确地讨论过它,见《永恒和平》附录2,收在汉斯·莱斯编,H. B. 尼斯比特译的《康德政治著作集》中(剑桥,剑桥大学出社1970年版),第125—130页。在别的地方当然也有简短的陈述,比如,在《道德形而上学》第1部第43节中,康德写道:"公开的正当是这些法律的总和,它们要求被普遍公开地制定,以产生一个正当的国家。"在《理论与实践》的一条脚注中他如此评论说:"在一个国家中任何正当都不能被缄默和莫测地包含在一种秘密的内心领会中,至少那种人们坚持是属于宪法一部分的正当不能包括在内,因为所有宪法的条文都必须被看做是一种公开意志的产物。这样,如果一部宪法允许叛乱,它就必须公开地宣布这一点,并说明它为何允许。"分别见《政治著作集》第136页,第84页注。我相信康德打算把这一条件应用于一个社会的正义观。亦见后面的第327页注[1]和第125页注[1]中所引的贝尔。在刘易斯的《制宪会议》中讨论了共同知悉及其与契约的联系(坎布里奇,马萨诸塞州,哈佛大学出版社1969年版),特别是第52—60、83—88页。

果他所能知道的一切。这样，他们的普遍接受的一般领悟就应有可欲的效果，并维持社会合作的稳固性。在这一条件和普遍条件之间的区别是：后者引导我们根据原则是否被所有人理智地和有规则地遵循的情况来评价它们。但这种情况还是有可能的：就是所有人都理解和遵循一个原则，然而这一事实却还是没有被广泛地众所周知或明确承认。公开性条件的目的是使各方把各种正义观作为被公开承认的和充分有效的社会生活道德法典来评价它们。就康德的绝对命令要求我们按照一个人作为一个理性存在要自愿为一个目的王国立法这一原则行动而言，他的理论中明显地包含了公开性的条件。他把这一目的王国设想为一个伦理的联合体，可以说，这一联合体中有这样的道德原则作为它的公开蓝图。

第四个条件是：一种正当观必须对各种冲突的要求赋予一种次序。这一限制是直接从正当原则调整各种冲突要求的作用中产生的。然而，在决定何为次序的问题上存在困难，我们显然期望一种完全的正义观，即一种能排列所有能够出现（或可能出现）的要求的次序的正义观。这一次序一般应是传递性的（transitive）：比方说，如果第一种社会基本结构的安排被排列得比第二种正义程度要高，第二种又比第三种要高，那么第一种也就应当比第三种要高。这些形式的限制条件是足够自然的，虽然不总是容易满足的。[①] 这种次序是否能靠竞争来裁决呢（trial by combat）？毕竟，身体的和武装的冲突会产生另一种次序，某些要求会战胜另一些要求。我们反对这种次序的主要理由并不是说它可能是非传递的次序，而是要避免通过诉诸力量和诡计来接受正当

---

① 有关有序性与选择关系的讨论，见斯恩的《集体选择与社会福利》（旧金山，霍尔登—戴公司，1970年版）第1章和第1章注；阿罗的《社会选择与个体价值》（纽约，约翰·威利父子公司1963年，第2版）第2章。

和正义的原则。这样我们就假定每个根据威胁而得胜的观念不是一种正义观。它并没有建立一种必要的次序,这种次序的根据应是人们的某些独立于他们的社会地位或威胁强制能力的有关方面和状况。①

最后一个限制是终极性的限制。各方应把原则体系看作实践推理的最后上诉法庭。没有更高的标准来作为能提出的要求的论据,成功地从这些原则推出的理论是终极性的。如果我们通过一个确立了所有德性原则的完全一般的理论来思考,那么,这样一个理论就指定了全部的有关考虑和它们的地位,它们的要求就是决定性的,它们超越了法律风俗和一般社会规范的要求。我们应按照正当和正义原则的指导来安排社会制度并尊重它。来自这些原则的结论也超越了合理的审慎和自利的考虑。这并不意味着这些原则坚持自我牺牲,因为在设计这一正当观念时各方都在尽可能好地考虑他们的利益。个人慎重思考的要求已经在原则的完整体系中占有适当的地位。当这一体系规定的实践推理达到了它的

---

① 为说明这一点,可考虑布雷斯韦特的研究:《作为一种用于道德哲学的工具的游戏论》(剑桥,剑桥大学出版社,1955年版)。按照他的分析,在马修和卢克之间演奏时间的公平划分有赖于他们的选择,这些选择依次联系于他们想演奏的乐器。由于下述事实:作为号手的马修较喜欢他们两人同时演奏或不演奏,而钢琴手卢克却较喜欢安静而非嘈杂,马修就对卢克拥有一种优势,他分到26个晚上而卢克只有17个晚上可用来演奏。如果局面颠倒过来,占有优势的就将是卢克了(见第36页以后)。但我们只需假定马修是一个打盹的爵士乐迷,卢克则是一个演奏奏鸣曲的小提琴手,在这种情况里,按照这种分析,假如合理地假定马修不在乎卢克演奏与否,那么他无论在什么时候演奏、无论演奏多久都是公平的了。这里显然在某个地方出错了。我们缺少的是对现实状况的一种从道德观点看是可接受的恰当定义。我们不能把各种偶然因素看作已知的,把个人的喜好看作既定的,而期望以交易理论来说明正义(或公平)的概念。原初状态的概念是被设计来处理恰当的现实状况问题的。在 J. R. 卢克斯那里也有对布雷斯韦特的分析的类似反对,见《道德家和游戏者》,载于《哲学》第34卷(1959年)第9页以后。另一个讨论请参考斯恩的《集体选择和社会福利》第118—123页。他认为 J. F. 纳什在《交易问题》中的解决办法〔见《计量经济学》第18卷(1950年)〕的缺陷是缺少一种伦理观点。

结论时，整个体系就是终结性的，问题就解决了。现有社会安排和自我利益的要求就被适当地考虑到了。我们不能够在最后因为我们不喜欢这结果而重新把它们计算一次。

那么，这些对正当观念的限制合在一起就是，一种正当观念是一系列这样的原则：它们在形式上是一般性质的；在应用上是普遍适用的；它们要被公开地作为排列道德人的冲突要求之次序的最后结论来接受。正义的原则是通过它们的特殊作用和所应用的对象来鉴别的。那么，这五种限制本身并不排除任何传统的正义观。然而，应当注意：它们要排除列在表上的各种利己主义形式。一般性的条件排除第一人称的专制或自由骑手的形式，因为这两种形式都需要一个专有名词（或代词，或拼装的特定描述）来挑选出专制者或者自由骑手。然而，一般性并不排除一般的利己主义，因为每个人都被允许做他判断是可能推进他利益的行为。这一原则在此能清楚地以完全一般的方式表示。使一般的利己主义不可接受的是次序的条件，因为如果每个人都有权如其所愿地接近他的目标，或者如果每个人都有义务推进他自己的利益，冲突的要求就完全不可能排列了，结果就要由力量和诡计来决定。

这样，这几种利己主义就不再出现在向各方提交的表上，它们被形式的限制条件给排除了。得出这一结论是丝毫不奇怪的，因为，通过选择其他观念中的一个，处在原初状态中的人们显然使自己有利得多。一旦他们追问应当一致同意哪些原则，他们怎么也不会把任何利己主义形式考虑为严肃的候选对象，这仅仅是肯定我们已知的东西，即，虽然利己主义是逻辑上首尾一致的，因而在此意义上并不是非理性的，但它与我们直觉的道德观是不相容的。利己主义的哲学意义并不是作为正当的一个可选择观念，而是作为对任何正当观念的一种挑战。在作为公平的正义中这反映在下述事实中：我们能够把一般利己主义解释为无协议点的利己主义。这是各方在不能够达到相互理解时将采取的立场。

24. 无知之幕

原初状态的观念旨在建立一种公平的程序，以使任何被一致同意的原则都将是正义的。其目的在于用纯粹程序正义的概念作为理论的一个基础。我们必须以某种方法排除使人们陷入争论的各种偶然因素的影响，引导人们利用社会和自然环境以适于他们自己的利益。因而为达此目的，我假定各方是处在一种无知之幕的背后。他们不知道各种选择对象将如何影响他们自己的特殊情况，他们不得不仅仅在一般考虑的基础上对原则进行评价。①

因此，我们假定各方不知道某些特殊事实。首先，没有人知道他在社会中的地位，他的阶级出身，他也不知道他的天生资质和自然能力的程度，不知道他的理智和力量等情形。其次，也没有人知道他的善的观念，他的合理生活计划的特殊性，甚至不知道他的心理特征：像讨厌冒险、乐观或悲观的气质。再次，我假定各方不知道这一社会的经济或政治状况，或者它能达到的文明和文化水平。处在原初状态中的人们也没有任何有关他们属于什么世代的信息。这些对知识的广泛限制所以是恰当的，部分是因为社会正义的问题既在一代之中出现，也在代与代之间出现，例如，恰当的资金储存率和自然资源及自然环境的保护问题。至少在理论上也有一种合理的遗传政策的问题。为了彻底贯彻原初状态的观念，各方在这些形式中也决不能知道将使他们陷入对立的偶然因素。他们必须选择这样一些原则：即无论他们最终属于哪个世代，他们都准备在这些原则所导致的结果下生活。

---

① "无知之幕"的概念是很自然的一个条件，以致类似的概念一定被许多人思考过。据我所知，这方面最明显的一个表述是在 J. C. 哈桑伊那里出现的，见《在福利经济和冒险理论中的基本功利》，载于《政治经济学杂志》第 61 卷（1953 年）。他用此发展了一种功利主义理论，我将在后面的第 27—28 节中述及。

因此，各方有可能知道的惟一特殊事实，就是他们的社会在受着正义环境的制约及其所具有的任何含义。然而，以下情况被看作是理所当然的：他们知道有关人类社会的一般事实，他们理解政治事务和经济理论原则，知道社会组织的基础和人的心理学法则。确实，各方被假定知道所有影响正义原则选择的一般事实。在一般的信息方面，即一般的法律和理论方面没有任何限制，因为正义的观念必须被调整得适合于它们要调整的社会合作体系的特征，没有任何理由排除这些事实。例如，有一种反对正义观的考虑，它认为：由于道德心理学法则，即使人们按照一种正义观安排了他们的社会制度，也不会获得一种按照它行动的欲望，因为此时在保证社会合作的稳固性方面存在着困难。正义观的一个重要特征就在于它自己产生对自己的支持，即，它的原则应当是这样：当原则体现在社会的基本结构中时，人们倾向于获得相应的正义感。按照道德学习的原则，人们发展起一种按照它的原则行动的欲望。在这一意义上，一种正义观是稳固的。这种性质的一般信息在原初状态中是能被理解的。

无知之幕的概念引起了一些困难。有些人可能反对说：排除几乎所有的特殊信息会使人难于把握原初状态的含义。那么，观察一下，仅仅通过按照适当限制进行的推理，一个或较多的人在任何时候都能进入这种状态，或者更准确地说，激发起对这一假设状态的沉思，对我们可能是很有帮助的。在论证一种正义观时，我们必须确信它是处于被允许的选择对象之中和满足了规定的形式限制。只有在若我们处于此种无知之幕中提出支持它的论点也是合理的情况下，我们才能提出支持它的论点。假定原则被所有人遵守，对原则的评价就必须通过它们的被公开承认和普遍应用的一般结果来进行。说某种正义观将在原初状态中被选择就等于说：满足了某些条件和限制的合理慎思将达到某种结论。若必要的话，对这一点可提出更一般的论据，然而，我将始终借助原初状态的概念进行讨论,这样可以更简洁和富有启发性,引出某些换一种方式一个人可能容易忽略过去的基本特征。

这些解释说明了原初状态并不是被设想为一种在某一刻包括所有将在某个时期生活的人的普遍集合,更不是可能在某个时期生活过的所有人的集合。原初状态不是一种所有现实的或可能的人们的集合。以这些方式的任何一种来理解原初状态都不免要深深地陷入幻想,从而使这一观念将不再是直觉的自然向导。无论如何,重要的是把原初状态解释得使一个人能在任何时候都采用它的观点。在一个人考虑这一观点或者这样行动之间必须没有任何区别:限制条件必须能使同样的原则总是被选择。无知之幕是满足这一要求的一个关键条件。它不仅保证提供的信息是相关的,而且保证它是始终一样的。

人们可能驳斥说:无知之幕的条件是非理性的。确实,他们可能提出相反的主张:认为应当借助所有可利用的知识来选择原则。对这一论点可以有各种不同的回答,在此我将略述那些强调若要建立完全的理论就须做出简化的回答(那些基于对原初状态的康德式解释的回答将放在后面,见第 40 节)。首先,清楚的是,由于各方的差别不为他们所知,每个人都是同等理智和境况相似的,每个人都是被同样的论证说服的。所以,我们可以从随意选择的一个人的立场来观察原初状态中的选择。如果有什么人在经过必要的反思之后比较偏爱某种正义观,那么他们所有的人都会这样做,一种一致同意的契约就能够达到。为使这些环境因素更生动地呈现,我们可以想像各方被要求通过一个作为中介的仲裁人来互相联系,这个人要宣布究竟有哪些可供选择的原则以及支持它们的理由。他禁止结盟的企图,告诉各方什么时候他们达到了一种共同理解。但这样一个仲裁人实际上是多余的,只要我们假定各方的思考一定是相似的。

这样就产生出一个很重要的推论:各方不再具备通常意义上

讨价还价的基础。没有人知道他在社会上的地位和他的天赋，因此没有人能够修改原则以适合他自己的利益。我们可能想像一个立约人大概要在别人会同意有利于他的原则时才提出它们。但他怎么知道哪些原则是特别有利于他呢？这同样适用于结盟的形式：如果一个集体决定要联合起来造成对他人的不利情况，他们也不会知道怎样在选择原则中使自己有利。即使他们能使所有人都同意他们的提议，他们也不能确信这一提议就适合他们的利益，因为他们不可能通过特定名称或描述来鉴定他们自己。使这种推论归于无效的一个例子是储存的例子。由于原初状态中的人们知道他们是当代的，他们能通过拒绝为后代做出牺牲来使自己这一代有利，他们只接受那些不使任何人有一为后代储存的义务的原则。先前的世代是否储存，则是现在的各方所无力影响的。在这种情况下，无知之幕没有保障可望的结果。因此，我通过改变动机的假设来以不同的方式解决这一代际正义（Justice betweengenerations）问题。但即使有这一调整，仍没有人能够提出特别适合促进他自己的事业的原则。不管他处在什么时候，每个人都不能不为所有人选择。[①]

这样，对原初状态的有关特殊信息的限制就具有基本的意义。没有这些限制，我们就完全不可能建立任何确定的正义理论。我们将必须满足于一种含糊的公式化的陈述，说正义是将被一致同意的东西，而不能够对这一契约本身的实质说更多的东西（如果有的话）。那些直接用于原则的、正当概念的形式限制对我们的目的来说并不是足够的条件。无知之幕使一种对某一正义观的全体一致的选择成为可能。没有这些知识方面的限制，原初状态的订立契约问题将是无比复杂的。即使在理论上存在着一种答案，至少我们在现在是无论如何也达不到它的。

---

① 卢梭：《社会契约论》，第2部第4章第5段。

我想，在康德的伦理学中无疑包含有无知之幕的概念（见第40节）。然而，限定各方知识的问题和鉴定可供他们选择的对象的问题却常常被带过去了，即使在契约论中。有时，这种明显来自道德考虑的状态是以一种不确定的方式提出来的，以致我们不能确定它将产生什么结果。这样，培里的理论实质上就是契约论的：他认为社会和个人的统一必须根据完全不同的原则进行；后者根据合理的慎思，前者根据具有善良意志的个人的联合一致。他看来也是根据很相近的理由拒斥功利主义的，即，认为它不恰当地把适用于一个人的选择原则扩展到了对社会的选择。正当的行为被鉴定为是那些最好地推进社会目标的行为，这些行为是在假定各方对环境有着充分的知识，并由一种关怀相互利益的仁爱之心推动的情况下，由反思的契约表述出来的。然而，培里没做出任何努力来准确地指出这种契约的可能结果。的确，没有一种远比这精心的解释，是不可能得出任何结论的。[①] 在此我不想再批评其他人的观点了，而是想解释许多有时看来像是互不相关的细节的必然联系。

应用无知之幕的理由不仅仅是为了简化。我们想如此定义原初状态以得到可望的结果。如果允许各方有对特殊事态的知识，那么结果就会被任意的偶然因素扭曲。如前所述，在威胁情况下达到的原则不是一个正义的原则。如果原初状态要产生正义的契约，各方必须是地位公平的，被作为道德的人同等地对待。世界的偶然性必须通过调整最初契约状态的环境来纠正。而且，如果在选择原则时我们虽占有充分信息但仍然需要达到一致同意，那就只有一些相当明显的情况能被决定。在这种环境中以一致同意为基础的正义观确实会是微弱和琐屑的。但一旦知识被排除，全

[①] 见 R. B. 培里：《一般价值论》（纽约，朗曼公司 1926 年版），第 674—682 页。

体一致的要求就不是不适当的,它能被满足的事实就具有重要的意义。它使我们能够说可取的正义观代表着一种真正的利益和谐。

最后我想说,我将在大多数地方假设各方掌握所有的一般信息。任何一般事实对他们都是开放的。我这样做主要是为了避免复杂化。而且,一种正义观将成为社会合作条件的公开基础。由于共同的理解必然给原则的复杂性提出某些限制,所以就可能也对原初状态中理论知识的应用提出某些限制。于是很清楚,对一般事实的复杂性很难进行分类和定级的工作。我将不作此尝试。但当我们遇到一种错综复杂的理论结构时我们还是要接受它。那么这样说看来就是合理的:假定其他情况相同,当一种正义观是建立在显然更简明的一般事实之上时,它就比别的正义观更可取,对它的选择无须根据对众多的可能理论的精心考察。以下要求是合理的:只要环境允许,一种正义的公开观念的根据应当对所有人都是明显的。我相信,这种考虑有利于正义的两个原则而非功利标准。

25．各方的推理的合理性

我始终假定处在原初状态中的人们是有理性的,在选择原则时他们每个人都试图尽可能好地推进他的利益。但是,我也假定各方不知道他们的善的观念。这意味着当他们知道他们有某种合理的生活计划时,却不知道这一计划的细节,不知道它打算推进的特殊目标和利益。那么,他们怎么可能确认哪一种正义观最适合于他们的利益呢?抑或我们必须假设他们仅仅凭着猜测来判断吗?为解决这些困难,我假定他们接受在前一章中述及的对善的解释:即他们设想他们将更喜欢较多的而非较少的基本社会善。当然,可能会有这样的结果:一旦无知之幕被撤除,他们中的有些人因为宗教或别的缘故事实上就可能并不更想要这些善。但从原初状态的立场来看，以下假设对各方来说都是合理的：即他们都想要较大的份额，因为在任何情况下只要他们不愿意都不会强迫他们接受较多的一份，一个人也不会因一种较大的自由而受罪。这样即使各方不知道他们的特殊目标，他们也有足够的知识来衡量可选择对象的高下。他们知道一般来说他们必须保护他们的自由，扩大他们的机会，增加达到他们目的（不管它们是什么）的手段。在这种善的理论和道德心理学的一般事实的指引下，他们的考虑就不再是猜测了。他们能够做出一种通常意义上的合理决定。

在此涉及的合理性的概念，除一个基本特征外，是我们在社会理论中熟悉的标准。[1] 这样，在通常的意义上，一个有理性的人就被设想为对他可选择的对象有一前后一贯的倾向。他根据它们如何促进他的目的的情况排列它们，遵循那个将满足他较多的欲望并具有较大成功机会的计划。我另外提出的专门假设是：一个理性的人并不受妒忌之累。他并不准备在只有别人损失更大的情况下才接受他自己的一种损失。他并不因不知道别人拥有较高指标的基本社会善而懊恼，或至少是：只要他同其他人之间的差距不超出某种限度，只要他不相信现存的不平等是基于非正义，或者是没有任何社会补偿而听任机会自发形成的结果，他就不会因

---

[1] 关于合理性这个概念，见上面提及的斯恩和阿罗（第128页注[1]）。I. M. D. 利特尔在《福利经济批判》（牛津，克莱伦顿出版社1957年版）第2章中的讨论也与此有关。有关无把握的理性选择，见后面的第146页注[1]。H. A. 西蒙在《合理选择的一个行为模型》（《经济学季刊》第69卷，1955年）一文中讨论了古典的有理性概念的局限性和对一种较现实的理论的需要问题。亦见他在《经济学理论概观》（伦敦，麦克米兰公司1967年版）第3卷中的论文。这方面的哲学讨论见达纳尔德·戴维森的《行动、理性和原因》，载于《哲学杂志》第60卷（1963年）；C. G. 亨普尔：《科学的解释观》（纽约，自由出版社1965年版）第463—486页；乔纳森·贝尼特：《合理性》（伦敦，劳特利奇和基根·保罗公司1964年版）；J. D. 马博特：《理性与欲望》，载于《哲学》第28卷（1953年）。

之而懊恼（见第80节）。

各方没有妒忌之心的假设引起了某些问题。也许我们还应当假设他们不倾向于各种别的情感，像羞耻和屈辱感（见第67节）。一种对正义的令人满意的解释最终也必将处理这些问题，但现在我将把这些复杂问题放到一边。对我们的程序的另一个反对意见是说它太不现实了。人们肯定是有妒忌心的，一种正义观怎么能忽视这一事实呢？我将通过把有关正义原则的论据划分为两部分来解决这一问题。在第一部分中，原则是根据设想妒忌并不存在的假定获得的，而在第二部分中，我们参照人类的生活环境来考虑我们所达到的观念是否是可行的。

提出这一程序的一个理由是：妒忌倾向于使每个人的状况更坏。在此意义上它是使集体不利的。我假定它不存在就等于假定人们在原则的选择中应当设想他们有他们自己的、足以自为的生活计划。他们对他们自己的价值有一种牢固的自信，以致不想放弃他们的任何目的，即使以别人只有较少的实现他们目的的手段为条件。我将按照这一规定来建立一种正义观，以看看会发生什么事情。然后我要试图展示当采用的原则被付诸实践，它们会引导到使妒忌和别的破坏性感情不可能强烈的社会安排。这一正义观排除了产生破坏性态度的条件。因此，它本质上是稳固的（见第80—81节）。

因此，相互冷淡的理性的假设就达到这样一个结果：处在原初状态中的人们试图接受那些尽可能地促进他们的目标体系的原则。他们通过努力为自己赢得最高指标的基本社会善而这样做，因为这能使他们最有效地推进他们的善的观念，不论结果会是什么。各方既不想赠送利益也不想损害他人，他们不受爱或宿怨的推动。他们也不寻求相互亲密，既不妒忌也不虚荣。借用比赛的术语我们可以说：他们在努力为自己寻求一种尽可能高的绝对得分，而并不去希望他们的对手的一个高或低的得分，也不寻求最大限度地增加或减少自己的成功与别人的成功之间的差别。当然，一种竞赛的比喻在此并不完全适用，因为各方并不关心胜利，而只关心获得从他们自己的目标体系来判断尽可能高的得分。

我们还有一个进一步的保证严格服从的假定。各方被假定具有一种能建立正义感的能力，并且这一事实在他们中间是一公开的知识。这一假设是为了保证在原初状态中所达到的契约正直完整。这并不意味着各方在他们的考虑中采用了某一特殊的正义观，因为这将与基本的动机假设相矛盾，而是意味着无论最后一致同意什么样的原则，各方都能在理解和遵循这些原则方面互相信赖。一旦原则被接受，各方就能相互信任地遵循它们。因而，在达到一个契约时，他们就知道他们的承诺不是徒劳的：他们的正义感能力保证被选择的原则将得到尊重。然而，注意到下一点是至关重要的：即这一假设还是容许考虑人们有按照不同的正义观行动的能力。人类心理学的普遍事实和道德学习的原则也是各方要考察的相关问题。如果一种正义观不可能产生对自身的支持，或缺少稳固性，这一事实就决不可忽视。因为人们就可能转而选择另一种正义观。这一假设只是在一种纯粹形式的意义上说各方须有一种对正义感的能力，若考虑所有相关的内容，包括道德心理学的一般事实，那么各方就将坚持最终被选择的原则。他们在以下方面是有理性的：他们将不签订一种他们知道他们不可能维持，或这样做将带来很大困难的契约。随同别的考虑一起，他们也计算契约承诺的强度（strains of commitment）（见第 29 节）。这样，在评价各种正义观时，处在原初状态中的人们就要假定他们采用的正义观将被严格地服从。他们的契约的结论将按这一基础推出。

通过前面有关各方的理性和动机的评论，原初状态的描述便在大多数方面完成了。我们可以通过下面这张有关最初状况的成分和它们的变化形式的表格来总结这一描述（注有星号的解释是原初状态的解释）。

1. 各方的性质（见第22节）
   * a. 连续的人们（家长或遗传线）
     b. 单独的个人
     c. 联合体（国家、教会或别的集体）
2. 正义的主题（见第1节）
   * a. 社会的基本结构
     b. 社团集体的规范
     c. 国际法
3. 选择对象的提出（见第21节）
   * a. 较短（或较长）的表格
     b. 各种可能性的一般特征
4. 进入的时间（见第24节）
   * a. 活着的人们（在懂事的年龄）在任何时候
     b. 所有现实的人们（那些在某一时期活着的人们）同时地
     c. 所有可能的人们同时地
5. 正义的环境（见第22节）
   * a. 休谟的中等匮乏的条件
     b. 除上述条件外，再加上进一步的极端条件
6. 原则的形式限制（见第23节）
   * a. 一般性、普遍性、公开性、有序性和终极性
     b. 对上述条件的修正，比方说，较少的公开性。
7. 知识与信仰（见第24节）
   * a. 无知之幕
     b. 充分的信息
     c. 部分的知识

8. 各方的动机（见第 25 节）
   * a. 相互冷淡（有限的利他主义）
   　b. 社会团结和良好意愿的因素
   　c. 完全的利他主义
9. 合理性（见第 25、27 节）
   * a. 以统一的期望和对或然性的客观解释来采取达到目的的有效手段
   　b. 同上，但没有统一的期望并使用不充足理由的原则
10. 契约的情形（见第 24 节）
    * a. 永远的一致同意
    　b. 在某一有限时期的大多数人或任何其他范围内的接受
11. 服从的情形（见第 25 节）
    * a. 严格的服从
    　b. 不同程度的部分服从
12. 无一致点的观点（见第 23 节）
    * a. 一般利己主义
    　b. 自然状态

我们现在可以转到原则的选择问题。但我先要述及一些要避免的误解。首先，我们必须牢记：在原初状态中的各方是从理论上加以规定的个人。他们同意的理由是通过对契约状态和他们对基本善的选择的描述来表述的。当然，当我们试图在日常生活中模拟原初状态时，即，当我们试图按它的条件引导我们的道德论证时，我们大概会发现我们的思考和判断要受到我们的特殊倾向和态度的影响。在努力坚持这一观念状态的条件时，我们确实很难纠正我们的各种好恶。但这决不影响到下述论点：即在原初状态中，被如此确定其特征的有理性的人们将做出某个确定的决定。这一命题属于正义论。至于人们在调节他们的实践推理中能

否扮演这一角色，则是另外一个问题。

由于原初状态中的人们被假定是对相互利益不感兴趣的（虽然他们可能对第三方有一种关心），人们可能会认为作为公平的正义本身是一种利己主义的理论。它当然不是前述的三种利己主义中的一种，但可能有人会像叔本华设想康德的理论那样，认为它不管怎样还是利己主义的。[①] 这是一个误解。因为，在原初状态中被设定为不关心相互利益的各方，并不会引出在日常生活中坚持那些将被同意的原则的人们会同样地相互漠不关心的结论。正义的两个原则及职责和自然义务的原则显然要求我们考虑别人的权利和要求。正义感就是一种通常有效的服从这些约束的愿望。原初状态中的人们的动机，决不可混同于那些在日常生活中接受将被选择的原则并有相应的正义感的人们的动机。一个人在实际事务中了解他的处境，若他愿意，他能够利用偶然因素来促进自己的利益。假如他的正义感真的推动他按照将在原初状态中采用的正当原则行事，他的欲望和目标就肯定不是利己主义的。他自愿地承担对这一道德观点的解释所表示的限制。

这一结论得到一种进一步的思考的支持。我们一旦考虑一种契约论的观点，就会不由得想到：如果各方没有至少在某种程度上受到仁爱或对相互利益的某种关心的推动，就不会产生出我们想要的原则。如前所述，培里认为：正当的标准和决定是那些促进由反思的契约在倾向于公平和善良意志的环境下所达到的目的的标准和决定。现在，相互冷淡和无知之幕的结合达到了跟仁爱一样的结果。因为这种条件的结合迫使原初状态中的每一个人都考虑到别人的利益。这样，在作为公平的正义中，善良意志的效果将由几种条件合力产生。以为这种正义观是利己主义的错觉，

---

① 见《伦理学基础》（1840 年），佩恩译（纽约，自由艺术出版社 1965 年版），第 89—92 页。

是由只看到原初状态的一个因素造成的。而且，这一对假定比起仁爱加知识的假定有着巨大的优点。像我前面所提到的，后一对假定是如此复杂，以致不可能建立任何确定的理论。这种复杂性是由如此多的难以逾越的信息引起的，不仅如此，对善良动机的假设也需要澄清。例如，各种仁爱愿望的动力是什么？简言之，相互冷淡和无知之幕的结合有简洁和清楚的优点，同时还获得了初看起来在道德上更吸引人的假设所产生的同样结果。如果有人问我们为什么不假定仁爱与无知之幕的结合，我们的回答是：没有必要确定一个如此强烈的条件。而且，它将会破坏在尽量少而弱的规定上建立正义论的目的，同时也不符合正义的环境。

最后，如果各方被理解为是由他们自己作出提议，他们就没有任何提出无意义的或专断的原则的动因。例如，没有人会提出应给予那些恰恰六呎高或在晴天出生的人以某些特权，也没有人会提出基本权利应当根据一个人的肤色或头发来分配的原则。无人能辨别这类原则是否符合他的利益，而且，这类原则的每一个都是对一个人行动自由的限制，这种限制是不能不说明理由就被接受的。我们当然可以想像一些跟这些特征有关的特殊情况。那些在晴天出生的人可能幸运地具有一种幸福的脾性，对于某些权力地位来说这可能是一种有资格的气质。但这些差别决不会在首批原则中提出，因为首批原则必须跟广泛的人类利益的推进有某种合理联系。各方推理的合理性及其在原初状态中的处境保证伦理原则和正义观念具有这种普遍内容。① 所以，种族和性别歧视必然预先就假定了某些人在社会体系中占有优越的地位，他们想

---

① 有关达到这一结论的不同方式，见菲利普·富特：《道德论证》，载于《精神》第67卷（1958年）；《道德信念》，载于《亚里士多德协会会刊》第59卷（1958—1959年）；R.W.比尔德斯莫：《道德推理》（纽约，震惊丛书出版社1909年版），特别是第4章。C.F.瓦诺克简略地讨论了内容的问题，见《当代道德哲学》（伦敦，麦克米兰公司1967年版），第55—61页。

利用这一地位来促进他们的利益。从同处于一种公平的最初状态中的人们的立场来说，这种种族歧视的理论不仅是不正义的，而且是非理性的。因此我们可以说：这些理论决非道德的观念，而只是意味着压制。它们在一个合理的传统正义观的表格中没有地位。① 当然，这一论点决非一个定义的问题，它宁可说是那些表现了原初状态特征的条件，尤其是各方的理性和无知之幕的条件的结果。因此，有一确定内容并排除了专断和无意义的原则的正当观是从这一理论推导出来的。

26．引向两个正义原则的推理

在第 26—28 节中我要考虑在两个正义原则和平均功利原则之间的选择。合理地决定选择这两个对象中的哪一个，也许是建立可代替功利主义传统的作为公平的正义理论中的一个中心问题。我将在这一节的开始提出某些赞成这两个正义原则的直觉性论述。我也要简要地讨论一下：倘要使对于这些原则的例证成为结论性的，需要做出的论据的实质性结构是什么。

我们记得：作为公平的正义的一般观念要求平等地分配所有的基本善，除非一种不平等的分配将有利于每一个人。对这些善的交换没有做出任何限制，因此，一种较少的自由能够从较多的社会和经济利益得到补偿。这样，无论从哪一个人的立场看待这一状况，他都没有任何办法能专为他自己赢得利益。另一方面，也没有任何根据使他接受特殊的不利。由于他期望在社会利益的分配中得到比平等的份额更多的一份是不合理的，并且，同意较少的一份对他也是不合理的，那么他要做的事显然就是把要求一

---

① 类似的观点见 B．A．威廉斯：《平等的观念》，载于《哲学、政治学与社会》第 2 集，彼得·拉斯莱特与 W．G．儒西曼编（牛津，巴兹尔·布莱克韦尔公司 1962 年版），第 113 页。

种平等分配的原则接受为正义的第一个原则。的确,这一原则是如此明显,以致可以预期每一个人都会直接地觉察它。

这样,各方就从一个确立所有人的平等的自由的原则开始,这一平等的自由包括机会的平等和收入与财富的分配平等。但却没有什么理由说这一接受应当是最终的。如果在社会基本结构中有一种不平等可以使每个人的状况都比最初的平等状况更好,为什么不允许这种不平等呢?人们为了将来的较大回报,能够把一种较大的平等可能给予的直接得益用来进行合理的投资。例如,如果某些不平等能提供各种刺激,而成功地引出更有成效的努力,处在原初状况中的人就可能把这些不平等看作抵消训练费用和鼓励有效表现的必要手段。人们可能设想这些观念上的个人应当希望互相服务。但由于各方被假定是不关心彼此利益的,他们对这些不平等的接受就只是对人们处在正义环境中的相互关系的接受。他们没有理由抱怨相互的动机。因此,一个处在原初状态中的人将承认这些不平等的正义性,他若不这样做就确实是目光短浅的。他如果在同意这些调整措施时犹豫不决,那只会是在他知道别人会有更好处境而沮丧的时候,但我已经假定各方的决定并不受妒忌的推动。为了确定这一调节不平等的原则,我们可以从最少受惠的代表人的地位来观察这一体系。当某些不平等最大限度地提高或至少有助于提高社会最不幸阶层的长远期望时,这些不平等就是可以允许的。

那么,当我们的正义论的一般观念并没有给允许什么样的不平等提出什么限制时,特殊的观念则通过确立两个原则的先后次序(在意义上有必要的调整)禁止基本自由与经济及社会利益之间的交换。我不想在此证明这一次序,而是在后面的章节里不时考虑这个问题(见第 39、82 节)。但大致来说,支持这一次序的观念是:如果各方推测他们能够有效地履行他们的基本自由,他们将不会用让渡自己的某些自由来换取经济状况的改善。只是在社会条件不允许有效地确立这些权利时，一个人才可能接受这些限制。这些限制只能在它们对开创一个自由社会是必要的范围内才被承认。对平等的自由的否定仅当它为提高文明水平，从而为这些自由在一定阶段上能被享受所必需时，才能得到辩护。这样，我们在设定次序时实际上就在原初状态中做了一个专门的假设：即各方知道他们的社会的条件（不管它们是什么），接受实现平等自由的有效方式。如始终一致地遵循一般观念，两个正义原则的次序最终会是合理的。这一词典式排列是一般观念的长远趋势。在大多数地方我将假定这一次序的必要环境已经形成。

这些评论看来是清楚地说明了：两个原则至少是一种人们会觉得有道理的正义观。然而，问题是我们如何比较系统地论证它们。有几件事情可做：我们能引出它们在制度方面的推论，指出它们对基本社会政策的意义。这样，就可通过与我们所考虑的正义判断的对比来衡量它们。本书的第二编就是做这件事。但我们也能从原初状态的地位努力发现支持它们的决定性论据。为了明白我们如何做这件事，把两个原则设想为对社会正义问题的最大最小值解决法是一有用的启发。两原则与用于不确定条件下选择的最大最小值规则（maximin rule）之间有某种相似的地方。[①] 这可以明显地见之于下面的事实：假设两个原则是一个人将选择来设计这样一个社会的原则——在这一社会里，他的敌人也会把他的地位分给他。最大最小值规则告诉我们要按选择对象可能产生的最坏结果来排列选择对象的次序，然后我们将采用这样一个选

[①] 在 W. J. 鲍莫尔那里可发现对此的一种清楚讨论和无把握的选择的其他规则，见《经济理论和操作分析》，第 2 版（英格伍德·克利弗斯，新泽西州，普兰梯利—霍尔公司 1965 年版），第 24 章。他给这些规则以一种几何学的解释（包括在第 13 节中用来说明差别原则的图表），第 558—562 页。亦见 R. D. 卢斯与霍华德·雷法：《游戏与决定》（纽约，约翰·威利父子公司 1957 年版），第 13 章有一较充分的解释。

择对象，它的最坏结果优于其他对象的最坏结果。当然，处在原初状态中的人们并不认为他们在社会中的最初地位要由一个恶意的敌人来决定。如我下面要说的，他们将不会从错误的前提进行推理。无知之幕不违反这一观念，因为信息的缺少并不是错误的信息。但是，如果各方不得不保护自己免受这种偶然情况的侵害，他们就要选择两个正义原则，这说明了它们作为某种最大最小值解决法的意义。这种类似表明：如果原初状态被如此描述，以便令各方采用这一规则所表现的保护性态度是合理的，就的确能建立一种决定性论据来支持正义两原则。显然，最大最小值的规则一般来说并不是无把握的选择的可靠指导，但它在某些具有专门特征的境况中是有吸引力的。所以，我的目的就是要说明，原初状态把最大最小值规则的这些特征显示得非常充分，可以说到了极致，这一事实提供了支持正义两原则的极好例证。

我们来考虑下面的得失表。它代表这样一种状况的得失，这种状况并非上述那种策略游戏，在此做决定者并没有假设敌，而是面临着几种可能存在的环境。碰巧存在某种环境并不依赖于他的选择，或者他是否预先宣布他的动向。表中的数字是与某种最初状况相比较的货币价值（以一百美元为单位）。所得（g）依赖于个人的决定（d）和环境（c），这样，$g=f(d,c)$。假定有三种可能的决定和三种可能的环境，我们就有了下面这张得失表：

决　定	环　境		
	C_1	C_2	C_3
d_1	-7	8	12
d_2	-8	7	14
d_3	5	6	8

最大最小值规则要求我们采取第三个决定。因为这样可能发生的最坏情况是得到五百美元，那是比其他决定的最坏结果要好

152

的。如果我们采取另外两个决定,就有可能失去八百或七百美元。这样,选择 d_3 使一个特殊决定的最小值与其他决定的最小值相比是最大的。"最大最小值"一词即意味着"最大的最小值"。这一规则使我们注意那种在任何计划的行动中可能发生的最坏情形,并依此作出决定。

现在我们可以看到:使这一不平常的规则具有某种合理性的状况有三个主要特征。[①] 首先,由于这一规则不考虑这三种可能的环境的可能性,就一定有对这种可能性不予考虑的理由。选择的最自然规则看来就是计算每一决定的货币收入的期望,然后采取将带来最高前景的行动路线(这一期望被定义如下:设 g_{ij} 代表得失表中的数据,在此 i 是得失表的行号,j 是得失表的列号;设 p_j($j=1, 2, 3$)是在 $\Sigma p_j = 1$ 条件下诸环境的可能性。那么,第 i 次的决定的期望就等于 $\Sigma p_i g_{ij}$)。这样,比方说,这一状况必定是一种不可能知道其可能性有多大的状况,或者至多有一种极不确定的知悉。在这一情况下,除非有别的出路,很难不让人怀疑或然性的计算,特别是在决定是一种需要向别人证明的基本决定的情况下。

需要提出"最大最小值"规则的状况的第二个特征如下:选择者抱这样一种善的观念,以致他很少关心在他遵循"最大最小值"规则一定能实际地得到的最低工资之外还有可能得到的收入。对他来说,为了进一步的利益利用一个机会是不值得的,特别是在它有可能造成他的重大损失的时候。这一点又把我们带到第三个特征:即,被拒绝的选择对象有一种个人几乎不可能接受的后果。这种状况涉及到重大的冒险。当然,这些特征只有结合起来才最有效。遵循"最大最小值"规则的典型状况是当这三个

---

① 在此我借鉴了威廉·费伦尔:《或然性与利益》(霍姆伍德,伊利诺斯州,R. D. 欧文公司1965年版),第140—142页,那里注意到了这些特征。

特征都最大程度地实现的时候。这样，这一规则就不是普遍适用的，当然也不是自明的，而宁可说是一种在某些专门环境里才被人接受的一种最大值，一个拇指规则。它的采用依赖于跟一个人的善的观念有关的可能得失的实质结构，所有这些都发生在一种可以对或然性推测不予考虑的背景下。

应当注意，正像我们在解释得失表时说过的，表上的项目所代表的是货币价值而不是功利。这一区别是有意义的，因为根据这种客观的价值计算期望并不等于计算人们所期望的功利，这两种计算可能导致不同的结果。重要之点在于：按照作为公平的观点，各方不了解他们自己的善观念，也不能在通常意义上估价他们的功利。在任何情况下，我们都想深入到由给定的条件产生的实际偏爱的背后进行探讨。所以，期望是建立在基本善的指标上的。各方相应地做出他们的决定。在此例中的所得一项是通过金钱而非功利来说明的，以指示契约论的这一方面。

现在，像我已经暗示的，我们对原初状态的定义就使它成为一种可以应用"最大最小值"规则的状态。为了明确这一点，让我们在心里略微回顾一下这种具有三个特征的状况的性质。首先，无知之幕使有关可能性的知识减到了最模糊的程度，各方并没有决定他们的社会的可能性质及他们在其中的地位的任何基础。这样他们就有很强有力的理由在有别的出路时对或然性的计算不屑一顾。他们也必须考虑这样一个事实：他们对原则的选择应当在别人看来是合理的，特别是对他们的后代来说更是如此，因为后代的权利将深受这一原则的影响，当我们继续往下讨论时，我将提出这种不屑一顾的进一步理由。但现在我们已足可注意到：各方对得失的情况知道得很少的事实加强了这些考虑。他们不仅不能推测各种可能环境的可能程度，也不怎么了解这些可能的环境究竟是什么，更不能列举出它们和预见每种可能的选择的结果。这些决定者比那个数字表中的决定者处在更深的黑暗中。正是因为这个缘故，我谈到两个正义原则与"最大最小值"规则的类似性。

对于两个正义原则的几种论据显示出第二个特征。这样，如果我们能够坚持认为这两个原则提供了一种可行的社会正义论，坚持认为它们是和效率的合理要求相吻合的，那么，这一观念就保证了一种令人满意的最小值。我们只要仔细考虑一下，就能发现这可能是能够做得最好的了。这样，许多论据，特别是在第二编中的论据，就是要通过把它们应用于社会正义的主要问题展示两个原则是一个令人满意的观念。这些细节有一种哲学的意义，而且，如果我们能够确立自由的优先和两个原则的词典式次序，这一思想方式实际上是决定性的。因为这一优先示意着原初状态中的人不想牺牲平等的自由来获取较大的利益。由处在词典式次序中的两个原则保证的最小值，也是各方不希望为了较大的经济和社会利益而危及的。在第四章和第九章中我提出了有关这一次序的实例。

最后，如果我们能说明别的正义观可能导致各方将发现是不可忍受的制度，那么第三个特征也就出现了。例如，人们有时指出：任何一种形式的功利原则，如果不是在证明奴隶制或农奴制的合理性，也无论如何是在证明为更大的社会利益而严重侵害自由是合理的。我们不需要在此考虑这一说法的真实性，或者获得其必要的条件的可能性。这一论点暂且只是要说明正义观可能容各方也许不能接受的后果。在有了保证一个令人满意的最小值的两个正义原则的方便的选择对象时，他们再冒险试探这些结果是否出现，那就如果不是无理性的，看来也是不明智的。

那么，迄今为止，我们简要地描述了使"最大最小值"规则有效的状况之特征，以及能够把两个正义原则的论据统摄在它们之内的方式。这样，如果传统观点的表格（见第 21 节）代表着可能的决定，这些原则就将按这一规则被选择。原初状态的选择一种正义观的基本特征把这些专门特征非常清楚地显示出来。这些有关"最大最小值"规则的评论只打算弄清原初状态中选择问题的结构。它们描绘了它的性质结构。当我们继续讨论时，对两个原则的论证将更为充分。我想在这一节快结束时考虑一种大概是反对差别原则的意见，它把我们带到一个重要的问题。这一意见认为：既然我们在通常的约束条件下要最大限度地增加最少受惠者的长远利益，那么，较有利者的期望的大量增加或减少的正义性看来就有赖于那些状况最差者的前景的轻微改变了。举例来说，只要最不利者的期望有些微提高，就可允许最悬殊的收入和财富差距。而同时，当那些地位最差的人有些微损失时，有利于状况较好者的同样不平等就被禁止。而下述情况看来会是异常离奇的：比方说，地位较好者期望的上十亿美元的增加是否合乎正义，竟然要根据最不利者的前景的一便士的增减来决定。这种反对类似于"最大最小值"规则的下列困难。对任一自然数 n，让我们考虑下面得失表中的行所组成的数列。

0	n
$1/n$	1

即使对某个较小的数选择第二列是合理的，在这一数列中还有另一种情况，即当 n 足够大时，这时，若不选择对立于最大最小值规则的第一列就是没道理的了。

对这一反对意见的回答部分是这样的：差别原则不打算用于这种抽象的可能性。如我所述，社会正义的问题并不是那种临时给个人分配某些数量的钱、财产或别的什么的问题。在所有可能的结合中也没有某种能从一个代表人转移到另一个代表人的作为期望基础的实体。反对意见设想的可能性不会成为真实的情况,可行的系列是如此限制的,以致排除了这些可能性。[①] 其理由是:两个原则是被结合在一起作为一个用于总体的社会基本结构的正义观。实行平等的自由和地位开放的原则防止了这些偶然情况的出现。因为当我们提高较有利者的期望时,状况最差者的境况也不断改善。每一这类性质的增加都符合后者的利益,至少在某一范围内。因为较有利者的较大期望大致会抵消训练费用并鼓励较好的表现,因而有助于普遍利益。当并无措施保证使不平等不致太悬殊时,通过不断增加的受过教育的可用人才和拓宽的机会却形成一种持久的拉平差距的趋势。由别的一些原则确立的条件能保证使可能产生的等级差别比人们常常在过去忍受的等级差别要小得多。

我们也应当注意到:差别原则不仅假定着别的一些原则的实行,而且也以某种社会制度理论为前提。特别是像我将在第四章中仔细讨论的那样,它依赖着在一种竞争经济(有或没有私有制)和一种开放的阶级体系中极端的不平等将不会成为常规的观念。在一定的自然资质的分配和动机法则的条件下,悬殊的等级差别将不会持久。在此要强调的是:并没有反对把对首要原则的选择放在经济学和心理学一般事实基础上的意见。如我们所看见的,在原初状态中的各方是被假定为知道有关人类社会的一般事实的。由于这种知识进入了他们思考的前提之中,他们对原则的选择就是跟这些事实有关的。当然,关键的是这些前提必须是真实的和足够一般的。人们常常提出反对,例如说功利主义可能容许奴隶制和农奴制,容许对自由的其他侵犯。这些制度是否正义被认为得依赖于精确统计的计算是否展示它们产生了一种较高的

---

① 这方面我得益于 S. A. 马格林。

幸福余额。功利主义者对此反对的回答是：社会的性质使这些计算一般是反对对自由的否定的。功利主义者想通过某些标准的假设（这是我的称谓）来解释自由和平等的要求。这样，他们就假设人们有着相近的减少边际功利的创造功利的能力。从这些规定推论，那么，在一定量的收入的前提下，只要我们不考虑对将来生产的影响，分配就应是平等的。因为，在一些人比别人占有得多的时候，总的功利能够通过转移给占有较少的人们而得到增加。对权利和自由的分配也可通过大致同样的方式来看待。假定前提正确，这一程序并没有什么错处。

契约理论同意功利主义认为正义的基本原则相当依赖于人类社会的自然事实的意见。这一依赖明确地显示在对原初状态的描述中：各方的决定是借助于一般知识做出的。而且，原初状态的各种因素也预先假定着许多有关人类生活环境的事情。有些哲学家认为伦理学的首要原则应当独立于所有偶然的假定，他们认为这是理所当然的：除了逻辑的真理和通过一种概念分析从这些逻辑真理推出的真理之外没有任何真理。道德观念应当对所有可能的世界都有效。这种观点使道德哲学成为一种创造伦理学的研究，一种对一个全能的神可能愿意决定一个最好的可能世界的思想的考察。即便对一般自然事实也要作选择。我们肯定对创造伦理学有一种自然的宗教兴趣，但它看来是超越了人类的领悟力的。从契约论观点来看，它等于说原初状态中的人们对于他们自己或他们的世界全然无知。若果真如此，他们怎么可能做出一个决定呢？一个选择问题只有在用自然法则和别的约束条件适当地限制了选择对象、那些选择者也已经有某些取舍的倾向时才算是明确地确定了。没有一种这方面的确定结构，提出的问题是决定不了的。因此我们需要毫不犹豫地在决定正义原则的选择时预先假定某种社会制度的理论。的确，我们不可能避免对一般事实的假定，正像我们不可能没有一种作为各方排列选择对象的根据的善的观念一样。如果这些假设是真实的和足够一般的，那么一切就都上轨道了，因为若没有它们，整个理论设计就会是无意义的和空洞的。

从这些评论可以明显地看到：甚至在论证正义的首要原则时，一般事实和道德前提也都是需要的（当然，以下情况也一直是清楚的：次一级的道德规范和特殊的伦理判断依赖于事实前提和标准原则）。在契约论中，这些道德前提采取了描述最初的契约状态的形式。显然，一般事实和道德前提在达到一种正义观时也是各有分工的，这种分工按各种理论的不同而互异。如我所述，原则在体现可欲的道德理想方面各个不同。功利主义的一个特征就是太依赖于从一般事实获得的论据。功利主义者倾向于这样答复反对他们的意见，即坚持认为社会和人性的规律排除了与他们的判断相反的论据。相反，作为公平的正义像通常被理解的那样较直接地在其首要原则中孕育着正义的理想。这一观念在达到对我们的正义判断的一种吻合时较少依靠一般事实。这使它适应于更为宽广的可能事实领域。

有两个为这一把理想植入首要原则的作法进行辩护的理由。首先，最明显的是，达到功利主义者所期望的结果的标准假设可能只有或然的真实性，甚至使人很怀疑其具有真实性。而且，它们的充分意义和应用可能是高度猜测性的。这一批评对于功利原则所必需的所有一般假设也可能是同样适用的。从原初状态的立场来看，依靠这些假设可能是不合理的，而在被选择的原则中更明确地体现理想却是远为明智的。如此看来，各方就将比较喜欢直接保证他们的自由，而不是使其依赖于那种可能是不确定的和思辨的精确统计的计算。而且，正如我在第 24 节中说过的，在达到一个公开的正义观时应避免复杂的理论论证。与对两个原则的推理相比,功利标准的论据却违反了这一条件。其次,在人们中一劳永逸地互相宣布这些原则确实有一真正的优势,即使功利的理论计算总是碰巧有利于平等的自由,而且事情过去也一直如此也是这样。由于在作为公平的正义中道德观念是公开的,两个原则的选择事实上就正是这样一种宣布。这种集体的声明的优点支持着这些原则,即使标准的功利主义假设是真实的也是如此。在第 29 节中我将联系公开性和稳固性较仔细地考虑这个问题。在此相关的一点是:虽然一般来说,一种伦理学理论肯定能得到自然事实的支持,但是比起一种实际上可能要求的对世界的偶然因素的完全的理论把握来,还是有充足的理由更直接地把正义信念植入首要原则之中。

27. 引向平均功利原则的推理

我现在想考察赞成平均功利原则的推理。古典功利主义的原则将在后面讨论(见第 30 节)。契约论的一个优点就是它揭示了这两个原则是明显不同的观念,不管它们的实际推论可能多么一致。支持它们的分析性假定分歧很大,表现在它们对最初状态的解释是对立的。下面我将努力说明这一点。

在用于社会基本结构时,古典功利主义原则要求制度应安排得能最大限度地增加各有关代表人的期望的绝对总额。这一总额是通过用处于相应地位的人数来乘每一期望,然后再把结果相加达到的。这样,假如其他情况一样,当社会中的人数翻番时,整个的功利也就翻了一番(当然,按照功利主义观点,期望是对全部被观察和预见到的满足的衡量,它们并不像在作为公平的正义论中那样,仅仅是主要善的指标)。与此相对照,平均功利原则指示社会不仅要最大限度地增加功利总额而且要增加平均功利(按人分配的功利)。这看来是一个较现代的观点,密尔和维克塞尔坚持这一观点,最近另有人给它以一个新的基础。[1]为使这一观念适用于社会基本结构,制度的建立要能够最大限度地增加各代表人的期望总额的百分比。为计算这一总额,我们用处于相应地位的社会的分数来乘以期望。这样,假如其他情况一样,当一共同体人口翻番时,功利并不一定翻番。相反,只要在不同地位中的百分比没有改变,功利就仍保持不变。

在这些功利原则中,哪一个在原初状态中将比较可取呢?为回答这一问题,我们应当注意到:如果人口数量保持不变,两者则趋于同一,但当人数变化时就出现了差别。古典原则要求:就制度影响着家庭的大小、结婚的年龄等等而言,它们应当安排得使最大的功利总额能够达到。由此得出只要每个人的平均功利在人数增加时足够慢地降低,就应当无限制地鼓励人口的增加,而不管平均功利降得如何低。在这种情况下,因人口增加而增长的功利总额足以抵偿人均份额的下降。作为一个正义的问题而非选择权的问题,一种很低的平均福利可能还是需要的(见图11)。

人口的无限增加

形式上,无限增加的人口的条件是曲线 $y = F(x)$(设 y 是人平均量,x 是人口数)应当比等轴双曲线 $xy = C$ 平直。由于

---

[1] 有关密尔和威克塞尔,见冈纳·米尔达尔:《经济学理论发展中的政治因素》,保罗·斯特内顿译(伦敦,劳特利奇和基根·保罗公司1953年版),第38页以后。J. J. C. 斯马特在《功利主义伦理学体系纲要》(剑桥,剑桥大学出版社1961年版)中没去解决这个问题,但在有必要打破僵局时肯定古典原则。至于平均理论的明确支持者,见 J. C. 哈桑伊:《在福利经济学与冒险理论中的基本功利》,载于《政治经济学杂志》第61卷(1953年);《基本福利、个人伦理和功利的人际比较》,载于《政治经济学杂志》第63卷(1955年);R. B. 布兰特:《一种规范功利主义形式的某些优点》,载于《科罗拉多大学学报》(博尔德,科罗拉多州,1967年),第39—65页。但是注意后面第174页注①中对布兰特观点的限定。对哈桑伊的讨论,见 P. K. 帕特奈克:《冒险、非人格和社会福利函数》,载于《政治经济学杂志》第76卷(1968年);斯恩:《集体选择与社会福利》,尤其是第141—146页。

xy 等于功利总额，那么，代表这一总额的矩形面积就在曲线 $y = F(x)$ 比 $xy = C$ 平直的任何时候，随着 x 的增加而增加。

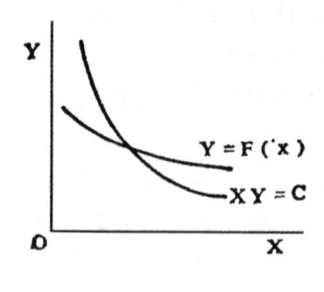

图 11

现在，古典原则的结果看来表明它将被赞成平均原则的各方拒绝。两个原则仅在假定平均福利总是下降得足够快（至少超出某一点）以致双方不再有严重分歧的情况下，才趋于相同。但这一假定是成问题的。从原初状态中人们的立场看，同意某种平均福利的最低额看来是较合理的。由于各方都旨在推进他们自己的利益，他们在任何情况下都没有最大限度地增加满足总额的欲望。因此，我假定，功利主义中可替换两个正义原则的较合理对象是平均原则而非古典原则。

我现在想考虑各方可能怎样达到平均原则。我要概述的推理完全是一般性质的，如果它是正确的，它将完全避开怎样提出选择对象的问题。平均原则将被看作是惟一合理的候选者。让我们设想一种状态，在那里一个单独的有理性的人能够面对好几个社会而选择进入某一个社会。[1] 为明确观念，先假定这些社会的成员全部都有同样的偏爱，也假定这些偏爱满足了使一个人能够确

---

[1] 在此，我遵循了 W. S. 维克里提出的某些最初步骤，见《功利、策略和社会抉择规则》，载于《经济学季刊》第 71 卷（1960 年），第 523 页以后。

定一种基本功利的条件。再者，每个社会都有同样的资源和同样的自然才能的分配。然而，拥有不同才能的人有着不同收入，每个社会都有一种再分配的策略，如果压力超过了某一点，它就削弱刺激，并因此降低生产。假定在这些社会里遵循的是不同的策略，一个单独的人会决定加入哪个社会呢？如果他准确地知道他自己的能力和利益，如果他有详细的有关这些社会的信息，他或许能够预见他在各个社会中几乎是肯定要享受的福利。然后他就能在此基础上做出决定，无需计算任何可能性。

但这种情况是相当专门的。让我们一步步地观察它以便不断接近原初状态的情形。这样，我们先假定这一假设的加入者对他的才能将使他在这些不同的社会里扮演什么角色没有把握。如果他推测他的偏爱也是跟别的所有人一样的，他可能按最大限度地增加他期望的福利的方向做出决定。他通过把一个社会的代表人的功利作为可供选择的功利，把他对他达到它的机会的估计作为每一地位的可能性来计算他在一个既定社会中的前景。那么，他的期望就是由代表人的一个增加的功利总额决定的，亦即由$\Sigma p_i u_i$决定的，在此p_i是他达到i地位的可能性，u_i是相应的代表人的功利。然后他就选择能提供最好前景的社会。

一些进一步的修正可使这一境况更接近原初状态的情形。假设这一假定的参加者丝毫不知道他的能力或他可能要在每个社会中占据的地位。且仍然假设他的偏爱也跟这些社会中的人是完全一样的。现在我们再来假设他有成为任何一个个体的同等可能性（即，他成为任何代表人的可能性等于该代表人代表着的社会分数），因而也假设他不断沿着可能性的路线进行推理。在这种情况下,他的前景还是和每一社会的平均功利等同的。这些修正最后就使他期望在每个社会中的获利与这一社会的平均功利一致。

迄今为止我们一直假设所有个人都有相似的偏爱，不管他们是否属于同一个社会。他们的善的观念大致是同样的。一旦这一很强的假设被削弱，我们就走到了最后一步，达到了一种最初状态。我们可以说，对这些社会的成员或那个抉择者的具体偏爱我们一无所知。这些事实和对于这些社会的结构的知识都被排除了。无知之幕现在完全形成了。但我们还是能想像那个假设的新来者能像以前一样地推理。他假设有一种使他成为任何人的平等的可能性，并被充分地赋予那个人的偏爱、能力和社会地位。这再次表明，他在那个有最高的平均功利的社会里有他最好的前程。我们可以通过下面的方式看清这一点。设 n 是一个社会中的人数，设他们的福利水平是 u_1, u_2, $\cdots u_n$。那么功利总额就是 Σu_i，平均功利就是 $\Sigma u_i/n$。假设一个人有成为任何一个人的平等机会，他的前景就是：$1/nu_1 + 1/nu_2 + \cdots + 1/nu_n$ 或 $\Sigma u_i/n$。前景的价值是和平均功利相等的。

这样，如果我们放弃功利的人际比较的问题，如果各方被看作是不反对冒险和在计算可能性中遵循不充足理由原则（那个作为先前的概率计算基础的原则）的有理性的个人，那么，最初状态的观念自然就导致了平均原则。通过选择它，各方增加了从这一观点看是他们所期望的最大限度的福利。这样，契约论的某种形式就提供了一种支持平均原则而非古典原则的论证。事实上，平均原则又怎么能以别的方式解释呢？说到底，在严格意义上它并不像古典观点一样是一种目的论的理论，因此它缺少对最大限度地增加善这一观念的某种直觉诉诸。一个坚持平均原则的人至少在这个范围里会希望诉诸契约论。

而且，在考虑一个假设的新来者的立场中并不会损害到一般性。诚然，在原初状态中的人们知道他们已经在某一特定社会中占有一个地位。但是，从最初状态的观点来看，思考事情是怎样发生过的和思考事情将要怎样发生并无本质的差别。无知之幕消除了区别它们的根据。这样，无论以两种方式中哪一种方式，都能做出支持平均原则的论证。[1] 在接受这一原则时,各方将同意尽可能好地把他们的社会安排得符合于这一原则,他们将像那个在类似于原初状态的环境中选择要进入哪个社会的新来者一样运用这一原则。平均原则要求有助于那些在最初状态中的人,只要这些人被领悟为准备在所有情形中按最抽象的或然性推理冒险的单独的理性个人。为论证两个正义原则,我必须展示:那些确定原初状态的条件排除了各方的这种观念。的确,我们在此面临作为公平的正义的一个主要问题:即要以这样一种方式规定原初状态,以便即令有意义的契约终能达成(无知之幕与别的条件一起消除了交易和偏见的基础),加在达成这一结果的过程上的那些限制条件还是要引导到具有契约论传统特征的原则。

28. 平均原则的某些困难

在考虑两个正义原则的论证前,我希望描述一下平均功利原则的几个困难。但首先我们应指出一种结果将证明仅仅是表面上的反对意见。如我们所见,这一原则可能被看作是一种单独的理性个人的伦理学,这种个人准备利用任何必要的机会,以使他的前景改善到从最初状态的立场看是最好的程度(如果没有计算这些或然性的客观基础,就按不充足理由的原则计算它们)。这样就使一些人反对这一原则,认为这一原则预先假定了社会的所有成员都会真实地和同等地接受冒险。一个人可能要说,在某些时候,所有人实际上都必须同意利用同样的机会。然而由于显然并没有这样的场合,这一原则就是不正确的。让我们考虑一种极端的情况:一个面对他的奴隶的奴隶主可能会这样为自己的地位辩护,他声称:首先,在他们社会的既定环境里,奴隶制对产生最大的平均福利事实上是必需的;其次,他在最初的契约状态里亦

---

[1] 在此我得益于 G. H. 哈曼。

将选择平均原则,即使这要冒他以后也会合理地成为奴隶的危险。也许我们马上就会反驳这个奴隶主,说他的论据即使不是专横的也是离题的。有人可能说,这个奴隶主无论选择什么都无关宏旨。除非人们实际地同意一种包含着真实的冒险的正义观,否则谁也不会受这一正义观的要求的束缚。

然而,按照契约论的观点,这个奴隶主的论据的一般形式是正确的。如果奴隶反驳说他的论点是无关的,因为实际上一直并没有这样的选择机会,并且人们无法平等分担未来事件的风险,那么他们的驳斥是一个错误。契约论纯粹是假设的:如果一种正义观将在原初状态中被同意,那么它的原则就是可应用的正当原则。说这样一种协议从未有过也永远不会实现,并不构成一种反对意见。我们不能如此论述:在找不到解释个人的义务与职责的一致意见的情况下,我们就在假设的意义上解释正义理论,然后马上又坚持冒险状态必须是真实的以抛弃我们不想要的正义原则。[1] 这样,在作为公平的正义论中,反驳奴隶主的论据的方式就是展示他诉诸的原则将在原初状态中被拒绝。我们没有别的选择,只能利用最初状态(按照有利的解释)的不同方面来建立支持两个正义原则的完善论据。在下一节中我就要开始这一工作。

平均原则的第一个困难,我已经在讨论"最大最小值"规则作为一种论证两个正义原则的启发手段时提到过了。它涉及到一个理性的个人要估计或然性的方式。这一问题的出现是因为在最初状态中看来并无假定一个人有成为任何其他的人的同等机会的客观基础,即,这一假设不是建立在一个人所属的社会的已知特征上的。在推导平均原则的最初阶段上,假设的新来者对他的能

---

[1] 在这个问题上我一直是错的。见《宪法的自由与正义的概念》,载于《法律》卷六:《正义》(纽约,阿塞顿出版社1963年版),第109—114页。我感谢 G. H. 哈曼为我澄清了这一点。

力和他要选择的社会的设计具有某种知识。对他的机会的估计就依据于这种信息。但在后面的阶段上,他对特殊的事实是一无所知的(除了正义的环境所指示的那些事实)。对个人前景的估计在这一阶段就仅仅依赖于不充足理由原则。这一原则被用来在缺少信息的情况下来确定结果的或然性。当我们完全没有证据时,各种可能的情况就被看作是具有相同或然性的。所以,拉普拉斯推论说,当我们要从两个装有不同比例的红球与黑球的盒子中取球、却又没有关于我们正面对着的那个盒子的任何信息时,我们就应当首先假定从两个盒子的每一个提取的机会都是相等的。这意思就是说:无知状态(由于它才有先前的或然性)所提出的问题,跟一个人有充分证据说明用一个硬币来作出决定是公平的状况所提出的问题是相同的。这一原则在运用方面的明显特征是:它使一个人把各种信息结合为一个严格的或然性体系,甚至在缺少知识的情况下也做出有关或然性的推论。而先前的或然性不管是怎样达到的,都是一种对以随机性为基础的机会进行估计的理论的一部分。这一没有信息的实例并不提出一个理论的问题。[1]随着证据的积聚,先前的或然性无论如何被修正了,不充足理由的原则至少保证着任何或然性在一开始不被排除。

现在我要假定各方不考虑仅仅根据这一原则达到的可能性。鉴于原初契约的根本重要性,以及使一个人的决定同受其影响的后代负责的愿望,这一假定看来是有道理的。我们比起为自己冒险来更不愿为我们的后代冒险,我们只是在没有办法避免这些不确定性时才这样做,或者说,当可能获得的利益像客观估计的那

---

[1] 见威廉·费伦尔:《或然性与利益》,第27页以后。传统形式的不充足理由原则显然要带来困难。见 J. M. 凯恩斯:《论或然性》(伦敦,麦克米兰公司1921年版),第4章。鲁道夫·卡尔纳普在他的《或然性的逻辑基础》中的目的是要通过别的理论手段来做古典原则打算做的事情,以构成一个归纳逻辑的体系,见第2版(芝加哥,芝加哥大学出版社1962年版),第344页以后。

样非常巨大以致我们觉得拒绝这一机会将是对这些利益不负责任（即使接受它实际上结果不好）时才这样做。由于各方有两个正义原则作为选择对象，他们大致能避开原初状态的这些不确实性。他们能确保他们的自由以及他们的社会条件所允许的一种合理的令人满意的生活水准。事实上，像我要在下一节中论证的那样，对平均原则的选择是否真的提供了一个较好的前景，即便不谈它依据不充足理由原则的事实，无论如何还是很成问题的。所以，无知之幕的效果将有利于两个正义原则。这一正义观较适应于完全无知的状态。

确实，有一些关于社会的假设，如果合理的话，将能够帮助各方达到同等或然性的客观估计。为弄清这一点，人们可以把埃奇沃思为古典原则所做的一个论证转变成对平均原则的一个论据。[①] 事实上，他的推论可以调整得支持几乎任何一般的政策标准。埃奇沃思的观念是要概括某些合理的假定，以便在这些假定下，使自利的各方同意：把功利的标准作为评价社会政策的一个政治原则是合理的。这样一个原则的必要性在于：政治的过程并不是一个竞争的过程，政治决定不可能像经济一样留给市场去解决，必须建立某种别的方法以调和分歧的利益。埃奇沃思相信，功利的原则将被自利的各方接受为值得向往的标准。他的思想看来是：在包括许多场合的一个长时期里，在每一场合里最大限度地增加功利的政策大概都能给所有单独的个人以最大的功利。这一标准对于税制和财产立法等方面的始终一致的应用，被认为产生了无论从何人的观点看都是最好的结果。因此，自利的各方通过采用这一原则，将合理地保证他们最终不会有什么损失，事实

---

① 见 F. Y. 埃奇沃思：《数学心灵学》（伦敦，1888年），第52—56页，和《纯粹税制理论》的头几页，载于《经济学杂志》第7卷（1897年）。亦见布兰特：《伦理学理论》（英格伍德·克利弗斯，新泽西州，普兰梯斯—霍尔公司1959年版），第376页以后。

上还将最好地改善他们的前景。

埃奇沃思观点的缺陷是,他那些必要假定是非常不真实的,特别是在社会基本结构的情形中。[1]陈述一下这些假定就会看到它们是多么没道理。在他看来,我们必须假定构成政治过程的决定的效果不仅是多少独立的,而且是大致跟它们的社会结果同步的,那些结果无论如何不能太大,否则那些效果就不会是独立的了。而且,还必须或者假定人们是随机地从一种社会地位向另一种地位变动的,他们能生活得足够久以使得失趋于平均,或者必须假定在某个时期有某种机械结构确保受功利原则指导的立法平均地分配它的利益。但显然社会并不是一个这样的随机过程,某些社会政策问题会比另一些政策问题关键得多,常常在利益的制度性分配中引起巨大和持久的变化。

例如,让我们考察这样一种情况,在那里一个社会正在考虑在它同其他国家的贸易政策中做出一种历史性改变:即它是否要取消长期以来对农产品进口实行的关税政策,以便使那些新的工业领域里的工人得到较便宜的粮食。按功利主义根据来辩护这一改变并不意味着这一改变不会对土地所有者和工业阶级的相对地位产生持久的影响。埃奇沃思的推理只适用于这种场合:许多决定对分配的份额仅有一种相对微弱和暂时的影响,同时,也许还存在着某种制度结构来保证随机性。因此,在真实的条件下,他的论据至多只能证实:功利的原则作为一个适用于较少的政策问题的立法标准,占据着一个次要的地位,而这显然意味着这一原则对社会正义的主要问题无效。我们在社会中的最初地位,我们的天赋才能,以及社会组织是一个体系的事实具有广泛而持久的

---

[1] 在此我对埃奇沃思使用了 I. M. D. 利特尔的一个论据,见他的《福利经济学批判》,第2版(牛津,克莱伦顿出版社1957年版),那是他用来反对 J. R. 希克斯的一个提议的。参看第93页,第113页以后。

影响，这是正义问题的首要特征。我们决不可被数学上诱人的假设引到以下妄称：认为人们的社会地位的偶然因素和他们的状况的不相称最终将多多少少被抹平。相反，我们必须选择我们那种充分认识到情况决非如此、也不可能如此的正义观。

这样看来，如果接受平均功利原则，各方就必须根据不充足理由的原则来推理。他们须遵循一些人所称的用于不确定条件下选择的拉普拉斯规则。各种可能性是以某种自然的方式等同的，每种可能性部分有相同的或然性。没有任何有关社会的一般事实可用来支持这些分有，各方通过或然性的计算前进，仿佛并没有什么信息传出。现在我不可能在此讨论或然性的概念，但有几点应当指出。[①] 首先，可能使人奇怪的是：或然性的意义竟然作为一个问题在道德哲学中、特别是正义论中出现。然而，这是把道德哲学领悟为合理选择理论的一部分的契约论的必然结果。或然性的考虑必然进入那种既定的规定最初状态的方式之中。无知之幕直接引出不确定条件下的选择问题。当然，把各方看作完全的利他主义者，假设他们仿佛是确定地处在每个人的地位上进行推理是可能的。这种对最初状态的解释消除了冒险和不确定的因素（见第 30 节）。

然而，在作为公平的正义里，没有办法完全避免这个问题。关键的事情是不允许被选择的原则依靠专门的冒险态度。因为这个缘故，无知之幕也排除了对这些倾向的知识：各方不知道他们是否对冒险有一特殊的厌恶。在选择一种正义观时，只要有可能，就应当对接受不受个人对这种或那种冒险方式的特殊偏爱影

[①] 威廉·费勒尔的《或然性与利益》，第 210—233 页，有一个附有简要评论的书目。其中对于所谓海湾派观点特别重要的一本书是 L. J. 萨维奇的《伦理学基础》（纽约，约翰·威利父子公司 1954 年版）。有关哲学性的文献，见 H. E. 凯伯格：《或然性理论》（英格伍德·克利弗斯，新泽西州，普兰梯斯—霍尔公司 1970 年版）。

响的冒险的做法，作出一种合理评价。当然，一种社会体系可能允许这些不同的气质为了共同的目标而充分活动以利用它们。但从观念上说，无论如何，体系的基本设计不应依靠这些态度中的任何一个（见第81节）。因此，两个正义原则对原初状态中的冒险态度表现了一种特别保守的观点这一说法，并不是对两个正义原则的一个论据。必须说明的是：一个人若抱着讨厌冒险的态度来进行选择也将是合理的，如果选择环境的独特特征不涉及任何专门的冒险态度的话。

其次，我只是假定：如果或然性的判断要成为合理决定的根据，它们必须有一客观的基础，即一种涉及到对特别事实的知识（或合理的信仰）的基础。这种证据不必采取相对频率的报告形式，但它应当提供估计各种影响到结果的趋势之根据。这种客观理由的必要性由于原初状态中的选择具有基本的意义，以及各方想使他们的决定在别人看来也是牢固可靠的事实而变得愈加紧迫了。因此，为充实对原初状态的描述，我将假定各方将不考虑这样一种对可能性的估计——这种估计不是根据对特殊事实的知识，而全部或者主要是按照不充足理由的原则推出的。这一对客观根据的要求看来并没有在新海湾派理论家和那些坚持较经典观点的人们之间引起争论。他们的争论在于：以常识为基础的对或然性的直觉的和不精确的估计应在什么程度上体现在或然性理论的形式的表述中，而不是被以一种特殊方式用于修正这种抛开了具体事实而引出的结论。[1] 在此新海湾派理论家有一强有力的论据。确实，当可能时，以一种系统的而非不规则和不明确的方式使用我们的直觉知识和常识是比较好的。但这丝毫不影响到以下

---

[1] 见费伦尔：《或然性与利益》，第48—67页；卢斯与雷法：《游戏与决定》，第318—334页。

论点：如果或然性的判断要成为原初状态中的决定的合理根据，它们就必须在已知的社会事实中有某种客观基础。

我将描述的最后一个困难提出了一个深刻的问题。虽然我不能够恰当地处理它，但也不应当把它忽略过去。这一困难来自对平均原则的推理的最后一步中的期望的特殊性质。当期望在正常的情形中被计算时，选择对象的功利（在 $\Sigma p_i u_i$ 中的 u_i）是来自一个单独的偏爱体系，即做出决定的个人的偏爱体系。功利代表着由这个人的价值体系估计的他所面对的选择对象的价值。然而，在现在这种情况里，每一功利都是以不同个人的偏爱为基础的。正像有各种功利一样，亦有许多不同的个人。当然，这种推理显然预先假定了人际比较。但暂且把这些问题搁置一边，在此要注意的一点是：个人被设想为仿佛是在完全无目的地进行选择。他想冒险一试，成为一群人中的任何一个，拥有每一个人的目标体系、能力和社会地位。这样我们可能怀疑这一期望是否有意义。由于不存在一个能产生这种价值期望的偏爱体系，它看来缺少必要的统一性。

为弄清这一问题，让我们把评价的客观条件与主观方面（能力、性格特征、目标体系）区别开来。现在从我们的观点来看，对另一个人的状况——比方说由他的社会地位、财富等，或他的通过基本善所表现的前景所指定的状况——进行评价是相当容易的。我们把自己放在他的地位上，完全带着我们的而不是他的性格和偏爱，考虑我们的计划会受到怎样的影响。我们还可以走得更远。我们能够评价处在另一个人的地位上、至少带有那个人的某些特征和目标时对我们自己的价值。既然知道我们自己的生活计划，我们就能决定拥有那些特征和目标对我们来说是否合理，如果合理，我们发展和鼓励它们就是可行的。我将在第七章中讨论这些问题。在此却已足以看到：我们不可能评价另一个人的整个环境，评价他的客观状况和他的性格和目标体系而不参考我们自己的善的观念的内容。如果我们要完全从我们的立场判断这些事情，我们就必须知道我们的生活计划是什么。别人的环境对于我们的价值，并不像期望所假设的与这环境对他们的价值是一样的。

而且，如我们所见，人际比较最清楚的基础是就基本善而言的，这些基本善是假定每个理性人无论想要别的什么时都需要的。我们越上升到人的较高目的和层次并评估它们对我们的价值，这一评估的程序就越精细微妙。其原因是：这些评价考虑的是我们生活方式中的较基本变化和我们计划中的较长远修正。的确，试图在人与人之间确立一个包括了所有最后目标的标准看来是无意义的。这个问题类似于比较不同艺术风格的问题。有许多事情，人们全神贯注于它们并发现其具有充分价值，仅仅是根据他们的爱好。当然，功利主义者能够承认这一反对，接受对基本善的解释，然后通过这些善的有关指标确定他的原则。这涉及到我不欲追索的功利主义的一个主要变化。我将把讨论限制在标准的功利主义观点上。

所以，在引向平均原则的推理中最后达到的期望之所以看来是虚假的，有两个原因，首先，它不是像期望应当是的那样，建立在一个目标体系上，其次，因为无知之幕排除了各方对他们的善的观念的知识，每方不可能评价所有别人的环境对于他的价值。上述推理最后达到的，便是一种关于期望的纯粹形式的因而毫无意义的表述。这一关于期望的困难类似于或然性知识的困难。在这两种情况里，推理都是以这样一些概念进行的——这些概念的合理使用基础已被原初状态的条件给排除了。

29．两个正义原则的主要根据

在这一节里，我的目的是用公开性和终极性的条件给出某些支持两个正义原则的主要论据。我将依赖下述事实：对于一个将确实有效的契约来说，各方必须能够在所有有关的和可预见的环境里尊重它。必须有一种合理的保障使人能把它贯彻到底。我将提出的论据适于放在遵循最大最小值规则的理由所暗示的启发性结构之中。亦即，它们有助于展示两个原则是一种涉及处在一个很不确定的状态中的恰当的最小值的正义观。通过功利原则或别的什么原则可能赢得的任何进一步利益都是没有把握的，而如果情况一旦变坏其结果却是不可忍受的。正是在这一点上，一种契约的观点有一确定的作用，它示意了公开性的条件并对选择对象提出了限制。这样，作为公平的正义就比前面的讨论显得更为依赖于契约概念。

两个原则的第一个可靠基础可以通过我先前称之为承诺的强度的术语来解释。我在第 25 节中说过：各方在这个意义上——他们确信他们的承担不会是徒劳的——有一种建立正义感的能力。假定他们把一切都考虑到，包括道德心理学的一般事实，他们就能相互信赖地坚持所采用的原则。这样他们就考虑到承诺的强度问题。他们不可能进入那些可能有不可接受的后果的契约。他们亦将避免那些只能很困难地坚持的契约。由于原初的契约是最终的和永久性的，就不会有第二次机会。鉴于这些可能的结果的严重性，承受的负担问题就特别尖锐了。一个人要一劳永逸地选择将支配他的生活前景的标准。而且，当我们进入一种契约后，我们必须能够甚至在属于它的最坏情况下仍然尊重它，否则，我们就不会充满信心地行动。这样，契约各方就必须仔细衡量契约是否能够在所有环境里都被他所坚持。当然，在回答这一问题时，他们只具有对人类心理的一般知识。但这一信息足以告诉他们哪一种正义观涉及到较大的紧张程度。

在这方面，两个正义原则有一确定的优势，各方不仅可保护他们的基本权利，而且他们确信自己抵制了最坏的结果，他们在他们的生活过程中没有任何这样的危险：必须为了别人享受的较大利益而默认对自己自由的损害,这种默认是他们在实际的环境里可能承受不了的一项负担。的确,我们会怀疑那种超越了人性的接受能力的契约是否能在完全的信任中达成。各方怎么可能知道,或相当确信他们能维持这样一种契约呢?他们肯定不能把他们的信心建立在道德心理学的一般知识上。诚然,任何在原初状态中被选择的原则都可能要求某些人做出一种很大的牺牲。那些显然不正义的制度(即那些按照没有任何资格被接受的原则建立的制度)的受益人可能会觉得很难使自己调和于那种必将做出的改变。但在这种情况中,他们将知道他们无论如何不可能坚持他们的地位。如果有一个人以自己的自由和实质利益来打赌,希望功利原则的采用可能保证给他一种较大的福利,那么他可能有被他的承诺约束的困难。他定会提醒自己还有两个正义原则可供他选择。如果所有可能的候选对象都涉及到类似的冒险,承诺的强度问题就必须放弃。但情况并非如此,从这方面判断,两个原则看来占有明显的优势。

我的第二个考虑要诉诸公开性的条件和对契约的限制条件。我将通过心理的稳定性问题来提出这一论证。前面我讲到:一种正义观能够自我支持是人们赞成它的一个有力证据。当社会的基本结构众所周知地在一个长时期里满足了它的原则的时候,那些属于这一社会的人们就倾向于发展起这样一种愿望:他们要按照这些原则行动,在体现它们的制度中履行他们的职责。当一种正义观通过社会体系的实现得到了公开承认,并由此带来了相应的正义感时,这种正义感是稳定的。当然,这种情况是否会发生主要依赖于道德心理学的法则和人类动机的有效性。我将在第75—77节中讨论这些问题。现在我们可以看到:功利原则比两个正义原则更为要求一种与别人利益的认同。既然这种认同是困难的,那么,对此要求较少的两个正义原则就是一种较稳固的观念。当两个正义原则被满足时,每个人的自由都得到保证,并有一种差别原则所确定的使每个人都从社会合作中获利的意义。因此，我们能够按照这样一条心理学法则——人们倾向于热爱、珍惜和支持所有肯定他们自己的善的东西——来解释对社会体系以及它所满足的原则的接受。既然每个人的利益都被肯定，所有人就都培养起坚持这一体系的倾向。

然而，当功利原则被满足时，却没有这种使每个人有利的保障。对社会体系的忠诚可能要求某些人为了整体的较大利益而放弃自己的利益。这样，这一体系就不会是稳定的，除非那些必须做出牺牲的人把比他们自己利益宽泛的利益视为根本的利益。但这不是容易发生的。这里的牺牲并不是那些在社会危急时所有人或某些人为了共同善必须做出的牺牲。正义的原则是应用于社会体系的基本结构和对生活前景的决定的。而功利原则所要求的正是这些前景的一种牺牲。我们要把别人的较大利益接受为一种充足的理由，以证明我们自己的整个生活过程的较低期望是正当的，这确实是一个极端的要求。事实上，当社会被领悟为一种旨在推进它的成员利益的合作体系时，以下情况看来是令人难于置信的：一些公民竟被期望（根据政治的原则）为了别人而接受自己生活的较差前景。这样，我们就明白了为什么功利主义要在道德教育中强调同情的作用，以及强调仁爱在德性中所占据的中心地位。除非同情和仁爱能够普遍深入地培养，他们的正义观就有被动摇的危险。从原初状态的立场看问题，各方将认识到：选择可能有这样极端的结果以致不能在实践中接受的原则，即使不是无理性的，也是非常不明智的。他们将拒绝功利原则，而采用那种按照一种互惠原则设计社会组织的较现实的观念。当然，我们不必假定人们决不会因为常常受情感的纽带和爱推动而相互做出实质性的牺牲。但这样的行为并不是作为一种正义的问题而被社会基本结构所要求的。

而且，对两个原则的公开承认给予人们的自尊以较大的支持，因而也就增加了社会合作的有效性。这两个效果是选择这些原则的理由。人们保护他们的自尊显然是合理的。如果他们要热烈地追求他们的善的观念和欢享它的实现，一种自我价值感总是必需的。自尊在合理的生活计划中占有的比重，并不像一个人的计划是值得执行的那种意义所占的比重那么大。我们的自尊通常依赖别人的尊重。除非我们感到我们的努力得到他们的尊重，否则我们要坚持我们的目的是有价值的信念即使不是不可能，也是很困难的（见第67节）。因此，各方将接受那种要求他们相互尊重的自然义务，这一义务要求他们相互有礼貌，愿意解释他们行为的根据，特别是在拒绝别人的要求时（见第51节）。而且，我们可以推测：那些尊重自己的人更易于尊重别人，反之亦然。自轻自贱导致别人的轻蔑，像妒忌一样威胁着他们的利益。自尊是互惠的自我支持。

这样，一种正义观的恰当特征就是：它应当公开地表示人们的相互尊重。他们即以这种方式保证了一种自我价值感。两个正义原则正符合这一目的。因为当社会遵循这些原则时，每个人的利益都被包括在一种互利互惠的结构中，这种在人人努力的制度中的公开肯定支持着人们的自尊。平等自由的确立和差别原则的实行必定会产生这种效果。像我评论过的，两个正义原则等于是这样一种许诺：把自然能力的分配看作是一种集体的资产，以致较幸运者只有通过帮助那些较不幸者才能使自己获利。我并不认为各方是由这一观念的伦理性质推动的，但他们有理由接受这一原则。因为，通过使不平等的安排适合于互惠的目的，通过避免在一个平等自由的结构中利用自然和社会环境中的偶然因素，人们在他们的社会的结构中表达了相互的尊重。通过这种方式，他们就以合理的方式保证了他们的自尊。

用另一种保证来说，正义原则通过社会基本结构表明了人们希望相互不把对方作为手段、而只是作为自在的目的来对待的意愿。我不可能在此考察康德的观点,[①] 而是借助于契约论的观点自由地解释它。把人们作为自在的目的而决不仅仅作为一个手段的概念显然需要一种解释。甚至它是否可能实现还是一个问题。我们怎么能总是把任何人作为目的而决不仅仅作为手段呢?我们肯定不能说是通过某些一般原则达到这样对待每一个人的态度的,因为这一解释使这一概念等同于形式的正义。按照契约论的解释,把人作为自在的目的对待意味着至少要按照他们将在一个平等的原初状态中同意的原则来对待他们。因为,在这种状态中,人们作为把自己视为目的的道德人有着平等的代表权,他们接受的原则将被合理地设计以保护他们的要求。这样的契约论确定了一种人们将被作为目的而不仅作为手段对待的意义。

但问题在于是否有什么实质性原则表达这一观念。如果各方希望明确地在社会基本结构中表现这一概念以保证每个人的合理尊严,他们应当选择哪些原则呢?两个正义原则看来达到了这一目的。因为,所有人都有一平等的自由的原则和差别原则说明了把人仅作为手段对待和也作为自在目的的对待这两种态度之间的区别。在社会的基本设计中把人们视作自在目的就是要同意放弃那些不能有助于代表人之期望的利益。相反,把人们视作手段就是准备为了别人的较高期望而降低他们的生活前景。这样我们就看到:那个初看起来相当极端的差别原则有着一个合理的解释。如果我们进一步推测,在那些使他们的制度明显地表现出他们的自尊和互尊的人们中的社会合作很可能更有效和更和谐,那么,假定我们能够估计期望的水平,则期望的一般水平在两个原则被满足时可能就比别的原则被满足时更高。可见,功利原则在这方面的优势也不再是那么明显。

功利原则可能会要求某些人为了别人放弃他们自己的较高生

[①] 见《道德形而上学基础》,那里介绍了绝对命令的第二个公式。

活前景。确实，那些必须做出这种牺牲的人不必通过对自我价值的一种较低评价来使这种要求合理化。从功利主义理论推不出这样一种结论：某些个人的期望被减少是因为他们的目的琐屑或不重要。但事实可能却常常如此，像我们刚才所提到的那样，功利主义在某种意义上并不把人看作目的本身。在任何情况下，各方都必须考虑道德心理学的一般事实。当我们必须为了别人而自己接受一种较低的生活前景时，我们若体验到一种自尊的丧失，一种对达到我们的目标的自我价值感的削弱，这确实是很自然的。在社会合作是为了个人利益安排，亦即在那些拥有较大善的人并不断言这种较大的善对于保持每人都有义务维护的某些宗教和文化价值是必需的情况下，特别容易产生这种体验。我们在此并不想考虑一种传统层次的理论或至善主义的原则，而只是考虑功利原则。那么，在这种情形中，人们的自尊就有赖于他们互相怎样看待。如果各方接受功利标准，他们就缺少对他们的自尊的支持，这种支持是由他人的公开承诺——同意把不平等安排得适合于每个人的利益并为所有人保证一种平等的自由——所提供的。在一个公开的功利主义的社会里，人们将发现较难信任自己的价值。

　　功利主义者可能回答说：在最大限度地增加平均功利中，这些事情已经被考虑到了。例如，如果平等的自由对人们的自尊来说是必要的，而且当这种自由被肯定时平均功利较高，那么当然应当确立这种自由。到此为止这听起来都是正确的。但问题是我们决不要忽视公开性的条件。这要求我们在最大限度地增加平均功利中遵循这一条件，使功利主义的原则被公开地接受，并作为社会的基本蓝图。我们不可能通过鼓励人们采取和运用非功利主义的正义原则来提高平均功利。不管什么缘故，如果对功利主义的公开承认必然损害到某些人的自尊，就没有办法绕过这一障碍。在我们所规定的条件下，这是功利主义体系的一个不可避免的代价。例如，若我们假定当两个正义原则被公开肯定和成为社会结构的基础时平均功利实际上较大（由于前面提到的理由，可以想像情况大致就是这样），那么，两个正义原则就代表着最有吸引力的提议了，按照我们刚刚考察过的两种思路，人们将会接受两个正义原则。功利主义者不可能回答说一个人现在的确在最大限度地增加平均功利。事实上各方也许已选择了两个正义原则。

我们应当注意：我在此所定义的功利主义，是把功利原则看作可成为社会的公开正义观的正确原则的。而要说明这一点就必须论证这一标准将在原初状态中被选择。如果我们愿意，我们能够定义一个不同形式的最初状态，在那里动机的假设将是各方想采取那些最大限度地增加平均功利的原则。先前的评论说明：两个正义原则可能仍然要被选择。但如果这样，称这些原则（和它们的理论形式）为功利主义的原则就是一个错误。动机的假设本身并不决定整个理论的性质。实际上，如果两个正义原则在不同的动机假设下仍被选择，支持它们的证据就更加强有力了。这说明我们的正义论基础稳固，不易受到条件的轻微变化的影响。我们想知道的是哪种正义观表现了我们在反思的平衡中所考虑的判断，并最好地作为社会的公开道德基础服务于社会。除非一个人坚持这一观念是由功利原则给予的，否则他就并不是一个功利主义者。[①]

然而，功利主义者可以坚持认为功利原则也给了康德的观念一种意义，即，一种由边沁的公式："每一个人都只算作是一个

[①] 这样，当布兰特认为一个社会的道德律是要被公开地承认的，认为从一种哲学的立场看最好的道德律是最大限度地增加平均功利的道德律时，他并不坚持功利原则本身必须属于道德律。事实上，他否认在公开的道德中最后的上诉法庭是功利。这样，按教科书的定义，他的观点不是功利主义的。见《一种规范功利主义形式的某些优点》，载于《科罗拉多大学学报》（布尔德，科罗拉多州，1967年），第58页以后。

人，没有人被算作比一个人多"提供的意义。如密尔指出的，这意味着：被假定在程度上与一个人的幸福相等的另一个人的幸福将被准确地算作是同样的。① 功利原则对增加数额的衡量对所有人都是同等的，因而把它们看作同一是很自然的。我们可以说，功利原则是把人们既作为目的又作为手段来对待，它通过把每一个人的福利看得同等重要（肯定意义上的）而把人们看作目的；通过允许用一些人较高的生活前景来平衡另一些较不利者的较低生活前景，又把他们看作手段。两个正义原则则给了康德的人是目的的观念以一种更强有力的和更有特色的解释。它们甚至排除了把人们看作促进相互利益的手段的倾向。在社会体系的设计中，我们必须把人仅仅作为目的而决不作为手段。前面的论证显示了这一更有力的解释。

在这一节快结束时我还注意到：原则的一般性、普遍应用、对自然和社会地位信息的限制这些条件本身并不足以构成作为公平的正义的原初状态。对于平均功利原则的推理说明了这一点。这些条件是必要的但不是充分的。原初状态要求各方签订一个集体契约，因此，如公开性和终极性一样，要求有效实施的有关条件也是正义两原则的基本论据。我联系承诺的强度和稳定性问题讨论了这些限制条件的作用。一旦这些考虑被确立，对于平均原则的推理的疑问就变得更加突出了。

这样，我们探讨的结论就是：理由的平衡明显地倾向两个正义原则而非平均功利原则，自然也不赞成古典的功利原则。就我们运用原初状况的观念来对日常生活中的原则进行证明而言，主张一个人将同意两个正义原则是完全可信的，认为它不真实则是没有理由的。要使这一声称令人信服，并不需要一个人实际地给过并尊重过这一承诺。这样，我们说，它是能作为一种人人都深

---

① 《功利主义》，第 5 章，第 36 段。

信对方也相信的公开接受的正义观而服务于我们的。

30．古典的功利主义、公平和仁爱

我现在想比较一下古典的功利主义和两个正义原则。像我们前面所见，在原初状态中的各方将拒绝古典原则而赞成最大限度地增加平均功利的原则。由于他们关心推进他们自己的利益，所以他们没有最大限度地增加满足总额（或净余额）的欲望。因同样的理由他们也较喜欢两个正义原则，那么，从一种契约论的观点来看，古典功利原则就要排列在这两种选择对象之下。但由于它是历史上最重要的功利主义形式，它就一定有一种完全不同的根源。那些拥护这一原则的伟大的功利主义者肯定不怀疑它将在我们所称的原初状态中被选择。他们中有些人，特别是西季维克，显然认识到平均原则是一替换对象。但是拒绝了它。① 我们在第一章里看到古典观点紧密联系于公平的同情的观察者的概念。我现在就想考察这一概念以弄清传统理论的直觉基础。

让我们考虑下面的源自休谟与亚当·斯密的定义。假如一个拥有所有有关的环境知识、有理性的和公平的理想的观察者将从一种普遍的观察点赞成某一事物，比方说赞成一个社会体系，那么这一体系就是正当的。一个正当组织的社会是一个得到了这样一个理想的观察者赞成的社会。② 现在，这一定义可能存在几个

---

① 《伦理学的方法》，第415页以后。
② 见罗德里克·弗思：《伦理绝对主义与理想的观察者》，载于《哲学与现象学研究》第12卷（1952年）；F. C. 夏普：《善与恶的意志》（芝加哥，芝加哥大学出版社1950年版），第156—162页。休谟的解释，见《人性论》，L. A. 塞尔比—比格编（牛津，1888年），第3卷第3部分第1节，特别是第574—584页；有关亚当·斯密，见《道德情操论》，收在L. A. 塞尔比—比格：《英国道德家》，第1卷（牛津，1897年），第257—277页。在 C. D. 布罗德那里有一个一般的讨论，见《对伦理学中道德感理论的一些反思》，载于《亚里士多德协会会刊》第45卷（1944—1945年）。亦见 W. K. 克内尔：《道德中的客观性》，载于《哲学》第25卷（1950年）。

问题，例如，赞成的概念和有关知识的概念是否能够不循环地被明确指定。但我将把这些问题放在一边。在此关键的一点是：迄今为止，在这一定义和作为公平的正义之间并无冲突。因为假定我们这样定义正当的概念：说只要某一事物满足了那些将在原初状态中被选择的、适用于这类事物的原则，这一事物就是正当的。那么情况可能就是这样：一个有理性的和公平的理想的观察者将赞成这样一种社会体系，只要它满足了那些要被订为契约的正义原则。这两个定义可能是同样真实的。这种可能性并不因理想上的观察者的定义而排除。由于这一定义对这个公平的观察者没有做任何特殊的心理学的假设，所以它不给出任何原则来解释他在理想条件下的赞成。一个接受这一定义的人是可以为此目的接受作为公平的正义的：我们只允许理想的观察者在满足两个正义原则的范围内赞成某些社会体系。所以，在正当的这两个定义之间，有一根本的差别。公平的观察者的定义没有作出任何有关使正当和正义原则可能产生的条件假设，① 而是被设计得挑选出某些道德讨论特有的基本特征，以及我们试图诉诸我们在有意识的反省之后所达到的判断的事实等等。契约论的定义则有更大的抱负：它试图为解释这些判断的原则提供一个演绎的基础。最初状态的条件和各方的动机就是打算建立达到这一目的的必要前提。

虽然有可能用契约论的观点来补充公平的观察者的定义，但也有别的方式给予它一种演绎的基础。这样我们假定理想的观察者被设想为一个完全同情的存在。然后沿着下面的路线就可产生典型功利原则的自然推论。我们可以说：如果一个同情和公平的

---

① 这样，例如，弗思认为：一个观念上的观察者拥有各种一般的（虽非特殊的）利益，如果这个观察者要做出任何有意义的道德反应，这些利益确实是需要的。但他没有涉及到能使我们明白一个理想的观察者是如何做出赞成与不赞成决定的这些利益的内容。见《伦理绝对主义和理想的观察者》，第336—341页。

理想的观察者,比起赞成任何别的在一定环境中可行的制度来更有力地赞成某个制度,那么这个制度就是正当的。为简明起见,我们可以像休谟有时做的那样假设:赞成是一种特殊的快乐,这种快乐多少强烈地出现在思考制度的活动及其有利于那些介入者的幸福的结果的时候。这种特殊快乐是同情的结果。按休谟的解释,它确实是别人感觉到的满足和快乐在我们经验中的一种繁殖。① 这样,一个公平的观察者就在思考社会体系中,体验到了与这一体系所影响的那些人所感到的快乐的最后总额相称的快乐。他的赞成的力量相应于(或标志着)这一社会的满足总额。因此,他是根据古典功利原则表示其赞成的态度的。确实,像休谟注意到的,同情并不是一种强有力的感情。自私不仅可能抑制这种同情的心灵状态,而且倾向于在决定我们的行为时逾越它的命令。但休谟认为,当人们从一普遍的观察点看待他们的制度时,同情还是一种有活力的主要心理特征,它至少要指导我们的道德判断。不管同情可能是多么软弱,它还是构成了一种把我们的道德见解结合为契约的共同基础。恰当概括的人的同情的自然能力,提供了一个我们从它可以达到理解一种共同的正义观的观察点。

这样,我们就达到了下面的观点。一个有理性的公平的和同情的观察者是一个采取一个普遍观察点的人:他处在一个他自己的利益不被考虑的地位,他具有所有必要的信息和推理能力。处在这种地位就使他对受一定社会体系影响的所有人负有同等的责任和抱有同等的同情。他自己的利益并不妨碍他对别人的志愿的自然同情,他对这些努力及它们对于努力者的意义完全了解。他

---

① 见《人性论》第 2 卷第 1 部分第 11 节,以及第 3 卷第 1 部分第 1 节,每节的开头部分,还有第 6 节。在 L. A. 塞尔比—比格的版本中,这是在第 316—320、575—580 页,以及第 618 页以后。

以同样的方式响应每个人的利益要求，他通过观察每一个人的境况及影响自由地运用他的自居能力。这样他就依次设想自己处在每一个人的地位，当他为每一个人都这样做了之后，他赞成的程度就由他同情地响应过的满足的净余额来决定。当他巡视完所有有关的各方时，可以说，他的赞成就表现了总体的结果。在设想的同情的痛苦冲掉设想的同情的快乐之后，赞成的最后强度就相当于肯定性情感的净余额。

比较一下同情的观察者的特征与定义原初状态的条件是很有启发的。同情的观察者的定义的各要素：公平、有关知识的掌握、想像的自居力，都是为了保证自然同情的完全的和准确的反应。公正防止了偏见和自私的歪曲，知识和自居力保证了别人的志愿将得到准确的评价。一旦我们看清这一定义的各部分被设计得给予同胞之情以充分的活动余地，我们就能理解这一定义的要点。与此相比，在原初状态中，各方是互相冷淡而非同情的，但由于缺少对他们的自然资质或社会地位的知识，他们不得不以一种一般的方式观察他们的安排。一方面是完全的知识和同情的自居产生出一种对于满足的净余额的正确估计；另一方面是在无知之幕条件下的互相冷淡引出了两个正义原则。

现在，像我在第一章中提及的，我们可以看到：古典的功利主义在某种意义上没有在人们之间做出认真的区分。适用于一个人的合理选择原则也被看作是社会选择的原则。这种观点是怎么产生的呢？现在我们可以看到，它来自给理想的观察者定义正当提供一种演绎基础的意图，来自人们的自然同情力提供了使其道德判断能结合为契约的惟一观察点的假设。在这一背景下，采用公平和同情的观察者的赞成来作为正义的标准就是有诱惑力的。这样，古典的功利主义中的个人就是与公平和同情的观察者同等的。这个观察者是一个在一种经验里包括了所有欲望和满足的自我，这时他在想像中依次与社会上每一个成员等同。是他在比较着他们的愿望，在制度满足一个欲望体系的条件下赞成它们，这一欲望体系是他在把每一个人的欲望都当成自己的欲望来观察时形成的。这样，古典的功利主义在它把所有欲望都合成为一个欲望体系的意义上最后就成了非人格的。①

从作为公平的正义的立场看，没有理由要处在原初状态中的人同意把一个公平的和同情的观察者的赞成作为正义的标准。这

---

① 据我所知，这一观点最明确、最展开的叙述可在 C. I. 刘易斯那里发现，见《知识与评价的分析》（拉萨尔，伊利诺斯州，公开法庭出版公司1946年版）。第18章的整个13节都与此有关。刘易斯说："对两个以上的人来说，评价就是以仿佛他们的价值经验是一个人的经验的方式进行的。"第550页。斯马特在回答认为公平是对最大限度地增加幸福的一种限制的意见时，清楚地说明了这一点："如果我自己为防止牙疼而不怕辛苦地去看牙医是有道理的，为什么我为琼斯选择一种辛苦（类似于我看牙医的辛苦）就没有道理呢？如果那种辛苦是我能防止某种痛苦（类似于我的牙疼）的惟一办法，我为什么就不能为罗宾森这样选择呢？"《功利主义伦理学体系纲要》，第26页。另一简略的陈述是在 R. M. 黑尔那里，见《自由与理性》（牛津，克莱伦顿出版社1963年版），第123页。

就我所知，在持古典的功利主义观点的作家中，所有欲望融为一体的观点并未见很清楚的叙述。但它看来隐含在埃奇沃思的"天体力学"与"社会力学"的比较中，在他看来，后者有一天会跟前者一样取得它的地位，两者都是建立在一个最大值原则之上。他说："道德的极顶犹如物理学的极顶，就像粒子的运动（无论它是凝聚的还是松弛的）在一个物质宇宙中始终是受积聚的能量的最大值支配一样，每一灵魂的运动，不管它是自我孤立的还是依依相连的，都可能是在不断地释放出最大量的快乐，即对宇宙的神圣的爱。"《数学心灵学》，第12页。总是较节制的西季维克在他的《伦理学的方法》中则只有一些这方面的暗示。这样，我们可能有时从他那里读到，比方说，普遍善的概念是从不同个人的善那里建构起来的，就像一个人的（整个）善是从他处在有意识状态时的相接续的不同的善中建构起来的一样（第382页）。这一解释又被他随后的说法肯定了："因此，如果当任何一个人在假设中把他的注意力集中于自身时，他很自然地（几乎是不可避免地）要把善设想为是快乐，那么我们就可以合理地推断说，任何数目的相类似存在的善——不管这些存在的相互联系是什么——在本质上不可能有什么差别。"第405页。西季维克也相信，理性明智的公理并不比理性仁爱的公理问题少。我们可以同样有理地自问为什么我们应当关心自己将来的感情，就像问为什么我们应当关心别人的感情一样。见第418页以后。大概他以为在这两种情况里答案都是一样的，即都需要达到最大的满足。这些评论看来暗示着融合的观点。

种同意会遇到古典功利原则必然带来的所有障碍。然而，如果把各方理解为完全的利他主义者，即理解为其欲望符合这样一个观察者的赞成的人，那么古典的功利原则当然可被采用。一个完善的利他主义者愈体验幸福净余额，他就愈实现着他的欲望。这样我们就达到了一个出乎意料的结论：一方面平均功利原则是一个有理性的不反对冒险的个人的伦理学，这一个人试图最大限度地提高自己的前景；另一方面古典功利原则则是完全的利他主义者的伦理学。这真是一个奇怪的对照！通过从原初状态的立场看待这些原则，我们看到有不同的复合观念在支持它们。它们不仅依据着相反的动机假设，而且，冒险的概念是从一种观点来看起作用而从另一种观点来看却不起作用。在古典功利观念中，像刘易斯所说的，一个人选择时仿佛他确实要依次地经历每一个人的生活，然后进行总结。[①] 在这里不出现用一个人会成为的那个人去冒险的观念。这样，即使原初状态的概念不服务于任何目的，它也不失为一种有用的分析手段。虽然功利的不同原则可能常常产生类似的实际结果，我们却能看到这些观念来自显然不同的假设。

然而，完全的利他主义有一个特征是值得描述的。只要别的什么人具有独立的或第一层次的欲望，一个完全的利他主义者就能满足自己的欲望。为说明这一事实，假设在决定做一件事时，所有人都投票做别人想做的事情，这样显然就什么都确定不了，事实上也没有什么要决定的。正义问题要产生，必定至少有两个人想做某件事，而不是想做所有其他的人都做的事情。这样，假定各方是完全的利他主义者就是不可能的。他们必是有某些可能冲突的各自分离的利益。作为公平的正义以相互冷淡的形式——这一原初状态的主要动机条件——做出了这种假设。这虽然可能

---

① 见《知识和评价的分析》，第547页。

187

被证明是一极其简化的形式，但人们能据此确立一个合理普遍的正义观。

有些哲学家接受功利主义原则是因为他们相信，一个公平的和同情的观察者的观念是对于公平的正确解释。的确，休谟认为它提供了惟一可使道德判断首尾一致和条理分明的观察点。道德判断是（或应当是）公平的，但是存在着达到公平的另一途径，和参照它使我们的正义判断组织起来的另一观察点。作为公平的正义就提供给我们这种观察点。我们可以说，一个公平的判断，是符合那些将在原初状态中被选择的原则的判断。一个公平的人是一个其状态和性格使他能无偏见地按照这些原则进行判断的人。我们不是从一个同情的观察者的地位定义公平（这一观察者以仿佛是自己的利益的方式来对别人的相冲突的要求作出反应），而是从当事人自身的地位来定义公平。是他们自己必须在一种平等的原初状态中一劳永逸地选择他们的正义观，他们必须决定按哪些原则来解决他们的互相冲突的要求，要在人们之间进行判断的人是作为他们的代理人为他们服务的。功利主义理论的缺点是它把公平误解为非人格性。

前面的评论自然要使人们询问：如果我们采用同情的观察者的观念，但是不赋予他把所有欲望融为一体的特征，那么会产生什么样的正义理论呢？休谟的观念提供了一种运用仁爱的办法，但这是惟一的可能性吗？爱本质上显然希望像施爱者的合理的自爱所要求的那样推进对方的利益。一个人是多么经常地要实现这一希望是足够清楚的，困难在于对几个人的爱，一旦这些人的要求相冲突，这种爱就陷入了困境。如果我们拒绝古典的功利理论，人类之爱会发出什么样的命令呢？说一个人要在仁爱发出命令时再判断这种状态是相当无意义的。这等于假定我们已错误地被自爱动摇了。我们的问题是在别处，只要仁爱在作为爱的对象的许多人中间自相矛盾，仁爱就会茫然不知所措。

在此我们可以试一试下述观念：一个仁爱的人要受这样一些原则指导，这些原则是在某人如果知道他要分裂为社会的许多成员时将选择的。[1] 即，他要设想他将被划分成好些人，这些人的生活和经验通常是不同的。经验和记忆将仍然是各人自己特有的，没有把各人的欲望和记忆融为一个人的欲望和记忆。由于一个单独的人字面上变成了许多个人，就没有猜测谁是谁的问题了；冒险的问题也不会再出现。既然知道了这一点（或相信这一点），一个人要为一个由这样一些个人组成的社会选择什么样的正义观呢？让我们假定，由于这个人将像爱他自己一样爱这一批人，也许他将选择具有仁爱目标特征的原则。

如果把这一分裂的观念中可能因个人的统一性发生的许多困难搁置一边，那么有两件事情看来是明显的。首先，还不清楚一个人将决定什么，因为环境不能使我们立即给出一个回答。但是其次，两个正义原则现在看来比起古典功利原则来是一个相对来说更合理的选择。后者不再是自然的偏爱，这暗示着把许多人合成一个人的确是古典功利观点的一个本质特征。选择环境仍然模糊的原因是爱和仁爱是次级的概念：它们寻求推进被爱者的利益，而被爱者是已经给定的，如果这些利益的要求相抵触，仁爱就茫然不知所措了，至少在它把这些个人作为分离的人对待的情况下是这样。这些较高层次的情感并不包括裁决这些冲突的正当原则。因此，一种希望保持人们的差别、承认生活和经验的独特性的人类之爱，在它所珍视的多种善相冲突时，将用两个正义原则来决定它的目标。这只是说，这种爱将由这样一些原则指导：它们是个人自己在一种公平的最初状态中将同意的原则，这一状态给了他们以作为道德人的平等权利。我们现在终于知道了为什

---

[1] 这一观点见之于托马斯·内格尔：《利他主义的可能性》（牛津，克莱伦顿出版社1970年版），第140页以后。

么把原初状态中的各方说成是仁爱的会一无所获。

然而,我们必须区别人类之爱与正义感。差别并不在于它们是被不同的原则指导的,因为两者都包含着一种行使正义的欲望。差别在于:前者更强烈和更广泛地表现这一欲望,它除了正义的义务之外还准备履行所有的自然义务,甚至要超出它们的要求。人类之爱比正义感更为宽广全面,它推动着分外的行为,而后者却不如此。这样我们就看到各方相互冷淡的假设在作为公平的正义的结构中,并不妨碍对仁爱和人类之爱的一种合理解释。我们开始假设各方是相互冷淡和有互相冲突的欲望的事实,仍然允许我们建立一种内容广泛的对仁爱的解释。因为,一旦正当和正义原则被确立,它们就可以像在别的理论中一样用来确定道德性。德性是由一种较高层次的欲望(在这种情况里就是一种按相应的道德原则行动的欲望)调节的情感,这些情感亦即相互联系着的一组组气质和性格。虽然作为公平的正义一开始就把原初状态中的人们看作个人,或更准确地说是看作连续的线段,但这对解释那些使人们联为一个共同体的较高层次的道德情感来说并不构成障碍。在第三编里我将回到这些问题上来。

这些论述总结了我们对理论部分的讨论。我不打算概括这一大章。在提出了支持两个正义原则而非两种功利规则的最初论据之后,现在是考察这些原则怎样应用于制度和如何适合于我们所考虑的判断的时候了。我们只有通过这种方式才能逐步弄清它们的意义,发现它们是否比别的观念更好些。

第二编

制 度

第 四 章

平等的自由

在第二编的三章中，我的目标是说明两个正义原则的内容。为此，我将描述一个满足正义原则的社会基本结构，并考察正义原则所产生的义务和责任。这一社会基本结构的主要制度是立宪民主的制度。我不想论证这些制度是惟一正义的安排，而是要表明两个正义原则——迄今为止，我一直脱离制度形式而抽象地讨论它们——确定了一种可应用的政治观，并合理地接近于和扩展了我们所考虑的判断。在这一章中，我首先用四个阶段的序列来阐明关于制度的这些原则是怎样被运用的，然后简洁地描述社会基本结构的两个部分，并界说自由概念。接着，我将讨论平等的自由的三个问题：良心的平等自由，政治正义和平等的政治权利，人的平等自由及其与法律规范的关系。最后，我将讨论自由优先性的意义，在结束本章讨论时，我将扼要地说明对原初状态的康德式解释。

31. 四个阶段的序列

显然，这里需要某种理论框架来简化两个正义原则的运用。现在我们来考虑一个公民必须作出的三种判断：首先，他必须判断立法和社会政策的正义。但是他也知道，人们的判断和信仰可能有天渊之别，所以他的观点也就可能和其他人的观点大相径庭，特别是当涉及到他们的利益的时候。因而第二，为了解决上述关于正义意见的冲突，一个公民必须决定哪一种立宪制度是正义的。我们可以把政治过程看成一部机器,当代表和选民的意见被输入时,它就做出一些社会决策。一个公民会认为这种机器的设计方法比其他方法更正义。所以,一个完整的正义观不但能够评价法规和政策,而且也能评价用于选择要被制定为法律的某种政治观的程序。此外,还有第三个问题。这个公民总是把某种制度当作正义而接受下来,并认为某些传统程序——比如,受得适当限制的多数裁决规则的程序——是合适的。但是,既然政治过程充其量不过是一种不完善的程序正义,他就必须明白何时他必须遵守大多数人所颁布的法令,何时他可以抵制这些法令,使之不再有约束力。简言之,他必须能够明确政治义务和责任的根据和限制。所以,一种正义论至少必须处理上述三种问题,而且这表明,以四个阶段的序列来考虑正义原则的运用可能是有益的。

因而,在此我引进了对原初状态的一种详细说明。迄今为止,我一直假设:一旦两个正义原则被选择,那么各方就回到他们的社会地位并随之按照正义原则来评判关于社会制度的各种主张。但是,如果我们设想在某个确定的序列中存在着若干中间阶段,那么,这个序列就可能给我们提供某种清除必定会碰到的混乱的方案。每个阶段都要代表一个适当的考虑各种问题的观点,[1] 所以,我设想一旦各方在原初状态中采用正义原则之后,他们就倾向于召开一个立宪会议。在这里,他们将确定政治结构的正义并抉择一部宪法,可以说,他们是这种会议的代表。他们服从已选择的两个正义原则的约束,将为了政府的立宪权力和公民的基本权利而设计出一种制度。正是在这个阶段,他们重视处理各种不同政治观点的程序正义。既然他们已经同意了适当的正

---

[1] 美国宪法及其历史潜含了四个阶段序列的观点。至于从理论上对这个序列过程的解释及其与程序正义的关系,可见 K. J. 阿罗:《社会选择和个人价值》,第 2 版(纽约,约翰·威利父子公司 1963 年版),第 89—91 页。

义观，无知之幕也就被部分地排除了。当然，立宪会议中的人不知道有关具体个人的信息，他们不知道自己的社会地位及其在自然天赋的分配中的地位，或者他们所持的善的观念。但是，他们除了理解社会理论原则之外，现在还知道了有关社会的一般事实，即社会的自然环境、资源、社会经济发展和政治文化的水平等等。他们不再受限于正义环境中的那些不言自明的知识。一旦他们具有了社会理论知识和适当的一般事实，他们就将选择最有效的正义宪法；这种宪法满足两个正义原则，并且被设想为能最好地导致正义的、有效的立法。[1]

在这方面，我们需要区分两个问题。从理想方面看，一部正义宪法应是一个旨在确保产生正义结果的正义程序。这个程序应是正义宪法所控制的政治过程，这个结果应是被制定的法规主体。而正义原则为这两者提供了一种独立标准。在追求这种完善的程序正义的理想中（见第14节），第一个问题是要设计一种正义程序。为此，宪法必须集合平等的公民权的各种自由并保护这些自由。这些自由包括良心自由、思想自由、个人自由和平等的政治权利。那种我认为是立宪民主的某种形式的政治制度，如果不能体现上述自由的话，就不是一个正义程序。

显然，任何可行的政治程序都可能产生一种不正义的结果。事实上，任何程序的政治规则方案都不能保证不制定非正义的法规。在宪政或任何形式的政权中，完善的程序正义的理想都不可

---

[1] 把四个阶段的序列及其立宪会议的观念和在社会理论中所发现的宪法选择的观念区分开来是十分重要的。J. M. 布坎南和戈登·塔洛克曾在《一致意见的计算》（安·阿伯，密歇根大学出版社1963年版）中举例谈到后者。四个阶段序列的观念是道德理论的一部分，除了所述的正义观影响了政治机构这一点之外，它不能解释现实宪法的活动。在契约理论中，正义原则已被同意。我们的问题是要详细阐述一个有助于运用这些原则的方案；其目标是在关于政治生活的或多或少真实的（尽管被简化了）假设之下，而不是基于具有经济理论的温和特征的个人主义假设，来描述一种正义宪法，而绝非确定采取或默许哪一种宪法。

能实现。能达到的最佳方案只是一种不完善的程序正义。然而，某些方案比其他方案具有产生不正义法规的更大倾向性。因此，第二个问题是我们如何从正义的、可行的程序安排中挑选出那种最能导致正义的、有效的立法的程序安排。这又是边沁所提出的利益的人为统一的问题，只是在这里规则（正义程序）将被制定得使法规（正义结果）有可能与正义原则一致，而不是与功利原则一致。为了明智地解决这个问题，各方需要掌握有关在这种制度下的人们可能具有的信念和利益的知识，以及有关他们在他们所处的特定环境下认为可以合理地使用的那种政治策略的知识。所以，我们假设代表们通晓了这些知识。如果他们不了解包括他们自己在内的具体个人的情况，那就还应当采取原初状态的观念。

在制定一种正义宪法时，我假设已选出的两个正义原则确定了一种能够对人们所期望的结果进行评判的独立标准。如果没有这种标准，宪法设计的问题就不能很好地确定；因为我们是通过检查各种可行的正义宪法（比方说在社会理论的基础上列举的各种宪法）、寻求在现存环境中最能导致有效的正义社会安排的宪法来做出最佳决定的。于是，我们就到达了立法阶段，走到了四阶段序列的第三步。我们从这个视角来评价法律和政策的正义；从立法代表者——他们总是不知道自己的特殊情况——的见解来评判各种议案。法规不仅必须满足正义原则，而且必须满足宪法所规定的种种限制条件。我们在立宪会议和立法阶段之间，通过反复酝酿找到了最佳宪法。

在此阶段，人们在立法（特别是有关经济、社会政策的立法）是否正义的问题上一般来说合情合理地具有各种不同的观点。人们对这些立法的判断常常依赖于思辨的政治、经济学说，并普遍地依赖于社会理论。我们常常所谈的最佳法律和政策至少不是明显不正义的。精确地运用差别原则通常要求具备比我们能预期有的信息更多的信息；无论如何，它比第一个原则的运用需要更多的信息。当平等的自由被侵犯时，这常常是相当清楚和明显的。这些侵犯不仅是不正义的，而且能被清楚地看出是不正义的；这种不正义在制度的公开结构中一目了然。但是，在差别原则调节的社会经济政策那里，这种情况是比较罕见的。

然后，我设想这两个阶段之间有一种分工，每个阶段处理不同的社会正义问题。这种分工大致上相应于社会基本结构的两个部分。第一个原则即平等的自由构成了立宪会议的主要标准。该标准的基本要求是：个人的基本自由、良心和思想自由应得到保护；并且，政治过程在总体上应是一个正义的程序。这样，宪法确认了平等公民的共同可靠的地位，实现了政治的正义。在立法阶段，第二个原则发生了作用，它表明社会、经济政策的目的是在公正的机会均等和维持平等自由的条件下，最大程度地提高最少获利者的长远期望。在此，一般的经济和社会事实得到了全面的运用。社会基本结构的第二部分包含着那些有效和互惠的社会合作所必需的政治、经济和社会形态方面的差别和等级。这样，第一个正义原则优先于第二个正义原则的情况就表现为立宪会议优先于立法阶段的情况。

最后的阶段则是，法官和行政官员把制定的规范运用于具体案例，而公民们则普遍地遵循这些规范。在这一阶段，每一个人都可以接触所有的事实。既然整个规范体系已被采纳，并按照人们各自的特点和环境运用到个人身上，那么对知识的任何限制就都不复存在了。不过，我们并不是从这种观点来确定政治义务和责任的根据和限制的。这第三种类型的问题属于部分服从理论，它的原则将从理想理论的原则被选择之后的原初状态的观点来讨论（见第39节）。只要我们手中掌握这些原则，我们就能从最后阶段的观点来讨论具体的例证，如非暴力反抗和良心的拒绝（见第57—59节）。

在四个阶段的序列中,知识的可获得性大致如下。让我们区分三种事实:社会理论(以及相关的其他理论)的首批原则及其推论;关于社会的一般事实,如经济发展的规模和水平、制度结构和自然环境等等;最后,关于个人的特殊事实,如个人的社会地位、自然禀赋、特殊兴趣。在原初状态中,各方所知道的特殊事实只是那些可从正义环境中推演出的事实。而当各方知道了社会理论的首批原则时,他们尚不知道历史的过程,对于社会形态多长时间更换一次或者目前存在哪些社会形态亦一无所知。不过,在下两个阶段,他们获得了关于社会的一般事实,但仍没有获得关于他们自己状况的特殊事实。自从选择了正义原则后,他们在知识方面所受的限制就越来越少了。每一阶段的信息量都是根据运用这些原则明智地解决所面临的正义问题的需要来确定的,同时,任何会导致偏见、曲解和人际敌视的知识都被排除了。对原则的合理、公正的运用的观念规定了可采纳的知识种类。显然,在最后的阶段上,任何形式的无知之幕都没有理由存在了,所有的限制都被排除了。

四个阶段的序列是运用正义原则的一种方法,记住这一点是很重要的。这个模式是作为公平的正义论的一个部分,而不是对立宪会议和立法机构实际上如何活动的一个解释。它提出了一系列的观察点,可以从这些观察点来解决各种不同的正义问题,而且每个观察点都承受了前一阶段所采纳的种种约束。这样,一种正义宪法就是有理性的代表在第二阶段的限制条件下将为其社会采用的一种宪法。同样,正义的法律和政策就是将在立法阶段制定的法律和政策。这种测试经常是不确定的,究竟哪一类宪法、哪一种经济和社会安排会被选择并不总是很清楚的。但是如果发生这种情况,正义在此范围内也同样是不确定的。在允许的范围内,各种制度是同等的正义的,即各种制度都能被选择,并和正义论的所有约束相协调。这样,为了解决社会、经济政策的各种问题，我们必须转而回溯一种准纯粹程序正义的观念：即只要各种法律和政策处在允许的范围内，并且一种正义宪法所授权的立法机构事实上制定了这些法律和政策的话，这些法律和政策就是正义的。正义论中的这种不确定性自身不是一个缺点，而正是我们所期望的东西。如果作为公平的正义对正义范围的规定比现存各种理论的规定更符合我们所考虑的判断，而且能十分敏锐地指出一个社会应该避免的严重错误的话，它就将证明自己是一种有价值的理论。

32．自由的概念

在讨论第一个正义原则的运用时，我将试图绕开关于自由含义的争论，这种争论常常给第一个原则的运用这个题目带来许多麻烦。我先把关于否定的自由和肯定的自由的争执，例如关于如何定义自由的争论存而不论。我相信，在大多数情况下，这种争论根本不涉及定义，而宁可说是与发生冲突时的几种自由的相对价值有关。所以，人们可能像康斯坦特那样，想坚持所谓现代自由比古代自由更有价值的看法。然而，这两种自由都深深地植根于人类的渴望之中，我们决不可为了政治自由和平等地参与政治事务的自由而牺牲思想和良心的自由、个人和公民的自由。[①] 这显然是一个实质性的政治哲学问题，我们必须有一个关于正当和正义的理论来回答这个问题，而定义的问题充其量只具有辅助的作用。

因此，我将只是假设：自由总是可以参照三个方面的因素来

---

① 参见康斯坦特的论著：《古代自由和现代自由》（1819年）。吉多·德·吕杰罗讨论了康斯坦特的观点，见《欧洲自由主义的历史》，R.G. 科林伍德译（牛津，克莱伦顿出版社1927年版），第159—164页。关于一般的讨论，见艾赛亚·伯林：《四论自由》（伦敦，牛津大学出版社1969年版），特别是第3篇论文和引言中的第37—62页；G.G. 麦卡勒姆：《正反两方面的自由》，载于《哲学评论》第76卷（1967年）。

解释的：自由的行动者；自由行动者所摆脱的种种限制和束缚；自由行动者自由决定去做或不做的事情。一个对自由的完整解释提供了上述三个方面的有关知识。① 某些情况从背景来看常常是清楚的，因而无需一个完整的解释。于是，对自由的一般描述可以具有以下形式：这个或那个人（或一些人）自由地（或不自由地）免除这种或那种限制（或一组限制）而这样做（或不这样做）。各种社团及自然人可能是自由的或不自由的，限制的范围包括由法律所规定的种种义务和禁令以及来自舆论和社会压力的强制性影响。我在大多数地方将联系宪法和法律的限制来讨论自由。在这些情形中，自由是制度的某种结构，是规定种种权利和义务的某种公开的规范体系。我们把自由置于这种背景中，它就常常具有上述三方面的形式。此外，正如存在着各种可能是自由的行动者（个人、社团、国家）一样，也存在着限制这些行动者的各种条件以及他们自由地或不自由地去做的无数事情。在这个意义上，存在着许多不同的自由，对其作出区分有时是有用的。即使不引进自由的不同意义，上述区别也是可以作出的。

这样，当个人摆脱某些限制而做（或不做）某事，并同时受到保护而免受其他人的侵犯时，我们就可以说他们是自由地做或不做某事的。例如，如果我们设想良心自由是由法律规定的，当个人可以自由地去追求道德、哲学、宗教方面的各种兴趣（利益），且法律并不要求他们从事或不从事任何特殊形式的宗教或其他活动，同时其他人也有勿干预别人的法律义务时，个人就具有这种良心自由。一系列相当微妙复杂的权利和义务表现了各种具体自由的特性。不仅个人做或不做某事的自由必须被允许，而

---

① 这里我依据的是麦卡勒姆的《正反两方面的自由》中的观点。此外可参见费利克斯·奥本海姆：《自由的范围》（纽约，圣马丁出版社1961年版），特别是第109—118、132—134页，在那里社会自由的概念也是从三个方面定义的。

且政府和他人必须负有不干涉的法律义务。我不想详细地叙述这些权利和义务，但是我认为：对于我们的目的来说，我们已足够好地理解了这些权利和义务的性质。

现在，我将作出几个简要评论。首先，各种基本自由必须被看成是一个整体或一个体系，认识到这一点是很重要的。这就是说，一种自由的价值在正常情况下依赖于对其他自由的规定，这一点在制定宪法时和一般立法中必须考虑到。虽然一种较大的自由具有优先性，这一点从整体上说是确实的，但是这主要适用于作为整体的自由体系，而不适用于各个具体自由的情况。显然，当各种自由不受限制时，它们就会相互抵触。我们可用一个十分明显的例子来说明这一点。就明智的、有益的讨论来说，某些秩序的规则是必需的。如果大家不接受探究和争论的合理程序，言论自由就失去了它的价值。在这种情况下，在秩序规则和限制言论内容的规则之间作出区分是十分重要的。[①] 虽然秩序规则限制了我们的自由，因为我们不能想说就说，但我们需要用它们来使我们从言论自由中获益。这样，立宪会议的代表或者立法机构的成员就必须为了最好的总体的平等自由而决定各种自由的规定。他们必须相对于一种自由来衡量另一种自由。几种自由的最佳安排依赖于它们所服从的总体约束，依赖于各种自由结合为一个规定着它们的整体方式。

因此，虽然平等的自由可能受到限制，但这些限制服从于由平等自由的意义和两个正义原则的系列次序所表达的某些标准。我们立即可以看出存在着两种与第一原则发生冲突的方式。一种方式是当某一阶级的人比其他阶级的人具有较大的自由时，自由是不平等的；另一种方式是自由没有像它所应该有的那样广泛。

---

① 见亚历山大·米克尔约翰：《言论自由和自制的关系》（纽约，哈珀兄弟公司1948年版），第10章第6部分。

平等公民权的所有自由对社会的每一个成员来说都必须是一样的。不过，假设自由的广泛性是可以比较的话，那么有些平等的自由可能比其他一些平等的自由更广泛。较现实地看，如果假设每种自由至多只能按其自身的规模来测量，那么各种自由便能根据它们相互影响的方式而被扩大或缩小。当词典式次序有效时，对第一原则所包括的基本自由的限制仅仅是为了自由本身，即为了确保同一种自由或不同的基本自由适当地受到保护，并且以最佳的方式调整一个自由体系。对总体的自由的调整只依赖于各种具体自由的内容和范围。当然，这个体系总是从平等的公民代表的观点被评价的。我们要（恰当地）从立宪会议或立法阶段的观察点上，提出选择哪一种体系对他来说是合理的问题。

最后，由于贫穷、无知和缺乏一般意义上的手段，有些人不能利用他们自己的权利和机会，这种情形有时被人们归为由自由所限定的各种约束。不过，我并不打算这样看，而宁可认为这些事情影响了自由价值，即由第一原则所规定的个人权利的价值。根据这种理解，并假设以刚刚解释过的方式可以构造整个自由体系，我们就可以注意到两部分的社会基本结构允许自由和平等之间有某种和谐。这样自由和自由的价值便可区分如下：自由表现为平等公民权的整个自由体系；而个人和团体的自由价值是与他们在自由体系所规定的框架内促进他们目标的能力成比例的。作为平等自由的自由，对所有人来说都是一样的，在此，不会产生对较小的自由的补偿问题。但是，自由的价值对每个人来说却不是一样的，有些人具有较大的权威和财富，因此具有达到他们目的的更多的手段。然而，较少价值的自由是得到了补偿的。因为，当差别原则被满足时，假如社会成员中较不幸者不接受既定不平等的话，他们达到自己目标的能力甚至会更差。但是对较少的自由价值的补偿和对不平等自由的补偿这两者不能混为一谈。如果两个原则一起被采用，那么社会基本结构就要被安排来最大限度地提高在一切人享有的平等自由的完整体系中的最少受益者的自由价值。这确定了社会正义的目的。

这些关于自由概念的评论可惜失之抽象。在这一阶段，系统地把各种自由加以分类是无意义的。相反，我将假设我们已经足够清晰地认识了它们之间的区别，并假设在讨论各种例证的过程中，这些问题将逐渐变得井然有序。在以下几节中，我将结合法律规范所保护的良心、思想、政治和个人的自由来讨论第一个正义原则。这些运用提供了阐明平等自由意义的机会并进一步提出了第一原则的种种根据。此外，每一例证都解释了限制和调整自由所使用的标准，由此显示了自由优先性的意义。

33. 良心的平等自由

在前一章中，我谈到两个正义原则的富有吸引力的性质之一，是它们可靠地保护了各种平等的自由。在下面几节中，我希望通过思考良心自由的种种根据来更详细地考察第一原则的论据。[①] 迄今为止，虽然我一直假设各方代表了各种要求的连续线段，而且关心着自己的直接后代，但是这种性质并没有得到强调。我也没有强调各方必须假设他们可能有倘非无奈便绝不任其

---

① 当然，这种或那种形式的平等权利的观念是为人熟知的，它出现在大量的正义分析中，甚至出现在许多在其他方面意见迥然不同的作者那里。因此，如果说人们常把自由的平等权利原则与康德相联系的话——见《正义的形而上学因素》，约翰·莱德译（纽约，自由艺术文库1965年版），第43—45页——那么我们可以说这也见之于J. S. 密尔的《论自由》及其他著作，或者其他自由主义思想家的著作中。H. L. A. 哈特曾在《有自然权利吗?》（见《哲学评论》第64卷，1955年）一文中赞成这个观点，理查德·沃尔海姆论证过某种类似的原则，见《平等》论丛（《亚里士多德协会会刊》第56卷，1955—1956年）。然而由于我将使用的平等自由的原则是正义论的一部分，所以它可能获得一些特别的性质。特别是只有当优先规则允许时，平等自由的原则才命令脱离某种制度结构（见第39节）。它跟一种平等考虑的原则是差距很大的，因为这一直觉观念是要把宗教宽容原则推广到一种社会形式中，以达到公共制度中的平等自由。

冒险的道德、宗教或哲学的兴趣（利益）。人们可能说，各方认为他们负有他们必须使自己自由地去接受的道德或宗教责任。当然，从作为公平的正义的观点来看，这些责任是自我赋予的；它们不是由正义观念所产生的各种约束。但关键倒不如说是在于：原初状态的人不认为自己是单独的、孤立的个人。相反，他们假设他们拥有必须尽力保护的各种利益，他们也和有类似要求的下一代中的某些成员有联系。正如我现在将试图表明的那样，一旦各方思考了这些事情，用来解释两个正义原则的论据就会有力得多。

良心的平等自由的问题已被确定。这个问题是我们所考虑的正义判断中的一个基本点。但是，正是由于这个事实，它可以解释关于平等自由原则的论证的性质。这种情况下的推理也可以扩大到适用于其他自由，不过并不总是具有相同的说服力。谈到良心自由，各方显然必须选择保证他们的宗教、道德自由整体的原则。当然，他们不知道宗教、道德信仰的具体内容，或者当他们解释道德和宗教的责任时，他们不知道这些责任的具体内容，他们甚至不知道他们自认为有这种责任。虽然我将作出更有力的论述，但是他们所具有的选择上述原则的可能性对论证而言已经是足够了。再说，各方不知道他们的宗教和道德观在社会中命运如何，例如它是占多数还是占少数。他们仅知道他们具有他们用这种方式来解释的各种责任。他们要决定的问题是，他们应采纳哪一种原则来调节有关他们的基本的宗教、道德和哲学的兴趣（利益）的公民自由。

现在看来，良心的平等自由似乎是原初状态中人能接受的惟一原则。他们不能让自由冒风险，不能允许占统治地位的宗教、道德学说随心所欲地迫害或压制其他学说。即使假定（这仍然有疑义）一个人最终属于大多数的情况（如果一个大多数存在的话）比他不属于大多数的情况具有更大的可能性，以这种方式来冒险也表明一个人是在不严肃地对待他的宗教和道德信仰,或者他没有高度地评价他的信仰自由。另一方面,各方也不会同意功利原则。因为在这种情况下,他们的自由就可能受制于社会利益的计算;如果对自由的限制可能产生较大的满足的净余额,他们就会使这个限制具有权威性。当然,正如我们所看到的那样,一个功利主义者试图从社会生活的一般事实来论证:当利益计算适当进行时,至少在合理、有利的文化条件下,这种计算决不能为对自由的限制辩护。但是,即使各方在这一点上被说服了,他们也最好是通过采纳平等的自由原则来直接保障自由。如果不这样做就会一无所获;而且,由于现实计算的结果不清楚,许多东西就会丧失掉。如果我们现实地解释那个提供给各方的一般知识(见第26节末),那么各方确实不得不反对功利原则。在实践中作出这些计算将会十分复杂和模糊的(如果我们可以如此描述的话),鉴于此,我们的上述思考就具有了更大的说服力。

此外,有关平等的自由原则的最初契约是最终性的。一个人认识到某些宗教、道德的责任,并把这些责任看成是具有绝对约束力的,也就是说,他不可能为了获得更多的谋取其他利益的手段而减少对这些责任的履行。较大的经济和社会利益并不构成接受较小的平等自由的一个充足理由。只有当存在着一种强制的危险性、并且从自由本身的观点来看反对这种强制是不明智的时候,对不平等的自由的同意才似乎是可允许的。例如,一个人的境况可能变得这样:假如他不去抗议,他的宗教道德将是可宽容的,而他要求一种平等的自由却将招致更大的、实际上不可抵抗的压抑。但从原初状态的观点来看,人们无法弄清各种学说的相对力量,所以这些考虑不会产生。无知之幕导致各方同意平等的自由原则;正像人们所解释的那样,宗教和道德责任的力量似乎要求两个原则——至少在运用到良心自由时——处在一个系列次序中。

有人可能反对平等的自由原则说，各种宗教团体不可能承认任何限制它们相互要求的原则。由于服从宗教的、神授的法律的义务是绝对的，所以从宗教的观点来看，不同信仰者之间的谅解是不允许的。当然，迄今为止人们的行为仿佛常常表明他们持有这种看法，不过，反驳这一点并不必要。如果某种原则能被同意的话，它必定是平等自由的原则，这就足够了。的确，一个人甚至可能认为其他人应该承认和他所承认的相同的信仰和首批原则，如果他们不这样做的话，他们就犯了极大的错误并迷失了通往拯救的道路。但是对宗教责任和哲学、道德的首批原则的一种理解表明，我们不能期望其他人默认一种次等的自由，更谈不上要求他们承认我们是他们的宗教义务和道德责任的正确解释者。

现在我们应该指出，一旦我们考虑到各方对下一代的关心，第一原则上述根据就将获得进一步的支持。由于各方抱有使自己的后代得到同样的自由的愿望，并且平等自由的原则也保护这些自由，代与代之间就不存在什么利害冲突。此外，只有在下述条件下，下一代才可以反对这个原则的选择：即某些其他观念（比方说，功利的或完善的观念）所提供的期望具有如此的吸引力，以至于原初状态的人在拒绝这个原则时，不必适当地考虑后代。我们可以通过下面的例子表明这一点：如果父亲断言他要接受平等自由的原则的话，那么他的儿子就不可能反对说：如果他父亲这样做的话，他就可能忽视了他儿子的各种利益。其他原则就没有这一巨大优点，并且实际上看来是不确定的、猜测性的。父亲可能回答说：当原则的选择影响到其他人的自由时，这种决定必须（如果可能的话）对已成年的下一代来说是合理的、负责的。对后代的关心必须按照他们的需要——只要他们已成熟，就不管他们需要什么——来为他们作出抉择。因此，遵循对基本善的解释，各方假设他们的后代将要求保护他们自己的自由。

在这一点上，我们涉及到家长式统治的原则，即那种代表他人来做出决定的指导原则（见第39节）。我们必须这样为他人选择，即按照我们有理由相信的，如果他们达到具有理性和能做出合理决定的年龄时就将为自己选择的方式来为他们选择。受托者、保护者、捐助者都以这种方式行动，但是既然他们常常知道被保护者和受益者的情况和利益，他们就能够常常在被保护者的目前或未来的具体要求方面作出精确的估计。不过，原初状态的人不但不知道自己的情况，而且更不知道后代的情况，所以在这种情况下，他们也必须依赖于基本善的理论。因此父亲就可以说，如果他不采纳平等自由的原则来保障后代的权利的话，他就是不负责任的。从原初状态的观点来看，他必须假设这正是他的后代将视为他们的善的东西。

通过良心自由的例证，我已经表明作为公平的正义如何为平等的自由提供了强有力的论据。我相信，相同的论证也适用于其他情形，虽然它们并不总是具有同样的说服力。然而，我并不否认在其他观点那里，对自由的有说服力的论据也是随处可见的。正如密尔所理解的那样，功利原则常常支持自由。密尔通过作为一种连续的存在物（a progressive being）的人的利益来确定价值的概念。他以这个概念表示在鼓励自由选择的条件下人们想拥有的利益和更愿意从事的活动。事实上，他采纳了这样一个价值选择标准：在自由环境中，如果有能力从事两种活动和已从事过这两种活动的人更喜欢某种活动的话，这种活动就比另一种活动更有价值。[①]

密尔使用这个原则从根本上提出了自由制度的三个理由。第一，自由制度应当发展人的潜能、力量，唤醒人的强大旺盛的生

[①] 密尔所规定的功利是以作为连续的存在物的人的永久利益为基础的，见《论自由》第1章第2部分。请注意不定冠词（a）。密尔不是在历史地考虑人类的发展，而是在考虑每个人的发展。有关价值选择的标准，见《功利主义》第2章第2—10部分。我听到过G. A. 保罗所阐明的这种解释（1953年），并从中得益。

命力。除非人们的能力被强化培养并且人们的生命具有朝气，否则他们就不能从事并经历他们有能力从事的有价值的活动。第二，如果人对不同活动的喜好是合理的、有知识根据的，那么至少在某种程度上，自由制度及其所允许的实践机会是必需的。人类没有其他方法知道他们能做什么事情并且哪种事情是最值得做的。这样，如果要使根据人的累进利益来评价的价值追求是合理的，即受关于人类能力的知识和恰当喜好的指导，那么某些自由就是必不可少的。否则，尊奉功利原则的社会意图就会是盲目的。压制自由几乎总是不合理的。即使人类的各种一般能力被了解（它们并没有被了解），每一个人仍然不得不认识他自己的能力，为此自由便是一个先决条件。最后，密尔相信人类更喜欢在自由的制度下生活。历史的经验表明，每当人们不甘心屈从于痛苦和绝望时，他们就向往自由；另一方面，已经自由者决不会放弃自由。虽然人们可能抱怨自由和文化所带来的责任，但是他们的由自己来确定他们的生活方式和处理自己问题的欲望是压倒一切的。这样，根据密尔的选择标准，自由的制度作为合理选择的生活方式的基本方面，其本身就具有价值。①

显然，这些理由是有说服力的。在某些环境中，它们即使不能证明大部分平等自由，至少也能证明其中的许多种。它们显然证明了：在有利的条件下，一种相当程度的自由是追求合理价值的一个先决条件。但是，即使密尔的富有说服力的论点也似乎没有证明所有人的平等自由。我们仍然需要一个对应于这种标准的功利假设的东西。人们必须假设个体之间有某种类似性，比方说，都具有从事活动的同等能力，具有作为连续存在物的人的利益，此外，当基本权利分配给个人时，还具有一种基本权利的边

---

① 这三个理由见《论自由》第3章。不能把它们与密尔在其他地方所给出的理由相混淆，例如在第2章中，密尔强调了自由制度的种种有益功效。

际值递减原则。如果缺少这些假设,对人类目标的推进就可能使一些人受压制,或至少使某种准许的自由受到限制。每当一个社会开始最大限度地追求总的内在价值或利益满足的净余额时,我们就很容易看到,在这种单一目标的名义下,对一部分人的自由的否认受到了辩护。当平等的公民权的自由建立在目的论原则的基础上时,这些自由就是不可靠的。有关目的论原则的论证是建立在靠不住的计算上和有争议的、不确定的前提上的。

此外,除非把人们具有平等的内在价值这种说法仅仅作为使用这些标准假设的这样一种情况,即这些假设仿佛是功利原则的要素,否则这种说法对我们就毫无益处。这就是说,人们在运用这个原则时,仿佛这些假设是真实的。这样做肯定有一优点:即它使我们认识到我们更信任的是平等的自由原则,而非至善主义或功利主义的观点借以获得这一原则的那些前提的真实性。根据契约观点,这种信任的理由在于平等的自由有一完全不同的基础,它们不是最大限度地追求总的内在价值或获取满足的最大净余额的手段。通过调整个人权利来最大限度地追求总体价值的观点在此并不出现。倒不如说,这些权利是被分派来实现当每一公民都被公平地描述为道德人时他们将会承认的那些合作原则的。全面地看,除了在最好地满足正义要求这种空洞的意义上,这些合作原则所规定的观念与最大限度地追求某物的观念并无共同之处。

34. 宽容和共同利益

正如我们已看到的,作为公平的正义为良心的平等自由提供了强有力的论据。我设想这些论据能够以适当的方式推广到支持平等自由的原则。因此,各方具有充分理由来采纳这个原则。在论述自由的优先性时,这些论据显然也是重要的。从立宪会议的观点来看,这些论据导致选择一个能保障道德、思想、信仰和宗教活动自由的政体，尽管这些自由常常根据公众秩序和安全方面的国家利益被调节。国家不能支持任何具体的宗教，也不能惩罚或伤害任何宗教机构或者非宗教机构。一种要求公民声明加入某一教派的国家观遭到人们拒斥。相反，各种社团可以按照其成员的意愿自由地组织起来，并在服从下述限制，即它们的成员在是否继续留在某团体内的问题上具有真正的选择权的条件下，它们可以有自己的内部生活和纪律。法律保障对叛教者的保护权，这就是说，叛教者如同根本不信教一样，不被看成是犯法者，因而更谈不上会受到惩罚。国家以这些方式确认道德和宗教的自由。

任何人都同意，良心自由要因公共秩序和安全的共同利益而受到限制。这种限制自身可以很容易地从契约观点中推演出来。首先，接受这种限制并不意味着公共利益在任何意义上都优越于道德的和宗教的利益；同时，接受这种限制也不要求政府把宗教事务看成是无足轻重的东西，或者当哲学信仰和国家事务发生冲突时，政府就可以要求压制哲学信仰的权利。正像政府在艺术和科学事务方面并非权威一样，政府也无权使社团合法化或不合法化。这些事情完全不在正义宪法所规定的政府权限之内，倒不如说，在给定正义原则的条件下，国家必须被理解为由平等的公民所组成的社团。国家并不干涉哲学和宗教的理论，而是要按照处在平等的最初状态的人将会同意的原则来调节个人对道德、精神利益（兴趣）的追求活动。政府以这种方式来运用它的权力，扮演公民代理人的角色，并满足他们共同的正义观的需要。因此人们也否认那种完全世俗的国家观，因为从两个正义原则来看，在道德、宗教问题上，政府既没有权利也没有义务做它想做的或者大多数人（或无论什么人）想做的事情。政府的责任仅限于保证平等的道德、宗教自由的条件。

如果承认这一切的话，那么在根据公共秩序和安全方面的共同利益而对自由进行限制时，政府的行为显然要遵守在原初状态中已选择的原则。因为在这个状态中，每个人都认识到对这些条件的破坏就是对所有人的自由的一种威胁。只要公共秩序的维持被理解为是每个人达到其任何目的（假定他们处在某些限制中）和实现他对他的道德、宗教责任的解释的必要条件，结论就必然如此。在公共秩序中按国家利益的标准（不管多么不精确）来限制良心自由，是一种来自共同利益即平等的公民代表的利益原则的限制。政府维护公共秩序和安全的权利是一种授人予权的权利，如果政府要公平地维持那些使每个人都能追求他的利益和实行他所理解的义务的必需条件，它就必须有这种权利。

进一步说，只有当一个主张不如此限制就将破坏政府应当维护的公共秩序的合理期望存在时，良心自由才应当受到限制。这种期望必须建立在所有人能接受的理由及推理方式之上。它必须受到日常观察和一般被认为是正确的思维模式（包括没有争议的合理的科学调查方法）的支持。这种对众人皆能知晓并证实的东西的信赖本身建立在正义原则之上，而没有暗示任何特殊的形而上学理论或认识论，因为这种标准诉诸于任何人都能接受的东西。它代表着仅仅根据人们的常识和共同理解来限制自由的一种协议。采取这种标准并不侵犯任何人的平等的自由。另一方面，偏离一般公认的推理方式则会导致一种某些人的观点凌驾于另一些人的观点之上的特权地位，允许这种地位存在的原则在原初状态中是不会被同意的。此外，当人们坚持有关维护公共秩序的结论不应该仅仅具有一种可能性，甚至认为在某些情况下具有一种或然性也不够，而应该合理地具有一种确定性或紧迫性时，这种态度仍然没有暗含一种特殊的哲学理论。毋宁说这个要求表现了必须符合于良心自由、思想自由的崇高地位。

在这一点上，我们可以指出一种与人际福利比较法相对应的方法。它们都建立在人们可以合理期望的基本善的指标上（见第15节），而基本善则是任何人都被假设为需要的东西。各方为了社会正义的目的能够同意这个比较基础。它不需要精确地估计人们追求幸福的能力，更用不着估计人们生活计划的相对价值。我们无需探究能力和生活计划这些概念的深远含义；但它们对于设计正义制度来说是不恰当的。同样，各方也同意一些公认的标准，以便确定什么是证实那种以损害公共秩序中的共同利益和损害他人自由的方式来追求平等的自由的情况的证据。各方接受这些证据的原则是为了正义的目的；它们并不打算运用于意义和真理的所有问题。它们在哲学和科学中具有多大程度的有效性，则是另外一个问题。

这些关于良心自由的论证的特征是它们仅仅建立在正义观上。宽容不是从国家的实际需要或理由中推演出来的。道德和宗教的自由来自平等的自由原则。假设这个原则具有优先性，那么否认平等的自由的惟一理由就只是为了避免更大的不正义或者避免丧失更多的自由。此外，这种论证并不建立在任何特殊的形而上学的或哲学的理论上。它没有预先假设：通过常识所公认的思想方法能建立起所有的真理；它也不认为任何事情在某种确定的意义上都是一种逻辑结构——这种逻辑结构超出了理性的科学探究所能观察和证实的范围。确实，这种论证诉诸于常识，诉诸于共有的一般推理方法，诉诸于大家都可以接受的简单事实，但它却是以避免作出这些更广泛的假设的方式而构造的。另一方面，自由的例证不意味着哲学怀疑主义或对宗教的冷淡。也许对良心自由的论证能够包括这些作为前提的理论（一个或更多的理论）。在此，我们没有理由感到奇怪，因为不同的论证可以有相同的结论。但是我们不需要继续讨论这个问题。自由的例证至少像它的最有力的论证一样有说服力；微弱的、虚假的论证最好不必考虑。否认良心自由的人不能通过谴责哲学怀疑主义或对宗教的冷淡，或诉诸社会利益和国家事务来证明他们的行为。只有在为了避免对自由的可能是更糟糕的侵犯从而对自由本身是必需时，对自由的限制才是合理的。

因此,立宪会议的各方必须选择一种保证良心平等自由的宪法,这种平等自由仅仅受普遍接受的论证形式调节,并只是当这种论证证实存在着某种对公共秩序的要素的干涉时才受到限制。自由受自由本身的必要条件的控制。现在只需根据这一基本原则就可看到,过去的时代中所接受的许多不宽容的根据是错误的。比如,阿奎那对处死异端教徒的辩护就是基于这样的根据:信仰是灵魂的生命,金钱是维持生命的手段,因此腐蚀一个人的信仰比制造伪币更严重。所以,如果处死制造伪币者或其他犯罪者是正当的话,那么处死异端教徒更是正当的。[1]但是阿奎那所依赖的根据却不能得到公认的理性模式的确认。信仰是灵魂的生命,为了灵魂的安全对触犯了教会权威的异端的镇压是必需的——这种说法不过是一种独断的教条。

再者,有限的宽容的根据也经常和这个原则相冲突。例如卢梭认为:人们常感到不可能与他们认为该谴责的人和平共处,因为爱这些人就等于恨将惩罚这些人的上帝。他相信,那些认为别人该受谴责的人必定既折磨他们又试图转变他们的信仰,因此不能相信宣讲某种信仰的宗教团体会维持公民的和平。所以卢梭不能宽容那些宣称在教堂之外就没有拯救的宗教。[2]但是卢梭所推测的这种独断的信仰的结论却并未被经验所确认。不管一个先验的心理论证看来是多么有理,把它作为放弃宽容原则的理由却是不充分的,因为正义观认为对公共秩序和自由本身的侵犯必须根据共同经验可靠地来确认。然而,在卢梭、洛克和阿奎那、新教改革者之间有一个重大的区别:卢梭和洛克主张一种有限的宽

---

[1] 《神学大全》,第2集第2部,第9—11题第3条。
[2] 《社会契约论》,第4部分第8章(参见法律出版社1958年版中文本《民约论》第181、182页)。

容，阿奎那和新教改革者却不这样主张。[1] 卢梭和洛克对自由的限制是基于他们设想是有利于公共秩序的那些确切的、明显的推论，如果天主教徒和无神论者不能被宽容的话，那是因为这种人看来显然不能被指望来尊奉市民社会的契约。也许，丰富的历史经验和关于广泛的政治生活的可能性的知识可能说服他们承认错误，或者至少承认仅仅在特殊的情况下，他们的论点才是正确的。但是，阿奎那和新教改革者的不宽容的理由本身却是一件信仰的事情，这种区别比对宽容的实际限制更为重要。因为当诉诸公共秩序来证明拒斥自由的正当性，是属于常识范围内的一种作法时，人们总是可能会强调说这些限制是被不正确地制定出来的，并且事实上经验不能证明它们。而一旦把对自由的压制建立在神学原则或信仰的基础上，任何论证就都是不可能的。我们的观点承认将在原初状态中被选择的原则的优先地位，而其他观点则不承认这一点。

35. 对不宽容者的宽容

现在我们来考虑正义是否要求对不宽容者的宽容，以及倘若要求，条件是什么。这个问题产生于各种复杂的情形。民主国家的某些政党信奉这样的理论，这种理论使它们一旦大权在握便要压制宪法规定的自由。再如，有些反对思想自由的人却在大学里占据高位。在这些情况中若对他们也宽容似乎与正义原则相违，或至少不是正义原则所要求的。我将联系宗教宽容来讨论这个问题。通过适当的改变，这个论证也可以扩大到其他事例中。

我们必须区分几个问题。首先，如果一个不宽容团体没有被

---

[1] 关于新教改革者的观点可见 J. E. E. D. 阿克顿勋爵：《关于迫害的新教理论》，载于《自由史及其他》（伦敦，麦克米兰公司 1907 年版）。关于洛克的观点，见《关于宽容的通信》，同《政府论》下篇收在一起，J. W. 高夫编（牛津，巴兹尔·布莱克韦尔公司 1964 年版），第 156—158 页。

宽容的话，它是否有权利抗议；第二，在什么样的条件下，各种宽容团体有权利不宽容那些不宽容者；最后，当它们有权利不宽容这些不宽容者时，他们应当为了什么目的行使这个权利。我们从第一个问题来开始讨论。当拒绝给予不宽容团体以平等的自由时，这种团体似乎是没有权利抗议的。至少当我们假设一个人没有权利反对其他人的这样一种行为，即这个人在类似的环境中也会用该行为所根据的同样原则来为他对别人的行为辩护的那种行为时，结论是如此。一个人的抗议权利仅限于他本人所承认的原则受到侵犯之时。一个抗议是对其他人的一种真诚表达的抗诉，它所针对的是一种对双方都接受的原则的侵犯。当然，一个不宽容者会说，他是真诚地行动的，他并不为他自己要求任何他拒绝给予别人的东西。我们设想他的观点是：他是按照应当服从上帝和所有人都应接受这一真理的原则行动的。这个原则是相当普遍的，而在根据这一原则行动时，他并没有把自己的情况作为例外。在他看来，他是在遵守其他人所反对的正确原则。

从原初状态的观点来看，对这种辩护的回答是这样的：任何对宗教真理的特殊解释都不能被普遍地承认为对一般市民的约束；人们也不可能同意应当存在一个解决神学问题的权威。每一个人都必然坚持一个平等的权利来确定他的宗教责任的内容。他不能把这个权利放弃给另一个人或权威性的机构。事实上，当一个人决定接受另一个人作为权威时，甚至当他认为这个权威一贯正确时，他也是在行使他的自由。当他这样做时，他决没有放弃作为一种宪法规则的他的良心的平等自由。因为正义所保护的这种自由是不可侵犯的，一个人在改变他的信仰的问题上总是自由的，而且这种权利并不以他已经有规律地或理智地行使他的选择能力为条件。我们可以注意到：人们有良心的平等自由这一点是与一切人应该服从上帝和接受这一真理的观念相容的。自由的问题是选择这样一种原则的问题：我们通过这个原则来调节人们根据他们各自宗教的名义彼此提出的要求。即使假定上帝的意志应该被服从、这一真理应该被公认，这一假定也仍没有规定一个裁定的原则。根据必须尊奉上帝意图这一论据，是推不出什么人或什么宗教机构有权干涉另一个人对他的宗教职责的解释的。这个宗教原则不能证明一个人有权在法律和政治中为自己要求更多的自由。使关于制度的主张权威化的原则只是那些可能在原初状态中被选择的原则。

所以我们认为，一个不宽容团体是没有权利抗议对它的不宽容的。但我们还是不能说，各种宽容团体有权压制不宽容者。首先，不宽容者可以有抗议的权利，但这不是作为不宽容者的抗议权利，而只是当正义原则受到侵犯时反对侵犯的权利。因为只要平等的自由是在缺乏充足理由的情况下被否定的，正义也就被侵犯了。于是，问题就在于一个人的不宽容是否构成了限制他的自由的充足理由。为了简化起见，我们假设至少在某种环境下，即当宽容团体真诚地、理智地相信为了它们的安全不宽容是必需时，它们便具有不宽容那些不宽容者的权利。这种权利很容易被推出，因为正如原初状态所表明的那样，每个人都同意自我保存的权利。当其他人危害自己的生存基础时，正义并不要求人们袖手旁观。既然从普遍的观点来看，放弃自保的权利决不会对人们有好处，那么惟一的问题则是：当不宽容者对其他人的平等自由不构成直接危险时，宽容者是否有权利来压制不宽容者。

我们假设一个不宽容团体以某种方式存在于一个接受两个正义原则的组织良好的社会中。这个社会的公民应怎样对待这个不宽容团体呢？他们当然不应该仅仅因为如果他们压制这个团体的话，它的成员是不可能抗议的而压制它。我们宁可说，由于有一种正义宪法存在，那么所有的人便都有一种正义的自然义务来坚持这种宪法。不论什么时候其他人倾向于不正义行动，我们都不能放弃这种责任。这里要求一个十分严格的条件：即必须存在着对我们的合法利益的巨大威胁。这样，只要自由本身和正义公民自身的自由处在危险之中，那么正义的公民就应该努力运用所有的平等自由来保护正义宪法。他们可以恰当地迫使不宽容者尊重其他人的自由，因为人们可以要求一个人尊重他在原初状态中将会承认的原则所确立的权利。但是当正义宪法本身安全时，他们就没有任何理由拒绝给予不宽容者以自由。

宽容不宽容者的问题直接和由两个原则所调节的组织良好的社会的稳定性问题相联系。我们通过如下论述可以看清这一点。人们正是以平等的公民的身份参加各种宗教团体；也正是根据这种身份，他们应当相互进行讨论。在一个自由的社会中，公民不应该相互认为对方缺少正义感，除非这对平等自由本身是必要的。如果一个不宽容团体出现在一个组织良好的社会中，其他人应该记住他们的制度具有的内在稳定性。给予不宽容者以自由可以说服他们信奉自由，这种说服是基于下述心理原则而起作用的：如果其他情况相同的话，那么其自由受到一种正义宪法保护并且自己能从这种宪法中获利的人，会在一段时间之后变得忠诚于这种宪法（见第72节）。所以即使不宽容团体可能产生，但如果它一开始还不强大，以至于不能立刻行使其意志，或者发展得不够迅速，以至于上述心理原则有时间得到巩固，那么它就会趋于丧失其不宽容性而接受良心的自由。这就是正义宪法的稳定性的结果，因为稳定性意味着：当不正义的趋势产生时，其他力量都被调动来维持整个社会结构的正义。当然，不宽容团体可能一开始就很强大或者发展得很快，以至于维持稳定的力量不能使它皈依自由。这种情况提出了一个仅靠哲学不能解决的实际活动中的两难推理。在正义宪法中，为了维持自由，不宽容者的自由是否应当受到限制，这个问题要根据具体环境而定。正义论仅仅表现了借以作出实际决定的正义宪法，即政治行为的目标的特征。在追求这个目标时，自由制度的固有力量决不应该被忘记，也不应假设：偏离这些制度的倾向不受控制，并总是占上风。只要一个组织良好的社会的成员懂得了一种正义宪法的内在稳定性，他们就会有信心仅仅在特殊的场合，即仅仅在对维持平等的自由本身是必需的时候，实行对不宽容者的自由的限制。

于是，我们的结论便是：虽然不宽容团体自身没有权利抗议对它的不宽容；但只有当宽容者真诚地、合理地相信他们自身和自由制度的安全处于危险之中时，他们才应该限制不宽容团体的自由。只有在这种情况下，宽容者才可以压制不宽容者。最主要的原则是要确立一种正义宪法及其平等公民权的各种自由。正义者应当受正义原则的指导，而不是受不正义者不能抗议的事实的指导。最后，我们应该注意到：即使我们为了保护正义宪法而限制不宽容者的自由，这也不是以最大限度地扩大自由的名义进行的。一些人的自由不能仅仅为了使另一些人有可能获得较大的自由而受到压制。正义不承认这种关于自由的推论，如同不承认类似的关于利益总额的推论一样。应当被限制的仅仅是不宽容者的自由，而且这种限制是根据一种不宽容者自己在原初状态中也会承认其原则的正义宪法作出的。

本节及前几节的论证暗示着平等自由原则的采纳可以被看成是一种限制性的情况。即使人与人之间的差别是深刻的，且没有人知道怎样合理地调解这些差别，然而从原初状态的观点来看，如果人们能同意某种原则的话，那么他们就会同意平等自由的原则。历史上出现的与宗教宽容有关的这个观点可以扩展到其他情形中去。这样我们就可以设想，原初状态的人知道他们有道德信仰，虽然正如无知之幕所要求的，他们不知道这些信仰的具体内容。他们明白：当他们所承认的原则和这些信仰发生冲突时，原则就要凌驾于信仰之上；但是在其他方面，当这些原则与他们的观点不一致时，他们却无须修改或放弃这些观点。正义原则可以以这种方式在对立的道德规范中作出裁决，如同它们调解各种敌对的宗教主张一样。在正义所确立的结构中，社会的各阶层可以采纳具有不同原则的道德观念，或者采纳反映了对相同原则的不同权衡的道德观念。关键在于：当不同信仰的人根据政治原则对社会基本结构提出各种冲突的要求时，他们应当通过正义原则来判断这些要求。将在原初状态中被选择的原则是政治道德的核心，它们不仅规定了人们合作的条件，而且规定了在不同的宗教和道德信仰之间以及它们所属的不同文化形态之间进行调解的协议。如果这种正义观现在看上去大都是否定性的话，那么我们将会看到它还具有较积极的一面。

36．政治正义和宪法

现在我想来考察政治正义即宪法的正义，以此来概述平等的自由对于社会基本结构这一部分的意义。由于一种正义的宪法是一种不完善的程序正义，所以政治正义具有两个方面。首先，正义的宪法应是一种满足平等自由要求的正义程序；第二，正义的宪法应该这样构成：即在所有可行的正义安排中，它比任何其他安排更可能产生出一种正义的和有效的立法制度。我们应当在环境允许的范围内从这两个方面来评价宪法的正义，这些评价是从立宪会议的观点来进行的。

当平等的自由原则被运用到由宪法所规定的政治程序中时，我将把平等的自由原则看成是（平等的）参与原则。参与原则要求所有的公民都应有平等的权利来参与制定公民将要服从的法律的立宪过程和决定其结果。作为公平的正义肇端于下述观念：只要共同原则是必要的并对每个人是有利的，它们就应当是从适当规定的平等的最初状态——在这种最初状态中，每个人都公正地被代表——的观点来制定的。参与原则把这个观点从原初状态转用到作为制定其他规范的最高层次的社会规范体系的宪法上。如果国家要对某一领域行使决定性的强制权力，并且要以这种方式永久性地影响一个人的生活前景的话，那么立宪过程就应该在切实可行的范围内维持原初状态中的平等代表制。

我暂时假设一种立宪民主政体能够被制定得满足参与原则。但是我们需要更准确地知道这个原则在有利的环境下，或者说在最好的条件下要求什么。当然，这些要求都是为人们所知的，它们包括了康斯坦特所称的与现代自由形成对照的古代自由。然而，弄清这些自由是怎样被归到参与原则之下是有价值的。在下一节中，我将讨论根据现存条件对参与原则所作出的调整和支配这些调整的理由。

我们将通过回忆立宪政体的某些因素来开始这种讨论。首先，决定基本社会政策的权力存在于一个代表机构中，这个代表机构是由选民定期选举，并绝对向选民负责的。这个代表机构远远不是一个纯粹的咨询机构。它是一个有权制定法律的立法机关，而不简单地是一个社会各阶层代表组成的、由行政部门来向其解释自己的行动并探察公共意向的论坛。政党也不仅仅是觊觎政权的利益集团，相反，为了获得足够的支持来谋取公职，它们必须提出某种公共善的观念。当然，宪法可以从许多方面来约束立法机构，宪法条文规定着它作为议会机构的行为。但是，在必要的时候，选民中的一个稳固的多数可通过适当的途径来修改宪法而达到他们的目的。

所有健全的成年人（除了一些公认的例外）都有权参与政治事务，并且每一个有选举权的人都有一张选票这一规则得到尽可能的尊重。选举是公正的、自由参加的和定期举行的。通过公民投票或其他手段，或者在适合于公职人员的时间内进行的分散的、难于预言的民意测验，对一个代议制政权来说是不够的。某些自由，特别是言论自由、集会自由、组织政治团体的自由受到宪法的坚决保护。忠诚的反对派的原则得到承认；政治信念的冲突，以及可能影响着这些信念的利益和态度的冲突被接受为人类生活的一个正常条件。既然在希望尊奉相同的政治原则的诚实人之间也必然存在着不一致,那么缺乏一致性就是正义环境的一部分了。没有忠诚的反对派的观念,没有对表达和保护这一观念的宪法条款的坚持,民主政治就不能被恰当地引导或长久地维持。

我们需要讨论与参与原则所规定的平等自由有关的三个方面:它的意义、范围和提高其价值的手段。我们先开始讨论意义问题。当每一个有选举权的人都有一张选票的规划被严格坚持时,它意味着每张选票在决定选举结果中具有大致相同的分量。如果假设每个选区有其代表的话,这也要求立法成员(每人一票)代表相同数量的选民。我还假定,这个规则要求必须根据由宪法事先规定的、并由一个公正程序尽可能实行的某些一般标准来划分选区。为了防止不公正地划分选区,这些保护措施是需要的,因为像不合比例的选区这种不公正地划分选区的诡计会大大影响选票的分量。在立宪会议上,没有人具有那种可以偏颇地设计选区的知识;必需的标准和程序应该根据这种立宪会议的观点来采纳。政党不能为了自己的利益而按照选票的统计来调整区域划分;选区是根据在缺少这种信息的情况下人们已同意的标准来规定的。当然,引进某些随机因素可能是必需的,因为设计选区的标准在某种程度上无疑是任意的。但不可能有其他的公平方法来处理这些偶然性。[1]

参与原则也认为所有公民至少在形式上应有进入公职的平等途径。为了竞选候选资格并在权力机构中占据地位,每个人都有权参加各种政党。诚然,这方面存在着年龄、居住年限等等限制条件。但是这些条件理应与职位的任务具有合理的关系;这些限制的目的大概是为了公共利益,而不是为了不公平地歧视某些人

---

[1] 有关这个问题的讨论,见 W. S. 维克里:《论避免不公正的选区划分》,载于《政治科学季刊》第 76 卷(1961 年)。

及其团体。因为它们是平等地在每个人的正常生命过程中加给他们的。

有关平等的政治自由的第二点是政治自由的范围。这些自由应具有多大的广泛性呢？范围的含义在这里立刻显得不清楚了。每种政治自由都能或广或狭地被规定。我将假设，平等政治自由范围的主要变化在于宪法在多大程度上是由多数裁决的。这一假设有些专断，不过还是符合传统的。我认为其他自由的规定多少是确定的。这样，最广泛的政治自由就是由这样一种宪法确定的，这种宪法为了使任何有意义的政治决定都不致受到某些宪法约束的阻碍，使用了所谓纯粹多数裁决规则的程序（在这种程序中，少数既不能蔑视也不能阻止多数）。每当宪法由于某些类型的议案要求一个较大的多数或者由于要用一种权利法案来限制立法机关的权力，而限制了多数的范围和权力时，平等的自由就具有较小的广泛性。立宪主义的传统设置，例如两院制的立法、约束和平衡交融在一起的权力分立、法院复审的权利法案等都限制了参与原则的范围。不过，我设想，如果同样的限制适用于每个人，并且所采用的约束在任何时候都倾向于平等地降临到社会的各个阶层的话，那么这些安排是与平等的政治自由相一致的。如果坚持政治自由的公平价值，那么上述结论看来就是可能的。于是主要问题就在于：平等参与的范围应当有多大？这个问题我要放到下一节去讨论。

现在我着手讨论政治自由的价值问题。我认为宪法必须采取一些措施来提高社会所有成员的参与政治的平等权利的价值。宪法必须确保一种参与、影响政治过程的公平机会。这里的区分与前面的区分是相似的（见第 12 节）。从观念上说，具有类似天赋、动机的人，不管他们的经济、社会地位如何，都应有获取政治权力地位的大致相同的机会。但是这些自由的公平价值是怎样被保护的呢？

我们可以把下面一点看成是理所当然的：即一个民主政权以言论、集会、思想和良心的自由为先决条件。不仅第一个正义原则要求这些制度，而且正如密尔所论证的，如果要以合理的方式处理政治事务，这些制度亦是必需的。纵然这些制度没有保障合理性，但若无它们，则比较合理的政策方针即便不被特殊利益所掩盖，也必定会忽略。如果公共讲坛对所有人都是自由的、开放的、连续性的，每个人就都应当能够利用这个论坛。所有的公民都应有了解政治事务的渠道，他们应该能够评价那些影响他们福利的提案和推进公共善观念的政策。此外，他们应有一种公平的机会把一些替换的提案补充到政治讨论的议事日程中去。[1] 每当具有较多个人手段的人被允许使用它们的优势来控制公共讨论的过程时，由参与原则所保护的这些自由就失去了许多价值。因为，这些不平等最终使处境较好的人对立法进程施加较大的影响。在适当的时候，他们就有可能在解决社会问题上，至少在那些他们通常意见一致的问题上、亦即那些支持他们的有利地位的问题上，取得压倒一切的影响力。

于是，为了所有人的平等政治自由，就必须采取补偿性步骤来保护公平的价值。在这方面有各种各样的方法可供使用。例如在一个允许生产资料私人占有的社会中，财产和财富必须被广泛地分配，政府必须定期地提供费用以鼓励自由公开的讨论。另外，应通过分配给各政党足够的税收，使它们不受私人经济利益的支配，从而在宪法制度中发挥它们的作用（例如，可制定某种规则，以便根据各政党在最后几轮选举中所得的票数给予它们津贴）。重要的在于：政党对于那些私人要求——那些不在公共论坛中表达、不参照公共善的观念公开地论证的私人要求——应当

---

[1] 见 R. A. 达尔：《民主理论导论》（芝加哥，芝加哥大学出版社 1956 年版），第 67—75 页。那里有关于为达到政治平等所必需的各种条件的讨论。

保持自主。如果社会不负担组织的费用、政党的资金需要恳请社会和经济方面的较有利者来支持的话,那么这些有利集团的要求必定会受到更大的注意。而下面这种情况就更可能发生了:当社会中的较不利者由于缺乏手段而不能有效地行使他们那一份与别人相同的影响力时,他们就陷入对政治事务的冷淡和抱怨之中。

从历史上来看,立宪政府的主要缺点之一是一直不能保证政治自由的公平价值,必要的正确措施一直没有被采取。确实,这些措施似乎从来没有被认真地考虑过。资产和财富分布上的不均等——这大大超过了与政治平等相容的范围——一般都被法律制度所宽容。公共财富一直没有被用来维持那些政治自由的公平价值所要求的制度。从根本上说,这种缺点出在这样一种情况上:民主政治过程充其量只是一种受控的竞争过程;它甚至在理论上也不具有价格理论赋予真正的竞争市场的那种值得向往的性质。此外,政治制度中的不正义结果比市场的不完善更严重,持续的时间更长。政治权力急速地被集中起来,而且变得不平等;那些既得利益者经常能通过使用国家和法律的强制工具来保证他们的有利地位。这样,经济和社会制度中的不平等很快就摧垮了在幸运的历史条件下政治平等可能存在的基石。普选权是一个不充分的补偿措施;因为当不是公共资金而是私人捐款资助着各方和选举活动时,占统治地位的利益集团的意图就约束着政治议会,以至于建立正义的宪法规则所需的基本法案很少被严肃地提出过。不过,这些问题是属于政治社会学的。[①] 我在此提出这些问题是为了强调我们的讨论是正义论的一部分,决不应把这一讨论误解为是一种有关政治制度的理论。我们是在描述一种理想安排;与这种理想安排的比较确定了一个人判断现实制度的标准,而且

[①] 我的评论来自 F. H. 奈特:《竞争伦理学及其他》(纽约,哈珀兄弟公司 1935 年版),第 293—305 页。

指出为了证明对这个理想安排的偏离的正当性而必须维护的东西。

通过总结对参与原则的解释,我们可以说一部正义宪法为行政公职和权力建立了一种公平竞争的形式。通过提出公共善的观点和旨在实现社会目标的政策,竞争各方在确保政治自由的公平价值的思想自由、集会自由的背景下,按照正义程序的规则来寻求公民的赞同。参与原则迫使当权者关心选民的现实利益。诚然,代表们不仅仅是他们选区的代理人,因为他们有某种辨别力,他们被期望在制定法规中运用他们的判断。不过,在一个组织良好的社会中,他们必须在实质意义上代表他们的选区:他们首先必须设法通过正义的、有效的立法,因为这种立法是公民在政治上的首要利益;其次,只要选民的其他利益和正义相容,他们就必须追求这些利益。[1] 正义原则是用来评判代表的工作记录和他所给出的辩护理由的主要标准之一。既然宪法是社会结构的基础,并且是用来调整和控制其他制度的最高层次的规范体系,那么每个人便都有同样的途径进入宪法所建立的政治程序中。当参与原则被满足时,所有人就都具有平等公民的相同地位。

最后,为了避免误解,我们应该记住参与原则适用于各种制度。它不规定一个公民权利和义务的理想蓝图,也没有提出一种要求所有人积极参加政治事务的义务。个人的义务和职责是另外一个问题,以后我将讨论这一点(见第六章)。最重要的在于宪法应该确立介入公共事务的平等权利,应该采取措施维持这些自由的公平价值。在一个治理良好的国家中,只有较少的人花费大量时间来从事政治,因为还存在着人类善的许多其他形式。但是不管这部分人有多少,他们很可能或多或少是平等地来自社会的

---

[1] 见 H. F. 皮特金:《代表的概念》(伯克利,加利福尼亚大学出版社 1967 年版)第 221—225 页。我得益于他关于代表的讨论。

各个部分的。许多利益集团和政治生活中心都有它们的一些积极成员在照管它们所关心的事情。

37. 对参与原则的限制

显然,从前面对参与原则的解释来看,对采用参与原则的限制有三个方面:宪法可能规定了范围或广或狭的参与自由;它也可能在政治自由中允许不平等;或多或少的社会资源可能被用来保证作为代表的那些公民的自由价值。我将依次讨论这些限制,所有这些都是为了阐明自由优先性的意义。

参与原则的范围是根据一些宪法手段对(纯粹)多数裁决规则程序的限制程度来规定的。这些手段被用来限制多数裁决规则的范围、多数有最后决定权的问题的种类以及多数的目标被实施的速度。一种权利法案可能完全夺走多数裁决规则的某些自由,法院的分立的复审权亦可能放慢改变立法的节奏。于是问题在于如何证明这些手段与两个正义原则相一致。我们不提出这些手段实际上是否得到证明的问题,而是问它们需要一种什么样的论证。

不过,一开始我们就应注意到,对参与原则范围的限制是被假设平等地降临到每个人身上的。因此,这些限制比不平等的政治自由更容易被证明。假如所有人本来都能有较大的自由,那么若其他情况相同,至少每个人都均等地受到了损失;如果说这种较少的自由是不必要的,并且不应由某种人力所强加,那么与其说在此种程度上这个自由体系是不正义的,倒不如说它是不合理的。而当一人一票的规则遭到破坏时,不平等的自由就是另一个问题了,它直接引出了一个正义问题。

我们暂且假设,对多数裁决规则的约束是平等地由所有公民来承担的,那么对立宪手段的证明就在于它们大概可以保护其他自由。我们通过表明完整的自由体系的推论来找到最佳安排。在此直觉的观念是直截了当的。我们说过，政治过程是一个不完善的程序正义的实例。人们认为，一种通过各种传统手段来限制多数裁决规则的宪法，可以导致一种较正义的立法机构。由于在一定程度上必须把多数裁决规则作为一种实际的需要而加以依赖，因此问题就在于发现：在既定的环境中，为了接近自由的目标，哪一种约束的作用发挥得最好。当然，这些问题不属于正义论。我们不必考虑究竟哪一些立宪手段（如果有的话），仍在有效地达到其目标，也不必考虑它们的成功作用是在多大程度上以某些潜在的社会条件为前提的。我们要讨论的是，为了证明这些限制是正当的，我们就必须证明，从立宪会议上的代表公民的观点来看，其他自由的较大保障和较大范围绰绰有余地补偿了较狭隘的参与自由。不受限制的多数裁决规则经常被设想为敌视这些自由。宪法安排迫使一个多数推迟实施其意图并迫使它作出一种更深思熟虑、更审慎稳妥的决定。通过这种方法和其他方法，程序约束可减少多数裁决规则的缺点。我们的这一证明诉诸于一种较大的平等自由，而决不是参照补偿性的经济和社会利益。

　　古典自由主义的信条之一是：各种政治自由比良心、个人的自由具有较少的内在价值。如果一个人被迫在政治自由和所有其他自由之间进行选择的话，那么一个承认所有其他自由并维持法治的开明君主的统治就会更可取。根据这一观点，参与原则的主要优点是要确保政府尊重被统治者的权利和福利。[①] 不过，很幸运，我们无需经常评价不同自由的相对的整体价值。我们所作的常常是在调整总的自由体系时运用平等利益的原则。没有人号召我们放弃整个参与原则或者让它没有限制地发生影响。相反，我们应该缩小或扩大它的范围，使之达到这样一点：即由于对那些

---

① 见艾赛亚·伯林：《四论自由》，第130、165页。

掌权者的边际失控而造成的对自由的威胁正好与通过较广泛地使用宪法手段而形成的对自由的保障之间达到平衡。这个决定不是一个要么全部要么全不的问题，而是在不同的自由程度和规定中，权衡彼此之间的微小变化的问题。自由的优先性并不排除自由体系中的边际代换。而且，它允许（虽然并不要求）某些自由——比方说那些参与原则所包括的自由——稍稍减弱它们对其余自由的主要保护作用。当然，关于自由价值的不同观点会影响不同人关于应该如何安排总的自由体系的思考。那些赋予参与原则较高价值的人为了给政治自由以较高的地位，将准备冒很大的风险来牺牲个人的自由。从理想的角度来说，这些冲突不会发生，而且，寻找一个可为参与价值提供足够的机会而又不威胁到其他自由的立宪程序，至少在有利条件下应当是可能的。

人们有时反对多数裁决规则说，不管这个规则如何受到限制，它没考虑到欲望的强度，因为多数人可能压制少数人的强烈情感。这个批评建立在这样一种错误观点上：即认为欲望的强度在立法中是一个要考虑的相关因素（见第54节）。相反，每当正义问题被提出时，我们不是被强烈的情感推动，而是必须把目标集中在法律秩序的更大正义上。评判任何一种程序的基本标准是程序可能产生的结果的正义性。当选票被相当平均地分配时，我们也可以对多数裁决规则的恰当性问题作出类似的回答。一切都依赖于结果是否可能正义。如果社会的各阶层之间存在着一种合理的信任并分享着一种共同的正义观，纯粹多数的统治就可能会相当不错地获得成功。在缺少某种根本的一致意见的情况下，多数裁决规则较难被证明，因为遵循正义政策的可能性较小。然而，只要社会充满不信任和敌意，就没有任何可以信赖的程序。我不想进一步讨论这些问题。我只是为了强调对宪法安排的检验始终是对正义的全面衡量，才提到有关多数裁决规则的这些为人熟悉的观点的。凡是涉及正义问题的地方，都不应考虑欲望的强度。当然，立法者必须实事求是地认真对待强烈的公共情绪。人们的愤怒不管是多么缺少理性，都将为政策的可行性划出界限。流行的观点将影响在这些限制之内实施的策略。但是策略问题不该和正义问题混淆起来。如果一个保证良心、思想、集会自由的权利法案有效的话，那么它就应该被采纳。不管反对这些权利的情绪多么强烈，只要有可能，就应该坚持这些权利。反对态度的力量不影响正当的问题，而只影响到自由安排的可行性。

对不平等的政治自由的证明方式与此十分相似。一个人总是采纳立宪会议上的公民代表的观点，并根据整个自由体系向他呈现的面貌来评价它。但是在这个例证中有一个重要的区别。我们现在必须从只拥有较少政治自由的人的观点进行推理，对社会基本结构中的一种不平等的证明必须总是面向获利较少者进行。这适用于所有的基本社会善，但尤适用于自由。因此，优先规则要求我们说明那些较少获利者会接受这种权利的不平等，因为他们得到了回报，即这种限制形成了对他们的其他自由的较大保障。

或许，最明显的政治不平等是对一人一票规则的侵犯。可是直到最近，许多作者还反对平等的普选权。的确，人根本没有被当作真正的被代表的对象，被代表的常常只是各种利益。例如，辉格党和托利党的分歧就在于：正在兴起的中产阶级的利益是否可以取得与土地占有者和牧师阶层的利益相并列的地位。又如，当人们谈起社会上农村和都市的代表时，被代表的实际上是地区或文化形式。初看起来，这些种类的代表是不正义的。它们偏离一人一票规则的程度是衡量其抽象的不正义的标准，并且表明那些必定来临的补偿理由的力量。[1]

---

[1] 见 J. R. 波尔:《英国的政治代表制和美国共和国的起源》(伦敦, 麦克米兰公司 1966 年版), 第 535—537 页。

于是，结果常常是：那些反对平等政治自由的人提出了对所需形式的各种证明。至少他们准备证明政治不平等对较少自由的人来说是有利的。我们可以把密尔的观点看成是一个例证，他认为受过良好教育、智力超群的人应该有额外的选票，以便使他们的观点具有较大的影响力。[①] 密尔相信，在这种情况下，一人多票制符合人类生活的自然秩序。因为每当人们从事一个有合作利益的共同事业时，他们就承认：一方面所有人都有发言权，另一方面每个人的发言权不必是平等的。富有知识的较明智判断应当有一个优越的地位，这种安排是为了每个人的利益并符合人们的正义感的。国家事务恰恰是这样一种大家都关心的事情。虽然所有人确实都应有自己的一票，但那些在管理公共利益方面能力较强的人应该有更大的发言权。他们的影响力应该足够强大，以便制止那种有利于未受教育者阶层的立法；但这种影响力不应强大到可以制定出为他们自己谋取利益的立法。理想地说，那些在智慧和判断方面高人一筹的人应当作为一种稳定的力量站在正义和善一边，虽然这个力量本身常常是微弱的，但如果那些较大的力量相互抵消，那么这个力量就常常可以决定性地把局势扭转到正确的方向上来。密尔相信，任何人，包括那些在政治事务方面言微力轻的人都从这种安排中获得好处。当然，按照这个情况来看，这个论据没有超出作为公平的正义的一般观念。密尔没有清楚地阐明：未受教育者的得益从一开始就要根据对他们的其他自由的较大保障来估价，虽然密尔的推理暗示出他认为事情应该是这样的。在任何情况下，如果密尔的观点要满足自由优先性施加的各种限制，论证就必须这样进行。

---

① R.B.麦卡勒姆编辑的《代议制政府》，以及《论自由》（牛津，巴兹尔·布莱克韦尔公司 1946 年版），第 216—222 页。在第 8 章的下半部分中，他有较多的论述。

在此我不想批评密尔的观点,我对此的解释仅仅是为了举例说明。他的观点使一个人能看清为什么政治平等有时不像平等的良心自由或个人自由那么重要。政府的目标被设想为集中在共同善上,即旨在维持对每个人有利的条件并达到对每个人有利的目标。在这一前提有效的范围内,某些人能够被鉴定为是拥有优越的智慧和判断力的,其他人则愿意信赖他们,并承认他们的意见具有更重要的意义。一条船上的乘客愿意让船长掌舵,因为他们相信船长比他们更有知识,和他们一样希望安全地到达目的地。在此既存在一种利益的统一,又存在着实现这种统一的一种显然更优越的技能和判断力。那么,在某些方面国家之舟和海上之舟是有相似之处的;在这种相似的范围内,政治自由的确是受其他的、可以说是确定着乘客的内在善的自由支配的。如果我们承认上述假设,那么一人多票制就可能是完全正义的。

当然,有关自治的理由不单单是工具性的。当平等的政治自由确实有一种公平的价值时,它必定对公民生活的道德性质有一种深刻的影响。公民的相互关系在明确的社会宪法中获得了一个可靠的基础。中世纪的格言——凡涉及所有人的也必为所有人关心——看来是被严肃地对待的,并且是作为公开的意向被宣布的。这样理解的政治自由不是用来满足自我控制的个人愿望的,更不必说满足个人的追逐权力的愿望了。参与政治生活并不使个人成为他自己的主人,倒不如说是给了他在决定如何安排基本社会的条件下和其他人同等的发言权。参与政治生活也不满足那种想控制其他人的野心,因为每个人都被要求按照所有人都能承认为正义的东西来克制自己的主张。进行商讨和把每个人的信仰和利益都考虑进来的公开意愿,奠定了公民友谊的基础,形成了政治文化的精髓。

此外,那种在其中平等的政治权利具有公平价值的自治,其结果是要提高自尊和作为平等公民的政治资格的意识。公民在他所处的共同体的较小社团中发展起来的自我价值意识，又在整个社会结构中得到了肯定。由于社会期待他去投票，社会也就期待他有各种政治观点。他花费在形成他的观点上的时间和辛勤是不受他的政治影响可能有的物质回报所左右的。倒不如说，这种活动本身是一种积极的享受活动，导致一种较开阔的社会观并发展人的智力和道德能力。正如密尔所观察到的，这个公民学会了权衡各种利益而不仅仅是他自己的利益，学会了受某种正义观和公共善而非他自己的喜好所指导。① 为了向其他人解释和证明他的观点，他必须诉诸于其他人可以接受的原则。此外，密尔补充说，如果公民要获得一种政治义务和职责的肯定意识，即一种超越仅仅服从法律和政府的愿望的意识，那么这种公共精神的教育是必需的。没有这些较广泛的情感，人们就会变得疏远，孤独地呆在他们的小社团中，情感的纽结不能超出家庭或狭小的朋友圈子之外。公民不再相互认为是可以提出某种公共善的事业来进行合作的同伴，相反，而是互相把对方看成敌手，是实现自己目标的障碍。密尔及其他人已使所有这些考虑变得众所周知，它们表明平等的政治自由不仅仅是一个手段。这些自由加强自我价值感，提高智力和道德敏感性，确立正义制度的稳定性所依赖的义务感和职责感的基础。我将把这些问题和人类善及正义感的关系放到第三编中去讨论，那里我将试图在正义的善的观念中把这些方面联结起来。

---

① 《代议制政府》，第149—151、209—211页（这些论述在第2章的末尾和第8章的开始部分）。

38. 法治

现在我想考虑受法治原则保护的个人权利。[①] 像以前一样，我的意图不仅是揭示正义原则和以下观念的关系，而且是解释自由优先性的意义。我已经提到（见第10节），形式正义的观念和有规则的、公平的行政管理的公共规则被运用到法律制度中时，它们就成为法律规则。不正义的行为之一就是法官及其他有权者没有运用恰当的规则或者不能正确地解释规则。在这方面，举出各种严重的侵犯行为，例如受贿、腐化和滥用法律制度来惩罚政敌，还不如举出那些诸如在司法诉讼程序中实际上歧视某些团体的细微的成见和偏心更有启发意义。我们可以把有规则的、无偏见的、在这个意义上是公平的执法称为"作为规则的正义"，这个说法比"形式的正义"的措辞更具有启发性。

法治和自由显然具有紧密的联系。对于这一点，我们通过对一个法律体系的观念以及它与作为规则的正义所规定的准则的紧密联系的考察就可以看到。一个法律体系是一系列强制性的公开规则。提出这些规则是为了调整理性人的行为并为社会合作提供某种框架。当这些规则是正义的时，它们就建立了合法期望的基础。它们构成了人们相互信赖以及当他们的期望没有实现时就可直接提出反对的基础。如果这些要求的基础不可靠，那么人的自由的领域就同样不可靠。当然，其他规则也具有许多这类特征。

[①] 一般的讨论可见朗·费勒：《法律的道德》（纽黑文，耶鲁大学出版社1964年版），第2章。赫伯特·韦克斯勒考虑了宪法法规中关于原则性判决的观念，见《原则、政治和基本法》（坎布里奇，哈佛大学出版社1961年版），第2部分。见奥托·柯切恩海默：《政治的正义》（普林斯顿，普林斯顿大学出版社1961年版），和J. N. 谢克拉：《条文主义》（坎布里奇，哈佛大学出版社1964年版）第2章，它们讨论了政治中的司法系统的运用和滥用。J. R. 卢卡斯：《政治原则》（牛津，克莱伦顿出版社1966年版），第106—143页，那里有一个哲学的解释。

游戏和私人交往的规则也是向理性人提出,以实现他们的活动的。假定这些规则是公平的或正义的,那么一旦人们进入这些安排并接受它们所产生的种种好处,由此产生的种种职责便构成合法期望的一个基础。法律体系的特色在于它的广阔范围和调节其他交往的力量。它所规定的立宪机构一般来说至少对较极端的强制拥有绝对的法律权利。私人交往中使用的各种强迫手段则受到严格的限制。此外,法律秩序对某个已很好确定的领域行使一种最后权威。它也具有这样一些特征:控制大范围内的活动和保护利益基本性质。这些特征直接反映了以下事实:即法律确定了那种所有其他活动都在其中发生的社会基本结构。

如果法律秩序是一个对理性人提出来的公开规则体系,我们就能解释与法治相联系的正义准则。它们是这样一些准则:任何充分体现了一种法律体系观念的规范体系都要遵循它们。当然,这不是说现存的法规在所有情况下都必然满足这些准则。倒不如说,这些准则来自这样一种理想观念,即人们指望各种法规至少在大部分情况下接近于这一理想观念。如果对作为规则的正义的偏离十分普遍,那么就可能产生一个严重问题:即一个法律体系是否还是作为一系列旨在推进独裁者利益或仁慈君主的理想的特殊法则的对立面而存在的。对这个问题常常没有明确的答复。把一种法律秩序看成是一个公开规则体系的目的在于:它能使我们推衍出与法律原则相联系的各种准则。此外,我们可以说,在其他条件相同的情况下,如果一种法律秩序较完善地实行着法治的准则,那么这个法律秩序就比其他法律秩序更为正义。它将为自由提供一个较可靠的基础,为组织起来的合作体系提供一个较有效的手段。但由于这些准则仅保证对规则的公正的、正常的实施,而不管规则本身的内容,所以它们可以与不正义相容。它们对社会基本结构施加了相当微弱的约束,但这些约束无论如何不可以被忽略。

我们首先来阐明"应当意味着能够"的准则。这个准则和法律体系的几个明显特征具有共同点。首先，法治所要求和禁止的行为应该是人们合理地被期望去做或不做的行为。为组织理性人的行为而向他们提出的一个规范体系涉及到他们能或不能做的行为，它不能提出一种不可能做到的义务。其次，"应当意味着能够"的观念可以表达这样一种观念：那些制定法律和给出命令的人是真诚地这样做的。这个体系的立法者，法官及其他官员必须相信法规能够被服从；他们要设想所颁布的任何命令都能够被执行。此外，权威者的行动必须是真诚的，而且权威者的诚意必须得到那些要服从他们所制定的法规的人的承认。只有人们普遍地相信法规和命令能够被服从和执行时，法规和命令才能被接受。如果这里有问题，那么权威者的行动大概另有所图，而不是想组织行为。最后，这个准则表达这样的要求，即一个法律体系应该把执行的不可能性看成是一种防卫或至少作为一种缓行的情况。在规范的实施过程中，一个法律体系不能把无力实行看成是一件无关紧要的事情。如果惩罚的责任不是正常地限制在我们做或不做某些行为的能力范围之内的话，这种责任便将是加于自由之上的不可容忍的重负。

法治也含有类似情况类似处理的准则。如果这个准则不被遵循，人们就不能通过规范的手段来调节他们的行为。诚然，这个观念并不十分吸引我们，因为我们必须假设法律规范本身和解释它们的原则给出了类似性的标准。然而，类似情况类似处理的准则却有效地限制了法官及其他当权者的权限。这个准则迫使他们对他们参照有关的法律规则和原则在人与人之间所作出的区分给出证明。在特殊情况下，如果规则很复杂而需要解释的话，那么对一个专断判决的证明可能是容易的。但是，随着案例的增多，对于带偏见的判决的貌似有理的辩护就变得十分困难了。一致性的要求当然适用于所有规则的解释和各种层次的证明。对歧视性的判决的合理论证最终变得更加难于形成,并且这样做的意图也不那么诱人了。这个准则也适用于衡平法(equity)的情形,即当既定规范发生了始未料及的困难因而需要作出例外处理时的情形。但是在这种条件下,由于没有区分例外情况的明确界线,于是就发生了这样一种情况就像在翻译中的情况那样,在此几乎所有差别都是很重要的。在这样的情况中,便要运用权威决定的原则,而且先前的或已宣布的判决的力量就足够了。①

法无明文不为罪的准则(Nalla crimen sine Lege)及其暗含的种种要求也产生于一个法律体系的观念中。这个准则要求法律为人所知并被公开地宣传,而且它们的含义得到清楚的规定;法令在陈述和意向两方面都是普遍的,不能被当成损害某些可能被明确点名的个人(褫夺公民权利法案)的一种手段;至少对较严重的犯法行为应有严格的解释;在量刑时不追溯被治罪者的既往过错。上述要求潜含在由公开规则调节行为的概念中。因为,比方说如果法规的命令和禁止的内容不明确的话,公民就不知道该怎样行动。而且,尽管可能存在着剥夺公民权利的临时法案和追溯法规,但这些东西不能太普遍,换言之,不能成为法律体系的特征,否则它就必定具有另外的目的。一个暴君可能不预先通告就改变法律,并相应地惩罚(如果这是一个恰当的词的话)他的臣民,因为他乐于看到他的臣民花多长时间才从观察他所给予的惩罚中领会到新规范的内容。但是这些规范不是一个法律体系,因为他们不能通过提供合法期望的一个基础来组织社会行为。

最后,有一些规定自然正义观的准则,它们是用来保护司法诉讼的正直性的指针。② 如果法律是向理性人提出的指令的话,

---

① 见朗·费勒:《法律的分析》(纽约,新美国文库出版社1969年版),第182页。

② 这个自然正义的含义是传统的。见 H. L. A. 哈特:《法律的概念》(牛津,克莱伦顿出版社1966年版),第156、202页。

法庭就必须考虑以某种适当的方法来运用和贯彻这些规范；就必须做出有意识的努力来确定一个违法行为是否已经发生，是否要对它处以正确的惩罚。所以，一个法律体系必须准备按照法规来进行审判和受理申诉；它必须包括可保障合理审查程序的证据法规。当在这些程序方面出现偏离时，法治要求某种形式的恰当程序：即一种合理设计的、以便用与法律体系的其他目的相容的方式来弄清一个违法行为是否发生、并在什么环境下发生的真相的程序。例如，法官必须是独立的、公正的，而且不能判决他自己的案子。各种审判必须是公平的、公开的，不能因公众的吵闹而带有偏见。自然正义的准则要保障法律秩序被公正地、有规则地维持。

现在，法治和自由的联系就十分清楚了。正如我曾说过的，自由是制度确定的多种权利和义务的复杂集合。各种各样的自由指定了如果我们想做就可以决定去做的事情，在这些事情上，当自由的性质使做某事恰当时，其他人就有不去干涉的义务。[1] 但是如果法无明文规定不为罪的准则，比方说，由于模糊的、不精

---

[1] 这一观点是否适用于所有权利——比方说是否适用于拾取无人认领之物的权利——可能是有争议的。见哈特的论文，载于《哲学评论》第 64 卷，第 179 页。但是就我们这里的目的而言，这一观点或许是足够正确的。尽管有一些基本权利像我们所认为的那样类似于竞争的权利，例如参与公共事务的权利和影响已形成的政治决定的权利，但每个人同时仍有以某种方式来指导自己行动的义务。这一义务可以说是一种公平的政治行为中的义务，对它的侵犯就是一种对他人的干预。正如我们所看到的，正义宪法的目的是建立这样一种结构，在这个结构的范围内，被公平地追求的并且具有其公平价值的平等政治权利，可能导致正义的、有效的立法。在适当的时候，我们可以在正文及其他段落中解释这个观点。关于这个观点，见理查德·沃尔海姆：《平等论》，载于《亚里士多德协会会刊》第 56 卷（1955—1956 年），第 291 页以后。换一种方式说，权利可以重为在特定环境下试图做某事的权利，这些环境允许其他人的公平竞争。不公正变成了干预的一种特殊形式。

确的法规而受到侵犯的话，那么我们能够自由地去做的事情就同样是模糊的、不精确的。我们的自由的界限便是不确定的。在这种情况下，人们对行使自由就会产生一种合理的担心，从而导致对自由的限制。如果类似的情况不类似地处理，如果司法诉讼缺少本质的正直性，如果法律不把无力实行看成是一种防卫等等，那么也会产生同样的结果。因此，在理性人为自身所确立的最大的平等自由的协议中，法治原则具有坚实的基础。为了确实拥有并运用这些自由，一个组织良好的社会中的公民一般都要求维持法治。

我们可以用稍微不同的方式得出同样的结论。这样一种假设是合理的：即使在一个组织良好的社会中，为了社会合作的稳定性，政府的强制权力在某种程度上也是必需的。因为，尽管人们知道他们分有相同的正义感，并且每个人都要求维持现存的安排，但他们可能还是缺乏完全的相互信任。他们可能怀疑某些人没有尽职，从而可能被诱惑得也不尽职。对这些诱惑的普遍领悟最终可能导致合作体系的崩溃。人们日益猜疑其他人没有履行义务和责任，这是由于在缺少权威的解释和规则的强制的情况下，寻找一些违反规则的借口是特别容易的。这样，即使在合理的理想条件下，设想一个，比方说基于自愿的成功的所得税方案也是十分困难的。这样一种安排是不稳定的。得到集体制裁支持的一种对规范的权威的公开解释，其作用恰恰是要克服这种不稳定性。政府通过强制实行一个公开的惩罚体系来消除那些认为其他人不遵守规则的根由。仅仅因为这一点，一个强制权力大概也总是必需的，虽然在一个组织良好的社会中，制裁是不严厉的甚至可能是不需要强加的。我们宁可说，有效的刑罚机构的存在是为保障人们相互间的安全服务的。我们也许可以把这个主张及其背后的理由看成是霍布士的理论。①

现在，立宪会议的各方在建立这种制裁体系的过程中必须权衡它的利弊。它至少有两个弊端：一是由税收所支付的维持机构的费用；二是对代表的公民的自由构成的某种危险，这种危险可以由这些制裁将错误地干预公民自由的可能性来估量。只有当这些弊端比由于不稳定而丧失自由的弊端更小时，一个强制机构的建立才是合理的。假定情况是这样的话，那么最佳安排就是使这些危险减少到最小程度的安排。显而易见，在其他条件相同的情况下，当人们按照法律原则公正地、正常地执法时，对自由构成的危险就比较小。当一个强制机构是必需的时候，确切地规定这个机构运行的方向显然是十分重要的。公民们如果知道什么事情要受罚，并知道这些事情是在他们可做可不做的能力范围之内的，他们就可以相应地制定他们的计划。一个遵守已公布的法规的人不必害怕对他的自由的侵犯。

从前面的评论来看，我们显然需要一种对刑事制裁的解释不管这种解释对理想的理论来说是多么有限。在人类生活的正常条件下，这样一种安排是必要的。我坚持认为，为这些制裁辩护的原则可以从自由原则中推演出来。无论如何，在这种情况中，理想的观念展示出非理想的体系应当如何被确立；这一点也肯定了以下推测：即构成基础的正是理想的理论。我们也看到责任原则不是建立在这样一个观念上：即认为惩罚主要是报复和恐吓。相反，责任原则被看成是为了自由本身。除非公民能知道何为法律，并得到一种公平的机会来考虑法律所颁布的各种指令，否则刑事制裁就不应该运用于他们。这个原则仅仅是把一个法律体系

---

① 见《利维坦》第13—18章。也见霍华德·沃伦德：《霍士布的政治哲学》（牛津，克莱伦顿出版社1957年版），第3章；见 D. P. 高塞勒：《利维坦的逻辑》（牛津，克莱伦顿出版社1969年版），第76—89页。

看成为一种为调节理性人的合作而向他们提出的公开规则的命令这一看法的结果,是赋予自由以适当分量的结果。我相信,这样一种责任的观点能使我们解释刑法之所以承认以犯罪意图的名义作出的许多辩解和辩护的原因,相信这种责任观点可用来指导法律改革。不过,在这里我不能继续讨论这些观点。[①] 我们只注意到下面一点也就足够了:即理想的理论要求把刑事制裁解释为一种维持稳定的手段,同时表明部分服从理论的这个部分应该怎样被设计。具体些说,自由的原则导向责任的原则。

部分服从理论中出现的各种道德困境也要联系我们所持的自由优先性的观点来考察。这样,我们就可以想像一种不幸的状态,在那里,不太有力地坚持遵循法治准则的情况也许是允许的。例如,在某些极端的事件中,人们可能认为某些个人对一些违反"应当意味着能够"的准则的行为负有责任。让我们假设由于激烈的宗教对立,敌对团体的成员正收集武器组成部队以准备一场内战。面对这种情况,政府可能制定一个禁止占有各种武器的法令(假设在目前占有武器已不是一种犯法行为)。法律可能认为如果在被告家中或所有物中找到了武器,那么定罪就有了充足的证据,除非被告能够证实是其他人放置了那些武器。除了这个条件之外,其他的情况,诸如被告没有占有武器的意图、缺少有关方面的知识、遵守了合理的武器管理标准等都是不相干的。人们认为这些通常的辩护将使法律归于无效和不可能实行。

那么,虽然这个法令不符合"应当意味着能够"的准则,但至少在所加的刑罚不是太严厉的情况下,作为一种它的丧失自由较少的情形,代表的公民可能会接受它的(在此我假设监禁是对自由的一种严厉剥夺,所以,在打算实施这种惩罚时必须考虑它

---

① 关于这些问题,可参考 H. L. A. 哈特:《惩罚和责任》(牛津,克莱伦顿出版社 1968 年版),第 173—183 页。在这里我遵循他的观点。

的严重性。当人们从立法阶段来考虑这个情况时,他们可能认定:如不通过这一法令,便不能防止全副武装的军事团体的形成,这比要求他们对占有武器的行为严格负责对一般公民自由的威胁大得多。公民可能确认这个法令是两害之中较轻者,他们相信这样一种论据:即虽然他们可能会因他们没有做过的事情而被定罪,但以其他方式拿他们的自由来冒险情况可能会更糟。既然存在着激烈的不和,那么正如我们通常考虑的一样,是没有办法来避免某些不正义的。我们所能做的事情只是以最少不正义的方式来限制这些不正义。

结论再一次证实了限制自由的理由来自自由原则本身。至少在某种程度上,自由的优先性转向了部分服从理论。这样,在刚才讨论过的情形中,某些人的较大利益并没有和其他人的较小利益相平衡,人们也没有为了较大的经济、社会利益而接受一种较少的自由;倒不如说,人们一直诉诸的是以代表的公民的基本的平等自由的形式出现的共同善。不幸的环境和某些人的不正义的计划,使得一种比在一个组织良好的社会里所享受的自由少得多的自由成为必需。社会秩序中的任何不正义都必定会给社会带来损失;要完全清除它的后果是不可能的。在运用法律原则中,我们必须牢记那些确定自由并相应地调节其要求的权利和义务的整体。如果我们要减轻因不能根除的社会邪恶而导致的对自由的损害,并且把目标集中在环境允许的最少不正义上,那么我们有时不能不允许某些违反正义准则的情况存在。

39. 自由优先性的规定

亚里士多德评论说,具有一种正义感是人的一个特征,他们对正义的共同理解造就了一个城邦[①]。同样,我们可以说,根据

---

① 《政治学》,第 1 篇,第 2 章,第 1253 页 a15。

我们的讨论，对作为公平的正义的共同理解造就了一种宪法民主。因为我在提出第一个原则的进一步论据之后已试图表明，一个民主政体的基本自由受到这种正义观的最坚决的保护。从每一个例证中所得出的结论都是我们熟谙的。我的目的一直是要表明两个正义原则不仅符合我们所考虑的各种判断，而且为自由提供了最有力的论据。相反，各种目的论原则充其量为自由（或至少为平等的自由）提供了一些不确实的论据。良心和思想的自由不应该建立在哲学或伦理学怀疑主义基础上，也不应该建立在对各种宗教和道德利益的冷淡上。正义原则在两个极端中间开辟了一条合适的通道，一个极端是独断论和不宽容，另一个极端是把宗教和道德看成是纯粹偏爱的简化论。而且，由于正义论依赖于一些微弱的和被广泛接受的假设，它就可能赢得相当普遍的承认。当我们的自由来自这样一些原则，即来自相互处在公平状态中的人们一致同意的原则（假若他们能全体一致地同意什么事情的话）时，我们的各种自由就确实有了十分坚固的基础。

现在我希望更审慎地考察自由优先性的意义。这里我先不论证这种优先性（那要放到第82节去讨论），而是希望借助于前面的例证来弄清它的意义。应该区别几种优先性。我把自由的优先性看成是平等自由的原则对第二个正义原则的优先。两个原则处在词典式的次序中，因此自由的主张首先应该被满足。只有自由的主张获得满足之后，其他原则才能发挥作用。我们目前尚不考虑正当对善的优先性，或者公平机会对差别原则的优先性。

正如所有前面的例证所表明的那样，自由的优先性意味着自由只有为了自由本身才能被限制。这里有两种情况，各种基本自由可能或者是虽然平等却不够广泛的，或者是不平等的。如果自由不够广泛，那么代表的公民应当发现这种情况总的来说对他的自由仍是有利的；如果自由不平等，那些自由较少者的自由必然得到了较好的保障。在这两种情况中，证明是通过参照整个平等自由的体系进行的。这些优先性规则实际上已经无数次地被提到了。

然而，我们必须进一步区分对自由的限制进行证明或辩解的两种情况。首先，一个限制可能来自自然界的限制和人类生活中的偶发事件，或者来自历史和社会的偶然因素。这里不会出现关于这些约束的正义问题。例如，即使在处于有利环境下的一个组织良好的社会中，思想和良心的自由也要服从合理的调节，参与原则在某种程度上也受到限制。这些约束产生于一些多少是永久性的政治生活条件；其他的约束则是适应于人生的自然特征而进行的调整，像给予儿童以较少的自由。在这些情况中，问题在于发现某种正义的方式来处理某些既定的限制。

在第二种情况中，不正义已经存在，既存在于一些社会安排中，又存在于一些个体的行为之中。这里的问题是：什么是对不正义作出反应的正义方式。当然，对这种不正义可能有许多解释，那些不正义的行动者在行动中经常抱有这样的信念：以为他们是在追求一种高尚的事业。不宽容和敌对团体的例子说明了这种可能性。但是人们的不正义倾向并不是共同体生活的一个永久方面；它在许多方面多少依赖于各种社会制度，特别是依赖于这些社会制度是否正义。一个组织良好的社会倾向于摒弃或至少控制人的不正义倾向（见第八至第九章）；因此，一旦这样的社会建立起来，好战和不宽容的团体可以说就不太可能存在，或构成某种危险。正义要求我们怎样对待不正义这个问题，是和我们怎样最好地处理人类生治中不可避免的限制和偶然事件的问题很不相同的。

这两种情况提出了几个问题。我们可以回想起：严格服从是原初状态的规定之一；两个正义原则是在假定正义原则会被普遍服从的基础上被选择的。任何没能服从的情形都被看成是一些例外而不予考虑（见第25节）。通过使两个正义原则处于一种词典式的次序中，各方正在选择一个适合于有利条件的正义观，并假设一个正义社会能够在适当的时候被建立起来。被安排在这种次序中的两个正义原则于是就确定了完善正义的体系；它们属于理想的理论，并且确立了一个指导社会改革的目标。但即使承认这些原则对于这一目标来说是正确的，我们仍然要问：在各种较不利的条件下，怎样把它们很好地运用到制度中去？它们是否能为解决不正义的问题提供指导？由于两个正义原则及其词典式次序不是连同这些情况被接受的，所以它们可能不再有效。

我不打算系统地回答这些问题。一些特殊问题留到以后再讨论（见第六章）。在此直觉的观念是把正义理论分成两个部分。第一部分即理想部分假设了严格的服从，确定了那些在有利环境下的一个组织良好的社会的原则。它建立了一个完善正义的基本结构的观念，以及在人类生活的确定约束下的个人相应的义务和责任。我主要考虑了正义论的这个部分。非理想部分（即第二部分）的设计是在一种理想的正义观被选择之后进行的。只是在那时，各方才提出在不太幸运的条件下应采纳哪个原则的问题。正如我指出的，理论的这一划分产生两个相当不同的部分，一个部分是由那些指导对自然限制和历史偶然因素进行调整的原则所组成的，另一个部分是由那些解决不正义问题的原则所组成的。

若把正义论看成一个整体，那么，理想部分就提出了一个如果可能我们就要去实现的一个正义社会的观念。我们根据这个观念来判断现存的各种制度；如果它们没有充足理由就违背这一观念的话，那么在此范围内它们就被视为不正义的。正义原则的词典式次序指定了这一理想的哪些因素相对来说是更紧迫的，这一次序暗示着优先性规则也要同样地被运用到非理想情形中去。这样，在环境许可的范围内，我们有一种排除任何不正义的自然义务，首先排除那些根据对完善的正义的偏离程度而确定的最严重的不正义。当然，这个观念是十分粗糙的，对偏离理想的程度的衡量大都托付给直觉。但词典式次序所表明的优先性仍然可以指导我们的判断。如果我们对何为正义有一种相当清楚的观念的话，那么我们所考虑的正义信念就可能更为协调一致，尽管我们不能确切地阐述这种更大的一致是如何发生的。所以，虽然正义原则是属于一种理想状态的理论，它们却是和我们的日常正义信念普遍相关的。

我们也许可以用不同的例子（其中有我们已讨论过的例子）来解释非理想理论的几个方面。一种情况涉及到不够广泛的自由。由于那里没有不平等，而是所有人都拥有一种狭隘而非广泛的自由，这个问题就能够从代表的平等公民的观点来评价。在应用正义原则时诉诸这个代表人的利益就是诉诸共同利益的原则（我把共同利益看成是某些在适当的意义上有利于每一个人的一般条件）。前述的几个例子涉及到不广泛的自由：如以与公共秩序相一致的方式来调节良心和思想的自由，对多数裁决规则范围的限制也属于这种情况（见第34、37节）。这些约束来自永久性的人类生活条件，因此这些情况属于非理想理论中那个用来处理自然限制的部分。由于约束不宽容者的自由和限制竞争团体的暴力这两种情况牵涉到不正义，所以它们隶属于非理想理论中的部分服从理论。不过，在这四种情况中，论据都是从代表的公民的观点来展开的。根据词典式次序的观念，对自由范围的限制是为了自由本身的缘故，它所产生的是一种较少但仍然是平等的自由。

第二种情况是不平等的自由。如果某些人比其他人拥有更多的表决权，那么政治自由就是不平等的；如果某些人的表决权比别人重要得多，或者社会的某个阶层完全没有选举权，情况也是这样。在许多历史情况中，一种较小的政治自由可能被证明是正当的。柏克对代议制的不现实的解释在18世纪的社会背景下或许具有某种正确性。[1] 如果真是这样的话，它就反映了这样一个事实：即各种自由不是等价的。因为虽然在那时也许可以设想不平等的政治自由是对历史限制的一种可允许的适应，但农奴制、奴隶制和宗教的不宽容却肯定是不可允许的。这些约束并不能为良心自由的丧失和确定着人格完整的权利的丧失辩护。关于某些政治自由和机会的公正平等权利的例子也并不那么诱人。正如前面（见第11节）我所提到的，当长远利益大到足够把一个较不幸的社会改造为一个人人都能充分地享受平等自由的社会时，放弃这些自由中的一部分也许是合理的。在环境无助于运用这些权利的情况下，则尤其是这样。在某些目前还不能改变的条件下，有些自由的价值可能还不会如此之高，以至于排除了对较不幸者补偿的可能性。我们要接受两个原则的词典式次序，但这并不要求我们否认自由价值依赖于环境的观点。但是的确应当说明的是：当一般的正义观被遵循时，最终会形成这样一些社会条件，在这些条件下，一个比平等的自由较少的自由就不再被接受，那时不平等的自由就不再得到辩护。可以说，词典式次序是一个正义体系的内在的、长远的平衡。一旦平等的趋势被确立（如果不费很长的时间），那么两个原则就要被系列地排列。

在这些评论中，我一直假设，正是那些拥有较少自由者总是必须得到补偿。我们要经常从他们的观点来评价境况（像从立宪会议或立法阶段来看一样）。那么，正是这个限制实际上使下面一点明确了：即只有当奴隶制和农奴制排除了更坏的不正义时，它们（至少是它们的那些为我们熟悉的形式）才是可容忍的。可能有一些过渡的情形，在那里实行奴隶制比当时的惯例要好些。例如，假设各城邦以前不带回战俘，而总是处死战俘，现在城邦

---

[1] 见 H. F. 皮特金：《代表制的概念》，第8章，那里有对柏克观点的解释。

则根据协议同意把战俘当作奴隶。虽然我们不能根据一些人的较大利益超过其他人的损失这一点容忍奴隶制,但是在这些条件下,由于所有人都冒有在战争中成为战俘的危险,所以这种形式的奴隶制比起当时的惯例不正义的程度要轻一些;至少这种奴隶状态不是世袭的(让我们假设),而是由多少平等的各城邦的自由公民普遍接受的。如果奴隶没有受到十分残酷的对待的话,这种安排作为相对于既定制度的一种进步来看是能得到辩护的。它大概最终要被完全摒弃,因为交换战俘是一种更理想的安排,放回某一共同体的被俘者比奴隶服役更可取。但是所有这些考虑,不管多么奇特,都不倾向于用自然的、历史的限制来证明世袭的奴隶制或农奴制是正当的。此外,人们在这一方面不能诉诸于必然性,或至少不能诉诸于这些奴隶制安排有利于较高文化形式发展的重大优越性。正如我以后要讨论的那样,至善原则在原初状态中应该遭到拒绝(见第 50 节)。

这里,需要讨论一下家长式统治的问题,因为在平等自由的论证中,家长式统治经常被提到,并且它关系到一种较小的自由。在原初状态中,各方假设自己在社会中是有理性的,是有能力处理各种事务的。他们不承认任何对自己的义务,因为就追求他们的善而言这是不必要的。但是只要理想观念一被选择,他们就要确保自己不因这样一些可能性而蒙受损害:即他们的力量是尚未发展的,不能合理地推进他们的利益,例如儿童的情形;或者由于某些不幸和偶然事件,他们不能为自己的利益作出决定,例如那些脑子受到严重伤害或精神紊乱的人。他们通过同意一种刑罚体系(这给他们一个很大的压力来避免愚蠢的行为)和接受某些课税(这用来避免那些会带来不幸后果的轻率行为)来保护自己不受自己的不合理倾向的支配,这对他们来说也是合理的。对于这些情形,各方采纳这样的原则,这种原则规定什么时候其他人有权代表他们行动,而且必要的话,什么时候可以不理睬他们当时的愿望；他们之所以这样做，是因为他们认识到他们合理地追求他们自己利益的能力有时可能失败或者完全缺少这种能力。①

所以，家长式统治的原则是这样的原则：在原初状态中，各方会接受这种原则以保护自己在社会中免受自己的理智和意志力的软弱动摇之害。这样，他人就被授权、有时是被要求代表我们来行动，做假如我们是理智的话就会为我们自己做的事情；只有当我们不能照管自己的利益时，这种授权才生效。家长式决定应当根据授权者已经形成的偏爱与兴趣（利益）（就其不是非理性的而言）的指导，或者，在缺乏有关这些情况的知识时，根据基本善的理论的指导而作出。我们对一个人知道的越少，我们为他作出的行动就越像我们从原初状态的立场为自己作出的行动。我们努力为他得到无论他想要别的什么他大概都想要的东西。我们必须能够这样说：当所说的这个人发展或恢复了他的理智力时，他将接受我们代表他所做的决定，承认我们为他做了最好的事情。

然而，一个人由他人在适当的时候来考虑他的处境这个要求决不是充分的，即使这一处境的真实性经得起理性的检验。例如，我们设想两个持有不同的宗教和哲学信仰的充分自主和有理性的人，并假设存在着某种使他们各自向对方观点皈依的心理作用。尽管这一作用是违反他们的意愿的。让我们假设，双方在适当的时候会转变到认真地信奉他们的新信仰。但我们仍然不能以家长式统治的方式来代替他们作出改换信仰的决定。两个进一步

---

① 关于这个问题的讨论，见杰拉尔德·德沃金的《家长式统治》，这篇论文载于《道德和法律》，R. A. 沃塞斯特罗姆编（加利福尼亚，沃兹沃思公司1971年版），第107—126页。

的条件是必要的：家长式干预必须由理性和意识的明显先天不足或后天损失来证明其正当性；同时，它必须受正义原则和有关这个人的较长期的目标和偏爱的知识或者对基本善的解释的指导。这些加于家长式措施的采用和方向方面的限制来自原初状态中的各种假设。各方需要保证他们人格的完整，保证他们的终极目标及其信仰（不管他们的具体内容是什么）。家长式原则是一种克服我们自己的非理性的保护措施，决不应把它解释为可采取任何尔后可能得到同意的手段去污辱一个人的信仰和个性。更一般地说，教育方法也必须尊重这些约束（见第 78 节）。

作为公平的正义的力量看来来自这样两件事情：一是它要求所有的不平等都要根据最少受惠者的利益来证明其正当性；二是自由的优先性。这两个条件便使作为公平的正义区别于直觉主义和目的论。把我们前面的讨论考虑进来，我们就能重新表述第一个正义原则，并且把它与恰当的优先规则联系起来。我相信，变动和增补的内容是自明的。现在第一个原则如下所述：

第一个原则

每个人对与所有人所拥有的最广泛平等的基本自由体系相容的类似自由体系都应有一种平等的权利。

优先的规则

两个正义原则应以词典式次序排列，因此自由只能为了自由的缘故而被限制。这有两种情况：①一种不够广泛的自由必须加强由所有人分享的完整自由体系；②一种不够平等的自由必须可以为那些拥有较少自由的公民所接受。

下述重复也许是值得的：虽然我已经在大量重要的例证中检查过这个优先规则，但是我还得给出关于它的系统论证。这个优先规则看上去相当好地符合我们所考虑的信念。但是我把这种从原初状态的观点进行的论证推迟到第三编去讨论，那时契约论的力量将能够充分展开（见第 82 节）。

40. 对作为公平的正义的康德式解释

我已大致考察了平等自由的原则的内容和平等自由所确定的权利的优先性的意义。在这方面，存在着一种对派生出平等自由原则的正义观的康德式解释，注意到这一点看来是恰当的。这个解释建立在康德的自律概念上。我认为，人们强调一般性和普遍性在康德伦理学中的地位是一个错误。道德原则是一般和普遍的观点很难说是康德的新观点；而且，正如我们已看到的，这两个条件并不十分吸引我们。在这样一个狭窄的基础上建树一个道德理论是不可能的，因此，把有关康德学说的讨论限制在这些观点上就使康德学说变得平庸肤浅了。康德观点的真正力量在其他地方。[①]

例如，康德以这样一种观点作为开始，即各种道德原则是理性选择的目标。它们确定了人们能够合理地向往的、以便用来控制他们在一个伦理王国中的行为的道德律。道德哲学变成了一门研究适当确定的合理决定的观念及结果的学问。这个观念具有几

---

① 我们要尽力避免这样一种观点：即康德学说只是为功利理论（或者甚至也为其他理论）提供了一般的或形式的要素。例如，见 R. M. 黑尔：《自由与理性》（牛津，克莱伦顿出版社 1963 年版），第 123 页。我们不应该忽略康德观点所涉及的全部领域，必须也考虑康德的后期著作。不幸的是，没有一种对作为整体的康德道德理论的评论；要做到这一点也许实际上是不可能的。但是这方面的权威性著作，如 H. J. 佩顿的《绝对命令》（芝加哥，芝加哥大学出版社 1948 年版）和 L. W. 贝克的《论康德的实践理性批判》（芝加哥，芝加哥大学出版社 1960 年版）及其他一些著作，则需要通过研究康德的其他文稿来作进一步的补充。这里可参见 M. J. 格雷戈尔的《自由的法则》（牛津，巴兹尔·布莱克韦尔公司 1963 年版）。此书有对《道德形而上学》的解释。并且可参见 J. G. 墨菲对康德的简介：《正当的哲学》（伦敦，麦克米兰公司 1970 年版）。除此之外，如果不想曲解康德学说的话，就不能忽略《判断力批判》、《理性限制范围内的宗教》以及他的政治著作。关于最后一点，可参见汉斯·赖斯编、H. B. 尼斯比特译的《康德的政治著作》（剑桥，剑桥大学出版社 1970 年版）。

个直接的推论。因为只要我们把道德原则看成是目的王国的立法原则，那么显然这些原则不仅是为所有人接受的，而且是公开的。最后，康德设想这种道德立法将在人们是作为自由和平等的理性存在物的条件下被一致同意。对原初状态的描述就是解释这个观念的一个尝试。在此，我不想根据康德的著作来辩护这一描述。一些人肯定将从不同的角度阅读康德的著作。以下评论也许最好被看成是把作为公平的正义与在康德、卢梭那里表现为高峰的契约论传统联系起来的建议。

我相信康德认为：人是一种自由、平等的理性存在物，当他的行为原则是作为对他的这一本性的可能是最准确的表现而被他选择时，他是在自律地行动的。他所遵循的原则之所以被选择，不是因为他的社会地位或自然禀赋，也不能用他生活在其中的特殊社会以及他恰好需要的特定事物来解释。按照那样的原则行动也就是在他律地行动。现在，无知之幕使原初状态中的人不具有那种使他能够选择他律原则的知识。各方完全作为仅知道有关正义环境的知识的自由和平等的理性人而达到他们的选择。

诚然，我对这些原则的论证在不同的方面补充了康德的观念。例如，我增加了这样一个特点：即被选择的原则要运用于社会的基本结构；并且，那些表现这一结构特征的前提被用来推出正义原则。但是，我相信这些补充是足够自然的，而且至少在我们通盘考虑所有的康德伦理学著作时，它们是相当接近于康德的学说的。因此，如果我们假设那些支持两个正义原则的推理是正确的，我们就可以说，当人们按照这些原则行动时，他们就是在按照那些他们在一个平等的原初状态中作为理性的、独立的人将会选择的原则行动。他们行动的原则不依赖社会的、自然的偶然因素，也不反映他们生活计划的具体倾向性或推动他们行为的期望。人们通过遵循这些原则行动来表现在一般的人类生活条件下他们作为自由的、平等的理性存在物的本质。因为，如果这种本质是最重要的决定因素的话,那么,为表现作为一种特殊存在物的一个人的本质,就要按照将被选择的原则行动。当然,在原初状态中,各方的选择必定服从那个状态的限制。但是,当我们有意识地在日常生活中按照正义原则而行动时,我们就有意识地接受了原初状态的限制。对一个有能力、又想要这样行动的人来说,这种行为的一个根据就是表现他们作为自由的、平等的理性存在物的本质。

正义原则也是康德意义上的绝对命令。因为康德把一个绝对命令理解为一个行动原则,这个行动原则是根据一个人作为自由的、平等的理性存在物的本质而被运用到他身上的。这个原则的有效性并不以假设人有一种特殊的愿望或目的为先决条件。相反,一个假言命令却的确假设了这样一点:它指示我们采取某些步骤作为有效的手段来达到某种特殊目的。不管愿望是为了某种特殊的还是较一般的事物(像某些令人愉悦的情感或快乐),相应的命令总是假言性质的。它的可用性依赖于人有一个目标,而这个目标是他作为一个理性的人类个体不必有的。对两个正义原则的论证不假设各方有各种特殊目的,而仅假设他们期望某些基本善。不管一个人要求其他什么东西,这些基本善都是他合理要求的事物。这样,在假定了人类本质的条件下,想得到基本善就是有理性的一个部分;而且,虽然我们假设每个人都有某种善的观念,但是他完全不知道他的最终目的。这样,我们就从关于理性和人类生活条件的仅仅是最一般的假设,达到了对于基本善的选择。在不管我们的具体目的是什么正义原则都适用于我们的意义上,按照正义原则行动也就是按照绝对命令行动。这直接反映了这样一个事实:即在推出正义原则和绝对命令时没有以任何偶然因素作为前提。

我们还可以指出,相互冷淡的动机假设是符合康德的自律概念的,并给出了这个条件的另一个理由。迄今为止,这个假设一直被使用来表达正义环境的特征,同时为指导各方的审慎思考提供了一个清楚的概念。我们也注意到作为次级概念的"仁慈"没有很好地制定出来。现在我们可以补充说,相互冷淡的假设应当把在一个最终目标体系中的选择的自由考虑进来。[1] 采纳一种善观念的自由仅仅由这样的原则来限制:即这些原则是从一种不对这些观念加以任何先验的约束的理论中推演出来的。原初状态中所设想的相互冷淡实行了这个想法。我们假设各方具有某种一般的意义上的对立要求。如果以某种特殊方式限制他们的目的,那么这种方式从一开始就是对自由的一种专横限制。而且,如果各方被设想为是利他主义者,或者追求某些特殊快乐,那么我们的论证就会表明,被选择的原则仅仅适用于这样一些人——他们的自由被限制在与利他主义或享乐主义相容的各种选择中。而在我们现在的论证中,正义原则涉及到所有具有合理生活计划(不管其内容是什么)的人,这些原则代表着对自由的恰当限制。这样,人们可以说,对善的观念的某些约束是对一种契约状态解释的结果,这种契约状态没有对人们可能愿望的东西施加任何先验的限制。于是有各种理由可以解释相互冷淡的动机前提。这个前提不仅是一个关于正义环境的现实问题,或者是一种使理论容易应变的方法,它也和康德的自律观有联系。

不过,这里有一个困难的问题需要澄清。西季维克出色地指出了这一点。[2] 他评论说,在康德伦理学中,最使人震惊的莫过于这样一个观念:即当一个人按照道德律行动时,他就实现了真正的自我;相反,如果一个人让感官享受的愿望或偶然性的目标来决定他的行为,他就屈服于自然律了。而按照西季维克的观

---

[1] 在这个观点上,我得益于查尔斯·弗里德。

[2] 见《伦理学方法》第7版(伦敦,麦克米兰公司1907年版)附录:《康德的自由意志观》(转印于《心灵》第13卷,1888年),第511—516页,特别是第516页。

点，康德的这个想法是空洞的。西季维克认为，根据康德的观点，圣人和恶棍的生活都同等地是（作为本体的自我的）一种自由选择的结果，都同等地是（作为一个现象的自我的）因果律的承担主体。康德从来不解释，为什么一个过着邪恶生活的恶棍，不是以一个过着一种善良生活的圣者表现其个性和自由选择的自我的同样的方式，表现他的个性和自由选择的自我的。我认为，如果人们像康德的观点似乎所允许的那样，假定本体的自我能选择任何具有一致性的原则，并按照这些原则（不管这些原则是什么）行动这一点，就足以表明一个人的选择是作为一个自由平等的理性存在物的选择，那么西季维克的反对意见就是决定性的。康德肯定是这样反驳的：虽然按照任何有一致性的原则而行动可能是本体自我的一个决定的结果，但并不是现象自我的所有此类行为都表明这一决定是一个自由的、平等的理性存在物的决定。这样，如果一个人通过他的表现自我的行为实现了他的真正自我，如果他的最高愿望是要实现这个自我，那么他便将按照那种能表现作为一个自由的、平等的理性存在物的本质的原则来选择行为。这一论证中的遗漏之处涉及到表现的概念。康德没有说明遵循道德律的行为以一致的方式表现了我们的本质，而按照相反原则的行为则没有表现我们的本质。

我相信，原初状态的观念克服了这个缺点。关键在于我们需要一种论证来表明自由的、平等的理性人会选择哪一种原则（如果有的话），并且这些原则必须在实践中是可行的。对这个问题需要一个明确解答以回答西季维克的反对意见。我的设想是这样的：我们把原初状态看成是本体自我理解世界的一种观察点。作为本体自我的各方有完全的自由来选择他们所想望的无论什么原则；但是他们也有一种愿望，这就是要以这种选择自由来表现他们作为理智王国的有理性的平等成员、即作为能够在他们的社会生活中以原初状态的观点来看待世界、并能表达这种观点的存在物的本质。于是，他们必须决定哪一些原则当它们在日常生活中被坚持并遵循时能出色地表现他们的共同体中的这种自由，充分地揭示他们对于自然、社会的偶然因素的独立性。那么，如果有关契约论的论证正确的话，这些原则就的确是那些规定道德律的原则，或更确切地说，是适合于制度和个人的正义原则。对原初状态的描述解释了本体自我的观点和成为一个自由的、平等的理性存在物所蕴含的意义。当我们的平质反映在决定这一选择的诸种条件中时，只要我们按照将会选择的原则行动，我们作为这种理性存在的本质就显示出来了。所以，人通过以他们在原初状态中将承认的方式行动，显示了他们的自由和对自然、社会的偶然因素的独立性。

因此，若恰当理解的话，那么正义地行动的愿望则部分来自想充分地表现我们是什么和我们能成为什么的愿望，即来自想成为具有一种选择自由的自由、平等的理性存在物的愿望。我相信，康德就是根据这个理由谈到没有按道德律行动会引起羞耻、而不是引起负罪感的。这样说是恰当的，因为不正义的行为不能表现我们作为自由、平等的理性存在物的本质。因此，这种行为刺伤了我们的自尊心，削弱了自我价值的意识；对这种损失的情感体验就是羞耻（见第67节）。我们的所作所为就仿佛我们是属于较低层次的、一种由自然偶因决定自己的首要原则的动物。那些把康德的道德理论看成是有法律和负罪感的理论的人严重地误解了康德。康德的主要目标是加深和证明卢梭的观点：即自由就是按照我们给予自己的法律而行动。这并不导致一种严厉命令的道德，而是导向一种互尊和自尊的伦理学。[1]

---

[1] 见 B.A.O. 威廉斯：《平等的观念》，载于《哲学、政治和社会》第2辑，彼得·拉斯利塔和 W.G. 朗西曼编（牛津，巴兹尔·布莱克韦尔公司1962年版），第115页。对这种解释的证实可参见康德对道德教育的评论，见《实践理性批判》第2部分，也见比奇的《论康德的实践理性批判》第233—236页。

于是，原初状态可以被看成是对康德的自律和绝对命令观念的一个程序性解释。调节目的王国的原则也就是将在原初状态中被选择的原则，而且，对原初状态的描述使我们能够解释这样一种意义：即按照这些原则去行动表现了我们作为自由、平等的理性人的本质。这些概念不再是纯粹超越的，不再缺少与人类行为的种种明显联系，因为原初状态的程序性观念允许我们造就这些联结。确实，我在有些方面离开了康德的观点。这些我将存而不论，但有两点应当注意：第一，我把作为一个本体自我的个人选择假设为一个集体的选择。自我争取平等的力量在于那些已选择的原则务必是其他自我可以接受的。因为所有人都同样是自由的、有理性的，所以每个人在采用伦理王国的公开原则时都必须具有平等的发言权。这意味着作为本体的自我，每个人都要同意这些原则。恶棍的原则将不会被选择，因为它们不能表现这种自由选择，不管单个的自我可能多么想选择这些原则。在后面，我将试图确定一种明确的意义，即这种一致同意很好地表现了甚至一个单个自我的本质（见第 85 节）。它决不像选择的集体性质表面上可能意味的那样忽视个人的利益。但是，这一点我目前先存而不论。

第二，我始终假设各方知道他们服从于人类生活的各种条件。在正义环境中，他们和其他人同处在一个世界中，同样面临中等匮乏和冲突要求的限制。人类自由要按照根据自然限制而选择的原则来调节。这样，作为公平的正义是一种人类正义的理论，它的前提包括有关人们及其在自然中的地位的基本事实。纯粹理智的自由不受制于这些约束，上帝的自由亦在这个理论之外。康德似乎意指他的学说可运用于所有的理性存在物，因此也可运用于上帝和天使。在他的理论中，人们在世界上的社会状况看上去在决定正义的首批原则中没有起什么作用。我不相信康德具有这种观点，但是这里我不能讨论这个问题。如果我是错误的，那么对作为公平的正义的康德式解释，就不像我现在倾向于认为的那样接近于康德的原意，指出这一点也就足够了。

第 五 章

分配的份额

在这一章中,我将讨论第二个正义原则,说明一种在现代国家背景下满足它的要求的制度安排。一开始,我将指明两个正义原则可能成为一种政治经济理论的组成部分。功利主义传统一直强调这种运用,我们必须看看它们是怎样被运用的。我也强调两个正义原则自身中已经孕育了某种社会制度的理想,当我们在第三编中讨论共同体的价值时,这个事实将会是十分重要的。作为以后的讨论的一个准备,我要简明扼要地评论一下经济制度、市场作用等等。然后,我转向讨论储存和代际正义的困难问题。我先用一种直觉方法把这些要点联结起来,然后着力评论时间的偏爱问题和优先性的进一步例证。接着,我试图表明对分配的份额的解释能够说明一些常识性的正义准则的地位。我也将考察作为分配正义的理论的至善论和直觉主义,这样在某种程度上也就完成了和其他传统观点的比较工作。对私有经济或社会主义经济的选择始终是不限制的。仅仅从正义论的观点来看,不同的社会基本结构都能满足它的原则。

41. 政治经济理论中的正义概念

在这一章中,我的目的是弄清作为一种政治经济观念的两个正义原则是怎样被制定出来的,也就是说是怎样被当作评价经济安排、政策及其背景制度的标准的(福利经济学常以同样的方式被定义。① 我不使用"福利经济学"这个名称,因为"福利"这个词意味着其潜含的道德观念是功利主义的;虽然我相信"社会选择"的内涵仍然是狭窄的,但是这个术语较好些)。一种政治经济学说必须包括一种对建立在正义观基础上的公共善的解释。当公民在思考经济和社会政策问题时,这种学说要指导他的反思活动。公民要采取立宪会议或立法阶段的观点,弄清正义原则是怎样被运用的。一种政见涉及到何种因素可促进作为一个整体的团体政治的善的问题,并诉诸于某种公正地划分社会利益的标准。

从一开始,我就强调作为公平的正义能运用于社会基本结构。正是这个观念可用来评价那些被看成是封闭系统的社会形态。关于这些背景安排的某种决定是基本的、不可回避的。事实上,社会和经济立法的累积效果就是对社会基本结构的详细说明。此外,社会体系塑造了它的公民们要形成的需求和志愿,它在某种程度上决定着人们现在的类型以及他们想成为的类型。所以一种经济体系不仅是一种满足目前的需要和欲求的制度手段,而且是一种创造和塑成新的需求的方法。人们现在的为了满足他们目前愿望的合作方式,影响着他们将来的愿望以及想成为的类型。当然,这些问题是极为明显的,而且总是被人接受的。不同的经济学家,如马歇尔和马克思都强调了这些问题。② 既然经济制度具有这些效果,而且甚至必须具有这些效果,那么对这些制

---

① 关于福利经济学是如何被定义的,见 K. J. 阿罗和蒂博·西托费斯基的《福利经济学读本》(霍姆伍德,伊利诺斯州,理查德·D. 欧文公司1969年版)的引言,第1页。进一步的讨论,见艾布拉姆·伯格森:《规范经济学论文集》(坎布里奇,哈佛大学出版社1966年版),第35—39、60—63、68页;和 A. K. 斯恩:《集体选择和社会福利》(旧金山,霍尔登—戴公司,1970年版),第56—59页。

② 对这个问题的讨论和一些关于政治原则的推论,可见布赖恩·巴里:《政治论证》(伦敦,劳特利奇与基根·保罗公司1965年版),第75—79页。

度的选择就涉及到某种关于人类善以及关于实现它的制度的设计方案的观点。因此，这个选择的作出必须不仅建立在经济的基础上，而且建立在道德和政治基础上。对效率的考虑仅仅是决定的一个根据，且常常是较为微弱的一个根据。当然，这个选择可能不是公开作出的；它可能是无意作出的。我们往往不假思索地默认隐含在现存状况中的道德和政治观念，或者让各种相互竞争的社会与经济力量偶然表现它们自己的方式来解决经济制度的选择问题。但是政治的经济理论必须探讨这个问题，即便所得出的结论是最好听任事态的发展自身去作出决定。

于是，初看起来，社会体系对人类需求和人们的自我观念的影响似乎构成了对契约观点的一种决定性的反对意见。人们可能认为这个正义观依赖于现有个人的目标，并根据由这些目标所指导的人们将选择的原则来调节社会秩序。那么，这个学说怎么确定一个可以评价社会基本结构本身的阿基米德支点呢？除了按照至善论或先验根据所得出的有关个人的理想观念来判断制度之外，这一学说似乎没有提出其他的选择办法。但是，正如关于原初状态的说明及其康德式解释所表明的，我们决不可忽视原初状态的特殊的性质和在那里所采纳的原则的范围。关于各方的目标我们仅仅做出了最一般的假设，即他们的兴趣在于基本的社会善，以及不管他们要求别的什么他们都想要的东西。诚然，关于这些善的理论是建立在心理学前提之上的，而这些前提可能是不正确的。但是，这个观念无论如何要规定这样一组善——即那些通常作为可能包括着最广泛的不同目标的合理生活计划的若干部分而被人们所欲望的东西。因此，要假设各方要求这些善，并要把正义观建立在这个假设上，就要使正义观不附属于一种可能是由制度的特殊安排造成的特殊类型的人类利益。的确，正义论预先假设了一种善的理论，但是，在宽广的范围内，它并不对人们想成为什么样的人的选择预先作出判断。

不过，只要两个正义原则一产生，契约论就的确对善的观念施加了某些限制。这些限制来自正义对效率的优先性，自由对社会和经济利益的优先性（假设系列次序已被承认）。因为，正如我前面所评论的一样（见第6节），这些优先性意味着对本身就是不正义的事情的欲望、亦即只有通过侵犯正义制度才能得到满足的欲望是没有任何价值的。满足这些需求是无价值的，社会体系不应鼓励它们。此外，我们必须考虑稳定性问题。一个正义制度必须形成自我支持的力量。这意味着它必须这样被安排：使它的社会成员产生相应的正义感，以及为了正义的理由而按照它的规范行动的有效欲望。这样，稳定性的要求和遏制与正义原则相冲突的欲望的标准就对制度提出了进一步的约束。这些约束不仅应该是正义的，而且应该鼓励那些与这些约束有关的人的正义美德。在这个意义上，两个正义原则确定了社会和经济安排必须尊重的一种有关个人的公正理想。最后，当我们证明在社会生活中发挥作用的正义原则孕育着种种理想时，这两个正义原则就提出了对某些制度的要求。它们规定了一个理想的社会基本结构或其轮廓，改革过程就应当朝着这个规定的方向发展。

上述考虑的要点在于：作为公平的正义可以说不受现存的需要和利益的支配。它为对社会制度的评判建立了一个阿基米德支点，而没有诉诸先验根据。社会发展的长期目标的主要方面已被确定，而不管现在成员的特殊愿望和需求是什么。既然制度要孕育正义美德并遏制与正义美德不相容的愿望和抱负，那么一个理想的正义观就被规定了。当然，变革的步伐和任何特定时期所需的特殊改革都依赖于当时的条件。但是，正义观、一种正义社会的普遍形式以及与此相容的个人的理想却不具有类似的依赖性。下面的问题并不存在：即人们扮演优越者或卑微者的愿望是否可能并未强烈到接受独裁制度的程度，或者人们对他人宗教实践的理解是否可能并未混乱到压制良心自由的地步。我们也不必发问：在合理的有利条件下，专家治国且又独裁的制度所带来的经济利益是否大到足以证明牺牲基本自由的作法的正当性，当然，上述评论假设了两个被选择的正义原则所依赖的一般前提是正确的。但是，如果它们是正确的话，这类问题就已经根据这些原则被解决了。我们的正义观蕴含着某些制度形态。这种观点与至善论具有同一性质：即确立了一种约束着对于现存欲望追求的有关个人的理想。在这一方面，作为公平的正义和至善论都是与功利主义对立的。

于是，由于功利主义没有在各种欲望性质之间作出区别，并由于所有的满足都具有某种价值，功利主义就缺少在各种欲望体系或个人的理想之间进行选择的标准。至少从理论的观点来看，这种无选择标准的情况是不正确的。功利主义者可能总是会说，假定社会条件和人们的利益如此，并考虑到它们在这种或那种制度安排下将会怎样发展，那么鼓励这种而非那种需求类型就很可能导致一种满足的较大净余额或较高平均水平。根据这一基础，功利主义在有关个人的各种理想之间进行选择。某些态度和愿望，由于与富有成效的社会合作不太协调，它们便倾向于减少整体的（或平均的）幸福。大致说来，道德美德是这样一些倾向和有效欲望：依靠它们通常能提高福利的最大总额。因此，不管功利原则在实际运用中要碰到多少困难，认为功利原则没有为选择个人的理想提供一种根据将是一个错误。不过，这种抉择的确要依赖于现有的欲望、现存的社会环境以及它们的自然发展趋势。这些最初条件可能极大地影响应当被鼓励的人类善的观念。作为对照的是：作为公平的正义和至善论两者各自独立地建立了有关个人和社会基本结构的理想观念，以便不仅使某些欲望和倾向必然被遏制，而且使最初环境的影响最终归于消失。我们不知道在功利主义那里情况将会怎样。由于它的第一原则没有孕育理想，所以，按照功利主义的观点，人们活动的出发点就可能总是会影响他们要遵循的路线。

综上所述,关键在于:尽管作为公平的正义具有个体的特征,两个正义原则却不是建立在现有欲望和现存社会条件之上的。这样我们可以得到一个正义的社会基本结构的观念以及与它相容的有关个人的理想,它们可以成为评判制度和指导整个社会变革的标准。为了确定一个阿基米德支点,我们不需求助于先验的或至善论的原则。通过假设某些普遍欲望(例如,对基本社会善的普遍欲望),并把在一个适当规定的最初状态中所得到的协议当作一个基础,我们能够从现存环境中获得必需的独立性。原初状态具有这样的特征,即一致同意是可能达到的;任何一个人的审慎推理都是代表所有人的。而且,这一点也同样适用于由两个正义原则有效地调节着的一个组织良好的社会中的公民所考虑的判断。每个人都具有类似的正义感,在这一方面,一个组织良好的社会是同质的。政治论证诉诸于这种道德上的一致意见。

人们也许认为:一致性的假设是理想主义政治哲学的一个特征。[1]但正像在契约观点中被使用过的那样,在一致同意的假设中,并没有专属于理想主义的东西。这个条件是原初状态的程序观念的一个部分,它代表了对论证的一种约束。用这种方法,它形成了正义论的内容,即要适应我们所考虑的判断的原则。休谟和亚当·斯密同样假设:如果人们采取某种公平的观察者的观点,他们就会得到一些类似的信念。一个功利主义的社会也可能是组织良好的。就大多数情况来说,哲学传统(包括直觉主义)也一直假设存在着某种恰当的观察点,从这种观察点来看,至少在具有相当类似的和充分的信息的理性人中间,可以指望得到关于道

---

[1] 这个含义见 K. J. 阿罗:《社会选择和个人价值》,第 2 版(纽约,约翰·威利父子公司 1963 年版),第 74 页,第 81—86 页。

德问题的一致同意。或者，即使一致同意是不可能的话，只要这种立场被采取，那么各种判断的差距就会大大减小。不同的道德理论产生于对这种观察点的不同解释，产生于对我所说的最初状态的不同解释。在这个意义上，关于理性人之间的一致同意的观点始终潜含在道德哲学的传统中。

作为公平的正义的特征，表现在它描述最初状态、亦即在其中显现出形成一致意见的条件的那种背景时所采用的方式上。既然对原初状态能够作出一种康德式的解释，那么这种正义观就的确和理想主义有着亲缘关系。康德为卢梭的普遍意志观念寻求一种哲学基础。[①] 正义论试图依次把康德关于目的王国、自律和绝对命令的观点是呈现为一个自然程序（见第40节）。以这种方式，康德学说的潜在结构从形而上学的氛围中被分离出来，从而使这个结构可以较明白地被理解，并相对地免受反对意见的诘难。

与理想主义的另一个相似之处是：作为公平的正义为共同体的价值安排了一个中心地位，而且这种安排是根据康德式的解释。在第三编中，我将讨论这个问题。根本的观点在于：我们想用一种以个人主义为理论基础的正义观，来解释社会价值，解释制度的、共同体的和交往活动中的内在善。由于人们清楚的一些理由，我们不想依赖一个不确定的共同体的概念，或者假设社会是一种有机的整体，它有自己的一种独特生命，这种生命区别于

---

① 见L. W. 贝克：《论康德实践理性批判》（芝加哥，芝加哥大学出版社，1960年版），第200、235页；恩斯特·卡西尔：《卢梭，康德和歌德》（普林斯顿，普林斯顿大学出版社1945年版），第18—25、30—35、58页。卢梭曾评论道："只由胃口控制自己的人是处于奴隶状态的，而命令自己服从法则的人是自由的。"（《社会契约论》，第1部，第8章）在这些问题上，康德针对卢梭的观点提出了一个更深刻的见解。

并优越于它所有的成员在其相互联系中的生命。所以，我们首先制定出原初状态的契约观。它具有合理的简化性；而且所提出的合理选择问题相对来说是精确的。从这个观点来看，不管它看上去是多么个人主义，我们最终还是必须解释共同体的价值，否则正义论就不能获得成功。为了完成这个任务，我们需要一种对自尊的基本善的解释，它能把正义论已确立的部分和这个任务联系起来。但是对此我暂时先存而不论，现在我将致力于考虑两个正义原则对于社会基本结构的经济方面所蕴含的进一步意义。

42. 关于经济体系的一些评论

记住下一点是十分重要的：我们的论题不管多少基本，它是属于正义论的而非经济学的。我们仅仅涉及到政治经济的某些道德问题。例如，我将问：适用于任何时候的恰当储存比例是多少？税收和财产的背景制度应该怎样安排？或者社会最低受惠值应在什么水平上确定？在提出这些问题时，我的目的不是打算解释、更不必说是补充有关这些制度的作用的经济理论。在此试图这样做显然是不合时宜的。引进经济理论的某些基本成分仅仅是为了解释两个正义原则的内容。如果经济理论被我不正确地使用了，或者我所接受的理论本身是错误的，我希望这对于正义论的目的来说没有构成危害。但是，正如我们所看到的，伦理原则建立在一般事实之上，因此关于社会基本结构的正义论预先假设了一种对这些安排的解释。如果我们要检验一些道德观念，那么提出某些假设并说明它们的一些推论是必要的。这些假设必定是不准确的、过于简化的。可是，如果它们能使我们揭示出两个正义原则的内容，那么这一缺陷可能并不太重要，而且令我们满意的是：差别原则将在广泛不同的环境里导致一些可接受的结论。简言之,我们讨论政治经济问题的目的仅仅是为了弄清作为公平的正义的实用意义。我将从一个试图使其有关经济制度正义性的判断条理化的公民的角度,来讨论这些问题。

为了避免误解并指明某些主要问题,我先提出一些关于经济体系的评论。政治经济与公共部门及适当形态的背景制度有密切的关系,这些背景制度运用税收、财产权和市场结构等等来调节经济活动。一个经济体系调节下述事情:生产什么,使用什么资料,谁得到它们并回报以什么贡献,多大比例的社会资源被用于储存和公共利益的供应。理想地说,所有上述事情应该以满足两个正义原则的方式被处理。但是我们必须问:这是否是可能的?并且,这些原则特别需要什么?

一开始就区分公共部门的两个方面是有益的,否则,私有制经济和社会主义经济的区别就会不明显。第一个方面必须处理生产资料所有制的问题。典型的区分是:在社会主义条件下,公共部门的规模(当根据由国有公司所创造、国家官员或者工人委员会管所理的总产量的百分比来衡量时)要大得多;而在私有制经济中,公有的公司数目大概是不多的,而且无论如何都仅限于一些特别部门,例如公共设施和交通运输。

公共部门的另一个相当不同的特征表现在用于公共利益的社会总资源的比例方面。公共利益和私人利益的区别是复杂细微的,但主要之点在于:一种公共利益具有两个特点,即不可分性和公共性。[①] 亦即,有许多个人(可以说他们构成了一个共同体)要求或多或少的公共利益,但是如果他们都想享有它,那么

---

① 对公共利益的讨论,见 J. M. 布坎南:《公共利益的需求和供给》(芝加哥,兰德·麦克纳利公司 1968 年版),特别是第 4 章。这本著作附有有用的文献引索。

每个人就必须享有同样的一份。公共利益所具有的数量不能像私人利益那样被划分，不能由个人按照他们的偏爱多要一点或少要一点。基于不可分的程度和相应的公共性规模，存在着各种各样的公共利益。公共利益的极端情形对整个社会而言完全是不可分的。一个标准的例子是保卫国家免受那种不正当的外国入侵。所有公民都必须以相同的数量承担此种利益；他们不可能得到按照他们的愿望来确定的各种不同的保护。在这些例子中，从不可分性和公共性中所得出的推论是：必须通过政治过程而不是市场来安排公共利益的提供。公共利益的数量及其财政需求都要根据立法来确定。在所有的公民都接受相同数量的意义上没有什么分配的问题，因而分配的费用是零。

公共利益的各种特点都派生于上述两个特征。首先，存在着所谓逃票乘客的问题。[①] 在公众团体较大并包括大量个人的场合，每个人都有一种躲避履行其职责的意图。这是因为一个人无论做什么都不会重大地影响生产总额。他把其他人的集体行动看成是已经以某种方式确定了的。如果公共利益已被生产出来，那么他对这一利益的享有就不会由于他没有作出贡献而减少。如果公共利益没有生产出来，那么他的行为无论如何也不能改变这种状况。不管一个公民是否缴税，他都从抵御外国入侵中得到同样的保护。因此，在这种极端的情形中，贸易和自愿的契约都没有希望产生。

这样，国家就必须负责管理并从财政上支持公共利益，就必须强制实行某些要求纳税的有约束性的规则。即使所有的公民都

---

① 见布坎南：《公共利益的需求和供给》，第5章。也见曼柯·奥尔森：《集体行动的逻辑》（坎布里奇，哈佛大学出版社1965年版），第1、2章，在那里联系组织理论讨论了这个问题。

愿意履行其职责，他们大概也只有在确信其他人将同样尽责时才这样做。因此，在公民一致同意集体行动、而不是作为孤立的个人把别人的行动看作既定的之后，还存在着一个巩固协议的任务。正义感引导我们推进正义的体系，引导我们在这一体系中当确信其他人（或足够多的其他人）将履行其职责时，也履行自己的一份职责。但是，在正常情况下，只有在强制实行一种有效的约束性规则时，这方面的合理确信才能够建立起来。假设公共利益对每一个人都是有利的，并且所有人都同意这种公共利益的安排，那么，从每个人的观点来看，强制手段的使用都是完全合理的。政府的许多传统活动，就其能够被证明为正当而言，都能够以这种方式来解释。[1] 甚至当每个人的行动都由同样的正义感推动时，由国家来强制推行某些规则的需要仍然存在。基本的公共利益的特点使集体协议成为必需，并且所有的人都应当可以确信这些协议将被尊重。

公共利益情况的另一方面是外差因素。[2] 当利益是公共的、不可分的时候，这些利益的生产将引起其他利益的得失；这些得失可能未得到那些安排这些利益或决定生产这些利益的人的考虑。因此，在极端的情形中，即便只有一部分公民纳税以支付公共利益的费用，整个社会仍然受到所纳款项的影响。但是那些同意征这些税的人可能并没有考虑这些影响；所以公共费用的总额就可能不同于如果所有的得失均被考虑时它将具有的数额。日常生活中所见到的这方面情形是部分的不可分性和较小的公共性。给自己注射传染病预防针的人既有助于自己也有助于他人；虽然

---

[1] 见W. J. 鲍莫尔：《福利经济学和国家理论》（伦敦，朗曼公司，1952年版），第1、7—9、12章。

[2] 指在私人费用和社会费用之间或私人收益和社会收益之间的不一致。——译者注

大概不会为了获得这种保护而付酬给他,但如果所有的人都这样做时,它对于社会来说就可能是一件有价值的事。当然,存在着一些引人注目的公共危害,例如工业对自然环境的污染和侵蚀。这些代价通常并不被市场所考虑,所以生产的商品是以比它们的实际社会或成本低得多的价格出售的。在私人和社会的会计之间存在着一种市场没有计入的差异。政府和法律的重要任务之一就是制定一些必要的纠正方案。

因而很明显,某些主要利益的不可分性、公共性以及所产生的外差因素和吸引力,使得有必要由国家来组织和推行集体协议。认为政治统治仅仅是因为人们的自私倾向和非正义倾向而设立的看法是一种肤浅的观点。因为,即使在正义的人们中间,只要利益对许多个人而言是不可分的,那么他们在相互孤立的状态中所选择的行为就不会导致普遍利益。某些集体安排是必需的,并且每个人都需要得到保证:如果他愿意履行其职责的话,这种集体安排就能被坚持下去。在一个较大的共同体中,不可能期望得到那种在相互诚实的基础上建立起来的使强制成为多余的互相信赖。在一个组织良好的社会中,必需的刑罚无疑是温和的,而且也许永远不会被使用。但即使在这个场合,必需的刑罚的存在仍然是人类生活的一个正常条件。

在上述评论中,我已区分了孤立和确信的问题。[1] 无论什么时候,只要许多个人在孤立状态中作出的决定,其结果对每个人来说都比他们的其他行为更糟糕(即使在以其他人的行为为条件的情况下,每个人的决定都十分合理),孤立的问题就出现了。这不过是囚徒的二难推理的(Prisoner's dilemma)一般情形,霍

---

[1] 这个区分来源于 A. K. 斯恩:《孤立、确信和社会折扣率》,载于《经济学季刊》第81卷(1967年)。

布士的自然状态就是这种困境的一个典型例子。[①] 孤立问题将鉴别这些情况，并确定从所有人的立场来看都是最好的有约束性的共同任务。确信问题则不同，它的目的是要使合作双方确信共同的协议会被执行。任何人的贡献的愿望都是依他人的贡献而定。因此，为了维持这样一个体系——从每个人的观点来看，这个体系是优越的，或者无论如何比缺少体系要好——中的公共依赖，某些罚款和刑罚的手段必须被确立。正是在此，一个有效率的专权者的存在，甚或对其效率的一般信赖本身，都具有一种关键的作用。

关于公共利益的最后一点是：既然用于生产公共利益的社会

[①] 囚徒的二难推理（该观点归功于 A. W. 塔克）是对一种两人的非合作、非零值的游戏的说明。非合作是因为协议没有约束力（或者强制性）；非零值是因为在这种情况里并非一个人的所得即为另一个人的所失。例如我们想像有两个要由检察长分别审讯的囚徒。他们都知道：如果他们都不认罪，那么由于一个轻微的犯法行为他们将接受短期的处罚，被判决监禁一年；但是，如果一个人认罪并供出对同犯不利的证据，那么他将会被释放，而另一个人将承受特别重的十年徒刑；如果两人都认罪，那么每人将有五年徒刑。在这种情况下，假设他们有相互冷淡的动机，那么采取对于他们来说是最合理的行动（即两人都不认罪）是不可靠的。这可以从下面标有监禁年数的得失表中看到。

第一个囚徒	第二个囚徒	
	不认罪	认罪
不认罪	1, 1	10, 0
认 罪	0, 10	5, 5

为了保护自己（如果不试图为自己作更好的打算的话），每个人有充足的理由来认罪，而不管另一个人做什么。从每一个囚徒的观点来看是合理的选择导致了两个囚徒的更糟遭遇。

显然，问题在于寻找某些使最佳计划可靠的方法。我们可能注意到：如果两个囚徒具有相同的知识，比方说或者他们是功利主义者，或者他们肯定正义原则（囚徒在运用正义原则上受到一些限制），那么他们的问题就会被解决。在这种情况下，两种观点都赞同最明智的安排。关于这些问题及其有关的国家理论的讨论，见 R. D. 卢斯和霍华德·雷法：《游戏和决定》（纽约，约翰·威利父子公司 1957 年版），第 5 章第 94—102 页。D. P. 高塞勒：《道德和利益》，载于《哲学评论》第 76 卷（1976 年），他从道德哲学的观点来处理这个问题。

资源的比例问题不同于生产资料的公有制问题,那就没有必要把这二者联系起来。一种私有制经济可能为这些目的分配很高比例的国民收入,而一个社会主义社会可能只分配少量的国民收入,反之亦然。有许多种公共利益,从军事装备一直到卫生设施等。政府在政治上同意分配和资助一些项目之后,就可能从私人企业或公营公司中购买一些东西。究竟要具有一些什么样的公共利益和用来限制公共危害的程序,要依该社会的情况而定。这不是一个制度的逻辑问题,而是一个政治社会学的问题,并且包括在这个题目下制度影响政治利益平衡的方式的问题。

在简略地考察了公共部门的两个方面之后,我想对经济安排在什么范围内依赖于一种在其间价格自由地由供求关系决定的市场体系的问题作些评论,并以此作为结尾。需要区分几种情况。所有政权通常都将用市场来分配实际生产的消费品,任何别的办法在管理上都是不方便的;只有在特殊情况下,配给和其他方法才会被使用。但是,在自由市场体系中,各个家庭的选择表现为市场的购买,这种购买也引导着商品的生产,例如其种类和数量。如果某些商品获得了一个超过正常利润的额外利润的话,那么人们将会大量地生产这些商品,一直到超额利润与其他利润持平为止。在社会主义制度下,制定计划者的选择或者集体决定经常在对于生产方向的指导中起较大的作用。私有制和社会主义制度在正常情况下都容许职业和工作地点的自由选择。只有在这两种制度的控制性体系中,这种自由才公然地被干涉。

最后,经济安排的一个基本特征是,市场在什么范围内被用来决定储存比例、投资方向和用于保护后代的福利并排除对这种福利的不可补救的危害的那部分国民财富的比例。这里有许多可能性。一个集体决定可能确定了储存比例,而投资方向大都让争夺资金的私人公司去决定。私有制社会和社会主义社会两者都可能对防止不可避免的危害、管理自然资源或保护自然环境表现出极大的关心。但两者同样也都可能做得相当差。

因而很显然，自由市场的使用和生产资料的私人占有之间没有本质的联系。在正常条件下竞争价格是正当或公平的观点至少可以回溯到中世纪。① 虽然市场经济在某种意义上是最佳体系这一观念是由所谓资产阶级经济学家仔细考察的，但自由市场与资产阶级的这种联系实属一种历史的偶然，因为至少从理论上说，一个社会主义政权自身也能利用这种体系的优点。② 这些优点之一就是效率。在某些条件下，竞争价格在选择种种将要生产的商品、分配生产它们的资源时的作用是如此之大，以至于没有其他方式可改善公司对生产方法的选择或者由家庭购买所导致的商品分配。市场经济所产生的经济结构，不可能通过再安排使一个家庭按它的偏爱生活得更好而不同时使别的家庭状况变坏。进一步的互利交易是不可能的；也没有任何既能更多地生产某种人们所向往的商品而又不同时要求缩减生产另一种商品的可行的办法。因为如果不是这样的话，某些个人的境况就可能是在未同时使别人受损的情况下而得到改善。关于一般均衡的理论说明了在既定的合适条件下，由价格所提供的信息是如何使经济行为当事人以那些在总体上导致这种结果的方式活动的。完善的竞争是与效率有关的一套完善程序。③ 当然，它所需要的条件是非常特殊的，

---

① 见马克．布劳：《经济理论的回顾》，修订版（霍姆伍德，伊利诺斯州，理查德·D. 欧文公司1968年版），第31页。见第36页上的书目，特别要注意其中R. A. 德罗佛的文章。

② 有关这个问题的讨论和有关文献，见艾布拉姆·伯格森：《修正的市场社会主义》，载于《政治经济季刊》第75卷（1967年）。也可见加罗斯莱弗·韦内科：《劳动管理经济学的一般理论》（伊萨卡，康奈尔大学出版社1970年版）。

③ 关于竞争的效率，见W. J. 鲍莫尔：《经济学理论和操作分析》，第2版（英格伍德·克利弗斯，新泽西州，普兰梯斯—霍尔公司1965年版），第355—371页。T. C. 库普曼：《经济科学状况三论》（纽约，麦格劳—希尔公司1957年版），第一篇论文。

它们很少（即使有）在现实世界中被完全满足。此外，市场的弊端和缺陷常常是很严重的，政府分配部门必须制定一些补偿措施（见第43节）。垄断的限制、信息的匮乏、外部经济效果和不经济①等现象必须得到认识和纠正。而且，市场在公共利益的场合完全失去了作用。但是在这里我们不需要考虑这些问题。我们提出这些理想安排是为了阐明与纯粹程序正义有联系的观念。所以，这个理想观念可以用来评价现存的安排，并作为一种结构用来鉴别应该进行的变革。

市场体系还有另一个更有意义的优点，即在必要的背景制度下，它是和平等的自由及机会的公正平等相协调的。公民对前途和工作具有自由选择权。劳动的强制和集中是完全没有道理的。的确，在缺少某些例如来自一种竞争体系的收入方面的差别的情况下，要明白怎样才能避免与自由不相容的强制社会的某些方面，至少在通常环境里是很困难的。此外，一个市场体系分散了经济权力。不管公司的内部性质是什么，是私有的还是公有的，是由企业家还是由工人选举的经理来管理的，它们都把投入和产出的价格看成是既定的，并相应地制定其计划。当市场真正是竞争的时候，公司并不忙于进行价格战争或争夺市场权力的其他竞争。在遵守由民主方式所达到的政治决定时，政府通过调整那些在政府控制下的因素，例如整个投资总额、利息率和金钱数额等等来调节经济环境。在此，广泛的直接计划是没有必要的。在一般经济条件的限制下，各个家庭和公司自由地独立地作出他们的决定。

我们在注意到市场机制和社会主义制度的相容性时，区分价格的配给功能和分配功能是十分重要的。前者与运用价格来提高

---

① 外部经济效果指一家公司不是由于本身能控制的外部因素所造成的降低成本。不经济指在生产规模扩大时造成的长时期的平均生产成本的提高。——译者注

经济效率有关，后者与价格对于个人所得到的作为他们贡献的回报的收入的决定作用有关。规定一种利息率来分配给予各个投资项目的资金，并计算使用资金和稀少的自然资源（例如土地和森林）的占用费，这对于社会主义政权来说是完全相容的。确实，如果这些生产资料要以最佳方式被使用，那么就必须做上述事情。因为即使这些资源是未经人的努力从天而降的，从它们与别的因素结合在一起就会产生一种更大成果的意义上说，它们还是富于生产性的。不过，并不能因此推论说，需要有作为这些资源的所有者的私人来接受与这些资源等价的货币。不如说，这些计算的价格是制定一种有效的经济活动计划的指示物。除了全局性的工作之外，社会主义的价格并不相应于要付给私人的收入。相反，来自自然资源和集体资产的收入是由国家得利的，因此，它们的价格没有分配的功能。[①]

因此，我们必须认识到市场制度对私有制和社会主义制度这两者是相同的，必须区分价格的配给功能和价格的分配功能。由于在社会主义条件下生产资料和自然资源是公有的，分配功能就受到很大限制，而私有制体系为了配给和分配这两种目的则在不同的程度上使用了价格。我认为，人们不能事先决定：这些制度及其许多中间形态中的哪一种最充分地符合正义要求。对这个问题大概并没有一般的答案，因为这个问题在大部分情况下依赖于每个国家的传统、制度、社会力量和特殊的历史环境。正义论不包括这些问题。但是它能够做到以一种系统的方式制定出一个可包容各种变体的正义的经济制度的纲要。因此，在任何特定情况下，政治判断都将取决于哪一种变体很可能在实践中活动得最好。一个正义观是任何这种政治评价的一个必要部分，但它不是

[①] 有关区分价格的配给功能和分配功能，见 J. E. 米德：《效率、平等和财产所有制》（伦敦，乔治·艾伦和昂温公司 1964 年版），第 11—26 页。

充分的。

在下面几节中，我所概述的理想体系在相当程度上利用了市场机制。我相信，只有采用这种方法，分配的问题才能作为纯粹程序正义的一个例证被解决。再者，我们也获得效率的益处，保护了重要的自由选择职业的自由。从一开始，我就假设理想体系的制度是一种民主的财产所有制，因为这种情形可能较为人所熟知。① 但是，正如我所指出的，这不是打算在特殊情况下预先判断制度的选择。当然，它也不是说现实的生产资料私有制社会没有遭受严重的非正义的痛苦。因为，存在着一种理想的正义的财产所有制并不意味着其历史形态也是正义的，甚至不意味着它们是可忍受的。当然，这种情况也适用于社会主义。

43. 分配正义的背景制度

分配正义的主要问题是社会体系的选择。两个正义原则被运用于社会基本结构，并调节其主要制度联结为一个体系方式。现在，正如我们所看到的，作为公平的正义的观念要运用纯粹程序的正义的概念来解决特殊境况中的偶然性问题。社会制度应当这样设计，以便事情无论变得怎样，作为结果的分配都是正义的。为了达此目的，我们有必要把社会和经济过程限制在适当的政治、立法制度的范围内。没有对这些背景制度的恰当安排，分配过程的结果便将不会是正义的。背景的公正问题现在尚未涉及。我将按照这些背景制度可能存在于一个适当组织的允许资本和自然资源私有的民主国家中的情况，来简要地描述它们。虽然这些安排为人熟知，但弄清它们是如何适应两个正义原则的也许还是有用的。我将在后面简略地考察这些安排在社会主义制度中的修

---

① "民主的财产所有制"的术语来自米德，《效率、平等和财产所有制》，第5章的标题。

正情况。

首先，我设想一个可保证平等公民自由的（像前面一章所描述那样）由一种正义宪法调节的社会基本结构。良心自由和思想自由亦被视作理所当然的，而且政治自由的公平价值得到保证。在环境允许的范围内，政治过程表现为一种选择政府并制定正义立法的正义程序。我也假设存在着一种公平的（与形式的平等相对的）机会均等，这意味着：除了维持社会的日常开支费用之外，政府试图通过补贴私立学校或者建立一种公立学校体系来保证具有类似天赋和动机的人都有平等的受教育、受培养的机会。在经济活动和职业的自由选择中，政府也执行和保证机会均等的政策。政府通过管理公司和私人社团的活动、避免对较好地位作出垄断性限制和阻碍来做到这一点。最后，政府确保一种社会最低受惠值，这或者通过家庭津贴和对生病、失业的特别补助，或者较系统地通过收入分等补贴（一种所谓的负所得税，即对收入低于法定标准的家庭的政府补助）的方法来达到。

在建立这些背景制度时，可以设想政府被分为四个部门。[①]每个部门由负责维系某些社会和经济条件的机构及其活动所组成。这些划分不等于政府的通常组织机构划分，而应被理解为政府机构的不同功能。例如，配给部门是要保持价格体系的有效竞争性，并防止不合理的市场权力的形成。只要市场不可能在与效率要求、地理事实及家庭偏爱一致的情况下被赋予更大的竞争性，这种权力就不会存在。配给部门也负责通过适当的税收和补贴，以及对所有权规定的更改来鉴别和更正较明显的低效率，这种低效率起因于价格不能精确地调整社会的利益和成本。为完成这个任务，政府可能使用适当的税收和补贴，或者修改所有权的

---

① 关于政府部门的看法，见 R.A.马斯格雷夫：《公共财政理论》（纽约，麦格劳—希尔公司1959年版），第1章。

范围和规定。另一方面，稳定部门努力实现合理充分的就业，使想工作者均能找到工作，使职业的自由选择和财政调度得到强有力的有效需求的支持。这两个部门一起维持一般市场经济的效率。

确定最低受惠值是转让部门责任。我在后面将考察最低受惠值应被确定在什么水平上；但在目前一般的评论也就足够了。这里的基本观念是：这个部门的活动把需求考虑进来，并通过与其他要求的比较赋予这些需求以一种适当的重要性。一个竞争的价格体系不考虑任何需求，因此它不可能是分配的惟一手段。在社会体系的各部门之间必须有一种劳动分工来满足正义的常识性准则的要求。不同的机构处理不同的要求。适当调节的竞争市场保证职业的自由选择，并导致资源的有效使用和对家庭商品的配给，它们赋予一些与工资和收入相关的传统准则以一种重要性，而转让部门则确保一定的福利水平，并高度重视需求的权利。最终，我将讨论这些常识性准则及其在不同的制度背景下的形成。这里相关的一点是：某些准则倾向于和某些特定的制度有联系。我们把这些准则怎样取得平衡的问题留给总的背景制度来确定。既然两个正义原则调节了整个结构，那么它们也调节准则之间的平衡。于是，一般来说，这种平衡将随着基本的政治观而变化。

分配份额的正义显然依赖于背景制度，以及这些制度分配总收入、工资和别的收入加转让部分的方式。我们有理由强烈反对由竞争来决定总收入的分配，因为这样做忽视了需求的权利和一种适当的生活标准。从立法阶段的观点来看，确保我们和下一代免受市场偶然性的损害是合理的。确实，差别原则大概要求这一点。但是，一旦转让提供了一个适当的最低受惠值，那么，如果由价格体系来决定总收入的其余部分的后果是温和的、不受垄断的限制且排除了不合理的外差因素，这种决定也许就是完全公平的。此外，这种处理需求的方式看上去比那种试图由最小工资标准等来调节收入的方式更有效。最好的办法是仅仅把那些彼此相协调的任务分配给每个部门。既然市场不适合解决需求的问题,那么这些问题就应该由另一个安排来解决。于是,两个正义原则是否被满足的问题,便依赖于最少得益者的总收入(工资加转让的收入)是否可用来最大限度地满足他们的(与平等的自由和公正的机会均等的约束相一致的)长期期望。

最后一个部门是分配部门,其任务是通过税收和对财产权的必要调整来维持分配份额的一种恰当正义。我们也许需要区分这个部门的两个方面。首先,它征收一系列遗产税和馈赠税,并对遗产权进行限制。这些征税和调节的目的不是要提高财政收入(把资金让与政府),而是逐渐地、持续地纠正财富分配中的错误并避免有害于政治自由的公平价值和机会公正平等的权力集中。例如,在受益人这边,累进税原则可能被运用。[①] 这样做将鼓励财产的广泛分散;如果要维持平等自由的公平价值,这种分散看来是一个必需的条件。财富遗产的不平等跟智力遗传的不平等一样并非本质上是不正义的。确实,前者大概较易受到社会的控制,但是关键在于:这两种不平等都应该尽可能地满足差别原则。这样,只要遗产所造成的不平等对较不幸运者亦有利,且又和自由及机会的公正平等相协调,那么这种遗产就是可容许的。正如前面所规定的,机会的公正平等意味着由一系列的机构来保证具有类似动机的人都有受教育和培养的类似机会;保证在与相关的义务和任务相联系的品质和努力的基础上各种职务和地位对所有人都开放。当财富的不平等超过某一限度时,这些制度就处于危险之中;政治自由也倾向于失去它的价值,代议制政府就要流于形式。分配部门的征税和法规要避免这一限度被逾越;自然,限度存在于什么地方的问题就构成一种政治判断,这种政治

---

① 米德:《效率、平等和财产所有制》,第56页。

判断受理智、良知并至少在相当范围内受一种明确的直觉指导。这类问题不在正义论的专门领域之内，正义论的目标是要详细阐述用来调整背景制度的原则。

分配部门的第二方面是一个用来提高正义所要求的财政收入的税收体系。社会资源必须让与政府，这样政府可为公共利益提供资金，并支付满足差别原则所必需的转让款目。这个问题属于分配部门，因为税收负担要被公平地承担，并旨在建立正义的安排。我先把许多复杂问题搁置一边，因为我们有必要注意到：一种按比例的支出税可能是最佳征税方案的一部分。① 首先，按照正义的常识性准则，它比（任何种类的）一种所得税更为可取；因为这种征税是按照一个人从物品的共同贮存中拿出多少，而非按照他的贡献多少而定的（这里假设收入是公平地挣到的）。再者，对比方说一年的总消费的比例税可能包括对受赡养者的通常的免税；它以一种统一的方式对待每个人（仍然假设收入一定是公平地挣到的）。因此，只有当累进税率对于保持与第一个正义原则和机会公正平等有关的社会基本结构的正义，并阻止那种可能颠覆相应制度的财产和权力的集中来说是必需的时候，使用累进税率可能较好。遵循这个规则可能有助于指明政策问题中的重要区别。而且，如果比例税也被证明是较有效的，比方说因为它们较不妨碍对人们的鼓励；并且，如果能够制定一个可行方案的话，那么，这就可能为比例税提供了一个决定性的例证。正如前面所指出的，这是政治判断的问题，而不是正义论的一个部分。无论如何，为了说明两个正义原则的内容，在这里我们把这种比例税看成是一个组织良好的社会的理想体系的一部分。但不

---

① 见尼克拉斯·卡尔多：《一种支出税》（伦敦，乔治·艾伦和昂温公司1955年版）。

能由此推论说：在现存制度不正义的情况下，当所有事情被考虑到时，即使是严厉的累进所得税也不能被证明为正当。在实践中，我们经常必须在几种不正义的或不是最好的安排中进行选择；因此，我们就运用非理想理论去寻找最少不正义的方案。有时，这个方案将包括一个完善的正义制度会反对的措施和政策。可行的最佳安排可能包括对一些不完善部分的平衡，和对具有补偿作用的不正义的调整，在此意义上，两个错误加起来是一个正确。

分配部门的两个方面来自两个正义原则。遗产税、累进制所得税（当必要时）和对财产权力的法律限定都要保证民主的财产所有制中的平等自由制度和它们所确立的权利的公平价值。按比例的支出税（或所得税）要为公共利益提供财政收入，转让部门和在教育等方面的机会的公正平等的确立要贯彻第二个正义原则。我们没有在任何地方提到传统的征税标准，例如按照个人的所得和支付能力来征税。[①] 诉诸与支出税相联系的常识性准则是一个次要的考虑。这些标准的范围受到正义原则的调节。一旦分配份额的问题被认为是设计背景制度的问题，人们就会认为传统准则没有独立的力量，不管传统准则在某种确定的情况中可能是多么适当。若不这样假设就不是采取一种充分、广泛的观点（见下文第47节以下）。显然，分配部门的政策设计没有预先假定有关个人功利的功利主义标准假设。例如，遗产税和累进所得税并不是以下述观点为基础的：即个人具有满足边际值递减原则的近似效用函数。当然，分配部门的目的不是要最大限度地增加满足的净余额，而是要建立正义的背景制度。对效用函数形式的怀疑是与我们的论题无关的，这是一个功利主义的问题，而不是契约

---

① 对于这些税收标准的讨论，见马斯格雷夫：《社会财政论》第4、5章。

论的问题。

迄今为止,我一直假设政府各部门的目标是要建立一种民主制度,在这个制度中,人们广泛地、虽然大概不是平均地拥有土地和资金。社会的划分不会导致一个相当小的团体控制大部分的生产资源。当这一目标达到且分配的份额满足了两个正义原则时,就要遇到许多对市场经济的社会主义的批评。不过很清楚,至少从理论上说,一个自由的社会主义政权也能满足两个正义原则。我们只需假设生产资料是公共所有,并且由比方说工人委员会或者工人委员会指派的代表管理公司。在宪法指导下,民主地做出的集体决策决定了经济的一般面貌,例如储存率和用于基本公共利益的社会生产比例。在由此产生的经济环境里,由市场力量调节的公司仍然表现得像以前一样。虽然背景制度将采取一种不同的方式,特别是在分配部门中,但在原则上并没有理由认为不能够达到正义的分配份额。正义论自身并不偏爱这两种制度中的某一种,正如我们所看到的对于哪种体系对一个特定民族最好的决定是以那个民族的环境、制度和历史传统为根据的。

一些社会主义者反对所有市场制度,认为它们具有一种内在的退化性质;他们希望建立一个这样的经济制度:在那里对社会的关心和利他的考虑是人们的主要动机。关于第一点,市场确实不是一个理想的安排,但在某种必要的背景制度下,那种所谓的工资奴隶制的最坏情形肯定会被排除。于是问题变成了对可能的选择对象的比较问题。下述情况看上去是不太可能的:即那种必然要在一个社会地调节的体系中(无论是集中地指导的,还是由工业联合体达成的协议来指导的)发展起来的官僚控制的经济活动,总的来说竟比由(假定始终是那种必要的结构的)价格手段实施的控制更为正义。诚然,一种竞争体系在其运行的具体环节上是非人格的、自动进行的;它的特殊结果不表达个人的有意识的决定。但是在许多方面，这正是这种安排的一个优点；市场体系的运用并不意味着缺少合理的人类自律。一个民主社会鉴于这样做的优点可能决定依靠价格，然后维持正义所要求的背景制度。这一政治决定如同对这些背景安排的调节一样，可能是相当合理的、自由的。

此外，正义论对社会的和利他的动机的力量作了一种明确的限制。它设想个人和团体提出了种种冲突要求，当他们希望正义地行动时，他们并不打算放弃他们的利益。毋庸赘述即可看出，这个假设并不意味着人通常是自私的。倒不如说，一种所有人都能在其中获得他们的全部利益的社会，亦即一种在其中人们没有任何冲突的要求，所有的需求都能不经强制地协调成为一种和谐的活动计划的社会，在某种意义上可以说是超越了正义的社会。它排除了必须诉诸正当和正义原则的理由。[①] 不管这一理想情景是多少令人神往，我并不打算考虑这种情景。然而我们应当注意到，甚至在这种理想情景中，正义论仍然具有一种重大的理论作用，它规定了这样一些条件——在这些条件下，个人需求和目的的自动一致既不是强制的也不是人为的，而是表达了与理想善吻合的适当和谐。我不能进一步讨论这些问题。我讨论的要点在于：两个正义原则是和相当不同的制度相容的。

还有最后一个问题需要考虑。让我们假设：上述对背景制度的解释就我们的目的而言是足够的，而且，两个正义原则导致了一种确定的关于政府活动和有关财产的法律定义的体系以及一个税收体系。在这种情况下，公共支出的总数和收入的必要来源得

[①] 有些人在这种意义上把马克思所说的一种完全的共产主义社会解释为是一个超越正义的社会。见 R. C. 塔克：《马克思主义的革命观念》（纽约，W. W. 诺顿公司 1968 年版），第 1、2 章。

到了明确的规定,所导致的收入和财富的分配不管怎样都是正义的(见下文第44、47节)。然而并不能由此推论说,公民们不应该决定进一步的财政支出。如果足够多的公民发现公共利益的边际利益比通过市场可获得的边际利益大时,政府寻找一些方式来提供它们便是适当的。既然收入和财富的分配被假设为是正义的,那么指导原则就改变了。因此我们设想,政府有一个第五部门,即交换部门,它由一个关注不同的社会利益及其对公共利益的偏爱的专门的、有代表性团体构成。它被宪法授权仅仅考虑一些有关独立于正义要求的政府活动的提案,而且,这些提案只有在满足维克塞尔的全体一致的标准时,才可能被通过。① 这意味着任何公共支出都不建立在投票上,除非那种支付它们费用的手段同时被同意(如果不是全体一致同意的话,就是接近于此)。一个提出了一种新的公共活动的动议需要包括一个或更多个可供选择的分担费用的安排。维克塞尔的观点是这样的:"如果这一公共利益是对社会资源的一种有效使用,那么,在那些一致同意它的各种纳税人中间,必须有某种方案来分配额外的税款。如果这种提议不存在的话,那么所建议的支出就是浪费,是不应该被承担的。所以,交换部门根据效率原则来工作,并实际地建立了一个专门的贸易机构来安排市场机制崩溃之处的公共利益和设施。然而,有一点必须补充,即现实的困难阻碍了这个想法的实

---

① 克努特·维克塞尔陈述了这个标准,见他的《金融理论研究》(耶拿,1896年),其主要部分已英译为《正义税收的新原则》,收于《财政理论的经典著作》中,R. A. 马斯格雷夫和A. T. 皮科克编(伦敦,麦克米兰公司1958年版),第71—118页,特别是第91—93页,这个原则是在那里被陈述的。有关这个原则的困难,见海勒富米·希巴塔:《一个纯粹公共支出理论的交易模型》,载于《政治经济季刊》第79卷(1971年),特别是第27页。

行。即使把选举策略和对偏爱的隐藏搁置一旁不论,在讨价还价能力、收入效应等方面的差异还是可能阻碍达到一个有效的结果。或许,只有一个大致近似的解决方法才是可能的。不过,我先把这些问题存而不论。

我们需要作出几个说明来避免一些误解。首先,正如维克塞尔所强调的,一致同意的标准假设现存的收入和财富的分配与现有的财产权利的规定是正义的。如果这个重要的先决条件不存在,那么所有效率原则的缺点就将发生,因为它直接表现了处理公共支出问题的原则。但是当这个条件被满足时,一致同意的原则就是健全的。使用国家机器来迫使一些公民为别人想要而他们不想要的利益纳税,就跟强迫他们补偿别人的私人开支一样没有道理。这样,先前不适用的利益标准现在就变得适用了;那些要求各种进一步的公共支出的人要通过交换部门来看看必要的税款是否能够被一致同意。于是,不同于国家预算的交换预算的规模就受最终被接受的支出的决定。在理论上,共同体的成员能够一起寻求公共利益,直到它们的边际值等同于私人利益的边际值为止。

我们应该注意到,交换部门包括一个独立的、有代表性的团体,其理由是要强调这个部门的基础是利益原则,而不是两个正义原则。因为背景制度的观念应当把我们所考虑的正义判断组织起来,而且无知之幕适用于立法阶段。交换部门仅仅是一种贸易安排。这里对信息没有限制(除了那些使方案更有效的必要限制),因为它依赖于那些知道自己对于公共利益和私人利益的相对评价的公民。我们也应该注意到,在交换部门中,代表们及由他们代表的公民受到他们利益的相当恰当的指导。反之,在描述其他部门时,我们假设运用到制度中的两个正义原则仅仅建立在一般信息的基础上。我们试图确定,受到无知之幕恰当约束的、并在这个意义上是公正的理性立法者将制定出什么样的法律来实现正义的观念。理想的立法者不用投票来决定他们的利益。因此，严格地说来，交换部门的观点不是四个阶段序列中的一部分。然而，在必须坚持正义的背景制度政府活动和公共支出与那些来自利益原则的政府活动与公共支出之间，还是有可能发生混淆的。只要把各个部门的区分牢记在心，我相信作为公平的正义的观念就会变得更为有理。诚然，这两种政府活动之间的区别常常很难作出，它们看上去都能带来某些公共利益。但在这里我先把这些问题搁置一边；我希望对于现在的目的来说，上述理论区分已足够清楚。

44．代际的正义问题

现在我们必须考察代与代之间的正义问题。不用说，这个问题是困难的。它使各种伦理学理论受到了即使不是不可忍受也是很严厉的考验。然而，如果我们不讨论这个重要问题，对作为公平的正义的解释就是不完全的。这个问题出现在现在这个背景下，是因为作为一个整体的社会制度，以及由适当的一组背景制度所环绕的竞争经济，能否设计得满足两个正义原则仍是一个悬而未决的问题。不过，至少在某种程度上，答案必定依赖于要被制定的社会最低受惠值的水平，而这一点又与现在的世代在多大程度上尊重下一代主张的问题有关。

迄今为止，我没有谈到社会最低受惠值应当处于什么水平。常识可能认为正确的水平应依国家的平均财富而定；当平均值上升时，在其他方面均等的情况下，最低受惠值也应该提高。或者人们可能会说，习惯的期望决定了适当的水平。但是，这些看法都不能令人满意。第一个看法不够精确，因为它没有说出最低受惠值怎样依赖于平均财富；同时它忽略了其他相关因素，例如分配。第二个看法则没有提供标准说明什么时候习惯的期望本身是合理的。然而，一旦差别原则被接受，我们就可以推论说，最低受惠值应在考虑到最少受惠者工资因素的情况下、最大限度地提高其期望这一点上来确定。通过调节转让的数量（比如，追加收入补助的数量），较不利者的期望和他们的基本善指标（这可以通过工资加转让来测量）就有可能提高或降低以达到值得想往的结果。

现在我们立即可以看到，差别原则要求一种很高的最低受惠值。人们会自然地想像，那些状况较好者的较多财富要逐步地减少，直到最后每个人几乎有相同的收入。虽然在特殊情形下可能是这样，但这是一个错误的观念。在差别原则的运用中，恰当地期望就是那些关于最不利者的延伸到其后代的长远前景的期望。每一代不仅必须保持文化和文明的成果，完整地维持已建立的正义制度，而且也必须在每一代的时间里，储备适当数量的实际资金积累。这种储存可能采取各种不同的形式，包括从对机器和其他生产资料的纯投资到学习和教育方面的投资，等等。我们暂且假设一个正义的储存原则（just savings principle）是可行的，它告诉我们投资应该多大，社会最低受惠值应该被确定在什么水平上。为了简化起见，假设最低受惠值是由按比例的支出（或所得）税所支付的转让金调节的。在这种情况中，提高最低受惠值需要提高对消费（或收入）课税的比例。大概当这种比例增大到越过某一点时，就可能发生下面两种情况中的一种：或者恰当的储存不能形成，或者沉重的课税大大干扰了经济效率，以致不再改善而是降低现在的世代中最小获利者的前景。在这两种情况所表示的那一点上，我们便达到了正确的最低受惠值，差别原则得到了满足，进一步的提高也不再需要了。

关于社会最低受惠值怎样被规定的评论，已经把我们引到了代际正义的问题。寻找一个正义储存原则是这个问题的一个方面。[①] 现在我相信，至少在目前我们不可能对应当有多高的储存率制定出精确的标准。资金积累和提高文明、文化水准的费用如何在代际之间被分担的问题看来不容有明确的回答。然而，我们并不能由此推论说：某些有意义的伦理约束的界限不能被阐明。正如我说过的，一种道德理论提供了评价政策的一种特殊观点；而且常常可能清楚的是：即使并没有拿出一种可供选择的学说，作一个倾向性的回答也是错误的。例如，经典功利原则就显然把代际之间的正义问题引到错误的方向上去了。因为，如果一个人认为人口的规模是变动的，并要求一种较高的资金边际效益和资金的长久周转的话，那么对总的功利的最大限度的追求就可能导致一种过度的积累率（至少在不久的将来）。既然从道德观点来看，人们没有理由在纯粹时间偏爱的基础上轻视未来的福利，那么结论很可能是：未来各代的较大利益足以补偿现在的牺牲。假如仅仅由于更多的资金和较好的技术就可能维持一种足够大的人口，上述结论就可以证明为是正确的。这样，功利主义学说便可能指示我们要求较穷的世代为了以后要富得多的后代的更大利益

[①] 经济学家经常在经济发展理论的背景下讨论这个问题。这里有一个说明，见A．K．桑：《论储存率的最优化》，载于《经济期刊》第71卷（1961年）；詹姆斯·托宾：《国家经济政策》（纽黑文，耶鲁大学出版社1966年版），第4章；R．M索洛：《发展理论》（纽约，牛津大学出版社1970年版），第5章。有一个广泛的文献，见F．P．拉姆齐：《储存的数学理论》，载于《经济期刊》第38卷（1928年），重印于阿罗和西托费斯基的《福利经济学读本》；T．C．库普曼：《论最佳经济发展的概念》（1965年），载于《库普曼科学论文集》（柏林，斯普林格公司1970年版）。苏科莫伊·查克瓦蒂的《资金和发展计划》（坎布里奇，马萨诸塞理工学院出版社1969年版），是一个涉及规范问题的理论概观。如果人们为了理论的目的，设想理想社会的经济处于稳定增长的状态（可能是零），同时这个社会又是正义的社会，那么储存的问题就是要选择一个分担达到那种增长方式（或类似的一种方式，如果有不止一种方式的话）的费用和维持必要制度的正义（一旦达到正义的话）的费用的原则。可是在正文中，我不想继续讨论这个想法；我的讨论只是处在一个较初步的水平上。

作出沉重的牺牲。但是，这种使一些人的所失与另一些人的所得相平衡的利益计算，在代际之间看来比在同代之间更难得到辩护。即使我们不能规定一个精确的正义储存原则，我们也应当能够避免这种极端情形。

现在契约论从原初状态的观点来看待这个问题。各方不知道他们属于哪一代，会发生什么样的事情，以及他们处于社会文明的哪一阶段。他们没有办法弄清自己这一代是贫穷的还是相对富裕的，是以农业为主还是已经工业化了等等。在这些方面，无知之幕是彻底的。这样，在原初状态的人就要问自己：在假设所有其他各代都要以相同的比率来储存的基础上，他们愿意在每个发展阶段储存多少；亦即他们要根据他们所提出的比率将调节积累的总的幅度这样一种认识，来考虑在任何特定文明阶段中他们的储存愿望。因此，他们实际上必须选择一个能分派给每一发展水平以一种合适的积累率的正义的储存原则。这种比率可能依赖于社会状况的变化而变化。当人们贫困因而储存比较困难的时候，就应当要求一种较低的储存率；而在一个较富裕的社会里，人们就可以合理地期望一种较高的储蓄率，因为此时真正的负担较少。最后，只要正义制度得到牢固确立，所要求的净积累就会降低到零。在这一阶段，一个社会是通过维持正义制度和保持它们的物质基础来履行它的正义义务的。当然，正义的储存原则是应用于一个社会为了正义而储存的那些东西的。如果人们希望为各种重大工程而储备的话，那是另外一回事。

我把时间偏爱和优先性问题放到下一节去讨论。现在，我要指出契约方法的主要特征。首先，虽然一个正义的储存原则显然不可能被原原本本地民主地采纳，但原初状态的观念却达到了人所皆同的结果。既然没有人知道他属于哪一代，那么我们就从每一代的观点来考察这个问题，而且采纳的原则表现了一种公平的调节。实际上，所有的世代都在原初状态中被代表，因为上述原则总是会被选择。一个理想的民主的决定将会产生,这是一个公平地适应于每一代的要求、因而满足了"凡涉及所有人的亦为所有人所关心"的准则的决定。其次,马上变得明显的是:当一个合理的储存率保持下去时,每一代(可能除了第一代)都可以获得好处。一旦积累的过程开始并继续下去,它就对所有后继的世代都有好处。每一代都把公平地相等于正义储蓄原则所规定的实际资金的一份东西转留给下一代(这里我们应该记住,资金不仅是工厂、机器等,而且是知识、文化及其技术和工艺,它们使正义制度和自由的公平价值成为可能)。这种等价物是对从前面的世代所得到的东西的回报,它使后代在一个较正义的社会中享受较好的生活。我们可以说,只有第一代人没有获得好处,因为虽然他们开始了这整个过程,但却没有享受他们所提供的果实。然而,既然假设每一代关心自己的直接后代,就像父亲关心自己的儿子一样,那么一个正义的储存原则,或者更准确地说,对储存原则的某些限制就应该得到承认。

契约学说的特征也表现为规定了一个正义的社会状态,使其成为积累的整个过程的目标。这个特征来自以下事实:即一个正义的社会基本结构的理想观念孕育在原初状态中所选择的两个正义原则之中。在这方面,作为公平的正义与功利主义观点形成了对比(见第41节)。正义的储存原则可以被视为是代际之间的一种相互理解,以便各自承担实现和维持正义社会所需负担的公平的一份。原初状态首先确立了储存过程的目标,虽然它只能是一般性的纲要。具体环境在其出现时则会最终决定这一过程的较具体的细节。但无论如何,我们不必始终不断地追求最大积累。确实,正是因为上述理由,储存原则才在关于制度的正义原则之后被同意,尽管这个原则限制着差别原则。正义原则为我们指出了努力的方向。储存原则代表了在原初状态中所获得的对于以前所接受的关于维持和推进正义制度的自然义务的一种解释。在这种情况下，伦理问题就是这样一个问题：即不计时间地同意一种在一个社会的全部历史过程中公正地对待所有世代的方式。在原初状态中的人们看来是公平的东西，像规定其他情况的正义一样规定了这种情况的正义。

不过，社会的最终阶段的意义不应被误解。虽然所有世代在达到正义状态（即不再要求进一步的净储存的状态）的过程中都要尽自己的一份责任，但是，不要把这个状态设想为是惟一使整个过程有意义、有目的的状态。相反，所有世代都有它们的适当目标，它们同个人一样不相互隶属。一个民族的生活是被作为一种在历史中扩展的合作体系来领悟的。应当用调节同代人合作的同样的正义观来指导一个民族的生活。没有哪一代比其他世代具有更强烈的要求。处在原初状态的人们在试图估计公平的储存率时，提出了紧邻两代的成员在每一发展水平上能合理地互相期望的东西是什么的问题。他们试图制定一个正义的储存方案，其方法是使在每一阶段上他们为了紧邻的后代所愿意储存的数量和他们感到对自己的前一代有权利要求的数量之间达到平衡。他们想像自己是处于父亲的地位，他们根据自己所认为的对他们的父亲的合理要求，来弄清他们自己应该为子女们储存多少。当他们达到一个从父子两方面看来都是公平的估计、并且为改善他们的环境留下了必要的资金时，这一阶段的公平储存比例（或者比例的范围）就被确定了。一旦社会的所有阶段上的人们都这样做了，我们就确定了正义的储存原则。当这个原则被遵循时，紧邻的两代不能相互抱怨；事实上，不管各代相隔多么远，任何世代都不能挑别一世代的错。

要求储存的最后阶段不是一个极其富裕的阶段。这种考虑或许值得强调一下。就某些目标而言，更多的财富可能不是多余的；而且，平均收入按绝对尺度来衡量可能还不很高。正义并不要求前代仅仅为了使后代生活得更富裕而储存。储存应当成为充分实现正义制度和自由的公平价值的一个条件。如果承担了额外的积累,那是为了其他目的。以为一个正义和善的社会必须依赖一种高度的物质生活水平是错误的。人们需要的是在与他人的自由联合中的有意义的工作,这些联合体在一个正义的基本制度的结构中调节着他们的相互关系。实现这种社会状态并不要求大量的财富。事实上,财富在超过某一限度时便可能成为一种确实的障碍;这时它即使不是一种使人纵欲和空虚的诱惑的话,至少也是一种无意义的娱乐。(当然,对有意义的工作的定义本身是一个问题;虽然这不是一个正义问题,但在第三编中我将对它进行一些评论)。

现在我们应注意在正义的储存的情形中互惠原则的一个特征。在正常情况下,当存在着利益交换和一方给出某物作为对他方的一种公平回报时,互惠原则就起作用了。但是,在历史过程中,尽管接受了前面的世代储存的好处,却没有哪一代能回报前面的世代。在贯彻储存原则时,每一代都对后代作出了贡献和从前代接受了利益。第一代可能几乎不能获得好处,相反,最后一代处于不要求进一步储存的阶段,他们得到得最多而给出得最少。这种情况看上去可能是不正义的。赫曾评论说,人类发展处在一种时间上不公平的情况中,因为那些后来生活的人们从其先辈的劳作中获得利益而用不着付出同样的代价。康德认为,前面的世代只是为了后面的世代而承担责任,只有最后一代才有好运气生活在已完成的大厦中,这是一种令人困窘的现象。[1] 这些感受虽然整个来说是很自然的,但是它们是错误的。因为代际关系虽然是一种特别的关系,但它并不会产生不能克服的困难。

---

[1] 亚历山大·赫曾的评论来自艾塞亚·伯林对弗兰科·文图里的介绍,见文图里:《革命之源》(纽约,艾尔弗雷德·克诺夫公司1960年版),序言,第20页。关于康德的观点,见《具有世界目的的一种普遍历史观》,载于《康德政治著作集》,汉斯·赖斯编,H. B. 尼斯比特英译(剑桥,剑桥大学出版社1970年版),第44页。

各代分布在时间中，而它们之间的实际交换仅仅按一个方向发生，这是一个自然的事实。我们可以为后代做事，但后代不能为我们做事。这种状况是不可改变的。所以正义问题不会产生。正义或非正义的问题在于制度如何处理这些自然限制，在于确立这些制度以利用各种历史可能性的方式。显而易见，如果所有世代（也许除了第一代）都要得益，那么他们必须选择一个正义的储存原则；如果这一原则被遵守的话，就可能产生这样一种情况：即每一代都从前面的世代获得好处，而又为后面的世代尽其公平的一份职责。代际之间仅有的互惠交换是一些实质性的交换，也就是说，是在原初状态中设计正义的储存原则时所能作出的补偿性调整。但是我想像这些调整是每一代都要为自己作出的，假使让它处于无知之幕和其他一些使任何一代都考虑所有世代的约束之下的话。

现在，差别原则不适用于储存问题的原因清楚了。后面的世代没有办法改善第一代的最不幸境遇。差别原则在此是不能运用的，若要运用的话，这似乎暗示着根本没有储存的情况。这样，储存问题就必须以另一种方式来解决。如果我们想象原初状态包括所有现实各代的代表的话，那么无知之幕就将使改变动机假设成为不必要的。但是正如我们前面提到的（见第 24 节），我们最好用原初状态的观点来解释现时。于是，那些在原初状态中的人们知道他们是同时代的人，所以除非他们至少关心他们的直接后代，否则在他们看来，就没有理由同意承担任何储存。诚然，他们不知道他们属于哪一代，但是这并没有关系；前面的世代或者已经储存了，或者没有储存；各方不能做任何事情来影响它。我们最好仍然以原初状态的观点来解释现时，因而最好调整关于动机的假设。各方被看成是代表着家庭的延续线，带有连续的世代之间的情感纽带。这个限定看上去是很自然的，而且在平等自由的论证中已被使用（见第 33 节）。虽然储存问题提出了一种特别

292

的境况，但正义的特征仍然是相同的。代际之间的正义标准仍是那些将在原初状态中被选择的原则。

现在我们必须把正义的储存原则和两个正义原则联系起来。我们通过从最少获利的一代的观点来确定储存原则这一假设来做这项联系工作。正是要由这一代的代表人随着时间的延伸，根据实质调整来指定积累率。他们实际上已着手限制差别原则的运用。在任何一代做了可接受的储存的条件下，它们的代表人都将最大限度地提高它们的期望。这样，差别原则的完整陈述就包括作为一种限制的储存原则。当第一个正义原则和公平机会的原则在同代范围内限定了差别原则的运用，储存原则则在代际之间限定了差别原则的范围。

当然，较少幸运者的储存不需要通过积极参加投资过程来实现。倒不如说，它在正常情况下是通过赞同恰当的积累所必需的经济安排或其他安排而表现出来的。储存是通过把那些旨在改善最不幸者的后代的生活水准的政策作为政治判断并因而放弃一些直接收益而达到的。通过支持这些安排就能达到所需的储存，任何最不利的世代的代表人都不能抱怨另一个世代没有尽责。我们也应该注意到：在大多数时期，特别是在较早的阶段，人们所运用的可能是一般的正义观而非处在序列次序中的两个正义原则。但上述同样的观念仍然是有效的，我就不费神阐述它了。

对于简略描述正义储存原则的一些主要特征这一目的来说，我们已经说得很多了。现在我们看到，不同时代的人和同时代的人一样相互之间有种种义务和责任。现时代的人不能随心所欲地行动，而是受制于原初状态中将选择的用以确定不同时代的人们之间的正义的原则。此外，人们具有自然义务来维持和促进正义制度，为此就要求他们把文明改善到某一水平。关于这些义务和责任的推论，初看起来似乎是契约论的一种有点牵强的运用。然而，由于这些要求将在原初状态中被承认，所以，作为公平的正义的观念无需改变其基本观念就能说明这些内容。

45．时间的偏爱

我已经假设在选择一个储存原则时，原初状态的人没有纯粹的时间偏爱。我们现在需要考察这个假设的理由。在个人的情形中，避免纯粹的时间偏爱是一个合理的特征。正如西季维克认为的，合理性意味着一种对我们生命的所有阶段的不偏不倚的关心。某种事情发生得或迟或早这种仅仅存在于时间上的差别，自身并不构成对它应给予或多或少的重视的合理根据。当然，一种现在或即将到来的利益，由于它的较大的确实性或可能性，可以被认为更重要；我们亦应当考虑到，我们的状况和对于某些特殊享受的能力将如何变化。但所有这些均不能证明下述偏爱为正当，即仅仅因为一种较小的目前利益在时间位置上较近，就宁可要它而不要一种较大的长远利益（见第64节）。①

西季维克设想，普遍善和个人善的观念在基本方面是类似的。他认为，正像个人的善是通过对接续的各个时刻的善的比较和综合所构成的一样，普遍善是通过对许多不同人的善的比较和综合所构成的。这些部分和整体及相互之间的关系在这两种情况下都是相同的，都建立在功利的集合原则上。② 因此，社会的正义储存原则必须不受纯粹时间偏爱的影响，因为正像前面所说的，个人及世代所处的不同时间位置本身并不能证明对他（它）们的不同态度为正当。

既然在作为公平的正义中，两个正义原则并不是个人合理选

---

① 见《伦理学方法》第7版（伦敦，麦克米兰公司1907年版），第381页。拉姆齐也反对时间的偏爱，见他的《储存的数学理论》。

② 《伦理学的方法》，第382页。也见第180页注①。

择原则的扩展，那么反对时间偏爱的论证就必须是另外一种论证。这个问题可以借助原初状态来解决；而且只要从这个观点来看问题，我们就会得出相同的结论。各方没有理由赋予单纯的时间位置以某种重要性。他们必须为各种水平的文明选择一个储存率。如果说他们因为主张未来的事情在现在不太重要，而在较早的和较晚的时间阶段间作出区别的话，那么现在的事情在将来似乎也不太重要。虽然任何决定都必须在现在作出，但用现在来贬低将来而不是用将来来贬低现在的做法却是没有根据的。这种情形是对应的，另一个决定也像这个决定一样是任意的。[1] 既然原初状态的人在无知之幕下采取了任一时间阶段的立场，那么对他们来说，这种对应性是明显的，他们不会同意一个或多或少重视较近时期的原则。他们只有这样才能达到从所有的观点看来都是一致的协议；因为承认一种时间偏爱的原则，就是授权处在不同时间的人们仅仅根据这种偶然性来不同地衡量和评价相互的要求。

正像按照合理的审慎，对纯粹时间偏爱的拒绝并非和考虑不确定性和变化的环境不相容一样，它也不排除在社会主义经济或私有制经济中使用利率来分配有限的投资资金。限制倒不如说在于：在第一个正义原则中，不允许我们仅仅根据各代的时间先后来区别地对待它们。对原初状态的规定使它能在这方面导致正确的原则。在个人的情形中，纯粹时间偏爱是不合理的：它意味着一个人没有把所有时刻看成是他的生命的平等部分。在社会的情形中，纯粹时间偏爱是不正义的：它意味着（在不考虑将来的更为常见的情况里）现在活着的人利用他们在时间上的位置来谋取他们自己的利益。

---

[1] 见斯恩：《论储存率的最优化》，第482页。

所以，契约观点在反对把时间偏爱作为社会选择的一个根据方面同意西季维克的观点。如果现在活着的人让自己受这类考虑推动的话，他们就可能错待他们的先辈和后代。这个论点看上去可能是与民主原则对立的；因为人们有时说：民主原则要求应当按现代人的愿望来决定社会政策。当然，我们设想在适当的条件下这些偏爱需要得到澄清和确定。为将来的集体储存包含着一种公共善的许多方面，孤立和保证的问题就产生于这种情形。[①] 但如果假设这些困难被克服了，并且现在世代的有根据的集体判断在必要的条件下被认识了，那么就可以设想：即使当公众判断显然是错误时，这个国家的一种民主观点仍不支持政府为了将来的世代而采取的干预。

这个论点是否正确取决于对它怎样解释。若是作为一种对一部民主宪法的描述，那就不能对它提出任何反对。一旦立法和社会政策明确表达了公众意志，政府若还是民主政府就不可能凌驾于它之上。政府无权否决选民关于要储存多少的观点。如果一种民主制度是合理的话，那么政府拥有这种权力通常最后会导致一种较大的不正义。我们要根据其产生正义的和有效的立法制度的可能性，在各种宪法安排中进行选择。一个民主主义者就是相信一部民主宪法将最好地满足这一标准的人。但他的正义观包括着一种准备满足未来各代正义要求的规定。即使作为一种实践，选民在选择制度中应当有最后的发言权，这也只是因为：这比那种政府凌驾于它的希望之上的情况更可能是正确的。然而，由于一种正义宪法即使在有利的条件下也只是不完善程序正义的一种情形，所以人民仍然可能错误地作出选择。也就是说，由于引起不

[①] 见斯恩：《论储存率的最优化》，第479页；S. A. 马戈林：《社会折扣率和最佳投资率》，载于《经济学季刊》第77卷（1963年），第100—109页。

可逆转的损害，他们可能使对其他各代的严重侵犯永久化；而这在另一政府形式下本来是可以避免的。而且，从那种构成民主制度自身基础的同一种正义观来看，这种不正义也许是相当明显可见的。这个正义观的一些原则实际上可能或多或少明确地包含在正义宪法中，并经常被司法界和明智意见在解释这个观念时所引用。

所以，在这些情形中，一个民主主义者有理由通过某些适当的不服从形式来反对公众意志，甚至作为一个政府官员来试图巧妙地反对它。虽然我们深信一种民主宪法的健全性并接受一种支持民主宪法的义务，但是在集体判断很不公正的场合下，遵守特别法规的义务还是可能被弃置一旁。关于储存水平的公共决定不是神圣不可侵犯的；它对时间偏爱的偏见不配得到特别的尊重。事实上，由于受伤害方面即未来世代的缺席，这一决定便更成问题了。除非一个人认为有某种其他的更好政体并致力于这一目标，否则他就仍然还是一个民主主义者。只要一个人不相信这一点，而只是考虑适当的不服从形式（例如非暴力反抗或良心的拒绝）是纠正民主制定的政策偏差的必需的、合理的方法，那么他的行为就还是和接受一种民主宪法一致的。在下一章我将详细讨论这个问题。目前的关键在于：有关为将来储存的集体意志，像其他社会决定一样服从于两个正义原则。这种情形的特殊性并不使之成为例外。

我们应该注意到：反对把纯粹时间偏爱作为第一原则的观点，是和认为对将来打某种折扣可能会改善否则便有缺陷的标准的认识可相容的。例如，我已经评论说：功利原则可能导致一种非常高的储存率，这将使较早的世代承受过度的负担。这个后果能够在某种程度上通过对生活在将来的人们的福利打某种折扣来纠正。既然较后的世代的福利被考虑得少些，就不需要像以前一样储存那么多。通过调整所要求的功利函数中的参数来更改必需的积累也是可能的。我不能在这里讨论这些问题。[①] 遗憾的是我只能表达这样一种意见：即这些方法只能缓和错误原则的后果。这种情形在某些方面类似于在把功利标准与平等原则结合起来的直觉主义观点那里所见到的情形（见第 7 节）。在单独考察这两个原则便没有哪一个可以被接受时，直觉主义就用被恰当衡量的平等标准来纠正功利标准。所以，与此相似地，如果我们已经采用了适当的储存率旨在最大限度地扩大持久的社会功利（最大限度地扩大某种总功利）这一观念，那么，假如未来世代的福利受重视的程度较小，我们就可以获得一种似乎是较合理的结果；最恰当的折扣率可能依赖于人口增长的速度和资本的生产等等。我们要做的就是调整某些参数，以便可以得出一个与我们直觉判断较一致的结论。我们可能发现：为了获得代际的正义，我们需要对功利原则进行某些修正。确实，在这些例子中，时间偏爱的引进可能是一种改善；但是我相信，以这种方式引进时间偏爱表明了我们是以一个不正确的观念为出发点的。这里的情况和前面提到的直觉观念之间有一种差别。和平等的原则不一样，时间偏爱没有伦理学的内在吸引力。它以一种纯粹特定的方式被引进，以减轻功利标准所造成的种种后果。

46. 优先性的进一步论据

正义储存的问题可以用来阐明正义优先性的进一步论据。契约论的一个特征是：它在要求某一代为后代的福利储存的可能数量方面提出了一个上限。正义的储存原则是作为对积累率的一种限制而起作用的。每一代在实现正义制度和自由的公平价值所需的条件的过程中，都要尽自己公平的份额；但是不能要求超出这

[①] 见查克瓦蒂：《资金和发展计划》，第 39、47、63—65、247 页。索洛：《发展理论》，第 79—87 页，那里对数学问题作了一个解释。

一点的更多的东西。现在有人可能反对说：尤其在利益的总额特别大并代表了长远发展目标时，较高的储存率是可以被要求的。有些人可能走得更远；他们认为：虽然财富和权威的不平等侵犯了第二个正义原则，但是如果它们所带来的经济和社会利益足够大，那么这种侵犯就是合理的。为了论证他们的观点，他们可能举出这样一种例证：即为了后代的福利，我们看来要接受这类不平等和积累率。例如，凯恩斯评论说，在第一次世界大战前建立的那种巨大的积累决不会发生在一个平等地分配财富的社会中。[①] 他说，19世纪社会的安排使那些最不可能浪费财产的人手中掌握了不断增长的财富；这些新富翁不是为了大量的消费而成长的，他们更喜欢投资所赋予的权力而非享受直接的消费。正是财富分配的这种不平等使资本的急剧增大成为可能，使每个人的一般生活水准的或多或少的稳定提高成为可能。在凯恩斯看来，正是这一事实为资本主义制度提供了主要证明。如果富翁们自己花掉了新财富的话，那么一种这样的制度就可能为人们所不可忍受而遭到反对。当然，还有比凯恩斯所说的更有效、更正义的提高福利和文化水平的方法。仅仅在某些特殊情形（包括对立于贵族的自我享受的资产者的节俭情形）中，社会才可以为获得资金而赋予富人以比他们感觉是在正当地花自己挣来的钱更多的东西。但是关键在于，不管凯恩斯辩护的前提是否合理，这种辩护可能会导致完全反对改善工人阶级的状况。虽然工人阶级的处境显得恶劣，但凯恩斯可能会坚持认为：尽管在制度中存在着许多明显的不正义，但却不可能真正排除这些不正义和改善获利较少者的条件。在其他的制度中，劳工的状况可能更糟。我们不需要考虑这些论点是否真实，而只需指出，与人们可能设想的相反，

---

① 见 J.M. 凯恩斯：《和平的经济结果》（伦敦，麦克米兰公司 1919 年版），第 18—22 页。

凯恩斯并没有说贫穷者的艰难生活可由后代的更大的福利来证明为是合理的。这符合正义对效率、对较大利益总额的优先性原则。只要正义在储存方面的限制被侵犯，那就必须表明当时环境是这样的：即不侵犯这些限制就可能更严重地伤害那些已经遭受不正义的人。这个例证类似于在自由优先性的题目下已讨论过的一些例证（见第39节）。

显然，凯恩斯心中的不平等也侵犯了机会的公正平等原则，这引导我们思考：必须作出什么样的论证来辩解对这个标准的违反和怎样表述恰当的优先规则。[①] 许多作家认为机会的公正平等将产生严重的后果。他们相信：为了公共的利益，某种等级的社会结构和一个具有普遍世袭特征的统治阶级是需的。政治权力应该由那些对其社会的宪法传统有经验的、自幼就受到教育的人来运用，由那些其野心受到他们的确定地位的特权和礼节制约的人来运用；否则所下的赌注就太大了，那些缺乏教养和信念的人就会为了他们的狭窄目的相互竞争以夺取统治国家的权力。因此伯克相信，那些伟大的统治家族通过他们的政治统治的睿智，对一代代的普遍福利做出了贡献。[②] 黑格尔认为对机会平等的限制（例如长子继承权）是十分重要的，这可以确保一个因其独立于国家、利润追求及市民社会的种种偶然因素而特别适合于政治统治的地主阶级的地位。[③] 特权家族和财产制度使得它们所支持的人生就一种为着整个社会的利益的更明确的普遍利益的观念。当

[①] 在这里和下面的几段中，我感谢迈克尔·莱斯诺夫，见他的论文，载于《政治研究》第19卷（1917年），第75页。我从他的批评中获益不浅，由此展开了这里和第39节中对优先规则的陈述和讨论。

[②] 见《法国革命的反思》（伦敦，J. M. 登特父子公司1910年版），第49页；约翰·普兰梅纳斯：《人和社会》（伦敦，朗曼公司1963年版），第1卷，第346—351页。

[③] 见《正当的哲学》，第306节，T. M. 诺克斯译（牛津，克莱伦顿出版社1942年版），第199页。

然，一个人不需要赞同一个严格的等级制度；相反，他可能认为为了统治阶级的朝气，必须让有特殊才能的人有可能通过奋斗进入统治阶层而且被完全承认。但是它的前提还是和拒绝公平机会原则一致的。

为了与这种优先性（公平机会原则对差别原则的优先）相协调，像伯克和黑格尔那样论证说整个社会（包括获利较少者）都从对机会均等的限制中获得好处是不够的。我们还必须强调：排除这些不平等的打算大大干扰了社会制度和经济运行，以致从长远的观点来看不利者的机会无论如何会受到更大的限制。正如自由优先的类似情况一样，公平机会的优先意味着我们必须给那些具有较少机遇的人以机会。我们必须坚持认为，更广泛的可想往的选择对象是对他们开放的，而不是相反。只有当环境使放弃词典式次序并转向对公平机会和社会经济利益的一种直觉的衡量成为正当时，这种认为社会全体成员都有所获益的大太明确的主张才是充分有理的。这些环境可能要求、也可能不要求我们放弃两个正义原则的词典式次序。两种次序可能在不同的时期中起作用。

我将不继续讨论这些复杂的问题。不过我们应该注意到：虽然家庭的内部生活和教养可能像其他因素一样影响着儿童从教育中获益的动机和能力，因而也影响着他的生活前景，但是这些影响并不是必然地与机会的公正平等不相容。即使在一个满足两个正义原则的组织良好的社会中，家庭也可能构成对个体之间平等机会的一种障碍。因为正如我所规定的，第二个原则仅仅要求在社会的各个阶层中有类似天赋和动机的人具有平等的生活前景。如果在同一阶层中的家庭在如何形成儿童志向上有各种差别的话，那么虽然机会的公正平等可以从各阶层之间产生，可是个人之间的平等机会却不会产生。这种可能性提出了机会平等的观念能在多大范围内被实行的问题；但是，我将在后面（见第 77 节）

再对此作出评论。这里我仅仅评论说：遵循差别原则和它所暗示的优先性规则减少了达到完善的机会平等的迫切性。

我不讨论是否有合理的论据来无视机会的公正平等原则而赞成一种等级结构。这些问题不是正义论的一个部分。相关的地方在于：虽然这些论点有时看上去是利己的和虚伪的，但是当它们举例说明正义的一般观念的时候，就像借助差别原则及其所倾向的词典式次序来解释这个观念一样，却具有某种正当的形式。对机会的公正平等的侵犯不能由一部分人或整个社会所享有的较大利益总额来得到证明。这种证明的要求（不管正确与否）必须是：如果这些不平等被消除，那么共同体中最不利阶层的机会将受到更多的限制。人们应当认为这些不平等并不是不正义的，因为完全实现两个正义原则的条件并不存在。

在注意到优先性的这些例证之后，我现在要给出关于制度的两个正义原则的最后陈述。为完整起见，我将给出一个包括前面公式的全面的陈述。

第一个原则

每个人对与所有人所拥有的最广泛平等的基本自由体系相容的类似自由体系都应有一种平等的权利。

第二个原则

社会和经济的不平等应这样安排，使它们：

①在与正义的储存原则一致的情况下，适合于最少受惠者的最大利益；并且，

②依系于在机会公平平等的条件下职务和地位向所有人开放。

第一个优先规则（自由的优先性）

两个正义原则应以词典式次序排列，因此，自由只能为了自由的缘故而被限制。这有两种情况：

①一种不够广泛的自由必须加强由所有人分享的完整自

由体系；

　　②一种不够平等的自由必须可以为那些拥有较少自由的公民所接受。

第二个优先规则（正义对效率和福利的优先）

第二个正义原则以一种词典式次序优先于效率原则和最大限度追求利益总额的原则；公平的机会优先于差别原则。这有两种情况：

　　①一种机会的不平等必须扩展那些机会较少者的机会；

　　②一种过高的储存率必须最终减轻承受这一重负的人们的负担。

一般的观念

所有的社会基本善——自由和机会、收入和财富及自尊的基础——都应被平等地分配，除非对一些或所有社会基本善的一种不平等分配有利于最不利者。

通过评论可知，这些原则和优先规则无疑是不完全的。确实，其他修正将不得不作出，但是我不愿意使这些原则的陈述更加复杂化。我们只需注意到下面一点：当我们去探讨非理想理论时，我们并不直接回溯一般的正义观。两个原则的词典式次序和这一次序所含的评价，对于那些在许多情况下是颇为合理的优先性规则作出了说明。我已通过各种例子说明了这些规则为何可以被使用，并且指明它们的合理性。这样，正义原则在理想理论中的次序就反映和指导了这些原则对非理想情况的应用。它确定出哪些限制需要首先被处理。一般正义观的弊端在于它缺少把两个正义原则排列在系列次序中的明确结构。在较极端和复杂的非理想理论的情形中，可能没有替换它的选择对象。在某一点上，处理非理想情形的优先性规则将会失效；确实，我们可能发现根本不存在满意的答案。但是，我们必须尽可能久地推迟报应之日的到来，而且试图把社会安排得使它不会来临。

47. 正义的准则

现在，满足两个正义原则的制度体系的纲要完成了。只要正义的储存率或合适的比率范围被确定，我们就有了一个调整社会最低受惠值水平的标准。对转让的数额和从基本的公共利益得来的好处的安排，应当提高不利者的与必要的储存、平等自由的维持相一致的期望。当社会基本结构采取这种形式时，所导致的分配无论怎样都是正义的（或至少不是不正义的）。每一个人在他的合法期望赖以建立的公共规则体系下获得了他有权得到的整个收入（工资加转让）。

于是，正如我们前面所看到的那样（见第14节），分配正义观的一个中心特征是：它包含了较大成分的纯粹程序正义。我们并不试图在知道具体个人的偏爱和要求的基础上来规定关于利益和服务的正义分配。上面这种知识被看成是与一个合适的一般观点不相关的；而且它无论如何带来了各种复杂性，这种复杂性不能由那些具有可容许的简洁性的原则——可以合理地期望人们同意这类原则——来处理。但是，如果纯粹程序正义的观念要成功的话，那么，正如我已经说过的，就有必要建立并公正地管理一种背景制度的正义体系。对纯粹程序正义的依赖以社会基本结构满足两个正义原则为先决条件。

对分配份额的解释恰恰详细地说明了这样一种尽人皆知的观念，即一旦一种（可行的）竞争价格制度恰当地得到组织且体现在一个正义的社会基本结构中，那么收入和工资便将是正义的。这些条件是充分的。作为结果的分配是背景制度的正义的一种情况，类似于一种公平游戏的结果。但是我们需要考虑这个观念是否符合我们有关正义与不正义的直觉观念。具体地说，我们必须询问它符合常识性正义准则的程度怎样。看来我们似乎忽略了这些观点。现在我就来表明，这些观点及其附属地位是能够得到解释的。

我们也许可以用下列方式来表述问题。密尔正确地论证说：只要一个人停留在常识性准则的水平上，那么这些正义准则的和谐就是不可能的。例如，在工资的例子中，每个人按照他的努力来取酬和每个人按照他的贡献来取酬的这两个准则，其本身就是相反的命令。而且，如果我们想要评价这些准则的话，它们自身并不能提供办法来决定如何确定它们的相对价值。所以，常识性准则不能表现一种关于公正或公平工资的确定理论。① 可是，我们不能由此推论说，（密尔看来是这样假设的）一个人只要采取功利原则就能找到一种满意的观念。某些更高的原则确实是必需的；但是除了功利原则之外，还存在着其他的选择对象。甚至可以把例如从按能力分配到按需分配这些常识性准则中的一个或它们的某种组合，提高为一个第一原则。② 从正义论的观点来看，两个正义原则制定了正确的更高标准。因此我们的问题是要考察：常识性的正义准则是否会在一个组织良好的社会中产生，以及它们会得到何种方式的评价。

我们现在从由一个正义的社会基本结构所环绕的一种完善的竞争经济中来考察工资的例子。假设每个公司（不管公有还是私有）必须适应供求的长远趋势来调整它的工资价格。公司所付的工资价格不能太高以致雇用不起这些价格的职员；也不能太低以致有能力的人鉴于其他可得到的机会而不再为公司贡献他们的技术。总之，在平衡中不同工作的相对吸引力将是相等的。于是，弄清各种正义准则是怎样发生的就并不困难。这些正义准则仅仅确定出从劳动力市场的求方或供方，或供求双方看来是有意义的

---

① 《功利主义》，第5章，第30段。
② 马克思在《哥达纲领批判》中援引了这个准则，见《马克思恩格斯选集》（莫斯科，外文出版社1955年版），第2卷，第24页。

工作的特征。一个公司对工人的需求是由劳动力的边际生产率决定的，也就是说是通过某种劳动单位所贡献的净价值（这可以通过它所生产的商品销售价格来衡量）来决定的。这种贡献给公司的价值最终依赖于市场条件，依赖于家庭愿意为商品所付的价钱。富有经验、训练有素并且具有天赋能力和特殊专长的人倾向于赚得一笔特别报酬。公司愿意给具有这些特性的人以更多的报酬；因为他们的生产力较高。这个事实说明和强调了按照每个人的贡献付酬的准则；而作为另一些特例，我们则有按照每个人的训练或经验等付酬的准则。但是从供方来看，如果要说服那些以后可能提供其服务的人承担训练和延迟的费用，那么对他们也必须付出一种特别报酬。类似地，对于那些涉及到偶然的、不稳定的就业因素的工作，或者处在危险的、使人厌恶的艰苦条件下时的工作，也总是要付给较多的报酬，否则就不能找到人来完成这些工作。在这种情况下，按照每个人的努力和他所承受的危险等付酬的准则就产生了。即使假定人人都具有同样的天赋，这些准则仍将是从经济活动的要求中产生的。如果给定了生产单位和求职者的目标，那么某些特征就会作为相关的东西被区分出来。任何时候公司的工资实践都倾向于承认这些准则，并按照市场的需要随时调整对它们的评价。

所有这些看来都是相当明确的。更重要的是进一步的几个要点。首先，不同的正义观可能产生相当接近的常识性准则。这样，在一个由功利原则调节的社会中，所有上述的准则就很可能被承认。只要经济实体的目标是充分相似的，这些准则就必定要被诉诸，工资政策就将明确地考虑它们。另一方面，对这些准则的评价一般是不同的。各种正义观正是在这里分野。这里不仅有一种以其他方法实施工资政策的趋势，而且经济活动的长期趋势几乎肯定要采取另外一条路线。当背景制度中的家庭受不同的观念支配时，公司和工人必须适应的市场力量却不是这样。供求关系的一种不同平衡肯定会使各种准则产生不同的平衡。这样,不同正义观之间的对立并不表现在常识性准则的水平上,倒不如说表现在对这些准则的因时制宜的相对不同的强调上。无论如何,一种关于公平或正义的平衡的传统或习惯的观念决不能被看作是根本性的,因为它依赖于那些调节背景制度的原则及其所要求的对现存条件的调整。

有一个例子可以澄清这一点。假定一个社会的基本结构提供了机会的公正平等,而另一个社会的基本结构没有做到这一点。那么,在第一个社会中,以按每个人受训练和教育的情况付酬的特殊形式出现的按贡献付酬的准则也许不大受重视。即使我们假设(正像事实所表明的)个人具有不同的天赋才能,情况也很可能如此。其原因在于:在有更多的人接受了训练和教育的情况下,这个社会中有能力的人力供应要大得多。当不存在对获得教育的机会的限制或在资金市场中对教育方面的贷款或补贴没有不完善之处时,那些具有较好天赋的人便只得到相当少的特别报酬。在较有利阶层和最低收入阶层之间的相对收入差别趋于消失;而且,当差别原则被遵循时,这种倾向就更强烈。这样,按照每个人的训练和教育情况付酬的准则,在第一个社会中就比在第二个社会中被考虑得少,而按照每个人的努力付酬的准则则得到更多的重视。当然,一种正义观要求随着社会条件的改变,各种准则的恰当平衡正常地相应发生变化。对正义原则的始终一致的运用逐渐重塑了社会结构,以致市场力量也发生了变化,因而重新确立了这些准则的重要性。即使现存的平衡是正确的,它也决不是神圣不可侵犯的。

此外,记住这些常识性准则的从属地位十分重要。做到这一点有时是困难的,因为人们在日常生活中非常熟悉这些常识性准则,并因而在我们的思考中可能具有显著的地位,以致它们的从属地位不能得到证明。没有一个准则能有理由地被提高到第一原则的水平。每一个准则大概都对应于一种与某些具体制度相联系的相应特征，这一特征只是某种具体制度的许多特征中的一种，而这些制度也是特殊的制度。采纳其中一个准则作为第一原则必定导致忽略那些应该考虑的其他事情。而如果所有或许多准则都被当作第一原则的话，它们就会缺少明确的体系性。常识性准则的概括性是不恰当的。为了寻找适当的第一原则，我们必须深入到这些准则的后面去。人们都承认，有些准则初看上去具有相当的概括性。例如，按照每个人的贡献付酬的准则包括了一种完善的竞争经济中的分配方面的许多情况。若接受分配的边际生产率理论，则每一生产要素都按照它增加的产出而得到一种收入（假设生产资料是私人占有）。在这个意义上，一个工人的所得不多不少正是他劳动成果的全部价值。这种情况马上给我们一种公平的印象。上述准则诉诸关于我们的劳动成果方面的财产的自然权利的一种传统观念。因此，对某些作者来说，按贡献分配的准则作为一个正义原则是令人满意的。[1]

不过，很容易看出，这不是证据。劳动力的边际生产率依赖于供求关系。一个人的工作贡献随着公司对他的技术的需求而变化，也随着对公司生产的需求而变化。一个人的贡献还受到有多少人可提供类似的才能的影响。因此，不应当假定遵循按贡献分配的准则就会导致一个正义的结果，除非潜在的市场力量及其所反映的机会的可得性受到恰当的调节。正如我们看到的那样，这意味着作为一个整体的社会基本结构是正义的。于是，除了建立由正义原则所要求的背景安排之外，没有其他办法来恰当地评价正义准则。的确，某些制度可能赋予某些准则以一种特别显著的

---

[1] J. B. 克拉克的作品作为一个典范经常被引用。但也可参见 J. M. 克拉克所作的讨论：《经济思想的发展》，H. W. 施皮格尔编（纽约，约翰·威利父子公司 1952 年版），第 598—612 页。

地位；例如，一个竞争的经济就是这样强调按贡献分配的准则的。但是，有关最后分配的正义的结论决不能从一个孤立的准则被使用的情况中推出。对许多准则的全面衡量要通过整个体系来做出。这样，按需分配的准则就应留给转让部门去执行；它完全不是一个有关工资的准则。为了评价分配份额的正义，我们必须注意背景制度的总体活动和来自各个部门的收入和财富的比率。[1]

有人可能会反对前面对常识性准则的解释和纯粹程序正义的观念，认为一种完善的竞争经济决不可能实现。事实上，生产要素决没有收到它们的边际效果，至少在现代条件下，一些大公司很快控制了各个工业领域。竞争在最好的情况下也是不完善的，个人的所得小于他们所创造的价值，在这个意义上他们被剥削了。[2] 我们对此的回答是：首先，无论如何，适当调节的竞争经济及恰当的背景制度的观念是一种理想的蓝图，它旨在展示两个正义原则可能怎样实现。它可用来解释这些原则的内容并说明种途径——循此，无论是一种私有制经济或是一种社会主义制度都可以满足这种正义观。即使现存条件总是达不到理想的假设，我们还是得到了某种关于何为正义的概念。而且，我们因此就能处在一种更好的地位来评价现有缺点的严重程度，并决定接近这一理想的最好方式。

第二，个人因市场的缺陷而遭受剥削这种情况的意义是十分特别的，这就是说，它意味着即按贡献分配的准则被侵犯了，而这一情况的发生是因为价格体系不再有效。但是正如我们刚刚看

---

[1] 这样，J. B. 克拉克在反驳马克思时犯了一个错误，即他不能充分地思考背景正义的问题。见 J. M. 克拉克：《经济思想的发展》，第610页。马克思式的剥削观是和完善的，竞争相容的，因为它是某种财产关系的结果。

[2] 关于剥削的这一定义，见 A. C. 皮古：《福利经济学》，第4版（伦敦，麦克米伦公司1932年版），第549—551页。

到的，这个准则只是许多从属准则中的一个，真正要考虑的是整个制度的活动，以及这些缺陷是否在其他地方得到补偿。再者，既然从根本上说效率原则没有被实现。那么人们也可以说整个共同体遭受了剥削。但实际上剥削概念在这里是不恰当的。它暗示着背景制度中的一个深刻的不正义，而与市场的低效率关系不大。①

最后，鉴于效率原则在作为公平的正义中处于从属地位，我们就用不着特别担心对市场完善的不可避免的偏离。更重要的在于：一种竞争体系在机会公正平等的背景下为自由联合体原则和个人职业选择提供了场所；而且一种竞争体系容许家庭的选择来调节满足私人目的的生产项目。一个基本的先决条件是经济安排与自由制度和自由联合体之间的相容性。这样，如果市场是合理竞争和开放的话，那么纯粹程序正义的概念就是一个可行的概念。这个概念似乎比其他传统理想更为实际，因为它被明确地建构得把大量可能的标准协调为一个内在统一的、有效的观念。

48. 合法期望和道德应得

常识倾向于假设：收入、财富和一般生活中的美好事物都应该按照道德上的应得来分配（moral desort）。正义即为由德性决定的幸福。虽然人们认识到决不能完全地实现这个理想，但它却是分配的正义的适当观念，至少是一个首要原则。当环境允许时，社会应当试图实现它。② 作为公平的正义反对这一观点。这

---

① 见马克·布劳格：《经济理论的回顾》，第 434 页。
② 例如可见 W. D. 罗斯：《正当和善》（牛津，克莱伦顿出版社 1930 年版），第 21、26—28、35、57 页。同样，莱布尼兹在《论事物的终极根源》（1697 年）中谈到正义的法则时说，它"宣称每个人（每个个体）分享宇宙的完善，分享与他自己的德性及他对共同善抱有的善良意志相称的幸福"。《莱布尼兹著作集》，P. P. 威纳编（纽约，查尔斯·斯克里布纳父子公司 1951 年版），第 353 页。

样一个原则不会在原初状态中被选择。那里看来决不会有确定必要标准的办法。此外，按照德性来分配的观点不能区分道德应得和合法期望（legitimate expectation）。所以，实际情况是，只要个人和团体参与了正义的安排，他（它）们就拥有了由公认的规则所规定的相互之间的权利要求。如果他们完成了现存制度所鼓励的事情，他们就获得了某些权利，而且正义的分配份额尊重这些权利。因此，一个正义体系回答了人们有权要求什么的问题；满足了他们建立在社会制度之上的合法期望。但是他们有权利得到的东西并不与他们的内在价值相称，也不依赖于他们的内在价值。调节社会基本结构和规定个人义务和责任的原则并不涉及道德应得，分配的份额并不倾向于要与它相称。

前面对常识性准则及其在纯粹程序正义中的作用的解释（见第47节）证明了这个论点。例如，在决定工资时，一种竞争经济赋予按贡献付酬的准则以重要地位。但是正如我们所看到的，一个人贡献的大小（这可由一个人的边际生产率来估计）依赖于供求关系。一个人的道德价值无疑并不随着有多少人提供了类似的技能或者碰巧需要他能生产的东西的情况而变化。没有人会设想：当一个人的能力退化（如歌唱家）或者对这种能力的需求不大时，他的道德价值也经历了类似的变化。所有这些是相当明显的，而且一直为人们所同意。[1] 它直接反映了前面所指出的事实（见第17节）即我们的道德判断的确定点之一是：没有一个人应得他在自然天赋分配中的地位，正如没有一个人应得他在社会中的初始地位一样。

而且，没有一个正义准则旨在奖赏德性。例如，天才所赚得的特别报酬要冲去训练费用，要鼓励学习的努力，并要把才能引

---

[1] 见 F. H. 奈特：《竞争伦理学》（纽约，哈珀兄弟公司1935年版），第54—57页。

导到最能推进公共利益的方向上去。正义准则所导致的分配份额和道德价值无关,因为从一种道德的观点来看,自然天赋的最初资质和早期生活中发展和教养的偶然性是任意的。按照直觉观点,最接近奖赏道德应得的准则似乎是按努力分配(或更恰当地说,按真诚的努力分配)的准则。[①] 不过,我们仍然很清楚地看到:一个人愿意做出的努力是受到他的天赋才能和技艺、以及他可选择的对象影响的。在其他条件相同情况下,天赋较好的人更可能认真地做出努力,而且似乎用不着怀疑他们会有较大的幸运。奖励德性的观念是不切实际的。在人们强调按需分配的准则而忽略道德价值时显然就是如此。此外,社会基本结构也没有倾向于平衡各种正义准则,以便暗中达到所需的一致。这种平衡完全是由规定着其他目标的两个正义原则来调节的。

我们可以用另一种方式来得出同样的结论。在前面的评论中,我们一直没有解释区别于建立在合法期望之上的个人权利要求的道德价值概念。因此,现在就假设我们来规定这个概念,并表明它与分配的份额没有相关性。我们必须只考虑一个组织良好的社会,即一个在其中制度是正义的且这一事实得到公认的社会。这个社会的成员也具有强烈的正义感,具有遵守现有规范和相互给予他们有权得到的东西的有效愿望。在这种情况下,我们可以假设每个人具有平等的道德价值。现在我们按照正义感、按照那种根据原初状态中所选择的原则来行动的愿望(见第 72 节)来规定道德价值的概念。用这种方法来理解时,个人的平等的道德价值显然并不导致平等的分配份额。每个人都应该得到按正义原则规定他有资格得到的东西,这些东西并不要求平等。

关键在于:道德价值的概念并不提供一个用于分配正义的第一原则。这是因为只有在两个正义原则和自然义务和责任的原则

---

① 见奈特:《竞争伦理学》,第 56 页上的注。

得到承认之后，道德价值的概念才能被采用。一旦我们手中掌握了这些原则，道德价值就可以被规定为具有一种正义的意义；正如我们后面所论证的那样（见第66节），德性可以被描述为按照相应原则行动的愿望或倾向。这样，道德价值的概念就从属于正当和正义的概念，它在分配份额的实质性规定中没有发生作用。这个情况类似于那种实质性的财产法规和防盗法之间的关系。防盗法所处理的犯法和过失预先假设了财产制度；财产制度是为了优先和独立的社会目标而建立起来的。对于一个社会来说，把奖励道德价值的目标作为第一原则来组织自身，就像为了惩罚窃贼而建立财产制度一样。所以，在原初状态中各方不会选择按照每个人的德性付酬的标准。既然各方希望推进他们的善的观念，他们就没有理由把这种制度安排得使道德价值可以决定分配的份额，即使他们能够为道德价值的确定找到一种先验的标准。

在一个组织良好的社会中，个人通过做现存安排所鼓励的某些事情而获得分享一份社会产品的权利。可以说由此产生的合法期望是公平原则和自然的正义义务的另一方面。因为，当一个人在正义制度中接受了某个地位时，在这方面他就有了维持正义制度的义务和尽自己份额的责任；所以一个遵守正义体系和尽其职责的人有权要求其他人也相应地这样对待他。他们必须满足他的合法期望。这样，当正义的经济安排存在时，个人的权利要求就要借助一些被认为是与这些实践相关的具有不同重要性的规范和准则来恰当地解决。正如我们已看到的，关于正义的分配份额是按照各人的道德价值来奖赏各人的说法是不正确的。我们所能说的只是，用传统的术语来说，一个正义体系给予每个人以他应得的一份，换言之，它分配给每个人以正义体系本身规定的他有权得到的东西。对制度和对个人的两个正义原则确认了这种做法是公平的。

现在我们应当指出：即使现存规范调节着一个人的要求，我们依然能够在有权得到某物和在一种我们熟悉的非道德意义上应得到某物这两者之间作出区别。① 例如，在一场比赛之后，我们常常说负者应得到胜利。我们在这里不是说胜者没有权利要求成为冠军或者要求得到给予胜者的奖品，而是说负者在很大程度上表现了比赛所要求的技艺和品质，表现了使比赛富有吸引力的运动方式，因此负者确实应该得胜，但是由于坏运气或其他偶然性而失败了。同样，即使最好的经济安排也不会总是导致较可取的结果。个人实际上所要求的必然多少偏离这一体系的设计所允许的范围。例如，某些处在有利地位的人可能并不比别人具有更高程度的优秀品质和能力。所有这些都是十分明显的。这说明虽然我们的确能把在假设个人已尽职且结果已明显的情况下现存安排要我们尊重的要求，与那些将从较理想的环境里产生的要求区别开来，但是这决不意味着分配的份额应该符合道德价值。甚至当事物以最好的方式发生时，依然不存在分配和德性相一致的倾向。

毫无疑问，有些人还可能争辩说：分配的份额至少在可行的范围内应当符合道德价值。他们可能相信除非那些状况较好者有优越的道德品性，否则他们所具有的较大的利益就是一种对我们的正义感的冒犯。这种意见可能来自这样一种思考：即把分配的正义看成多少是惩罚的正义的对立面。确实，在一个合理的组织良好的社会中，那些触犯了正义法律因而受到惩罚的人通常是做了恶事。这是因为刑法的目的是要维持基本的自然义务，这些义务不许可我们破坏其他人的生活，损害其他人的身体，或者剥夺他们的自由和财产；刑罚就是用来达到这个目的的。刑罚完全不是一个被设计来确定某些行为类型的价格、以指导人们互惠合作

---

① 这里我借用了乔尔·范伯格的观点，见他的《行为和应得》（普林斯顿，普林斯顿大学出版社1970年版），第64页。

的有关赋税与负担的体系。如果没有刑法禁止的行为发生，事情当然就会好得多。[①] 所以，实施这种行为的倾向性就是一种坏品性的标志。在一个正义社会中，法律惩罚只是落在表现了这些错误的人身上。

显而易见，经济和社会利益的分配是完全不同的。可以说，这些安排并不是与刑法相反的一面，即一个惩罚某些犯罪行为而另一个则奖赏道德价值。[②] 不平等的分配份额的作用是要抵消训练和教育费用，并从一种社会的观点吸引个人到最需要他们的地位和团体中去。假设每个人都承认由正义感适当调节的自我利益或集体利益动机的正当性的话，那么每个人都会选择做那些最符合他的目的事情。工资、收入和职位津贴的多样性正好影响着这些选择，以致最终结果符合于效率和正义。在一个组织良好的社会中，除了保证问题使刑法成为必需之外，其他方面不再有对刑法的需要；就大部分情况而言，刑法正义的问题属于部分服从的理论，而对分配正义的解释属于严格服从的理论，因而也属于理想方案的思考。把分配的正义和惩罚的正义看成是相对的两端是完全错误的，这意味着在不存在道德基础的分配份额那里加进了一个道德基础。

49. 与混合观念的比较

虽然我经常比较正义原则和功利主义，但是我还没有对混合观念具体谈过什么。人们可以回想起，我们曾通过用功利标准和其他标准来代替第二个正义原则而规定了混合观念（见第21节）。我现在必须考察这些替换对象，尤其是因为许多人可能认

[①] 见 H. L. A. 哈特：《法律的概念》（牛津，克莱伦顿出版社1961年版），第39页；范伯格：《行为和应得》，第5章。

[②] 关于这一点见范伯格，同上书，第62页，第69页脚注。

为这些混合观念比正义原则更合理；无论如何，正义原则初看起来是提出了相当严厉的要求。但是我们需要直接强调：所有的混合观念都接受了第一个原则，因此承认了平等自由的优先地位。这些观念都不是功利主义的，因为即使功利原则代替了第二个原则或者第二个原则的某些部分，比方说代替了差别原则，功利观念还是只具有一个从属的地位。这样，就作为公平的正义的主要目标是要确立一种学说来代替古典功利学说而言，即使我们最终接受了一个混合观念而不是两个正义原则，这个目标也算是达到了。而且，只要假定第一个原则是最重要的，契约论的本质特征看来就已保存在这些混合观念中了。

所以，从这些评论来看，反对混合观念的论证显然比反对功利原则的论证更为困难。许多作家看来承认某种变形的功利主义观点（尽管这种观点被含糊地表达为各种社会利益的平衡与和谐），他们明显地预先假设了一种在最低程度上保证基本自由的混合宪法体系。这样，他们实际上便持有某种混合学说，因而来自自由的强有力论据就不可能像以前那样使用了。于是，主要问题在于：当平等自由的原则约束第二个原则和功利原则这两者时，为了支持第二个原则而非功利原则，我们还能说些什么？即使在这种情形中，我们仍需要考察反对功利标准的理由，尽管这些理由显然不像反对典型的和平均的功利理论的理由那样具有决定性的作用。

我们首先考察与两个正义原则相当接近的一种混合观念。在由某种社会最低受惠值限制的平均功利原则代替了差别原则而其余一切仍然不变的情况下，这种观点便产生了。一般来说，这里的困难相同于直觉主义理论的困难：即社会最低受惠值应怎样被选择并如何根据环境的变化而调整？使用两个正义原则的人看来也可能是在追求平均功利的最大值和维持适当的社会最小值之间作出一种平衡。如果我们只注意他所考虑的判断，而不注意他对这些判断提出的理由的话，他的评价就可能被混同于追随这种混合观念的其他人所作的评价。我想，当在各种不同的条件下决定社会最低受惠值水平时这一结果是很有可能产生的。那么，我们怎么知道采取这种混合观点的人不是在事实上依赖差别原则呢？诚然，他没有意识到他诉诸了它；他甚至可能否定说他这样做了的说法。但结果正是：那种约束了平均功利原则的所要求的最低受惠值水平，恰恰导致了如果他实际上遵循了这个标准的话同样要发生的结果。而且，他不能解释他选择这种最低受惠值的原因；至多他只能说他作出了在他看来是最合理的决定。所以，如果主张这样一个人实际上使用了差别原则，因为他的判断可能符合某些别的标准，那就走得太远了。然而，他的正义观显然仍需要被证明。在确定适当的最低受惠值方面暗中进行的活动使这个问题尚未解决。

其他混合理论的情况亦与此类似。例如，人们可能通过提出某种分配要求（或者根据这种要求自身或者根据它同某一适当选择的最低受惠值的联系）来决定限制平均原则。又如，人们可能用最大限度地追求平均功利——减去将导致的分配的标准偏差的某一分数（或倍数）——的标准来取代差别原则。[1] 由于当每个人都获得相同的功利时这一偏差是最小的，所以这标准表明它比平均原则更关心较不利者。这种观点的直觉特征也是清楚的，因为我们需要询问：标准偏差的分数（或倍数）应当怎样被挑选出来，而且这个参数应怎样随着平均数自身发生变化？差别原则可能再一次出现在背景中。这种混合观念是同其他指导我们追求大多数目标的直觉观念相同的。因为它认为：只要保持某种最低额，那么较大的平均福利和较平等的分配就都是值得向往的目

---

[1] 关于这个观点，见尼古拉斯·里谢尔：《分配的正义》（纽约，鲍勃斯·梅里尔公司1966年版），第35—38页。

标。如果一个制度在这两方面都比较好，那么这个制度毫无疑义就比另一个制度更可取。

不过，不同的政治观对这些目标的衡量是不同的，而且我们需要用以确定它们的相对重要性的标准。事实在于：当我们接受这样的一批目标时，我们通常并不十分同意它们。我们必须认识到：对各种目标的一种相当细致的衡量潜含在一种合理地、完整的正义观中。在日常生活中，我们经常满足于列举常识性准则和政策目标，除此之外，我们还满足于在具体问题上不得不按照具体境况的一般事实来权衡它们。虽然这是一种合理的实际建议，但它并不表达一种清晰的正义观。事实上，一个人被告知在这些目标指导的框架内尽自己最大的努力来使用自己的判断。只有那些在各方面都让人更称心的政策才是显然更可取的。通过比较可知，差别原则是一个更为精确的观念，因为它按照所有的目标组合在提高最不利者前景方面的不同有效程度，来确定它们各自的地位。

因此，尽管差别原则立即显得像是一种多少有点特殊的观念，但它仍然可以是这样一种标准：即当它与别的正义原则相结合时，它便处于背景制度中，并控制着我们的那些各种混合原则都试图与之相称的日常判断所表现的影响力。我们的依赖于由低层次标准指导的直觉这种习惯方式，可能使我们看不到解释这些标准的力量的更基本的原则的存在。当然，两个正义原则（特别是差别原则）是否能解释我们关于分配正义的判断这个问题，只能通过在某些细节上发展这些原则的推论，通过注意我们准备在多大程度上承认它们所产生的影响力来解决。也许这些推论和我们所考虑的信念之间并无冲突。在这些判断里，也许不应当有任何确定之点，即在任何可预见环境下我们似乎都不愿意调整的论点。否则，两个正义原则就不是完全可接受的，某些修改就不得不作出。

但是，我们的日常观点或许不需要十分明确地涉及平衡各种冲突目标的问题。如果是这样的话，那么主要问题就在于我们能否同意对两个正义原则所表达的我们的正义观的更确切的说明。假如我们坚持我们所考虑的判断中的某些确定之点，我们就必须确定充实并扩展我们的正义观的最好方式。正义的两个原则与其说是反对直觉信念的，不如说是提供了一个比较具体的原则来解决常识不熟悉并没有解决的问题。因此，虽然我们一开始觉得差别原则是奇特的，但在对它作了适当规定后，这它的含义的反思可能使我们确信：它或者符合我们所考虑的判断，或者以某种可接受的方式把这些信念扩展到了新的境况中。

与这些评论相一致，我们可以指出诉诸公共利益正是一种民主社会的政治常规。任何政党都不会公开地要求制定对某些被承认的社会集团不利的立法。但是，应当怎样理解这个常规呢？确实，这一常规比效率原则更为重要；我们不能假设政府平等地影响着每个人的利益。既然从不止一个观点来看追求最大值都是不可能的，那么，按照一个民主社会的精神，人们自然就挑选出最不利者的观点，并且以与平等自由和公平机会相容的最好方式来促进他们的长远前景。看来，我们最信任的正义政策至少在以下意义上是朝这个方向发展的：即如果这些政策被取消，那么社会的最不利阶层的生活就会更差。这些政策即使不是完全正义的，也是始终正义的。因此，一旦我们正视采纳一种合理完善的正义观的必要性，差别原则就可以被解释为一种民主的政治常规的合理延伸。

我指明这些混合观念具有直觉特征，但我并不是说这个事实就是对它们的一种决定性反驳。正如我曾提到的那样（见第7节），原则的这类结合确实具有很大的实际价值。无疑，这些观念确认了种种人们可以借以评价政策的似乎合理的标准，而且在适当的背景制度下，它们还可以指导我们得出正确的结论。例如，一个接受那种要最大限度地追求减去了标准偏离的某一分数（或倍数）的平均福利的混合观念的人，大概也会赞成机会的公正平等，因为所有人具有的更平等机会看来既提高了平均值（通过效率的提高）又减少了不平等。在这种情形中，替换差别原则的这一观念就支持了第二个正义原则的其他部分。进一步说，我们显然在某些方面不能避免依赖直觉判断。混合观念的困难在于它们太迅速地诉诸这种判断，并且没有给出一个可替换差别原则的明确对象。在缺少一种确定恰当分量（或参量）的程序的情况下，由两个正义原则来实际上决定平衡是可允许的，当然条件是这些原则不能产生我们不能接受的结论。如果这种情况发生，那么尽管某一混合观念诉诸于直觉，它可能还是更可取的，特别是如果它的使用有助于把序列和一致引进我们所考虑的信念的话。

支持差别原则的另一个理由是它比较容易被解释和被运用。确实，对某些人来说，混合标准的吸引力部分地在于：它们是一种避免差别原则的较严厉要求的方法。差别原则相当直接地确定什么东西将促进最不利者的利益。这一群体可通过它的基本善的指标来鉴别，政策问题能通过探讨被恰当地确定的相关代表人将怎样选择来解决。但是在功利原则发挥作用的范围内，平均（或总体）福利观念的含糊性是让人烦恼的。我们必须对不同代表人的功利函数作出某种估计，并在他们之间建立一种人际一致，等等。这样做所产生的问题是如此巨大，这种估计又是如此粗略，以至于各种深刻冲突的观点对不同的人来说可能都是同样有理的。一些人可能断言一个群体的所得超过了另一群体的所失，而另一些人则可能否认这一点。没有一个人能说明是什么样的基本原则解释了这些差别，或者怎么可能解决这些差别。社会地位显赫的人比较容易不正义地、同时又不表现出明显越轨地谋取他们的利益。当然，所有这些都是显而易见的，而且人们一直承认伦理原则具有含糊性。然而它们并非都是同等地不精确的，两个正义原则在较清楚地阐明它们的各种要求上以及需要做什么来满足它们方面具有一种优势。

人们可能设想,功利原则的含糊性可以通过对测度和综合福利的方式的一种较好解释来克服。我不愿意强调这些讨论了很多的技术问题,因为对功利主义的较重要反驳是在另一个层面上进行的。但是简单地提一下这些问题可以阐明契约学说。这里有几种功利的人际测度方法,其中一个方法(它至少要追溯到埃奇沃思)是假设一个人仅仅能够区别有限数目的功利水平。[1] 据说,个人对属于同一区分水平的选择对象之间的差别持漠不关心的态度,而且,对于任何两个选择对象之间的功利差别的基本测度,是由分隔它们的可区别水平的数目确定的。所导致的基本测度是单值的,它必然如此,一直达到一种线性变换。为了作出某种人际测度,人们可能假设:邻近水平之间的差别对所有个人来说都是一样的,所有水平之间的差别也是如此。有了这种人际一致的规则,计算就十分简单了。在比较各种选择对象时,我们为每个个人确立这些对象之间的各种水平的数目,然后计算出总值,并考虑种种加减数值。

这种基本功利的观念遇到了一些众所周知的困难。即使撇开一些明显的实际问题,以及弄清一个人的区分水平依赖于实际可用的选择对象的事实不谈,要证明社会功利从一个水平转向另一个水平的变化对所有个人都是一样的,这一假设看来也是不可能的。一方面,这个程序可能同样地衡量这样一些变化——其中包括个人不同地感觉到的数目相同的区分,其中一些人比另一些人有更强烈的感受;另一方面,这个程序可能较重视那些看来是作

---

[1] 见 A. K. 斯恩:《集体选择和社会福利》(旧金山,霍尔登—戴公司1970年版),第93页。埃奇沃思的观点,见《数学心灵学》(伦敦,1888年)第7—9、66页。

出较多区分的个人所经历的变化。轻视态度的力量,特别是如此高地奖励那种可能系统地随着气质和训练而发生变化的区别能力肯定是不令人满意的。[1] 确实,整个程序看来是任意的。不过它有这样的优点:它展示了功利原则在为了建立必要的功利尺度所选择的方法中可能包括了潜在的伦理假设。幸福和福利的概念并不具有足够的决定性,甚至为了确定一个合适的基本尺度,我们也可能不得不考察那种将使用这种基本尺度的道德理论。

在纽曼-摩根斯坦的定义中产生了同样的困难。[2] 可以这样说明这个定义:如果一个人在两种冒险的前景间的选择满足了某些先决条件的话,那么此时就存在着相应于选择对象的功利数值,以致他的决定可以被解释为最大限度地追求所期望的最大功利。这些功利数值的数学上的期望仿佛指导了他的选择;这些功利说明是单值的,达到一个正线性转换。当然,人们并不坚持认为个人自身在决定中使用了一种功利说明。这些数值不指导他的选择,它们也不提供一个审慎思考的第一人称程序。倒不如说,如果一个人在对前景的选择中实现了某些条件,那么至少从理论上来说,观察的数学家能计算这样一些数值,它们把这些选择描述为在确定的意义上最大限度地增加所期望的功利。迄今为止,我们还未涉及关于实际反思过程或个人所依赖的标准(假若有的话),也没有指出功利数值所相应或代表的选择对象的特征。

现在假设我们能够为每个人建立一种基本功利,那么我们应怎样进行人际测度呢?一个熟悉的建议是0—1规则:即指定一个人的最坏可能状态的价值为0,最好状况的价值为1。这一规

---

[1] 关于这些困难,见斯恩:《集体选择和社会福利》,第94页;W. S. 维克里:《功利、策略和社会决定规范》,载于《经济学季刊》第74卷(1960年),第519—522页。

[2] 对此的解释,见鲍莫尔:《经济理论和操作分析》,第512—528页;卢斯和雷法:《游戏和决定》,第12—38页。

则马上给我们一种公平的印象；它或许以另一种方式表达了每个人都要被看作是1而且不超过1的观念。可是还有另外一种比较均衡的方案，例如，把最坏的选择对象的价值指定为0，把所有选择对象的功利总额的价值指定为1。[1] 这两种规则似乎是同样正义的。因为第一种设想了每个人的平等的最大功利，第二种设想了平等的平均功利；但是它们可能导致不同的社会决定。进一步说，这些建议实际上假设了所有的个人都有实现满足的相同能力，而且，这样做看来仅仅为了规定某种人际测度法，就支付了不寻常的代价。显然，这些规则以一种特殊方式清楚地规定了福利的概念，因为普通观念似乎在下述意义上容有各种变化：即一种对福利概念的不同解释与常识即使不是比较相容的话，也至少是地位平等的。因此，例如，0—1规则暗示着在其他条件相同的情况下，较大的社会功利来自具有简朴的欲望并容易被满足的受过教育者，暗示着这种人一般来说将有较强的权利要求。他们乐意只拥有较小功利，所以大概能最接近于他们的最大功利。如果一个人不能接受这些推论，但仍然希望坚持功利主义观点的话，那么他就必须找到其他的人际测量法。

再者，我们应当注意到：虽然纽曼-摩根斯坦命题假定个人不具有冒险或打赌的实际经验，但是这一假定所产生的测度仍然受到人们对于由总的或然率分配所规定的不确定性的种种态度的影响。[2] 这样，如果这一功利的定义被使用在社会选择中，人们的冒险情绪就会影响关于应被最大限度地增加的福利的标准。我们再一次看到确定人际比较的规定具有始未料及的道德结果。正如前面所说的，从道德观点来看，任意的偶然因素影响了功利的测量。这里的情况相当不同于作为公平的正义的情况；后者表现

---

[1] 见斯恩：《集体选择和社会福利》，第98页。
[2] 见阿罗：《社会选择和个人价值》，第10页；桑，同上书，第96页。

在康德式的解释中，其原孕育着理想，并根据基本善来进行必要的人际比较。

因此，看来功利原则的含糊性是不太可能仅仅用一种较精确的功利测度就令人满意地排除的。相反，一旦我们考察人际比较所需的常规，就会发现有各种不同的规定人际比较的方法。这些方法涉及一些明显不同的假设，而且大概也会有很不同的结果。这些规定及其相应的规则（若有的话）之中哪一种适合于正义观乃是一个道德问题。我相信，当有人说人际比较建立在价值判断上时，他所说的也就是这种意思。尽管接受功利原则显然是一件有关道德理论的事情，但测度福利的程序却没有明显地提出类似的道德问题。既然有不止一个这种程序，选择就依赖于对上述测度的利用；这意味着伦理的考虑最终是决定性的。

梅因对标准功利假设的评论在这里是中肯的，他认为一旦我们知道这些假设仅仅是一种立法的工作规则，知道这就是边沁对待它们的方式，那么这些假设的根据就很明显了。① 假定有一个人口稠密、合理同质的社会和一个富有活力的立法机关，那么能够在相当大的范围内指导立法的惟一原则就是功利原则。那种忽视人际差别甚至很真实的差别的需要导致一个平等地考虑所有人的定理，导致类似性和边际的假定。确实，人际比较的常规要按照同样的观点来判断。契约论认为，只要我们看到这一点，我们就将明白：我们最好完全放弃测度和计算福利的观念。从原初状态的观点来看，这不是切实可行的社会正义观的一个部分。相反，两个正义原则更可取，且运用起来要简单得多。通观全局，选择差别原则或者说完整的第二个正义原则，而不选择功利原则甚至在一种混合观念中受到限制的功利原则，还是有道理的。

---

① 这些评论见 H. S. 梅因：《早期制度历史》（伦敦，1897 年），第 399 页。

50. 至善原则

迄今为止，我很少谈到至善原则。但是在刚刚讨论过混合观念之后，现在我要来探讨这个原则。它有两种变体：第一种是目的论的单独原则，它指导社会按下述目的来安排制度并规定个人的义务和责任，即最大限度地达到人类在艺术、科学、文化方面的优越性。显然，有关的理想被看得愈高，人们就愈需要至善原则。诸如尼采时常赋予伟人（如苏格拉底、歌德）生命的那种绝对重要性并不常见。他在许多地方谈到人类必须不断地努力创造伟大的个体。我们通过为最高种类的善而工作来赋予我们的生命以价值。[①] 亚里士多德的较温和的优越性观念肯定是更常见的。

较流行的观点是：在一种直觉主义理论中，一种至善原则仅仅被承认为数种标准之一。这个原则要通过直觉来和其他原则取得协调。所以，某种观点属于至善论的程度依赖于它赋予文化和优越性要求的重要性。例如，有些人认为希腊人在哲学、科学和艺术上的成就本身证明了古代奴隶制度的合理性（假设为了获得这些成就，这种奴隶制度是必需的）；可以确信，这个观点在很大程度上是至善论的。另一方面，一个人可能仅仅用这个标准来限制在立宪政权下财富和收入的再分配。在这种情况下，至善原则被用来作为一种对平均主义观念的平衡。这样，人们可能会说，分配确实应当是较平等的，如果这对满足较不幸者的基本需

---

① 见 G. A. 摩根引用的段落，《尼采的意义》（坎布里奇，哈佛大学出版社 1941 年版），第 40—42、369—372 页。尼采的以下陈述特别引人注目："人类必须不断地工作以产生伟大的人类个体，除此之外没有别的任务……因为问题在于：你的生命、个人的生命怎样才能保持最高价值，最深刻的意义？……这只有通过你为最稀少、最有价值的种类的善而生活才能做到。"《不合时宜的思考：第 3 篇论文：作为教育家的叔本华》，第 6 章。引自 J. R. 霍林斯戴尔：《尼采：其人及其哲学》（巴吞鲁日，路易斯安娜州立大学出版社 1965 年版），第 127 页。

求是必需的，并只是减少了状况较好者的享受和快乐。但是，一般来说，较不幸者的较大幸福并不能证明缩减用来保持文化价值所需的支出是正当的。这些生活形式比较小的快乐具有更大的内在价值（不管这种快乐多么广泛地被人享有）。在正常条件下，必须保持某种社会资源的最小值以推进至善的目的。惟一的例外是在这些要求和较不幸者的基本需求冲突的时候。因此，如果环境得到了改善，至善原则便获得了比欲望的较大满足不断增加的重要性。毫无疑义，许多人接受了这种直觉主义形式的至善论。它容有歧异很大的解释，看来比严格的至善论表达了更合理的观点。[1]

在考虑反对至善原则的理由之前，我将评论，两个正义原则和两种目的论（至善论和功利论）之间的关系。我们可以把注重理想（ideal - regarding）的原则定义为不注重需求的原则。[2] 这就是说，它们不把需求满足的总额及其在人们之间进行分配的方式看成是与理想惟一相关的特性。那么按照这种区分，两个正义原则和至善原则（包括它的任一变体）一样是注重理想的原则。它们不是从欲望的目的中抽象出来的，它们认为当各种满足是同样强烈和使人愉悦时它们的价值是相等的（按边沁评论的意思，在其他条件相同的情况下，图钉和诗歌一样好）。正如我们已经看到的那样（见第41节），某种理想孕育在两个正义原则之中，那些与原则不相容的欲望的满足没有任何价值。而且，我们将鼓励

---

[1] 关于这种观点，可见特兰·德·儒兰纳尔：《再分配的伦理学》（剑桥，剑桥大学出版社1951年版），第53—56、62—65页。也见黑斯廷斯·拉什多尔：《善恶论》（伦敦，牛津大学出版社，1907年版），第1卷，第235—243页。他维护这样的原则：即每个人的善要被看作是和其他人的同样的善分量相同的；在决定什么时候人们的善是平等的问题上，要参照至善的标准。追求较高生活的能力构成不平等地对待人们的一个理由。见第240—242页。一个相同的观点潜含在G. E. 穆尔的《伦理学原理》中，见第6章

[2] 这个规定来自巴里：《政治论证》，第39页。

某些品性,特别是鼓励正义感。这样,在考虑除了满足的净余额及怎样分享此种净余额以外的其他事情方面,契约论与至善论有相同之处。事实上,两个正义原则甚至不提及福利的总额及分配而仅仅涉及各种自由和其他主要善的分配。同时,正义原则试图确定一种个人的理想,而不诉诸一种有关人的优越性的先验标准。因此契约论处在至善论和功利主义之间。

我们现在转向一个至善论的标准是否会得到采用的问题。首先,我们可以考虑严格至善论的观念,因为这里的种种问题比较明显。为了获得一种明确的意义,这个标准必须提供某种方法来排列不同种类的成就并总计其价值。当然,这种评价可能不是很准确的,但是它应当准确到足以指导有关社会基本结构的主要选择。正是在这一点上,至善原则陷入了困境。因为虽然处在原初状态的人对他们相互之间的各种利益采取冷淡态度,但他们知道他们具有(或者可能有)某些道德和宗教利益,以及别的一些他们不能使之陷于危险境地的文化目标。而且,他们被假设抱有不同的善的观念,并认为他们有权为实现各自的目标而相互提出自己的要求。各方并不是共享一种善的观念,一种据此来评价他们的努力结果甚或他们的欲望的满足的善的观念。他们也没有一个一致同意的至善标准:即一个可作为一个原则用来选择制度的标准。实际上,承认这样一种标准就是接受一个可能导致一种较少的宗教自由或其他自由的原则(如果不是导致完全丧失推进一个人的许多精神目标的自由的话)。即使优越性标准是相当清楚的,各方仍然无法知道他们的要求不致拜倒在追求最大完善的较高社会目标面前。这样看来,处在原初状态中的人所能达到的惟一相互理解就是:每个人都应当具有与其他人的同样自由一致的最大的平等的自由。他们不可能通过赋予一个价值标准(它确定什么是一个目的论的正义原则要最大限度地追求的目标)以某种权威地位而使他们的自由处于危险之中。这种例证完全不同于那种同意以基本善指标作为人际比较的基础的例证。无论如何，指标只起一种从属作用，而且，基本善是人们为了达到无论什么目的一般都需要的东西。对这些东西的需要在人与人之间并无区别。但是，为了使基本善成为指标而接受它们当然并没有确定一个优越性标准。

因此，那种导致平等自由原则的同一论证显然要求我们反对至善原则，但是在作出这一论证时，我并没有说从日常生活的观点来看，优越性标准缺少一个理性根基。显然，在艺术和科学中存在着评价创造性努力的各种标准，至少在特殊风格和思想传统方面如此。毫无疑义，一个人的工作经常优于另一个人的工作；当以个人的活动和工作的优越程度来衡量他们的自由和福利时，这些自由和福利的价值是相当不同的。这不仅适用于各种实际活动，而且适用于各种潜在的活动。人们显然可以比较内在的价值；虽然至善标准不是一个正义原则，但是价值判断在人类事务中具有重要的地位。它们并不一定都是如此含糊，以致不能作为一个分配权利的有效基础。论证倒不如说是这样的：鉴于这些价值判断的目标根本不同，各方在原初状态的条件下没有理由采纳至善原则。

为了达到完善论的伦理，我们应该使各方先验地接受某种自然义务：比方说促进具有某种风格和审美情趣的人的发展，促进对知识和艺术修养的追求的义务。但是这个假设会大大改变对原初状态的解释。虽然作为公平的正义允许在一个组织良好的社会中承认优越性的价值，但是追求人类至善必须限制在自由社团的原则的范围之内。人们以和他们组成宗教团体相同的方式结合起来，以促进他们的种种文化和艺术利益。由于他们的活动具有更多的内在价值，他们不使用强制的国家机器来为自己争取更多的自由或更大的分配份额。至善论不适合作为一个政治原则。这样，支持致力于发展艺术、科学和文化的社团所需的社会资金，通常就应来自对这些社团所提供的服务的一种公平回报，或者来自一个由两个正义原则调节的制度中的所有公民的自愿捐献。

因此，按照契约论，公民的平等自由并不以不同个人的目的具有相同的内在价值，或者他们的自由及福利价值相同为先决条件。尽管各方是道德人和理性人，具有前后一致的目的体系和倾向于正义感的能力，但是这还是一种假设。既然他们具有必要的确定性质，再补充说各方是平等的道德人就是不必要的。如果愿意我们可以说人具有平等的尊严，这仅仅意味着他们都满足了由对最初契约状态的解释所表现的道德人格的条件。从这个观点来看，他们是相同的，他们要像正义原则所要求的那样被对待（见第77节）。但这决不意味着他们的活动及成就具有同样的优越性。考虑到这一点，我们就要把道德人格的观念和属于价值范畴的各种不同的至善融合起来。

我刚才已指出个人的平等价值对平等自由来说不是必要的条件。我们还应该指出他们的平等价值也不是充分条件。人们有时说，基本权利的平等来自个人追求较高生活方式的平等能力；但是为什么应当这样则是不清楚的。内在价值是一个属于价值范畴的概念，平等自由或其他原则的正当性问题依赖于正当的观念。至善标准强调，社会基本结构中各种权利的分配，应旨在最大限度地追求总的内在价值。个人享有的权利和机会的结构很可能影响他们实现潜在权力和优越性的程度。但是并不能由此推论说，对各种基本自由的一种平等分配是最好的解决办法。

这里的情况类似于古典功利主义所遇到的情况：我们要求与标准假设相对应的假设。所以，即使个人的潜在能力是相似的，但如果不是由一个边际值（在该例中由优越性标准来估量）递减原则来控制权利分配的话，平等的权利就得不到保障。的确，除非有充分的资源，否则价值总额最好通过有利于少数人的十分不平等的权利和机会来增加；只要这对产生较大的人类优越性是必不可少的话，按至善论的观点来看，这种做法就不是不正义的。按此观点，一种边际值递减原则肯定是有问题的，虽然或许不像平等价值的原则的问题那么多。认为那些分配来鼓励和培养较高级人才的权利和资金，在超过有关范围内的某种限度时，对整体的贡献通常就会越来越少这一假设，是没有多少根据的。相反，这种贡献可能无限地增长（或保持恒常的水平）。所以，至善原则给平等自由提供了一个不稳定的根基，并可能要大大偏离差别原则。至善论所提供的平等假设似乎是相当无理的。为了找到平等自由的坚固根基，看来我们必须反对传统的目的论原则，即至善论原则和功利主义原则。

迄今为止，我一直把至善论作为单独原则的目的论来讨论。这种形式的至善论所面临的各种困难是很明显的。直觉形式的至善论看来则要合理得多，而且当至善的要求是以节制的方式提出来时，反对这些观念就不是很容易的。它们与两个正义原则的差异是微小的。然而，类似的问题产生了，因为一种直觉观点的每个原则都必须被选择，而且虽然在这个例证中，各种推论可能不会那么多，但像以前一样，仍然不存在把一种至善原则接受为社会正义的一个标准的基础。而且，作为政治原则的优越性标准是不精确的；在运用到一些公共问题中时它们必定是不确定的、特异的，不管在较狭的思想传统和交流中，它们可能多么合理地被人们所诉诸和接受。正是由于这个原因及其他原因，作为公平的正义要求我们展示出：如果不对人们的行为方式作必要的限制，它们就会干预其他人的基本自由，或者侵犯某种责任和自然义务。因为正是当这种结论的论据失效时，个人就试图以某种特定方式来诉诸至善论的标准。例如，当有人说，某些种类的两性关系是退化的、可耻的，并且因此应该被禁止时，如果仅仅是为了所谈到的个人的缘故（不管他们的愿望是什么），那么，这常常是因为按照正义原则不能得到一个合理的论证。于是我们就转到优越性观念上来。但是，在这些问题上，我们可能受到细微的审美偏爱和个人的恰当感的影响；个人、阶级、社团的差别常常是尖锐的、不可调和的。既然这些不确定性困扰了至善论标准，并使个人自由处于危险之中，那么看来我们最好是彻底地依赖具有十分确定的结构的两个正义原则。① 所以，即使在直觉形式中，至善论也可能遭到反对，因为它不能规定一个社会正义的可行基础。

最后，我们当然必须检查：如果没有一个至善论标准的话，所产生的后果是不是可以接受，因为我们立即看到，作为公平的正义似乎没有为有关理想的考虑提供足够的范围。对这一点，我只能如此说明：艺术和科学的公共资金可以通过交换部门来提供（见第 43 节）。在这个事例中，对公民可能提出的对他们自身征必要税款的理由没有任何限制。他们可能按照至善论原则增加公共善的价值，因为在这种情形中使用政府的强制机器仅仅是为了解决孤立和保证问题；而且一个人未同意，他就不能被征税。优越性标准在这里不是作为一个政治原则，所以，如果一个组织良好的社会愿意的话，它能给这种支出提供一笔较大资金。但是，虽然文化的要求能以这种方式来满足，两个正义原则却不允许按照这样的理由，即下述的机构具有内在价值，那些在其中工作的人应得到支持，即使另一些人要付出巨大代价且得不到补偿利益，来资助各种大学、研究机关、剧院、影院。用于这些目的的

---

① 在所谓的道德强制问题上，对这个观点的说明是有争论的，道德经常具有性道德这种狭窄意义。见帕特里克·德夫林：《道德强制》（伦敦，牛津大学出版社 1965 年版）。H. L. A. 哈特：《法律、自由和道德》（斯坦福，加利福尼亚州，斯坦福大学出版社 1963 年版）。他在这个问题上采取了不同的立场。进一步的讨论，见布赖恩·巴里：《政治论证》，第 66—69 页。罗纳德·德沃金：《洛德·德夫林和道德强制》，载于《耶鲁法律期刊》第 75 卷 (1966 年)；A. R. 劳奇：《原罪和犯罪》，载于《哲学》第 43 卷 (1968 年)。

税收只有在直接或间接地改善了那些保证平等自由的社会条件，并以一种合适的方式促进最不利者的长远利益时，才能被证明为正当。看来只有对那些其正义性最少有争议的资助才应予以承认，因此，在这些情况中无论如何没有一种对至善原则的明显需要。

我以上述评论来结束对正义原则如何运用到制度中去的讨论。显而易见，还有许多进一步的问题应当加以考虑。至善论还可能有其他形式；每个问题都只是作了简略的讨论。我应该强调，我们的意图只是要表明契约论可以足够好地作为一种可供选择的道德观。当我们检查它关于制度的推论时，它看来比它的传统对手更准确地符合我们的常识性信念，并且以一种合理的方式推广到先前未解决的问题上去。

第 六 章

义务和职责

在前面两章中,我讨论了对制度的两个正义原则。现在我要考察一些适用于个人的自然义务和职责的原则。本章开头两节考察在原初状态中选择这些原则的理由及它们在稳定社会合作方面的作用。这些考察包括对允诺和忠诚原则的简略讨论。不过,在大部分地方,我将研究这些原则在一个宪法框架内对于政治义务和职责的理论的意义。这看来是为了一个正义论的目标而解释这些原则的意义和内容的最好方法。具体地说,我将联系多数裁决规则的问题和服从不正义法律的理由扼要地解释非暴力反抗的专门例证。我将把非暴力反抗和不服从的其他形式(如良心的拒绝)加以比较,以阐明非暴力反抗在稳定一个接近正义的民主制度中的专门作用。

51. 自然义务原则的论证

在前面的章节中(见第 18—19 节),我简要地描述了一些适用于个人的自然义务和职责的原则。现在我们必须考察在原初状态中选择这些原则的原因。它们是一种正当观念的主要部分:它们确定了我们的制度联系和人们变得相互负有责任的方式。只有到我们阐明了这些原则的时候,作为公平的正义观才是完全的。

从正义论的角度来看,最重要的自然义务是支持和发展正义制度的义务。这个义务有两个部分:第一,当正义制度存在并适用于我们时,我们必须服从正义制度并在正义制度中尽我们的一份职责；当正义制度不存在时，我们必须帮助建立正义制度，至少在对我们来说代价不很大就能做到这一点的时候要如此。因此，如果社会基本结构是正义的（或者具有在特定环境中可以合理期望的正义性），那么每个人就都有一种去做要求他做的事情的自然义务。每个人都负有这种义务，不管他自愿与否、履行与否。现在的问题在于：为什么各方采用这个原则而不是其他原则？让我们假设，正如选择制度的情况一样，各方没有办法审视所有可能提出的原则。许多可能性没有得到清楚的规定，而且在它们中间或许没有最佳的选择。像前面一样，为避免这些困难，我假设可根据一份列举传统的已知原则的简明表格来作出选择。为了加快考察的进度，我在此将只提及功利主义的选择对象来加以说明和对照，并大大简化我的论证。

用于制度的原则已被选择这一事实大大简化了对个人原则的选择。可行的选择对象范围立刻缩小到只是那些与两个正义原则结合时即构成一种前后一致的义务和职责观的对象。① 这种限定和那些决定着我们的制度联系的原则相连结，因而必定是特别重要的。所以，我们假设，处在原初状态的人们在一致同意两个正义原则之后，选择了功利原则（或它的任一变体）作为个人的行为标准。即使在这一假设中没有矛盾，功利原则的采用也将导致一个前后不一致的正当观念。对制度的标准和对个人的标准并不完全符合。当一个人处于一个由两个正义原则所控制的社会地位的情况中时，这一点特别清楚。例如，我们来考察一个公民决定如何在各政党间投票的情况，或者一个立法者考虑是否该赞成某一法规的情况。假设这些个人是一个组织良好的社会中的成员，这个社会采用了对制度的两个正义原则和对个人的功利原则。那么他们将怎样行动呢？作为一个理性的公民或立法者，他看来应

---

① 有关这个观点的澄清，我感谢阿伦·吉伯德。

该支持或赞成那个最好地符合两个正义原则的政党或法规。这意味着他应该根据两个正义原则来投票并督促其他人也这样做,等等。制度的存在包含着某些符合公认规范的个人行为模式;所以,对制度的原则影响了在这些制度中占有地位的人的行为。但是,这些人也必须把他们的行为看做是由功利原则支配的。这样,这个理性的公民或立法者就应该支持或赞成这样一个政党或法规,即它的获胜或实行最可能最大限度地增加满足的净余额(或平均额)。所以,把功利原则选择为个人行为标准就把个人引到了与正义原则相反的方向。为避免这一冲突,至少当个人在制度中占有某一地位时,他必须选择一个以某种适当的方式与两个正义原则相适应的原则。只有在没有制度的情况下,功利主义的观点才和已达成的契约相容。虽然功利原则在某种适当限定的背景下具有一定地位,但它已经不再被认为是对义务和职责的一种一般解释。

于是,我们可以做的最简单的事情就是把两个正义原则用作对个人的正当观的一部分。我们可以把正义的自然义务规定为支持和发展那些能满足正义原则的制度的义务;以这种方式,我们达到了一个与用于制度的标准相一致的原则。不过,还存在着这样一个问题:如果处在原初状态中的各方要求按照他们的自愿行为,例如按照他们从这些制度中受益的行为,或按照他们已允诺或已从事的行为来遵守正义制度的话,他们是否会做得更好。带有这种条件的原则乍看上去似乎更符合那种强调自由同意和保护自由的契约观点。但是,使用这个先决条件实际上将会一无所获。从两个正义原则的词典式次序的观点来看,各种平等自由的完整性已经得到保障。因此,在这一方面毋需作出进一步的保证。而且,各方有一切理由来保障正义制度的稳定,而这样做最容易和最直接的办法就是不管个人的自愿行为而接受那些支持和服从正义制度的要求。

通过回想前面我们对公共利益的讨论（见第42节）可以加强这些评论的说服力。我们曾指出，在一个组织良好的社会中，"公民一般都具有一种有效的正义感"这一公开的认识，是一笔巨大的社会财富，它有助于稳定正义的社会安排。甚至当孤立问题已被解决，用于产生公共利益的广泛的公平体系已存在时，仍然有两个会引起不稳定的倾向。从自我利益的观点来看，每个人都想减少他的分内职责。他在任何情况下都从公共利益中获得好处；即使他缴纳的税款的边际社会值比花费在他身上的边际值大得多，也只有其中的一小部分反过来增加他的利益。这种根源于自我的倾向会导致第一种不稳定。但是，甚至有正义感的人们对一个合作体系的服从也是基于这样一种确信：即别人也要尽他们的一份职责。由于这一点，当公民相信或者合理地怀疑其他人不会尽职时，他们就会想法躲避作出自己的一份贡献。这种对别人的忠诚的担忧倾向将导致第二种不稳定。当着在其他人不遵守的情况下遵守某些规则有危险时，这种不稳定性就可能特别严重。正是这个困难妨碍了裁军协议的达成；在一个相互畏惧的环境中，甚至正义的人也可能陷入一种长期敌对的状态。正如我们已经看到的那样，保证问题通过摒弃第一种诱惑来维持稳定性；由于是由公共机构来做这件事，所以至少在一个组织良好的社会中，第二种不稳定的诱惑也消失了。

这些评论的结论是：把对我们的政治联系建立在一个职责原则的基础上会使保证问题复杂化。除非公民已接受并打算继续接受一种宪法的好处，否则他们是不会受制于一种甚至正义的宪法的。而且，这种接受在某种适当的意义上必须是自愿的。但这种意义是什么呢？对于一个我们生于斯并长于斯的政治制度来说，寻找一个合理的解释是困难的。[1] 即使这种解释能被给出，公民也可能仍然相互想知道他们是否受到约束，或者认为他们已受到约束。那种认为所有人都系之于正义制度的公开信念是不够坚定的，而一种对强制权力的更大信赖则可能对达到稳定是必需的。但是没有理由冒这些风险。因此，当在原初状态下的各方承认了正义的自然义务时，他们就做了最好的事情。假定一种公开、有效的正义感是很有价值的，那么重要的就是，规定个人义务的原则应该简单明了，应该保障正义制度的稳定性。因此，我假定人们会同意正义的自然义务而不是功利原则；假定从正义论的观点来看，自然义务是对个人的基本要求。虽然职责的原则与它相容，但它们不是选择对象，而只是具有补充的作用。

当然，还有一些别的自然义务。许多义务在前面已经被提到（见第 19 节），我不讨论所有的义务，而只是讨论其中的一些，这可能更富有启发性。我首先讨论前面没有提到的相互尊重的义务，这就是给予一个人以作为一个道德人，亦即作为一个具有一种正义感和一种善的观念的人所应得的尊重的义务（在某些情况中，具有正义感等特性仅仅是一些潜能，但在此我把这一复杂问题搁置一边，见第 77 节）。我们可以用几种方式来表示相互尊重：我们愿意从别人的观点或按别人的善的观念来理解他们的处境；每当我们的行为实际上影响了其他人的利益时，我们准备提出一些能解释自己行为的理由。[2]

这两种方式是和道德人格的两个方面相应的。每当需要时，

---

[1] 我不接受休谟的《论原初契约》中的全部论证，但我相信，当这种论证运用于一般公民的政治义务时，它是正确的。见《道德、政治和文学论文集》，T. H. 格林和 T. H. 格罗斯编（伦敦，1875 年）第 1 卷，第 450—452 页。

[2] 关于尊重的概念，见 B. A. O. 威廉斯：《平等的观念》，载于《哲学、政治和社会》第 2 辑，彼得·拉斯莱特和 W. G. 朗西曼编（牛津，巴兹尔·布莱克韦尔公司 1962 年版），第 118 页。

我们就向有关方面提出理由；并且我们真诚地提出这些理由，相信它们是由考虑到每个人利益的相互接受的正义观所规定的正确理由。所以，尊重作为道德人的另一个人就是试图从他的立场来理解他的目的和利益，向他提交一些理由以使他接受对他的行为的约束。我们假设，由于另一个人希望在所有人都能同意的原则基础上来调节他的行为，所以他应该熟悉那些以这种方式解释约束的有关事实。在一些较小的对他人体谅和有礼貌的意愿中也表现出尊重，这不是因为这些行为具有物质价值，而是因为这些行为恰当地表明我们意识到其他人的情感和志向。那么，应该承认这个义务的原因就在于：尽管处在原初状态中的各方对相互的利益表示出冷淡，但是他们知道：他们在社会中需要通过尊重伙伴来获得安全感。他们的自尊和对自己目标体系价值的信任抵挡不住别人的冷淡，更不必说轻蔑了。所以，任何人都由于生活在一个履行相互尊重义务的社会中而获得利益。与对一个人的自我价值意识的支持相比，这种自我利益付出的代价是较小的。

同样的理由可以证明其他的自然义务。例如，我们可考虑相互帮助的义务。康德（另一些人在这方面遵循了他的思想）认为：提出这一义务的根据在于可能会出现我们需要其他人帮助的情况，不承认这个原则就是剥夺我们从其他人那里获得帮助的权利。[①] 虽然在一些特殊场合中，我们被要求做一些不是为了我们自己利益的事情，但最终平衡起来我们可能还是有所获益，至少从正常环境里的长远情况来看是这样。在每一个单独的情况中，被帮助者获得的益处大大超过了帮助者的损失，并且假设一个人作受益者的机会并不比他必须作帮助者的机会更少，那么这个原

---

① 见《道德形而上学基础》，学院版，第 4 卷，第 423 页。还有一个更为详细的讨论，见《道德的形而上学》，第 2 部分（伦理学），第 30 节，学院版，第 6 卷，第 451 页。康德注意到，善行（beneficence）的义务（康德的叫法）是公共性的，即是一个普遍的法则，见第 23 节注解 8。

则显然有利于我们大家。但这并不是相互帮助的义务的惟一论据，甚至不是它最重要的论据。采纳这一义务的一个充足理由是：它对日常生活的性质有着广泛的效果。我们生活在一个当我们遇到困难时就可指望其他人帮助的社会中，这样一种公开知识本身就具有一种很大的价值。正如结果表明的那样，我们决不需要这种帮助以及我们偶尔被要求来提供帮助的情况并不使这一点有什么不同。狭义地讲，利益的衡量也可能与此无关。这个原则的主要价值与其说要根据我们实际接受的帮助来衡量，倒不如说要根据我们对其他人善良意向的信任感和一旦我们需要他们就会提供帮助的知识来衡量。确实，如果大家都知道这个义务遭到了拒绝，只需想像一下这个社会将变成什么样子就够了。因此，虽然各种自然义务不是一个单独原则的各种特殊表现（我大致这样假设过），但是如果我们考虑了它们所代表的基本态度时，类似的理由无疑就可证明许多自然义务。一旦我们试图描绘这样一种社会生活，在那里没有人具有一点遵守这些义务的意愿，我们就会看到，它将表现出对人类的一种冷漠，即便不是轻蔑。这种态度将使我们不可能形成自我价值感。我们应该再一次指出公开效果的高度重要性。

采纳自然义务本身和支持这种采纳的理由都是相当明显的。至少采纳这些义务比完全没有这类要求更可取的原因是清楚的。虽然它们的定义和系统排列是不清晰的，但无疑它们将得到承认。真正的困难在于对它们的更详细的阐述是和下述优先性问题联系在一起的：即当自然义务发生冲突——义务与义务之间、义务与职责之间、或者义务与通过分外行为可获得的善之间发生冲突——时，应怎样平衡这些义务？不存在解决这些问题的明确规则。例如，我们不能说这些义务以一种词典式的次序优先于分外行为，或者说优先于责任。我们也不能只求助于功利原则来弄清这些问题。各种对个人的要求经常是相互矛盾的，以至于将遇到跟采取对个人的功利标准时一样的问题；而且正如我们已看到的那样，我们已排除了功利原则，因为它产生了一种不一致的正当观念。我不知道怎样解决这个问题，甚至不知道是否有可能把种种有用和可行的规则总合成一个系统的解答。看来，关于社会基本结构的理论实际上比较简单。由于我们在这里处理的是一个一般规则的综合性体系，所以，只要我们采取长远的观点，我们就能依靠某些总体的程序来取消具体境况中的复杂成分的意义。因此，在本书中，我一般情况下不打算详细讨论这些优先性问题。我要作的事情是：联系处在一个我称之为接近正义的制度的环境里的非暴力反抗和良心的拒绝来考察一些专门的例证。满意地解释这些问题充其量只是一个开端；但是这可能使我们对我们面临的障碍的性质有所了解，并有助于使我们的直觉判断集中在正确的问题上。

此时，指出这样两种义务之间的为人熟知的区别看来是恰当的：即一种在其他条件相同的情况下的义务（一种所谓的自明义务）和一种在考虑所有条件的情况下的义务（同样的区别亦适用于职责）。这个概念的表述归功于罗斯，我们可以在主要方面依据他的思想。[1] 这样，假设在原初状态中所选择的完整的原则体系是众所周知的。它包括某些对制度和对个人的原则，当然也包括当这些原则在特定情况下同时支持对立双方时衡量它们的优先性规则。我进一步假设，这一完整的正当观念是有限的：它由有限数目的原则和优先规则构成。虽然在某种意义上说，道德原则（制度与个人的德性）在数量上是无穷的，或不确定地大的，但完整的正当观念也是大致完善的，这就是说，那些没有包括进来的道德思考大都只具有较小的重要性，通常可以忽略它们而不致犯严重错误。这些没有被考虑进来的道德理由的意义，在正当观

---

[1] 见《正当和善》（牛津，克莱伦顿出版社1930年版），第8—33、41页。

念较完整地确立时就变得微不足道了。现在，和这个完整的正当观念（它在规定的意义中是有限而完整的）毗邻的是一个坚持它的完整性的原则；如果我们愿意，也可以说有一个命令行为者实施那样一种行为的原则：这种行为在所有对他而言是可行的行为中，被（包括优先规则的）原则的完整体系合理地判断为是一种正当行为（或最好行为）。在这里，我设想优先规则足以解决这些原则的冲突，或至少足以指导一种正确评价这些冲突原则的方法。显然，我们对优先规则的说明还不能使它们适用于较多的例证，但既然我们设法作出了这些判断，那么有用的规则就已获得了（除非直觉论者是正确的且只存在描述的方法）。总而言之，只要我们能够或应当弄清楚这一完整体系的原则所确定的全部有用的相关理由的话，这一完整体系就指示我们按照这些理由去行动。

现在，如果我们记住了这些规定，那么，诸如"在其他条件相同的情况下"和"在考虑所有条件的情况下"及其他有关表述等短语，就表明了一个判断依赖于整个原则体系的程度。一个单独采纳的原则不表达一个普遍陈述，即一个在前面的条件被满足时总是足以确定我们应当如何行动的陈述。倒不如说，首批原则从道德境况中挑选出一些相关的特征，以便通过解释这些特征而给予一种确定的伦理判断以支持，并提供做出这一判断的一个理由。正确的判断建立在所有的相关特征上，因为这些特征是由完整的正当观确定和例举出来的。当我们说在考虑所有条件的情况下做某件事是我们的义务时，我们强调我们已考虑了这一问题的每一方面；或者我们暗示我们知道（或者有理由相信）这一广泛考察的结果将是什么。与此相对照，当我们谈论作为一种在其他条件相同的情况下的义务（一种所谓的自明义务）某种要求时，我们则是在表明自己迄今为止只考虑了某些原则，并且仅仅是根据规模较大的理由体系中的一个次要部分来作出判断的。我一般将不指明一个人在其他条件相同的情况下的义务（或职责）和在考虑所有条件的情况下的义务这两者之间的区别。通常，我们可以依赖背景情况来搞清这种区别的含义。

我相信，这些评论说明了罗斯自明义务观的要点。重要的在于，"在其他条件相同的情况下"和"在考虑所有条件的情况下"（当然还有"自明"的）这些附加成分，并不是单句中的功能词，更不是动词谓语。倒不如说，它们表达了句子（或命题）之间的关系，判断和根据之间的关系；或者按照我上面所说的那样，表达了一个判断和规定其根据的原则体系的一个部分或整体之间的关系。① 这个解释包含了罗斯观点的主旨。因为他之所以把这种解释作为一种陈述首批原则的方法而使用，是为了使由首批原则规定的理由在特殊情况下支持相反的行动路线（它们的确常常是这样做的），而不同时使我们陷入矛盾。在康德那里所发现的——或者只是罗斯这样认为的——一个传统理论是，可以把适用于个人的原则分成两个部分：完善职责和非完善职责，然后把第一种职责看成是以一种词典式次序（使用我的术语）优先于第二种职责。但是，不仅一般来说认为非完善职责（如仁慈的职责）应当总是让路给完善职责（如忠诚的职责）的看法是错误的，而且，如果完善职责之间发生冲突的话，我们也没有解决的办法。② 也许康德的理论含有一种解决办法；但无论如何他是把这个问题搁置一边了。因此，对于我们的目的来说使用罗斯的概念是合适的。当然，这些评论并不接受他的第一原则是自明的论点。这个论点涉及到这些原则如何为人所知和它们容有何种派生

---

① 这里我遵循达纳尔得·戴维森在《意志脆弱是怎么可能的？》一文中的观点，该文载于《道德概念》，乔尔·范伯格编（伦敦，牛津大学出版社 1969 年版），见第 109 页。第 105—110 页中的讨论是和这里的讨论有联系的。

② 见《正当和善》，第 18 页，和《伦理学的基础》（牛津，克莱伦顿出版社 1939 年版），第 173、187 页。

物等问题。而这些问题是独立于这些原则在一个理由体系中怎样联结以及怎样证明关于义务和职责的特殊判断等问题的。

52. 公平原则的论证

虽然存在着各种不同的自然义务原则，但是所有的职责都是从公平原则（像第18节中规定的那样）中产生的。我们可以回忆一下，这个公平原则认为：如果一个制度是正义的或公平的，亦即满足了两个正义原则，那么每当一个人自愿地接受了该制度所给予的好处或利用了它所提供的机会来促进自己的利益时，他就要承担职责来做这个制度的规范所规定的一份工作。正如以前提到的那样，这里的直觉观念是：当一批个人按照某些规则加入互惠的合作冒险，并自愿地限制他们的自由时，服从这些限制的人有权要求那些从他们的服从中获利的人们有一类似的服从。[①]如果我们没有尽自己的一份公平的职责的话，我们就不应从其他人的合作中获利。

我们决不应该忘记：公平原则具有两个部分：一部分阐述我们怎样通过自愿地做各种事情来承担职责，另一部分提出了所涉及的制度要符合正义的条件（即使不是完全的正义，至少也是在某种环境里可以合理指望的正义）。后一个部分的目的在于确保仅当某些背景条件被满足时才产生各种职责。默认甚至同意明显的不正义制度不会产生职责。人们一般都同意：强迫做出的诺言从一开始就是无效的。同样，不正义的社会安排本身就是一种强迫，甚至是一种暴力，对它们的同意并不具有约束力。这个条件的理由在于原初状态中的各方将会坚持它。

在讨论公平原则的根源之前，我们需要弄清一个初步的问

---

① 这里我感谢 H. L. A. 哈特的《有自然权利吗?》一文，载于《哲学评论》第64卷（1955年），第185页。

题。有人可能反对说：既然已经有了一些自然义务的原则，公平原则就没有必要了。正义的自然义务可以解释各种职责，因为当一个人利用了一种已建立的制度时，这一制度的规则就适用于他，正义的义务就开始生效。这个论点的确是正确的。如果我们喜欢，我们也可以通过诉诸正义的义务来解释各种职责。我们只需把必要的自愿行为解释为自由地拓展了我们的自然义务的行为就够了。虽然这里所说的体系以前并不曾运用于我们，而且对于它我们的义务仅仅在于不设法破坏它，但现在我们却用我们的行为扩展了自然义务的范围。但是，在这样两种制度或其有关方面之间作出区别似乎是恰当的：其中一种制度是因为我们生长于其中、且我们活动的整个范围受其支配而必定要适用于我们的；另一种制度则是因为我们作为实现我们目的的一种合理方式而自由地做了某些事情才适用于我们的。这样，我们就有了一个遵守宪法比方说遵守一个调节财产的基本法（假设它们是正义的）的义务，而另一方面，我们也有一种职责去履行我们成功地获得的一个职位的义务，也就是去遵守我们所参加的社团和活动的规则。当义务和职责完全是因为产生的方式不同而发生冲突时，有区别地衡量义务和职责有时是合理的。至少在某种情况下，当职责和其他道德要求发生冲突时，职责是自由地承担的这一事实必定要影响对职责的评价。社会地位较高的人确实比其他人更可能具有某些不同于政治义务的政治职责。从根本上说，正是这些人最可能获得政府公职，利用立宪制度所提供的各种机会。因此，他们必须更严格地受到正义制度体系的约束。为了表明这一事实并强调自由地承担许多约束的方式，提出一个公平原则是有用的。这个公平原则应该使我们能够有区别地解释义务和职责。于是，"职责"这个词被留下来专指来自公平原则的道德要求，而其他道德要求则被称为"自然义务"。

由于在后面几节中，我们要联系政治事务来谈论公平原则，所以在此我将先讨论公平原则与允诺的关系。现在忠诚原则仅仅是公平原则运用于社会的允诺实践的一个特例。这个论证首先从下述观点开始：即允诺是一种由一个公开规范体系规定的行为。像在制度中的一般情况那样，这些规范是一系列基本的常规。正如游戏规则的作用那样，它们指明某些活动，规定某些行为。[①]在允诺的例证中，基本规则是那种支配"我允诺做某事"这句话的用法的规则。这个规则可大致解释如下：如果一个人在某些适当的环境中说出"我允诺做某事"的话，那么他就一定要做此事，除非有免除这一允诺的条件形成。我们可以把这个规则看成是允诺的规则；它可以被理解为代表了整个允诺实践。它本身不是一个道德原则，而是一个基本常规。从这个意义上说，它是和法律规范及比赛规则等同的；和那些规范一样，当它多少正常地为人们遵守时，它就是一种社会的规则。

允诺规则规定产生诺言的适当环境和解除诺言的条件的方式，决定了它所代表的实践是否正义。例如，为了作出一个有约束的允诺，一个人必须是完全有意识的，处在一种理性的心灵状态中，知道起作用的语词的意义及其在允诺中的用法等等。进一步说，这些诺言必须是自由或自愿地说出的，不是在受到威胁或强制时，而是可以说处在一种相当公平的订约地位中说出的。如果一个人是在睡着或幻觉时说出这些起作用的语词，或者是被迫作出允诺，或者因遭受欺骗而被剥夺了有关的信息，那就不能要求这个人履行他的诺言。一般来说，我们应该规定那些产生诺言的环境和解除诺言的条件，以保护各方的平等自由，并使允诺实践成为一个人们能为了相互的利益而用来进入和稳定合作协议的合理手段。我们在这里不能考虑许多不可免的复杂情况。我们只

---

① 关于基本常规可见 J. R. 塞尔：《言语行为》（剑桥，剑桥大学出版社1969年版），第33—42页。在第3章特别是第57—62页中讨论了允诺问题。

需指出：两个正义原则是以它们运用于其他制度的同样方式运用于允诺实践的。因此，为了保证平等的自由，一些适当的条件限制是必需的。在原初状态中，同意受睡着时或被强制时说出的话的束缚是毫无理性的。毫无疑义，这种看法是如此地不合理，以致我们倾向于排除这种或其他种与允诺的概念（意义）不相容的可能性。不过，我不想把允诺看成是一种按定义来判定其正义的实践，因为这混淆了允诺规则和那个来自公平原则的职责之间的区别。正如有各种契约法一样，也有各种各样的允诺。某个人或某个群体所理解的特定的允诺实践是否正义的问题，仍然要由正义原则来决定。

以这些评论作为背景，我们可以引进两个定义。首先，一个真正的允诺就是一个在它所代表的实践是正义的实践时符合允诺规则的允诺。一个人一旦在由一个正义的实践所确定的适当情境中说出"我允诺做某事"这句话时，他就作出了一个真正的诺言。其次，忠诚原则是一个要遵守真正的允诺的原则。正如上面所谈到的那样，区分允诺规则和忠诚原则是十分重要的。允诺规则完全是一种基本的常规，而忠诚原则是一个道德原则，是公平原则的一个推论。因为我们假设有一种正义的允诺活动存在，所以在作出一个允诺时，亦即在适当环境里说出："我允诺做某事"的话时，一个人就是在会意地求助于这一规则，并从一种正义安排中获得益处。我们假设没有一种做出允诺的职责；一个人可以自由地决定这样做或不这样做。但既然按假设某个允诺实践是正义的，那么公平原则就起作用了，一个人就要按照允诺规则所指定的那样去行动，也就是说要做允诺的某事。一种遵守诺言的职责是公平原则的一个推论。

我曾说过，一个人通过做出允诺而求助于一种社会实践并接受其可能带来的好处。那么这些好处是什么？这一实践是怎样进行的呢？为了回答这些问题，让我们假设做出允诺的一个标准理由是建立和稳定小范围的合作体系（或一种特殊的交易形式）。允诺的作用和霍布士赋予最高专制权力的作用相类似。最高专制权力通过保持一种公开的、有效的刑罚体系来维持并稳定社会合作制度，同样，人们在没有强制安排的情况下通过相互之间的允诺来建立并稳定他们的私人的合作冒险。这种冒险常常是很难开始和维持的。这在盟约的情况中，即在那种一个人要先于其他人行动的情形中特别明显。因为这个人可能认为：另一人不会尽职，因此合作方案不会继续进行。即使那个后来行动的人实际上遵守了诺言，也容易导致第二种不稳定性。在这些情形中，可能没有办法使先行动的一方抱有确信，除非另一方给他一个允诺，也就是另一方赋予自己一种要随后履行诺言的职责。只有通过这种办法我们才能保障这种合作方案并使双方从合作中获得益处。允诺的活动正是为了这一目的而存在的。所以，虽然我们通常把道德要求都看成是强加到我们身上的约束，但它们有时是为了我们的利益而审慎地自我加予的。这样，允诺就是一个抱有审慎地承担职责的公开意向而作出的行为，在适当的环境中这种职责的存在将促进一个人的目的。我们需要这一职责存在，并需要人们都知道它存在。而且我们需要别人知道我们承认这个约束并打算遵守它。于是，在我们因这个理由而利用了这一实践之后，我们就根据公平原则负起了一种履行自己所作出的诺言的责任。

在解释允诺（或形成盟约）是怎样建立并稳定各种形式的合作时，我大都遵循普里查德的观点。[①] 他的讨论包含了所有的关键之点。我也像他那样假设：每个人都知道（或至少合理地相信）别人具有正义感，因而具有履行真正职责的正常有效的欲望。没有这种相互信赖，诺言就一钱不值。不过，在一个组织良

---

① 见 H. A. 普里查德：《遵守诺言的责任》（1940年），载于《道德责任》（牛津，克莱伦顿出版社1949年版），第169—179页。

好的社会中，这种知识是现存的：当它的成员们作出允诺时，对他们履行职责的意图就有一种回应的承认，和一种相信这一职责将得到尊重的共有的合理信念。正是这种回应的承认和共同的理解，使一种事业开始并继续维持。

我们毋需进一步评论，一种共同的正义观（包括公平原则和自然义务）和那种对于人们按照它行动的意愿的公开领悟，在多大程度上是一笔巨大的集体财产。我已经从保证问题的角度注意到许多利益。现在，同样明显的是：在具有互相依赖和互相信任之后，人们能利用对这些原则的普遍接受来大大地扩展互利合作体系的范围并提高其价值。所以从原初状态来看，各方采纳公平原则是明显合理的。我们可以使用公平原则来保护这些在许多方面与自由选择相容的冒险，而不需要那些大量的、多余的道德要求。同时，在给出公平原则之后，我们就明白了为什么当允诺实践对允诺双方都有利时，它就应当作为一种自由地缔结一种职责关系的方式而存在。这种安排显然是为了公共利益。我将假定这些赞成公平原则的理由是充足的。

在讨论政治义务和职责之前，我应该来谈谈几个进一步的要点。首先，正如讨论允诺所表明的那样，契约论认为任何道德要求都不是仅仅由于制度的存在而产生的。甚至允诺规则本身也不引起一个道德职责。为了解释可信任的职责，我们必须把公平原则作为一个前提。这样，和大多数伦理理论一样，作为公平的正义认为各种自然义务和职责仅仅是根据伦理原则产生的。这些原则是在原初状态中将选择的原则。正是这些准则和我们所掌握的关于环境的相关事实一起，决定着我们的职责和义务，并挑选出可作为道德理由的事实。一个（正确的）的道德理由是这样一个事实，即在一个或较多个这类原则看来，这个事实支持着一个判断。当一个原则体系被运用到那些被认为是相关的全部事实中时，正确的道德选择就是最符合这一原则体系的指令的决定。这样，由一个或较多个原则确认的理由可能支持、轻视甚或取消（使之成为无效）由另一个原则所确认的理由。我设想，虽然我们不能接触到全部事实（它在某种意义上可能是无限的），但我们可以挑出一组有限的或可观察到的事实作为影响具体例证的事实，从而使原则的完整体系能使我们达到一种在考虑所有条件的情况下作出的判断。

通过比较，可以从现存规则和解释它们的方式中弄清制度的要求和那些一般是从社会实践中产生的要求。例如，我们作为公民的法律义务和职责可根据什么是公民法的问题来确定（就其能够确定而言）。那些适用于一种游戏中的游戏者的规定依赖于这一游戏的规则。这些要求是否和道德义务和职责相联系的问题是另外一个问题。即使法官或其他人用来解释并运用法律的标准与正当和正义原则相类似或与它们相同，情况也还是这样。例如，在一个组织良好的社会中，法院可能使用两个正义原则来解释那些用来调节思想自由、良心自由，并保障法律的平等实施的宪法条文。[①] 虽然在这种情况下很明显，如果法律满足了它自己的标准，那么在其他条件相同的情况下，我们在道德上就有义务来遵守法律；但是，法律要求和正义要求仍然是不同的问题。那种把允诺规则和忠诚原则（作为公平原则的一个特殊推论）结合起来的趋势是特别强烈的。它们初看上去似乎是一回事，但实际上一个是由既定的基本常规确定的，另一个是由原初状态中将选择的原则来解释的。因此，我们可运用这种方法来区分这两种规范。"义务"和"职责"这两个术语在这两种背景下被使用；但是由这种使用带来的模糊性应当是容易解决的。

最后，我想评论说：前面对忠诚原则的解释回答了普里查德

---

① 关于这一点，见罗纳德·德沃金：《规则的模式》，载于《芝加哥大学法律评论》第35卷（1967年），特别是第21—29页。

349

的问题。他感到奇怪的是：如果不求助一个先验的、一般的允诺或者有关遵守协议的协议，怎么可能解释下述事实，即一个人通过说出某些话（通过利用一种规定）就负有做某事的义务，特别是当这个他有义务做的行动是带着产生这种职责的真诚意图——他希望别人承认他的这种意图——而公开实行的时候？或者像普里查德所表述的那样：在那种看起来很像一种有关遵守协议的协议，但严格说来又不可能是（因为这样一种协议从未签订过）的真正的协议那里，包含着一种什么样的东西呢？[①] 现在，作为一种公开的基本规则体系，一种正义的允诺实践和公平原则的存在，对于一种可信任的职责理论来说是足够了。这种看法决无暗示存在着一种有关遵守协议的实际的先验协议。采纳公平原则纯粹是假定的；我们仅仅需要这样一个事实：即这个原则将会得到承认。至于其他方面，只要我们假设一种正义的允诺实践存在（不管它是怎样达到存在的），那么，一旦恰当的条件得到描述，公平原则就足以束缚那些利用它的人。这样，与在普里查德看来是一个先验的协议但实际上不是的东西相应的，就是与公平原则基础上的假设协议相联系的正义的允诺实践。当然，别的伦理学理论不使用原初状态的观念也可能推出这个原则。目前我不必坚持认为，用其他方法就不能解释可信任的束缚。我想表明的不如说是：即使作为公平的正义使用了一种原初协议的概念，它还是能满意地回答普里查德的问题。

53. 服从一种不正义法律的义务

十分明显，在解释我们为什么要服从一种正义宪法所制定的正义法规方面不存在任何困难。在这种情形中，自然义务原则和公平原则确立了必要的义务和职责。公民一般都受到正义义务的

[①] 见《遵守诺言的职责》，第172、178页。

约束；根据公平原则，那些担任有利公职并占据有利地位的人，或者那些利用了某些机会以推进他们的利益的人，尤其有责任尽他们的职责。真正的问题是：在什么环境下，在多大程度上我们要服从不正义的安排？人们有时说：在存在不正义安排的情形下，决不能要求我们服从这些安排。但这是一个错误。一般来说，正如一种现存宪法所规定的立法的合法性并不构成承认它的一种充足理由一样，一个法律的不正义也不是不服从它的充足理由。当社会基本结构由现状判断是相当正义时，只要不正义法律不超出某种界限，我们就要承认它们具有约束性。在试图确定这些界限时，我们接触到了政治义务和政治职责的深层问题。这里的困难部分在于在这些情形中各种原则是冲突的事实。某些原则劝告我们服从，而其他原则则指示我们走其他的道路。这样，我们就必须根据一种适当的优先性的观念来衡量政治义务和政治职责的各种要求。

不过，这里有一个更深刻的问题。正如我们已经看到的那样，处在词典式次序中的两个正义原则属于理想理论（见第39节）。处在原初状态中的人假设每个人都会严格地服从并遵守他们所承认的原则（不管这些原则是什么）。这样，所导致的正义原则就是那些在特定的有利条件下规定一个完满的正义社会的原则。与严格服从的假设一起，我们达到了一种理想观念。当我们提出是否要容忍和在什么环境里容忍不正义安排的问题时，我们就碰到了另一个完全不同的问题。我们必须搞清楚，正义的理想观念是怎样被运用（如果的确被完全运用的话）到那些不是必须对自然限制做出调整而是碰到了不正义的情形中去的。对这些问题的讨论属于非理想的部分服从理论。它包括惩罚理论和补偿性正义、正义战争和良心拒绝、非暴力反抗和军事抵抗及其他理论。这些是政治生活中的中心问题，但迄今为止，作为公平的正义的观念还没有直接运用于这些问题。现在我不想泛泛地讨论这些问题。事实上我只讨论部分服从理论的一个部分：即非暴力反抗和良心拒绝的问题。甚至在这里我仍将假设背景是一种近于正义的状态，亦即其中的社会基本结构是接近正义的，并恰当地考虑到了在这种环境中可以期望的东西。一种对这一公认的特殊例证的理解有助于阐明更多的困难问题。不过，为了考虑非暴力反抗和良心的拒绝，我们必须首先讨论有关政治义务和职责的几个要点。

首先，那种要求我们接受现存安排的义务或职责显然有时可能无效。这些要求建立在正当原则基础上；在考虑了各方面的情况之后，正当原则可能证明在某些情况下不服从的正当性。不服从是否能被证明为正当的问题依赖于法律和制度不正义的程度。不正义法律并不都是等价的，这也适用于各种政策和制度。有两条产生不正义的途径：现存安排可能在不同程度上偏离或多或少是正义的公认标准；或者，这些安排可能符合一个社会的正义观，或符合统治阶级的正义观，但这种观念自身可能是不合理的，并且在许多方面是明显不正义的。正如我们已经看到的那样，某些正义观念比其他正义观念更合理（见第 49 节）。虽然两个正义原则及相关的自然义务和职责的原则，从许多正义观念中确定了最合理的观念，但其他观念并不是不合理的。的确，某些混合观念对许多目标来说肯定是足够恰当的。作为一个纲要性的规则，一种正义观的合理性是和在原初状态为采纳这一正义观所可能给出的论据的力量相应的，当然，如果原初状态合并了要施加于对原则的选择并导致与我们所考虑的判断相称的判断的各种不同条件，那么这个标准是相当自然的。

虽然我们很容易区分出现存制度不正义的两个方面，但一种有关它们如何影响政治义务和职责的有效理论则是另外一回事。当法律和政策偏离了公认标准时，在某种程度上求助于社会的正义感大概是可能的。下面我要证明，这个条件是采取非暴力反抗的前提。不过，如果普遍的正义观没有遭到侵犯，那么情形就完全不同了。人们所接受的理论的合理性及其可提供的改变局势的手段决定了大部分应采取的行动方针。毫无疑义，一个人可以设法持某种混合的直觉观念或某种功利主义观念而生活，只要对这些观念的解释不太严格的话。然而在另一些情况下，当一个社会是由有利于狭隘阶级利益的原则来统治时，一个人就可能没有别的办法而只能反对那种流行的观念，反对它以诸如允诺今后的某种成功这类方式为之辩护的制度。

第二，我们必须考虑，为什么至少在一种近于正义的状态中，我们通常有一种不仅服从正义的法律，也服从不正义的法律的义务。虽然某些作家已怀疑这一论点，但我相信大多数人会接受它的；只有少数人认为：现存规范对正义的任何偏离（不管多么微小），都取消了服从它们的义务。那么，我们怎样来解释这个事实呢？既然正义义务和公平原则预先假定了正义的制度，那么就需要某种进一步的解释。[①] 如果我们假设了一个接近正义的社会，并且假设了在那里有一个多少满足了两个正义原则的可行的宪法制度，那么我们就能回答这个问题。这样，我假设在大多数情况下，社会制度是组织良好的，当然还不是完满地组织起来的，因为在后一种情况中不会产生是否需要遵守不正义法律和政策的问题。在这些假设下，前面把一种正义宪法看作一种不完善程序正义的解释（见第31节）就提供了一个答案。

我们可以回想一下：在立宪会议中，各方的目的是根据有关所涉及社会的一般事实，在各种满足了平等自由原则的正义宪法中，寻找出一种最可能产生正义而有效的立法的宪法。这种宪法

[①] 我在我的下述论文中没有注意到这个事实，见《法律职责和公平竞争的义务》，载于《法律和哲学》，赛迪·胡克编（纽约，纽约大学出版社1964年版）。在这一节中，我试图纠正这个缺点。不过，在此所论证的观点不同于以下观点：即正义的自然义务一般来说是公民政治义务的主要原则，公平原则只有一种附属的地位。

被看成是一种正义的但不完善的程序，它的目的是尽可能在环境允许的范围里确保一种正义结果。它的不完善是因为不存在任何可行的政治过程来保证按照它制定的法律将是正义的。我们在政治事务中不可能获得完善的程序正义。而且，在相当大的程度上，立宪过程必须依赖于某种形式的投票。为了简化，我假设某种适当限制的多数裁决规则在实践中是必不可少的。但大多数（或几个少数的联合）还是肯定要犯错误的，这或者是由于缺乏知识和判断力，或者是由于褊狭和自私的观点。不过，只要某些不正义的法律和政策不超过某种不正义的限度，我们维持正义制度的自然义务就约束我们服从不正义的法律和政策，或至少不运用非法手段来反对它们。因为我们应当支持一种正义宪法，我们必须赞同其中的一个主要规则，即多数裁决的规则。于是，在一个近于正义的状态里，我们通常根据那个支持正义宪法的义务而具有遵守不正义法律的义务。从人们的现实状况来看，存在着使这一义务发挥作用的许多场合。

契约论自然地把我们引导到这样一个问题：即我们先前是怎样同意一种将要求我们服从那些我们认为是不正义的法律的立宪规则的？人们可能会问：当我们是自由的、还没有受到任何束缚时，我们怎么可能会合乎理性地接受一个有可能反对我们的意见并实行其他人意见的程序呢？[①] 只要我们采用立宪会议的观点，答案就是十分清楚的。首先，在有机会被完全接受的数目有限的可行程序中，没有一个程序会总是作出有利于我们的决定。其次，同意其中一个程序比根本达不成协议显然更可取。这种情况类似于原初状态中的情况，在那里各方放弃了任何自由骑手式的

---

① 关于自由和尚无束缚的比喻来自 I. M. D. 利特尔对 K. J. 阿罗的论文的评论，见阿罗的《社会选择和个人价值》，载于《政治经济期刊》第60卷（1952年），第431页。我这里的评论依据利特尔的观点。

个人主义的希望：那种自由骑手式的选择对象是在个人看来对自己最好（或次好）的候选对象（如先不考虑一般性限制的话），但它显然不是任何其他人可以接受的。同样，虽然各方在立宪会议阶段上已接受了正义原则，但为了使一个宪法制度运行起来，他们必须相互作出退让。即使他们具有最良好的意愿，他们的正义观也必定会发生冲突。于是，在选择一种正义宪法、并采纳某种形式的多数裁决规则时，各方为了从一种有效的立法程序中得到利益，就接受了容许在彼此关系的知识和正义感方面的不足将带来的危险。除此之外，没有别的办法来管理一个民主制度。

不过，当各方采纳了多数裁决规则时，他们只是在某些条件下同意容忍不正义法律。大致地说，从长远的角度来看，承受不正义的负担应该或多或少是平均地分配于社会的不同群体，并且在任何特殊情况下，不正义政策所造成的困苦都不应太重。因此，这种服从的义务对长期遭受不正义之苦的某些不变的少数来说是很成问题的。确实，决不能要求我们默许那种否定我们自己的和其他人的基本自由的不正义，因为这种要求不可能包括在原初状态中的正义义务的含义中，并且它和立宪会议中对多数的权利的那种理解并不相容。相反，我们只是在对平等地分担一个立宪制度所不可免的缺陷是必需的程度上，才使我们的行为服从于民主的权威。接受这些重负只是承认由人类生活环境所强加的限制，并愿意在这种限制范围内工作。从这点来看，我们有一种礼貌的自然义务，即不把社会安排的缺陷当作一种不遵守它们的现成借口，也不利用规则中不可避免的漏洞来促进我们的利益。礼貌的自然义务加予我们一种对制度缺陷的恰当的认可，并限制从中渔利的活动。如果没有对这种义务的某种承认，相互信任和自信就可能不复存在。所以，至少在一近于正义的状态中，只要不正义法律不超过某些界限，那么在正常情况下我们就有遵守不正义法律的义务（对某些人而言这也是职责）。这个结论并不像那种坚持我们有遵守正义法律的义务的主张那么强有力。不过，它确实使我们向前迈进了一步，因为它包括了更为广泛的情形；但更重要的还在于：它使我们明确了在确定政治义务时将要提出的问题。

54. 多数裁决规则的地位

从前面的评论来看，多数裁决规则的程序不管怎样被规定和限制，它作为一种程序手段显然只具有一个从属的地位。对多数裁决规则的证明完全依赖于对正义宪法的设计所要达到的政治目的，因此依赖于两个正义原则。我已经假设，某种形式的多数裁决规则被证明是用来保障正义而有效的立法的可行的最佳方法。它与平等的自由是相容的（见第36节），具有某种自然性；因为如果少数裁决规则被允许，那么我们就没有明确的标准来确定究竟哪个少数拥有决定权，并且平等也受到了侵犯。多数裁决规则的基础是：这一程序应当满足背景正义的条件。在这方面，这些条件就是政治自由（如言论自由、集会自由、参政自由和通过合乎宪法的手段来影响立法过程的自由）的那些条件，以及保障这些自由的公平价值的条件。当我们缺少这个背景时，我们就不能满足第一个正义原则，可是即使当这个背景存在时，我们也不能保证一定会制定出正义的立法。[1]

什么样的多数意志是正当的？我们对此无可置评。事实上，

---

[1] 对多数裁决规则的进一步讨论，见赫伯特·麦克洛斯基：《多数裁决规则的谬误》，载于《政治杂志》第2卷（1949年）；J. R. 彭诺克：《自由的民主》（纽约，莱因哈特公司1955年版），第112—114、117页。从社会选择的角度来看多数裁决规则的鲜明特征，可见 A. K. 斯恩：《集体选择和社会福利》（旧金山，霍尔登—戴公司1970年版），第68—70、71—73、161—186页。关于这个程序的一个问题是：它可能允许永久性的大多数。但是从正义的观点来看它的主要缺陷是：这个程序允许侵犯自由。也见斯恩，同上书，第79—83、87—89页，那里讨论了自由主义的悖论。

没有哪个传统正义观拥有关于这个问题的理论并总是主张投票结果受政治原则的决定。虽然在特定环境中，被适当地规定并受一定条件限制的多数具有制定法律的宪法权利被证明为是正当的，但是这并不意味着它所制定的法律就是正义的。关于多数裁决规则的实质争论涉及到怎样最好地确定这一规则，以及对于加强正义的全面平衡来说，宪法约束是否是有效、合理的手段这个问题。一些稳固的少数可能经常使用这些限制来保护它们的非法利益。这是一个政治判断的问题，它不属于正义论。虽然公民通常使自己的行为服从民主权威，即承认一种投票的结果确立了一种在其他条件相同的情况下便具有约束力的规范，但是他们并不使自己的判断也服从于民主权威——我们能注意到这一区别就足够了。

现在我打算着手讨论在构成正义论的一部分的理想程序中多数裁决规则的地位。我们把一种正义宪法规定为在立宪会议上由两个正义原则指导的理性代表人一致同意的宪法。当我们证明一部宪法的正当性时，我们就提出一些理由来表明它将在这些条件下被采纳。同样，在立法阶段中，正义的法律和政策是那些受一部正义宪法的约束并有意识地把正义原则作为标准的理性立法者会制定的法律和政策。当我们批评各种法律和政策时，我们就试图表明在这种理想的程序中人们不会采纳它们。既然甚至有理性的代表们也经常会得出不同的结论，那么在理想条件下投票就是必需的。对信息实行限制就不能保证达到一致意见，因为一般社会事实的倾向性常常是模糊的、很难估计的。

如果当我们试图想像这一理想的程序是怎样进行时，我们得出结论说大多数参与这一程序并执行它的规定的人都将赞成某一法律或政策，那么这个法律或政策就是足够正义的，或至少不是不正义的。在这一理想的程序中，所达到的决定不是一种妥协，一项为达到各自目的的对立双方达成的交易。我们不应该把立法讨论看成是一场利益的争夺，而应看成是一种寻找由正义原则所规定的最好政策的意愿。因此，作为正义论的一部分，我假定，如果公正的立法者知道一般事实，他的惟一愿望就是要在这方面作出正确的决定。他将只根据他的判断来投票。投票结果给出了一个何种法律或政策最符合正义观的评价。

如果我们提出多数人的意见怎么可能正确的问题，那么显而易见，理想的程序的问题和为了达到最好判断而集中一组专家的意见的统计问题有一定的类似之处。① 在理想的程序中的专家，是一些由于他们的公正而能够采取客观态度的理性立法者。这个意见回到了康道塞特的观点上，即如果立法代表作出正确判断的可能性大于作出不正确判断的可能性，那么多数人表决正确的或然率就跟立法代表的正确决定的或然率一样提高了。② 这样我们就可能被诱使假设：如果理性人试图模拟一些理想的程序的条件，并相应地引导他们的推理和讨论，那么一个大多数无论如何将几乎肯定是正确的。这种假设将是一个错误。我们必须不仅确信从立法代表的角度来看，一个正确判断比错误判断具有更大的可能性，而且也应该清楚：不同个人的投票不是互无关联的。既然讨论过程会影响他们的观点，较简单的或然率推理在此就不适用了。

不过，我们通常假设：一种在许多人中间理想地进行的讨论

---

① 这个观点见 K. J. 阿罗：《社会选择和个人价值》，第 2 版（纽约，约翰·威利父子公司 1963 年版），第 85 页。关于立法讨论作为一种客观探究而非利益竞争的观点，见 F. H. 奈特：《竞争的伦理学》（纽约，哈珀兄弟公司 1935 年版），第 296、345—349 页。这两个观点均见上述页码下的脚注。

② 见邓肯·布莱克：《关于选举和委员会的理论》，第 2 版（剑桥，剑桥大学出版社 1963 年版），第 159—165 页。

（如果需要，可进行投票），要比任何一个人自己的审慎思考更可能得出正确的结论。为什么是这样呢？在日常生活中，与其他人交流意见克服了我们的偏见，扩大了我们的视野，我们被要求从他们的观点来看问题，我们深深地感到自己眼界的局限。但是，在理想的过程中，无知之幕意味着立法者已经是公正的。讨论带来的益处在于这样一个事实：即甚至立法代表也受到知识和推理能力的限制。他们当中无人知道其他人所知道的一切，或者没有一个人能和谐地进行其他人能够进行的相同推理。讨论是一种联结信息并扩大论据的方法。至少随着时间的流逝，共同审慎思考的结果看来必定会使事情得到改善。

于是我们达到这样一个问题，即试图概括一种关于正义问题的经过公共审慎思考的理想宪法，以及一套设计完善的、旨在给这一群体带来更高的认识和推理能力的规则，以便即使没有达到也是最好地接近于正确的判断。不过，在此我将不讨论这个问题。这里重要的一点是：理想化的程序是正义论的一部分。我为了在某种程度上阐明其意义，已经提到了它的某些特征。我们对这一程序的观念越是确定（像它在有利条件下可能实现的那样），四个阶段的序列对于我们反思的指导也就越是确定。因为那时我们对如何运用有关社会的一般事实来评价法律和政策，就有了更精确的观念。对于在立法阶段中恰当进行的审慎思考将产生什么结果的问题，我们常常能够形成良好的直觉意识。

通过比较理想程序和理想市场过程，可进一步弄清理想程序问题。现在，我们假定有关完善竞争的经典假设是有效的，并且没有外部经济效果或不经济等因素，于是一个有效的经济结构就产生了。就效率而言，理想市场是一个完善程序。理想市场过程区别于由理想的、公正的立法者所实施的理想政治过程的特点是：即使每个人都追求他自己的利益，市场仍然达到一种有效的结果。确实，我们的推断是：这正是经济实体的正常活动方式。在追求满足或利润的最大值的买卖中，家庭和公司都没有从社会的角度来判断，在假定了财产的最初分配的情况下，什么是最有效的经济结构。倒不如说，它们是在规则允许的范围内谋取自己的利益，是从他们自己的角度作出判断的。可以说，正是作为一个整体的市场体系作出了关于效率的判断；这个判断来自各公司和家庭活动所提供的许多分散的信息源。尽管个人对这个问题没有发表意见，而且常常不知道其意义，但市场体系却提供了答案。

因此，尽管市场和选举有某些相似之处，但是在关键方面理想市场过程和理想立法程序是不同的。它们旨在达到不同的目的：理想市场的目的是效率，而理想立法程序的目的（如果可能的话）是正义；而且理想市场就其目标而言是一个完善的过程，而理想立法却是一个不完善的程序。看来没有办法可以描述一个保证会产生正义立法的可行程序的特征。从这个事实得到的一个推论是：尽管在其他条件相同的情况下，一个公民可能不得不遵守已制定的政策，但他并没有被要求认为这些政策是正义的，而且要求他的判断服从于关于政策的表决将是一个错误。但是在一个完善的市场体系中，一个经济代理人就其有某种观点而言，他必须假定所产生的结果确实是有效率的。虽然这个家庭或公司没有得到它想要的一切，但必须承认：在最初分配之后，一种有效率的状态已经达到了。但是我们不能要求对有关正义问题的立法过程的结果具有同样的认识。当然，这是因为，虽然现实的宪法应该尽可能被设计得作出像理想立法程序那样的相同决定，但在实际上它们必定会与正义的要求有差距。这不仅是因为它们正如现实的市场一样不能符合理想的样本，而且是因为这一理想样本也是一个不完善程序的样本。一种正义宪法必须在某种程度上依赖于公民和立法者采纳一个较广泛的观点,并在运用正义原则中发挥良好的判断。看来不能先允许他们采取一种褊狭的或集团利益的观点,然后再来调整立法过程,以便它能导致一个正义的结果。至少迄今为止,尚不存在一种可与有关作为产生效率的程序的竞争市场的理论相应的、有关作为导致正义立法的程序的正义宪法的理论。这似乎暗示着:就人们的正义感会影响政治行为(在任何可行社会中都是这样),以及正义立法是社会的主要目标而言(见第76节),经济理论对现实立宪过程的运用会受到重大限制。经济理论肯定不符合这种理想程序。①

我们通过进一步的比较可以巩固这些评论。在一个理想的市场过程中,欲望的相对强度具有某种重要性。一个人可能把他的大部分收入花在他较喜爱的事情上,用这种方式他和其他购买者一起,鼓励把资金使用到他最喜爱的方面中去。市场在全面地平衡偏爱和相对地支配需求方面有一些细微等级的调节手段,而在理想立法程序中则没有与上面相应的东西。每个理性立法者都要根据他认为哪个法律和政策最好地符合两个正义原则的观点来投票。人们不必也不应当特别重视那种以较大确信坚持的观点,或者特别重视那些让人知道如果他们处在少数地位将会感到非常不愉快的人的投票(见第37节)。当然,我们可以设想这种投票规则,但是在理想程序中不存在采纳这种投票规则的理由。甚至在理性的和公正的人中间,那些对他们自己的意见抱有较大确信的

---

① 关于民主的经济理论,见 J. A. 熊彼特:《资本主义、社会主义和民主》,第2版(纽约,哈珀兄弟公司1950年版),第21—23章。安东尼·唐斯:《民主的经济理论》(纽约,哈珀兄弟公司1957年版)。就相信利益之间的竞争可调节政治过程而言,一种对民主的多元解释是要受到类似的反对的。见 R. A. 达尔:《民主理论导论》(芝加哥,芝加哥大学出版社1956年版),及最近的《美国的多元民主》(芝加哥,兰德公司1967年版)。

人看来也并不更有可能是正确的。有些人可能比其他人对情况的复杂性更敏感。在制定正义立法的标准中,我们需要强调深思熟虑的集体判断的重要性;这种判断是在理想条件下每个人出色地运用正确原则所得出的判断。当正义问题产生时,欲望的强度和信念的力量是不相干的。

我们关于理想立法过程和理想市场过程之间的区别谈了很多。现在我要强调作为政治解决的一种手段的多数裁决规则程序的用处。正如我们已注意到的,采纳多数裁决规则是因为它是实现由正义原则预定的某些目的的最可行方法。不过,有时这些原则的要求是不清楚的或不明确的。这并非总是因为论据是复杂的、模糊的,或者是难于概括和评价的。这些原则本身的性质可能使多种选择成为可能,而不是仅仅允许某种特别的选择。例如,储存率只在某些限制中被确定;正义的储存原则的主要观点要排除某些极端情况。最后,在运用差别原则时,我们希望在最少获利者的期望中包括自尊的基本善;并且,存在着各种与差别原则相容的考虑这种自尊价值的不同方法。特定社会的一般特征和从立法阶段来看这一社会的获利最少者合理地想要的东西,决定着这种善及其他与此有关的善应当在指标中占多大比重的问题。于是,在像这样的一些情况中,两个正义原则确立了储存率或对自尊的强调所应有的范围。但它们并没有说在这个范围中再无选择可言。

因此,政治解决的原则适用于这样一些境况:在我们能确定的范围内,如果实际地被表决的法律是那些合理地得到真诚地想遵循两个正义原则的理性立法者的赞成的法律,那么大多数人的决定在实践中就是有权威的,虽然不是决定性的。这种情况属于准纯粹程序正义。在立法阶段中,我们必须依赖立法阶段的实际讨论过程而在允许的范围内选择一个政策。这些情况并不是纯粹程序正义的例证，因为所达到的结果并没有完全确定正当的决定。它们仅仅表明，那些不同意已作出的决定的人，不可能在公共正义观的框架内令人信服地确立他们的观点。这是一个不可能明确规定的问题。实际上，各政党毫无疑义在这些问题上将采取不同的立场。只要可能的话，立宪设计的目标就是确保社会各阶级的自我利益不致把政治解决方案扭曲得超出某一允许的范围。

55．非暴力反抗的定义

现在我希望通过概述一种非暴力反抗（civil disobedience）理论，来阐明自然义务和职责的原则的内容。正如我已经指明的那样，这个理论只是为了一个接近正义的社会，即一个就大多数情况来看是组织良好的、不过其间确发生了对正义的严重侵犯的社会而设计的。既然我假设一种近于正义的状态需要一种民主制度，那么，这一理论就涉及到非暴力反抗对于合法建立的民主权力的作用和恰当性。这一理论不适用于其他形式的政府，并且除了偶然之外，也不适用于其他持异议和抵抗的情况。我将不讨论这样一种抗议形式，它伴随着军事行动及抵抗，是一种改造甚至推翻一种不正义的腐朽制度的手段。从这方面来讨论非暴力反抗行动是没有什么困难的。如果达到这一目的的任何手段都被证明是正当的话，那么非暴力反抗显然也就是正当的。正如我将解释的那样，非暴力反抗的问题只产生于多少是正义的民主国家中；是对那些承认并接受这一宪法的合法性的公民而言的。困难之处在于义务之间的冲突。考虑到捍卫我们自由的权利和抵制不正义的义务，在哪一点上我们可以不再履行服从由一个合法多数制定的法律（或者由这一多数支持的行政法案）的义务呢？这是一个涉及到多数裁决规则的性质和范围的问题。因此，非暴力反抗的问题是对任何关于民主制的道德基础的理论的一种关键性的测试。

一种关于非暴力反抗的宪法理论有三个部分：首先，这种宪法理论定义这种反抗，把这一反抗和对民主权威的其他抵制形式区分开来。这些抵制形式包括从合法抗议、旨在向法庭提出试验案件[①]的违法行为，一直到好斗行为和有组织的抵抗。这种宪法理论要确定非暴力反抗在这些抵制形式的范围中的地位。其次，这种宪法理论提出非暴力反抗的根据并阐明在一个或多或少是正义的民主制度中，这种非暴力反抗在哪些条件下是正当的。最后，这种宪法理论应当解释非暴力反抗在一个合乎宪法的制度中的作用，并且说明这种反抗形式在一个自由社会中的恰当性。

在着手讨论这些问题之前，我先提请人们注意：我们不应该过高地期望于一种非暴力反抗理论，即使是一个旨在说明特殊情况的理论。直接决定现实事件的精确原则显然是不可能有的。相反，一种有用的理论在于确定一种处理非暴力反抗问题的观察点；它统一相关的考虑，并帮助我们在较重要的情况中恰当地衡量它们。如果通过我们的反复思考，一个关于这些问题的理论澄清了我们的见地，并使我们所考虑的判断更加连贯一致，那么这个理论就是有价值的，它就已经做了目前我们能够合理地期望它做的事情，即缩小了那些接受民主社会基本原则的人们的真诚信念之间的差异。

我首先把非暴力反抗定义为一种公开的、非暴力的、既是按照良心的又是政治性的对抗法律的行为，其目的通常是为了使政

---

① 指一个组织拿一个可能发生纠纷的事情作为案件向法院起诉，以便试验法院如何处理，为将来实际发生纠纷时提供处理标准。——译者注

府的法律或政策发生一种改变。[1] 通过这种方式的行动，我们诉诸共同体的多数人的正义感，宣称按照我们所考虑的观点，自由和平等的人们之间的社会合作原则没有受到尊重。对这个定义的一个初步解释是：它不要求非暴力反抗行为违反那个正遭到抗议的同一法律。[2] 它包含着一些人所说的间接的和直接的非暴力反抗。这个定义确实应该如此，因为有时存在着不去侵犯被认为是不正义的法律或政策的充分理由。相反，一个人却可能以不服从交通规则或各种防止侵犯的法规来表示自己的抗议。因此，如果政府制定了一个反对叛国罪的含糊而又严厉的法规的话，那么以叛国来作为反对这一法规的一种方式就不合适了，而且无论如何，反对者因此受到的惩罚可能大大超过他将合理地准备承受的程度。其他的例子是，当某种政策涉及到对外事务，或影响到这一国家的另一部分时，就不存在直接侵犯政府制定的政策的途径。第二个解释是：非暴力反抗行为确实被看成是违反法律的，至少在下述意义上是如此：即那些参与非暴力反抗的人恰恰没有为一个合乎宪法的决定提出一个试验性的案件；即使某个法规应该被坚持他们也准备反对它。诚然，在一个合乎宪法的制度中，法院最终可能支持反抗者，宣布他们所反对的法律或政策是不合

----

[1] 这里我遵循的是 H. A. 贝多对非暴力反抗的定义，见他的《论非暴力反抗》，载于《哲学杂志》第58卷（1961年），第653—661页。我们应该注意到这个定义比索罗论文中所暗示的含义要狭窄，我在下一节谈到这个问题。一种类似观点的陈述可见马丁·路德·金：《来自伯明翰监狱的信》（1963年），重印于 H. A. 贝多编的《非暴力反抗》（纽约，柏伽索斯公司1969年版），第72—89页。在教科书中的非暴力反抗理论试图把这一观点放到一个更广泛的框架中去。某些新近的作家对非暴力反抗的定义也较为广泛，例如，霍华德·津恩：《反抗和民主》（纽约，伦道德姆豪斯出版社1968年版），第119页。他的定义是："这是为了一个至关重要的社会目的而审慎的、有鉴别的对于法律的侵犯。"我所考虑的则是一种较严格的观点。我决不认为，在一个民主国家中，只有这种反抗形式才是正当的。

[2] 这个解释和下面的解释来自马歇尔·科恩：《立宪民主政体中的非暴力反抗》，载于《马萨诸塞评论》第10卷（1969年），分别见第224—226、218—221页。

宪法的。所以，在反抗者行为是否合法的问题上常常存在着某种不确定性。但这只是一个使事情变得复杂的因素。因为，即使法院无论可能多么乐意做出另一判决，但最终还是不赞同使用非暴力反抗来反对不正义法律的反抗者的意见，那些反抗者也是不会准备停止反抗的。

我们还应该指出非暴力反抗是一种政治行为，这不仅因为它是向那些拥有政治权力的多数提出的，而且因为它是由一些政治原则、即用来规定宪法和一般社会制度的正义原则所指导和证明的行动。在证明非暴力反抗中，我们不求助于个人的道德原则和宗教理论，尽管这些东西可能符合并支持我们的主张；不用说，非暴力反抗不能单独地建立在集团的或自我的利益的基础上。相反，它求助于那个构成政治秩序基础的大家共有的正义观。我们假设，在一相当正义的民主制度中，存在着一个公开的正义观；根据这个正义观，公民管理他们的政治事务并解释其宪法。在任何一段时期内，持续地、有意识地侵犯这个观念的基本原则，特别是侵犯根本的平等自由，便会或者导致屈从或者导致反抗。某个少数通过参与非暴力反抗活动，迫使多数考虑它是否愿意自己的行为被解释为上述侵犯，是否愿意按照正义的常识承认少数的合法权利。

第四个解释是：非暴力反抗是一个公开的行为。它不仅诉诸于公开原则，而且公开地进行这一活动。它是公开地作为预先通知而进行的；而不是隐藏的或秘密的。我们可以把它比之于公开演说。它是一种发生在公众讲坛上的、表述深刻的和认真的政治信念的正式请愿。从这一点来说，非暴力反抗是和平的。它试图避免使用暴力，特别是对个人的暴力。这不是因为它原则上憎恶武力的使用，而是因为它是反抗者的主张的最后表达。伤害和侮辱他人的暴力行为是和作为请愿形式的非暴力反抗不相容的。确实，对其他公民自由的任何干预都容易模糊非暴力反抗行为的性质。有时,如果这种呼吁的目的没有达到,人们就可能随后采取武力的反抗。但非暴力反抗是在表达真诚的和深刻执着的信念;虽然它可能警告和劝喻,但它自身不是一种威胁。

从另一点来说,非暴力反抗也是和平的。非暴力反抗是在忠诚于法律的范围内(虽然是在外围的边缘上)表达对法律的不服从。[1] 虽然反抗者侵犯了某个法律,但是这个行动的公开的、和平的性质和一种承担行动的合法结果的意愿表达了对法律的忠诚。[2] 这种对法律的忠诚有助于向多数人证实非暴力反抗行为在政治上确实是认真的、真诚的,证实它确实是打算诉诸公共的正义感。完全公开的与非暴力的行为为一个人的诚意作了担保,因为要使一个人相信另一个人的行动的真诚是不容易的,甚至一个人向自己证明自己的真诚都是不容易的。毫无疑义,我们能够设想这样一个法律体系,在那里真诚地相信某一法律的不正义可以看成是对于不服从这一法律的行为的辩护。彼此之间具有充分信赖的十分真诚的人们可能使这种法律体系发挥作用。但照目前的情形,这一体系即使在一个接近正义的状态中大概也是不稳定的。从我们深思熟虑的观点来看,我们必须付出某种代价才能使其他人相信我们的行动在共同体的政治信仰中具有一个充分的道德基础。

---

[1] 对这个观点的详细讨论,可见查尔斯·弗里德:《道德的谨慎》,载于《哈佛法律评论》第 77 卷(1964 年),第 1268 页。下面对好斗行动观点的阐述,我得感谢杰拉尔德·洛弗。

[2] 那些从较广泛角度定义非暴力反抗的人可能不会接受这个说明。例如津恩:《反抗和民主》,第 27—31、39、119 页。此外,他否认非暴力反抗应当是和平的。人们当然不会承认因非暴力反抗而招致的惩罚是正当的,也就是说是一个不合理行为应得的惩罚。倒不如说,人们是为了对法律的忠诚才愿意承受法律后果,这与前面说的是两回事。在这一定义容许人们在法庭上辩驳某种指控(如果这是合适的话)的意义上,它具有一定的自由度。但这里存在着某种限度,一旦超过它反抗就不再是这里所规定的非暴力反抗了。

非暴力反抗已被规定为处在这样两者之间：即一方面是合法抗议和提出试验案件，另一方面是良心的拒绝和各种不同的反抗形式。在这些可能的反抗形式中，非暴力反抗代表着处在忠诚于法律的边缘上的反抗形式。这样理解的非暴力反抗显然不同于好斗行为及破坏；更是大大不同于有组织的武力抵抗。因为好斗者在深得多的程度上对立于现存政治制态，他可能不承认现存的政治制度是一个接近正义或合理的政治制度；他相信，现存制度或者大大偏离了它所信奉的原则，或者完全在追求一个错误的正义观。虽然按照他自己的观点看来，他的行动是真诚的，但是他不诉诸多数人或那些有实权者的正义感，因为他认为他们的正义感是错误的，或者是无效的。相反，他通过严密组织的破坏和抵抗性的好斗行为等来攻击现行的正义观，或者迫使一场运动向他所愿望的方向发展。这样，好斗者可能试图躲避惩罚，因为他不准备承担他的违法行为所引起的法律后果；这里因为这样做不仅是把自己置于那个他认为是不可信任的力量之手，而且是等于承认他所反对的宪法的合法性。在这个意义上，好斗行为不在忠诚法律的范围之内，而是代表了对法律秩序的一种更深刻的对立。社会基本结构被好斗者认为是如此地不正义，或者如此地大大偏离了它自己信奉的理想，以至于好斗者必须准备走上激进的、甚至是革命的改革道路。这一点是通过唤醒民众、使他们觉悟到需要一个根本性的改革来做到的。确实，在某些环境下，好斗行为和其他种类的抵抗肯定是正当的。不过，我将不讨论这些情况。正如我已经说过的那样，我这里的目标是有限的，即只是定义非暴力反抗的概念，并推测它在一个接近正义的宪法制度中的作用。

56. 良心拒绝的定义

虽然我已经区分了非暴力反抗和良心拒绝，但还没有解释后一个概念。现在我开始进行这一步工作。不过我必须承认，区分这两个概念就是给出一个比传统概念更狭窄的非暴力反抗的定义；因为人们习惯于从较广泛的意义上把非暴力反抗看成是任何一种根据良心的理由而不服从法律的行动，至少当这个行动是公开的、不诉诸武力的时候是这样。索罗的论文中就描述了这一传统意义的特征，虽然不很明确。[1] 我相信，一旦我们考察了良心拒绝的定义，这种狭窄意义的使用就将是清楚的。

良心的拒绝就是或多或少地不服从直接法令或行政命令。它是一种拒绝，因为命令是针对我们而发的，而且如果境况具有这种性质，我们是否接受它就是为当局所知的。典型的例子如早期基督徒拒绝执行由异教国家制定的关于虔诚的法令，以及耶和华的见证人拒绝向异教徒的旗帜致敬。其他例子如一个和平主义者不愿在武装部队中服役，或者一个战士不愿意服从他认为违反了适用于战争的道德准则的命令。或者像在索罗的例子中那样，一个人拒绝纳税是基于这样一种理由：即这样做将使他成为一个对他人犯有严重不正义的代理人。在此，一个人的行为是被假设为当局所知的，不管他在某些情形中是多么想隐藏它。在能够隐藏它的地方，我们可以说它是良心的规避，而不说它是良心的拒绝。隐蔽地侵犯奴隶逃亡法就是良心规避的例子。[2]

现在我从几个方面来比较良心拒绝（或规避）和非暴力反抗。首先，良心的拒绝不是一种诉诸多数人的正义感的请愿形式。诚然，一般来说这些行为不是秘密的或隐藏的，因为隐藏至少常常是不可能的。一个人仅仅按照良心拒绝服从一个命令或遵守一个法规。他并不诉诸共同体的信念，在这个意义上良心的拒绝不是一种公众讲坛中的行为。那些准备不服从的人认为可能并

---

[1] 见亨利·戴维·索罗：《论非暴力反抗》（1848年），重印于 H. A. 贝多编《非暴力反抗》，第27—48页。有关批评性的讨论见贝多的评论，第15—26页。

[2] 这个区别得益于伯顿·德雷布恩。

不存在互相理解的基础；他们没有寻求机会把不服从作为一种陈述他们的主张的方式。倒不如说，他们在等待机会，希望出现那种不需要不服从的情况。与那些非暴力反抗者相比较，他们更不乐观，可能不抱有改变法律和政策的期望。局势没有给他们时间来提出他们的主张，或者可能也没有任何机会使多数接受他们的主张。

良心的拒绝不是必然建立在政治原则上；它可能建立在那些与宪法秩序不符的宗教原则或其他原则之上。非暴力反抗诉诸共有的正义观，而良心的拒绝可能有其他的理由。例如我们设想，早期基督徒不是通过正义的理由而只是根据与他们的宗教信仰相悖的理由，来证明他们拒绝服从罗马帝国宗教惯例的正当性的，这样他们的论据就不是政治性的。一个和平主义者拒绝战争的观点也同样不是基于政治原因，因为至少自卫战争是为支配一个宪法制度的正义观所承认的。不过，良心的拒绝亦可能建立在一些政治原则的基础上。许多拒绝支持某个法律的人会认为：这个法律是不正义的，所以服从它简直是不可能的。如果法律命令我们成为奴役另一个人的代理人，或者要求我们服从一个相似的命运安排的话，情况就是这样。这两种场合是对已确认的政治原则的潜在侵犯。

如果有些人在拒绝做看来是由政治的正义原则所要求的行为时诉诸宗教原则，那么寻找正确的途径就是一件困难的事。假定有正义战争的话，和平主义者可以在一场正义战争中享有一种对军事服役的豁免权吗？或者可以允许国家对那些不服从者施加痛苦的惩罚吗？人们很容易认为法律必须总是尊重良心的命令，但这不可能是正确的。正如我们在不宽容的例子中所看到的那样，法令必须调节人们对宗教利益的追求，以实现平等的自由原则；它肯定可以禁止某些宗教活动，举一个极端的例子，像禁止以人为牺牲的献祭。宗教情感和良心安宁都不足以反对这种活动。一种正义论必须从它自己的观点来确定怎样对待那些不同意它的人。一个组织良好的社会，或一个接近正义状态的社会，其目标是维持和加强正义制度。如果我们不允许某个宗教有充分的表现权利，那么大概是因为它侵犯了其他人的平等自由。一般来说，对立的道德观念之间的宽容度，有赖于这些道德观念在一个自由的正义制度中能在什么范围内被允许有一种平等地位。

如果要尊重地对待和平主义，而不只是对它宽容，那么解释就必须是：它相当合理地符合正义原则，主要的例外在于它对待参与一场正义战争（这里假设在某些情况下自卫战争已证明是正当的）的态度。被这一共同体确认的政治原则和由和平主义者承认的理论具有某些亲缘关系。人们普遍地厌恶战争和武力的使用，而且相信人们作为道德人具有平等的地位。假设国家、特别是强权国家，有进行不正义战争和动用国家机器来压制反对者的倾向，那么对于和平主义的尊重就有助于提醒公民注意政府容易以他们的名义而犯错误。即使一个和平主义者的观点不是完全正确的，但是他希望表达的警告和抗议可能导致在总体上使正义原则更有保障而非相反。和平主义作为从正确理论的一种自然偏离，可以看成弥补了人们在实行他们的表白方面的弱点。

我们应该注意到在实际情况中，非暴力反抗和良心拒绝之间的确没有明显的区分。而且，同一行动（或一组行动）可能同时具有这两者的强烈因素。它们各自都有一些清楚的例子，而在它们之间进行的对照则是一种解释非暴力反抗及其在民主社会中的作用的方式。假如非暴力反抗的性质是一种特殊的政治要求，那么通常只有在采取了法律范围内的其他步骤之后，这种行动才能得到证明。而通过比较我们可以看到，在合法的良心拒绝的明显事例中，这种先要采取法律范围内的各种步骤的要求却常常是无效的。在一个自由的社会中，没有人像早期基督徒那样被迫去执行侵犯平等自由的宗教法令，一个士兵在期待更高权威的支持时也不必遵守本质邪恶的命令。这些评论引出了对非暴力反抗的证明问题。

57. 非暴力反抗的证明

根据上面这些区别，现在我将考察在哪些条件下非暴力反抗被证明为是正当的。为了简化起见，我把讨论限制在一个国家对内的制度上，因而仅限于考察特定社会内部的不正义。这种限制多少具有狭窄的特点，然而，我将通过对非暴力反抗与系之于战争中的道德法则的良心拒绝加以比较来略微改善这一点。一开始，我将阐述一些参与非暴力反抗的看来是合理的条件，然后我将较系统地把这些条件和非暴力反抗在一个接近正义的状态中的地位联系起来。当然，我们应该把这些列举的条件看成是假设；使这些条件失效的情形无疑也将会存在，同时，我还将会给出其他一些关于非暴力反抗的论证。

第一条件涉及到作为非暴力反抗的恰当对象的各种错误的性质。现在，如果我们把这种反抗看成是一种诉诸共同体的正义感的政治行为，那么在其他条件均等的情况下，把非暴力反抗的对象限制于实质性的和明显的不正义的情形，尤其是那些阻碍清除其他不正义的不正义看来是合理的。由于这个理由，在人们中间存在着一种赞成把非暴力反抗的对象限于对第一个原则（即平等自由原则）的严重侵犯和对第二个原则的第二个部分（即公平的机会均等原则）的公然违反的看法。当然，弄清这些原则是否被违反并不总是容易的。但是，如果我们把它们设想为是对基本自由的保障的话，那么这些自由没有得到尊重的情况常常是能看清楚的。归根结底，这些原则提出了某些必须公开体现在制度中的严格要求。这样，当某些少数被剥夺了选举权、参政权、财产权和迁徙权时，或者当某些宗教团体受压制且另一些宗教团体被否认有各种机会时，这些不正义对所有人都是很明显的。它们是公开地被结合进社会安排的公认实践活动（如果不是形式上）中去的。对这些错误的证实并不需要以对它们在制度方面产生的效果的明智考察为前提。

比较起来，确定对差别原则的侵犯则要更困难。在这个原则是否被满足的问题上常常有许多冲突而又合理的观点。其原因在于：它主要是用于经济和社会的制度和政策的。一个对这些制度和政策的选择不仅依赖于大量的统计资料和其他资料，而且依赖于理论的和推测的信念，而这一切都要靠明智的判断和清楚的预感来加以处理。鉴于这些问题的复杂性，抑制自我利益和偏见的影响是很困难的；即使我们自己能够做到这一点，要想说服别人相信我们的真诚也很不容易。因此，除非例如征税法的设计明显地旨在侵犯或剥夺一种基本的平等自由，否则在正常情况下人们就不应用非暴力反抗来反对征税法。对公共的正义观的诉诸也不是足够清楚的。只要必需的平等自由是牢靠的，我们就最好让政治过程去解决这些问题。在这种情况下，我们大概可以达到一种合理的妥协。所以，对平等自由原则的侵犯是非暴力反抗的较合适对象。这个原则规定了在一个宪法制度中平等公民权的共同地位，构成了政治秩序的基础。当这一原则得到充分尊重时，我们可以设想其他的不正义（虽然可能是持久的、严重的）将不会不可控制。

非暴力反抗的第二个条件是：我们可以假设对政治多数的正常呼吁已经真诚地做过了，但是没有取得效果。法律纠正手段业已证明无效。例如，现存的政党已表明自己对少数人的主张态度冷淡，或者已表现出不愿意帮助他们。那种试图使某一法律废除的意图被忽视了，合法抗议和示威没有获得成功。既然非暴力反抗是一种最后的手段，那么我们应该相信它必不可少的。但是请注意，我并没有说合法手段已经使用完了。不管怎样，进一步的正常呼吁手段还可以重复使用，自由演说也总是可能的。但是如果以前的行动业已表明多数是不可能被感动的或者是冷漠的话，人们就可以合理地认为进一步的尝试是无用的，于是就出现了合理的非暴力反抗的第二个条件。不过这个条件只是一个假设。某些情况可能是非常极端的，以致人们没有义务首先仅使用政治反抗的合法手段。例如，如果立法机构要制定某种严重侵犯平等自由的法令（比方说，禁止一个微弱的、无力自卫的少数的宗教），那么我们就确实不能要求那部分人通过正常的政治程序来反对这个法令。的确，在多数自身业已表明自己具有肆无忌惮的不正义和公开的敌意目标之时，即使非暴力反抗也可能是太温和了。

我现在讨论的第三个条件即最后一个条件，可能是相当复杂的。它产生于这样一个事实：即虽然前面两个条件对证明非暴力反抗为正当常常是充分的，但情况并不总是这样。在某些环境里，正义的自然义务可能要求某种限制。我们可以通过如下情况来弄清这一点。如果某个少数参与了非暴力反抗并且被证明为是正当的话，那么任何别的少数在相类似的环境里也可以得到这种证明。如果我们使用前面两个条件作为评价相类似环境的标准，那么我们可以说，在其他条件相同的情况下，若两个少数在同样长的时间内遭受了同等程度的不正义，并且他们的同等真诚和正式的政治呼吁同样归于无效，那么，这两个少数运用非暴力反抗就可以同样得到证明。不过有一种情况即使不太可能，也是可以设想的：即应当存在着许多集团，它们具有（在刚才规定的意义上的）同样的理由来作非暴力反抗；但是如果它们都以这种方式行动的话，严重的无秩序状态就可能发生，这可能会大大破坏正义宪法的效率。在此，我假设对参与非暴力反抗的范围要有一种限制，即这种反抗不能导致破坏对法律和宪法的尊重，因而不能产生对所有人来说都是不幸的后果。对公众讲坛处理这种反抗形式的能力也有一种上限；因为非暴力反抗团体想作出的呼吁可能被曲解；它们的诉诸多数的正义感的意图可能被无视。考虑到这些因素，如果作为一种抗议形式的非暴力反抗超过某一限度，它的效果就会下降。那些思考非暴力反抗的人应该考虑这些约束。

从一种理论观点来看，理想的解决方法应当是：由一个由若干少数构成的合作的政治联合体来调节反抗的总体水平。因为要考虑到这样一种境况的性质：社会存在着许多团体，它们每一个都有平等的权利进入非暴力反抗。而且，它们在每种情况下都同样强烈地希望使这个权利，但如果它们都这样做的话，那么每一团体都承认自己对其有一种正义的自然义务的正义宪法，就可能受到一种持续的破坏。所以，当存在着许多同样强烈的要求时，如果这些要求结合到一起就会超出可允许的范围，我们就应当采纳某种公平的计划以平等地考虑所有要求。在要求的对象是不可分割的、数目固定的利益的简单情形中，如果同等正当的要求的数目太大，那么某种轮流或抽签的办法可能是公平的解决办法。① 但是这种办法在这里是完全不现实的。看来，在那些遭受不正义的少数中需要有一种政治协议。它们可以这样来履行它们对民主制度的义务：即协调它们的行动，以便当每一方都有行使它的权利的机会时，对非暴力反抗范围的限制不会被逾越。诚然，这种联盟是很难组织的，但是在具有洞察力的领导指引下，看来也不是不可能的。

以上所展示的情形肯定是一种特殊的情形，并且很可能这些

---

① 对要求某种公平安排的条件的讨论，见库尔特·贝尔：《道德的观点》（伊萨卡，纽约州，康奈尔大学出版社1958年版），第207—213页；大卫·莱昂斯：《功利主义的形态和局限》（牛津，克莱伦顿出版社1965年版），第160—176页。莱昂斯提出一个有关公平的轮流方案的例子，他也注意到（撇开制定程序的代价不提）这样一些公平程序可能是相当有效的。见第169—171页。我接受了他的解释的一些结论，包括他关于公平的概念不能通过适应功利来解释的论点，见第176页。C. D. 布罗德较早讨论了这个问题，见他的论文：《关于错误假设在伦理学中的作用》，载于《国际伦理学杂志》第26卷（1916年），我们特别应该注意第385—390页。

考虑不会构成对正当的非暴力反抗的一种障碍。看来不太可能存在许多这样的团体：它们有权参与这种反抗形式，同时又承认对正义宪法的一种义务。但是我们应该注意到，一个受害的少数是倾向于相信它的要求是和其他任何少数的要求一样强烈的；因此，无论不同团体参与非暴力反抗的理由是否具有同样的说服力，假设他们的要求难以区分可能常常是明智的。如果我们采用这个准则，所构想的条件看来就较有可能发生。这种例证在表明下述论点时也是有启发性的：即反抗权利的使用像一般权利的使用一样，有时受到具有相同权利的他人的限制。人人都行使这种权利便将对所有人都产生有害的结果，这时就要求某种公平的计划。

我们假设，按照这三个条件，一个人拥有通过非暴力反抗来提出上诉的权利。一个人所抗议的不正义是一种对平等公民的自由或机会均等原则的明显侵犯；这种侵犯是在一段较长的时间内、不顾正常的政治反对而或多或少精心策划的；在此，人们将会遇到公平问题所引起的种种复杂情况。这些条件并不是囊括无遗的；我们还必须考虑到对第三方（比如说对无辜者）的可能伤害。但是我想它们包括了问题的主要之点。当然，还有行使这一权利是否明智和审慎的问题。在确立了这种权利之后，人们就可以自由地在这些条件下来解决问题，而以前他在这方面是不自由的。我们可能只是在我们的权利范围内行动，但如果我们的行动仅仅有助于引起与多数的紧张关系的话，那么这一行动就是不明智的。确实，在一个接近正义的状态中，报复性地镇压合法反抗是不太可能的，但重要的是这种反抗行动应当恰当地有效地诉诸更广大的共同体。既然非暴力反抗是一种发生在公众讲坛中的请愿形式，反抗者就一定要设法使自己被他人理解。因此，对非暴力反抗权利的运用，正像对任何其他权利的运用一样，应该得到合理的组织，以便有助于实现反抗者的或他希望帮助的人的目的。正义论没有特别说明这些实际考虑。总而言之，战略和策略问题依赖于每个事例的环境。但是正义论应该说明这些问题要在什么条件下被恰当地提出。

在以上关于对非暴力反抗的证明的解释中，我没有提到公平原则。正义的自然义务是我们同一个宪法制度的政治纽带的主要基础。正如我们前面所指出的那样（见第52节），只有社会中那些较有利的成员才可能有与政治义务相对应的明确的政治职责。他们有较好的地位来获取公职，并利用政治制度。在这样做了之后，他们就要承担起一种对一般公民负有的维持正义宪法的职责。但是，比方说，具有参与非暴力反抗的有力理由的少数派成员，一般却没有这种政治职责。不过，这并不是说在他们那里公平原则就不产生重要的职责。[①] 因为不仅许多私人生活的要求是来自公平原则的，而且当个人和团体为共同政治目的而联合起来时，这个公平原则就具有了效力。正像我们在各种私人交往中对那些与我们合作的人负有职责一样，那些参与政治活动的人也要相互承担责任。因此，虽然反对者对一般公民是否要承担政治职责还是个疑问，但当他们推进他们的事业时，忠诚和诚实的约束还是要在他们中间确立起来。一般来说，只要受制于一种正义宪法的自由联合体的目标是合法的，而且其安排是公平的，这一联合体就会产生出职责。正如适用于其他联合体一样，这对于政治联合体也是适用的。这些职责具有重大意义，它们在许多方面限制着个人所能做的事情。但是它们不同于那种服从一部正义宪法的职责。我仅根据正义的义务讨论了非暴力反抗，一种更充分的观点将注意到其他一些要求的地位。

---

① 对这些职责的讨论，见迈克尔·沃尔泽：《职责：论反抗、战争和公民权利》（坎布里奇，哈佛大学出版社1970年版），第3章。

58. 良心拒绝的证明

在讨论关于非暴力反抗的证明时，我采取了简化的形式，即这种反抗所反对的各种法律和政策只涉及到国内事务。有人自然会问：那么政治义务理论是怎样运用于对外政策的呢？因此，为了说明这种运用，我们必须把正义论扩展到国际法中去。我将尝试指明这是如何扩展的。为使观念确定起见，我将简略地考察对介入战争或服军役的良心拒绝的证明。我假设这个拒绝是建立在政治原则而不是宗教或其他原则之上的；也就是说，证明方式所引用的原则是那些构成宪法基础的正义观的原则。于是我们所要解决的问题就是，把一些支配各个国家行动的正义的政治原则和契约理论联结起来，并从这个观点来解释国际法的道德基础。

让我们设想我们已经获得了运用于整体社会和社会基本结构的正义原则，我们也设想我们已采纳了各种运用于个人的自然义务和职责的原则。这样，原初状态中的人已一致同意那些适用于他们的社会及作为这一社会成员的他们自身的正当原则。于是，在这一点上，我们可以扩展对原初状态的解释，把各方看成是不同国家的代表，这些代表必须一起来选择一些用来裁决各国之间的冲突要求的基本原则。为了遵循最初状态的观念，我假设这些代表被剥夺了各种各样的信息。虽然他们知道自己代表着不同的国家，每个国家都生活在人类生活的正常环境中，但是他们不知道他们所处的社会的特殊环境、与其他国家相比较的权威和势力以及他们在自己社会中的地位。代表国家的契约各方在这种情况中，也只被允许有足够的知识来作出一个保护他们利益的合理选择，而不能得到能使他们中的较幸运者利用他们的特殊情况谋利的那种具体知识。这个原初状态在各国之间是公平的；它取消了历史命运造成的偶然性和偏见。在这样解释的原初状态中所选择的原则决定了国家之间的正义。这些原则是一些政治原则，因为它们支配着对其他国家的公开政策。

我只能说明那些将被承认的原则。但无论这些原则是什么，它们并不令人吃惊，因为我想人们是熟悉它们的。[①] 国际法的基本原则是一个平等的原则。那些组织为国家的独立民族具有某些基本的平等权利。这个原则类似于在一种宪法制度下的公平的平等权利。从这种国家之间的平等产生的一个结论是自我决定的原则，也就是一个民族毋需别国力量的干预而自己处理自己的事务的权利。另一个结论是一种反对侵略的自卫权利，包括组成自卫联盟以保护这一权利的权利。再一个原则是：如果条约和另一些调节国家间关系的原则相一致，这些条约就应当被遵守。这样，防御的条约（恰当解释的话）将有约束力，但是那些在一种不正当的侵略中合作的协议从一开始就是无效的。

这些原则确定了一个国家何时具有介入战争的正义理由，或者用传统的术语说，何时有一种"诉诸战争的权利"（jus ad bellum）。但是还有一些用以控制一个国家可以在战争中使用的手段的原则，即"在战争中的权利"（jus in bello）。[②] 即使在一场正义战争中，某些形式的暴力也被严格禁止；而当一个国家进行战争的权利是可疑的和不确定的时候，对于它可使用的手段的限制就更严格了。所以，在一场合法的自卫战争中当必要时可允许的某些行为，换到另一场较可疑的战争中就可能被断然排除。战争的目标是一种正义的和平，因此所使用的手段不应该破坏和平的可能性，或者鼓励对人类生命的轻蔑，这种轻蔑将使我们自己和人

[①] 见 J. L. 布赖尔利：《国际法》，第 6 版（牛津，克莱伦顿出版社 1963 年版），特别是第 4—5 章。这部著作包括了这里我们所需要的一切。

[②] 最近的讨论见保罗·拉姆奇：《战争和基督徒的良心》（达勒姆，北卡罗来纳州，杜克大学出版社 1961 年版），也见 R. B. 波特：《战争和道德演讲》（里士满，弗吉尼亚州，约翰·诺克斯出版社 1969 年版）。后者包括一个有用的论文目录文献，第 87—123 页。

类的安全置于危险的境地。战争行为理应受到限制并适应于这个目标。各国的代表将承认：接受对战争手段的限制，将最好地服务于从原初状态来看的他们的国家的利益。这是因为已承认的两个正义原则规定了一个正义国家的国家利益。因此这样一种国家的首要目的是维持并保护它的正义制度以及使这些制度成为可能的条件。这不是出于争夺世界霸权或提高国家荣誉的动机；进行战争也不是为了经济利益或扩张领土。不管这些目的在现实的国家行动中是多么流行，它们都是与确定一个社会合法利益的正义观相悖的。如果我们承认这些假设，那么假定下述一点看来就是合理的：即结合了各种保护人类生命的自然义务的传统禁令将被选择。

如果在战争中的良心拒绝诉诸这些原则的话，它就是建立在一种政治观上，而不是必然建立在宗教或其他观念上的。虽然这种拒绝形式可能不是一种政治行动，因为它不发生在公众讲坛中，但是它依赖于构成宪法基础并指导对宪法的解释的同一个正义论。而且，法令本身大概亦以条约的形式承认了这些国际法原则，至少承认了其中一部分原则的有效性。因此，如果一个士兵受命参与某种不合法的战争行为，并且合理和真诚地相信运用于战争行为的正义原则明显地受到了侵犯，那么他就可以拒绝参战。他可以坚持认为：考虑到各方面的情况，他的不做造成对他人严重不义和邪恶的行为当事人的自然义务，大大超过了他服从命令的义务。这里，我不可能讨论是什么构成了对这些原则的明显侵犯。我们指出某些十分熟悉的明确的例证就足够了。关键在于：证明引用了一些能由契约论解释的政治原则。我相信，正义论能够扩展到包括这种例证。

一个稍微不同的问题是：一个人在某一特殊战争中是否应当完全地加入武装部队？答案可能不仅依赖于战争的行为而且依赖于战争的目的。为了形成一种明确的情境，让我们设想兵役制已经实施，个人不得不考虑是否服从那种进入军队服役的法律义务。现在我将假设，由于征兵严重地干涉了平等公民的基本自由，因此，除了国家安全的需要之外，任何其他的需要都缺乏说服力，都不能证明征兵为正当。① 在一个组织良好的社会中（或在一个接近正义的社会中），那种维持正义制度的目的决定了这些需要。只有当征兵是为了保卫自由（不仅包括该社会的公民自由，而且包括其他社会的人的自由）本身时，征兵才可以被允许。因此，如果一个由征兵产生的军队很少可能成为一种不合理的对外冒险的工具的话，那么即使征兵侵犯了公民的平等自由，它也可以仅仅从这一根据得到证明。但无论如何，自由的优先性（假设已达到序列次序）要求：只有当自由的安全使征兵成为必需时，征兵制才可以被使用。从立法的立场来看（就这个问题而言，它是一个合适的阶段），只有在这个基础上，我们才能为征兵机构辩护。公民会把这种安排作为一种分担国家防务的公平方法而同意它。诚然，任何特殊个人必然面临的危险部分地是偶然的历史事件的结果。不过，在一个组织良好的社会中，这些邪恶来自外部，即来自外来的不正义的进攻。正义制度要完全排除这些苦难是不可能的。它们所能做的至多是努力确保：使承受这些外加的不幸的危险多少平等地由所有社会成员在他们的生活过程中来分担，确保在选择那些被要求承担义务的人们时没有任何可规避的阶级偏见。

所以，我们设想一个民主社会中存在着征兵制。一个人可能在良心上拒绝服从参加一场特殊战争中的武装部队的义务，理由是有关冲突的目的是不正义的。战争所追求的目标也许是经济利益和国家权力。国家不能为了这些目的来干涉公民的基本自由。而且，为了这些目的而攻击其他社会的自由当然也是不正义的，

---

① 我感谢 R. G. 奥尔布里顿对这一段落中的这个问题和其他问题的阐述。

并且是违背国际法的。因此，在此并不存在发动战争的一种正义理由，一个公民拒绝履行他的法律义务显然是正当的。国际法和他的社会的正义原则在这方面都支持他。有时，进一步的拒绝理由所考虑的不是战争的目的而是战争的行动。一个公民可能坚持认为：只要他发现有关战争的道德法规总是遭到侵犯，他就有权拒绝军事服役，其理由是他有权确保他履行自然义务。因为一旦他置身于武装部队中的话，当他发现自己受命去作与战争的道德规范相违背的行动时，他也许就不可能抗拒服从命令的要求。事实上，如果军事冲突的目的十分可疑，而且接到罪恶的、不正义的命令的可能性相当大，一个人就可以不仅有拒绝的权利，而且有拒绝的义务。确实，国家，特别是列强大国在从事战争时，它们的目的和行为在某些环境中可能是不正义的，以至于一个人不得不作出这样的结论：即在不远的将来，他必须完全地拒绝军事服役。按此种理解，一种有条件的和平主义就可以是一种完全合理的观点：它承认一种正义战争的可能性，然而不是在上述环境下承认。①

所以，我们不需要一种无条件的和平主义，而是需要在某些环境中有鉴别地、有良心地拒绝参与战争。国家并非不愿意承认和平主义，不愿意给它一种特殊的地位。在任何条件下都拒绝参与所有的战争是一种天真的必然具有褊狭色彩的观点。正如牧师的独身并没有对婚姻的神圣性构成挑战一样，这种观点也没有对国家权威构成挑战。② 国家甚至可以通过使和平主义者有权不执行它的某些命令来表现某种宽宏大量。但是，某些特殊冲突中的以各民族所共有的正义原则为基础的良心拒绝则是另一回事。因

---

① 见沃尔特·斯坦编：《原子武器和基督徒的良心》（伦敦，默林出版社 1965 年版），那里提出了和核武器相关的这种理论。

② 我借用了沃尔泽的观点，见他的《论责任》，第 127 页。

为这种拒绝是对政府的主张的一种毅然对抗，而且当这种拒绝普遍化时，不正义战争就不可能进行下去。假如国家权力经常有一些掠夺性的目标，并且人们有推迟政府发动战争的意向，那么一个抵制国家主张的普遍愿望尤其是不可缺少的。

59．非暴力反抗的作用

一种非暴力反抗理论的第三个目标是解释它在宪法制度中的作用及其和民主政体的联系。正如我经常做的那样，我假定我们正在谈论的社会是一个接近正义的社会；这意味着虽然这个社会可能有严重的不正义，但它具有某种民主政治的形式。我设想，在这种社会中，正义原则在很大程度上被公开地承认为是自由和平等的人们之间自愿合作的根本条件。因此，我们倾向于通过参与非暴力反抗来诉诸多数的正义感，并公正地宣布：从我们的真诚慎重的观点来看，自由合作的条件受到了侵犯。我们呼吁其他人重新考虑，设身处地地认识到他们不能指望我们无限期地默认他们强加给我们的条件。

现在这种呼吁的力量依赖于把社会看作一种平等人的合作体系的民主观念。如果我们用另一种方式来看社会，那么这种反抗形式就可能是不适宜的。例如，如果基本法被认为反映了自然的秩序，如果君主被认为作为上帝挑选的代理人而具有神圣的统治权，那么他的臣民就只有恳求的权利。他们只可以申诉自己的理由，而如果君主拒绝他们的请求的话，他们只能服从。不服从将是对最终的、合法的道德（不只是法律的）权威的反叛。这不是说君主不会犯错误，而只是说这种境况不是臣民能纠正错误的境况。但只要我们把社会解释为一个平等人之间的合作体系，那么，那些遭受严重不正义的受害者就毋需服从。确实，非暴力反抗（和良心拒绝）是一种稳定宪法制度的手段，虽然按定义它是一种不合法行为。连同自由和定期的选举制度和一种有权解释宪法（不一定被书写下来）的司法体系等等一起，具有适当限制和健全判断的非暴力反抗有助于维持和加强正义制度。通过在忠于法律的范围内反对不正义，它被用来禁止对正义的偏离，并在偏离出现时纠正它们。一种参与正当的非暴力反抗的普遍倾向把稳定性引入一个组织良好的社会中或接近正义的社会中。

我们必须从原初状态中的人的立场来看这个理论。他们必须考虑相关的两个问题。第一，在选择了对个人的原则之后，为了评价自然义务和责任的力量，特别是遵守一部正义宪法及其中一个基本程序（即多数裁决规则）的义务的力量，他们必须确立一些指导方针。第二个问题是寻找一些合理的原则来处理不正义情形或者那种仅仅是部分地服从正义原则的环境。现在，假定一个接近正义的社会的特征已被描述，那么各方似乎将同意那些指示何时可证明非暴力反抗是正当的条件（前面已讨论过）。他们承认这些阐明了这种反抗形式何时是合适的标准。这样做表明了正义的自然义务在一种重要的特殊情况中的重要性，它也倾向于通过提高人们的自尊和他们之间的相互尊重来促进全社会的正义。正如契约论所强调的那样，正义原则是那些平等人之间的自愿合作的原则。否认对另一个人的正义就是拒绝承认他是一个平等人（即一个这样的人，对于他，我们准备通过在公平的平等状态中选择的原则来约束我们的行为），或者就是表明了一种想为了我们自己的利益而利用自然命运和事件中的偶然因素的意愿。无论在哪种情况下，有意的不正义都是或者引起屈服或者引起抵制。屈服使那些想使不正义永久存在并巩固他们的意图的人产生轻蔑；而抵抗则切断了共同体的纽带。在出现对基本自由的侵犯时，公民如果先考虑以正常的方式运用某些合理的政治呼吁手段，在过了适当的一段时间之后再运用非暴力反抗形式来表示他们的反对，那么这些自由就将更有保障而非更少保障。根据这些理由，各方会采纳规定正当的非暴力反抗的条件，即把它作为这样一种方法：在忠于法律的范围之内，它确立了维持一种正义宪法稳定性的最终手段。虽然这种行为方式严格说来违反了法律，但它无论如何是一种维持宪法制度的道德纠正方式。

我们在更详细地说明时，对良心拒绝的证明条件大概也会提出相同的解释（再次假设了一个接近正义的状态的背景）。不过，我在这里不讨论这些条件。相反，我想强调关于非暴力反抗的宪法理论只依赖于一种正义观。我甚至在这个基础上解释公开性和非暴力性的特征。这同样适用于对良心拒绝的解释，虽然良心的拒绝要求对契约论的进一步说明。在这方面，我没有提到不同于政治原则的其他原则，一些宗教或和平主义的观念不是很重要。虽然非暴力反抗者经常出于这些信念而行动，但是把这些观点和非暴力反抗联系起来是不必要的。因为这种形式的政治行为可以理解为一种诉诸共同体的正义感的方式，一种诉诸平等人中间已确认的合作原则的方式。作为一种对公民生活的道德基础的诉诸，它是一种政治行为而不是宗教行为。它建立在一些人们要求互相遵守的常识性的正义原则上，而不是建立在对宗教信仰和爱的确认上（这些信仰和爱不能要求每个人都接受它们）。当然，我不是说这些非政治性的观念是没有效力的。实际上，它们可以根据别的理由、以为人熟知的方式来肯定和证明我们的判断和行为是正义的。然而，不是这些原则，而是作为自由、平等人之间社会合作的根本条件的正义原则，构成了宪法的基础。如此定义的非暴力反抗不要求一个褊狭的基础，而是依赖于表现了一个民主社会特征的公共正义观。按照这样的理解，非暴力反抗的观念是自由政治理论的一个部分。

在中世纪的和现代的立宪政体之间有一个区别：即在前者那里，所建立的制度措施不保障法律的至上性。对那种其判断和法令对立于共同体的正义感的统治者的控制，在大多数场合仅限于全社会或其某一部分的抵抗权。甚至这种权利看来也不是被解释为一种法人组织的行为,一个不正义的国王可以干脆把它抛到一边。[1] 这样,中世纪缺少现代立宪政治的基本观念,缺少有主权的人民具有最终权威的观点和通过选举、议会及其他宪法形式来使这种权威制度化的思想。现代立宪政治的观念是在中世纪基础上建立的,以与此十分相似的方式,非暴力反抗理论补充了立宪民主的纯粹法律观念。它试图表达以这种方式反抗合法民主权威的理由;基于这些理由,这种反抗虽然公然违反了法律,但还是表达了对法律的忠诚,并且是诉诸于民主制度的基本的政治原则的。所以,我们就可以把以下某些不合法的抗议形式附加到立宪政体的法律形式中去:这些抗议按照指导它们的原则来说并不违犯一种民主宪法的目标。我一直试图表明这些原则是能够由契约论解释的。

有些人可能反对说,这一非暴力反抗理论是不现实的。它预先假设了多数具有一种正义感;而且,人们可能反驳说,道德情感不是一种有意义的政治力量。推动人们的是各种各样的利益,和对权力、威望和财富等东西的欲望。虽然他们聪明地制造出一些道德理由来支持他们的主张,但他们的意见在不同的场合形不成一种统一的正义观。倒不如说,他们的观点在任何特定的时间内都是追求着一定利益的权宜之计。这个论点无疑具有许多真理成分,而且在某些社会中比在另一些社会中具有更多的真理成分。但是关键的问题在于那种反对正义感的倾向的相对力量有多大,以及正义感是否足够强烈以至于能够诉诸它而产生某种有意义的效果。

有一些评论可以使这一提出的解释更为有理。首先,我始终假设:我们所处理的问题必须与一个接近正义的社会有关。这意

---

[1] 见 J. H. 富兰克林编:《立宪政体和十六世纪的抵抗运动》(纽约,柏伽索斯公司 1969 年版),引言,第 11—15 页。

味着存在着一种宪法制度和一种公认的正义观。当然,在特殊情况下某些个人和团体可能试图侵犯它的原则,但是他(它)们的集体情感在被恰当地诉诸时则具有相当大的力量。这些原则是作为自由、平等人合作的必要条件而得到肯定的。如果能把那些行为不正义的人明显地鉴别出来,并且把他们与较大的共同体相隔离,那么社会中较大部分的人的信念就可以具有充分的重要性。或者说,如果争论各方大致平等的话,那么那些未参加争论的人的正义情感可能是决定性的因素。无论如何,如果我们没有获得这种环境,非暴力反抗是否明智是相当成问题的。因为除非我们能诉诸社会多数的正义感,否则多数就可能由于利益计算的指引而使用更强制的压制手段。法庭应当考虑到这种抗议行为的非暴力反抗的性质,考虑到构成宪法基础的政治原则证明了(或者可能证明了)这种非暴力反抗的正当性的事实,并根据这些理由减少和在某些情况里停止对它实行法律制裁。[①]可是当我们缺少这些必要环境时,相反的情况就很可能出现。因此,我们不得不承认,只有在某种在相当高的程度上由正义感控制的社会中,正当的非暴力反抗通常才是一种合理有效的抗议形式。

对于我所谈到的正义感发生作用的方式可能有某种误解。人们可能认为这种情感在真诚地承认原则和在要求相当程度的自我牺牲的行为中表明自身。但是这个假设要求得太多了。一个共同体的正义感很可能表现在这样的事实中:即多数不可能使自己采取压制少数的必要步骤,或者采取法律允许的惩罚非暴力反抗的行动。人们不会把在其他社会中可能被考虑的无情策略作为真正的选择方案而接受下来。这样,正义感以我们常常未察觉的方式,影响了我们对政治生活的解释、关于可能的行动方式的观念

[①] 关于一般的讨论,见罗纳德·德沃金:《论不迫害非暴力反抗者》,载于《纽约书评》,1968年6月6日。

和我们抵制其他人的正当抗议的意愿等等。尽管这一多数具有优越的权力，它还是可能放弃它的地位，勉强同意反对者的建议；它施行正义的意愿削弱了它维护它的不正义利益的能力。一旦正义情感施展影响力的微妙形式，特别是它使某些社会地位站不住脚的作用得到承认，这种情感就会被看作是一种至关重要的政治力量。

在这些评论中，我已经假设在一个接近正义的社会中，人们会公开地接受同样的正义原则。幸运的是，这个假设不是仅仅出于必要。事实上，在公民的各种正义观都导致类似的政治判断的情况下，这些观念之间也仍然可能存在着相当大的差异。这是可能的，因为不同的前提可能产生相同的结论。在这种情况下存在着一种我们所谓的重叠性而不是严格的一致意见。一般来说，一些被承认的正义观的重叠部分足以证明非暴力反抗是一种合理的、谨慎的政治抵抗形式。当然，这种重叠部分不必是完善的，只要一个互惠条件得到满足就足够了。双方必须相信：不管他们的正义观是多么的不同，他们的观点支持着对目前形势的相同判断；甚至当他们各自的地位互相交换时他们也仍然这样做。然而最后会出现一个临界点，超过这一点，判断中的必要一致就破裂了，社会就会或多或少地分裂成几个有区别的部分，它们在根本性的政治问题上持有不同的观点。举例来说，假设那些不相信宽容，并且若握有权力就不会宽容其他人的人，希望通过诉诸那些坚持平等自由原则的多数的正义感来抗议他们只具有较少的自由。虽然接受平等自由原则的人（正如我们已看到的那样），会在自由制度的安全所许可的范围内宽容那些不宽容者，但他们很可能会讨厌被不宽容者提醒履行这一义务；因为这些不宽容者一旦地位发生变化，就会建立自己的统治。多数必定会感到：别人为了不正义的目的利用了他们对平等自由的忠诚。这个情形再次说明了这样一个事实：即一种共同的正义感是一笔巨大的集体财富，它需要许多人的合作来维持。可以把不宽容者看成是逃票乘客，他们追求正义制度带来的利益，却不在维持正义制度中尽自己的一份职责。虽然那些接受正义原则的人将总是受这些原则的指导，但在一个分裂的社会和一个由集团个人主义推动的社会里，非暴力反抗的条件是不存在的。但严格的一致仍然不是必需的，因为某种程度的重叠一致就容许互惠的条件得到满足。

确实，诉诸非暴力反抗有一定的危险性。宪法形式及其司法解释的一个理由就是要确立一种对政治正义观的公开说明和对其原则在社会问题上的应用的一种解释。在一定范围内，确定法律及其解释比正确地确定法律要好。[①] 因此，可能有人会反对说：前面的解释并没有确定应当由谁来宣布在何时和何种环境下将证明非暴力反抗为正当。鼓励每一个人来自我决定这一点和放弃对政治原则的公开推行会引起无政府状态。对此的回答是：每个人的确必须作出他自己的决定。即使人们正常地寻求建议和忠告，并且接受他们看来是合理的权威的法令，然而他们总是要对自己的行为负责。我们不能放弃自己的责任，不能把受谴责的负担转嫁给他人。这适用于任何与民主宪法原则相容的政治义务和职责的理论。公民是自律的，而且还被认为要对他们自己的行为负责（见第78节）。如果我们通常认为我们应当遵守法律，这是因为我们的政治原则一般都导致这一结论。确实，在一个接近正义的状态中，如果缺少一些强有力的相反理由的话，那就存在着一种赞成服从的假设。个人的许多自由的、合理的决定都与一个有序的政治制度相适应。

可是，虽然每个人必须由自己来确定环境是否证明了非暴力

---

① 因为，假如有时意见纷纭，或者有别的情况，那么这时与其等待达到完全正确的确定（是否能达到还属疑问），不如先使它确定起来。这也和法律的性质有关：它始终应当是确定的。——译者注。

反抗的正当性，但这并不是说一个人可以随心所欲地作出决定。我们不应该诉诸我们的个人利益或者狭义解释的政治忠诚来作出自己的决定。为了自律和负责地行动，一个公民必须诉诸一些构成宪法基础并指导解释宪法的政治原则。他必须试图评价这些原则应当怎样运用到现存环境中。如果他经过适当的思考之后得出了非暴力反抗是正当的结论，并且相应地指导自己的行动，那么他就是有良心地在行动。虽然他可能犯错误，但是他不是随心所欲行动的。政治义务和责任的理论使我们能够作出这些区别。

这和科学中所达到的共同理解和结论相似。在此，每个人也是自律并且负责的。我们按照公认原则的论据来评价理论和假设。权威性的著作确实存在，但它们是对许多个人自我决定中的一致性的总结。缺少判决的最终权威和公认的正式解释并不会导致混乱，倒不如说这是理论发展的一个条件。接受并运用理性原则的平等人不需要任何确定的最高仲裁者。对于谁是决定者的问题，我们的回答是：所有人都是决定者，即所有能够审慎考虑的人都是决定者。借助理性、礼让和幸运，这种决定常常能很好地做出。

因此，人们认识到：在一个民主社会中，每个公民都对他自己赋予正义原则的解释负责，并按照正义原则对自己的行为负责。但对于我们在道德上总是有义务接受的这些原则，不可能有任何法律的或全社会公认的解释，甚至一个最高法庭或立法机构也不可能作出这种解释。确实，每一个立宪机构、立法部门、行政部门和法院都提出了它对宪法及其展示的政治理想的解释。[①]虽然法院在判决特殊案件中可以有最后决定权，但是它不能避免强权政治的影响；这种强权政治可能迫使法院按它的意志修改对

---

① 这个观点的提出归功于 A. M. 比克尔，见他的《最少危险的部门》(纽约，鲍勃斯—梅里尔公司 1962 年版)，特别是第 5、6 章。

宪法的解释。法院通过理由和证据提出了它的理论；它对宪法的观念（如果它要持续下去的话）必须说服大多数公民相信它的正确性。最高的上诉法庭不是法院，不是执行机关和立法机关，而是全体选民。非暴力反抗以一种特殊方式诉诸于这个整体。只要在公民的正义观中有一种充分有效的一致性，并且诉诸非暴力反抗的条件受到尊重，我们就不会有出现无政府状态的危险。因此，在一个民主政体中潜含着这样的假设：即，当各种基本政治自由得到维持时，人们就能获得这种共同理解和尊重这些限制条件。人们不能排除深刻的科学争论的可能性，同样，也没有办法完全避免那些危险的、会引起分裂的纠纷。可是，如果正当的非暴力反抗看上去威胁了公民的和谐生活，那么责任不在抗议者那里，而在那些滥用权威和权力的人身上，那些滥用恰恰证明了这种反抗的合法性。因为，为了维持明显不正义的制度而运用国家的强制机器本身，就是一种不合法的力量形式；人们在适当的时候有权反抗它。

我以这些评论来结束对两个正义原则内容的讨论。在这一编中，我的目标始终是描述一个能满足正义原则的制度体系，并且说明各种义务和责任是怎样产生的。我们必须通过弄清所提出的正义论是否符合我们所考虑的判断，并是否以一种可接受的方式扩展了它们来做这些事。我们需要检查，这一正义论是否确定了一种有效的政治观，是否有助于把我们的思考集中到最相关、最基本的道德问题上来。这一编中的解释仍然是相当抽象的，但是我希望我提供了某种怎样把两个正义原则运用于实践的指导。不过，我们不应该忘记我们所提出的这一理论的有限范围。因为我的主要意图是确立一个理想观念，只是在偶尔几处我才评论非理想理论的不同实例。诚然，优先规则在许多情形中暗示着方向，如果不过分强调的话它们可能是有用的。即使这样，详细考察的非理想理论的惟一问题也是在接近正义的特殊情况下的非暴力反抗问题。如果理想理论值得研究的话，那么，正如我所推测的，这是因为理想理论是正义论的基础部分，它对非理想部分来说也是十分重要的。我将不继续讨论这些问题。我还必须通过弄清正义论如何扎根于人类思想和情感之中，以及如何与我们的目的、志向相联系来完成这一理论。

第三编

目 的

第 七 章

作为合理性的善

最后这一编的讨论将这样进行：首先，我将更为详细地阐述一直被用来描述基本善和处在原初状态中的人们的利益的善理论。由于以后的讨论需有一种更为综合性的观点，故这种理论必须有一种更为坚实的基础。下一章主要讨论道德心理学问题和正义感的形成问题。一旦这些问题得到解决，我们就能够讨论作为公平的正义的相对稳定性问题，就能在最后的一章证明——在一种限定的意义上——正义与善是一致的，至少在一个组织良好的社会的环境中是一致的。最后，我将解释正义理论如何与社会价值和共同体的善相联系。在这一编里，论述的总方向有时显得不大清楚，论题的转换有时显得很突然。但如果明了了这些论述的要旨在于为解决稳定性和一致性问题开辟道路，在于说明社会价值和正义的善，就有助于把握总的方向。

60．对一种善理论的需要

迄今为止我还很少谈及善的概念。在前面，我只是在说明一个人的善在比较有利的环境中是由最合理的生活计划决定的时候，才简单地提到了善（见第 15 节）。

我一直假定，在一个组织良好的社会里，公民们关于他们自身的善的观念与公认的正当原则是一致的，并且各种基本善在其中占有恰当的地位。但是善概念一直是在一种相当弱的意义上被使用的。实际上我将区分两种善的理论。这样做的理由是在作为公平的正义这里，正当概念优于善的概念。和目的论成为对照，在这里，某物仅当它符合于同已有的正当原则相一致的生活方式时才是善的。但是，为了建立这些正当原则却需要依赖某种善概念，因为，我们需要假定各方在原初状态中的动机。由于不允许这些假定危及正当概念的优先地位，善理论在为正义原则论证方面就几乎不起作用。

这种对于善的说明我称之为善的弱理论（thin theory of good）：它的目的在于保障论证正义原则所必需的基本善前提。一俟这一理论完成了，一俟基本善得到了说明，我们便可以自由地在进一步发展的善理论中使用正义原则，我把这种进一步发展的善理论称为善的强理论（full theory of good）。

为了澄清这些问题，让我们来回想一下一种善理论起作用的那些范围。首先，这种理论被用于确定社会成员中的获利最少者。差别原则假定这是可以做到的。的确，善理论无须规定一种主要的增进福利的措施。我们无须了解那些获利最少者是如何的不幸，因为一旦这个群体被挑选出来，我们就可以（依据一种恰当的观点）把他们的各种依次作出的偏爱选择视为决定着社会基本结构的恰当安排的因素（见第 15 节）。然而，我们必须能够确认出这个群体。而且，可以根据基本善来对有代表性的个人的幸福和期望的指标进行分类。理性的人们，无论他们还向往别的什么，总是把某种事物视为实现他们的生活计划的必要条件而追求。如其他条件相同，他们愿意选择较多的而不是较少的自由和机会，较大的而不是较小的财富和收入份额。这些事物显而易见是善的。但是我也指出过，在个人自我价值意义上的自尊和自信也许是最重要的基本善。而且，这种见解我已经在论证正义的两个原则时利用过（见第 29 节）。所以，仅仅用诸如自由和财富这些事物来规定期望的最初定义只是暂时的，我们还需要把其他的各种各样的基本善包括进来，而这产生了更深刻的问题。显然，这需要一种对善的描述,而这种描述必须是弱理论的。

其次,为了反对对于公平的正义的若干反对意见,某些善的观点被用于规定这一概念。例如,一种意见可能会说处于原初状态的人们不了解他们自身的境况;因而不可能就正义原则达成合理的协议。由于他们不了解自己的目的是什么,他们会觉得他们的个人计划完全被他们同意的这些原则毁掉了。这样他们怎么能达成一种合理的决定呢?我们可以回答说:一个人的选择的合理性不依赖于他了解情况的多少,而仅仅依赖于他根据所知的情况推理的好坏,无论他所知的情况如何不全面。假如我们正视我们的境况并尽可能正确地推理,我们的决定就是合理的。所以,事实上各方能够做出一种合理的决定,当然在可供选择的正义概念中,肯定有一些比另一些更好。不过善的弱理论——我们假设各方接受了这一观点——告诉人们:他们应当首先维护他们的自由与自尊;为了实现他们的目的,不论这些目的是什么,他们常常需要更多而不是更少的其他基本善。然后,一俟各方缔结了原初的协议,他们就假定了他们的善概念有一个确定的结构,这种结构足以使他们在一种合理基础上选择所循的原则。

要言之,我们需要我所称的善的弱理论来解释人们对于基本善的合理偏爱,需要这种理论来解释原初状态下选择正义原则的合理性这一概念。要使从中引出那些正义原则的那个必要前提站得住脚,就需要有这种理论。但是,从那些尚未讨论的其他问题着眼,一种更为综合性的善理论就更为需要。例如,善行和分外行为的定义有赖于这样一种综合的善理论。人们的道德价值的定义也同样如此。这是伦理学的第三个主要概念,我们必须在契约论观点的范围内为它找到解释。我们最后将不得不考虑这样一个问题:做一个好人对于这个人是不是一种善。如果一般地说这不是一种善,那么在何种条件下它才是一种善。我相信,至少在一定环境中,例如在一个组织良好的社会的或在一种近于正义的状态中，做一个好人对这个人的确是一种善。这个事实同正义的善，同一种道德理论的一致性问题是密切联系在一起的。我们需要一种对善的描述来说明这个事实。我已经指出过，这种强理论的特征是它把正义原则看作是已经得到了辩护的，然后又用这些原则去规定和善概念有关的其他道德概念。一俟这些正当原则成为既有的，我们就可以用它们来解释道德价值的概念，解释道德性的善。的确，即使是决定着对人来说是善的东西亦即人生价值的合理性生活计划，也是由正义原则约束着的。但是显而易见，为的避免陷入循环，我们必须把弱理论与强理论区别开，必须始终牢记哪一个是我们所依赖的基础。

最后，当我们来解释社会价值，来解释一种正义概念的稳定性的时候，就需要有一种对于善的较为宽泛的解说。例如，一个基本的心理学原则是，我们倾向于去爱那些表现出了对我们的爱的人们，去爱那些怀有明显的提高我们幸福的意图的人们。在这个例子里，我们的善就把那些最终目的包括了进来，而不仅仅是指那些基本善。而且，为了说明那些社会价值，我们还需要一种理论来解释各种活动中的善，特别是解释一个人按照肯定着他们的社会制度的公开的正义观念所作出的意愿行为的善。当我们考虑这些问题的时候，我们只能借助于善的强理论。有时我们考察的过程需要用正义感和道德感来解释，有时我们又会注意到一个公正社会的集体行为也是善的。既然正义观念已经确立，我们就没有理由不使用善的强理论。

然而，当我们问正义感是不是一种善的时候，这个重要的问题显然是在弱理论的意义上提出来的。我们想知道对一个组织良好的社会的人们来说，具备和保持一种正义感是不是一种（在弱的意义上的）善。如果正义感永远是一种善，它对那些人们就肯定是一种善。而如果在弱理论的范围内具备一种正义感的确是一种善这一点得到证明，那么人们就能够指望一个组织良好的社会具有足够的稳定性。这个社会不仅会产生出自我支持的道德态度，而且从那些在估价自己境况时无需正义约束便能抱有道德态度的有理性的人们的观点来看，这些道德态度也是值得向往的。我们把正义和善之间的这种契合称为一致性，当我们研究正义的善这一问题的时候（见第 86 节），我将考察这种关系。

61. 简单情况下的善的定义

我最好先以简单的例子来说明我将使用的善的定义，而不是先直接讨论合理性概念在估价生活计划方面的应用。这样做能够表明这个概念的一些特征，它们对于清楚地理解这个概念的意义是十分必要的。所以，我假定善的定义有以下三个阶段（为简明起见，这些阶段用善概念而不是用其他更好的概念来作公式的表达）：(1) 当且仅当在已知人们使用 X 的特定目的或意图（以及无论何种其他恰当的附加因素）的条件下，A 具有人们能合理地要求[1]于一个 X 的（比普通的或标准的 X 更高级的）那些性质时，A 是一个善 X；(2) 当且仅当在已知 K 的境况、能力和生活计划（他的目的系统），因而考虑到他使用 X 的意图或无论其他何种恰当的附加因素的条件下，A 具有 K 能合理地要求于一个 X 的那些性质时，A 对于 K 是一个善 X；(3) 同于 (2)，但补充一个条件，亦即，K 的生活计划或他的生活计划中与目前境况有关的那部分本身就是合理的。合理性在生活计划中意味着什么迄今还没有确定过，我们将在后面讨论这个问题。但是按照定义，一俟我们确定了一个对象具有某个具有合理生活计划的人能够合理地要求的那些性质，那么，我们就已经表明它对于他是一种善。而且，如果某些东西对于人们能够普遍地满足这个条件，那么它

---

[1] 见 W. O. 罗斯：《正当与善》（牛津，克莱伦顿出版社 1930 年版），第 67 页。

们就是人类的善。我们希望最终能确证自由和机会以及我们的价值感也属于善这一范畴。①

我们先来谈一谈定义的前两个阶段。当我们有必要把某个人境况中的与善的定义相关的那些细节情况考虑进来时，我们就从定义的第一阶段进入第二阶段。这些细节一般是指他的利益、能力和环境。虽然我们还没有确立合理选择的原则，但常识概念暂时还是足够明了的。一般地说，假如人们之间的与某种善对象相关的利益和境况非常相似以致能够建立一种公认的标准，人们在简单地谈及这种善对象中的一个具体对象时就带有一种精确的意义，这种意义可以由善的第一阶段定义来加以解释。一旦具备了

---

① 我已指出过，在对这类善的描述方面，尽管观点很多，但却存在着广泛的一致意见。见亚里士多德：《尼各马可伦理学》，第1、10章；阿奎那：《神学大全》，第1集第1部，第5—6段；《反异教大全》，第3部第1—63章；《论幸福》，J. A. 厄斯特勒英译本（恩格斯伍德·克利弗斯，新泽西州，普兰梯斯—霍尔公司1964年版）。关于康德的观点，见《道德形而上学基础》，学院版第4卷第415—419页（参见上海人民出版社1986年中文版）；《实践理性批判》，第1部第1编，第2章第1部分。见H. J. 佩顿关于康德的讨论：《捍卫理性》（伦敦，乔治·艾伦有限公司1951年版），第157—177页。关于西季维克的观点，见《伦理学方法》第7版（伦敦，麦克米兰公司1907年版），第1编第9章，第3编第14章。这种观点为唯心主义和为他们所影响的人们所持。见，例如，F. H. 布拉德雷：《伦理学研究》，第2版（牛津，克莱伦顿出版社1926年版），第2章；J. 罗伊斯：《诚实的哲学》（纽约，麦克米兰公司1908年版），第2讲。更近一些的文献有H. J. 佩顿：《好意》（伦敦，乔治·艾伦有限公司1927年版），第2、3编，尤其是第8、9章；W. D. 拉蒙特：《价值判断》（爱丁堡，爱丁堡大学出版社1955年版）；J. N. 芬德利：《价值与意图》（伦敦，乔治·艾伦有限公司1961年版），第5章第1、3节和第6章。关于所谓价值论中的自然主义者，见约翰·杜威：《人的本性与行为》（纽约，亨利·霍尔特公司1922年版），第3部分；R. B. 培里：《一般价值理论》（纽约，朗曼公司1926年版），第20—22章；C. I. 刘易斯：《知识和价值的分析》（拉萨尔，伊利诺斯州，公开法庭出版公司1946年版），第3编。我的观点受益于J. O. 厄姆森：《论分类》，载于《心灵》第59卷（1950年）；保罗·齐夫：《语义分析》（伊萨卡，纽约州，康奈尔大学出版社1960年版），第6章；以及菲力普·富特：《善与选择》，载于《亚里士多德学会会刊》增订第35卷（1961年），尽管他们可能不赞成我的看法。

这些条件,我们在说某物是善的时候就表达了有用的信息。我们对于这类善事物具有大量的共同经验和知识,它们使我们能够了解一个普通的或标准的对象的那种合乎我们需要的性质。常常存在着一些基于商业或其他实践的习惯标准,这些标准规定着这些性质。① 在看到了各种各样的例子之后,我们无疑就能看清这些标准是如何发展进化的,以及那些派生的标准是如何确定的。主要之点在于,这些标准取决于所注意的对象的性质和我们对于它们的经验,所以,只有假定了某种背景或某种特殊的联系被看作是自然而然的条件的时候,我们说某种事物是善才不会引起争议。基本价值判断是人们在已知他们的利益、能力和境况的条件下根据他们的观点作出的判断。仅仅在存在着相似的条件时,我们才能可靠地从任何其他人的特殊境况中汲取经验。在存在任何一种复杂条件的情况下,当要选择的事物应根据特殊的需要和境况而作出调整时,我们就需要采取第二阶段的善定义。按照这个阶段的定义的要求,我们的价值判断要适应那些所涉及到的因素。

人们只要注意到一些典型的事物,比如人造物、系统的官能部分、职业和角色等就能了解上面的这些陈述。在人造物品中,比方说,一只好表是一只具有人们能合理地要求于一只表的那些性质的表。很明显,在这里,除了走时准之外,人们还要求一些其他的特点。比如,它不能太重。这些特点必须是能以某种方式衡量的,并且能在总的估价中占一个适当的比重。我不准备在这里研究这些估价是如何进行的。但是,值得指出的是,如果我们把传统意义上的善的定义看作是一种分析,即看作是一种概念同一性的陈述,如果我们假定一只表根据定义就是一件用于表示时间的器物,假定合理性根据定义就是采取有效手段去实现一个人

---

① 见厄姆森:《论分类》,上引书第 148—154 页。

的目的，那么一只好表是一只走时准确的表这个陈述就是分析的。这一点仅仅由逻辑的真值概念的规定就可以确定。但是，既然我不想采取这种意义上的善定义，而宁可把它看作一种帮助我们构造可用于说出我们经过思考想说出的话的替换语的粗略指导，我就不把这个陈述看作分析的。事实上，为了我们眼下的目的，我将完全避开这个问题而径直把关于表或别的什么的一些特定事实看作常识。我们根本不会问关于这些事实的陈述是否是分析的这样的问题。所以，从这一点来说，一只好表走时准这一陈述当然是真的，并且，这一陈述和日常事实的吻合足以证实善定义的恰当性。

而且，显而易见，短语"一个善 X"中的字母"X"常常要参照上下文联系换成各种各样的名词短语。由于我们常常需要一种更为精细的分类，所以仅仅谈论好表是不够的。人们会要我们去估价手表、跑表等等，甚至去估价和一种特定的夜礼服相称的手表。在所有这些情况下，特殊的利益兴趣都会产生某种恰当的分类和标准。这些复杂性常常是从种种环境中聚集起来的，并且只是在必要时才会被明确地提出来。对那些非人造物，一个人通常需要多作一些解释以说明他的含义，因为他的含义并不是由与那个对象的联系产生的。所以，比方说，怀尔德凯特是一座好山这个陈述可能需要对它补充说，它对于滑雪是一座好山。或者，今夜是个好夜晚这样一个观察可能需要对它作这样的解释：今夜对看星星是个好夜晚，因为这是一个晴朗而漆黑的夜晚。有一些词语需要作适当的解释。举个例子：我们比较一个人体是一个好尸体和一个人体是一个好的解剖用尸体这两个陈述，前者的意义不清楚，当它指的是供解剖用的尸体时它才表达了它的解剖学研究上的用途。一个好的解剖用尸体可能指的是一个具有可以为此目的合理地要求的那些性质（无论这是些什么性质）的尸体。[1]可以附带地指出，即使在我们不知道什么是被估价的对象的值得向往的特点的时候，我们至少也能部分地了解说某物善所包含的意义。

在一定的背景之下经常会存在一种观点，人们从这个观点去赞扬一件人造物，一个官能组织或一个角色，尽管他们不必说明这个观点。这种观点的特点在于采取和被判断者自己的意见相一致的看法并进而描述他们对于对象的关切。例如对于身体的部分（系统的官能部分），我们一般都采取被谈及的人对自己身体的看法并且假定他们的关切是正常的，所以，好眼睛和好耳朵是具有一个人在希望听清和看清时合理地要求于自己的眼睛和耳朵的那些性质的眼睛和耳朵。在动植物方面情况也与此相似：当我们说它们有一层好表皮或有一条好根茎时，我们看起来就是在采取动植物的观点。这样做无疑有某些人为性，尤其是在考虑植物的时候。另一方面，也许还有一些其他的观点能更合理地解释那些判断。但是，定义看起来总不免对一部分例子更为适合而对另一些例子不那么适合，只要定义适合于正义理论的目的我们就不必对此过多担心。然而在职业范畴中，在某些场合，当值得向往的性质是从事于一定职业活动的人们的性质时，我们采取的却是不从属于这个职业的人们的意见。所以，一位好的医生是这样的一位医生：他具有他的病人们合理地要求于他的那些技艺和能力。那些技艺和能力是那位医生的，然而那种对康复的关切——那些技艺与能力正是由这种关切来评价的——却是那些病人的。这些例子说明人们的观点是根据具体情况而变化的，说明善的定义不包含某种确定善的一般公式。这些观点和善的意义只有从在那种前后联系中已经或将要产生的特定场合来解释。

---

[1] 这个例子来自齐夫的《语言分析》第211页。

进一步说,对评价事物的善恶的观点来说,没有什么事物是必然正当或在道德上正确的。[①] 人们可以说一个人是好间谍或好刺客而不赞扬他的技能。如果用善的定义来解释这种情况,我们就等于说,那个被评论的人具有人们在想让间谍或刺客去干某事时合理地要求于一个间谍或一个刺客的那些特性。这里毫无要求间谍们和刺客们做他们所做的事情是正当的这样的意义。雇用间谍和刺客的通常是政府和阴谋家,我们仅仅是从政府和阴谋家们的观点来估价他们是不是老练,是不是天才。至于一个间谍或刺客是不是一个好人完全是一个单独的问题,要回答这个问题我们就得判断他为之奋斗的事业的性质和他之所以为之奋斗的动机。

我们所期待的也正是善定义的这种道德中立性。合理性概念本身不能成为正当概念的充足的基础,而且在契约论中,正当概念是从另外一种途径得出来的。进一步说,要构筑道德上的善概念,必须借助于正当和正义的原则。不难看出,在许多职业和角色中,道德原则在标志那些值得向往的性质方面发挥着重要作用。例如,一个好法官有一种强烈的愿望,要伸张正义,要按照法律的要求公平判案。他拥有他的职业所需要的司法美德:他执法公正,善于公平地估价证词,不因私人考虑而抱偏见或改变意见。这些特性也许并不是充分条件,但一般说来却是必要条件。一个好父亲、好妻子、好朋友和好伙伴等等这样一些不胜枚举的例子,也是依赖一种德性论因而也是以一种正当原则为前提的。这些都是善的强理论要研究的问题。为了使作为合理性的善概念对道德价值概念也适用,必须证明德性是一些人们在采取那些起

---

① 关于这一点,见罗斯:《正当与善》,第67页;另一种不大相同的观点见 A. E. 邓肯—琼斯:《好事物与好窃贼》,载于《分析》第27卷(1966年),第113—118页。

码的观点时能合理地相互要求的特性。我将在适当的地方证明事实上情况确实如此（见第66节）。

62．关于意义的评注

我将在这里谈一谈价值判断的意义问题，从这方面对善的弱理论作些补充。这些问题不是我们所研究的中心问题，但是如果作一些说明就可以防止许多误解。也许主要的问题在于这些判断究竟是一种描述性的语言用法还是一种规约性的语言用法，遗憾的是描述性的用法和规约性的用法的概念是不清楚的，但是我将直接谈一谈其主要之点。[①] 有两个事实似乎是得到公认的。首先，"善（好）的"与"恶（坏）的"等词通常是用于提供建议和劝告，以及表扬和赞美，等等。诚然，这些词并不总是被以这种方式使用的，它们也可以被用于条件陈述，用于命令和询问，以及其他的没有实际意义的用语中。但是，它们用于提供建议和劝告以及表扬和赞扬乃是主要的。第二，评价的标准是因物而异的。要求于住宅的标准不同于要求于衣服的标准。一个令人满意的善定义必须符合这两个事实。

现在我简单地把一种描述论归结为下述两个论题。首先，尽管评价标准因物而异，但是"善的"这个词，就其哲学目的而言，仍具有和其他通常被看作描述性谓词所具有的同样的一般含义（或意义）。的确，这种一般含义使我们能理解评价标准为什么会以及如何因物而异。另一个论题是，人们在提供建议与劝告、表达命令时使用"善的"这个词的恰当性，可以由这种一般含义和一般意义理论共同来解释。我按照奥斯汀所提出的观点假

[①] 在大部分观点上我同意 J. R. 塞尔的《意义与语言行为》，载于《哲学评论》第71卷（1962年）。也见他的《意义与语言行为》（剑桥，剑桥大学出版社1969年版），第7章；以及齐夫的《语言分析》第6章。

定一般意义理论中包括一种对于语言行为和非通常意义（illocutionary forces）的描述。① 一种描述论认为，当"善的"这个词事实上被恰当地使用时，善的一般描述意义就说明了它被用来提供赞扬与劝告等等的原因。没有必要赋予"善的"一种未由它的一般描述意义和一般语言行为理论加以解释的特殊意义。

在这个意义上作为合理性的善是一种描述论。它以人们所要求的方式解释人们公认的那两个一般事实。善的不同阶段的定义表明了"善的"这个词的一般意义。所以，某物是好的，这意味着它具有可合理地要求于那类事物的那些性质，以及取决于具体场合的各种进一步的性质。按照这个定义，就容易说明人们的评价标准因物而异这个事实了。既然我们是由于不同的目的而需要这些不同的事物，那么根据不同的特征来评价它们显然是合理的。把"善的"这个词的意义看作与一个功能记号的意义差不多的东西是有益的。② 这样我们就能把定义看作是给每类事物标记出可以据以评价其中各个具体事物的一套性质，即我们可以合理地要求于这类事物的那些性质。

而且，对作为合理性的善概念的描述说明了为什么"善的"这个词出现于建议和劝告陈述，以及表扬和赞许的评论之中。所以，举例来说，当某人要求我们提出建议的时候，他希望我们提供关于，比如说，他采取何种行为最好的意见。他希望知道我们认为怎么做对他是合理的。一位登山者向另一个想攀登一座难爬的山峰的人建议他该带些什么设备并选择何种路线，他就采取着另一个人的观点并推荐着他认为最好的行动计划。"善的"和与

---

① 见 J. L. 奥斯汀：《如何用词来表达》（牛津，克莱伦顿出版社 1926 年版），尤其是书中第 99—109、113—116、145 页。

② 我在这里借用 P. T. 吉奇的《善与恶》中的话，载于《分析》杂志第 17 卷（1956 年），第 37 页。

此有关的那些语言的意义在这些被看作建议的陈述中并没有改变。即使是我们的话的意义与陈述没什么两样,上下文也会把我们的这些话变成建议。例如,登山者们有一种相互帮助的责任,因此他们也就有一种在紧急情况下提供自己的深思熟虑的意见的责任。在这种情况下,他们的话就成了建议。所以,由于环境的作用,我们所说的话可能会并且在一些场合中必然会被看作是建议和劝告。如果采取我在上面粗略地说明的正当理论,那么善的一般描述意义和人们寻求他人意见的一般原因就能说明"善的"这个词的这些特有的用法。在任何时候我们都不必去诉诸一种特殊的规约的或情感的意义。

这些见解可能会与这样一种情况相冲突,即非通常意义理论承认提出一种意义的规约的或情感的理论的人们所要求的一切。如果是这样,那么就不存在任何争执了。我并没有否认非通常意义理论对于"善的"这个词在各种用法中在被用于表扬和建议以及类似的陈述时的意义的理解上,很贴切地抓住了这个词的意义。我也不反对这样一种观点,即,在一个人不可能既接受某物是善的这样一个判断同时又不同意它的非通常意义(假定这种意义可以从上下文看出的话)的含义上,某种非通常意义是"善的"这个词的主要的意义。[1] 问题在于对这些事实如何解释。

所以,描述论认为,"善的"这个词之所以是带着一种推荐或建议等等意义被特别地加以使用的,正是由于它具有其定义表明的描述意义。"善的"这个词的描述意义并不简单地是一系列

---

[1] 关于这些观点以及其他的一些问题,见 J. O. 厄姆森:《伦理学的情感理论》(伦敦,哈钦森大学文库 1968 年版),第 136—145 页。

的性质表,其中每一个表是按照习惯或爱好对一种事物的性质的排列。按照善的定义所表明的,宁可说,这些表是借助于能合理地要求于各种事物的那些东西而形成的。因此,理解为什么"善的"这个词(以及它的同族词)会被应用于这些语言行为是理解善的一般意义的一部分。与此相似,正如由于某些语言具有描述意义,因而事实叙述的意义是这些语言的基本意义一样,由于善的这个词具有描述意义,因而某种非通常意义是构成"善的"这个词的意义的主要的东西。因为,当有人向我们建议说某种事物对我们是最好的时,如果我们相信这个陈述,就是说如果我们是理智的,我们就将确实地采取这条建议并按之行事。这场争论,如果这里存在一种争论的话,不是关于这些公认的事实的争论,而是关于"善的"的描述意义在解释这些事实中的地位的争论。描述论认为,和一种有关语言行为的一般理论一道,"善的"的定义能够提供对这些事实的充分说明。没有必要引入一种不同的意义理论。

63. 生活计划的善的定义

至此为止,我仅仅讨论了善的意义的前两个阶段,在这些阶段上还没有提出那些被看作已有的东西的目的是否合理的问题。某物对于 K 是一个善 X,被视为从 K 的利益和目的考虑它具有 K 可以合理要求于一个 X 的那些性质。但是,我们还常常要评价一个人的欲望的合理性,善的定义如果要为正义理论的目的服务的话,就必须包括这样一个基本的方面。所以,善的定义的第三阶段的基本思想就是要把定义应用于生活计划。一个人的合理计划决定着他的善。这里我采取罗伊斯的如下思想,即,一个人可以被看作是按照一种计划生活着的一种人生。罗伊斯认为,一个人也就是一个可以通过描述他的目的和事业,即描述他在他的生活中力图去做的那些事情的人。[1] 如果这项计划是一项合理的计划，那么我就说这个人关于他的善的观念也是合理的。在他所处的情况下真实的善和显明的善是一致的。类似地，他的利益和目的也是合理的；同时，把它们看作他在作判断时的——这些判断是和善定义的前两阶段的定义相应的———系列中间站就是恰当的。这些看法是相当明了的。而从细节出发研究生活计划问题则令人遗憾地失之琐碎。为了加快进程，我将径直从两个定义出发，然后在下面几节中解释和评论这些定义。

这两个定义是：第一，当且仅当（1）一个人的生活计划是和适用于他的境况的有关特点的那些合理选择原则相一致的诸项计划中的一项，并且（2）这项计划是满足这个条件的那些计划中的他根据充分审慎的合理性，即在充分意识到有关事实并仔细考虑了种种后果之后所乐于选择的计划时，他的生活计划是合理的[2]（在下一节中将讨论审慎的合理性的概念）。第二，当且仅当一个人的利益和目标是由对他来说是合理的计划所鼓励、所提供的时候，他的利益和目标是合理的。请注意，在第一个定义中

---

[1] 见《诚实的哲学》，第4讲第4部分。罗伊斯使用一种计划这一概念来表明一个人的那些一致的系统的目的的特征，这些目的使个人成为一个有意识的、表里如一的道德的人。在这方面，罗伊斯采取了这一词语的哲学的用法，这种用法如我在第386页注①中所指出的，是由如杜威、培里等许多著作家们开创的。我也将采取这种作法。这个词没有专门性的意义，生活计划的结构也不产生与明显的常识不同的结果。这些细节问题我不准备去研究。关于生活计划的讨论，见G. A. 米勒，尤金·加兰特和K. H. 普里布拉姆的《计划与行为结构》（纽约，亨利·霍尔特公司，1960年版）；另见加兰特的《基础心理学教科书》（旧金山，霍尔登—戴公司1966年版）第9章。一种计划的概念对于表明有意图的行为的特性也许是有帮助的。这一问题可参见例如阿尔文·戈尔德曼的《行为论》（英格伍德·克利弗斯，新泽西州，普兰梯斯—霍尔公司1970年版），第56—73、76—80页；但是我不准备讨论这些问题。

[2] 为简明起见，我假定有且仅有一种将被选择的计划，而不是有几种（或许多种）对当事人来说无法权其轻重的计划或任何别的选择对象。所以，我讲的始终是根据审慎的合理性而采取的那种计划。

我含有这样的意思：一个合理的计划可能只是许多和理性选择原则相一致的可能计划中的一个。这种复杂情况的原因是：这些合理选择原则并不标志出一种最好的计划。相反，我们有一批高级的计划，其中的每一个计划都优于所有不属于这一等级的计划，但这个等级中的任何两个计划之间哪一个也不比另一个更好或更差。因此，为了确定出一个人的合理的计划，我假设它是属于那些最优等计划之中的一个人根据充分的审慎的合理性乐于选择的那项计划。所以，我们在批评某人的计划时，总是或者指出这项计划违背合理选择的原则，或者指出这不是他根据对他的境况的充分的知识仔细地考虑了他的前景而作出的计划。

在说明合理选择的原则之前，我想简单地谈一下一项合理计划的更加复杂的概念。合理计划是善定义的基础，因为，一项合理的生活计划是使和一个具体个人相关的所有价值判断形成并最终变得一致的基本观点。的确，我们有一定的把握（见第82节）认为：当一个人的在（或多或少地）有利的条件下制定的一项合理生活计划正在（或多或少地）成功地付诸实施，并且他合理地相信他的计划能够实现时，他是快乐的。当一个人的计划在顺利进行，他的更重要的期望正在实现时，当他确认他的好运气将持续下去时，他是快乐的。由于合理地采取的计划是根据人们的天赋和境况等等因人而异的，所以不同的个人做不同的事情才能使他们感到快乐。制定一个有利境况的等级表是必要的，因为，假如自然条件十分苛刻并且一个人的要求和其他人的要求互相冲突的话，甚至合理地安排一个人的行为也能成为采取较小的恶这样一种事情。在一种幸福生活或人生中的一个幸福阶段的更广泛的意义上，幸福的获得总是意味着一定程度的好运气。

关于长期计划还有几点应当提及。第一点是有关它们的时间结构的。诚然，一项计划将对我们的最遥远的将来乃至我们的死亡产生一定影响，但它对越后面的阶段影响越小。某些巨大的偶然性会产生相反的影响并提供一般的手段,但是,生活过程的细节是随着我们能够了解的情况越来越多,随着我们越来越准确地知道我们的要求和需要而逐渐地充实起来的。实际上,合理选择的原则之一是推延原则:如果我们想将来在几件事情中选择一件想作的事情但又不能确定选择哪一件的话,我们现在就应当这样地来做计划,即要使那些选择可能都对我们敞开大门。我们决不可认为一项合理计划是贯穿于一生的一项详细的行动蓝图。它包括一系列不同等级的计划,和有待于在适当的时候补充的更为详细的子计划。

第二点与第一点相联系。一项计划的结构不仅反映着细节情况的缺乏,而且反映着以类似方式发展着的从较一般的到较具体的一系列不同等级的欲望。一项生活计划的这些主要特征鼓励并保证着较持久、较一般的目标的实现。例如,一项合理计划必须考虑到那些基本善,因为否则任何计划都不可能成功;但是,那些相应的欲望所采取的具体形式通常是不能预知的,这些形式取决于机遇。所以,尽管我们知道在任何一段时间流逝之后我们仍然会有对食物和饮料的欲望,但是一直要到那个时刻来到时,我们才能确定我们究竟是用这道菜还是用那道菜。这些决定依赖于可能的选择,依赖于那时境况所提供的可能性。

所以,制订生活计划只是部分的安排。[①] 我们试图把我们的活动按一种暂时的次序组织起来,在这个次序之中每一项活动持续一定的时间。这样,那些有内在联系的欲望就能以一种有效的与和谐的方式得到满足。主要的时间与力量资源按照活动所满足的那些需要的强度,以及这些活动对实现其他目的可能的贡献而分配给这些活动。审慎思考的目标,在于找到那种能最好地组织

---

① 见J. D. 马博特:《理由和欲望》,载于《哲学》第28卷(1953年),那里讨论了这一点以及我没有谈到的其他各点。

我们的活动并最好地影响我们尔后的需要结构的计划，以便我们的目标和利益能富有成果地联系成为一个行为方案。那些会干扰其他目的或破坏其他活动能力的欲望被清除掉，而那些自身就是愉快的并且也不与其他目标相悖的欲望则受到鼓励。所以，一项计划是由恰当地排列成一个等级系统的子计划构成的，计划的这些宽泛的特点给那些相互补充的较为持久的目标和利益留下了余地。由于仅仅能预见这些目标和利益的轮廓，所以提供给子计划的那些实际起作用的部分最终是在我们实施计划的过程中独立地被决定的。较低水准的修正与改变并不总是影响到整个结构。如果这种关于计划的观念是合理的，那么我们也许可以指望，生活中的那些善事物大略地相当于合理计划中占有主要地位的那些活动和关系。而基本善应该被看作是成功地实现这样的计划通常所需要的那些事物，无论这种计划及其最终目的的性质如何。

  上面这些论述未免失之过简，但我仅仅是为了防止对于一个合理的计划的明显误解，为了表明这一概念在一种善理论中的地位才谈及它们的。我现在必须尽力说明合理选择的意义。应当把合理选择原则详细地提出来，以便使它们逐步地取代合理性的概念。这些选择原则及制约着计划的人生的一般条件标志出一个人的境况的有关特点。在这点上，我将论及合理性的那些最为人知并且似乎最少争论的方面。我将暂时假定选择情况只是在短期存在的。问题在于，如何在一个将在相对短暂的时间阶段中被付诸实施的子计划中填入或多或少的最终细节内容，我们在作假期计划时碰到的就是这种问题。那个更大的欲望系统可能不会受影响，尽管在此期间当然会有一些欲望得到满足，另一些欲望得不到满足。

  对于短期计划问题，某些选择原则似乎是足够明确的和没有争议的。这些原则之中首先是有效手段原则。假定存在着一个所欲求的具体目标，并且所有的选择办法都能使我们实现它，同时又在其他方面是中性的。这一原则认为我们应当采取能以最好方式实现我们的目的的那种选择办法。说得再详细些：若目的是给定的，一个人应当用最小耗费的手段（无论它们是何种手段）来实现它；或者，若手段是给定的，一个人应当在最大可能的程度上实现这一目的。这个原则也许是合理选择的最自然的标准。的确，如我们将在后面说明的，有一种倾向就是这样假定的：审慎思考必然始终采取上述这种形式，并最终由一个单一的最终目的来调节（见第 83 节）。否则，人们就认为没有一种合理的办法来平衡众多的目标的相互冲突。但是这个问题我暂时放在一边。

合理选择的第二个原则是：假如一个（短期）计划的实施除能实现另一个计划的所有欲望目标之外还能实现一个或更多的其他目标，它就是比另一个计划更可取的。培里将这一标准称为蕴涵原则，我也将采取这一术语。[①] 所以我们应当按照更有蕴涵的计划行事，如果存在着这样一个计划的话。为说明这一点，假定我们在计划一次旅行，并且必须决定是去罗马还是去巴黎。似乎不可能两地都去。假如通过思考我们很清楚我们在巴黎能够做我们想在罗马做的一切，并且还能够做些其他事情，那么我们应该去巴黎。采取这个计划我们将实现较大的一组目的，并能够实现按照其他计划可能实现的一切。但是常常有这样的情况：没有哪一个计划比其他的计划更有蕴涵，每一个计划都能实现一个另一个计划所不能实现的目标。这时我们就必须借助某些其他的原则来做出决定，或者作出更进一步的分析以确定我们的目标（见第 83 节）。

第三个原则我们可以称之为较大可能性原则。假定可以由两个计划实现的目标是相同的。那么就可能出现这样的情况：某些目标由一种计划实现的机会较之由另一种计划实现的机会更大

[①] 见《一般价值论》（纽约，朗曼公司 1926 年版），第 645—649 页。

些；同时，该计划实现其余目标的可能性也并不比第一个计划实现它们的可能性更小。举例来说，虽然一个人想做的事也许在罗马和巴黎都能做到，但某些他想做的事情却可能在巴黎做更顺利些，而余下的那些事情则与在罗马做差不多。如果是这样，较大可能性原则就认为他应当去巴黎。成功的较大的可能性支持一项计划，正如较有蕴涵的目的支持一项计划一样。当这些原则都起作用的时候，选择是最容易不过的了。假定我们喜欢提香甚于喜欢丁托列托，并假定两张彩票的头一张有利于提香而第二张有利于丁托列托，那么我们必然乐于投第一张彩票。

至此我们已经考虑了合理选择原则在短期情况中的应用问题。现在我想考察另外一些人们必须采取一种长期计划甚至一种生活计划的情况，例如我们不得不选择一种职业或行业时碰到的情况。人们可能认为不得不做这样一个决定仅仅是一种具体的文化形式强加给人们的一项任务。在另一个社会中这种选择也许不会发生。但是事实上我们一生中要干些什么的问题始终是存在的。尽管一些社会比另外一些社会更为明显地并且在生活的一个不同阶段上把这个问题加到我们身上。那种完全没有计划的、听其自然的极限决定，在理论上仍然是一种计划，一种可能合理的或不合理的计划。按照长期计划的观点，这样一种行为方案显然应当由它在每个未来时间阶段上可能引起的结果来评价。所以蕴涵原则对此的看法是：一项长期计划，如果它考虑到了对另一个只为任何一个特定阶段（或若干阶段）设计的计划的所有目标和利益的鼓励和满足，并且考虑到了对某些其他的更进一步的目标或利益的鼓励和满足，那么它就比这另一个计划更好。如果存在着一个更有蕴涵的计划的话，这个计划就是更可取的：它包含着第一个计划的所有目的和至少一个其他目的。如果蕴涵原则和有效性原则统一起来，那么它们就会对合理性作这样的规定：如其他条件相同，合理性是对实现我们目标的更好手段，以及在假定所有愿望均可实现的情况下对利益（兴趣）的更广泛、更富于变化的发展的偏爱选择。较大可能性原则支持这种偏爱，甚至在我们不能确定这些更大的目标能被实现的情况下也是这样，假如这种目标实现的机会和那些较少蕴涵的计划实现的可能性一样大的话。

有效性原则和较大可能性原则在长期计划方面的应用看起来是很合理的。但是蕴涵原则在这方面的应用似乎有些问题。在短期的确定目的体系中，我们假定我们已经有了欲望并且考虑了如何最好地满足这些欲望。但是在长期选择中，尽管我们还没有那些由各种计划所鼓励的欲望，我们却被指引着采取那种将发展更全面的利益的计划，并假定这些进一步的目标能够实现。可能有人会说，既然他并没有那些更有蕴涵的利益（兴趣），他将不放过并非决定性地鼓励和满足着这种利益（兴趣）的任何东西。他会抱着这样的观点，即，那些他永远不能由自己来安排的愿望的满足不在他的考虑之内。当然，他可能还会争论说，那种更有蕴涵的利益使他处于不满足这种更大危险之中，但是这种反对意见由于蕴涵原则假定了较大的目的具有同样的实现可能性而被排除了。

有两种看法似乎支持着用蕴涵原则来解释长期计划。首先，如果假定一个人幸福的程度部分地取决于他的目标被实现的比例以及他的计划被实现的程度的话，那么就可以说，追求蕴涵原则倾向于提高这种比例因而提高一个人的幸福。仅仅在蕴涵较少的计划中的所有目标都已经安全无害地得到满足的时候，才不存在这种结果。另一种看法是：和亚里士多德主义原则（其解释见第65节）相一致，我假定人类有一种服从于蕴涵原则的更高系列的欲望。他们偏爱于选择更全面的长期计划，因为这种计划的实施可能带来各种能力的更为复杂的联合。亚里士多德主义原则强调，如其他条件相同，人们把他们的已经实现的能力（天赋的或靠训练获得的）的运用作为享受，并且这种能力被实现的越多，或其复杂程度越高，这种享受也就越大。一个人在做某事的过程中变得更有效能了，他便从中得到了快乐。在两项他从事得同样好的活动中，他乐于选择那项需要更多的更微妙的和复杂的区分的活动。所以，实现那些更大的目的的欲望——这种欲望把更精细地发展了的天资付诸运用——是亚里士多德主义原则的一个方面。同时，这种欲望，同按照合理选择的其他原则行动的那些更高系列的欲望一道，是使我们运用理性思考并遵循其结果的起调节作用的目的之一。

上述论点中的许多问题还有待进一步的说明，例如，这三个原则对于我们按等级去排列摆在我们面前的那些计划显然常常是不够的。手段可能不是中性的，蕴涵较多的计划可能不存在，被实现的目标可能不很相似，等等。要应用这些原则我们先要按照我们以往的倾向来检查一下我们的目标，并或多或少地计算这个或那个计划实现的目标的数目，或估价成功的可能性。由于这个原因，我将把这些标准看作是计算原则。它们不需要一个进一步的分析或欲望的替换，也不需要关于我们的种种要求的相对强度的判断。这些问题我将在讨论审慎的合理性的概念时再作探讨。在结束这个序言性的概述时，最好是指出那些已经完全明了之处，即，我们能够在合理的生活计划之中选择。这同时意味着我们能够现在就选择我们在一个稍晚的时候将有哪些欲望。

人们开始可能会认为这不可能。我们有时认为至少我们的那些主要欲望是固定的，而我们审慎思考的仅仅是满足它们的手段。显而易见，审慎思考把我们引向一些我们以前不曾有的欲望，例如，去利用我们在反思中意识到有利于我们的目的的某些手段的欲望。此外，思考显然引导我们把一种一般的欲望具体化，比如把一种对音乐的欲望变为听一个具体作品的愿望。但是，让我们假定，除了上面这些例外，我们并不是在现在才选择我们现在所欲望的东西。然而，我们当然能够在现在决定去做些我们知道将影响我们在将来会有的那些欲望的事情。在任何一个给定的时间，有理性的人们都是从他们的境况和信念出发在不同的行为计划之间作决定，而这些都与他们现在的那些主要欲望以及那些合理选择原则相联系的。所以，我们是根据我们现有的欲望而在未来的欲望之间作选择，在这些现有的欲望中也包括按照合理原则行为的欲望。当一个人决定他要成为什么样的人，要从事何种职业或行业的时候，他就是要采取一项具体的生活计划。他的选择最终将引导他获得一定类型的需要和愿望（或失去一定类型的需要与愿望），这些需要和愿望的某些方面取决于他个人，然而其他方面却是他所选择的职业或生活方式的特点。这些看法是不言而喻的，而且在个人身上直接与那种深厚的情感相平行，即，个人对一种正义观念的选择，一定会产生由社会基本结构所鼓励的那些目标和利益。与此相似，关于应当成为何种人的信念也是由于人们承认那些正义原则才产生的。

64. 审慎的合理性

我已经指出，合理选择的简单原则（计算原则）并不足以令我们制订合理计划。有时候不能应用这些原则，比如说，可能不存在蕴涵较大的计划，或手段不是中性的。或者我们常常仍然有一组最优等计划。在这些情况下自然要诉诸进一步的合理标准，其中的某些标准我将在下面讨论。但我先要假定，尽管合理性原则能够使我们的判断集中起来并建立起反思的准则，但是，选择常常依靠我们对自己需要些什么及需要它们的程度的直接自我知识，在这种意义上，我们必须最终为我们自己来作选择。我们常常不得不估价我们的种种欲望的相对强度。在这方面合理性原则会帮助我们，但是它们不可能总以一种繁琐的方式来进行估价。诚然，存在着一个似乎提供着一般答案的形式的原则，这就是采取能最大限度地扩大满足的预期的净余额的计划这样一个原则。或者，如果可以表达得含糊些的话，我们用那种较少快乐主义色彩的方式来表达：一个人总是倾向于采取最可能实现他那些最重要的目标的行为方案。但是，这个形式的原则仍然不能给我们提供一个明晰的行为过程以帮助我们作出决定。显然，这有待于当事人自己去决定什么是他最需要的东西，去判断他的诸项目的的相对重要性。

在这点上，我按照西季维克的思想引入审慎的合理性的概念。西季维克认为，一个人在他的全部可能的行为方案的结果在此时能够被他准确地预见并在想像中充分地实现的条件下所欲望和追求的东西，即是一个人的未来的善的总的特征。一个人的善是种种蕴涵力的一种假设构图，这个构图是满足一定条件的审慎思考的结果。[①] 把西季维克的概念加以调整而应用于计划的选择，我们就能够说，一个人的合理的计划，是（那些和计算原则及其他合理选择原则———俟它们建立———一致的计划中的）他根据审慎的合理性（deliberative rationality）所愿意选择的一项计划。它是这样一项计划：是作为仔细的反思的结果而被决定采取的。在反思中，当事人借助于所有的有关事实，再次构想着实现这些计划会是个什么样子，并据此确定出会最好地实现他的那些更为基本的欲望的行为方案。

在这个审慎的合理性定义中我们假定了在计算或推理中没有错误，并且那些事实都受到了正确的估价。我也假定了当事人对于他的真实的需要没有任何误解。无论如何，在大多数情况下，当一个人实现了他的目标后，他并不觉得他不再需要这个目标并希望他所实现的是别的东西。此外，我还假定了当事人关于自己的境况和实现每一个计划的后果的知识都是准确的和全面的，假

[①] 见《伦理学方法》第7版（伦敦，麦克米兰公司1907年版），第111页。

定了没有任何有关情况被遗漏于考虑之外。因此，对于一个人来说，最好的计划是一项他在占有全面情况时愿意采取的计划。对于他来说，这个计划是一个客观上合理的计划并且决定着他的真实的善。当然，事实是，我们关于一旦我们按这种或那种计划去做会发生什么的知识通常是不全面的。我们常常不知道何种计划对我们是合理的；我们所能够有的最多是关于我们的善是什么的一种合理信念，而且常常只能推测。但如果当事人根据他所得知的情况尽力做到了一个有理性的人所能做的事，那么他所遵循的计划就是一个主观上合理的计划。他的选择可能不幸，但假如是这样，也是因为他的信念有理解上的错误或者他的知识不充分，而不是因为他得出了仓促的谬误的推论，或者他在他的真实需要上搞错了。在这种情况下就不应当在他的显明的善和真实的善差异上挑他的毛病。

要把许多因素统一进来，审慎的合理性的概念就显然极其复杂。我不想在这里列出反思过程可能出错的所有那些方式。如果有必要，一个人可以把可能发生的错误的种类、把当事人可能使用的试验的种类加以分类，以便看看自己是否有充分的知识，如此等等。然而，应当指出，一个有理性的人直到他发现对于他来说是最好的计划之前，并不总是审慎的。他常常会因制订了一个满意的计划（或子计划），即满足各种各样的细微条件的计划而自满。[①] 合理的审慎本身就是一项行为，也像其他行为一样，它的范围——人们应把自己的行为置于这个范围之内——取决于合理的决定。形式的规则是，我们应当审慎，直到由计划的改进带来的可能的利益正与反思所付出的时间与努力相当。一俟我们把审慎思考的代价考虑进来，我们就没有理由担心找不出最好的计

---

① 关于这一点，见 H. A. 西蒙：《合理选择的行为模式》，载于《经济学季刊》第 69 卷（1955 年）。

划,即我们假如了解全面情况就会选择的计划。当进一步的计算表明了前景,按照一项满意的计划去做就是完全合理的,另外的知识也就不引起麻烦。甚至,假如一个人对行为的后果有所准备,他对审慎的思考感到反感也并非不合理。作为合理性的善并不给决定过程增加任何特殊的价值。仔细的反思的重要性将是因人而异的。然而,假如一个人由于不愿意考虑怎么做对他是最好的(或满意的)而陷入不利境况,并且在那种境况中经过考虑他愿意承认他应当事前考虑以避免那种境况,他就是一个缺乏理性的人。

在上面的对审慎推理的描述中我假定了某些个人决定方面的能力:他了解他的目前和将来的需要和自己的一般特性,他能够想象出对于他可能的种种选择办法并且有一套排列这些办法的一贯方法:在两个给定的计划之中他能确定他倾向于何者或是否这两者对他都无足轻重,而且那些偏爱倾向都是涉及对象的。一旦一个计划确定了,他能够坚持这个计划并且抵抗目前干扰实行这个计划的种种诱惑和精神涣散。这些假设和我一直使用的那个熟悉的合理性概念是一致的(见第25节)。我不准备在这里考虑合理性的这些方面。更为有益的似乎是扼要地提一提批判我们的目的的一些方法,这些方法常常有助于估价我们的种种欲望的相对强度。首先要记住我们的首要目标是实现一项合理的计划(或子计划),显而易见,我们的欲望的某些特性使我们实现这种计划成为不可能。例如,我们不能实现那些根本无法加以描述的或和公认的真理相悖的目的。既然 π 是一个超越的数字,试图去证明它是一个代数数字就毫无意义。诚然,一个数学家在试图证明这个命题的过程中可能顺便发现许多重要事实,而且这种发现可能补偿他的努力。但是,只要他的目的是去证明一种错误的东西,他的计划就是站不住脚的;而且,一旦他意识到这一点,他就不会再抱定这个目标。我们抱有的那些不正确的信念产生的种种欲望也同样如此。不排除这样的可能，即，错误的见解，作为有用的幻觉，由于能使我们推进我们的计划也许会有一种有益的效果。然而，为这些信念所支持的那些欲望的不合理达到如此程度，以致这种信念使得计划的实施成为不可能，而且阻止着我们采取更好的计划（我本应在此考察这样一点：在弱理论中，对于事实的认识所具有的价值来源于这些事实同合理计划的成功实施的关系。至少迄今为止还没有理由说获得真实的信念本身就有价值）。

我们还可以研究一下我们获得种种欲望的环境，也许我们会得出如下结论，即我们有些目标在各方面是不一致的。[1] 例如，一个欲望可能产生于极其一般的东西，或者产生于多少偶然的社会联系。在我们由于还年轻，还不具备足够的经验和老练来对自己的欲望作必要的校正时产生的种种反感尤其是这样。另外一些要求则可能表现得紊乱，它们具有一种特别的紧迫形式，这是对先前一个阶段所受到的严重剥夺或焦急渴望的过度反映。这里不准备研究这些过程以及它们对于我们欲望系统的正常发展的影响。然而，这些紊乱的要求确实表明需要对它们作出批判的反思，这种反思是审慎的重要手段。对我们的需要的起源的意识常常能够向我们表明我们确实欲望某些事物胜过另一些事物。由于经过批判的思考，某些目标显得较不重要，或甚至竟会失去它们的引诱力，其他一些目标就可能成为确定的突出的目标，从而为选择提供充分的根据。当然，人们可以相信，尽管存在着造成我们的某些欲望和反感的不幸条件，这些条件仍适合于合理计划的实现，甚至极大地增加它的价值。如果是这样，它们就变成完全合理的了。

最后，还有一些也能够用于计划选择的与时间有关的原则。

---

[1] 在这一段中陈述的观点受益于 R. B. 布兰特。

推延原则我已在前面提到过了。这个原则认为，如其他条件相同，按照合理计划的要求，我们应当使自己处于自由状态，直到我们对有关的事实有了一个清楚的观点时再作出选择。拒绝纯时间选择的理由我们也已经作了研究（见第45节）。我们应当把我们的一生看作一个整体，一个理性主体的活动贯穿于一生的全部时间之中。暂时的状况，或时间上的间隔，不是我们把某一时刻看得比另一时刻重要的理由。未来的目标不能仅仅因其是未来的就被打折扣，尽管在我们有理由——在它们与其他事物的关系的特定条件下——认为它们的实现的可能性较小时，可能会把它们看得分量较轻。我们在任何时候都应当赋予我们生命的不同部分以同样的内在重要性。这些价值应当是基于那个完整的计划本身——就我们能够确定这样一个计划而言——并且不应当为我们目前观点的偶然性所影响。

在制订时间的总体计划方面还有另外两个原则。一个是连续性原则。[①] 这个原则告诉我们，既然一个计划是一个一系列活动的日程表，那么较早的活动和较晚的活动就处于相互影响之中。总体计划具有一种统一性，具有一个主题。可以这样说，在这里每一个阶段不存在单独的功利职能。不仅必须考虑为这些阶段所共有的效果，而且可能要避免在各阶段之间发生重大的摇摆。另一个与此密切有关的原则认为我们应当考虑提高或至少不实际上降低各种期待的优点。生活有各种阶段，每个阶段都有其特有的任务与享乐。如其他条件相同，我们应当在较早的阶段安排好这些任务与享乐以便在较晚的阶段上生活得幸福。在大多数情况下，提高对未来的期待是更可取的。假如行为的价值仅仅是相对于它自己的阶段被估价的——假定这是可能的——我们就可以用

---

① 这个名称来自J. 廷伯根的《时间的最优节约和最大功利》，载于《经济计量学》第28卷（1960年）。

期待的快乐相对地比记忆中的快乐更强来解释上述偏爱。即使从各个具体阶段来估计享乐的总量不变，提高期待也产生出一定程度的令人感受不同的满足。但即使把这个因素放在一边，提高或至少不降低期待的计划也显得更可取，因为较晚的活动常常能把活动的结果和毕生的享乐结合成为一个一致的整体，而按照一个降低期待的计划却不可能做到这点。

在这些关于审慎的手段和时间性原则的评述中，我试图补充西季维克关于一个人的善的概念。简要地说，我们的善是由我们的生活计划决定的，这种计划是我们在能准确预见并在想像中充分地实现未来的情况下根据审慎的合理性所乐于采取的。我们刚刚讨论的那些问题都在这个意义上和处措合理联系起来。这里值得强调的是：一项合理计划是一旦满足一定的条件人们就乐于选择的计划。与正义标准类似，善的标准也在一定意义上是假设的。当做某件事是否合乎我们的善这个问题提出来时，问题的答案取决于这项行为在何种程度上和我们根据审慎的合理性所乐于选择的计划相符合。

一项合理计划还有一个特点，即，在它实现之后，个人并不改变他的愿望，并不希望他满足的不是这个愿望而是别的什么。一个有理性的人并不因而感到一种对预期结果的极大的反感，以致为遵循了那个计划而悔恨。但是，不存在这种悔恨还不足以证明一个计划就是合理的。还可能有一些这样的计划：假如我们考虑到了它，我们就可能发现它更好些。然而，如果我们了解的情况是准确的，而且，我们在有关的方面对后果的理解是完全的，我们就不会因遵循了一个合理的计划——即使它不是判断得绝对正确的好计划——而悔恨。假如它是一个判断得绝对正确的计划，那么，它就是一个客观上合理的计划。当然，我们也可以因某些事情而悔恨，例如，我们不得不生活在不可能令我们幸福的不利环境之中。在此种环境中，我们希望我们不曾出生，这是能让人相信的。但是，只要我们已经出生了，我们就不会因我们遵循的最好计划从理想的标准来看坏得无以复加而悔恨。一个有理性的人可能由于采取了一项主观上合理的计划而悔恨，但这不会是因为他觉得他的选择在某一个方面经不住批判。因为他所做的是当时显得最好的事，而如果他的信念后来被一些不利的结果证明是错误的，那么这不是他的过错。没有办法知道哪一个计划最好甚至比较好。

把上面那些认识综合起来，我们就获得了一个指导原则：一个理性的人总是使自己这样地行动，以便无论事情后来会变得如何他都永远不需要责备自己。由于他把自己看作一个经历时间的连续存在物，他就能够说，在他的生命的每一时刻他都作到了理性的平衡能力所要求的或至少所允许的一切。[1] 同时，他所冒的任何危险必定是值得的，因之，倘如发生了他根据推测预见的最坏的事情，他仍然能确信他所做的是站得住脚的。他不因自己的选择而悔恨，至少是不在事后诸葛亮这样的意义上悔恨。这个原则绝不会阻止我们采取走向不利境况的步骤。没有任何东西能使我们摆脱知识上的模糊和局限，或保证我们找到对我们是可能的最好的选择办法。按照审慎的合理性来行为只能保证我们的行为不受责备，只能保证我们作为一个存在于时间中的人对我们自己负责。假如某人说他觉得他日后会如何看待他眼下的行为对他是无所谓的，就像别人的事对他是无所谓的一样（我们假定这种情况并不很多），我们将不胜惊奇。一个把他自己的未来本身的要求像他人的利益一样加以拒绝的人，不仅从这些要求来考虑是不负责任的，而且从他自己的人格看来也是不负责任的。他没有把

---

[1] 关于这一段中所谈的及其他一些问题，见查尔斯·弗利德的《价值的分析》（坎布里奇，哈佛大学出版社1970年版），第158—169页；以及托马斯·内格尔的《利他主义的可能性》（牛津，克莱伦顿出版社1970年版），特别是第8章。

他自己看作一个持久的个人。

从这个方面来看,对自己的责任(resposibility)原则类似于一个正当原则:自己的要求在不同的时间应当被调整得使自己在任何时候都能批准他已经、或正在遵循的那个计划。可以这样说,要使得此一时间的个人一定不能去抱怨彼一时间的个人的行为。当然,这个原则不排除自愿忍受困苦,但是,这种忍受必须是从所期待或获得的善来考虑而目前可以接受的。从原初状态的观点来考虑,对自己的责任的恰当性是十分明显的。既然审慎的合理性的概念能在这里应用,那么,假如应用结果可能由于只实现了最小的幸福可能性而导致自责,这就意味着各方还不能达到一种一致的正义观念。他们应当努力摆脱这些悔恨。而作为公平的正义的原则似乎比其他观念更能满足这个要求,我们从前面对于承诺强度的讨论(见第29节)中已经看到了这一点。

我们再来对作为合理性的善作最后的考虑。人们可能对这个观念提出反对意见说,这个观念中含有一个人应当无穷尽地作计划和计算的意思。但是,这种解释本身是出于一种误解。这个理论的首要目标是为人们提供一个确定他们的善的标准。这个标准是借助于人们根据充分的审慎的合理性所乐于选择的合理计划来表达的。必须记住定义的这种假定的性质。一种幸福的生活不是致力于决定是做这件事还是做那件事。仅仅从定义本身还远不能说明一项合理计划的内容或构成它的具体活动。一个人或甚至整个社会可能获得完全由本能倾向推动的幸福,这并不是不可思议的。伴随着极大的侥幸和好运,有些人可能出于本性恰好找到那种他们根据审慎的合理性将乐于采取的生活方式。然而,我们大多数人却没有那么幸运,而且不经过思考,不把我们自己看作一个具有一个经历时间的生命的人,我们将总是为自己的行为过程而悔恨。甚至当一个人确实成功地依赖他的本能冲动而没有陷入不幸的时候,我们仍然需要一种关于他的善的观念来评价他是否真正地幸运。他可能认为自己幸运，但是他也可能会弄错；为了解决这个问题，我们不得不考察对他来说可能是合理的那些假设选择，并恰当地考虑他能够得到而无需为之担忧的那些利益。如我们在前面指出的，行为决定的价值本身从属于理性的赞许。我们应当在抉择方面做出的努力将在其他方面以同样程度决定于环境。作为合理性的善把这个问题留给个人及他的境况的偶然性。

65．亚里士多德主义原则

善的定义是纯粹形式的。它简单地表明一个人的善由他根据审慎的合理性而乐于从最高级的计划中选择的那项合理生活计划所决定。尽管审慎合理性的概念和合理选择的原则所依据的那些概念都相当复杂，我们仍然不能单独地从合理计划的定义中推衍出这些计划可能鼓励何种目的。要得到关于这些目的的结论，必须注意某些基本的事实。

首先，人的欲望和需要具有广泛的特征，如它们的相对紧迫性和循环性，它们的由心理和其他环境条件影响的发展周期。第二，计划必须符合人的能力和接受力的要求，他们的成熟和发展的倾向，以及他们为这种或那种目的获得最好的训练和教育的方式。第三，我将假定一种基本的动机原则，我将把这个原则称为亚里士多德主义原则。最后，必须把社会的相互依存的基本事实考虑进来。社会的基本结构肯定是鼓励和支持某种计划而不支持、鼓励另外一些计划，社会通过奖励那些以合乎正义的方式为公共的善作出了贡献的社会成员提供这种鼓励和支持。把这些偶然性考虑进来缩小可能计划的范围，这样，抉择问题就至少在某些情况下变得相当明确了。诚然，如我们将看到的，仍然存在着一定的任意性，但是正当的优先性已经把它限制到如此程度，以致从正义的观点来看，它已经不成其为问题了（见第 68 节）。

人的需要和能力的这些基本事实也许是不言自明的，我将假定常识在这里足以支持我们的目的。然而，在谈及亚里士多德主义原则之前，我想简要地谈一谈人类的善（我将如此称呼它们）和正义的约束性。根据一项合理的计划的定义，我们可以把这些善看作是这样一些活动与目的，它们具有使它们适于在我们的生活中占据着一个重要的——如果不是中心的——地位的种种特征，无论这些特征中包含什么。① 由于在善的强理论中，合理计划必须与正义原则相一致，相似地，人类的善也是受约束的。所以，人的情感和友谊，有意义的工作和社会合作，对知识的追求和对善的对象的塑造和观照，所有这些人们所熟悉的价值，不仅在我们的合理计划中是突出的，而且在大多数情况下能够以一种正义所允许的方式得到发展。众所周知，为获得和保持这些价值，我们的行为常常会不合乎正义，但是获得这些目的并不包含内在的非正义。和去欺骗、去教唆他人堕落的欲望形成对照，处事不公在人们对人类的善的描述中被排除了（见第66节）。

这些价值的社会的相互依赖性表现在下面的事实中，即，它们不仅对享受它们的人说来是善的，而且可能提高他人的善。为实现这些目的，我们总要帮助我们的伙伴们制订合理的计划。在这个意义上，它们是互补的善，它们的这种性质是它们所以得到人们的特别推荐的原因。这些相互依赖的事实是把公认的价值包括进长期计划的更深一步的理由。因为假定我们欲望得到他人的尊敬与善意，或者至少不受到他们的敌视和轻蔑，长期的生活计划就应当成为既促进他人的目标也促进我们自己的目标的更可取的计划。

再回到我们目前的问题上，我们将回忆亚里士多德主义原则的下述含义：如其他条件相同，人们总是以运用他们已经获得的

---

① 在对于这些善的解释上我吸取了C.A.坎贝尔的《道德的和非道德的价值》中的观点，该文载于《心灵》第44卷（1935年），第279—291页。

能力（天赋的或从教育获得的能力）为享受，而这一享受又提高他们的已经获得的能力并使其具有更复杂的形式。[①] 在这里直觉的观念是人们通过变得能更熟练地做某些事情而获得更大的快乐，而且在两件他们能做得同样好的活动中，他们更愿选择需要作更复杂更微妙的区分的更大技能的活动。例如，象棋是比跳棋更复杂和微妙的，代数比普通算术更复杂。所以这个原则认为如果某人能两者兼会，他总是宁可选择下象棋而不是下跳棋，选择研究代数而不是研究普通算术。我们无需在这里解释为什么亚里士多德主义原则是对的。可能复杂的活动由于它们满足对更多样更新奇的经验的欲望，由于它们给独创性和发明留有余地而更给人以享受。它们也引起期待和惊奇的快乐，而且活动的总形式和它的结构的发展常常是迷人的和美好的。此外，简单的活动排斥表现个人风格和个人方式的可能性，而复杂活动允许甚至要求这

[①] 从亚里士多德在《尼可马可伦理学》第7篇第11—14章和第10篇第1—5章中关于幸福、活动和享乐的关系的论述来看，我使用"亚里士多德主义原则"这个名称是恰当的。但是他没有把这个原则表述清楚，某些地方最多只是做了暗示，所以我没有称之为"亚里士多德原则"（Aristotles'Principle）。但是亚里士多德确实确立了这个原则的两个主要之点：（1）享受和快乐并不总是返回一种健康或正常状态或补足某种匮乏的结果；毋宁说许多享受和快乐是从我们运用我们的才能中产生的；并且（2）我们的自然力量的运用是人们的一种主要的善。进一步说，（3）更值得向往的活动与快乐的产生是同具有更复杂的区分和更大能力的运用联系在一起的这个观念，不仅同亚里士多德的自然秩序观念相一致，而且是某种类似于这种观念的东西；这种东西通常和他的价值判断相符合，甚至当这种观念并不表达他的判断理由时也是如此。关于亚里士多德的享受与快乐观的讨论，见W. F. R. 哈迪：《亚里士多德伦理学理论》（牛津，克莱伦顿出版社1968年版），第14章。G. C. 菲尔德的《道德理论》（伦敦，梅修恩公司1932年版）第76—78页上对亚里士多德学说的解释，特别强调我使用的亚里士多德主义原则这个名称。密尔在《功利主义》中十分接近于这种表述，见该书第2章第4—8节。这里重要的是效果动机这个概念，这一概念是R. W. 怀特在《心理分析理论中的自我与现实》中提出的，该文载于《心理学问题》第3卷（1963年），我吸取了其中第3章的思想。也见该书第173—175、180页。在对这个原则的解释和其名称的措词上我还得益于J. M. 库柏。

些，因为每个人在从事活动时怎么可能采取同样的方式呢？假如我们想表达自己，我们不可避免地会受到我们的自然爱好和以往经验的教育的影响。下棋时也表现着他们的独特风格。这些看法是不是对于亚里士多德主义原则的解释或对它的意义的详细说明我暂且不管。我相信对于善理论来说，没有什么比这个问题更为根本的了。

显而易见，亚里士多德主义原则中包含着蕴涵原则的另一种形式。或者至少可以说那些较大复杂性中的最明显的例子是一些更有蕴涵的复杂活动，其中，一种被比较的活动中包含着另一种活动的全部技能和区分，并包含着另外一些更进一步的技能和区分。在这里，我们同样只能做出部分的排列，因为每一项活动所要求的能力与其他活动所要求的不同。这样一种排列在我们获得能使我们分析和比较显得根本不同的活动的相对精确的理论和一定程度的复杂性之前，是我们所能够作出的最好的一种排列。然而，我不准备在这里讨论这个问题，而是假定我们对于复杂性的直觉概念将足以满足我们的目的。

亚里士多德主义原则是一种动机原则。它说明了我们许多主要的欲望的原因，并且通过在我们行为之流中连续地施加一种影响而解释了为什么我们宁愿选择做某些事而不是另一些事。而且，它表达了支配着我们的欲望类型的变化的一种心理法则。所以这个原则含有这样的意义：随着一个人的（由心理和生理上的成熟，例如一个儿童的神经系统的发展而带来的）能力与日俱增，随着他训练这些能力并学会如何去运用这些能力，他在一定阶段上将变得乐于选择他能从事的需要他运用他新获得的能力的较复杂的活动。他从前喜欢从事的比较简单的活动不再是有趣的、有吸引力的了。如果我们问为什么我们愿意忍受实践和学习的紧张，其原因也许在于（如果我们不考虑最终的赏罚的话）：我们已经从过去的学习中掌握了一些技能，从这些活动中直接体验到了快乐,这经验引导我们期待着当我们获得一种更大的技能时所得到的更大的满足。亚里士多德主义原则还有一个伴随的效果。当我们目睹了他人运用他们的训练有素的技能时,这些场面使我们得到享受并唤起一种欲望,即我们自己也应当能做同样的事情。我们希望像那些能运用他们的能力的人们一样,我们发现这种能力潜在于人的本性之中。

所以,情况似乎是:我们学习的程度和我们培养我们的天赋能力的程度取决于这些能力本身有多大,取决于实现它们的努力的困难程度。可以这样说,在提高运用更大的获得的能力而得到的满足和在活动变得越来越紧张和困难的条件下提高学习的情趣这两者之间,存在着一种竞赛。假定天资有一个最高界限,而训练的艰苦却能够无限地严格,那么获得的能力就一定显现出某种水准,超过了它,能力的进一步增长就正好被为获得和保持它而付出的必要的进一步的实践和学习的重负所抵消。当这两种力量不相上下时,就达到了一种平衡,在这个平衡点上获得更大的实现能力的努力就停止了。于是就出现这样的情况:假如在有较高能力的人这里,(根据一种指标我们可以假设一种较低水准的天资)活动的快乐提高得太慢,那么相应地更大的学习努力就将使我们很快地放弃努力。在这种情况下,我们将不再参与某种更复杂的活动,也不再获得由参加这些活动产生的那些欲望。

只要把这个亚里士多德主义原则看作一个自然事实,并考虑其他种种假设,实现和训练成熟的能力就将总是合理的。最好的或令人满意的计划当然就是实际地提供着这种实现和训练的计划。不仅在亚里士多德主义原则指出的方向上存在这样一种倾向,而且关于社会的相互依赖性和我们的确切解释的利益的本性的明显事实也把我们拉向这个方向。只要环境可能,一个合理的计划——始终受着正当原则的约束——允许一个人去活动,去尽可能地运用他的已经获得的能力。而且,他的伙伴们都可能因为这些活动提高着公共利益而支持它们，并且把它们看作是人类优点的表现而从中得到快乐。所以，在对他人的尊重与敬爱是值得向往的这种意义上，亚里士多德主义原则所鼓励的活动对他人同样是善的。

这里有几点必须记住，以防止对这个原则的误解。其一，它表达了一种倾向而不是一种不变的选择模式，而且，像所有倾向那样，它可能被强调得过分了。抵消的倾向会阻止已经获得的能力和选择更复杂的活动的愿望的发展。在训练和预期的技能之中会包含着心理上及社会上的各种各样的危险和风险，领悟这些危险对原有的性格倾向可能是过重的负担。我们必须这样解释这个原则，以便把这些事实考虑进来。然而如果它仍然是一个有用的理论概念，那么它所表达的倾向就应当是相对强烈的，不易平衡的。我相信情况正是这样，而且，在设计一种社会制度的时候必须充分地考虑这个倾向，否则人们就将感到他们的文化和生活形式单调和空虚。随着他们的生活变得呆板枯燥，他们的生命力和热情也将消失。这一点似乎由于下述事实而得到了证实：吮吸着人的力量的生活形式，无论是宗教的献身、是纯粹的实践活动还是游戏消遣，都倾向于几乎不带目的地发展它们的复杂的和精细的内容。当社会实践和合作活动在许多个人想像中被构想出来的时候，它们就日益唤起对于能力的更复杂的组织形式和新的活动方式的要求。本能的和自由的活动带来的享受伴随着这个过程，这一点似乎可以由表现了所有这些同样特性的儿童和动物的自发的嬉戏来证明。

其次，这个原则并不断言何种具体活动是更可取的。它仅仅说，如其他条件相同，我们乐于选择依赖于获得的能力的更全面运用的和更复杂的活动。更准确地说，假定我们能够把一定数量的活动按蕴涵关系排列成一个链条。这意味着第 n 项活动运用了第 $n-1$ 项活动中的全部技能并且还运用了另外一些进一步的技能。我们说,存在着无限多的这样的链条,然而这些链条没有共同的要素;而且,无数的链条可以从同样的活动开始,它们表现着不同的方式,通过这些方式这项活动能成为其他活动的基础,并被其他活动所丰富。亚里士多德主义原则所说的就是,一旦一个人从事着一项从属于某个活动链条(也可能从属于若干活动链条)的活动时,他总是倾向于沿着链条向上运动。一般地说,他将乐于选择第 n 项活动而不是第 n−1 项活动;他期待实现的能力越大,他感到学习和训练的情调越轻松,这种倾向就越强烈。可能存在着一种沿着某个或若干活动链条上升的偏爱,这些活动链条以较小的紧张提供着运用更高能力的最大可能性。一个人所遵循的行为过程,对他最有诱力的活动组合,决定于他的爱好和天资,决定于他的社会环境,决定于他的伙伴们欣赏些什么鼓励些什么。所以,天赋和社会机会明显地影响着个人最终遵循的活动链条。这个原则本身仅仅断言了一种沿着所选择的链条上升的倾向。它并没有规定一个合理计划所包括的任何具体目标,也没有暗示任何特殊的社会形式。

此外,我们可以假定每一项活动都从属于某个活动链条,虽然这个假定不带有根本性。这个假定的理由在于,人类的创造性能够而且在正常情况下也必然为每项活动找到一个连续的、产生着不断增长的技能和区别的链条。但是,当再向上升将用尽我们提高或保持在所择链条上的水平所需的资源的时候,我们便停止上升。资源在这里应当从广泛的意义上来理解,其中最重要的是时间和力量。这就是我们之所以只满足于例如以简单的方式系鞋带、打领结,在普通情况下决不把这些生活行为复杂化的原因。一天只有那么长的时间,而这些生活行为阻止着我们沿着对我们可能的链条向我们能力可及的最高界限上升。但是,一个囚犯可能会把时间花在这些日常琐事上并且发明出许多花样,以便换一种做法也不会碰到麻烦。这个形式的标准就是:一个合理的个人选择一种更可取的（和正义原则相一致的）活动模式，并且沿着这个模式的链条上升，直到这个活动程序表上由任何可行的变化引起的进一步发展都被穷尽时为止。当然，这个总的标准并不告诉我们应该如何去作决定，宁可说，它强调时间和力量资源的有限，并解释为什么一些活动会因对其他活动的有利评价而受到轻视，尽管它们在我们从事的形式上仍有进一步发展的余地。

人们可能反驳说，根本没有理由假定亚里士多德主义原则是正确的。像自我实现的唯心主义概念———亚里士多德主义原则同这个概念有一定相似之处———一样，这个原则也可能是一个缺乏基础的哲学家的原则。但是日常生活的许多事实和儿童及某些高等动物的行为似乎证实了这个原则。此外，这个原则似乎容易受到一种进化论的解释的影响。自然选择必定有利于自然的创造物，这个原则对这些创造物来说是对的。亚里士多德说人有认识的欲望。可能我们由于一种自然的发展已经获得了这种欲望——假如这个原则是合理的——而且是一种想从事力所能及的任何更复杂的和需要的活动的欲望。[1] 人类以获得更多样的经验为享受，他们从新颖和奇特中，从这些活动所提供的独创性和发明的机会中得到快乐。自发活动的多样性是我们在想像和创造性幻想中得到的快乐的直接表达。所以，亚里士多德主义原则认为人类最重要的特征在于，他们的活动不仅仅由肉体需要驱动，而且由从事活动的欲望驱动，而这些欲望仅仅由于自身的原因就给人以享受，至少是当紧迫的需要得到满足的时候。这些给人以享受的活动的标志随着活动的习惯和方式而变化，通过这些习惯与方

---

[1] 见B. G. 坎贝尔：《人的进化》（芝加哥，奥尔丁出版公司1966年版），第49—53页；W. H. 索普：《科学，人和道德》（伦敦，梅修恩公司1965年版），第87—92页。关于动物见伊雷诺伊斯·艾布—艾贝斯费尔德：《生态学》，E. 克林哈默英译本（纽约，霍尔特公司1970年版），第217—248页。

433

式,这些活动具有了持久性,并且由于这种持久性而可能在一个较晚的阶段上重新出现。的确,我们从事这些活动并不是由于明显的报偿的刺激,而且我们能够参与这些活动本身就常常是对我们做其他事情的一种报偿。[①] 由于亚里士多德主义原则所标明的是人类现在也存在的欲望的一种特征,所以合理计划就必须把它考虑在内。进化论的解说——即便它是正确的——当然不是对我们本性的这个方面的解释。事实上,关于进化论是不是对我们本性的这个方面的合理解释这个问题也从来没有提出。所提出的毋宁说是这样一个问题:就算这个原则指出了我们所熟知的人类本性的特征,那么应当在何种范围内鼓励和支持这种本性?在制订合理的生活计划时,应当如何把这种本性考虑进来?

亚里士多德主义原则在善理论中的作用,在于它表达了一个深刻的心理学事实,这个事实和其他一般事实以及一项合理计划的概念一起,说明了我们的价值判断的原因。我们通常看作是人类的善的那些事物应当被看作是在合理计划中占据着主要地位的目的和活动。亚里士多德主义原则是调节着这些价值判断的部分背景。假如这是对的,并且从中可以得出一个和我们(在反思形式中的)善恶信念相应的结论,那么,这个原则就在道德理论中具有一定地位。即使这个观念对某些人不适合,一个合理的长期计划的观念对他们仍然是适用的。我们仍然能够按照同以前大致相同的方式指出他们的善。所以假定说某人惟一的快乐就是在诸如公园广场和修整过的草坪等不同的地方数草叶,那么,由于他能够靠解决复杂的数学问题获得酬金为生,他换一种作法就是理智的,就能实际地占有这些不寻常的技能。善的定义强制我们承认这个人的善就是数草叶,或者更准确地说,他的善是由一个提

[①] 这一点似乎对猴子来说也是真实的,见艾布—艾贝斯费尔德,《生态学》,第239页。

供给他一块特别重要的地方以便让他从事这项活动的计划所决定的。当然，要是真的存在着这样一个人的话我们就要感到惊奇了。面对这种情况，我们就需要试试其他的假设。也许他有一种特别神经机能病并且在小时候产生了一种对伙伴的反感，所以他以数草叶来躲避和其他人打交道。但是假如我们知道他的本性就是喜欢这项活动并且不喜欢任何别的活动，知道找不到什么可行的办法来改变他这种状况，那么当然一项对于他的合理计划要把这项活动列为中心。在这种情况下调节他的活动日程对于他来说就是目的，而这个目的对于他就是善。我举这个离奇的例子仅仅是要说明用关于一个人的合理计划来纠正关于一个人的善的定义并不需要以亚里士多德主义原则的正确性为前提。我相信，即使是在亚里士多德主义原则变得不准确或完全不正确的条件下，这个定义也是令人满意的。但是假定了这个原则，我们就能按照事物本来的性质说明哪些事物被确认为人类的善。此外，由于这个原则和自尊的基本善联系在一起，它就在作为公平的正义的道德心理基础中占有中心的地位（见第 67 节）。

66. 应用于个人的善的定义

在规定了一个人的善就是一项合理的生活计划的成功的实施，因而他的较小的善就是这项计划的部分实施之后，我们就能引入进一步的规定。这样，善的概念就能被应用于在道德哲学中占有重要地位的其他问题。但是在这样做之前，我们应当首先指出前面已经作出的一个假设，即那些基本善能够由善的弱理论来说明。这就是说，我假定，无论还要求些什么，要求这些善总是合理的，因为它们是构造和实施一项合理计划一般所必需的。我假定处于原初状态的人们采取的是上述这样一种善观念，因而他们把欲望更大的自由和机会，欲望实现他们的目的更广泛的手段看作是自然而然的。他们抱着这些目标，以及维护自尊的基本善这一目标，从原初状态中估价他们所获得的正义观念。

自由和机会，收入和财富以及最首要的自尊构成基本善这一点确实必须由弱理论来说明。不能从正义原则的约束性条件中引出作为对最初状态的部分描述的基本善的详细表。其原因当然是这个表是选择正当原则的前提之一。在说明这个表时引证正当原则就是循环论证。所以，我们必须假定，基本善的详细表可以由作为合理性的善的观念，和关于人类的需要与能力，它们的特性和营养要求的一般事实，以及亚里士多德主义原则和社会相互依赖的必要性联系起来加以说明。在任何一点上我们都不允许诉诸正义的约束性条件。但是一旦我们这样地来说明基本善的详细表，在进一步使用善的定义的时候，正当的约束性条件就会无约束地产生。我不想在这里论证基本善的详细表，因为它们表达的要求是足够清楚的。然而我将不断地回到这一点上来，特别要经常涉及自尊的基本善。在下面我将把这个详细表看作是公认的前提，并且将讨论用善的强理论的应用问题。对善的强理论的检验就在于它应当符合我们在反思的平衡中的所考虑的价值判断。

对于善的理论有两种基本的情况必须加以考虑。我们必须看清定义是否适用于个人和社会。在这一节中我讨论应用于个人的情况，把一个好社会的问题留给最后一章，即留到作为公平的正义的所有问题都已澄清的时候再加以研究。许多哲学家们一直喜欢把一些不同的作为合理性的善看作各种人造物和角色，看作像友谊和情感，对知识的追求和对美的享受等等这样一些非道德的价值。的确，我曾强调，作为合理性的善的主要因素是极其普通的，哲学家们却从这些因素中引出了极其不同的东西。然而，人们常常认为善概念表达了一种工具性的或经济的价值论，认为这种价值论完全不考虑道德价值。当我们把那种公正的或慈善的人说成是道德上善的时候，据说这就是谈到了另外一种不同的善。[①] 但是，我想说明当人们谈到正当和正义原则的时候，他们的这些判断实际上是属于作为合理性的善的强理论的范围的。那种所谓工具的或经济的善理论之所以错误，是因为作为善的弱理论的那些内容实际上可以直接地应用于道德价值问题。我们所必须做的是把这个理论作为对原初状态的部分描述而使用。正当和正义的原则就是从这种状态中产生出来的。在此之后，我们就能不受限制地运用善的充分理论并把它自由地用到一个好人和一个好社会这两种基本的例子之中。弱理论通过原初状态发展为强理论是最基本的一步。

有一些方法适用于把善的定义扩大到道德价值方面，而且我相信至少有一种将是充分有效的。首先，我们可以确认某些基本的角色或地位，比方说公民的角色和地位，然后说一个好人是一个具有高于一般水平的公民们合理地相互要求的那些性质的人。这里一个相关的观点是一个公民以同样的角色来判断其他的公民。其次，一个好人的概念可以解释为要求某种普遍的或平均的评价，这样，一个好人就是在各种各样的角色中尤其是在那些被认为是较重要的角色中表现得好的人。最后，可能存在着一些当人们被从他们的任何一个社会角色方面来评价时可以合理地要求于他们的性质。我们说，这些性质，假如它们存在的话，是根深蒂固的。[②] 如果我们要通过工具这个例子来说明根深蒂固的性质这个概念，我们就可以说它们是效能、耐久、易于维护等等性质。这些是对绝大多数工具来说值得向往的特性。比这些狭窄一些的性质包括保持锋利、不生锈，等等。某些工具是否具有这类

---

① 见 C. A. 坎贝尔：《道德的和非道德的价值》，载于《心灵》第44卷（1935年），另见 R. M. 黑尔：《吉奇论善与恶》，载于《分析》第18卷（1957年）。

② 在根深蒂固的性质的概念及其在这里的使用方面，我得益于 T. M. 斯坎伦。

性质的问题甚至不会提出。以此类推，和一个好医生、好农民等等作为对照，一个好人是一个具有超过常人的较高程度的人们可以合理地相互要求的那些根深蒂固的性质（这些性质还有待区分）的人。

我们立即可以看出上面最后一点是最合理的。它可以把第一点作为一种例证而包括进来并且可以抓住第二点中的那种直觉概念。然而要证明它却有一定的复杂性。第一是必须确定出导致选择那些根深蒂固的性质的那种观点，和作为这种偏爱选择的基础的那个假设。我径直地指出，那些基本的道德德性，即那些按照基本的正当原则去行为的强烈的通常有效的欲望，无疑存在于那些根深蒂固的性质之中。只要我们假定我们所考虑的是一个组织良好的社会，或一个处于接近正义状态的社会（实际上我也将考察这种状态），那么无论如何，这都是对的。由于这样一个社会的基本结构是公正的，由于从社会公认的正义观念来看所有这一切安排都十分稳定，这个社会的成员将普遍具有那种恰当的正义感，并且都希望看到他们的制度的巩固。但是单只基于在大部分情况下这些原则得到了他们的承认和遵循这样一个假设，对每个个人来说，按照正义原则去做也是合理的。一个组织良好的社会的有代表性的成员将发现他希望其他人也具有那些基本德性，特别是具有一种正义感。他的合理的生活计划是和正当的约束性条件一致的，同时他必然会要求其他人也接受这些限制。为了使这个结论完全地站住脚，我们还希望确定，对那些已经获得了一种正义感的属于一个组织良好的社会的成员们来说，保持甚至加强这种道德情感是合理的。我将在后面（见第 86 节）讨论这个问题，在目前我先假定情况是这样的。所以，综合上述假设，基本德性是一个组织良好的社会的成员们合理地相互要求的那些根深蒂固的性质，就是显而易见的。

还必须考虑一些更为复杂的情况。另有一些性质可能会像德性一样被看作是根深蒂固的,例如智慧与想像、力量与持久性。的确,正当的行为必须具有一定的为数不多的特性,因为;比如说,慈善的意图如果没有判断和想象相辅就会适得其反。另一方面,如果智慧和力量得不到正义感和责任感的调节的话,它们就可能仅仅提高个人的能力以压倒他人的合理要求。让一些人在智慧和力量上如此强大以致使公正的社会制度受到危害当然是不合理的。然而从社会的观点来看,在上述恰当的程度上占有这些自然特性显然是合理的,因而在一定范围之内这些特性也是根深蒂固的性质。所以,尽管道德德性属于那些根深蒂固的性质,但它们并不是其中仅有的性质。

因此,有必要把道德德性和那些自然特性区别开来。我们可以把后者看作是一些自然的能力,这些能力由于教育和训练而得到发展,并且常常是和某种特有的智力或其他可用来粗略地衡量这些能力的标准一起发挥作用的。另一方面,德性是一些引导我们按照一定的正当原则行为的情感和习惯态度。我们能够依据它们所遵循的那些原则把它们相互区别开来。所以我假定可以通过使用已经确立的正义观念把那些德性区别开来,一俟这一观念为人们所理解,我们就可以用它来规定那些道德情感并且把它们与那些自然特性区别开来。

因而,一个好人,或一个有道德价值的人,是一个具有超过常人的较高程度的、人们可以合理地相互要求的那些根深蒂固的道德特性的人。由于正义原则已为人们选择,由于我们假定了严格的服从,所以每个人都了解,在社会中他将要求他人具有支持这些标准的道德情感。这样我们就能换一种表达方法说,一个好人具有一个组织良好的社会的成员们可以合理地要求于他们的伙伴的那些道德特性。这两种解释都没有引入新的道德概念,并这样地把作为合理性的善概念扩展到个人的例子中。和把一种对善的弱理论作为自己的一部分的正义理论相联系,善的强理论提供对道德价值——伦理学的第三个主要概念——的满意解释。

有些哲学家认为,既然作为个人,一个人没有确定的角色或功能,并且不应被当作一个工具或对象来对待,那么根据作为合理性的善作出的定义必然是失败的。[①] 但是我们看到,能够不借助于关于个人占据着某种特殊角色的假设,更不必借助于人们是为某种进一步目的服务的物这一假定而提出这种善的定义。当然,定义在道德价值方面的运用会导致许多假定。特别是,我假定作为某个共同体的成员并参与多种形式的合作是人生的一个条件。但是这个假定是非常一般的以致不足以解决一种正义和道德价值理论的问题。的确,像我在前面指出过的,一种对我们所考虑的道德判断的描述,应当以社会的那种自然环境为基础。在这个意义上,对于道德哲学来说没有什么东西是先验的。通过总结,我们可以回忆起,使得善定义能扩展到道德价值概念上的是已经派生出来的正义原则的运用。而且,这些原则所派生的特殊内容和方式也是相互联系着的。作为公平的正义的主要观念,即,正义的这些原则是那些处于一种平等的原初状态的、有理性的人们将会同意的那些原则,为善概念扩展到更广的道德善问题上开辟了道路。

指出使善的定义得以扩展到其他场合中去的途径是合乎需要的。这样做将使我们对这个定义可以应用到个人的例子中这一点更加有信心。所以让我们假定在每个人面前都存在着一个决定着他的善的合理生活计划。我们现在可以把一个(友善行为意义上的)施善行为规定为我们可以自由地做或不做的一个行为,即没有自然义务或责任的要求约束我们去做或不做的一个行为;规定为发展或倾向于发展另一个人的善(他的合理计划)的一个行为。再进一步,我们可以把一个(慈善行为意义上的)善行为规

---

① 见黑尔:《吉奇论善与恶》,载于《分析》第18卷(1957年),第109页。

定为为他人的善而作出的行为。一个友善行为提高另一个人的善,而一个慈善的行为是出于其他的人也应当获得这种善这样一种愿望而做出的。当慈善的行为是一种给他人带来较多的善的行为时,当慈善行为是在对行为者造成可以由他的准确确定的利益来估价的相当大的损失或危险的情况下采取的行为时,这个行为就是分外的。在对行为者来说牺牲和危险并不很大的情况下,一个对另一个人来说是真正善的行为,尤其是一个使他免于巨大危害而损伤的行为,是一个由互助原则所要求的自然义务。所以,一个分外的行为可以被看作是一个人甚至在使自然义务归于无效的条件下为他人的善作出的行为。一般地说,分外的行为是假如满足了把合理的自我利益考虑在内的排除性条件就会成为责任的那样一些行为。最后,为了达到一种完整的对于正当的契约论的描述,我们将不得不从原初状态——这种状态被看作是合理的自我利益的状态——的观点来作出证明。但是我不准备在这里讨论这一问题。

最后,善的强理论使我们能区分道德价值或无道德价值的不同种类。例如,我们能够区别出不公正的人、坏人和恶人。为说明这一点,让我们考虑下面的例子:一些人追求极权,即追求对他人的超出正义原则允许的而且能够任意专断地运用的权威。在每一个这样的例子中,那些追求极权的人都是为了达到自己的目的而出于意愿去做那些不公正的和非正义的事情的。但是不公正的人追求统治权是为了财富和安全这样一些目标,而这些目标当被恰当地加以限制的时候就是合理的。坏人欲求专权是因为他以运用这种权力时的主宰感为享乐,以及他寻求社会的喝彩。他还具有对诸如他人的尊敬和自主感这些东西的一种过度的欲望,而这些东西只要充分地加以限制就是善。他满足这些奢望的方式使他面临危险。与此相对照,恶人追求不公正的统治完全是因为这种统治侵犯了独立的人们在一种原初的平等状态中愿意同意的那

441

种东西，因而占有和表现这种统治权表明他的优越性并冒犯他人的自尊。他所追求的就是这种表现和冒犯。驱动着恶人的是对于非正义的爱：他喜欢看到那些屈从于自己的人们的软弱和卑微，并且乐于人们承认他是使他们变得卑微的任性的创造者。一旦正义理论和我称之为善的强理论结合起来，我们就能作出上述这些区分以及其他一些区分。人们似乎没有理由担心道德价值的这些细微的区别得不到说明。

67. 自尊、美德和羞耻

我已在许多场合提到，也许最为重要的基本善是自尊的善。我们必须说明，作为合理性的善观念解释了这种情况的原因。我们可以指出自尊（或自重）所具有的两个方面。首先，如在前面指出过的（见第 29 节），它包括一个人对他自己的价值的感觉，以及他的善概念，他的生活计划值得努力去实现这样一个确定的信念。第二，就自尊总是在个人能力之内而言，自尊包含着对自己实现自己的意图的能力的自信。当我们感到我们的计划的价值微乎其微的时候，我们就不会愉快地追求它们，就不会以它们的实施为快乐。失败的挫折和自我怀疑也使我们的努力难以为继。这清楚地说明了为什么自尊是一个基本善。没有自尊，那就没有什么事情是值得去做的，或者即便有些事值得去做，我们也缺乏追求它们的意志。那样，所有的欲望和活动就会变得虚无飘渺，我们就会陷入冷漠和犬儒主义。固而处于原初状态的各方将会希望以任何代价去避免湮没人的自尊的那些社会条件。作为公平的正义总是给予自尊以比给予别的原则的更多的支持，这一事实是原初状态各方之所以接受这一原则的强烈原因。

作为合理性的善的观念使我们可以更为详细地描述作为自尊即对自己价值的感觉的第一个方面的基础的种种环境。最基本的环境有两个方面：(1) 有一个合理的生活计划，尤其是一个符合亚里士多德主义原则的计划；以及（2）感到我们的人格和行为受到了同样自尊的他人以及他们所享有的那些社会团体的赞扬和肯定。然后，我假定某人的生活计划如果不能以一种有趣的方式引起他的天赋能力的发展，这个计划就将丧失对他的某种吸引力。当活动不能满足亚里士多德主义原则的时候，它们就会变得枯燥而平淡，就会使我们失去竞赛感和做这些事情有价值的感觉。当一个人的能力既得以充分实现又得以通过各种适当复杂的精致的方式而组织起来的时候，他就倾向于更为自信。

但是亚里士多德主义原则的伴随效果也在他人肯定我们的行为并从中得到快乐这个事实中起作用。因为一方面只有我们的努力得到了我们的伙伴的赞扬，我们才能保持这样的信念，即这些努力是值得的；另一方面又只有我们的行为引起他们的尊敬或给他们以快乐时，他们才会称道我们的行为的价值。所以那些显示着复杂的和微妙的天资，表现着区别和精致的活动，既被个人自己又被他周围的人们肯定为价值。而且，一个人越体验到他的生活方式是值得去实现的，他就越加欢迎我们获得成就。一个对自己充满信心的人不会在赞扬他人的成就时吝惜言辞。综上所述，人们自尊和互尊的那些条件似乎要求着他们的共同计划合理而完备：它们要求人们运用其教育才能，在每一个人身上唤起一种主宰感，并且完全适合一项所有的人都会满意并引以为快的活动计划。

有些人可能觉得这样一些条件不可能普遍地得到满足。他们可能认为仅仅在一个极有限的由从事着公共艺术、科学或社会活动的有极高天分的人们组成的社会圈内这种条件才是可能的。似乎不可能在全社会建立自尊的持久的基础。然而这种推测是错误的。亚里士多德主义原则的应用始终是与个人，从而与个人的天赋及其具体境况联系在一起的。在正常情况下这样一些条件总是具备的：对每一个人来说，总有一些（一个或若干）他从属于其中的社会团体，在这些团体之内，他那些对他说来是合理的行为得到他人的公认。这样我们就获得了一种感觉，即我们日常所做的是值得去做的。而且，社团纽带也加强着自尊的第二个方面，因为它们倾向于减少失败的可能性并且当发生不幸时提供着抵制自我怀疑的力量。诚然，人们具有不同的能力，对某些人来说是有趣的、有诱力的东西，对其他的人却并不如此。然而在一个组织良好的社会，存在着各种各样的社会团体，每一个团体的成员们都有他们自己的理想，这些理想和他们的渴望与天分相符合。从至善论的学说来看，许多社会团体的活动可能没有表现出高级的美德（优点）。但这不要紧。重要的是这些团体的内部生活被调整得适合于它们的成员们的能力和需要，并且给他们的价值感提供着一个可靠的基础。成就的最高水准，即使可以对它作出规定的话，也是不切实际的。但是在任何场合，作为公民，我们应当反对把至善标准作为一条政治原则，而且为了正义的目的应当避免对彼此的生活方式的相对价值作出任何评价（见第 50 节）。所以，必要的条件是，每个人都有至少一个有着共同利益（兴趣）的共同体，他属于这个团体，并且在这个团体之中他感到他的努力受到他的伙伴们的肯定。而且，只要在社会生活中公民们相互尊重他人的目的并且按照也支持着他们的自尊的方式调整他们的政治要求，那么在大多数场合，这些条件的保证也就足够了。这种背景条件是正义原则所维护的。原初状态各方不接受至善原则，因为拒绝这个标准才能为承认满足亚里士多德主义原则并与正义原则相符合的所有活动的善开辟道路。这种在评价每一个他人的目标方面表现出来的民主是一个组织良好的社会中的自尊的基础。

我将在较后些的地方（见第 79—82 节）把这些问题同社会联合体的观念以及正义原则在人类的善中的地位联系起来加以研究。我想在这里讨论自尊的基本善、美德与羞耻之间的联系，并考察在何种条件下羞耻是一种与自然的情感相对的道德的情感。现在我们可以把羞耻规定为当某人经受了对于他的自尊的一种伤害或对于他的自尊的一次打击时所产生的那种情感。如果所丧失的是一种引为自豪的善，那么羞耻就尤其令人痛苦。应当指出羞耻和悔恨之间所存在的一种区别。后者是一种丧失了任何一种善都可引起的情感，例如我们因既不明智地又非故意地做了某些导致对自己的损害的事情而悔恨。在解释悔恨时，我们注意的是机会丧失或金钱的浪费等等。然而我们也可以因做了给我们带来羞耻的事，或没有按照一项使我们赢得自尊的生活计划去做而悔恨。所以我们可能为缺乏自我价值感而悔恨。悔恨是由我们认为对我们是善的那些东西的损失或缺乏而引起的一般感情，而羞耻则是由于对我们的自尊———一种特殊的善———的打击而产生的情感。

所以，悔恨和羞耻都是自我关心，但羞耻包含着一种对我们的人格和那些我们赖以肯定我们自己的自我价值感的人们的尤其亲密的相互关系。① 同时，羞耻常常是一种道德情感，常常需要借助一种正当的原则对它作出说明。我们必须找到对于这些事实的一种解释。我们先把对我们（对占有它们的人）来说基本上是善的东西同对我们和对他人都是善的我们的人格特性这两类东西加以区别。这两类并没有穷尽所有的事物，但它们表明了一种相

---

① 我对于羞耻的规定同威廉·麦克杜格尔的《社会心理学导言》（伦敦，梅修恩公司1908年版）中的观点相近，见该书第124—128页。关于自尊和我所称的亚里士多德主义原则之间的联系，我采取了怀特的《心理学分析理论中的自我和现实》第7章中的观点。关于羞耻和负罪感之间的关系，我得益于G.皮尔斯和米尔顿·辛格的《羞耻与负罪感》（斯普林费尔德，伊利诺斯州，查尔斯·C.托马斯公司1953年版），尽管我讨论的背景与该书中的相当不同。另见E.埃里克森：《同一与生命界》，载于《心理学问题》第1卷（1959年），第39—41、65—70页。关于羞耻中的不正当性关系问题见斯坦利·卡维尔：《爱情中的回避》，载于《我们必须表明所言之意吗？》（纽约，查尔斯·斯克里布纳父子公司1969年版），第278、286页。

445

关的对比。所以，商品和财产（独有的善）主要对于那些占有它们并运用它们的人们来说是善，而对他人来说则仅仅间接地是善。另一方面，想象与机智、美丽与优雅，以及人们的其他的天赋与能力则对于他人来说也是善：当它们恰当地表现出来并被正当地运用时，他人就从同我们的联系中，从我们本身中得到快乐。它们构成了人类获得全面活动的手段：通过这些手段，人们联合起来并从他们自己和彼此的本性的实现中得到快乐。这类善构成美德：它们是所有的人（包括我们自己）合理地要求我们具有的人的特性和能力。按照我们的观点，由于美德使我们能实现一个提高我们的主宰感的更满意的生活计划，美德也就是善。同时，这些特性又得到那些我们与之相联系的人们的赞扬，他们从我们的人格和我们的行为中得到的快乐支持着我们的自尊。所以，美德是人类发达的一个条件。从所有的人的观点来看美德都是善。这些事实把它们同自尊的那些条件联系起来，并且说明了这些条件同我们对自我价值信念之间的联系。

我们先来考察自然的羞耻，这种羞耻不是或至少不直接是由于某些不可分析之善的损失或缺乏而产生的，而是从由于我们没有或不能运用一定的美德（优点）而引起的对我们自尊的伤害中产生的。对我们来说，基本善的缺乏会引起悔恨而不是羞耻。所以一个人可能会因他的外貌或迟钝而羞耻。在正常情况下，这些特性不是自愿造成的，因而我们不觉得值得对它们加以责备；然而由于羞耻与自尊之间有联系，所以那个使我们变得垂头丧气的原因又令我们的自尊无法回避。由于这些缺陷，我们的生活方式常常很不完善，并且我们只得到极少的来自他人的赞扬。所以自然的羞耻是由于我们人格中的缺陷，或者表现在外的行为和特性的缺陷而产生的，这些缺陷表现着他人和我们自己都会合理地要求于我们的那些性质的损失或缺乏。然而，在这里有必要作一个限定。正是我们的生活计划决定着我们引为羞耻的是些什么，所以羞耻感是和我们的渴望、我们奋力以求的事物以及我们希望去与之联系的那些人们相联系的。[①] 那些没有音乐才能的人们不会去努力成为音乐家，也不会以缺少这种才能为羞耻。的确，这里完全不存在什么缺乏，至少是当做其他事情也能建立令人满意的社会联系的时候。所以我们应当说，由于我们的生活计划，我们倾向于为表现着对于实现我们重要的社会目标极其基本的那些优点（美德）的损失和缺乏的我们的人格缺点和行为失败而羞耻。

我们再来讨论道德的羞耻。我们只需要把（在前一节中）对于一个好人的概念的描述与以上的对于自然的羞耻的评述结合到一起。所以当一个人把他的生活计划所需要并内在鼓励的那些德性估价成他的人格优点（美德）的时候，他就可能会面临道德的羞耻。他把这些德性，或至少是其中的一部分看作是他的伙伴们要求于他的以及他要求于自己的性质。占有这些优点（美德）并在自己的行为中把它们表现出来是他的起调节作用的目标，他感到这个目标是他被他力求去交往的那些人所重视、所尊敬的一个条件。于是，表现或暴露着他的人格中缺乏这些特性的行为和品质就可能引起羞耻，对于这些缺点的意识和回忆也同样可能引起这种羞耻感。由于羞耻是来自一种自我贬低的情感，我们必须说明道德的羞耻在何种程度上可以被看作这样。首先，对原初状态的康德式解释意味着做正当的和公正的事情是人们表达他们作为自由平等的存在物的本性的主要方法。同时根据亚里士多德主义原则，他们对本性的这种表达是他们的善的基本因素。把这些看法同对于道德价值的描述结合起来，我们就得出德性即是美德（优点）。无论从我们自己的观点还是从他人的观点来看，它们都是善。缺乏它们将会破坏我们的自尊和我们的伙伴对我们的尊敬。因此这些缺点一旦表现出来就会伤害我们的自尊，就会产生

---

① 见威廉·詹姆斯：《心理学原则》，第 1 卷（纽约，1890 年），第 309 页。

一种羞耻的情感。

观察到道德的羞耻情感与负罪感之间的差别是颇有裨益的。虽然这两者可以由同样的行为引起，对于它们的解释却不一样（见第 73 节）。例如假设一个人欺骗了别人或表现了怯懦之后既感到负罪又感到羞耻。他感到负罪是因为他的行为背离了他的正当和正义感。由于不公正地发展自己的利益，他已经侵犯了他人的权利，他同被伤害者的友谊和交往愈深，他的负罪感就愈强烈。他期待着他人对其行为不满和义愤，同时他又害怕他们的正当的愤怒和可能的报复。而他感到羞耻是因为他没有获得自制的善，他在他的伙伴们眼里变得没有价值，而他本来恰恰是要依赖他的伙伴们来确证自己的价值感的。他担心他们拒绝他、轻蔑他，把他看成一个冥落的对象。他在他的行为中暴露了他缺乏他所珍视并渴望得到的那种道德美德。

我们看到，作为由我们带到社会生活事务中的我们人格的美德（优点），所有的德性都是可以追求的，缺乏这些德性我们就可能面临羞耻。但是有些德性以一种特殊的方式和羞耻联系在一起，因为它们是人们在获得自制及其伴随的力量上的美德（优点），即在获得勇敢和自我控制这方面的失败的特殊标志。把这些品德的缺乏表现于外的不公正行为尤其可能使我们承受羞耻感之苦。所以，当我们用正当和正义原则描述出了使我们感到道德的羞耻和负罪感的种种行为时，情况仍然是因事而异的。在一种情况下，我们注意的是对他人的正义要求的侵犯、我们的行为对他们的伤害以及他们一旦发现我们的行为就可能表现出来的不满和义愤。在另一种情况下，我们感到的痛苦在于我们损失了我们的自尊，在于我们没有能够实现我们的目标：我们从对于他人给予我们的越来越少的尊敬的忧虑中，从我们由于没有能实现我们的理想而产生的沮丧中，感到了自我的降低。显然，道德的羞耻和负罪感，都是从我们对他人的关系中产生的，并且每一个都是我们接受正当和正义的第一个原则的一种表现。不过，这些情感产生于不同的观点背景，人们是以极其不同的方式来看待我们的环境的。

68．正当与善的几个比较

为了说明契约观点的结构特征，我将在这里提及正当概念和善概念之间的几点对比。由于这些概念使我们能够解释道德价值，因而它们是道德价值理论的两个基本的概念。一种道德学说的结构取决于它在何种程度上把这两个概念联系起来和如何规定它们之间的差别。在指出这些对比之后，作为公平的正义的特有特征也就得到了说明。

一个区别是，正义原则（在更广泛的意义上即是正当原则）是处于原初状态的人们愿意选择的原则，而合理选择的原则和审慎的合理性的标准则完全不是被选择的。正义论的第一个任务是确定最初状况以便使人们选择的正义原则从一种哲学观点上表达正确的正义观念。这意味着对人们接受正义原则的论证，应受到这种状况的那些典型特点的规定，意味着人们所同意的正义原则应当和我们在反思的平衡中的所考虑的正义信念相配。类似的问题在善的理论中没有产生。作为出发点，在合理选择原则上没有必要要求一致性。由于每个人只要他的意图与正义原则一致，便都是自由地按照他的愿望计划着他的生活的，所以在合理性的标准方面便不可能达成一致协议。所有的正义理论的假定就是：在善的弱理论中，合理选择的显明标准足以解释人们对基本善的偏爱；人们在合理性观念方面的这种差别不影响他们在原初状态中所接受的那些正义原则。

然而，我已经假定人们的确承认一些原则，并且可以把这一些标准详细地列成表以取代合理性的概念。在这个表中，假如愿意的话，我们可以把种种变化包括进来。所以在解决不确定性的

449

最好方法的问题上存在着分歧。[①] 在这个问题上，没有理由认为人们在制订他们的计划时不是在按照他们的爱好行事。因此，只要不出现根本性的驳难，在不确定的情况下的任何一种似真的选择原则都可以被包括到这个表中来。仅仅在善的弱理论中我们才不得不忧虑这些问题。在善的弱理论中，对合理性概念必须作这样的解释，以便把对于基本善的普遍欲望作为前提，并且使对正义原则的选择得到说明。但即使在这个理论中，我也指出了，从人们对合理性的种种相互冲突的解释这一点来说，人们所接受的正义观念却比较稳定。但是在任何情况下，一旦人们选定了正义原则，一旦我们是在善的强理论范围之内讨论问题，就没有必要这样地确立善的理论以便把一致性强加于合理选择的所有标准之上。事实上，这样做会同作为公平的正义保证个人和团体在公平的制度组织中享有的选择自由相矛盾。

正当与善的第二点对比是，一般地说，个人的关于他们的善的观念在许多重大的方面相互区别将是一件好事，而对正当的观念来说就不是这样。在一个组织良好的社会里，公民们持着相同的正当原则，他们在各个具体的例子中都试图达到相同的判断。这些原则将在人们相互之间的冲突的要求中建立一种最终的秩序。无论每个人接受这样一种秩序在实践上会多么困难，使这种秩序从每个人的观点中统一起来也是至为重要的。另一方面，各个个人是从不同的方面确定他们的善的，许多事物可能对一个人来说是善而对另一个人则不是善。而且，在什么是各个个人的善的问题上，不存在达成一项公认的判断的紧迫性。在正义问题上使达成一致判断成为必要的理由并不存在于价值判断之中。即使在我们采取另一个人的观点并试图估价什么才对他有利的时候，

[①] 见 R. D. 卢斯和霍华德·雷法在《策略与决策》（纽约，约翰·威利父子公司 1957 年版）中所作的讨论，见该书第 278—306 页。

我们也可以说不过是一个劝告者。我们尽可能设身处地地把他的目标和要求想象为我们自己的,我们试图从他的观点上来看待事物。撇开那种家长式作风不谈,当人们需要我们的意见的时候,我们总是把这些判断提供出来,但即使我们的意见引起了争论并且没有被采纳,这里也不存在正当性方面的冲突。

所以,在一个组织良好的社会中,各个个人的生活计划,就其总是强调不同的目标而言,是不尽相同的,人们自由地决定他们的善,其他人的意见仅仅被看作建议。善观念中的这种多样性本身也是一种善的东西,即是说,一个组织良好的社会的成员们要求具有各自不同的计划是合理的。其理由是显而易见的。人们有各种各样的天分和能力,这些天分与能力的总量不可能在一个人或一组人身上实现。所以我们不仅从我们的发达的爱好所构成的得到补足的本性中得益,而且从彼此的活动中得到快乐。仿佛我们自己的已经不能再由自己来培养的部分是由他人来发展的。我们已经不得不专注于其他的事物,我们迄今也许只同这些事物中的一小部分有联系(见第79节)。但是正义的情况与此相当不同:在这里我们不仅需要共同的原则,而且需要把这些原则应用于具体例子中去的相似的方式,以便能确定相互冲突的要求的一种最终的秩序。正义判断仅仅在特殊的环境下才是建议。

第三个区别是,正义原则的许多应用受到无知之幕的限制,而对一个人的善的估价却依赖于对事实的充分知识。所以,如我们已经指出的,不仅必须在缺乏对某种具体情况的知识时选择正义原则,而且在运用这些原则设计法规和基本的社会安排以及决定法律和政治时,我们也受到一种相似的即使不如此严格的限制。立宪会议的代表们,理想的立法者和选民们,也要采取一种观点,他们在采取这种观点时常常只了解适当的一般事实。另一个方面,一个人对于他自己的善的观念则从头至尾都要因地制宜地进行调整。一个合理的计划总是把我们的特殊的能力、利益和环境考虑在内，因而它在相当程度上依赖于我们的社会地位和天赋。不会有人反对让合理计划适应于这些偶然性，因为人们已经选择了正义原则，而且这些原则约束着合理计划的内容、这些目标所鼓励的目标及实现这些目标的手段。但是在正义判断中，仅仅是在司法和行政的阶段上对知识的所有限制才不复存在，同时对具体的事例总是要考虑到所有有关事实之后再作出决定。

借助于这些对比，我们就能够进一步澄清契约学说和功利主义之间的一个重要区别。由于功利原则是最大限度地扩大被理解为合理欲望的满足的善，我们就应当把现有的偏爱和它的持续至未来的可能性看作合理的，因而应当追求满足的最大的净余额。但是如我们已经看到的，合理计划的决定在许多重要的方面是不确定的（见第64节）。那些比较显明而易于应用的合理选择原则并不能确定出最好的计划；有许多重要之点还有待于确定。这种不确定性对于作为公平的正义来说并不构成困难，因为计划的细节不影响我们确定什么是正当的或公正的。无论我们的具体环境如何，我们的生活方式都必须始终同独立地形成的正义原则相一致。所以生活计划的任意性特征并不影响这些原则，质言之，它们并不影响社会基本结构的应被安排的方式。合理性概念中的不确定性本身不能变成人们可以彼此强加的合理要求（权利）。正当原则的优先性不允许这样做。

另一方面，功利主义者还必须承认，由这种不确定性容许的种种偏爱结构可能导致通常理解的非正义。举例来说，假定社会的大多数人憎恶某种宗教或性行为，并且把它们看作是令人讨厌的事情。而且这种情感竟如此强烈以致即使在公共场合禁绝此类事情还不足以消除人们的厌恶，就连这类事情将会存在下去的想法本身都会激起公愤。那么，即使不能说这些态度是道德的，似乎也不能就肯定它们是不合理的。因而，寻求欲望的最大满足就可能证明以粗暴的压制手段反对人们的并不引起社会伤害的行为是合理的。在这个例子中，为了维护个人自由，功利主义者就不得不去说明在这种环境下，从长远观点来看利益的真正平衡乃在于自由一边，而这种论证可能成功也可能不成功。

然而在作为公平的正义这里则不会发生这样的问题。假如大多数人的强烈信念的确仅仅是偏爱，而没有任何先已确定的正义原则的基础，这种信念就不足以作为前提。这些情感的满足就没有可以与平等自由的要求进行权衡的价值。为了对其他人的行为和信念表示不满，我们就必须表明他们的行为伤害了我们，或者认可他们的那些行为的制度对待我们不公正。这意味着我们必须诉诸我们在原初状态下将愿意接受的那些原则。违背了这些原则，无论是情感的强烈程度或是这种情感是大多数人所持有的都说明不了任何问题。按照契约论观点，自由的基础是完全独立于现有的偏爱的。实际上，我们可以把正义原则看作是一个当评价他人的行为时不把某种情感考虑在内的协议。我曾指出过，这些看法是经典的自由学说中的一些人所熟知的因素。为了说明人们不应当反对善的强理论中的不确定性时，我也曾再一次提到这些看法。这种不确定性使该做什么的问题留给个人去解决，因为它不可能给予他如何作出决定的指示。但是既然正义的目标不是最大限度去扩大合理计划的实现，正义的内容就不受任何影响。当然，不能否认通行的社会态度束缚着政治家们的手脚。大多数人的信念和激情可能使自由得不到维护。但是向这些实践中的必要条件屈服同把情感作为左右决策的合理根据的作法是不同的；按照后一种作法，假如这些情感是强有力的并且在强度上超过其他可能取代的情感，它们就应当作为决定的根据。和这种观点作为对照，契约观点要求我们在环境允许的条件下尽可能快地向着公正的制度前进而且不考虑现有的情感。一个理想制度的确定的方案孕育于它的正义原则之中（见第41节）。

从上述对比中显然可以看出，在作为公平的正义这里，正当概念和善概念具有相当不同的特性。这些区别来自契约论的结构，来自由此产生的正当和正义的优先性。然而我并不认为，"正当"和"善"这两个词（以及它们的同族词）总是在这种区别的意义上被使用的。虽然我们日常说话时倾向于支持这两个概念的描述意义，但是这种吻合并不是契约学说的正确性的必要条件。毋宁说，有两项条件足以证明契约论的正确性。其一，契约论中有一种把我们所考虑的判断吸收到正义理论中来的方式，以致在反思的平衡中，正义信念的这些补充物变得正确了，并且表达着我们能够接受的判断。其二，一俟我们理解了这个理论，我们就能承认：这些解释是对于我们通过反思希望维护的那些信念的恰当解释。即使是在正常情况下我们也许因为它们太繁琐、容易被误解、或别的什么原因而不使用这些解释，我们也准备承认它们实质上说出了所有想说出的理由。当然这些替换物可能并不意指着和它们与之相配的那些普通判断的相同的意义。这种情况在何种程度上是事实我不准备在这里进行考察。而且，由于契约论先于哲学反思而存在，这种替换物可能表明着一种多少强烈地改变了我们的最初道德判断的东西。不过，由于哲学的批判和解释引导我们修正和扩展我们的观点，这种情况肯定已经有了一些改变。然而问题在于，作为公平的正义这个我们目前所知的较其他理论更好的观念，能否导致对我们所考虑的那些判断的真实解说，并提供一种表达我们想要肯定的那些东西的方式。

第 八 章

正 义 感

在对善作了一番描述之后,我现在转入稳定性问题的讨论。我将分两个阶段来讨论。在这一章中我将讨论一个组织良好的社会的成员们如何获得正义感的问题,同时我将简要地考察这种情感在受到不同道德观念规定时的相对力量问题。最后一章中将考察一致性问题,即正义感是否与我们的善的观念一致,它们是否共同为维护一个公正的结构而发挥作用的问题。记住下述这一点是有益的,即,本章中的许多内容是准备性的,各种论题仅仅是为了说明对哲学理论有关的那些更为根本的观点才被涉及的。我将从一个组织良好的社会的定义和对于稳定性的意义的扼要陈述开始这一讨论。然后我将按照一俟公正的制度得以确定并被承认为公正的时候可能发生的情况粗略地描述正义感的发展。对道德心理学原则也将作一些讨论,我强调它们是一些互惠原则,并且把这一事实同相对稳定性问题联系起来。本章将以对人的自然特性的考察为结束,由于这些自然特性人类才有平等的正义的保证,同时,这些特性又规定着平等的自然基础。

69. 一个组织良好的社会的概念

在本书的一开始(见第1节)我就指出,一个组织良好的社会是一个被设计来发展它的成员们的善并由一个公开的正义观念有效地调节着的社会。因而,它是一个这样的社会,其中每一个人都接受并了解其他人也接受同样的正义原则,同时,基本的社会制度满足着并且也被看作是满足着这些正义原则。在这个社会里，作为公平的正义被塑造得和这个社会的观念一致。处于原初状态的人们将假定被选定的原则是公开的，所以他们必然根据正义观念的可能效果把这些原则看作是普遍接受的标准（见第23节）。只要上述事实还不广为人知，一当一部分人或甚至全体人理解和遵循便可能很好地发挥作用的正义观念，便不能具备公开性条件。我们也应当指出，由于这些原则是人们出于对他们及其在社会中的地位的真实的普遍信念而同意的，所以他们所采取的正义观念在上述这些事实的基础之上是可以接受的。我们不需要借助神学的或形而上学的学说来支持正义观念的各种原则，也不需要想象出另一个世界来补偿和纠正正义的两个原则在这个世界中所允许的不平等。各种正义观念必须由我们的生活条件来证明其正当性，这一点我们可能了解，也可能完全不了解。[1]

而且，一个组织良好的社会也是一个由它的公开的正义观念来调节的社会。这个事实意味着它的成员们有一种按照正义原则的要求行动的强烈的通常有效的欲望。由于一个组织良好的社会是持久的，它的正义观念就可能稳定，就是说，当制度（按照这个观念的规定）公正时，那些参与着这些社会安排的人们就获得一种相应的正义感和努力维护这种制度的欲望。一个正义观念，假如它倾向于产生的正义感较之另一个正义观念更强烈，更能制服破坏性倾向，并且它所容许的制度产生着更弱的不公正行动的冲动和诱惑，它就比后者具有更大的稳定性。一个观念的稳定性依赖于各种动机之间的平衡：它培育的正义感和它鼓励的目标必须在正常情况下能够战胜非正义倾向。要估价一种正义观念（及

---

[1] 由此可以看出，诸如柏拉图《理想国》中的"高贵的谎言"（第3卷第414—415页）这样的方法被排除了，（当并不信仰时）为支持一个否则便不能存在下去的社会制度的宗教辩护，例如陀斯妥耶夫斯基的《卡拉马佐夫兄弟》中的宗教法庭庭长的那种辩护也同样如此。

它所规定的那个组织良好的社会)的稳定性,人们就必须考察这些相反的倾向的相对力量。

显而易见,稳定性是各种道德观念的一个值得向往的特点。如其他条件相同,处在原初状态的人们将接受更稳定的原则体系。无论一种正义观念在其他方面多么吸引人,如果它的道德心理学原则使它不能在人们身上产生出必要的按照它去行动的欲望,那么它就是有严重缺陷的。所以,在进一步论证作为公平的正义的那些原则时,我愿意说明这一观念比其他的观念更稳定。这个从稳定性作出的论证主要的是作为对迄今已经提出的理由(除第29节中陈述的那些考虑之外)的补充。既为了作为公平的正义这一概念本身的缘故,也为了给讨论诸如平等的基础和自由的优先性等其他一些问题开辟道路,我想在这里更详细地考察这一概念。

诚然,稳定性的标准不是决定性的。事实上,某些道德理论已经彻底嘲弄了这种标准,至少是在某些解释中嘲弄了它。所以,人们常常指出边沁既坚持古典的功利原则又接受心理利己主义的学说。但如果人们仅仅追求他们自己的利益是一条心理学的法则,他们就不可能具有一种有效的(按照功利原则规定的)正义感。理想的立法者最多是能设计出种种社会安排,使那些从个人的或集团的利益出发的公民们被说服得以能最大限度地扩大幸福总量的方式行为。在这个观念中,利益的最终统一完全是人为的:它取决于理智的机巧,而人们照着制度体系去做仅仅是由于他们把这样做看作是实现他们各自利益的一个手段。[1]

---

[1] 虽然边沁常常被说成是一个心理的利己主义者,雅各布·瓦伊纳在《边沁和密尔:功利主义的背景》(1949年)中却不这样看,这篇文章在《长远观点和暂时观点》(格伦科,伊利诺斯州,自由出版社1958年版)中被重印,见该书第312—314页。瓦伊纳也对边沁对于立法者的作用的观念作了无疑是正确的解释,见该书第316—317页。

正当和正义原则同人们的动机之间的这种背离，虽作为一个限定的例子给人以启发，但是它却是反常的。大多数传统学说都认为，人类的本性至少是在一定程度上使我们在公正的制度下生活和受益时获得一种公正地行动的欲望。就这一点是真实的而言，一种正义观念在心理上是适合于人类倾向的。而且，假如能够证明公正地行动的欲望也是一项合理的生活计划的调节性因素，那么公正地行动就是我们的善的一部分。在这种情况下，正义观念和善观念就是一致的，正义理论也就在总体上是和谐的。本章的目的是说明作为公平的正义何以产生出它的自身支持力量，说明由于它更符合道德心理的原则，它可能比传统学说更稳定。为此目的，我将扼要地描述一个组织良好的社会的成员们获得一种正义感和其他道德情感的可能方式。我们将不可避免地涉及一些思辨的心理问题；但是迄今为止我一直假定，处于原初状态的人们，了解关于世界的一般事实，包括基本的心理学原则，并且在这个基础上作出决定。在这里，我们通过对这些问题的反思，按照它们影响最初协议的方式审视这些事实。

对平衡与稳定性概念作一些说明也许会防止一些误解。这两个观念都有相当明显的理论的和数学的意义，但是我将在一种直觉的意义上使用它们。[1] 首先要注意的也许是这两个概念是应用

---

[1] 关于应用于体系的平衡和稳定性概念，见 W.R.阿什比：《脑的设计》，修订第2版（伦敦，查普曼和霍尔公司，1960年版），第2—4、19—20章。我使用的稳定性概念实际上是准稳定性概念：如果一种平衡是稳定的，那就是说，所有可变因在一个波动之后又全部回到它们的平衡值上；一个准稳定的平衡则是部分可变因返回到它们的平衡结构上来的一种平衡。关于这个定义，见哈维·莱本施泰因的《经济复苏与经济增长》（纽约，约翰·威利父子公司1957年版），第18页。一个组织良好的社会，就它的制度的正义和为维护这种条件所必需的正义感而言，是准稳定的。尽管社会环境方面的变化可能使它的制度变得不再公正，然而在一定阶段上，这些制度又会由于环境的要求而改变，与此同时正义又再度恢复。

于某些体系的。所以,是一个体系处于平衡状态之中;当这个体系达到了一种只要没有外力的推动就能无限地经历时间的状态时,它就是处于平衡之中。为之准确地规定一种平衡状态,必须仔细地划定体系的界限并清楚地表明体系的主要特点。有三点是最为基本的:第一,要确定出体系,区分出内部的和外部的力量;第二,要确定体系的各种状态,一种状态是它的主要特点的一定结构;第三,要指出和这些状态相联系的那些法则。

某些体系没有平衡状态,而另一些体系则有许多平衡状态。这些状况取决于体系的性质。当由例如外力引起的扰乱使得体系内部的倾向于恢复平衡状态的力量起而抗之的时候,只要这种外力冲击不是很大,一种平衡状态就是稳定的,当一种偏离平衡的运动在体系内产生出了导致较大变化的力量时,一种平衡状态就是不稳定的。体系的或多或少的稳定取决于既有的趋于恢复平衡的内部力量。由于在实践中,所有的社会体系都受某种干扰的影响,因而,我们说,假如由正常的干扰产生的从更可取的平稳状态的背离引起了系统内部的足够强大的力量,以致在一段时间之后恢复了平衡或保持着十分接近于平衡的状态,那么,这些社会体系就实际上是稳定的。这些规定未免失之含糊,然而对于我们的目的应当是足够的了。

在这里,那些有关的体系当然是指和不同的正义观念相应的组织良好的社会的基本结构。我们关心的,是这个政治的、经济的和社会的制度的复合体,在满足着且被它的成员们普遍地认为满足着恰当的正义原则时的状态。我们必须尽力估价这些体系的相对稳定性。现在我假定一个自给的国家共同体的概念确定了这些系统的边界。若撇开正义原则在国际法方面的衍生物不谈,此种假设对所论的问题就不是隔靴搔痒(见第57节),但是我不准备进一步讨论国际法这一更宽泛的问题。重要的是指出在目前的例子中平衡和稳定性应当从与社会基本结构的正义和个人的道德行为的方面进行规定。一个正义观念的稳定性并不意味着组织良好的社会的制度与实践不再变化。事实上，这样一个社会将包含巨大的差别并不时地采取不同的安排。在这种联系中，稳定性意味着无论制度如何变化，它们始终保持公正或接近于公正，这些调整是为了适应新的社会环境而作出的。从正义中产生的那些不可避免的衍生物是由这个体系内的各种力量在可接受的联系之中有效地纠正或坚持着的。在这些力量中，我假定共同体的成员们所持的正义感具有一种根本的作用。所以，在一定程度上，道德情感对于保证社会基本结构的正义方面的稳定是必要的。

我现在来讨论这些情感如何形成的问题。在这个问题上，概括地说，存在着两种传统观点。第一种观点是从经验主义学说中历史地产生出来的、并表现在从休谟到西季维克的功利主义者的学说中。它的最新发展形式是社会学习理论。一个主要的论点是道德训练的目标是提供失去的动机，即为了正当自身的原因去做正义的事的欲望和不去做不公正的事这一欲望。正当的行为一般地是（按照功利原则的规定）有益于他人和社会的行为，我们常常缺乏做出这种行为的有效的动机；而不正当的行为则一般地是伤害他人与社会的行为，我们常常有充分的做出这种行为的动机。社会必须把这些缺陷补足。社会通过父母和其他有权威的人的认可和非难而做到这一点，他们在必要时能够运用从给与和收回感情上的关心直到控制快乐与痛苦的各种奖罚手段。通过各种各样的心理过程，我们最终获得了一种对于做正当行为的欲望和对于做不正当行为的厌恶。第二个论点是，与道德标准认同的欲望在正常情况下是在人生的早期，在我们获得对于这些标准的根据的理解之前产生的。的确，有些人们可能永远也不能从功利原则上理解道德标准的根据。① 其结果是，我们后来的道德情感可能会带着早期训练在多少粗暴地塑造我们的原有本性时留下的伤痕。

弗洛伊德的理论在一些重要之点上接近于这种观点。他认为儿童获得道德态度的过程是以恋母情结和由此产生的深刻冲突为中心的。由那些有权威的人们（在这里即父母）所坚持的那些道德准则被儿童作为解除烦恼的最好办法而接受下来。由超我代表的后产生的道德态度可能是恋母情结阶段的紧张的粗暴的惩罚性的反映。② 所以，弗洛伊德的描述在两点下支持了上面的观点，即：第一，道德学习的一个基本部分发生在人生的早期，发生在对道德的理性基础的理解之前；第二，它通过以冲突和紧张为标志的心理过程而与新动机的获得联系在一起。的确，他的学说是这些特征的一个戏剧性的说明。由此可以看出，由于父母和其他的有权威的人总是以各种方式走入歧路，并且在运用表扬和责备，以及一般地说，运用赏与罚时追求私利，我们早期的未经考察的道德态度可能在一些重要方面是不合理的和未经证明为正当的。人生较晚时期的道德发展，部分地在于根据我们最后承认为合理的那些东西来纠正先前接受的那些道德态度。

---

① 对道德学习的这个概括根据詹姆斯·密尔的《麦金托什散论》中的一节，J. S. 密尔在一个对他父亲的《人类心灵现象的分析》（1869年）的第23章的注中吸取了这一节的思想。这段注收在 J. B. 施尼温德编的《〔J. S.〕密尔伦理学著作集》（纽约，科利尔书店1965年版），第259—270页。关于社会学习理论的描述见阿尔伯特·班杜拉的《行为控制的原则》（纽约，霍尔特公司1969年版）；关于道德学习的最近评述，见罗述·布朗的《社会心理学》（纽约，自由出版社1965年版），第8集；以及马丁·L. 霍夫曼的《道德发展》，载于保罗·H. 穆森所编《卡迈克尔心理学手册》第3版（纽约，约翰·威利父子公司1970年版），第2卷第23章，第282—332页是对于社会学习理论的论述。

② 关于对弗洛伊德的道德学习理论的描述，见罗杰·布朗的《社会心理学》第350—381页；及罗纳德·弗莱切尔的《人的本能》（纽约，国际大学出版社1957年版），第6章，第226—234页。

461

道德学习的另一种传统观点产生于理性主义思想根源之中，并由卢梭和康德并有时由 J. S. 密尔，更近一些则是由皮亚杰的理论作了表达。道德学习并不是提供失去的动机，而是我们内在理性和情感能力按照它们的自然倾向的一种自由发展。一旦理智力量成熟，一旦人们开始承认他们在社会中的地位并能够考虑他人的观点，他们就能够正确评价订立公平的社会合作条件的互利性。我们有一种和他人产生情感共鸣的自然倾向，有一种对同情和自主所产生快乐的本能的敏感性。一旦我们能够从一种恰当的一般观点清楚地理解我们同我们的伙伴的关系时，这些本能力量就提供着道德情操的感情基础。所以，这种传统把道德情感看作充分评价我们的社会本性的一种自然结果。[1]

密尔这样表达他的观点：一个公正社会的安排对我们说来如此适合，以致这个社会明显地需要的任何东西都像一种自然必然性一样被我们接受了。这样一个社会的一个必不可少的条件是所有的人都必须在人们都能接受的互惠原则的基础上考虑他人。当我们的情感还没有与我们的伙伴们的情感沟通时我们就感到痛苦；这种交往倾向在一定的时候为我们提供了道德情感的坚实基础。其次，密尔还认为，一个人在与他人的交往中诉诸正义的原

---

[1] 关于卢梭，见《爱弥儿》，巴尔巴拉·福克斯雷英译本（伦敦，J. M. 登特父子公司1908年版），尤其见（第2部）第46—66、172—196页，（第4部）第244—258页（参见商务印书馆1978年中文版）；关于康德，见《实践理性批判》第2部分，其标题"纯粹实践理性的方法"容易引起误解；关于 J. S. 密尔，见下注中所指文献。关于 J. 皮亚杰，见《儿童的道德判断》，M. 加贝恩英译本（伦敦，基根·保罗公司1932年版）。关于这一研究的进一步发展，见劳伦斯·科尔伯格：《儿童的倾向向道德秩序的发展：1. 道德思考发展的次序，》载于《生命与人文》第6卷（1963年）；以及《阶段与次序：认识的社会化发展》，载于 D. A. 戈斯林编辑的《社会化理论与研究手册》（芝加哥，兰德·麦克奈利公司1969年版），第5章。关于批判的意见，见霍夫曼：《道德的发展》，第264—275页（关于皮亚杰的批评），第276—281页（关于科尔伯格的批评）。

则并不使我们的本性变得迟钝。相反，它实现着我们的社会情感，而且，由于使我们面对着一种更大的善，它使我们能够控制我们的比较狭隘的冲动。只有在我们不是由于伤害了他人的善而是由于他们的不愉快或在我们看来是他们的专权的那种行为而受到压抑时，我们的本性才变得迟钝。如果从他人的正当要求这方面来看道德命令的理由是明白的，那么这些约束就非但不伤害我们而且还被视为和我们的善一致的东西。[1] 道德学习不是一个获得新动机的过程，因为一旦我们的理智和情感能力获得了必要的发展，这些动机自己就会产生。从这里可以看出，对种种道德观念的充分理解只有在人的成熟阶段才有可能。儿童的理解能力总是初步的，他的道德上的个性特征是在稍晚的阶段上才能形成的。理性主义的传统描绘了一个更美好的图画，因为它认为那些正当和正义原则产生于我们的本性，并且常常是和我们的善一致的，而经验主义的描述则似乎没有包含这样的保证。

我不想评价这两种道德学习观念的相对优劣。当然，这两者各有其合理的东西，而且把它们以一种恰当的方式结合起来将会更完美。必须强调的是，一种道德观是原则、理想、准则的一个极其复杂的结构，而且涉及思想、行为和情感的所有因素。当然，许多种类的学习，从知识的巩固，古典的〔自我〕调节直到高度抽象的推理和对典型的精细的知觉，都影响着道德观点的发展。可能在某段时间中，每一种学习都发生着一种必要的作用。在以下几节（第70—72节）中我将按照在一个实现了作为公平的正义的各种原则的组织良好的社会里道德发展中可能发生的情况来扼要描述这个过程。我将仅仅讨论这个特殊的例子。因为我

---

[1] 关于密尔的观点，见《功利主义》，第3、5章第16—25部分；《论自由》，第3章第10部分；以及《密尔伦理学著作集》，第257—259页。

的目的是表明，当一个人在这种具体形式的组织良好的社会中成长时，他获得一种对正义原则的理解和情感的那些主要步骤。我将运用原则、理想和准则的完整系统的主要结构特征来确定这些步骤，就像把它们应用于社会安排时一样。我将说明，我们需要区分出权威的道德、社团的道德和原则的道德。对道德发展的描述将始终和人们应当学习的正义观念联系在一起，因而这种描述假定了正义理论的似真性，如果不是假定了这个理论的正确性的话。①

像在评述经济理论（见第42节）时所作的预先说明一样，在这里作这样的说明也同样是恰当。我们要求对道德学习心理描述是真实的，是与我们已有的知识相吻合的。但是当然不可能去考察细节；我至多只能涉及那些主要之点。必须记住下述讨论的目的是考察稳定性问题，是把各种正义观念的心理根源加以对比。核心的问题是，道德心理的这些一般事实在何种程度上影响着在原初状态中的选择。只要这种心理描述方式的缺陷不致使对正义原则而不是功利标准的承认成为问题，这种描述就不会引出

---

① 当我设计了第70—72这几节来讨论道德发展问题，以便适合正义理论的需要的时候，我利用了许多文献。三个阶段的观念——其内容是准则、角色理想和原则——与威廉·麦克杜克尔的《社会心理学导论》（伦敦，梅修恩公司1908年版）第7—8章中的观点相类似。J.皮亚杰的《儿童的道德判断》指出了权威的道德与社团的和原则的道德之间的对比，并且对这些阶段作了许多描述。另见科尔伯格在第447页注①所示文献中对皮亚杰的道德发展理论的更为详细的论述，尤其是第369—389页关于他的道德发展的六个阶段的理论的论述。在第75节的最后几段中我指出了我的观点同这些作者们的观点的区别。关于科尔伯格的理论，我应当在这里作几句补充。我相信社团道德相当于他的第三到第五阶段。这个阶段的道德发展，扮演着更复杂、更富要求、更综合性的角色。但更为重要的，是我假定最后的阶段，即原则的道德能够包含由我们已经讨论过的任何传统哲学提供的不同内容。的确，我力图论证正义原则的优先性，并且在这个假定的基础上制定心理学理论。但是这种优先性是一个哲学的问题。我相信这个问题不能由发展的心理学理论单独来解决。

不可克服的困难。我也希望对心理学理论的进一步应用不致离题太远。在这些应用中最重要的是对平等的基础的描述。

70．权威的道德

道德发展系列中的第一个阶段我将称之为权威的道德。尽管这个阶段的道德的某些方面由于一些特殊的原因会保留到后面一些道德发展阶段上，我们能在其本来形态上加以考察的权威道德乃是儿童的道德。我假定社会的年青成员们在他们的成长过程中逐渐获得正义感。这种世代地继承和传授道德态度（无论多么简单）的必要性是人类生活的条件之一。

现在我将假定一个组织良好社会的基本结构包括某种形式的家庭，因而孩子们一开始就处于他们父母的合法权威下。当然，如果作更广泛的探究，家庭制度也可能受到怀疑，人们可能作出一些论述来说明其他安排更可取。但是，对权威道德的描述大概能够，假如必要的话，调整得适应这些不同的系统。在任何情况下，儿童的境况的特性都使他没有能力去估价那些有权威的人们——在这个例子中即他的父母——告诉他的那些准则和命令的正当性。他缺乏知识和理解，这使他不可能向这种指导挑战。实际上，儿童完全没有证明某件事情是正当的这种概念，这种概念是后来获得的。因为他不可能用理智来怀疑父母的命令的正当性。但是既然我们假定这个社会是一个组织良好的社会，我们就可以设想——为避免繁琐起见——这些准则在整体上是正当的。它们和正义原则所要求的对于家庭义务的合理解释相一致。

我们可以设想，父母爱他们的孩子，而慢慢地那孩子也爱和信任他的父母。这个变化是如何在那个孩子身上发生的？因回答这个问题我假定下述的心理学原则：那个孩子变得爱他的父母是因为他们先表示出了对他的爱。① 所以，那个孩子的行为最初是由某些本能和欲望驱动的，他的目标是由（在一种严格意义上的）合理的自我利益调节（如果是全部目标）的。虽然那个孩子具有爱的潜在性，他对他父母的爱却是由于他认识到他们对于他的显明的爱，由于他从他们表达这种爱的行为中受益而产生的一种新的欲望。

父母对孩子的爱表现在他们关心他，为他去做他的合理的自爱所要求的那些事情的显明的意图上，表现在这些意图的实现上。这种爱也表现在他们从他的存在中得到的快乐，他们支持他的能力感和自尊感上。他们鼓励他去驾驭他的发展任务，欢迎他表现他自己的个性。一般地说，去爱另一个人，这意味着不仅要关心他的要求和需要，而且要肯定他自己的人格价值感。慢慢地，父母对孩子的爱也在他的身上引起了对父母的爱。对孩子的爱不能作一种合理的工具的解释：他不是把爱他的父母当作一种达到自己最初的自我利益目的的手段。也许他能看到这种目的并带着这种目的装作爱他们，但即使他这样做也不违反他原有的欲望。按照前面表述的心理学原则，父母的显明的爱最终会在他的身上产生一种新的感情。

有许多方法能够把这条心理学法则分析为更基本的因素。例如，孩子对于父母的感情的认识不可能直接产生一种回报的情感。我们可以推断一些其他的步骤：当父母对孩子的爱由于其显明意图而被他认识到时，那个孩子就确信自己具有作为一个人的价值。这些事实使他意识到他是由于他自身的原因而受到他认为是他的世界中最强有力的人的赞赏的。他体验到父母的情感是无

---

① 关于这条心理学法则的表达吸取了卢梭的《爱弥儿》第174页表达的思想。卢梭说，尽管我们从一开始就喜欢有利于自我保存的那些事情，但这种情感却是相当无意识的和本能的。

条件的，他们喜欢他在他们身边，喜欢他的自发的行为，他们从他身上所得到的快乐不取决于他的有益于他人幸福的守纪律行为。慢慢地，那个孩子就变得信任他的父母并对他的家庭环境产生信任；这使他开始运用并检验他的正在变得成熟的能力，所有这些都得到他父母的关切和鼓励。他逐渐获得了各种技能并产生了一种能力感，这种能力感肯定着他的自尊。正是在这整个过程中孩子对父母的感情慢慢发展起来。他把他们同他在维护他的世界方面的成功和快乐，和他的自我价值感联系在一起。这使他产生了对父母的爱。

我们现在必须考察孩子的爱和信任会以何种方式表现出来。在这一点上，必须指出权威环境的特殊性质的影响。儿童没有自己的批判标准，因为他还没有能力根据合理的理由拒绝那些准则。如果他爱并信任他的父母，他就倾向于接受他们的命令。如果他认为他的父母的确是值得尊重的并且坚持他所嘱咐的那些准则，他就也将努力地成为他们那样的人。让我们设想，他的父母表现出更高的知识和能力，并且做出了所需要的种种感人的榜样。因此，那个孩子也接受他的父母们对于他的判断，并且在违反了他们的命令时也倾向于像他们那样地判断自己。当然，与此同时，他的欲望会超出所允许的范围，因为否则也就不需要这些准则。所以孩子常常觉得父母提出的准则是一些约束，他可能会反抗这些约束。因为，他毕竟不懂得为什么他应当照着做。这些准则本身是一些专断的禁令，他本来没有按照别人要求的去做的原初倾向。然而，他的确热爱和信任他的父母，于是，一旦他向诱惑让步，他就倾向于按照他的父母的态度来责备自己的不轨行为。他将倾向于坦白他的越轨举动并寻求和解。在这些变化的倾向中表现着那些（对权威的）的负罪感。没有这些及其他有关的倾向，也就不存在这些负罪感。但是，如果不存在这些负罪感也就表明缺乏爱与信任。因为，假如存在着权威环境和把道德的与本能的态度联系起来的道德心理原则，那么，当违反了父母的命令时爱与信任就会产生负罪感。人们都承认在这个例子中要把负罪感和对惩罚的恐惧感，尤其是对失去父母的爱与信任的恐惧感区分开常常是很困难的。儿童还缺乏理解道德上的区别的概念，这一点也一定会反映在他们的行为中。但是我已假定了，即使是在儿童的例子中，我们也能把（权威）负罪感从恐惧、忧虑情感中区别出来。

根据对权威道德的发展的这一扼要概述，有利于儿童的道德学习的条件似乎有以下几点。① 第一，父母必须爱孩子，必须是他崇拜的价值目标。这样，他们就在他心中唤起一种价值感，唤起一种要成为某种像父母那样的人的愿望。第二，他们必须按照孩子的理解水平清楚地说明那些他们能接受的（并且当然是有道理的）规则。此外，只要他们的命令的理由能被理解，他们就应当说出这些理由，同时，只要这些准则对他们也适用，他们自己也必须遵守这些准则。对于要求于孩子的道德，父母们应当以身作则，并慢慢地说清这些准则所依据的那些根本原则。这样做不仅是为了唤起儿童以后按照这些原则去做的倾向，而且是为了让他懂得在具体的例子中应当怎样看待这些原则。如果不具备这些条件，尤其是如果父母的命令不仅粗暴和不公正而且由惩罚性的甚至肉体惩罚来强制时，儿童在道德上就可能得不到发展。儿童具有一种权威的道德，就表现在他在没有奖惩的条件下，也倾向于遵守某种不仅对他显得相当专断而且无论如何都不吸引他的原初倾向的准则。如果他获得了遵守这些禁令的欲望，这仅仅是因为他把这些准则看作是一些有权威的人们告诉他的：这些人是他

---

① 在这里我采取了 J. A. 克劳森所编《社会化与社会》（波士顿，小布朗公司 1968 年版）中 E. E. 麦科比的《道德价值与儿童的行为》，以及霍夫曼的《道德发展》第 282—319 页上的观点。

爱的和信任的，并且也在按照这些准则做。于是他得出这样的结论：这些准则表现着他想成为的那种人特有的行为方式。在没有情感、榜样和指导的情况下，这些过程就不可能发生，在被惩罚性的恐吓和报复破坏了的没有爱的联系之中当然就更不可能发生。

儿童的权威的道德还只是初步的，因为它主要是许多准则的汇集，儿童还不能把握正当和正义的更大系统，在这种系统中，由别人告诉他的那些规则是经过证明的。但即使是一种能理解这些规则的基础的发达的权威的道德也具有许多同样的特征，并包含着相似的优点和缺点。在这里典型的情况是存在着一个权威的人，他是被爱、被信任的，或至少是由于其地位被看作是可尊敬的，明确地遵守他的准则是人们的责任。考虑后果不是我们的事，而是那些有权威的人的事。受到珍视的德性是对有权威的人们的服从、谦卑和忠诚，主要的恶是不顺从、反抗和轻率。我们应当不表示任何疑问地做要求我们去做的事，因为不这样去做就是表现了疑惑和不信任，就是表现了某种傲慢和怀疑的倾向。显然，权威的道德必须从属于正当和正义的原则，这些原则单独地就能确定什么时候这些极端的要求或类似的约束是可被证明为正当的。儿童的权威的道德是一种暂时的道德，是他的特殊境况和有限的理解力的必然产物。而且，神学的权威的道德只是一个特例，这种道德从平等的自由原则来看是不能应用于社会的基本结构的（见第33节）。所以，权威的道德在基本的社会安排中只有一种有限的作用，仅当眼前罕见的实践要求使得给予一些个人以领导和命令的特权这一点具有极端重要性时，它才是正当的。总之，这种道德的范围是受到正义原则的支配的。

71. 社团的道德

道德发展的第二个阶段是社团的道德。这个阶段涉及着依赖于交往的范围广泛的各种例子，甚至包括了作为一个整体的国家共同体。儿童的权威的道德主要是由许多准则构成的，而社团的道德则是适合于个人在不同的社团中的角色的那些道德标准。这些标准包括常识的道德规则及其与个人的具体地位相适应的调整形式；它们是由于有权威的人们或团体的其他成员的赞许与非难而形成的。所以，现这个阶段上，家庭本身被看作是一个很小的社团，它在正常情况下以一种明确的等级制度为特征，在这个等级制中每个成员都有一定的权利和义务。随着儿童慢慢长大，他逐渐学会了适合于处于他那样的地位的人们的行为标准。当父母通过他们的赞许和非难来表达出他们的期待时，他们也就解释了、至少是转达了一个好儿子和一个好女儿的德性。此外，还存在着学校和邻里这样的社团，以及例如游戏和与同伴消遣这样的短期合作形式，这些形式并不因其短就较为不重要。和这些安排相应，人们了解了一个好学生和好同学的德性，了解了一个好运动员和好伙伴的理想。这种道德观点一直影响到以后生活所采取的那些理想，因此也影响到他的各种成人身份和职业、他的家庭状况、他作为一个社会成员的地位。这些理想的内容是由一个好妻子和好丈夫、一个好朋友和好公民等各种各样的观念构成的。所以，社团的道德包括大量的理想，每一个都是以适合于各自的身份或角色的方式被规定的。我们的道德理解力随着我们在生活过程中经历一系列地位而不断提高。相应的理想系列不断要求着更高的理性判断和更精细的道德区分。显然，某些理想比另外一些理想更有综合性并对个人提出不同的需要。我们将看到，不得不遵循一定的理想相当自然地导向一种原则的道德。

每一种具体的理想都可能通过社团的那些目标和目的的上下文联系而得到解释，我们所谈的角色或地位就属于这些社团。在一定阶段上，一个人会得出一个关于整个合作系统的观念，这个观念规定着社团和它为之服务的那些目的。他了解其他的人由于他们在合作系统中的地位而有不同的事情要作。所以，他慢慢学会了采取他们的观点并从他们的观点来看待事物。因此，获得一种（由某些联合理想所表现的）社团的道德可能有赖于个人的理性能力的发展，这些能力是从各种不同观点来看待事物并把这些事物看作一个合作系统的不同方面所需要的。事实上，当我们考虑这一点时，各种能力的必要排列是相当复杂的。[①] 首先，我们必须承认存在着不同的观点，他人的观点和我们的观点不同。但是，我们不仅必须了解事物对他显得不同，而且必须了解他们有不同的需要和目的，有不同的计划和动机；同时，我们还必须了解如何从他们的讲话、行为和表情中把这些事实搜集起来。其次，我们需要确定这些观点的明确特征，确定其他的人们主要需要和欲望些什么，以及他们的起支配作用的信念和意见是什么。只有这样，我们才能理解和估价他们的行为、意图和动机。除非我们能确认这些主要的因素，否则我们就不能置自身于另一个人的地位并了解处在他的地位上我们会怎么做。要做到这些，我们就必须了解其他人的真正观点是什么。但是最后，在理解了另一个人的境况之后，根据这种知识以恰当的方式调整我们自己的行为的问题还有待我们自己去解决。

做上述这些事情，至少是在某种最小的程度上来说对成年人容易些，对儿童却比较困难。这无疑部分地说明了为什么儿童初步的权威的道德中的那些准则总是要借助于外部行为来表达，以及为什么儿童在表达他们对一些行为的赞许时总是在很大程度上忽略其动机和意图。儿童还没有掌握了解他人的人格即看出他人的信念、意图和情感的艺术，所以不能用对于这些东西的意识来

---

① 在以下的评述中我得益于约翰·弗拉维尔的《儿童的角色扮演和交往技能的发展》（纽约，约翰·威利父子公司1968年版）第208—211页中的观点，并且参考了G. H. 米德的《心灵、自我和社会》（芝加哥，芝加哥大学出版社1934年版），第135—164页。

解释他们的行为。而且，儿童的置自身于他人地位的能力也总是天真的和容易把他引入歧途的。所以毫不奇怪，这些从最终道德观点看来是如此重要的因素，竟不在早期阶段的道德考虑之内。[①] 但是这种缺乏，随着我们慢慢扮演着一些要求更高的、具有更复杂的权利和义务系统的角色而逐渐被克服了。和这些角色相应的理想，要求我们按照社会基本结构的观念的含义，从更为多样化的观点去看待事物。

我由于论述全面性的要求而粗略地谈到了理性发展的这些方面。我不可能更为详细地考察它们，但是我应当指出，它们在获得道德观点上占有中心的地位。对理解人格的艺术的掌握程度肯定会影响一个人的道德感；理解社会合作的复杂性对于道德的影响也同样重要。但是，仅仅有这些能力还不够。一个其计划纯粹是要操纵别人并希望为他自己的利益而剥削别人的人，假如他缺乏征服力的话，他同样必须占有这些技能。游说与小权术也需要同样的理智上的完善。所以，我们必须考察我们在何种程度上变得依恋于我们的伙伴们以及在以后的阶段上一般地依恋于社会安排。我们来考察一个其公共规则被公认为公正的社团的例子。在这个社团之中，那些参与着其安排的人们是如何通过友谊和相互信任的纽带而联系起来，又是如何相互依赖地发挥自己的作用的呢？我们可以设想这些情感和态度是由于参加这个社团而产生的。所以，一旦一个人的同情能力通过他获得和第一条心理学法则相应的那些依恋情感而得到实现，那么，当他的伙伴们带着显明的意图实践着他们的义务和责任时，他就会产生出对他们的友好情感，以及信任的情感。而这个原则就是第二条心理学法则。随着各个个人在一段时间中一个个地或一组组（在规模上适当限制）地进入一个社团，当其他加入时间较长的成员发挥着作用并

---

① 关于这些问题的讨论，见罗杰·布朗：《社会心理学》，第 239—244 页。

实践着与其地位相应的理想时，他们就将获得这些依恋情感。所以，如果那些置身于一个社会合作体系之中的人们带着显明的意图坚持着它的公正的（或公平的）规则，友谊和相互信任的联系就会在他们中间发展，因而坚持这些规则对于这个合作系统始终有所裨益。

一俟这些联系建立起来，一个人在没有恪尽职守时就会体验到一种（对社团的）负罪感。这种情感以各种各样的方式表现出来，例如表现在当伤害已经造成时补救对他人的伤害（补偿）的倾向上，也表现在承认所做的事的不公平（不公正）并为之道歉的愿望中。负罪感也通过承认惩罚和指责的正当性，通过在其他人也没有尽职时不那么生气和义愤而表现出来。缺乏这些倾向就说明缺乏友谊和相互信任。它表明在与他人交往中的一种无视公认的、所有的人在仲裁其分歧时都使用的种种合理期待的标准和规则的倾向。一个没有这些负罪感的人对他人身上的负担不感到不安，他也不因为丧失他人的信任——那些人们由于这种信任而上了当——而烦恼。但是，当存在着友谊和信任的关系时，这种在实践一个人的义务与责任方面的过失就会产生出这些抑制物和反作用。如果这些情感的约束不存在了，就最多只存在着一种同情和相互信任的外观。所以，正如在第一个阶段上某些自然态度会朝向父母发展一样，在这里友谊和信任的联系会在伙伴中间生长。在这两种情况下某些自然态度都构成相应的道德情感的基础：缺乏这种情感就表明缺乏这些态度。

第二条心理学法则的根据可能在许多方面与第一条的根据相似。由于一个社团的安排被公认为公正的（正义原则在其更复杂的作用中被理解并被用于规定理想的正当性），因而保证着每个人都从这个社团的活动中受益并且都了解他们在从中受益，其他人的尽职行为就被看作是对每个人都有利的。在这里，珍视自己的责任与义务的显明意图被看作是善良意志的一种形式，而这种认识反过来又产生出友谊和信任的情感。每个人的尽职行为的互惠效果在一定阶段上加强着相互联系，直到达成一种平衡。但是我们也可以设想那些加入社团较晚的成员们承认道德榜样，即承认那些在各个方面受尊敬的、在更高水准上表现着相应于他们的地位的理想的人们。这些个人表现了技艺和能力、个性和气质的德性，这些德性激发我们的想像，唤起一种我们也应当成为他们那样的人、也应当能够做同样的事的欲望。这种仿效的欲望部分地是产生于把这些个人的特性看作他们的较高地位的必要条件这样一种看法，但它也是亚里士多德主义原则的一个伴随效果。因为，我们欣赏更复杂和微妙的活动表现，而这种活动表现也会唤起我们自己来做这些事情的欲望。所以，当从属于一个公正的社团的各种角色的道德理想由那些有吸引力的和值得尊敬的人们带着显明的意图付诸实践时，这些理想就可能为其实现的那些见证者们所接受。这些观念被理解为善良意志的一种形式，体现着这些观念的行为则展示着一种人的美德，这种美德也为其他的人们所赞赏。这里也表现着与前面相同的两个心理过程：他人带着显明地肯定我们的幸福的意图而行动，并同时表现着他们行为的品质和方式，这些品质和方式吸引着我们，并唤起我们去仿效他们的欲望。

社团的道德因所涉及的社团和角色的不同而表现出多种形式，这些形式呈现着不同水准的复杂性。但如果考虑到由主要的社会制度规定的那些要求更高的公职，人们就会承认那些正义原则调节着社会基本结构并构成一些重要的理想的内容。实际上，正义原则适用于每个人都具有的公民角色。因为每个人，不仅是那些从事公共生活的人们，都会具有有关共同的善的政治观点。因此，我们可以设想存在着这样一种社团道德，通过这种道德，社会成员们彼此看作共同联合于一个合作系统——这个系统被人们看作是为了所有人的利益并且由一个共同的正义观念调节着的——中的人,看作朋友和伙伴。社团道德的内容所具有的特征是合作德性:正义和公平,忠诚与信任,正直和无偏袒。有代表性的恶是贪婪和不公平,虚伪和欺骗,成见与偏袒。在伙伴们中间,向这些恶屈服一方面会产生(社团)负罪感,另一方面会产生不满和义愤。只要我们在一个公正的(或公平的)系统中变得依恋于与我们合作的人们,这些道德态度就一定会存在。

72. 原则的道德

一个达到较复杂形式的社团道德,例如平等的公民理想所表达的道德的人,具有一种对正义原则的当然理解力。同时,他已经产生了一种对许多具体的个人和共同体的依恋情感,而且,他倾向于遵循那些在他的各种地位中都适合于他且仅由于社会的赞许与非难才得到人们坚持的道德标准。由于已经变得依恋于其他的人们并产生了实践这些道德观念的渴望,他一定会赢得人们对他的行为和目标的承认。看来,尽管他理解正义原则,然而他的和正义原则相吻合的动机至少有时主要是产生于同他人的友谊和同情的纽带,及对于更广泛的社会认可的关切。我想在这里考察一个人变得依恋于这些最高系列的原则本身的那些过程,由于这个过程,正如在上一个阶段的社团道德中他可能想成为一个好运动员一样;现在他想成为一个公正的人。在这里,行为公正的观念,以及发展公正的制度的观念,慢慢对他具有了与以前那些次要的理想的类似的吸引力。

在推断这种原则的道德可能产生的方式(在这里原则是指在原初状态所认可的那些最初的原则)时,我们应当指出社团的道德会十分自然地导致一种对正义标准的知识。无论如何,在一个组织良好的社会中,这些标准不仅规定着公开的正义观念,而且还不断地要求关心政治事务的公民们,以及执行着立法、审判和其他类似职责的人们去运用和解释它们。他们常常不得不采取其他人的观点,不仅仅是为了推定他们处在那种境况下会要求些什么和做些什么，而且是为了使相互冲突的要求达到一种合理的平衡，为了调整社团道德的那些次要的理想。为了把正义原则付诸实践，我们必须采取四阶段系列所规定的那些观点（见第 31 节）。由于境况的要求，我们采取了一种立宪会议的、一个立法机关的或别的什么机构制度的观点。慢慢地一个人就掌握了这些原则，理解了它们所维护的价值，以及它们给每个人带来利益的方式。在这种情况下人们就是在通过第三条心理学法则而接受这些原则。这条法则表明，一旦产生了和前面两条心理学法则相应的爱与信任、友好情感和相互信任这些道德态度，我们和我们所关心的那些人们都是一种牢固而持久的公正制度的受益者这样一种认识，就会在我们身上产生出一种相应的正义感。一旦我们意识到和正义原则相适应的社会安排已经提高了我们的和我们与之交往的其他人的善，我们就将产生运用和实行这些正义原则的欲望。在一定阶段上，我们就会恰当地评价公正的人类合作的理想。

　　一种正义感至少以两种方式表现出来。首先，它引导我们接受适用于我们的、我们和我们的伙伴们已经从中得益的那些公正制度。我们希望在维护这些安排方面发挥作用。当我们没有珍重我们的义务与责任时，我们倾向于感到负罪，即使我们同被我们捉弄的那些人们并没有具体的同情关系时，我们也感到负罪。也许他们是由于迄今一直没有充分的机会来表现他们恪尽职守的显明意图，因而才不是第二条心理学法则的那些情感的目标。或者，也许是目前的制度系统太大了，以致不可能广泛地建立特殊的关系。在任何情况下，公民团体在整体上都不能普遍地由个人之间的同情联系在一起，而要由承认公开的正义原则联系起来。尽管每一个公民都是另一些公民的朋友，却没有任何一个公民是所有公民的朋友。但是，他们对正义的共同的忠诚提供着一种一致的观点，他们可以根据这个观点仲裁他们的分歧。其次，正义感产生出一种为建立公正的制度（或至少是不反对），以及当正义要求时为改革现存制度而工作的愿望。我们希望按照自然义务去建立公正的安排。而这种倾向超出了迄今一直肯定着我们的善的那些具体的系统。为了更广大的共同体的善，这种倾向力图把这些系统所孕育的观念扩展到更广阔的环境中去。

当我们违背了我们的正义感时，我们就借助于正义原则来解释我们的负罪感。因此，这些情感和权威的、社团的负罪感有很大区别。在这里道德已经得到了全面的发展，我们也第一次体验到了严格意义上的负罪感；其他的道德情感的情况也同样如此。在儿童的例子中，道德理想的概念以及意图和动机的重要性得不到理解，因而也就不存在着（对原则的）负罪感的恰当背景。在社团的道德中，道德情感主要地依赖于对于具体个人或团体的友谊和信任的联系，同时，道德行为主要依赖于对伙伴们的赞许的期待。甚至在社团道德的那些要求更高的方面也仍然如此。每个个人在他们的作为对正义原则有充分理解的公民角色中，可能按照正义原则去行动，而这主要的是由于他们同具体的人们的联系以及对他们自己的社会的一种依恋。而一旦原则的道德为人们接受，道德态度就不再仅仅与具体个人及团体的幸福和赞许相联系，而且也是由独立于这些偶然性而被选择的一种正当的观念塑成的。我们的那些道德情操展示着一种对我们世界中的种种偶然环境的独立性，这种独立性的意义已经由对原初状态的描述及其康德式解释提供了说明。

但即使道德情操在这个意义上独立于偶然性，我们对于具体的个人和团体的自然依恋也仍然占有适当的地位。因为，在原则的道德中，在前一阶段道德中引起（社团）负罪感和不满以及其他道德情感的违反道德原则的行为，现在只是在一种严格的意义上产生着这些情感。在解释一个人的情感时要诉诸有关的原则。无论如何，当存在着友谊和相互信任的自然纽带时，这些道德情感比没有这种纽带时更为强烈。即使是在原则的道德阶段上，现有的情感也提高着负罪和义愤感，或所产生的任何情感。假如这种提高是正义的，那么也就可以说侵害这些自然的纽带是不正当的。因为，如果我们认为一种合理的负罪感（即，一种根据真实或合理的信念而运用正确的道德原则而产生的负罪感）意味着我们的过错，认为一种较大的负罪感意味着一种较大的过错，那么，破坏信任和背叛友谊等等就的确是尤其应该禁止的。对这些同具体个人和团体的纽带的侵害会产生更强烈的道德情感，而这就说明这些过错是更严重的。诚然，欺骗和不忠诚始终是不公正，因为它们违反了自然的义务与责任。但是它们并不总是同等的不公正。一旦情感和良好信任的关系已经形成，欺骗和不忠诚就尤其恶劣，在确定恰当的优先规则时，这种考虑是贴切中肯的。

说我们会产生一种按照正当和正义的观念去行动的欲望，这初听起来似乎很奇怪。道德原则怎么能进入我们的感情之中呢？在作为公平的正义这里提供了对这个问题的几个答案。首先，如我们曾指出的（见第 25 节），道德原则总是有一定的内容的。由于它们是有理性的人们为调节相互冲突的要求而选择的，它们规定了发展人们利益的共同方式。人们总是从保证这些目的的观点来评价各种制度的行为，因此没有意义的原则，例如不要在星期四看天空这样一个原则，就会被人们看作不必要和不合理的约束而加以拒绝。在原初状态，有理性的人们没有理由接受这种标准。但是第二，正义感又总是和人类之爱联系在一起的。我曾指出（见第 30 节），当爱的许多目标相互反对的时候，仁慈就不知所措。需要用正义的原则来加以指导。正义感和人类之爱的差别在于后者是分外的，它超出了道德要求的范围，而且没有把自然义务和职责允许排除的那些条件排除在外。然而，这两种情操的对象显然是密切相关的，它们在很大程度上是由同样的正义观念规定着的。如果其中一种似乎是自然的和可理解的，那么另一种也同样如此。第三，我们自己或第三者造成的对他人的不公正的伤害和剥夺产生着负罪和义愤的情感，在这种情况下，我们的正义感也同样受到伤害。正义原则的内容说明了这一点。最后，对正义原则的康德式解释说明，人们在按照正义原则而行动时展示着他们作为自由平等和有理性的存在物的本性（见第40节）。由于人们这样做是出于他们的善，所以正义感甚至是更直接的指向人们的幸福。它支持着那些使每一个人能表达他们的共同本性的社会安排。事实上，假如没有共同的或相互重合的正义感。公民的友谊就不可能存在。因此，行为公正的欲望并不是和合理的目标无关的对种种专断原则的一种盲目服从。

当然，我并不认为作为公平的正义是能够以一种自然的方式解释正义感的惟一学说。正如西季维克指出的，一个功利主义者决不认为自己仅仅是为着一种非人格的法则而行动着的，相反，他认为自己始终是为着某种或某些他对之有某种程度的同情的存在物的福利而行动。① 功利主义的观点，毫无疑问还有至善论的观点，都认为人们能够描述出正义情操的特性，因而正义情操从心理学上是可以被理解的。一种理论最好能提供对一种理想的公正状态、对一个能吸引人们去实现这种状态并维护它的存在的一个组织良好的社会的观念的一种描述；最好符合于我们的善并和我们的种种自然情操相一致。一个完全公正的社会应当成为一种理想的一部分，这种理想是有理性的人们一旦具有了对于它的内容的充分的知识与经验就能充分地欲望的。② 正义原则的内容、它们产生的方式以及道德发展的阶段，表明了正义感如何可以在作为公平的正义中得到解释。

因此，纯粹良心行为学说是不合理的。这种学说认为，首先，最高的道德动机是做那些仅因其自身就是正当和公正的、而无需另外的描述的事的欲望；其次，尽管其他的动机，例如去做

---

① 《伦理学方法》，第7版（伦敦，麦克米兰公司1907年版），第501页。
② 关于这一点，见 G. C. 菲尔德：《道德理论》，第2版（伦敦，梅修恩公司1932年版），第135、141页。

那些因其能提高幸福或平等权利而具有正当性的事的欲望也有道德价值，但这种道德价值低于做那些仅因其自身就是正当的事的欲望的道德价值。罗斯认为正当感是对于一种独特的（和不可分析的）对象的欲望，因为一种独特的（和不可分析的）性质构成了我们的义务行为的特点。其他的在道德上有价值的欲望，尽管是对那些和正当的东西有必然联系的事物的欲望，却不是欲望着正当本身。[①] 但是按照这种解释正义感就失去了任何显明的理由；它就像一种对于茶而不是咖啡的专门偏爱。虽然存在着这样一种偏爱，但把它作为调节社会基本结构的原则是绝对不可靠的，因为它是以同正当判断的合理根据的一种幸运的必要联系为伪装的。

但是，对一个理解并接受契约学说的人来说，正义情操与按照有理性的人们在一种最初状态——这种状态给每个人以作为一个道德的人的平等资格——中将会同意的那些原则去行动的欲望没有什么不同。同时，正义情操与按照表现着人们作为自由和平等的理性存在物的本性的那些原则去行动的要求也没有什么不同。正义原则和这些描述是相符合的，这使我们能给正义感作出一个人们可以接受的解释。借助于正义理论我们可以理解道德情操在何种程度上能成为我们生活中的调节因素，以及它能在何种程度上由于道德原则的形式条件而扮演这个角色。受这些原则的支配意味着我们希望在所有的人从公认的合理观点出发都会承认其为公平的条件下和其他人共同生活。在这个基础上进行合作的理想对于我们的情感产生了一种自然的吸引力。

最后，我们可以看出原则的道德具有两种形式，一种形式同正当和正义感相对应，另一种同人类之爱和自制相对应。我们已

---

① 关于纯粹良心行为的概念，参见 W. D. 罗斯：《正当与善》（牛津，克莱伦顿出版社1930年版）第157—160页；以及《伦理学基础》（同上，1939年版），第205页。关于这一概念使正当成为一种专断的偏爱这一点，我引用了 J. N. 芬德利：《价值与意图》（伦敦，乔治·艾伦与昂温公司1961年版）的观点，见该第213页。

经指出，后者是分外的（Supererogatory），而前者则不是。在正当和正义的正常的形式中，原则的道德包括了权威的和社团的道德。它规定着道德发展的最后阶段，在这个阶段上，所有的低一级的理想最后都被那些恰当的一般原则所理解和组织成为一个一致的体系。其他道德的那些优点在一个更大的系统中得到了解释和证明，它们各自的要求也受到更有综合性的概念规定的那些优先性的调节。分外的道德以其超越原则的道德的必要条件的两个方向而具有两个方面。一方面，人类之爱表现为以远远超出我们的自然义务和职责的种种方式来提高人们的共同善。这种道德不是普通人的道德，它特有的德性是仁慈，是对他人的情感和要求的一种强烈的敏感和一种恰当的谦卑和忘我。另一方面，自制的道德的最简单形式，表现为轻松优雅地实现正当和正义的要求。当人们在以严格的纪律和训练为条件的行为中表现这种道德所特有的勇敢、高尚和自我控制等德性时，它就真正地成了分外的。而且，他可以或者通过自由地担负某种公职和职务——如果他准备出色地履行这些职责，那么这些公职和职务本身就包含了这些德性——或通过以一种和正义相符合的方式寻求超出义务和职责的要求的更高目的来做到这一点。所以这种道德，即那些圣者和英雄的道德，并不和正当和正义的规则相矛盾；它们以个人自愿地采取和这些正义原则一致而又超越了它们所要求的范围的那些目标为其标志。[1]

73. 道德情操的特征

在以下几节中我将更为详细地讨论这三个阶段的道德的几个

---

[1] 在对分外的道德的这些方面的描述中，我吸取了 J. O. 厄姆森：《圣者与英雄》中的观点，该文载于 A. I. 梅尔登所编《道德哲学论集》（西雅图，华盛顿大学出版社 1958 年版）。自制的概念来自亚当·斯密的《道德情操论》第 6 部分第 3 节，这一部分收在 H. W. 施莱德尔所编《亚当·斯密的道德和政治哲学》（纽约，哈夫纳公司 1948 年版），第 251—277 页。

方面。一种道德情操的概念，三条心理学法则的实质，以及三条法则表现的过程，这些问题还有待进一步的讨论。在讨论第一个问题时，我应说明，我将使用"情操"这个古老的词汇来表示那些稳定有序和调节性倾向，例如正义感和人类之爱；表示对在个人生活中具有重要地位的具体个人或社团的持久依恋。所以既存在着道德的情操，也存在着自然的情操。"态度"这个词我使用得比较广泛。和情操一样，态度也是一些有序的道德或自然倾向，但这些倾向不具有那样大的调节性或持久性。最后，我还将使用"道德情感"和"道德感情"来表示我们在具体场合体验到的那些情感和感情。我希望清楚地表明道德情操、态度、情感和有关的道德原则之间的联系。

道德情操的主要特点也许最好是通过考察在描述它们的过程中产生的各种问题以及它们借以表现出来的各种情感来说明。[①]考察道德情操的相互区别以及它们同容易与之混淆的自然态度和情感相区别的种种方式是有价值的。所以，首先存在着这样一些问题。(a)什么是一个人用以表达自己怀有一种具体的道德情感的语言形式，以及这些形式中的有意义的——假如有的话——变化形式？(b)什么是一种特定的情感的特殊行为象征，以及一个人表现他的感觉的有代表性的方式？(c)什么是——假如有的话——和道德感情联系在一起的特殊的感觉和能动的情感？例

[①] 这些问题是由于对道德情感概念进行维特根斯坦在《哲学研究》（牛津，巴兹尔·布莱克韦尔公司1953年版）中所作的那种探究而提出来的。也见，例如，G. E. M. 安斯库姆：《伪装》，载于《亚里士多德学会会刊》增订第32卷（1958年）第86—89页；菲力普·富特：《道德信念》，载《亚里士多德学会会刊》第59卷（1958—1959年）；和G. 皮彻尔的《论赞许》，载于《哲学评论》第67卷（1958年）。另见B. A. O. 威廉斯：《道德与情感》，载于伦敦大学贝德福德学院1965年度《就职演讲》。对于例如C. L. 史蒂文森在《伦理学和语言》（纽黑文，耶鲁大学出版社1944年版）提出的那样的一种情感论伦理学来说，一个可能的困难就是不能把道德的情感从那些非道德的情感中确认和区分出来。关于这个问题的讨论见W. P. 阿尔斯顿：《道德态度与道德判断》，载于《精神》杂志第2卷（1968年）。

如，当一个人生气时，他可能感到热；他可能发抖或感到胸闷。他可能语调颤巍；也许还不由自主地使用某些手势。即使一种道德情感中存在着这些特有感觉和行为表现的话，它们也并不是构成负罪感、羞耻和义愤或别的道德情感的东西。并不是每个人在感到负罪、羞耻和义愤的具体场合中都必然和只能产生这样的特有感觉和表现。这并不是否认，当一个人将为负罪、羞耻或义愤的情感压倒时，某种特有感觉和紊乱的行为可能是必然的。但是要怀有这些情感，一个人常常只要诚恳地说他感到负罪、羞耻或义愤并且他准备恰当地说明为什么他会产生这些情感（假定他认为这种解释是正确的），也就足够了。

这最后一点解释，引出了在确定道德情感同其他情感的区别以及道德情感的相互区别方面的主要问题，即：(d) 什么是怀有一种道德情感所需要的确切解释方式？对于不同的情感所作的解释之间存在何种区别？因此，当我们问某人他为什么感到负罪时，何种回答才是我们所期待的？显而易见，并不是任何回答都能令我们满意。仅仅用可能受到的惩罚来解释是不够的，它可以解释恐惧或忧虑，但不能解释负罪感。与此相似，用自己过去行为造成的对于自己的损害和不幸，可以解释悔恨的情感而不能解释负罪感，更不能解释自责的情感。诚然，由于一些明显的理由，恐惧和忧虑常常伴随着负罪感，但不能把它们和这种道德情感混淆起来。所以，我们不应该假定负罪的体验在某种程度上是一种恐惧、忧虑的悔恨的混合物。忧虑和恐惧根本不是道德情感，悔恨和我们关于自己的善的某种观点联系在一起，是由于未能以合理的方式发展我们的利益而产生出来的。甚至像神经病患者的负罪感这样的现象以及其他非正常情况，也由于对这些偏离正常的情况的特殊的解释而被看作是负罪感而不是被简单地看作不合理的恐惧和忧虑。人们总是假定在这样一些例子中，一种较深入的心理学研究将不能说明（或已经不能说明）它们与其他

483

正常的负罪感的相似性。

一般地说，一个人对他自己的经验的解释总是借助着一种道德概念以及与之相联系的道德原则，这是道德情感的一种必然特征，也是道德情感区别于自然态度的部分特征。他对他的情感的描述总是借助于一种公认的正当或不公正概念。当我们怀疑这点时，我们就会举出各种形式的负罪感作为反面的例子。这很容易理解，因为最早的负罪感形式是权威的负罪感，而且我们在成长过程中不可能不带有一些可称为残余负罪感的情感。例如，某个在一个严格的宗教教派中长大的人会觉得去看戏是不正当的。一旦他不再相信这一点时，他会告诉我们他在看戏时仍然觉得负罪。但是，这些并不是真正的负罪感，因为他不打算对任何人表示歉意，或决定不去看另一出戏，等等。事实上，他应当说他怀有某些不安的感觉和情感，等等，它们和他感到负罪时怀有的那些感觉和情感极为相像。所以，假如契约论是合理的，那么，对某些道德情感就需要借助于人们在原初状态中将乐于选择的一些正当原则来解释，而另一些道德情感则应当和善概念联系起来。例如，一个人因为知道他拿了超出自己的（由某种公正系统所规定的）份额的东西，或不公正地对待了他人而感到负罪。或者，一个人因为他曾表现怯懦并不敢说出而感得羞耻。他没有能实行一种他已获得的道德价值观念（见第68节）。把道德情感相互区别开来的是对它们的解释所典型地援引的那些原则和过错。就大多数情况而言，不同的道德情感的特有感觉和行为表现是相同的，作为心理上的纷扰，它们都具有这种纷扰的共同特征。

指出下述这一点是有价值的，即，假如每一种行为都能——情况常常如此——得到恰当的解释，那么同一个行为可以立即引出若干种道德情感（见第67节）。举例来说，一个欺骗别人的人会感到既负罪又羞耻：他感到负罪是因为他已经损害了一种信任关系，已经不公正地发展了自己的利益；他感到羞耻是因为他使用了这样的手段，以致在自己的眼中（及他人的眼中）成为懦弱的和不值得信任的人，成为求助于不公正的和阴谋的手段来实现自己目的的人。这些解释诉诸不同的原则和价值，因而区别着相应的情感；但这两种解释常常都适用。我们可以加以补充的是：一个人怀有一种道德情感的必要条件是他的每一点解释都要真实，其充分条件是他承认这些解释。因此，某人可能会错误地认为他超出了自己的份额。他可能没有负罪感。然而，由于他的解释是正当的，尽管存在着误解，他表达的信念仍然是真诚的。

其次，还有一些涉及道德态度对于行为的关系的问题。首先，(e) 什么是一个体验着一种特定的情感的人的特有意图、努力和倾向（爱好）？何种事情是他想去作的或者认为自己不能做的？一个愤怒的男人特有的行为是努力地回击，或去阻止使他愤怒的那个人实现他的目的。当被一种负罪感纠缠的时候，一个人总是希望以后要行为公正，要相应地努力控制自己的行为。他倾向于承认他的过错并要求从头做起，倾向于承认和接受责备和惩罚。同时，当他看到其他人行为不公正时，他感到自己不能谴责他们。具体的境况将决定哪一组倾向会表现出来；我们可以假定，会表现出来的那一组倾向也随着个人的道德而变化。例如，显而易见，负罪感的典型表现及其恰当解释将随着社团的道德的理想与角色变得更为复杂和要求更高而大相径庭，而这些情感又同和原则的道德相联系的那些情感有所不同。在作为公平的正义那里，这些区别从一开始就由相应的道德观点的内容而得到了说明。规则、理想和原则的结构表明究竟需要哪些解释。

其二，我们可以问：(f) 什么才是一个怀有一种具体情感的人期待于他人的情感和反应？他以何种方式期待着他人对他作出反应——这已经得到了说明——并且，按照他对于他人对他的行为的解释，以个性形式作出此种反应？所以，一个感到负罪的人，一个认识到他的行为是对于他人的合理要求的一种侵犯的人,期待着他们对其行为的不满,期待着他们以各种方式惩罚他。同时,他认为第三者会对他感到义愤。因此,一个感到负罪的人,总在担心他人的不满和义愤,总在经受着由此产生的不安。作为对比,一个感到羞耻的人则期待着嘲笑和轻蔑。他已经表现得缺乏美德,屈服于懦弱,并表明自己在和他有同样的理想的伙伴中失去了价值。他担心他会遭到冷遇和拒绝,会成为嘲笑和奚落的目标。正如负罪和羞耻情感的解释诉诸不同的原则一样,它们引导我们期待着他人的不同的态度。一般地说,负罪感、不满和义愤诉诸于正当概念,而羞耻、轻蔑和嘲笑诉诸于善的概念。显然,这些特点对义务和责任感(如果存在这种道德情感的话)以及正当的骄傲和自我价值感也都适用。

最后,我们可以问:(g)什么是对于产生出道德情感的那些行为的特有诱惑物以及这种情感通过何种方式才能解除?在这里,不同道德情感之间也存在着明显的区别。负罪和羞耻情感有不同的背景和不同的克服方式,这些区别反映着和这两种情感相联系并规定着它们的那些道德原则及其心理基础。所以,举例来说,负罪感可以通过补偿和产生着和解的宽恕而解脱;而羞耻则通过缺点已经得到补救的证据,通过对于自己的美德的新的自信来消除。显然,例如,不满和义愤也有它们的特有的解除方式,因为前者是针对我们自身的不公正行为引起的,后者是针对他人的不公正行为引起的。

负罪和羞耻情感之间的对比竟如此明显,以致指出它们和道德的不同方面之间的区别的吻合是颇有裨益的。我们已经看到,德性方面的任何一种缺陷都可能产生羞耻;它足以令一个人珍视表现着自己优点的行为形式(见第 67 节)。与此相似,每当某人以某种形式伤害他人或侵犯其权利时,此种不公正总是引起他的负罪感。所以,负罪和羞耻反映着同他人,同一个人的人格——这种人格必然在其所有道德行为中表现出来——的关系。不过,某些德性,因而那些强调这些德性的道德,代表的是某一种情感观点而不是其他情感的观点,因而也就更密切地同这种情感联系着。所以,具体地说,分外的道德为羞耻提供着舞台;因为它们代表着那种更高形式的美德,代表着人类之爱和自制,在选择这些道德时,人们由于他们的实际本性而冒着失败的风险。可是,强调一种情感的观点,使之超过完整的道德观念中的其他情感的观点,这将是一个错误。因为,正当和正义理论是建立在互惠的概念之上的,这一概念使自我的观点和作为平等的道德的人的他人的观点和谐一致。这种互惠产生了这样的结果,即,这两种观点都是道德思考和道德情感的通常大致对等的特征。对他人的关心和对自己的关心都不具有优先性,因为所有的人都是平等的,同时正义原则保证着人们之间的平衡。当这种平衡偏于一端时,例如在分外的道德那里,这种情况也是出于自我的选择,自我自由地占据着较大的部分。所以,尽管我们可以历史地把关于自我的和他人的观点看作某种道德,或一个充分自足的观念具有的特征,一个完整的道德学说却包括着这两方面。完全是由于它们自身的性质,一种羞耻的或负罪的道德才不过是一种道德观点的一部分。

在这些陈述中我强调了两个主要之点。首先,道德态度不应根据特有感觉和行为表现——即使它们是存在着的——来确认。道德情感需要作某种解释。因而第二,道德态度和对特定的道德德性的承认联系在一起,而规定着这些德性的原则被用来说明与之相应的情感。解释着不同感情的那些判断通过对它们加以解释时援引的种种标准而相互区分开来。负罪和羞耻,自责和悔恨,义愤和不满,每一个都诉诸于属于道德的不同部分的那些原则,或从相反的观点援引它们。一种道德理论必须解释这些区别,并确定它们的地位,尽管可能每一种理论都将以它自己的方式这样做。

74. 道德态度与自然态度之间的联系

道德态度还有一个更深一层的方面，即它们与自然态度的联系，我在概述正义感的发展时曾经指出过这个方面。① 因而在考察一种道德情感时，我们应当问：什么是（如果有的话）与之相联系的自然态度？这里有两个互为其反的问题。第一个问题是问：当一个人不具有某种道德情感时，那种被表明是不存在的自然态度是什么？第二个问题是问：当一个人体验到一种道德情感时，与之相联系的自然态度是什么？在简要叙述三个阶段的道德时我仅仅涉及了第一个问题，因为它的反面提出了其他一些更为困难的问题。我已经指出，在权威环境的特定联系之中，儿童的对那些有权威的人们的爱和信任这些自然态度，会使他在违反了他们对于他的命令时产生（权威）负罪感。这些道德情感的缺乏也就表明了这种自然联系的缺乏。与此相似，在社团的道德中，友谊和相互信任这些自然态度也会由于没有履行社团所公认的义务与职责而引起负罪感。这些情感的缺乏也就表明了这些依恋关系的缺乏。这些前提决不可以颠倒过来使用，因为，尽管义愤和负罪感常常能被看作此类感情的证据，但其解释可能不同。一般地说，道德原则是由于不同的原因而被确定的，人们接受一种道德原则，就足以获得相应的道德情感。诚然，按照契约论观点，正当和正义原则具有一定的内容，而且，像我们刚刚指出的，正当和正义原则这里包含着一种意义，在这种意义上，和这些原则相符合的行为能够被解释为从对人类或他人的善的关心而作出的行为。至于这个事实是不是说明了一个人的行为是出自某种自然态度——尤其是当这些态度和对具体个人的依恋联系在一起的时

---

① 在整个这一节，以及更广泛地说在道德感情问题上，我深深地得益于大卫·萨克斯。

候——而不是简单地出自同情和仁慈的一般形式,我不准备在这里进行讨论,当然,前面关于道德发展的描述假定了对具体个人的感情在获得一种道德方面起着一种根本的作用。但后期的道德动机在何种程度上还需要这些态度还有待研究,尽管我认为,假如这些依恋不在某种程度上是必要的,那将令人不胜惊奇。

现在可以把自然态度和道德情操的联系表述如下:这些情操和态度都是人的特有倾向的有序系列,这些系列是如此地相互重合,以致某些道德情感的缺乏成了缺乏某种自然联系的证据。换言之,一俟道德获得了必要的发展,某些自然依恋关系的存在就导致了某些道德情感倾向。我们举例来说明这种联系。如果 A 关心 B,那么,如果不作特殊的解释,当 B 处于危险之中时,A 就为 B 担心并试图帮助 B。同时,如果 C 准备不公正地对待 B,A 就对 C 感到义愤并试图阻止他的计划成功。在这两种情况下,A 都倾向于保护 B 的利益。而且,只要没有特殊的情况,A 当和 B 在一起时就感到快乐,一旦 B 遭受伤害或死去,A 就悲恸而不能自拔。假如对 B 的伤害责任在于 A,A 就感到自责。爱是一种情操,是当环境诱发时去体验或表现这些基本情感和以正当方式去行动的一系列有等级的倾向。[①] 要确定自然态度和道德情操间的联系,人们只要指出,当 A 伤害了 B 时的自责,或当他侵犯了 B 的合理要求时的负罪倾向,或当 C 想否认 B 的权利时 A 的义愤倾向,在心理上都是紧密地联系着同 B 悲欢与共的爱的自然倾向的。道德情操在某些方面更为复杂。在其完全形态上,道德情操以对一定原则的理解和接受以及按照这些原则去判断的能力为前提。但假定是这样,道德情感倾向,也像快乐的倾向,或悲痛的倾向一样,是自然情操的一部分。爱有时表现为悲痛,有

---

① 关于这一点,见 A. F. 香德:《个性的基础》,第 2 版(伦敦,麦克米兰公司 1920 年版),第 55 页。

时表现为义愤。两者过常不可分离。合理的道德原则的内容就是这样的一些自然情操，因之才使得这些联系能为人们理解。

　　道德情操学说的一个主要结论，是道德情感是人生的一个正常的特征。假如不同时消灭某种自然态度，我们就不可能抛开这些道德情感。在那些除非是出于自我利益和权宜之计的原因、否则就从不履行其正义义务的人们中间，不会有友谊和相互信任的联系。因为只要存在着这些依恋关系，为了行动得公正人们就会承认其他的根据。这是显而易见的。但是由此也引出了这样的看法，只要不自我欺骗，利己主义者就不可能感受到不满和义愤。假如两个利己主义者都欺骗对方并且这一点被发现了，那么他们谁也没有理由抱怨。他们中间任何一个都不接受正义的原则或任何其他的从原初状态的观点来看是合理的观念，他们也不会出于对违反其义务的负罪感而遵守任何禁令。我们看到，不满和义愤是道德情感，因而它们以一种诉诸人们承认的正当和正义原则的解释为前提。但是，根据假定不能作出恰当的解释。说自私自利者不能感受到不满和义愤当然不等于说他们不能相互气忿和烦恼。一个没有正义感的人可能被另一个行为不公正的人激怒。但是气忿和烦恼与义愤和不满不同。它们不像后者一样地是道德情感。也不应否认，利己主义者可以希望他人承认友谊关系并友好地相互对待。但不能把这些希望同引导一个人为他的朋友作出牺牲的情感关系混为一谈。要把不满和气忿，以及表面的和真正的友谊区别开无疑存在着困难。当然，如果只看一个极有限的片断的行为，那么各种外部表现和行为可能看上去都是相同的，但是从长期观点来看，却是可以确定出这些区别的。

　　所以，人们可以说，一个缺乏正义感的人，一个除非出于自私利益和权宜之计的考虑否则就从不履行正义要求的人，不仅没有友谊、情感和相互信任的联系，而且也不能够体验到不满和义愤。他缺乏某种自然态度和一种极其基本的道德情感。换言之，一个缺乏正义感的人也缺乏包含在人性这一概念之下的某些基本的态度和功能。因而，在不合意的这个词的某种扩展了的意义上，道德情感是不合意的；但是我们不可能避开道德倾向而不损害我们自己。这种倾向是对爱和信任，对友谊和感情，以及对我们已经从中受益的、为人类的一般利益服务的制度和传统的一种献身的珍视。而且，只要人们还有自己的利益和愿望，只要他们准备在追求自己的目的和理想的过程中把自己的要求强加于他人——即，只要在他们中间存在着使正义成为问题的种种条件——那么。假如存在着诱惑物和激情，这种道德的倾向就将不可避免地表现出来。由于被美德的目标和理想所驱动意味着一种羞辱和羞耻的倾向，由于缺乏一种对羞辱和羞耻的倾向就意味着缺乏这些目标和理想，人们就可以说，羞辱和羞耻是人性概念的一部分。一个缺乏一种正义感因而缺乏一种负罪倾向的人也就缺乏某些基本的态度和能力这样一个事实，不应当被看作听从正义命令的一个理由。然而这一事实仍有下述的意义：通过理解假如缺乏一种正义感——这也就是缺乏我们的一部分人性——会成为什么样子，我们被引导到承认我们是拥有这种正义感的。

由此可见，道德情操是人生的一个正常的组成部分。不同时去掉那些自然态度，人们也就不可能去掉这些道德情操。我们已经看到（见第30、72节），人类之爱和维护共同的善的欲望把规定它们的目标所必不可少的正当和正义原则包含于其中，在这个意义上，道德情感是和这些自然态度一致的。但是，这不等于否认我们现有的道德情感可能在许多方面是不合理的和有伤于我们的善的。弗洛伊德的下述观点是正确的：这些态度常常是惩罚性的和盲目的，并且伴随着最初获得这些态度的权威环境的许多粗暴方面。不满和义愤、负罪感和自责、责任感和他人的指责，常常采取着不正当的和破坏性的形式，并不合理地减弱人们的自发行为和享受。当我说道德态度是我们人性的一部分时，我是指在其解释中诉诸合理的正当和正义原则的那些态度。那些基础的伦理观念的恰当性是一个必要条件，因而，我们的道德情操对于我们的本性的恰当性取决于人们在原初状态中乐于同意的那些原则。① 这些原则调节着道德教育和道德赞誉与非难的表达，正如它们支配着制度的设计一样。然而即使正义感是人的自然态度在一个组织良好的社会的范围内的正常结果，我们现有的道德情感仍然可能是不合理的和任性的。但是，一个组织良好的社会的一个优点在于，由于专断的权威已不复存在，它的成员们便极少受到强制性的良心的重压。

75. 道德心理学的原则

现在我们必须立即根据对道德发展的概述来考察作为公平的正义的相对稳定性。但是在这样做之前，我愿对三个心理学法则作一些评述。为此，先对它们作出陈述是有益的。如其他条件相同，且假定这些法则都表现着人们的倾向并且都发挥着作用，那么，可以把它们表述如下。

第一法则：假如家庭教育是正当的，假如父母爱那个孩子，并且明显地表现出他们关心他的善；那么，那个孩子一旦认识到他们对于他的显明的爱，他就会逐渐地爱他们。

第二法则：假如一个人由于获得了与第一法则相符合的依恋关系而实现了他的同情能力，假如一种社会安排是公正的并且被人们了解为公正的，那么，当他人带着显明的意图履行他们的义务和职责并实践他们的职位

---

① 密尔在《论自由》中注意到，尽管为了他人而按照生硬的正义规则去行为发展着我们的社会本性，因而和我们的幸福相一致；但是以并非为着他们的善而仅仅为着他们的不幸的种种方式从事活动，假如我们默认的话，会使我们的本性变得迟钝。见该书第3章第10部分。

的理想时，这个人就会发展同社团中的他人的友好情感和信任的联系。

第三法则：假如一个人由于形成了与第一、第二条法则相符合的依恋关系而实现了他的同情能力，假如一个社会制度是公正的并且被人们了解为公正的，那么，当这个人认识到他和他所关心的那些人都是这些社会安排的受惠者时，他就会获得相应的正义感。

也许这些法则（或倾向）中最明显的特点是它们的表述都诉诸一种公正的制度背景，并且在后两个法则中这种背景还是公认的。正义观念在道德心理学原则中占有一定地位，如果使用不同的正义观念，道德心理原则就会得到不同的表述。所以，总需要借助某些正义观点来对相应的道德情感作出解释。甚至当这些原则仅仅被当作心理学理论的一部分来理解时，这些关于心理过程的假设也和道德概念联系在一起。这一点是不言而喻的，而且，假定道德观念能被清楚地表达出来，那么就不难看出那里在多大程度存在着这种心理学上的法则。前面关于道德发展的概述表明这些问题能在何种程度上得到说明。正义感归根结底是一种接受并希望遵循道德观点、至少是为正义原则规定的道德观点的确定倾向。因此，毫不奇怪，这些原则是和这种起调节作用的情操的形成联系在一起的。事实上，我们的道德学习的领悟力也许超不出对我们需要学习的道德观念的理解。与此相似，我们的语言学习的理解能力也受到我们关于语法和语言结构的知识的限制。正如心理语言学依赖于语言学一样，道德学习理论依赖于对道德的本质及其各种形式的描述。我们关于这种本质和形式的常识观念不足以实现理论的目标。

毫无疑问，一些人宁愿在社会理论中避免使用道德概念。例如，他们可能希望用从事公共事务的人们的频繁交往或一些人带头创立或强制推行的规则等种种法则来解释人们的情感联系的形成。因而一个法则可能表明，在平等交往着的人们中间，由于平等受到为人们公认的规则的规定，人们相互交往愈频繁，友好情感就愈可能在他们中间发展。另一个法则可能断言，一个处于权威地位的人愈是运用他的力量使人们服从于他，他们也就愈尊敬他。[1] 但是，由于这些法则（或倾向）没有提及所涉及的社会安排的正义（或公平），它们必定在范围上是非常有限的。那些服从于一个运用权威者的人们对于他的看法，必然由于整个安排是否公正、是否设计得能发展他们所视为合理利益的东西而有极大区别。平等的人们间的合作也同样如此。制度是由共同的规则体系规定的人们行为的方式，人们占据着由公共规则体系规定着的那些公职和职位，这本身在正常情况下就表现出一定的意图和目标。社会安排的正义或非正义和人们关于这些问题的信念深刻地影响着社会情感，它们在相当大的程度上决定着我们怎样看待另一个人的接受或拒绝一种制度的观点，决定着我们怎样看待他的试图改革或捍卫该制度的努力。

有人可能反驳说，许多社会理论不使用任何道德概念也非常好，最明显的例子是经济学。然而，经济学的情况比较特殊，在经济学中一个人常常能够设想出规则和约束的一个固定的结构，这个结构规定着个人的和商行的可能的活动，而且某种简化的动机假定极其似真。价值理论，至少是它的较基础的部分，就是一个例子。人们并不考虑为什么买者与卖者会按照支配着经济活动的法则的那些规则去做，人们也不会考虑偏爱是怎样形成的，合理规范是如何建立的。在大多数情况下，这些事情被人们看作是自然而然的，在某种程度上对于这些事不会有反对意见。另一方

---

[1] 关于所提及的这些法则（或倾向）的例子，见 G. C. 霍曼斯：《人群》（纽约，哈考特公司 1950 年版），第 243、247、249、251 页。稍后些出版的《社会行为：它的基本形式》（同上，1961 年版）中更清楚地讨论了正义的概念。见该书第 295 页，在那里运用了该书第 232—264 页上提出的理论。

面,对那种所谓经济的民主理论,即把价值理论的概念和方法扩展到政治过程的观点,考虑到它的全部优点,我们必须谨慎评价。[①] 因为,一个宪法制度的理论不可能把那些规则看作是自然而然的,也不能简单地设想这些规则都会被人们遵守。显然,政治过程的最重要之点在于它是一个颁布和修订规则、试图控制立法的和政府执行的机构的过程。即使一切都符合宪法程序,我们也需要说明为什么要这样做。在这里没有什么是与市场竞争中的那些约束类似的,也没有常识意义上的国会和首席执行官对种种违法行为的法律制裁,没有它们所代表的政治力量。因而,主要的政治演员们部分地受着他们认为是在道德上可以允许的那些东西的指引;由于任何宪法审查和仲裁系统都不能提供一只可靠的不可见之手以指导这个过程到达一个公正的结果,所以一种共同的正义感就在某种程度上是必要的。于是,事情就仿佛是,一个公正的宪法制度中的正确的政治理论以一种正义理论为前提,这种理论解释着道德情操在何种程度上影响公共事务的行为。我在前面谈到非暴力反抗的作用时曾涉及这个问题,在这里只要补充说明对于契约学说的一个检验,就是看它在何种程度上能满足这一目的就足够了。

关于心理学法则的第二点是,它们支配着属于我们的最终目的的感情联系中的那些变化。为说明这一点,我们可以观察下述事实,即,解释一项有意图的行为也就是说明在假定我们具有特定的信念和可能的选择办法的条件下,它在何种程度上和我们的生活计划或与环境相联系的部分计划相符合。要做到这一点常常需要做一系列的解释,说明前一件事在为第二件事而做的,第二

[①] 关于这种民主理论,请参见第187页注①,第349页注①。当然,那些提出这种理论的人们也很清楚这种局限性。例如,见安东尼·唐斯:《公共利益:它的民主意义》,载于《社会研究》第29卷(1962年)。

件事是为第三件事而做的，等等。这一系列的解释是有限的，并且指向一项先前的行为所欲达到的目标。在说明我们各种行为时，我们可以援引不同的原因之链，这些链条在正常情况下由于现有生活计划的复杂性以及它的目的众多而停止在不同的点上。而且，一个原因之链还会有几个分支，因为一项行为可以是为实现一个以上的目的而作出的。如何把那些推动着较多目的的行为列入一个计划表并使这些行为相互平衡的问题，是由计划本身以及作为计划的基础的那些原则解决的。

在我们的最终目的之中，有我们对他人的依恋，我们对他们的利益的实现的关切以及正义感。心理学的三条法则描述了我们的欲望系统如何随着我们获得感情联系而获得这些新的最终目的。这些变化应当同我们形成一些作为补充知识和进一步机会的结果的派生欲望这种情况区别开来，或者说，应当同以一种更详细的方式确定我们现有的需要的情况区别开来。例如，一个想到某地旅行的人得知某一条路线是最好的。在接受这条建议时，他就有了一个要按一个特殊的方向来进行这次旅行的欲望。这种派生的欲望可以得到合理的解释。它们是去做根据眼前的证据将是最有效地实现我们目前的目标的那些事情的欲望。它们随着知识和信念以及可能的机会而转换着。三条心理学法则不是提供着这个意义上的对欲望的合理解释，毋宁说它们描述着我们最终目的类型的转变。当我们认识到制度和其他人们的行为影响着我们的善时，这种转变就发生了。当然，一项目标是最终的还是派生并不总的容易确定的。这种区别是个人的合理生活计划基础上的区别，而这个计划的结构一般地是不明显的，甚至对他自己也是如此。然而，对我们眼下的目的来说，这种区别是足够明确的。

第三点考察，是三条法则不仅仅是联合的或增强的原则。尽管它们和那些学习原则有一定相似之处，但是，它们断言爱和友谊甚至正义感这些积极情操产生于他人为我们的善而努力的明显意图。因为我们认识到他们希望我们好，我们也就关心他们的幸福。所以，我们是按照对制度和他人影响我们的善的程度的了解而获得对他人和制度的依恋关系的。基本的观念是一种互惠的观念，一种以德报德的倾向。这种倾向是一个深刻的心理学事实。假如没有这种倾向，我们的本性就会变得非常不同，而富有成果的社会合作也会变得十分脆弱，假如不是变得不可能的话。因为，一个有理性的人当然不会对影响他的善的事物漠不关心，假定他对它（他）们有了某种态度，他也就获得了一种新的依恋或新的厌恶。假如我们以怨报德，讨厌那些公正地对待我们的人，或厌恶那些推动我们的善的活动，一个社会很快就会不堪收拾。具有以德报德心态的个人就根本不能存在，或者在其发展过程中很快消失。通过以德报德而形成的一种正义感能力，似乎是人的交往的一个条件。那些最稳定的正义观念，可能就是建立在这些以德报德倾向之上的，由于这些正义观念具有最稳定的性质，那些相应的正义感也就是最稳固的（见第76节）。

最后，再从总体上对关于道德发展的这番描述作些评论。依赖于道德心理的三条法则来作此种描述当然是一种简化的作法。为了勾画出我们的情感和感情，更全面地描述应当区分不同种类的学习，因而区分工具性调节（增强）和古典调节。对榜样与仿效的考察，以及对概念和原则的学习的考察，也都是必要的。[①]没有理由否认这些学习形式的意义，虽然这种三阶段描述也许足以满足我们的目的。就其强调作为最终目标的依恋关系的形成而言，对道德学习的这种扼要描述与强调获得新动机的重要性的经验论传统相似。

---

① 见罗杰·布朗：《社会心理学》，第411页。

这种描述也与我称为理性主义观点的理论有联系。首先，道德感的获得发生在和知识及理解力的发展相联系的那些阶段上。要获得正义情感，一个人就必须发展一种对社会的，对什么是公正的和不公正的事情的观念。人们总是从自我和自我的境况的观点来解释一种社会制度，总是在这种制度的背景下认识到他人的明显意图。然而，我并没有认为，发展的阶段是固有的，或由心理机制决定的。对各种固有倾向是否影响这些阶段的问题我没有进行讨论。宁可说，一个正当或正义理论是用来描述人们所期待的发展过程的面貌的。一个组织良好的社会的安排方式，支配着整个社会系统的原则、理想和准则的完整体系，提供了区别道德的三个阶段的途径。在一个由契约学说调节的社会中，道德学习也许会按照这个序列发展。这些阶段由需要学习的东西的结构决定，并随着必要能力的实现而从简单到复杂地发展着。

其次，通过把对道德学习的描述明确地置于一种具体的伦理理论之上，这种发展次序是在何种意义上描述着一种渐进的发展，而不简单地是描述着一种规则的次序便一目了然了。正如人们逐渐地制定着和他们更深刻的利益相适合的合理生活计划一样，他们也逐渐地认识着从他们在一种平等的最初状态中乐于接受的那些原则中派生出来的种种道德准则和理想。伦理规范不再仅仅是一些约束，而且联合成为一个一致的观念。这些标准和人的愿望之间的联系在这里为人们所理解了，人们懂得了他们的正义感是他们的自然依恋的扩展，是实现共同的善的途径。众多的原因之链连同它们的停止点也就不简单地是相互区别的，而且被看作一种系统观点的要素。不过，所有这些评论都以一种具体的正义理论为前提。采取一种不同的正义理论的人们将喜欢对这些问题作另一种描述。但无论如何，在解释道德发展时必然要运用某种正义观念，即使这个观念仅仅是一个心理学的观念并且被人们认为在哲学意义上是不正确的。

76．相对稳定性的问题

我现在从稳定性方面把作为公平的正义和其他观念作一个比较。回忆一下稳定性问题是由于一个公正的合作系统可能不平衡，可能较不稳定而产生出来的也许不无裨益。诚然，从原初状态的观点看，正义的那些原则在整体上是合理的；假如大家都照这些原则去做，每个人就都可以期待改善其境况，至少是比没有任何协议时的境况有所改善。一般利己主义代表着无协议点的观点。然而，任何一个人都会觉得第一人称利己主义和自由骑手利己主义比较好。当然在原初状态的条件下，这两者中哪一个都不是郑重的选择对象（见第 23 节）。然而在日常生活中，一个人只要愿意，就常常可以利用他人的合作努力为自己获得更大的利益。充足的条件就是许多人们正在做着他们分内的事情，由于这个条件，一旦特殊的境况许可某人不去贡献（也许他的退出不会被发觉），他就会从自己和他人那里得到最好的东西。无论如何，在这些场合中，人们似乎已经承认了自由骑手利己主义。

因此，公正的安排可能不是处于平衡状态之中的，因为行为公正并不总是每一个人对他的伙伴的公正行为的最好报答。要确保稳定性，人们就必须具备一种正义感，或一种对会由于其缺陷而受损害的人们的关心，最好兼有这两者。当这些情操强大得足以制服违反规则的诱惑时，公正的系统就是稳定的。履行自己的义务和职责于是被每个人看作对他人行为的正确回答。他的由其正义感调节的合理生活计划将导致这种结论。

我曾指出，霍布士把稳定性问题和政治责任问题联系起来。人们可以这样看待霍布士的观点：强制权力是加在合作体系上的一种结构，这个合作体系失去这种结构就会不稳定。对强制权力效验的一般信仰消除着两种不稳定性（见第 42 节）。现在，友谊和相互信任关系，以及对于一种共同的通常有效的正义感的社会公认如何达到了同样的结果已经一目了然了。因为，假如人们具备了这些自然态度和去做公正的事的愿望，就没有人希望以不公正的损害别人的方式发展自己的利益，这就消除了第一种不稳定性。而且，由于每个人都认识到这些倾向和情操是通行的和有效的，任何人就没有理由认为他必须违反规则来保护自己的合法利益，于是第二种不稳定性也被消除了。当然，某些违犯还可能发生，但是当它们发生时，从友谊和相互信任中产生的负罪感和正义感就会重新恢复公正的安排。

而且，一个由一种公认的正义感调节的社会是内在地稳定的：如其他条件相同，促进稳定性的那些力量将（朝向某种极限地）日益增强。这种内在的稳定性是三条心理学法则之间的互补关系的一个结果。假如一条法则能更有效地发挥作用，那么，它也就加强着其他两条法则的作用。例如，当第二条法则导致更巩固的依恋关系时，由第三条法则所导致的正义感也就由于对公正制度的受益者的更大关心而增强。另一方面，一种更有效的正义感导致一种更可靠的恪尽职守的意图，而对这一事实的认识唤起了人们更强烈的友谊和信任情感。同时，由第一条法则的更有利的条件促成的对个人自我价值的更可靠的保证和更生动的同情能力，也相应地推动着其他两条法则所引起的那些效果的提高。反过来说，获得了一种起调节作用的正义感并对自尊充满信心的人们，更可能带着显明的意图关心他们的孩子。因此，这三条心理学法则共同支持着一个组织良好的社会制度。

所以，作为公平的正义是一个相当稳定的道德观念，似乎是没有疑问的。但是，一种在原初状态中的抉择有赖于一种比较：如其他条件相同，所选择的正义观念则是最稳定的。我们最好能从这个方面把契约观点同所有其他的观点作一个比较，但是像往常一样，我将仅仅考察功利原则的观点。为了进行这种比较，回忆一下影响心理学法则发挥作用的三个因素是有益的。这三个因素是：对我们的善的无条件的关心；对道德准则和理想的根据的明确意识（辅之以解释与指导，以及提供准确可信的证明的可能性）；以及下述这种认识，即：那些实践着这些准则和理想并且在社会安排中尽职的人们，既承认这些规范又在他们的生活和个性中表现着引起我们的崇敬和尊重的人类的善（见第 70 节）。这三个因素实现得愈充分，所获得的正义感就愈强烈。第一个因素激发着我们的自我价值感，这种价值感加强着我们的以德报德的倾向；第二个因素描述着道德观念，使其易于理解；第三个因素则把坚持这个观念的行为表现为诱人的。因而，最稳定的正义观念，可能就是一种对我们理性来说是明晰的、和我们的善一致的并且植根于一种自我肯定而不是克制的正义观念。

有几点可以说明和作为公平的正义相应的正义感比由其他观念孕育的类似情操更有力。首先，按照契约观点，他人和制度的对我们的善的无条件的关心更强烈。正义原则中所包含的约束性条件保障着每个人的平等自由，并保证我们的要求不会为了一个较大的善乃至为了整个社会而被忽视或践踏。我们只需记住各种优先的规则，记住对差别原则的意义的康德式解释（人不应当被当作手段），以及这种意义同博爱观念的关系（见第 29、17 节）就足够了。作为公平的正义的这些效果倾向于提高互惠原则的作用。我们曾指出，对我们的善的关心越是无条件的，他人越是明确地拒绝利用我们的事故和事件，我们的自尊就越得到加强，而这个更大的善又导致同他人与制度的以德报德的更密切的交往。这些效果比功利原则的那些效果更加强烈，因此作为其结果的依恋关系也应当更有力。

通过考察那种和功利原则相配合的组织良好的社会，我们可以进一步证实这种看法。在这种社会中，三条心理学法则不得不有所变化。例如，第二条法则在这里意味着，人们倾向于产生一种友好的情感，以保护在被公认为最大限度地提高着幸福总量或平均幸福（无论何种变形词）的合作系统中，带着明显的意图恪尽职守的人们。在这些系统被公认为提高着幸福总量或平均幸福这两种情况下，作为结果的心理学法则都不像在契约论的例子中那样似真。因为，假定人们接受某些制度是由于这样一种公认的理解，即，一些人的较大利益抵偿着另一些人的较小损失，那么为什么比较幸运的人们接受功利原则（两种形式的任何一种）这件事应当激起受益较少者们对他们怀有友好情感呢？尤其是当那些处于较好境况中的人坚持说幸福的较大总量（或平均水准）取决于他们的满足程度，并出于这种见解而把他们的要求强加于人时，要求那些受益较少者们持这种反应就更令人惊奇了。在这种情况下，互惠原则不能发挥作用，诉诸功利只会引起怀疑。通过（平等地衡量每个人的功利而）把每个人看作一个人这种方式所表达的对所有人的关心远不及正义原则所表达的关心。所以，在一个由功利标准调节的组织良好的社会中产生的依恋关系就可能随社会中的不同群体而变化。假如某些群体中有人想以（按照功利原则规定的）公正的、相应地损害稳定性的方式去行动，那么这些群体就只能获得微乎其微的依恋关系。

诚然，在任何一种组织良好的社会中，正义感的力量在不同的社会群体中都是不同的。然而，为了保证相互联系能把整个社会联合起来，这个社会中的每一个人都必须承认类似于正义的两条原则的某种东西。功利主义者为什么要强调同情能力是显而易见的。那些没有从他人的更好境况中受益的人，必定和更大数量（或平均水准）的满足一致，否则他们就不会希望遵循功利标准。因而无疑存在着利他主义倾向。然而，这些倾向远不及由三条心理学法则产生的表达为互惠原则的那些倾向强烈。而且，一种明显的情感同一的能力是极罕见的。所以，这些情感没有给社会基本结构提供多少支持。另外，我们已经看到，实行功利主义原则会破坏失败者的自尊，尤其是当他们已经陷于不幸的时候（见第

29节)。让整个社会秩序去要求人们为了一个更高的善而自我牺牲,去否定个人的价值,去减少社会交往,这是权威的道德——当它被看作一种道德时——的特征。自我的空虚应当在为更大目的的服务中克服。这种学说可能鼓励自我仇恨,而这种自我仇恨会产生破坏性的结果。当然,功利主义并没有走到这个极端,但是它肯定有一种类似的影响,这种影响进一步削弱着同情的能力,歪曲着情感联系的发展。

与此相对照,在一个由作为公平的正义调节的社会系统中,对他人的善的认同,以及对作为我们的善中的一个因素的他人活动的欣赏(见第79节),可能发展得相当有力。但是这种发展之所以可能,仅仅是因为正义原则中已经隐含着互惠性。由于这些原则提供的稳定的保证,人们将产生一种牢固的自我价值感,这种价值感构成了人类之爱的基础。由于功利主义原则摈弃互惠原则而直接地借助同情能力作为公正行为的基础,它就不仅在要求着超出作为公平的正义的东西,而且把自己建立在更脆弱的更特殊的倾向基础之上。影响正义感的力量的其他两个因素,是道德观念的明晰性和它的理想的吸引力。对于后者我将在下一章中讨论。在那里我将力图说明契约论观点比其他观点更符合于我们的善。如果在这里我们先假定结论是这样,那么它就更加巩固了上述那些看法。正义原则的更大的明晰性在前面已经讨论过(见第49节)。我在那里指出,和目的论学说不同,正义原则规定着一个明晰的观念。相比之上,最大限度地提高幸福总量的观念或获得至善的概念,是粗浅的、不明确的。确定何时平等的自由受到了侵犯和用差别原则来确定种种差别,比确定不平等的做法是否提高着社会幸福要容易得多。这两个原则(和各种优先性规则)的更确定的结构使它们在人们的理智中具有更大的明确性,使它们更能抓住人们的心灵。它们的解释和根据更容易为人们所理解和接受,同时,人们期待于我们的行为更明确地受到公认标准的规定。所以，从所有这三点来看，契约论观点似乎都有更大的稳定性。

值得注意的是，密尔似乎也同意这个结论。他指出，随着文明的进程，人们越来越认识到由人们共有的社会显然能建立在把全体成员的利益考虑进来这样一种基础上，而不可能建立在任何其他的基础上，政治制度的改进消除着鼓励个人和阶级无视他人要求的利益对立、障碍和不平等。这种发展的自然目的是达到人心的一种状态，在这种状态下每个人都有一种和他人联合的情感。密尔认为，一俟这种心灵状态实现，它就引导着人们仅仅为自己去欲望那些对他人也有利的事物。人的自然要求之一是和他的伙伴们达到感情上的共鸣。他希望知道他的目标和他们的目标不是对立的，希望知道他自己并不与他们的善对立，而是在进一步实现着他们真实地追求的东西。①

密尔在这里描述的欲望是按照差别原则（或某种类似标准）去行动的欲望，而不是按照功利原则去行动的欲望。密尔没有注意到这两者的不同，但他似乎直觉地意识到一个完全公正的社会——在这里人们的目标以许多大家都能接受的方式变得和谐一致——将是一个遵循由正义原则表达的互惠概念的社会。他的看法是和下述观念相吻合的，即：一个激发着人们的联合和同情的自然情操的稳定的正义观念，很容易同我们的正义原则而不是同功利标准结合起来。这个结论也是从密尔对正义感的根源的描述中得出的，因为他相信这种情操不仅来自同情，而且来自自保的自然本能和对安全的欲望。② 按照他的看法，正义是利他主义和自我要求之间的恰当平衡，因而是和一种互惠的概念联系在一起的。契约论也得出了相同的结论，但是它不是通过两种冲突倾向

---

① 《功利主义》，第3章，第10—11部分。
② 《功利主义》，第4章，第16—25部分。

的一种特别的平衡而是通过一种理论结构——这种结构导致正当的互惠原则——而达到这种结论的。

在为那些正义原则进行论证时，我已经假定了某些心理学法则是真实的，或近乎真实的。在讨论稳定性问题时，我将仍然从这种假定出发。但是，我们也许注意到有人可能会问，人们是如何获得了一种由这些心理学法则描述的本性的。进化论会说它是自然选择的结果；对一种正义感和道德情感的能力是人类适应它在自然中的地位的结果。而人类学家们则认为，一个种系的行为类型，以及它们获得的心理结构，也像这个种系本身的特点一样，是它的肉体结构的特征。这些行为类型有一个进化的过程，正如器官和骨骼有一个进化过程一样。① 显而易见，对一个以稳定的社会群体形式生活的种系的成员们来说，那种和公平的合作安排一致并发展支持这种安排的必要情操的能力是极其有利的，尤其是在人们拥有一个漫长的生命并相互依赖的条件下。这些条件保证着在无数场合中，人们一贯坚持的共同正义对一切人都有利。②

然而，在这里核心问题是，正义原则是同进化倾向更密切些还是同功利原则更密切些。人们马上就可以看出，假如选择始终是个人之间的以及他们的遗传系列之间的选择，假如对于各种形

---

① 见康拉德·劳伦兹为达尔文的《人和动物的情感表现》（芝加哥，芝加哥大学出版社1965年版）写的导言，见该书导言第12—13页。
② 生物学家们并不总去区分利他主义行为和其他种类的道德行为。他们常常仅仅把行为区分为利他的和利己的。但R.B.特利弗斯在《互惠的利他主义的发展》中却不是这样，该文载于《生物学评论季刊》第46卷（1971年）。他划了一条利他主义和互惠的利他主义（我应当直接称之为互惠性）的界限，把后者看作是公平的合作德性和良好的信任的生物学平行物。特利弗斯讨论了互惠性的选择上的优点，讨论了作为互惠的基础的种种能力。另见G.C.威廉斯的《适应与自然选择》（普林斯顿，普林斯顿大学出版社1966年版）第93—96、113、195—197、247页。关于种系之间的互助论，见伊雷诺伊斯·艾布—艾贝斯费尔德的《人类学》，埃利希·克林哈默英译本（纽约，霍尔特公司1970年版），第146、292—302页。

式的道德行为的能力有某种遗传基础的话，那么利他主义在严格的意义上就会局限在亲属和较小的有直接关系的群体之中。在这些情况下，做出相当的自我牺牲的意愿就是有利于一个人的后代的，就是他倾向于选择的。作为另一个极端，一个强烈倾向于做分外行为的社会在它同其他社会的关系中就会危害自己特有的文化的存在，它的成员就会处于受支配的危险之中。因而，人们可能推断出，根据合理的仁慈的那些较普遍的形式而行动的能力可能会被消除，而在各个社团和各个个人之间的关系中遵循正义原则和自然义务而不是亲属关系而行动的能力应当受到鼓励。同时，我们也能够看到，道德情感系统是如何作为支持自然义务的倾向和支持公正的社会安排的稳定化结构而发展的。① 如果这一点是正确的，我们就又一次证明了正义原则的基础是更加可靠的。

这些陈述并非意在为契约观点的根据作论证。正义原则的主要根据在前面已经得到了说明。在这一点上，我们仅仅在检查所接受的观念是不是一个恰当的观念，它是否并非如此不稳定以至最好选择另一个观念。我们处在第二部分的论证之中，在这里我们问，对先前接受的观点应不应当重新加以考虑（见第 25 节）。因此，我并不主张作为公平的正义是最稳定的正义观念。回答这一问题所要求的理解远远超出了我扼要叙述的基本理论的范围。我们所一致同意的观念只需是足够稳定的。

77．平等的基础

我现在转入对平等的基础，即对人的特征的讨论，由于这些特征，人们只应当受到合乎正义原则的对待。我们对动物的行为不受这些正义原则的调节，或者是人们普遍地相信这些行为不受

---

① 关于这一点，见特利弗斯：《互惠的利他主义的发展》，第 47—54 页。

正义原则的调节。那么,我们究竟根据何种理由来区别人类和其他生物,又以何种理由认为正义的约束仅限于我们对人的关系之中呢?我们必须考察决定着正义观念适用的范围的是什么。

为澄清我们的问题,我们可以区别平等概念适用的三种水准。首先是作为公共规则体系的制度的管理。在这里平等基本上是作为规则性的正义。它意味着公正地按规则办事,并按照以(由法则和先例规定的)类似情况类似处理等(见第38节)准则对各种规则作一致的解释。这个水准上的平等是常识意义上的正义观念中最少争论的因素。[1] 平等的第二种应用要困难得多,它是在制度的实质结构方面的应用。在这里,平等的意义是由正义原则规定的,这些正义原则要求每个人都有其平等的基本权利。动物可能已经被排除在外了,对它们当然有某些保护措施,但它们的地位不同于人的地位。但是,这种结果并没有得到过解释。然而我们仍然需要考虑哪些种类的人应得到正义的保障。这把我们带到了平等应用的第三种水准上,在这里平等的问题就产生了。

自然的回答似乎是:平等的正义的权利仅仅属于道德的人。道德的人有两个特点:第一是有能力获得(也被看作获得)一种关于他们的(由一个合理生活计划表达的)善的观念;第二是有能力获得(也被看作获得)一种正义感,一种在正常情况下有效地应用和实行——至少是在一个较小程度上——正义原则的欲望。我们用原初状态中的人的特性来区别出那些能对之应用所选择的那些原则的人。毕竟,原初状态中的各方是被设想为采取这些标准来调节他们的共同制度和相互行为的,对他们的本性的这种描述在推理中发挥着作用,而那些正义原则正是通过推理而被

---

[1] 见西季维克的《伦理学方法》,第496页。

人们选择的。所以，那些能参与对最初状态的共同理解并能照着这种理解去做的人应当获得平等的正义。人们应当注意到道德人格在这里被规定为一种在一定阶段上通常能实现的潜在性。正是这种潜在性使人们的正义要求发挥着作用。我下面还要转过来讨论这一点。

于是，我们看到，道德人格能力是获得平等正义权利的一个充分条件。[①] 除了这个基本条件之外不需要其他条件。道德人格是否也是一种必要条件的问题我先放在一边。我假定对一种正义感的能力是绝大多数人所具有的，因而是不是必要条件的问题不会带来严重的实践问题。道德人格是使一个人成为权利主体的充足条件是一个带根本性的问题。我们在假定这个充分条件通常能得到满足时不会有太大的错误。即使道德人格能力是必要的，根据这一点就在实践中不给予（不具备这一条件的人）正义也是不明智的。这会使公正的制度面临过大的危险。

应当强调的是，对于平等的正义的充分条件即道德人格能力完全不是严格的。假如某个人生来就缺乏或是由于事故而缺乏必

---

① 可以用这一事实来解释自然权利概念。首先，它说明了为什么用这个名称来称呼这个为正义所保护的权利是恰当的。这些权利仅仅取决于一定的自然特性，这些特性的存在可以通过追求常识的研究方法的正常推理来确定。这些特性和建立在它们之上的权利的存在是独立于社会制度和法律规范的。"自然的"这个术语的恰当性就是在于它表明了由正义理论确定的权利和由法律和习惯规定的权利的区别。其次，自然权利的观念还包括着这种权利一开始就是属于个人的，就是个人特别重视的权利的观念。容易由其他价值压倒的权利不是自然权利。受第一原则保护的那些权利从优先规则来看具有这两个特点。所以，作为公平的正义具有一种自然权利理论的特征。它不仅把基本权利置于自然特性的基础上并根据社会标准来区分它们的基础，而且通过平等的正义的那些原则把权利赋予人们；那些原则有一种特殊的力量，其他价值若与之相背在正常情况下便不能流行。虽然特定的权利不是绝对的，但是从实践的意义说，在有利条件下平等的自由的体系是绝对的。

要的潜在性，这叫做一种缺陷或丧失。没有哪一个民族或已公认的人类群体缺少这种特性。仅仅离群索居的个人才没有这种能力，或不能在最低程度上实现这种能力，人们在实现这种能力方面的失败是不公正的、贫困的社会环境或偶然性的结果。而且，尽管一些个人可能具有参差不齐的正义感能力，这一事实也不是剥夺具有较低能力的人享受充分正义保护的权利的理由。只要能达到某种最低程度，一个人就有权获得同其他任何人同等的平等自由。较大的正义感能力，例如表现在运用正义原则和在具体的例子中驾驶论据的更大的技艺和老练，也像其他能力一样是一种天赋能力。一个人由于运用而获得的这些特殊优点应当受到差别原则的支配。所以，如果一些人突出地具备了为一定的职位需要的公正和正直的司法美德，他们就可以正当地获得和这些职位相联系的任何好处。然而，平等的自由原则的应用不受这些差别的影响。人们常常认为基本权利和自由应当根据能力而有所不同，但作为公平的正义拒绝这一点：只要具备了最低的道德人格，一个人就有权得到全部正义保证。

对这种关于平等基础的描述还需作些评论。首先，人们可能反驳说平等不可能建立在自然特性的基础之上。没有一种这样的自然特性：因它之故所有的人都是平等的，就是说，因它之故人人都具有（或绝大部分人都具有）同等程度的平等。假如我们想获得一种平等学说，我们必须以另一种方式解释它，即（把它）当作一个纯粹程序性的原则。所以，说人们是平等的，这就是说在没有强制原因的条件下，任何人都没有受到特殊对待的权利。举证责任也支持平等：它规定了一个程序上的假定，即人们应当被同等地对待。背离平等的作法在任何情况下，都应当在同一个为着全体人的原则体系的法庭上自我辩护并接受审判；基本平等被认为是在受尊重方面的平等。

这种程序性的解释面临着一些困难。① 第一，它不过是那个在最高水准上运用的类似情况类似处理的准则，以及对举证责任的一种分配。受尊重的平等不能确定哪些根据可以用来证明不平等的正当性。既然奴隶制和等级制（作为极端的例子）也可以满足这一观念，因而实际的平等对待得不到确定的保证。平等的真正保证存在于正义原则的内容之中，而不是存在于这些程序性的假设之中。举证责任的分配不是充分条件。其次，即使程序性的解释给予制度以某种影响，我们仍然必须说明为什么我们应当在某些情况下遵守程序而在另一些情况下则不这样做。当然它还适用于属于某一类的人，但是是哪一类呢？我们仍然需要用平等的一种自然基础来确定这个类。

而且，把平等置于自然能力之上不会和一种平等主义观点相悖。我们必须做的是选择一种范围性质（我想这样说）并给满足它的条件的人们以平等的正义。例如，在一个单位圆之内存在的性质是一个平面内的许多点的一个范围性质。这个圆内所有的点都具有这种性质，虽然它们的坐标在一定范围内变化。它们平等地具有这种性质，因为在一个圆之内，没有一个点比其他的点更内在于这个圆。现在，是否存在着一个适当的范围性质以便区别出一个方面，使我们可以据之把人们描述为平等的这个问题，由正义观念解决了。但是，对原初状态中各方的描述确定了这样一种性质，并且正义原则也向我们作了这样的保证，即，我们的能力在这个范围中的任何变化都应当被看得和任何其他天赋能力一样。设想一种自然能力构成平等的基础并没有什么障碍。

---

① 关于这些问题的讨论，见 S. I. 贝恩：《平等主义者和对利益的平等考虑》，载于 J. R. 彭诺克和 J. W. 查普曼新编《法学，卷九：平等》（纽约，阿塞顿出版社 1967 年版），第 62—64、66—68 页；以及 W. E. 弗兰克纳：《某些关于正义的信念》（林德莱讲座，堪萨斯大学，1966 年），第 16 页。

那么，说把平等置于自然特性之上会破坏平等的正义的基础怎么会显得有道理呢？一个范围性质的概念是太明显了以至会被人们忽略。这里一定有一种更深刻的原因。我认为，其答案就是目的论常常被看作是当然的前提。所以，比如说，假如正当就是最大限度地扩大满足的净余额，那么，人们就认为权利和义务应当以为着实现这一目的的方式来分配。在这个问题的许多有关方面中，有人们实现其满足的不同创造性技艺和能力。提高幸福总量需要按照人们多样性的特点调整基本权利。当然，按照标准的功利主义的设想，存在着一种平等的倾向。可是，要紧的是，无论人的能力平等与否，正确的自然基础和恰当的权利分配都决定于功利原则。使不同等的能力成了不平等的基本权利的根据的，是功利学说的内容以及这种伦理学说是一种最大限度的概念这一事实，而不是自然特性是平等的基础这一观念。我相信，对至善论的考察也会引出同样的结论。但是，作为公平的正义不是一种最大限度的理论。它不是引导我们去寻找影响着最大值、因而是不同等的公民权的可能根据的自然特点方面的差别。虽然在和自然特性有关的方面契约观点和许多目的论一致，但是，它认为自然特性对建立平等权利只起着相当微弱的作用。一般地说，这种特性只要满足了某种最低标准就足够了。

应当在这里扼要地指出几个进一步的问题。首先，道德人格的观念和必需的最低标准常常会产生麻烦。虽然许多概念都在某种程度上是含糊的，道德人格的概念却可能更为含糊。但是我想，这些问题最好放在具体的道德问题中去讨论。具体问题的性质和可能了解到的一般事实的结构，也许能提供一种富有成果的方式来解决它们。无论如何，人们绝不能把一种正义概念的含糊性同基本权利应当随着自然能力而变化的论点混淆起来。

我已经说过，规定着道德人格的最低要求所涉及的是一种能力而不是它的实现。一个具有这种能力的人，不论其能力是否得到了发展，都应当得到正义原则的充分保护。由于婴儿和儿童被认为具有基本权利（通常由父母及监护人代表他们来运用），这种关于必要条件的解释似乎需和我们强调的判断相适合。而且，把潜在性看作是充分条件，这是和原初状态的假设本性，和只要可能对那些原则的选择应当不受专断的偶然性影响这一观念一致的。因此，可以不无理由地说，那些能参与最初协议的人们，只要不是由于偶然的环境，就享有平等的正义的权利。

当然，这不是文字之争。我并非在开列一些前提，以便可以从中引出这个结论，我一直努力做的，尽管不是十分严格地，是通过在原初状态中对正义概念的选择来引出这个结论。我也不是在证明对原初状态中各方的特性的描述必须成为平等的基础。宁可说这种解释是作为公平的正义的正常完成。充分的讨论应当考虑各种缺乏能力的特殊例子。在谈到家长式统治问题时，我已经简单地评论了儿童的缺乏能力的例子（见第39节）。由于不幸、事故或精神紧张而暂时失去已获得的能力的人们的情况，也可类推。但那些多少是持久地丧失了道德人格的人们的情况也许提出了一个困难。我不能在此考察这个问题，但是我假定它不会给对于平等的描述带来实际的影响。

我想用几点一般性评述来结束本节。首先，值得强调一下关于平等的基础的契约观点的简明性。对正义感的最低限度的能力保证每个人享有平等的权利。所有的人的权利应当按照正义原则来裁定。平等的基础是人的本性的一般事实，而不仅仅是一种没有实际力量的程序规则。平等也不把对人们的内在价值的估价，或对他们的善观念的相对评价作为前提。能够提供正义的人们就应当得到正义。

当考察其他的对平等的描述时，这些简化的命题的优点就变得更加显明。例如，人们可能认为平等的正义意味着社会应该为每个人实现他所能达到的最好的生活作出相称的贡献。① 这马上就会成为一个诱人的主张。然而，这种描述会碰到许多严重的困难。首先是它不仅需要一种估价生活计划的相对的善的方法，而且需要衡量一种对具有不同善观念的人们的所谓平等而相称的贡献的方法。在应用这一标准方面会碰到的麻烦是显而易见的。一个更重要的困难是，一些人的较大能力使他们对社会资源有更强烈的要求而不考虑对他人的利益的补偿。人们必须假定天赋能力方面的差异会影响对有着不同生活计划的人们提供平等而相称的帮助的必要条件。但除了违反互利原则之外，这个平等观念还意味着人们的要求的有力程度直接受自然能力的分配的影响，因而从一种道德观点来看是由专断的偶然性决定的。在作为公平的正义这里，平等的基础避开了这些反对意见。惟一的决定性的偶然性是具有或不具有对一种正义感的能力。通过提供正义给那些能够回报以正义的人们，互惠原则就在最高水准上得到实现。

第二点考察是，我们现在能够更充分地使两种平等观念达到一种和谐。一些作者已经区别了两种平等：一种是在某些善的分配中被实行的平等，这些平等之中的一部分几乎总是把更高的地位和声望给那些境遇较好者；另一种是应用于尊重的平等，这种平等是不考虑人们的社会地位而应属于他们的。② 第一种平等是由正义的第二条原则规定的，这条原则调节着组织结构和分配份额，使社会合作既有效又公平。但是第二种平等是根本性的。它们由正义的第一条原则和自然义务——例如相互尊重——规定，

---

① 关于这种观念，见 W. K. 弗兰克纳：《某些关于正义的信念》，第 14 页；以及 J. N. 芬德利：《价值与意图》，第 301 页。
② 见 B. A. O. 威廉斯："平等的概念"，载于彼得·拉斯勒特和 W. G. 朗西曼所编《哲学、政治、和社会》第 2 集（牛津，巴兹尔·布莱克韦尔公司 1962 年版），第 129—131 页；W. G. 朗西曼：《相对丧失和社会正义》（伦敦，劳特利奇和基根·保罗公司 1966 年版），第 274—284 页。

它属于作为道德的人的人们。平等的自然基础解释了它的更深刻的意义。第一原则对第二原则的优先性使我们不必用一种特别的方式去衡量这些平等观念，尽管根据原初状态观点所作的论证表明了这种优先性是怎样得出来的（见第82节）。

一视同仁地运用公平机会原则要求我们在看待人时摆脱人们的社会地位的影响。[①] 但是这种要求应当在何种程度上实现呢？即使社会提供了（按照它以前被规定的意义的）公平机会，家庭似乎也会在个人中间造成不平等的机会（见第46节）。那么应当取消家庭吗？由于平等机会观念自身的原因以及人们赋予它的首要地位，这个观念会走到这个方向上。但是，在正义理论的整体联系之中，没有采取这一过程的紧迫性。承认差别原则也就再一次确认了一个自由平等的制度接受社会的不平等的根据，而当博爱和补偿得到人们的恰当评价时，财产的自然分配和社会环境的偶然性就比较容易为人们承认。由于这些差别现在有利于发展我们的利益，我们更乐于仔细寻找我们的好运气，而不愿意被要是全部社会障碍都已被清除、要是我们和其他人都有平等机会那该多么好的想法弄得垂头丧气。假如正义观念成为真正有效的和公认的，那么，它就会比其他观念更加能转变我们对于社会环境的观点，更加能使我们同自然秩序的倾向、同人生的条件和谐一致。

最后，我们在这里回忆一下一种正义理论的局限性。不仅道德的许多方面在前面的讨论中被搁置起来，而且没有考虑对动物和自然界的其余部分的正当行为问题。一种正义观念仅仅是一种道德观的一部分。尽管我没有主张一种正义感的能力对于获得正义义务是必要的，但是的确似乎没有人要求我们对缺乏这种能力

[①] 见威廉斯"平等的概念"，载于彼得·拉斯勒特和W.G.朗西曼所编《哲学、政治和社会》第2集（牛津、巴兹尔、布莱克韦尔公司1962年版），第125—129页。

的动物给予严格的正义。但是这不等于说在如何对待它们这方面不存在任何要求，也不等于说在我们同自然秩序的关系中不存在任何要求。毫无疑问残酷地对待动物是不公正的，剿灭整个种系可能是一种极大的恶。人类对苦乐情感的能力以及动物能够生存的那些形式的认识能力显然把同情的义务和人性加到了动物的身上。我并不想解释这些深思熟虑的信念。它们超出了正义理论的范围，而且似乎不可能把契约学说扩大得把它们自然地包括起来。对我们同动物同自然的关系的一个正确观念，似乎有赖于一种关于自然秩序和我们在其中的位置的理论。形而上学的任务之一是创造一种适合这个目的的世界观，它应当把有关这些问题的决定性的真理统一起来并把它们系统化。作为公平的正义将在多大程度上不得不作出调整以适合于这个更广大的理论尚未可知。但是，寄希望于如果它是对人们之间关系的合理描述，那么当把更广泛的关系考虑进来时它不会错得太远，似乎还是合理的。

第九章

正义的善

在这一章中我将考虑稳定性问题的第二个即最后的部分。它将涉及作为公平的正义和作为合理性的善是否一致这一问题。在一个组织良好的社会的环境中一个人的合理生活计划支持和肯定着他的正义感的问题也仍有待说明。我将通过依次讨论一个组织良好的社会中迫切需要的各种事物，以及它的公正的社会安排对它的成员们的善发生作用的各种方式，来研究这一问题。所以，我将首先指出这样一个社会考虑了人们的自律和他们的正当和正义判断的客观性。接下去我将说明正义如何用社会联合的理想联系起来，如何调节忌妒和怨恨的倾向，以及如何规定着一种包含着自由的优先性的平衡。最后，我将通过考虑作为公平的正义和快乐论功利主义的对比来说明公正的制度在何种程度上提供着自我的统一的可能，在何种程度上使人们能把他们的作为自由平等的道德人格的本性表现出来。在考察了一个组织良好的社会的上述特点之后，我将论证，在一个组织良好的社会中，一种有效的正义感将从属于一个人的善，因而不稳定的倾向能够得到控制，假如不是消除的话。

78. 自律与客观性

在考察一个组织良好的社会的各种特点之前，我应当强调我所涉及的仅仅是这种社会形式中的一致性问题。因而我们仍然把我们限制在严格的服从理论范围之中。然而一个组织良好的社会是第一个需要考察的，因为如果一致性在一个组织良好的社会中不存在，那么它就到处都不存在。另一方面，正当和善的一致性即使在这个例子里也绝不是一个预定的结论。因为这种关系意味着，一个组织良好的社会的成员们，当他们用合理选择原则来评价他们的生活计划时，将会决定把他们的正义感作为调节他们相互行为的因素。在人们获得详细知识以前就同意的那些正义原则和完全不是被选择的而且需要运用充分的知识的那些合理选择原则之间存在着必要的契合。然而，当正义的原则得到完满实现时，这些从极其不同的方面得到说明的原则却是完全相互适合的。当然，这种一致性在对契约论的历史说明中得到了解释。但是这种关系当然不是自明的，它的基础仍然需要去推论。

我将通过考察一个组织良好的社会的一系列特点来阐明这种关系，所有这些特点已经告诉起带头作用的有理性的人们去巩固他们的正义感。论证将是累积渐进的并且依赖于一个集中的考察，这个考察将在后面做出（见第 86 节）。

我首先从指出下述一点来开始我的讨论，即：当我们考虑到我们的道德态度的心理学起源时，我们时常怀疑它们的合理性。一旦认为这些情操是出于例如屈从于权威这样的境况，我们就会想到是否该完全地拒绝它们。由于对正义的善的论证是以一个组织良好的社会中的具有一种公正地行动的有效欲望的成员们为基础的，我们必须减少这些不确定性。假设一个人把他的道德感的种种激励体验为一些朦胧的禁令，并暂时还不能证明它们的正当性。为什么他不会把它们当作神经上的强制？假如能证明这些顾虑的确在很大程度上是由童年时的种种偶然性，以及也许是由我们的家庭历史和阶级地位而形成和解释的，并且这些顾虑没有任何充分的自身根据，那么就确实没有理由让它们支配我们的生活。但是对一个组织良好的社会中的人来说当然有许多的事情要

517

说。人们可以向他指出他的正义情操发展的基本特点，指出道德原则是如何慢慢地为他理解的。而且他的道德教育本身一直是由正当和正义原则调节着的，这些原则是他处在那个人人都有道德人格的平等资格的最初状态之中将会同意的。我们看到，他所采取的道德观念是独立于自然的偶然性和偶然的社会环境的；因而他获得他的道德情感的心理过程同他在那些他承认为公平的没有被幸运和偶然情况歪曲的条件下会乐于选择的原则是一致的。

一个组织良好的社会中的个人也不会反对反复灌输一种正义感的道德教育实践。因为原初状态中的各方在接受正当原则的同时也就同意了为使这些原则能有效地支配他们的行为的必要安排。事实上，接受这样一些限制人类本性的安排是在选择一种正义观念中最重要的考虑。所以一个人的道德信念不是强制灌输的结果。道德指导完全是理解力的发展所允许的，正如它是相互尊重的自然义务所需要的一样。在社会中为人们所坚持的理想、原则和准则不可能利用人的弱点而得到好处。一个人的正义感不是由那些有权威的人们为确保他坚定地服从为发展他们的利益而设计的规则而聪明地强加给他的强制性心理结构。教育过程也不简单地是旨在产生恰当道德情操的因果系列。教育的每一个阶段都尽可能地通过教导和解释揭示正当和正义观念，这些观念是目标本身，并且由于这些观念，我们以后将会认识到提供给我们的这些道德标准是可以被证明为正当的。

十分明显，是契约学说以及它的原则调节着一个组织良好的社会中的道德教育实践这一事实，推动我们作出这些观察的。按照对公平的正义的康德式解释，我们可以说，在按照这些原则去做的时候，人们是自律地行为的：他们从这些原则出发行为着，这些原则是他们在最好地表达着他们作为自由平等的理性存在物的本性的条件下将会承认的。诚然，这些条件也反映着个人在这个世界中的境况，反映着他们服从于正义环境。但是这仅仅意味着自律观念是适合于人的观念;而适合于更高等或更低等的自然物的概念很可能与此不同(见第40节)。道德教育是为着达到自律的教育。在一定阶段上每个人都会认识到为什么他会接受这些正义原则,认识到他们是如何从他作为道德的人的社会中的平等一员所特有的生活条件中产生出来的。由此可见,当我们在此基础上接受了这些原则时,我们基本上不受传统和权威或其他人的意见的影响。无论这些因素对于我们达到全面的理解会是多么必要,我们最终是在我们能独立地由此出发的合理根据之上把握着一种正义概念的。

按照契约观点,自律的概念和客观性是和谐一致的:在自由和理性之间不存在矛盾。[1] 原初状态以一种一贯的方式表明自律和客观性的特征。最初状态观念是整个理论的核心,其他的基本概念都是由它规定的。所以自律的行为是根据我们作为自由平等的理性存在物将会同意的、我们现在应当这样去理解的原则而做出的行为。同时,这些原则又是客观的。它们是这样一些原则:一旦我们获得了恰当的一般观点,我们将会要求每个人(包括我们自己)都遵循这些原则。原初状态规定着这种观点,它的条件也包含着客观性的条件:原初状态的种种规定表达着在论证方面的种种限制,这些限制使我们不得不考虑去选择不受我们生活的独特环境限制的那些原则。无知之幕阻止着我们按照我们具体的依恋关系和利益塑造我们的道德观点。我们不是从我们的境况而是采取着一种每个人都能独立地采取的观点来看待社会秩序的。在这个意义上,我们客观地看待我们的社会和我们在其中的地位:我们分享着一种和其他人共同的观点,我们不是从个人的偏

---

[1] 对自律和客观性的一致性问题,H. D. 艾肯在他的论文《道德客观性的概念》中作了讨论,见《理性与行为》(纽约,艾尔弗雷德·克诺夫公司1926年版),第134—170页。另见亨廷顿·特雷尔的《道德客观性和自由》,载于《伦理学》第76卷(1965年),第117—127页,我的讨论得益于他的观点。

见来做判断的。所以，就我们的道德原则和信念是通过假设了这种共同的一般观点、通过根据原初状态观念规定的种种限定估价了它们的论据而获得的和检验的而言，它们是客观的。例如，公正无私和考虑周到的司法德性就是理智和情感的美德，这种理智和情感使我们能把这些事做好。

　　力求客观，力求从一种共有的观点来构筑我们的道德观念和判断所产生的结果之一，是我们更加可能达到一致。的确，如其他条件相同，对最初状态的更可取的描述使人们的意见达到了最大的集中。部分地是由于这种理由，我们才接受一种共同的观点的约束，因为当我们的观点受我们的不同环境的偶然性影响时，我们就不可能合理地期待这些观点能达于一致。但是，我们的判断当然不会在所有问题上都一致。事实上，许多社会问题（如果不是大部分问题的话），假如从它们的复杂性来看，也许至今仍然是不能解决的。这就是为什么人们会接受公平的正义的许多简化形式的原因。我们只要回忆一下无知之幕、纯粹程序的正义（与分配的正义相对）、词典式顺序、社会基本结构的两部分划分等等概念的那些理由就足够了。总之，各方希望这些或其他方法能够简化政治和社会问题，以便使正义的最终平衡——这种平衡由于比较集中的一致意见而成为可能——在价值上超过由于忽视道德情况的某些可能的相关方面而可能造成的损失。正义问题的复杂性应该由原初状态中的人们去决定。尽管在原初状态中肯定也存在伦理的差别，但是从原初状态来看待社会环境的确能达到对问题所应达到的根本理解。接受正当和正义原则锻炼着公民之间的联系纽带，创造着持不同意见的人们相互礼让关系的基础。尽管在宪法问题以及更自然地在许多政策问题上，人们的一致意见可能常常被打破，公民们也能够彼此承认对方对于正义的良好信念和欲望。但是除非是存在着一种共同的观点——这种假设缩小着意见的差别——否则推理和论证就会是毫无意义的，我们也就会没有任何合理的根据相信我们的信念的合理性。

显然,这种对自律和客观性的解释依赖于正义的理论。这种解释用原初状态观念来说明这两个概念的一致性。当然,假如可以相信人们将不选择这些正义原则,这些概念的内容就将不得不相应地变化。一个认为功利原则将会为人们承认的人,会认为只有按照功利原则去做才是表现了我们的自律。然而总的观念还将是相同的。自律和客观性还是要通过最初状态来解释。但是有些人已经用一种完全不同的方式来描述自律和客观性的特征。他们认为自律就是完全自由地形成我们的道德见解,认为每一个道德当事人的良心判断都应当绝对地受到尊重。因而客观性只是那些满足当事人自己自由地选择的全部有关标准的判断所具有的属性。[1] 这些标准和采取一种可合理地期待为他人共有的观点可能有关系,也可能完全没有关系。相应的自律观念当然也同这样一种共同观点没有联系。我提及这些其他的解释仅仅是为了通过对比来说明契约学说的本质。

根据公平的正义的观点,不能说每一个人的良心判断都应当绝对地受到尊重,也不能说个人是完全自由地形成他们的道德信念的。假如这些论点是意味着,一旦我们通过良心形成自己的道德意见(如我们所相信的)时我们总是获得一种按照这些意见去做的权利,那么它就是错误的。我们曾在讨论良心的拒绝时指出过,在这里的困难之处,在于决定一个人在何种程度上应当响应那些按照他们的迷失的良心(erring conscience)指导进行活动的人们(见第 56 节)。我们如何确定他们的而不是我们的良心是错误的,确定在何种环境中我们可以强制他们停止这种错误呢?要回答这些问题,我们还是要上升到原初状态中去:当一个人在寻

---

[1] 见艾肯的论文《道德客观性的概念》,载于《理性与行为》(纽约,艾尔弗雷德·克诺夫公司 1962 年版),第 162—169 页。

求把违犯我们每个人在那种境况中都会同意的原则的种种条件强加给我们时,他的良心是被误引的。如果我们是从那种原初状态的观点来看待这种冲突的,我们就能用那些有效力的手段来阻止他的计划。我们不是只在字面上尊重一个人的良心。毋宁说我们是尊重作为一个人的他;我们通过当必要时且仅当我们都会同意的原则允许时限制他的行为来尊重他。原初状态中的各方都同意对所选择的正义观念承担责任。只要恰当地遵循正义的原则,我们就没有违反我们的自律。而且,这些原则规定了我们在许多场合不能推卸我们对他人所做的事的责任。那些有权威的人们对他们所实行的政策和所推行的教育负有责任。那些在以缄默来实行不公正的命令或帮助邪恶的计划的人们,一般地不能以不甚了解情况或把错误的责任推给那些地位更高的人们来自我辩护。这些问题的细节属于部分服从理论的范围。在这里根本的问题在于,最符合于我们作为自由平等的理性存在物的本性的那些原则本身使我们成为有责任的。否则自律就可能导致自以为是的意志之间的一种冲撞,而客观性就可能导致一种一贯的然而是个人特有的体系。

在这里我们应当指出,在对长久的传统价值产生怀疑和丧失信念的时代,在诚实的德性上,即在诚恳和真挚,坦白和承诺,或如一些人所说,在真实性上存在着一种倒退的倾向。如果没有人知道什么是真实的,我们至少可以以自己的方式把我们的信念看作我们自己的,而不是看作由他人转达给我们的东西。如果传统的道德规则不再适用,而我们又不能就以何种规则来取代它们取得一致意见,那么无论如何我们还清楚地知道怎样去假装或不再假装某种取代规则已经确定且我们必须承受这种或那种权威。诚实德性当然还是德性,而且是自由的人们的美德。然而尽管它们是必要的德性,它们却不是充分的,因为它们的定义使它们可以包括可能的任何内容:一个独裁者可以把这些内容特性以极端形式表现出来,并且在这样做时表现出某种魅力,而不是用政治伪装和侥幸的借口欺骗自己。只靠这些德性不可能建立起一种道德观,作为形式的德性它们是间接意义上的德性。但是当和恰当的正义观念,即一种使我们能正确理解自律和客观性的正义观念联系在一起时,它们便成为德性本身。原初状态的观念以及在那种状态中所选择的原则,说明了为什么会是这样。

综上所述,一个组织良好的社会肯定着人们的自律并且支持他们所考虑的正义判断的客观性。它的成员们在思考他们的道德情操的根源时对这些情操的合理性产生的任何怀疑,当他们了解了他们的这些信念是同在原初状态中将会选择的那些原则一致的,或者,假如它们不一致的话,当他们修正自己的判断使它们变得一致时,就可以被消除。

79. 社会联合的观念

我们已经看到,尽管公平的正义具有个人主义的特点,正义的两个原则却提供着估价现存制度和它们所产生的欲望和追求的阿基米德支点。这些原则提供着指导社会变革过程的独立标准,而无需借助一种至善论的或有机论的社会观念(见第41节)。但现在的问题在于契约论是不是理解共同体的价值和选择实现这些价值的社会安排的令人满意的理论结构。合理的推论是:正当和善的一致性在很大程度上取决于一个组织良好的社会是否能获得共同体的善。我将在后面几节中讨论这个问题的几个方面。

在开始讨论时,我们先回想一下原初状态的条件之一就是各方了解他们从属于正义环境。他们假定每个人都有一个关于他的善的观念,借助于这个概念他把自己的要求加给别人。所以尽管他们把社会看作为达到互利而进行的一种合作冒险,但冲突以及一种利益的一致都是这个社会的典型特征。有两种看待这种假设的方式。第一种是从正义理论方面来看待它们,其观念是从最弱的可能假设中引出满意的原则。这一理论的前提应当是一些简单而合理的条件，这些条件是每一个人或几乎每一个人都会同意的，并且能够得到可信的哲学论证的。同时，正义原则在其中建立一种可接受的秩序的最初权力冲突越尖锐，正义理论就可能越具有综合性。因而它假定存在着一种深刻的利益对抗。

另一种看待这些假设的方式是把它们看作对某种社会秩序或实际实现的社会基本结构的某种方面的描述。于是我们被指引着达到了私有社会的概念。① 它的主要特征首先是构成这个社会的人们，无论他们是个人还是社团，都具有他们自己的私人目的，这些目的或相互冲突，或彼此独立，然而在任何情况都不值得赞美。第二，制度本身被看得没有任何价值，公共活动不是一种善而是某种负担。所以每个人仅仅把社会安排当作实现他的私人目标的手段。没有人考虑他人的善或他人所拥有的东西，毋宁说每个人都偏爱于选择使他得到最大的财富份额的最有效的方案（用更形式化的语言来表达，个人的功利函数中的惟一可变量是他占有商品和财产，而不是由他人所占有的商品及他们的功利水平）。

我们也可以假定利益的实际分配主要是根据产生于现存环境的权力和全局状况的平衡来决定的。而这种分配当然可以是完全公开的，满足相互关系的要求的。靠幸运可能会碰巧达到这种结果。社会的利益（善）主要是由国家维护着的那些工具和条件构成的；这些工具和条件是为着每一个人在他能力可及的情况下去使用的，正如每个人在沿着公路旅行时都有他自己的目的地一样。市场竞争理论就是对这种社会的描述的一个范例。由于这个社会的成员不是受做公正的行为这一欲望驱使的，当公正有效的

---

① 私有社会概念或某种类似的概念，可以在许多文献中找到，著名的如柏拉图的《理想国》，第369—372页，黑格尔的《法哲学》第182—187节，这几节的标题是市民社会。这个概念多见于经济理论（一般平衡）之中，黑格尔的讨论是他阅读亚当·斯密的《国民财富及其研究》的结果。

社会安排正常存在时，就要运用制裁手段。因而私人利益和集体利益的结合是把应用到彼此漠不关心的——假如不是敌对的话——个人身上的制裁手段稳定化的结果。私有社会不是由一种公共的信念，即相信它的基本结构本身是公正的和善的这样一种信念支持着，而是由每个人或十分多的人的维护这个系统的谋算支持着的，这种谋算就是，如何实际的变化都会减少他们赖以实现他们的个人目标的手段的总和。

人们可能争辩说，契约论承认了私有社会是合乎理想的，尤其是在利益的划分满足了一种适当的互惠标准的时候。但是事情并非如此，一个组织良好的社会的概念已经说明了这一点。正如我刚刚指出的，原初状态观念有另外一种解释。对合理性的善和人类的社会本性的描述也要求另外一种观点。对人们的交往绝不可作一种浅薄的理解。这种交往不是简单地意味着社会是人的生活所必需的，也不是简单地意味着人们由于在一个共同体中共同生活而获得了需要和利益，这些需要和利益推动他们以他们的制度所允许和鼓励的某种方式为互利而共同劳动。这种交往也不是这样一种老生常谈，即社会生活是我们发展说和想以及参加社会公共活动和文化的能力的条件。毫无疑问，甚至我们用来描述我们的计划和境况乃至表达我们个人的要求和目的的概念，都常常以一种社会背景和一种信仰和思想的体系——这种体系是由于长期的传统而联系起来的集体努力的结果——为先决条件。这些事实当然并不浅薄，但如果用它们去描述我们的相互联系就会提供对人类的交往的浅薄解释。因为所有这些事情对从纯粹工具的意义上来看待他们的相互关系的人们来说也同样是真实的。

人类的社会本性在同私有社会观念的对比中得到了最好的说明。所以人类事实上分享着最终目的，而且把他们共同的制度和活动看作自身就有价值的东西。我们是作为合作者，在由于其本身的原因而为我们采用的那些生活方式中彼此需要的，他人的成功和享乐对我们自己的善是必要的、有益的。这些事情是显而易见的,但是需要对它们作进一步的解释。在对合理性的善的描述中我们得出了那个熟悉的结论,即,合理的生活计划在正常情况下提供着至少是一个人的部分力量的发展。亚里士多德主义原则指示着这个方向。而人类的一个特征就是没有一个人能够做到他可能做的一切;更不可能做到任何其他的人所能够做到的一切。每个人的潜在性比他所希望去实现的要更大;一般地说,它们在人们中间大大减弱了自己的力量。因此每个人必须选择他希望去鼓励的是他的哪些能力和哪些可能的利益,他必须计划去训练和运用它们,去制订有序地实现它们的方案。具有类似的或互补的能力的不同个人,可以在实现他们共同的或相称的本性中相互合作,假如可以这么说的话。当人们从运用他们的力量中得到享受的时候,他们就倾向于欣赏其他人们的完美表现,尤其是当那些人们的若干优点在一种生活形式中具有一种公认的地位,并且这种生活形式的目标是所有的人们都接受的时候。

所以我们可以按照洪堡的看法说,正是通过建立在社会成员们的需要和潜在性基础上的社会联合,每一个人才能分享其他人表现出来的天赋才能的总和。我们达到了一种人类共同体的概念,这个共同体的成员们从彼此的由自由的制度激发的美德和个性中得到享受;同时,他们承认每一个人的善是人类完整活动的一个因素,而这种活动的整个系统是大家都赞成的并且给每个人都带来快乐。这个共同体也可以被想像为经历着时间的,因而,在一个社会的历史中世代相继的各代人的共同的贡献也能以类似的方式被表达出来。[1]我们的先辈们在为这些贡献提供了某些新

---

[1] 肯定已有许多文献提到过这个观念,并且已有无数文献隐含着这一观念。然而我所能找到的只有为数不多的几个定义表述,我在本节中对这些表述作了表达。关于这一观念的明确陈述,见 J. W. 伯罗所编的威廉·冯·洪堡的《国家行为的局限性》(剑桥,剑桥大学出版社1969年版),第16页。他写道:"因此,每一个人在某

事物之后把进一步发展这些贡献的任务留给了我们，这些新成就影响着我们的努力方向，规定着一个更广泛的背景，我们根据这个背景才能理解我们的目标。说人是历史的存在物，就是说生活在任何一个时间的个人的能力的实现要利用一长段时间中许多代人（乃至许多社会）的合作。这也意味着这种合作在任何时候都受历史知识的指导，而历史则又由社会传统来解释。和人类相对照，每个单独的动物在大部分场合都能够做它能够做的事，或生活于同时的同类中任何一个其他动物能够做的事。动物种系的单独一员的实现的能力的范围，一般来说实际上并不小于其他成员的类似的潜能。明显的例外是性的区别。也许就是由于这一点，性吸引成了各个个人之间和各个单独动物之间的需要的最明显的例子。而这种吸引可以采取一种纯工具形式，每一个人把另一个人当作达到或保持他的快乐的工具。除非这种依恋关系和情感友谊因素相融合，否则就表现不出社会联合的特征。

一个时间只能运用一种主要的官能；或宁可说，我们的整个本性允许我们在任何特定的时间从事某种单独形式的本能活动。因而从这里可看出，人命定地只能得到部分的营养，因为当他使自己的力量朝向复杂多样的对象时他只能使这些力量衰弱。但是通过努力把他的本性的独特的通常只是分别地运用的官能联合起来；通过把一种活动的行将熄灭的火花，在他的生命的每一阶段中和那些未来将燃亮的火花合乎本能地协调起来，并努力地提高和增加他所运用的那些能力；通过和谐地把它们联合起来而不是为了分别地运用它们而寻找单一种类的对象，人就能避免这种片面性。就个人的情况而言，通过把过去、将来同现在结合起来所获得的东西，是在社会中通过不同成员的相互合作而产生出来的。因为，在每个人的生活的各个阶段中，他只能获得表现着人类特性的可能面貌的完美发展中的一种发展。因而正是通过以社会成员的内在的需要和能力为基础的一种社会联合，每一个人才能分享所有其他的人们的丰富的共同资源"（第16页）。作为说明这个社会联合概念的一个纯粹的例子，我们可以考察一组音乐家，他们中的每一个人都可能已经训练自己能演奏管弦乐队中的任何乐器，并且演奏得和其他人一样好，但是他们每个人都根据一种默契在他们所选定的一种乐器上去发展他们的技艺以便在他们的共同演奏中实现所有的人的能力。这种观念也在康德的《宇宙历史的观念》中占中心的地位，见汉斯·莱斯编辑并由 H. B. 尼斯贝特所译的《康德政治著作集》（剑桥，剑桥大学出版社，1970年版）。在该书第42页，他说，每一个人，假如他想学会如何充分地运用他的全部自然能力的话，都将不得不生活很长一段时间，而这将需要无数代人的努力，在 E. M.

有许多生活形式具有社会联合体的特征，即：为人们所共有的最终目的和其自身就有价值的共同活动。科学和艺术富于想像。像家庭一样，友谊和其他群体也是社会联合。想一想诸如游戏这样更简单的例子有一些好处。我们很容易在这里区别四种目的：首先是由游戏规则规定的目的，比方说得到最高分；其次是参加游戏的人们的各种各样的动机，例如想从中得到刺激，想运用自己的能力，等等，这些动机在不同个人身上是不同的；第三是游戏所含有的社会目的，这种目的是参加者或甚至社会中的任何人都没有意识到、没有察觉的，而是由反思的观察者认识到的；最后，共有的目的，即参加者的应当好好做游戏的共同愿望。只有当游戏按照规则公开地进行时，当游戏各方多少公正地竞赛时，并且当参加者们都感到他们做得好时，共有目的才能实现。可以说，一场精彩的游戏，是需要所有参加者合作的

威尔金森和 L. A. 威尔拉夫比编辑翻译的席勒的《人类美育通信》（牛津，克莱伦顿出版社，1967年版）中，尤其是在第16到27封通信中，我们没有找到对这个观念的合乎期望的清晰表达。我认为，在马克思早期的著作，尤其是《经济学哲学手稿》中也没有作出清晰的表述。见 T. B. 伯托莫尔编译的《卡尔·马克思的早期著作》（伦敦，C. A. 瓦茨公司1963年版），第126—129、154、156—157、189、202页。但是施洛墨·阿维勒里在《卡尔·马克思的社会政治思想》（剑桥，剑桥大学出版社1969年版）第231页上认为马克思持有一个与此相似的概念。然而我认为，马克思倾向于把充分发展的共产主义社会看作每个人能充分实现他的本性、能表现自己全部力量的社会。无论如何，重要的是不要把社会联合的观念同人的差别和个性的巨大价值相混淆，例如密尔在《论自由》第3章以及德国浪漫主义者——见 A. O. 勒弗乔尹的《存在的巨链》（坎布里奇，哈佛大学出版社1936年版）第10章——就作了这样的混淆；不要把这个观念同作为个人天赋的和谐实现的善的观念相混淆；也不要把它同与人类的其余部分而去占有这些善的那些有天分的人即艺术家和政治家的观念相混淆。宁可说社会联合的概念意味着，在每一个人的力量都相似的限定条件下，通过同等的人们的同等活动，群体将获得潜在于每个人身上的相同的能力总量。抑或，当这种能力不同并且恰当地互补时，这些能力表现出全体成员在活动——它们自身就具有价值——中而不仅仅在为达到社会或经济目标的合作中的潜在性总量（关于这后一点，见亚当·斯密的《国民财富的性质和原因的研究》，第1部第1—2章）（参见商务印书馆1972年中文版）。在这两种情况下人们都互相需要，因为只有在和他人的积极合作中一个人的能力才能富有成果。只有在社会联合中，个人才是完整的。

集体成就。

然而,一个社会联合的共有目的显然不等于对某种具体物事的共同欲望。格兰特将军和李将军有一个共同占领里士满的欲望,①但这个欲望并不能在他们之间建立共同体。人们需要的东西都差不多:自由和机会,安全和营养,但这些需要又因人而异。人们是否具有一种共有目的,这取决于当人们的兴趣由正义原则调节时,他们的兴趣引导他们从事的活动的更具体的特点。必定存在着一致同意的行为系统,通过这个系统每个人的美德和享受补足着共同的善。这样当人们共同实施着一项为每个人接受的计划时,每个人都从其他人的行为中得到快乐。尽管游戏有竞赛的一面,许多游戏却都以这样一种明确方式说明了这种共同目的:如果人们的热情和快乐不应当泯灭,那么,就必须把进行一场精彩而公平的游戏的共同欲望作为行为活动的调节性的有欲的因素。

艺术与科学、宗教与各种或高或低的文化的发展,当然可以类推。在学习另一个人的成就并欣赏其贡献时,人们慢慢建立起知识和信仰的体系。他们创造出公认的实际技术,丰富着风格各异的情感和语言。在这些例子中,共同目标常常是深厚而复杂的,它们是由艺术的、科学的或宗教的传统规定的,并且常常需要花费多年的训练与学习才能理解。重要的是,存在着共有的终极目的和为人们接受的实现这种目的的方法,这些方法使每一个人的成就都能得到社会的公认。一旦这一目的实现,所有的人都会对此感到满意;这一事实和人们的善相互补充的事实一道,使共同体的联系纽带更加牢固。

---

① 格兰特(cllysses, Simpson Grant, 1822—1885),美国将军,南北战争中北军总司令,1869—1877年任美国第十八任总统。李(Robert Edward Lee, 1807—1870),美国将军,南北战争时南军总司令。1865年双方都试图占领和控制里士满。——译者注

然而我不想去强调艺术和科学以及较高形式的宗教与文化的例子。鉴于它们在评价相互的美德时拒绝完善原则和民主，它们从正义观点来看就没有特殊的优点。实际上用游戏作例子不仅有简明性的优点而且在某些方面更恰当。它有利于说明，主要的问题在于存在着许多社会联合的类型，同时从政治正义的观点来看，我们不应当试图按价值来把它们分等。而且这些联合没有确定的规模，从家庭、友谊直到大的社团都是社会联合。它们也没有时空上的限制，因为被历史和环境分隔的那些人们只能在实现他们的共同本性中合作。一个组织良好的社会，事实上是大多数社会，将包括着无数不同种类的社会联合。

这些评述是一个引言，通过它我们就能看清正义原则怎样同人的交往联系着。主要的观念简单说来就是，一个（和作为公平的善相应的）组织良好的社会自身就是一个社会联合形式。事实上，它是诸种社会联合的社会联合。这个社会联合具有两个特征：成功地实行公正制度是所有成员共有的最终目的；同时，这些制度形式自身被人们看作善。我们依次来考察这些特征。第一个特点相当明显。和游戏者获得进行精彩而公平的比赛的欲望的方式类似，一个组织良好的社会的成员们也获得了共同合作以便以正义原则允许的方式实现他自己的和他人的本性的共同目标。这个集体的意图是人人获得一种有效的正义感的结果。每个人要求所有的人（包括他自己）按照在一种平等的最初状态中都会同意的原则去作。由于道德原则上的终结性条件的要求，这种欲望成为调节性的；而一旦人人都公正地行动，所有的人就会对相同事物都感到满意。

对第二个特点的解释要复杂一些，然而从所述内容来看又相当明确。我们只需指出，一旦社会联合的观念被用于社会基本结构整体时，人们把社会基本制度即公正的宪法和法律秩序的主要部分看作自身即是善的东西的各种方式，就足够了。首先，康德式解释使我们能够说每个人坚持公正制度的行为是为着所有的人的善的。人们有一种表现他们作为自由平等的道德的人的本性的欲望,而他们只有按照他们在原初状态会承认的原则去做才能充分表现这种本性。一旦所有的人努力按照这些原则去做并且都做到了这一点,那么他们作为道德的人的本性,就个别地或集体地得到最充分的实现,他们的个人的和集体的善也就随之实现。

但其次,亚里士多德主义原则则指出制度形式以及其他的人类活动的意义。根据这种看法,一种公正的宪法秩序在和日常生活中的较小的社会联合相结合时,就为这许多社团提供一种结构,并产生出最复杂的最富于变化的全体人的活动。在一个组织良好的社会中,每个人都把支配着整个社会系统的第一原则理解为将得到许多代人的贯彻的,同时每个人都有一个在其生活计划中坚持这些原则的确定意图。所以每个人的生活计划都被赋予了更充分丰富的结构,如果没有制度的作用,它就不会获得这种结构。每个人的生活计划又通过共同承认的原则适合于他人的计划。可以说,每个人的私人生活是一个计划中的计划,这个极其普通的计划是在社会公共制度下实现的。但是这个更大的计划并不确立一种支配性目的,例如宗教团体的或最大的文化美德的目的,更甚者如支配着所有个人和社团的目标的国家权力和声望的目的。起调节作用的毋宁说是宪法秩序应当实现正义原则这样一种公共意图。而这种集体活动,假如亚里士多德主义原则是合理的,必然被体验为一种善。

我们看到,道德德性是人的美德和特性,这些美德与特性因其自身原因就值得赞赏或在活动中表现得令人赏心悦目,因而是人们可以合理地要求于自己并相互要求的(第66—67节),显而易见,这些美德在一个组织良好的社会中会充分表现出来。因而亚里士多德主义原则的伴随原则意味着人们总是相互欣赏他们在

531

肯定公正制度的合作中表现出来的这些特性并从中得到享受。由此可见，集体活动是人类繁荣兴旺的突出形式。因为，在条件有利时，人们正是依靠维护这些公共的安排，才能最好地表现他们的本性，才能获得他们所能获得的最广泛的起调节作用的美德。同时，公正制度为不同的社团内部生活留下了余地并鼓励这种生活；在这种生活中，人们实现着他们更为具体的目标。所以正义的社会实现是共同体的一种价值。

最后，我应当指出，一个组织良好的社会不排除通常意义上的劳动分工。诚然，分工的那些最坏的方面能被克服：没有人需要奴隶般地依赖于他人，或需要被迫地选择窒息人们思想与感觉的单调而琐碎的工作。每个人都会被分到各种不同的任务，从而使他本性中的不同因素能得到适当的表现。但即使我们的工作是为着全体人的，我们也不能克服、也不应当希望克服对他人的依赖。在一个完全公正的社会，人们以他们特有的方式追求他们的善，他们依靠他们的伙伴们去做那些他们可能不会做的事，以及那些虽会做却没有去做的事。设想每个人都能充分实现他的能力并且至少一部分人能够成为人性的完美榜样是诱人的。但这不可能。人类社会交往的一个特点，是我们由于自身原因仅仅部分地是我们可能成为的样子。我们必须从他人那里获得那些被我们搁置的或完全缺乏的美德。社会和许多社团的集体活动以及调节着它们的最大共同体的公共生活，肯定着我们的努力并激励我们作出贡献。而从公共文化中获得的善，在我们不再只是部分的意义上，远远地超出了我们的工作：我们自己直接实现的部分加入到一个更广大的公正的安排之中去，而这种安排的目的是被我们肯定的。这样，劳动分工不是通过每个人自己变得全面，而是通过在一个公正的诸种社会联合的社会联合中的自愿而有意义的工作而被克服，在这里，每个人只要愿意，都能够自由地做出他的贡献。

80．妒忌问题

到现在为止，我一直是假定在原初状态中的人们并不是由某种心理学性质驱动的（见第25节）。一个理性的个人不受妒忌支配，至少是当他自己同别人的差别还没有被看作非正义的结果，没有超过某些限制的时候。同时，各方也不受导向危险和不稳定性的各种态度及各种支配或屈从倾向等等的影响。我一直把这种特殊心理设想为发生在无知之幕及各方关于他们的善的观念的知识之后。对这些规定的一个解释是，只要可能，对正义观念的选择应当不受偶然因素的影响。出于我们希望各方选择的原则不受个人偏爱和环境影响的同样理由，所选择的原则和这些倾向方面的变化相比较应当是不变的。

这些假定同对公平的正义的康德式解释联系在一起，并且，从原初状态观点来看，极大地简化了论证。各方不受个人倾向上的差别的影响，因而避免了这些倾向会引出的讨价还价的复杂情况。假如没有相当明确的知识，也就不会存在关于这些知识的那些态度结构，人们也就说不出他想达到何种协议，假如能达成某种协议的话。在任何情况下，协议的性质都取决于作为它的基础的那种具体假设的性质。除非我们能从一种道德观点并通过一批假想的特殊心理因素来说明所选择的原则具有某些与众不同的优点，否则它们就是专断的而不是合理条件的结果。同时，由于妒忌一般地被看作某种应避开的人们害怕的东西——至少是当它变得强烈时——那么合理的似乎是，只要可能，对原则的选择应当不受这种特性的影响。概言之，出于简明性和道德理论这两种理由，我一直采取着（原始状态的原则选择中）不存在妒忌和不存在对特殊心理的知识的假定。

然而这些倾向的确存在着而且必须以某种方法推断出来。因之我已经把对正义原则的论证分为两部分：第一个部分以上述假说为前提，并由到目前为止所提出的大部分论证得到了说明；第二部分将研究和所选择的观念相适应的组织良好的社会是否会实际上产生妒忌感和暗中破坏这个社会确认为公正的社会安排的种种心理态度。起初我们这样来推理，仿佛不存在妒忌和特殊心理的问题；然而在确定哪些原则会被各方选择之后，我们要小心地看看，如此规定的公正制度是否可能唤起和鼓励这些倾向到如此程度，以至使社会体系变得不起作用并同人们的善不一致。如果是这样，对所采取的观念必须重加考虑。但假如产生的倾向支持公正的安排或容易适应这些安排，论证的第一部分就得到进一步证实。两步程序的证明的基本优点在于没有任何特殊一组态度被当作前提。我们现在正在简单地检查我们的最初假设的合理性，检查我们借助于世界的一般事实的约束性而从这些假设中引出的结果。

我将把妒忌问题作为特殊心理因素如何介入正义理论的一个例证来讨论。尽管每种特殊心理因素无疑产生着不同的问题，其一般过程却是相同的。我先来指出妒忌所以成为一个困难的问题的原因，即指出差别原则认可的不平等可能会如此严重以至使妒忌达到一种危害社会的程度这一事实。为说明这种可能性，我们需要区别一般的妒忌和具体的妒忌。获利最少者所体验的对境遇较佳者的妒忌是对他们占有的善的种类的妒忌而不是对他们占有的特殊对象的妒忌，在这个意义上，这种妒忌是一般的妒忌。例如，上层社会的较大财富和机会受到妒忌，妒忌者希望自己也得到类似的利益。与此成为对比，具体的妒忌的类型特点是敌对和竞争，在竞争职位和荣誉或另一个人的情感中失败的人们，倾向于妒忌他们对手们的成功；觊觎他们所获得的东西。因此，我们的问题在于：正义原则，尤其是和公正平等机会一致的差别原则是否可能在实践中产生过多的有破坏性的一般的妒忌。

我现在来讨论适用于这个问题运用的对妒忌的定义。为确定观念，假定必要的人际比较就是借助于客观的基本善，即自由和机会、收入与财富作出的，为简明起见，我在应用差别原则时，一般是使用这些基本善来规定人的期望。这样我们可以把妒忌看作带着敌意去看待他人的较大的善——即使是他们的较我们幸运并不减损我们的利益——的倾向。我们妒忌（按照善的某种公认指标来估价）其境况好于我们的人们，而且我们还希望剥夺他们的较大利益，尽管就我们自己而言可能放弃某些东西更好。当其他的人们知道我们的妒忌时，他们变得吝惜他们的较好境况并急于对我们由于妒忌而易于产生的敌意行为采取防范措施。所以当妒忌为被妒忌者意识到时它在总体上是有害的：妒忌他人的人打算采取一些行动，如果此种行动仅仅是极大地缩小他们之间的差别，就于双方都有害。所以康德十分恰当地把妒忌作为仇恨人类的一种恶来加以讨论，[①] 我在很大程度上采用了康德对妒忌的定义。

对这个定义需要进一步评论。首先，正如康德所注意到的，在许多场合，我们是公开地把其他人的更大的善作为可妒忌的东西来谈论的。所以我们可评论一个婚姻或家庭的可妒忌的和睦和幸福。与此类似，一个人可以对另一个人说他妒忌后者的更好机会或成就。在这些温和的妒忌——我愿意这样称呼它们——的场合，人们不会带有或表现出不健康的意志。例如，我们并不希望那个婚姻或家庭会不幸或不和睦。通过这些习惯用语我们肯定着他人拥有的某些东西的价值。我们向他们说，虽然我们没有具有同等价值的类似的善，它们的确值得追求。我们希望他们——即我们与之对话的人们——把这些话当作一种赞美而不是当作一种

---

① 见《道德形而上学基础》，第 2 部分，第 36 节，见 M. G. 格雷格英译本（纽约，哈珀和罗公司），1964 年版，第 127 页。亚里士多德指出作为激情的妒忌和恶意不是一种手段，它们的名字已经意味着恶。《尼可马伦理学》，第 1107 页 a11。

敌意的表示。稍稍不同的例子是竞赛的妒忌，它引导我们努力去取得他人取得的成绩。看到他们的更大的善，这推动我们在交往中以有益的方式为我们自己追求相似的善。① 所以真正的妒忌，和我们自由地表达的温和的妒忌作为对比，是一种怨恨的形式，它既会伤害它的对象又会伤害它的主体。竞赛的妒忌在一定的失败条件和失败感之下，可以变为真正的妒忌。

其次，妒忌不是一种道德情感。在解释妒忌时不需援引任何道德原则。说他人的较好境况引起我们的注意就足够了。他们的好运使我们感到自己黯然失色，使我们不再把我们所拥有的东西看得那么有价值。这种伤害和损失感引起我们的怨恨和敌意。所以一定不要把妒忌和不满等同起来。因为不满是一种道德情感。如果我们因我们获得的少于他人而不满，这一定是由于我们认为他们境遇好是不公正的制度或他们的不公正的行为的结果。那些表达不满的人一定打算说明为什么某种制度是不公正的或他人的行为如何地伤害了他们。妒忌和道德情感的区别在于它被说明的方式，以及说明它的境况的那种观点的种类（见第73节）。

我们也应当指出不应把和妒忌相联系的非道德情感误作妒忌。特别是吝惜和悭吝，它们可以说是与妒忌相反的。一个境遇好的人可能希望那些较不幸的人保持其状态。他吝惜他的较高地位并不愿让那些人们得到更大的利益，惟怨这样会使他们和自己处于同一水平。而当这种倾向发展到拒绝把自己不需要也不能利用的利益给那些人们时，他的动机就是恶意。② 由于悭吝和恶意

---

① 关于竞赛和妒忌之间的区别，见 L. A. 塞尔比-比格编辑的《英国道德学家》（牛津，1897年）中巴特勒主教的《布道 I》，见该书第 1 卷，第 205 页。

② 亚里士多德的《尼可马克伦理学》第 1108 页 b1—b6 把恶意的特征描述为对他人的不幸——无论是应得与否——感到高兴。关于吝惜、悭吝和恶意是妒忌的反面的观念，关于被妒忌的和占有别人希求的东西的人的情感，我得益于 G. M. 福斯特。

的人为了阻止他人赶上自己哪怕要作出某种牺牲也在所不计,所以这些倾向就和妒忌同样在总体上是有害的。

到目前为止我已把妒忌和悭吝看作是恶。如我们曾指出的,道德德性是根深蒂固的特性,这种特性是人们作为伙伴可以合理地相互要求的(见第66节)。所以恶是人们不相互要求的根深蒂固的特性,因为它们给每个人带来了损害;恶意和妒忌就是明显的例子。原初状态中的各方肯定将偏爱于选择那些正义观念,其实现不会引起这些倾向。在正常情况下人们总是希望我们克制自己,希望我们不去做这些倾向怂恿我们做的行为,希望我们采取必要步骤以摆脱它们。然而引起妒忌的环境有时具有如此的诱惑性,以至按照人们的本性,要求一个人去克服他的怨恨情感必是不合理的。一个人的按照基本善的客观指标衡量的较低地位可能会如此可悲以至刺伤他的自尊;处在他的境况下我们也会和他有同样的损失感。事实上我们有理由对使我们变得妒忌的那些条件不满,因为社会竟允许在这些善的分配上如此不均,以至在现有社会条件下这些差别不能不造成自尊的损失。对那些经受这种伤害的人们来说,妒忌情感是不无理由的,他们怨恨的发泄会使他们好受些。当一个人处在不可能不产生妒忌的环境之中时,当妒忌是对在此环境中的自尊的损失的一种逆反行为时,我要说这是情有可原的。由于自尊是主要的基本善,因而我假定各方都不会把这种主观方面的损失看作无关紧要的。因此问题在于:满足正义原则的社会基本结构是否会产生如此之多的可原谅的妒忌,以至应当对选择这些原则重加考察。

81. 妒忌与平等

我们现在准备考察一个组织良好的社会中可原谅的一般妒忌的可能状况。我仅只讨论此种情况,是因为我们的困难问题在于说明从人类的倾向性尤其是他们对客观善的不均的反感考虑,正义原则是否是一个合理的选择。现在我假定妒忌倾向的主要心理学根源是缺乏对我们自己的价值的自信，和一种无力自助感。我们的生活方式令人丧失热情，而我们感到无力改变它或无力去获得做我们仍旧想做的事情的手段。① 与此成为对比，一个确信他的生活计划的价值，确信他有能力去实现这一计划的人，不会去怨恨别人也不会吝惜他自己的好运。即使他力所能及，他也没有那种不惜以自己也受损害为代价去降低他人幸福的欲望。这个假说意味着获利最少者们越无力挽救他们的自尊，他们无力改善其前景的感觉越强烈，他们就越倾向于妒忌那些获利较多者的较佳境遇。与此相似，一个人在竞争和对抗中失败得越重，由此产生的具体妒忌就越强烈，因为这种失败对一个人的自信的打击更严重，损失更不可避免。但是我们在这里要讨论的是一般妒忌。

我假定有三个条件促使妒忌带着敌意而爆发。首先是我们刚刚指出的心理学条件：人们缺乏对自己的价值和自己去做有价值的事情的能力的自信。第二（即两个社会条件之一），妒忌的爆发在很多场合是由于这种心理学条件被体验为痛苦的和丢脸的。一个人自己和他人之间的差别被那个社会的结构和生活方式昭然于众目之下，因而不幸境遇常常使不幸者自惭形秽，并常常引导他们对自己本身及其生活方式作更低的估价。第三，他们认为处在他们的社会地位上，除了反对那些获利较多者的有利环境外别无积极的选择。他们相信，要减轻其气愤和低下地位，除了以自己也受损害为代价使那些境遇较佳者蒙受损失之外没有其他办

---

① 这种假设曾有许多作者提出过。例如 W. 考夫曼和 R. J. 赫林戴尔所译的尼采的《道德的世系》（纽约，伦德姆豪斯出版社 1967 年版）第 1 部分第 10、11、13、14、16 节；第 2 部分第 11 节；第 3 部分第 14—16 节；W. W. 霍尔德海姆所译麦克斯·舍勒的《不满》（格伦科，伊利诺斯州，自由出版社 1961 年版）第 45—50 页。对尼采关于不满的概念的讨论，见 W. 考夫曼的《尼采》（普林斯顿，普林斯顿大学出版社 1950 年版）第 325—331 页）。

法，除非听认自己变得顺从和麻木不仁。

所以，一个组织良好的社会必须从许多方面缓和——如果不是阻止——这些条件。就第一个条件来说，显而易见，虽然它是一种心理状态，社会制度却是一种基本的诱因。但我一直坚持认为契约论的正义观念一般地比其他政治原则更坚定地支持着公民的自尊。在公共讲坛中，每个人都由于一种至上的平等而受到尊重，每个人也都拥有在一种最初状态中会被承认为公平的同等的基本权利。共同体的成员们有一种共同的正义感，他们被公民的友谊的纽带联系在一起，我已经在讨论稳定性问题时说明了这些要点（见第75—76节）。我们能补充的是，一些人的更大的利益是为着补偿较少受益者的利益的，没有人认为占有较大份额的人从道德观点来看比别人更应得到这种份额。依德性来决定幸福不能作为一条分配原则（见第48节）。至善原则也同样如此：不管个人或社会表现了何种优点，他（它）们对社会资源的权利始终要由对等正义的原则来裁定（见第50节）。由于这一切，那些较不幸者没有理由认为自己地位低下，而且人们接受的公共原则一般说来支持着他们的自信。至于他们自己和他人之间的差别，无论是绝对的或是相对的，应当比其他政治形式更易于为他们承认。

至于第二个条件，一个组织良好的社会所容许的绝对或相对的差别也许并不多于实际上常常流行的那些差别。虽然在理论上差别原则容许无限大的不平等，又容许条件不佳者得到极小的份额，但是在特定的必要的背景制度下，收入和财富的增长实际上不会过分。而且，一个组织良好的社会中的众多的社团，由于它们的安全无害的内部生活，倾向于降低人们的前景方面的差别的可见度，至少降低令人尴尬的可见度。因为我们倾向于把我们的境况同一组和我们同样或类似的人，或其地位在我们看来与我们的期待有关的人加以比较。社会中各种各样的社团总是把社会分为如此之多的不可比群体，这些群体之间的差别使人们不再注意他们之间的比较，正是这种比较使那些境况不佳者的生活不安宁。当公民们在实际地相互交往时，至少是当他们必须在公共生活中相互交往时，平等的正义原则就会为他们承认；这一事实使人们比较容易不去理会财富和境况上的差别。而且，在日常生活中，自然义务如此为人们看重，以至获利较多者并不因他的较大财产——这种财产使获利较少者的财产相形见绌——而出风头。而假如妒忌的滋生条件消失了，其反面的吝惜、悭吝和恶意的滋生条件可能也就消失了。一当社会中较不幸的人们丢掉妒忌，那些较幸运者也就将丢掉吝惜、悭吝和恶意。把一个组织良好的制度的这些特点综合在一起，使较少受益者可能把他们的境况体验为穷困和羞耻的场合的数量便将会大大减少。即使他们有某种妒忌的倾向，这种倾向也不会强烈地爆发出来。

最后，关于第三个条件，一个组织良好的社会也和任何一个社会一样地提供着建设性的选择机会以制止妒忌的带敌意的爆发。无论如何，一般妒忌引起的问题并不要求我们重新考虑对正义原则的选择。至于具体妒忌，在一定程度上它是人类生活所特有的东西；它和竞争相联系，可能在任何社会中都存在。政治正义的更具体的问题，是从追求公职和地位中产生的怨恨和吝惜究竟有多大，它是否可能歪曲制度的正义。没有关于立法阶段的可能的社会形式的详细知识是不能解决这个问题的。但是似乎没有理由认为，在一个由正义调节的社会中具体妒忌的危险会比在任何其他合作形式中更大。

所以我的结论是，正义原则引起的可原谅的一般妒忌（以及具体妒忌）不会达到令人担心的程度。这一考察再一次表明正义观念是相对稳定的。我想在这里简单地考察妒忌和平等之间的可能的联系，使平等从各个方面得到规定，就如它在我们所论的正义理论中得到规定一样。尽管存在许多形式的平等并且平等主义也有不同的等级，但是有一些正义观念也被公认为是平等主义的，虽然其中也含有某些实质性的差别。我认为，正义的两个原则都属于平等主义的名下。

许多保守作者曾争论说现代社会运动中的平等趋向是妒忌的表现。① 于是他们试图使平等倾向名誉扫地，把他归于那些总体上有害的冲动之类。不管怎样，在这一论题能真正为人们接受之前，人们首先必须论证所反对的平等形式的确是不公正的并最终必定使每个人包括那些较少获利者们境况更坏。然而，正义的两个原则所规定的对平等的要求不等于表达着妒忌。这些原则的内容和妒忌的特性说明了这一点。从原初状态各方的本性来看也是显而易见的：正义观念是在无人为怨恨和恶意驱动的假设条件下被选择的（见第25节）。所以正义的两个原则支持着的平等要求不是从这些情感中产生的。那些肯定正义原则的人们的要求常常表达着不满。但如我们指出过的，这是另一个问题。

要说明正义原则部分地建立在妒忌的基础上，就不得不证明原初状态的一个或更多的条件产生于妒忌的倾向。既然稳定性问题并不需要我们重新考虑已经作出的选择，妒忌的影响问题就必须借助正义理论的第一部分来解决。但是原初状态的每一规定都有一个正当的证明而不需提及妒忌。例如，人们把道德原则的有效性作为提出平等要求的一种恰当普遍的、公认的方式（见第23节）。诚然，有些平等形式是产生于妒忌的。可以令人信服地证明，严格的平等主义，即坚持对所有的基本善的平等分配的学说，是产生于这种倾向的。这意味着仅当原初状态中的各方被假定具有强烈妒忌倾向时，这种平等观念才为各方接受。这种可能

---

① 见例如迈克尔·格伦尼和贝蒂·罗斯所泽的赫尔穆特·肖赫的《妒忌：一种社会行为理论》（伦敦，赛克公司1969年版），第14—15章，那里引用了许多文献。甚至马克思也在某一点上把共产主义的第一阶段看作是妒忌的表现。见《马克思早期著作》，第153页。

性根本不影响正义的两条原则。它们规定的与此不同的平等观念在不存在妒忌这个假设条件时也为人们承认。①

可以举几个例子来说明把妒忌从道德情感中分离出来的重要性。首先让我们假设妒忌是一个穷困的农业社会中普遍的倾向。这种状况的原因，也许可以说，是这个社会中的人们普遍认为社会财富总量多少是固定的，因而一个人的所得就是另一个人的所失。或许可以说，这里的人们把社会制度看作一种按照习俗建立的不可改变的总量为零的游戏。的确，假如这种信念广泛传播并且善的总量被普遍认为是固定不变的，那么人们必然认为他们的利益是严格对立的。在这种情况下，认为正义就是要求平等份额就是正确的。社会财富不是被看作互利合作的结果，因此，利益的不平等分配就没有公平的基础。被视为妒忌的可能事实上就是能或不能被证明为正当的不满。

弗洛伊德关于正义感起源的思考就具有这种缺陷。他指出这种情感是妒忌和吝惜的结果。由于一些社会群体的成员们吝惜地力求保护他们的利益，那些较少获利者们就妒忌地要剥夺前者的利益。最后，人们认识到他们的这种相互敌视的态度不可能不给自己带来伤害。所以作为一种妥协，他们制订了平等相互对待的要求。正义感是一种反应结构：原来吝惜和妒忌的东西转变为一种社会情感，即坚持一切人的平等的正义感。弗洛伊德相信这一过程典型地表现在保育园和许多其他社会环境中。② 然而他的看法之所以似真乃是由于这种看法假定最初的态度得到了正确的描述。只要稍加改变，他描述的那些例子的根本特点就是和原初状态的那些特点一致的。人们具有对立的利益并致力于发展他们自

---

① 在这一段及下面的几段中我受益于 R. A. 舒尔茨的一些极好的建议。
② 见詹姆斯·斯特雷奇所译的弗洛伊德的《群体心理学和自我的分析》修订版（伦敦，霍格思出版社 1959 年版），第 51 页。

己的善观念完全不等于他们是受妒忌和吝惜驱使的。我们已经看到，这种对立产生了正义环境。所以，假如孩子们都想争得他们父母的关心和慈爱，人们也许可以说他们都正当地拥有这种平等权利，但绝不能根据这一点断言他们的正义感来源于吝惜和妒忌。当然孩子们常常妒忌和吝惜，但他们的道德概念具有如此的原初性以至这些概念中还不包含任何必要的区分。撇开这些困难不谈，我们也同样可以说他们的社会情感产生于不满，产生一种受到不公正的对待的感觉。[①] 出于类似理由，人们也可以对保守的作者们说，那些境况较佳者们拒绝获利较少的人们对更大的平等的要求，仅仅是由于悭吝。但是这种论点同样需要进一步论证。假如不首先考察人们真诚地坚持的正义观念以及人们对社会境况的理解，以便了解那些平等要求在多大程度上是建立在这些正义动机上的，对于平等要求的这些指责和反指责之中就没有令人信服的东西。

上述的陈述决非意在否认诉诸正义常常成为妒忌的一种假面具。对不满所说的话也许对怨恨也适用。但这种文饰产生了更为困难的问题。除了要说明一个人的正义观念本身不来自妒忌之外，我们还必须确定，在解释他的动机时援引的正义原则是不是他真诚地坚持的，这一点在他把它们应用于其他与他无关的场合，或最好是在他可能由于应用它们而受到损失的场合时，会表现出来。我认为，弗洛伊德是想断言比妒忌常常伪装成不满这一论断更多的东西。他想说驱动着正义感的动力来自妒忌和吝惜，没有这种动力，就不会有（或极少有）提供正义的欲望。除了从这些妒忌或与之类似的情感中产生的吸引之外，正义观念对我们

---

① 见 B. 福克斯莱所译卢梭的《爱弥儿》（伦敦，J. M. 登特父子公司1911年版），第61—63页；另见 J. N. 希克拉的《人与公民》（剑桥，剑桥大学出版社1969年版），第49页。

几乎没有什么吸引。正是这种正义要求从不正确地结合到一起的妒忌和不满中得到支持。

不幸的是我们必须放过其他特殊心理的问题。它们在任何例子中都应当以与妒忌同样的方式对待。人们力图估价公正制度可能产生的导向危险和不稳定、支配和屈从等等的态度结构，估价它们是否可能使这些制度不起作用或失去效能。我们也需要问，从原初状态的人们的观点来看，是不是无论我们的特有倾向会变得如何这些所选择的原则都是可以接受的，或起码是可以容忍的。最为有利的选择对象是给所有这些不同倾向——只要它们可能为一种公正的社会基本结构所鼓励——留下余地的观念。可以说在这里存在着具有相反倾向的人们之间的劳动分工。当然其中某些态度，例如去冒险或从事有极大危险的事务的愿望，可能会获得奖励，就像某些训练获得的能力受奖励一样。但如果是这样，这个问题也只是回到了天赋问题上，这个问题我们在讨论分配份额问题时已经谈到了（见第46节）。一种社会制度显然不能去鼓励那些它必然要去抑制和挫伤的倾向和期待。只要由社会引发的特殊的心理学类型支持社会的安排或能够合理地适应于它们，就没有必要重新考虑对正义观念的选择。我相信作为公平的正义原则将经受住这一检验，尽管我还没有证明这一点。

82. 自由的优先性的根据

在描述正义原则时，我通常把它们按词典式顺序来排列，使第一原则优先于第二原则。这种次序上的优先性的意义我已经作了解释并具体提出了优先性规则（见第39、46节）。我把顺序排列的那些原则称作与一般正义观念相对的特殊东西（见第11、26节）。虽然我提到了这种顺序的理论上的便利，并且尽量说明了它的结果相当接近于我们所考虑的判断，但我们仍然不得不把这种顺序的根据集中起来加以说明。而且，对第一原则的讨论说明了原初状态中的人们珍视他们对平等的自由的关切的原因。这样，这个理论的全部要素都得到了说明，现在到了考察这种优先性的一般论据的时候了。

早些时我指出过隐藏在自由的优先性后面的直觉观念（见第26节）。这个假设是：如果原初状态中的人们假定他们的基本自由能够有效地加以运用，他们一定不会为了经济福利的改善而换取一个较小的自由，至少是当他们获得了一定数量的财富之后不会这样做。仅当社会条件使这些权利不能有效运用时，一个人才能接受社会条件的限制。仅当拒绝平等的自由成为提高文明的质量、以便使平等的自由在一定阶段上能为所有的人享有的必要条件时，这种拒绝才能为人们接受。两条原则的词典式顺序是人们在合理的有利条件下一致地追求的一般正义观念的恒久倾向。一个组织良好的社会的历史最终会达到这样一个阶段，从那时起这两个原则的特殊形式将会影响并调节社会。所以必须说明的是，这种排列从原初状态各方的观点来看有何种合理性。显然，作为合理性的善和道德心理原则在回答这一问题时将发挥一定的作用。

自由的优先性的基础可概述如下：随着文明条件的改善，文明对我们的善，即我们的进一步的经济和社会利益具有一种边际意义，它减少我们对自由的关切的相关物，这种关切将随着运用平等自由的条件的日益充分的实现而愈加强烈。在某个极点之外，从原初状态的观点来看，一旦超出了某种极点，为较大的物质财富和令人愉快的公职活动的缘故而接受一种较小自由，就成为并且是继续是不合理的。让我们来指出为什么会是这样。首先，由于（表现在获利较少者所期望的基本善指标上的）一般福利水准的提高，仅仅那些较不紧迫的需要仍有待于进一步的发展来满足，至少在人们的需要主要不是由制度和社会形式创造的条件下情况是这样。同时，运用平等的自由方面的障碍将会减少，

545

而日益增长的追求我们精神和文化关切的权利将表现出来。它将对确保各种所关切的共同体的自由的内部生活起愈来愈大的作用，在这些共同体中，个人和团体以各种和平等的自由一致的社会联合方式，努力去实现那些吸引着他（它）们的目的和美德。此外，人们还慢慢地产生了在某种程度上控制调节他们的社团的法规的愿望，他们通过自己直接参与，或通过以文化和社会环境纽带与他们联系着的代表们间接参与有关事物来做到这一点。

诚然，当自由的优先起调节作用时，并非所有的物质需要都已得到满足。宁可说这些欲望不那么具有诱惑性，不致使处于原初状态的人们为满足它们而接受一种不很平等的自由。对善的描述使各方能制订一个各种利益（兴趣）的等级表并确定何种目的应当成为他们合理生活计划中的调节因素。在个人的基本需要得到满足之前，不可能预先确定他们的自由利益（兴趣）的相对紧迫性。这将取决于获利较少者们的要求，这一点在讨论宪法阶段和立法阶段时已经指出了。但是在有利环境下，在确定我们的生活计划时根本利益（兴趣）最终将获得优先地位。其中的一个原因我已在讨论良心的自由和思想的自由时指出过。第二个原因是自尊的基本善具有中心地位，并且人们在一个同他人的自由社会联合中具有的欲望表现着他们的本性。所以，对自由的欲望是各方必然假定所有的人在一定阶段上都将获得的主要的调节性利益（兴趣）。无知之幕迫使他们从他们生活计划的细节中抽象出来，因而导致了这种结果。于是正义的两个原则的次序就由此而被确定。

似乎有这样的问题：尽管绝对提高经济利益的欲望会下降，人们对他们在财富分配中的相对地位的关心仍将存在。事实上，如果我们假定每个人都希望得到一个相应的更大份额，其结果可能同样是物质充裕的日益增长的欲望。既然每个人都孜孜以求达到一项不可能集体地达到的目的，社会就可能变得愈加忙于提高生产和改善经济效能。这些目标可能变得具有如此的支配性，以至破坏着自由优先的基础。有些人就是以此为根据反对平等的倾向的，他们说人们会对他们在社会财富中的相对份额着迷。但是尽管在一个组织良好的社会中很可能存在着追求更大平等的趋势，它的成员们却极少对他们的相对地位本身发生兴趣。我们已经看到，他们不大受妒忌和吝惜影响；大多数人都在按照他们的生活计划做着对他们最好的事，而不会由于其他人的更大愉快和享受而沮丧。所以没有强烈的心理学倾向使他们为更大的绝对或相对的经济福利而降低他们的自由。对物质财富的分配中较高地位的欲望将可能非常衰弱以至自由的优先性不受其影响。

当然，这不等于说在一个公正社会中每个人都不关心地位问题。对也许是作为主要的基本善的自尊的描述，已强调了为我们意识到的他人对我们的评价的巨大影响。但是在一个组织良好的社会，对地位的需要由公正制度的公认、由许多自由的为平等的自由所允许的利益（兴趣）共同体的充实而各异的内部生活而得到满足。因此，在一个公正的社会中自尊的基础不是一个人的收入份额，而是由社会肯定的基本权利和自由的分配。而且，由于这种分配是平等的，因而，当人们在更广大的范围中引导着公共事务时，每个人都有一种相似而可靠的地位。没有人在宪法对平等的肯定之外去寻求保障他的地位的政治方法。另一方面，也没有人倾向于接受一种比平等的自由更低的自由。因为首先，从一种长远观点来看，承认这种自由可能使他们在利益上受到损害并削弱他们的政治地位。其次，这样做还可能把他们的由社会基本结构规定的弱点公开化。一个人在参与政治经济生活的努力中体验到、或者在与那些有更大自由的人们打交道中感觉到的自己在公共讲坛中的次要地位，可能使他感到蒙耻并破坏他的自尊。这样，在他默认地接受一种低于平等的自由的较小的自由时，他就可能受到两方面的损失。一个社会越是公正，情况就越是这样，

547

因为平等权利和相互尊重的社会态度在维护一种政治平衡和保障公民的自我价值方面起着根本的作用。所以，尽管在社会各个部分——我们可称之为不可比群体——之间的社会的经济的差异不会产生敌意，从政治的和公民的不平等中、以及从文化的和种族的差异中产生的病苦却不易为人们接受。当对地位的需要指向平等的公民地位时，平等的自由的优先性就越发必要。一经选择了一个旨在消除相对的经济和社会利益的影响以支持人们的自信的正义观念之后，坚定地维护自由的优先性就成为一个根本性的问题。也是由于这一理由，各方才被引导着接受两条原则的次序。

因此，在一个组织良好的社会中，由社会肯定的每个人的平等公民地位保障着人们的自尊，物质财富的分配则小心地和纯粹程序的正义的观念保持一致。当然，这是以必要的背景制度为条件的，这种制度限制着不平等的范围以便使可原谅的妒忌不致产生。这种解决地位问题的方法有一些值得指出的特点；这些特点可说明如下。让我们反过来假设人们对一个人的评价取决于他在收入和财富分配中的相对地位。在这种情况下具有一个较高地位意味着具有比大部分人更多的物质财富。所以不是每个人都具有最高地位，而提高一个人的地位就是降低另一个人的地位。因而提高自尊的条件的社会合作就是不可能的。也可以说，地位手段是固定的，一个人的所得即是另一个人的所失。这种情况显然是一种极大的不幸。人们只是极偶然地在追求其自尊方面相互合作。假如地位这种基本善如此突出，原初状态中各方肯定不希望看到他们如此相互对立。因为，这种对立在倾向于使人们难于——假如不是不可能——获得社会联合的善。而且，如我在讨论妒忌时已提到的，如果提供一种善的手段总量实际上是固定的而且不能由合作来扩大，那么，如其他情况相同，正义似乎就要求平等的份额。但是对全部基本善的平等划分，从接受某种不平等来改善每个人的境况这种可能性来看又是不合理的。所以最佳解决办法就是通过分配基本自由——这种自由被实际地平等划分以规定所有人的同等地位——来尽可能地支持自尊的基本善。与此同时,作为通常理解的分配正义,即在物质财富的相对份额方面的正义,就下降为一种从属地位。所以,我们就有了把社会秩序分为以正义的两个原则为标志的两部分的另一个理由。尽管这些原则允许以不平等的分配作为对于每个人都有利的贡献的回报,自由在次序上的优先性把平等作为尊重的社会基础。

因此,平等这个观念很可能得不到彻底的实现。在一定程度上人们的自我价值感可能随他们在制度中的地位和他们的收入份额而变化。然而,如果前面对社会的妒忌和吝惜的描述是合理的,那么在适当的背景制度之下,这些倾向就不会发展过度,至少是在自由的优先性有效地发挥着作用时不会这样。但是在理论上需要时我们可以把自尊包括在基本善之内,这些基本善的指标指示着人们的期望,在应用差别原则的过程中,这个指标可能会表明可原谅的妒忌的影响(见第80节);那些获利较少者们的期望越低,这些影响就越严重。我们是否不得不为了维护自尊而做些调整的问题,最好根据立法阶段——在这个阶段各方具有关于社会环境的更多知识,同时,政治决定的原则起着作用——的观点来决定。人们都承认这是一个不令人喜欢的复杂问题。既然简明性在社会正义观念中是本身就值得向往的,那么假如可能就应当避免产生原谅的妒忌的条件。我提及这一点并不是为了解决它,而仅仅是为了指出,在必要时可以从这方面去理解那些获利较少者们的期望,以便把自尊的基本善考虑进来。

有些人可能反对这种对自由的优先性的描述说,社会有其他肯定自尊和对付妒忌及其他破坏性倾向的方法。所以人们相信在一个封建的或等级的制度中每个人都在事物的自然秩序中有他的规定的位置。他的比较可能是局限于他的集团和等级的,这些等级在实际上成了如此之多的不可比群体,它们不受人们的控制,而是由宗教和神学支持的。人们把自己托付给他们的地位而从来不曾想到应当问这是为什么；而既然所有的人都认为自己是属于他们的天职的，每个人就在上帝眼中被看作是有同等命运并同等高贵的。[1] 这种社会观念是靠在思想中消除产生问题的环境来解决问题。社会基本结构据说已经确定，并且不受人们左右。从这点来看，这种观念为了假定社会秩序应当和平等的人们都会同意的原则相配合，而误解了人们在世界中的地位。

和这种观念相反，我一直假定各方在选择一种正义观念时应当受关于社会一般事实的知识的指导。他们自然而然地把制度看作不固定的和在时间中变化的，看作由自然环境和社会群体的活动和冲突而改变的。自然的制约是公认的，但人们在形成他们的安排方面不是无能为力的。这个假设同样只是正义理论的部分背景。由此可见，解决妒忌和其他异常的倾向的方法系于一个组织良好的社会。例如，不能靠散布虚假的或没有根据的信念来控制这些倾向。因为我们的问题是：如果社会应当符合原初状态中的有理性的人们在具有真实的一般信念时乐于承认的原则，那么应当如何安排社会。公开性条件要求各方去假定，作为社会的成员们他们也将了解那些一般事实。导致最初协议的推理应当是可为公众理解的。当然，在推断什么才是所需要的原则时，我们必须依赖为常识承认的通行的知识和现有的科学上的一致意见。但是没有合理的其他选择。我们不得不承认，随着已经确认的信念的改变，似乎是合理地选择的正义原则同样可能改变。所以，当支持着一个等级社会的相对固定的自然秩序信念被抛弃时——这里

---

[1] 关于这一点，见 R. 鲁思和 C. 威梯希所编的麦克斯·韦伯的《经济与社会》（纽约，贝德明斯特出版社 1968 年版），第 2 卷第 435、598 页。关于不同社会阶层在宗教中找到的种种根据的一般评论见该书 490—499 页。另参见 O. 怀教因所译的 E. 特罗希的《基督教会的社会教育》（伦敦，乔治·艾伦有限公司 1931 年版），第 1 卷第 120—127、132、134—138 页；以及舍勒的《不满》，第 56 页。

假定这一信念是不真实的——一种指向按顺序排列的正义的两个原则的倾向就建立起来了。对平等的自由的有效保护问题也就日益具有头等重要性。

83. 幸福与支配性目的

为了能考察正义的善问题，我将讨论公正制度怎样规定我们对一项合理计划的选择和怎样使我们的善中的调节因素具体化。我将在本节中通过再次考察幸福概念，通过指出把幸福看作是由一个支配性目的决定的这样一种诱惑，来迂回地接近论题。这样做自然会涉及快乐论问题和自我的统一问题。这些问题是如何联系到一起的在一定阶段上就会清楚明了。

早些时我说过，在某种限定下，当一个人的一项在（或多或少地）有利的条件下制订的合理生活计划正在（或多或少地）成功地被付诸实施时，当他合理地相信他的意图能够实现时，他就是幸福的（见第63节）。所以当我们的合理计划在顺利进行、当我们的更重要的目标正在实现、当我们有理由确信我们的好运将继续下去时，我们是幸福的。幸福的获得取决于环境和好运，因而取决于有利条件的详细表。尽管我将不去讨论幸福概念的细节，我们仍然应当考察几个进一步的问题以便说明幸福概念与快乐主义的联系。

首先，幸福有两个方面：一是一个人努力实现的一项合理计划（活动和目标的日程表）的顺利实施；二是他的心灵状态，他的有正当理由的信心，这种理由就是他的成功将持续下去。幸福包含某种活动成就和对结果的一种合理确信。[①] 这个幸福定义是客观的：计划应当被调节得适应我们生活的条件，我们的信心必

---

① 关于这一点见安东尼·肯尼：《幸福》，载于《亚里士多德学会会刊》第66卷（1965—1966年），第101页。

须依赖于合理的信念。换言之，幸福也可以从主观意义上规定：在一个人相信他的一项合理计划正在（或多或少地）成功地被付诸实施，以及种种其他同前面相同的条件下，再加上这位骑手即使弄错了或受骗了也由于偶然性和巧合而没有任何东西迫使他去纠正其错误观念这样一个条件，他就是幸福的。由于好运气他还没有从他的黄粱美梦中醒来。在这里，最适合于正义理论并且和我们所考虑的价值判断一致的定义才是更可取的。在这一点上，只要注意到我们已经假定原初状态中的各方具有正确的信念——我在前几页（见第80节）指出了这一点——就足够了。他们依据关于人们自身及他们在社会中的地位的一般真理承认一种正义观念。所以，可以假定他们在构想他们的生活计划时也是头脑清楚的。当然这些都不是严格的论据。人们最终将不得不承认客观的定义是它从属的那个道德理论的一部分。

采取这个定义，并记住前面关于合理计划的描述（见第63—65节），我们就能解释幸福常常具有的种种特征。[1] 例如，幸福是自给的：即，它之被选择只是由于它自身的缘故。诚然，一项合理计划将包括许多（或至少几种）最终目标，这些目标中的任何一个都部分地由于它也补充和进一步提出一个或更多的其他目标才被追求的。由于其自身缘故而被追求的目的之间的相互支持，是合理计划的一个重要特点，因而这些目的并不总是由于它们自身才被追求的。然而实施整个计划，以及保持信心并带着这种信心来实施计划，却是我们仅仅由于其自身的缘故而想做或想拥有的东西。在制订计划时，包括（使用善的强理论规定的）正当和正义在内的所有的考虑都得到了检查。因而这整个活动是

---

[1] 见亚里士多德的《尼可马克伦理学》第1097页a15—b21上的著名论述。关于亚里士多德的幸福观的讨论见 W. F. R. 哈迪：《亚里士多德的伦理理论》（牛津，克莱伦顿出版社1968年版），第2章。

自给的。

幸福也是自足的：一项合理计划当满怀信心地实现时，使得一种生活真正值得一过且无需进一步的补充。当环境尤其有利且计划的实施特别顺利时，人的幸福是完整的。在一个人力求遵循的一般观念之中，包含着一切基本的东西及一切明显地较好的方法。所以，即使我们的生活方式的物质财富总能被设想得更大，即使我们可能选择一些不同类型的目标，计划的实际完成，也仍然像作曲、绘画和赋诗那样地具有某种完整性；这种完整性虽可能因环境和个人失败而被破坏，但从整体上看是十分明显的。因此，一些人成了人类繁荣的象征和仿效的榜样，他们的生活富有教益地告诉人们怎样去按照一种哲学学说生活。

所以，当一个人处于那样一些时间阶段中，即当他成功地实施着一项合理计划，并有理由相信其努力将达到目的时，他是幸福的。人们可以说，他如此的近于福祉：他的条件是最顺利的，他的生活是完整的。然而这不等于说在提出一项合理计划时，一个人是在追求幸福，至少在正常意义下不是这样。因为，幸福不是我们企求许多目的中的一个，而是整个计划的实现本身。但是首先，我已经假定合理计划满足（按照善的强理论规定的）正当和正义的约束性。说某人追求幸福似乎没有表明他打算违反或肯定这些约束。因而应当明确说明他在提出一项合理计划时是接受这些约束的。第二，追求幸福常常意指追求某种目的，例如生命，自由和一个人的福利。[①] 所以无私地献身于一个正当事业，或献身于发展他人的幸福的人，在正常意义上不被看作是追求幸福的人。说圣者们和英雄们或那些具有明显的超越本分的生活计划的人们是追求幸福的人将是一种错误。从公认的而不是严格规定的意义上说，他们没有可列于幸福名下的目标。然而圣者们和

---

① 关于这两个限定，见肯尼的《幸福》，第98页。

英雄们以及在意图中承认正当和正义的约束的人们，当他们的计划成功地实现时，他们事实上是幸福的。虽然他们不追求幸福，但他们在实现正义的要求和他人的幸福时，或在获得他们所仰慕的美德时，却是幸福的。

但是合理地在各种计划中进行选择一般地是如何可能的呢？当面临此种抉择时，一个人可以依循何种程序呢？我想现在来讨论这个问题。我在前面说过，一项合理计划是人们根据审慎的合理性乐于选择的计划，它是满足合理选择原则且经得住某种批判反思的那些计划中的一项。我们最后将达到这样一点，在这里我们只需要决定我们最偏爱的计划而无需来自原则方面的指导（见第64节）。但是还有一种审慎的方法我还没有提到，这就是分析我们的目标。这就是说，我们能够找到对于我们欲望的目标的更详细或更形象的描述，并期待用计算原则来确定目标。所以，对我们要求的东西的更完整更深入的描述可以表明终究存在一项有蕴涵的计划。

让我们再一次考虑假期计划的例子（见第63节）。我们常常问自己为什么我们想去访问两个不同的地方。我们发现某些更一般的目的依赖于某种背景，发现去某个地方比去另一个地方更能满足所有这些目的。我们可能希望去研究某种艺术风格，而进一步的反思可以表明一个计划在所有这些方面比其他计划更好或与它们同样好。由于这种感觉，我们可能发现我们想去巴黎的欲望比去罗马的欲望更强烈。然而一种更详细的描述也常常不起决定性作用。如果我们希望去看基督教世界的最著名的大教堂和最有名的博物馆，我们就可能被难住了。当然对这些欲望还可以进一步考虑。没有什么东西能告诉我们，在表达我们的最大欲望时，是否有一种我们真正向往的东西的更明显的特征。但是我们不得不承认存在这样的可能性或实际的盖然性，即，我们迟早会碰到一些不可比的目标，我们必须根据审慎的合理性从中选择。我们可以以各种方式整理、重现、改变我们的目标,以便从总体上使这些目标可比。以合理选择原则为指导并且尽可能清楚地表达我们的欲望,我们就可以缩小纯粹偏爱选择的范围,但不可能完全消除这个范围。

于是,从一个人有许多目标,且当这些目标相互冲突时没有现成的比较标准来从中选择这个事实中,似乎产生了选择的不确定性。在实际的审慎思考中,有许多停止点,在描述由于自身缘故而为我们需要的那些事物的特性方面,也有许多不同方式。所以不难看出,为什么存在着可合理地作为目标的(另一种有蕴涵的目的相反的)单一的支配性目的(dominant end)这样一种观念会如此诱人。[①] 因为,如果存在这样一种目的,因而其他目的都从属于它,那么,就可以对所有欲望——只要是合理的——作一分析,这种分析说明在这里可以运用计算原则。这样,作为一种合理选择的程序,以及这样一种选择的观念也就十分清楚了:审慎将始终涉及达到目的的手段,所有较低等的目的都受命充任一个单一的支配性目的的手段。许多有限的原因之链最终汇聚于一点。这样,一项合理的抉择就始终在原则上是可能的,因为还存在的困难仅仅是计算和所掌握的知识的不足。

所以,重要的在于理解主张支配性目的的理论家们所要求的东西,即,当事人为作出一项合理抉择能永远遵循的选择方法。这里存在三项条件:审慎的观念必须说明(1)一个第一人称程序,(2)这个程序一般是可应用的并且(3)保证导致最佳效果(至少在获得知识的有利条件和具备一定计算能力的条件之下)。我们没有满足一些条件的程序。一个偶然的措施提供一种一般方

---

① "支配的"和"蕴涵的"目的的术语来自 W. F. R. 哈迪:《亚里士多德伦理学中的目的善》,载于《哲学》第 40 卷(1965 年)。这种用法他没有在《亚里士多德的伦理理论》中使用。

法，但是它仅在特殊环境之下才是合理的。在日常生活中，我们运用着从我们的文化中获得并在我们的个人历史中得到限定的审慎方案。但是这并不保证这些认识形式是合理的。也许它们只满足我们能接受的各种最低标准，而始终不是我们能做到的最好方案。所以，如果我们寻求一种一般程序，靠这种程序去平衡我们的相互冲突的目标以便从中选出或至少在思想中鉴别出最佳行为方案，那么，支配性目的就似乎是一种简单而正常的答案。

我们再来考察这种支配性目的可能是什么。它不可能是幸福本身，因为这种状态是通过实施一项已经独立地制订出来的合理生活计划得到的。我们至多能说幸福是一个有蕴涵的目的，这意味着计划本身——它的实现使一个人幸福——包含并安排着众多的目的，无论是些什么目的。另一方面，把支配性目的看作是一个人或社会的目标，例如运用政治权力、获得社会的喝彩、或最大限度地扩大一个人的物质财富等等，是最无道理的。把这些目的中的一个看得如此之重以至不再因任何它物而减弱，对它的追求肯定是和我们所考虑的价值判断相反的，并且实际上是非人的。由于一个支配性目的至少在顺序上优先于所有其他目标，而且努力实现这一目的的活动总是绝对优先的。所以洛约拉认为支配性目的是服务于上帝的，这就是说。是拯救我们的灵魂的。他一贯认为阐发神意是平衡从属的目标的惟一标准。正是由于这个原因我们应该选择健康而不是病弱，富有而不是贫穷，荣誉而不是耻辱，长寿而不是中天，以及，人们还可以加上，友谊和情感而不是仇恨和敌意。他说，我们必须对无论何种依恋都没有差别，因为这些依恋一旦使我们失去在平衡中的同等重量，它们就变得过度，听从我们信仰的教诲的行为就是赞美上帝。[1]

---

[1] 见《精神的训练》，对第一个星期的陈述在"原则与基础"的标题之下，对第二个星期的陈述在"三个可作明智选择的场合"的标题之下。

应当看到这个无差别原则（principle of indifference）是和要我们少享乐并尽量多去参加游戏和消遣的主张一致的。由于这些活动放松心灵和精神的其余部分以便使我们处于实现更重要的目标的较佳状态。所以虽然阿奎那相信上帝的眼界是人的知识和努力的最后界限，他却承认游戏与消遣在我们的生活中占一定地位。然而这些快乐仅在能因此产生或至少不阻碍产生那些超尘目标的范围内才是许可的。我们应当这样来安排生活，使对轻浮和戏谑、情感和友谊的耽迷不扰乱我们对最终目的的最完整的获得。①

支配性目的观点的极端性常常由于所提出的目的的含糊与模棱两可而掩盖起来。所以，如果人们相信上帝是（当然他必然是）一个道德存在物，那么为他服务的目的首先就在下述范围内是不明确的：神意没有明确地区别于启示，或者，没有明显地区别于自然原因。由于这些限制，神学的道德学说提出了同样的平衡各种原则和决定先后次序的问题，这给其他观念造成了麻烦。由于在这里总是存在着争论，这个由宗教伦理学提出的解答仅仅是表面的。而且当支配性目的明显地被规定为获得某种诸如政治权力或物质财富等等客观目标时，它的潜在的狂热和非人性就当然地表现出来。人类的善是异质的，因为自我的目标是异质的。虽然使我们的全部目标从属于一个目的严格地说来并不违反合理选择原则（无论如何不违反计算原则），它对我们来说仍然是不合理的，或更恰当地说可能是疯狂的。由于体系的原因，自我被损害了，并且被置于从属于它的一个目的服务的地位。

84. 作为一种选择方法的快乐主义

在传统上，快乐主义是被按两种方式来解释的：或被解释为

---

① 《反异教大全》，第3部，第25章。

惟一的内在的善是快乐感这样一个论点，或被解释为人们追求的惟一事物是快乐这样一个心理学论题。然而，我将以第三种方式来理解快乐主义，即，把它理解为在努力地实现审慎的支配性目的观念。快乐主义试图表明一种合理的选择始终是可能的，至少在原则上是这样。虽然这种努力是失败的，它却使功利主义和契约论之间的对比明显地显示出来；由于这一原因，我将对它作扼要的考察。

我设想快乐主义者是这样推理的。首先他认为，如果人生应由理性指导，那么必定存在一个支配性目的。除非把我们的相互冲突的目标作为实现某种较高目的的手段，否则就无法使它们平衡。第二，他把快乐狭隘地了解为愉快感。作为情感和感觉的一种特性，快乐被看作支配性目的的惟一可能的角色候选人，因而它是惟一的自身就是善的东西。如果是这样，快乐自身就是善这样一种观念就并没有被直接当作一个第一原则，因而并没有被看得与我们所考虑的价值判断一致。宁可说，快乐是由于一个排除的过程而达到作为支配性目的的地位。假如有许多可能的合理选择，这样一个目的必定是存在的。同时，这个目的不可能是幸福或任何客观的目标。为避免前一个观念的循环性和后一个观念的非人性和狂热，快乐主义者转而向内。在某些可由内省确定的感觉或情感的明确性质中，他发现了最终目的。如果我们愿意，我们能够假定，如其他条件相同，快乐可以被明确规定为情感或经验的普通特性，我们对这种特性有一种称赞的态度并希望去延长它。所以，为了形像地说明，一个人可以说快乐是在闻到玫瑰香味、尝到巧克力味、受人报答时的情感等等经验中司空见惯的特性，以此类推，痛苦便是一些与此相反的经验的特性。[1]

---

[1] 这个说明来自 C. D. 布罗德：《五种伦理理论》（伦敦，劳特利奇和基根·保罗公司1930年版），第186页。

所以，快乐主义者主张，一个有理性的当事人准确地了解在确定他的善时应采取何种程序：他应当确定对于他可能的计划中哪一项能使他达到快乐与痛苦的最大的净余额。这项计划规定着他的合理选择，即安排他的相互冲突的目标的最好方法。然后运用计算原则进行繁琐的计算，因为所有的好东西是同质的因而作为一个快乐目的的手段是可比的。当然这些估价还不确定，还缺乏知识，而且在正常情况下只能作出最粗略的估价。然而对快乐主义来说这算不上什么困难：最重要的是最大快乐提供了一个清晰的善观念。到这一步据说我们就了解了那个惟一的东西，对它的追求给我们提供了合理的生活形式。主要是由于这些理由，西季维克认为快乐必然是指导审慎思考的单一的合理的目的。[1]

重要的是指出两点。首先，当快乐被看作情感和感觉的一种特性时，它就已被表达为一种确定的尺度，基于这个尺度才能计算。通过借助于快乐经验的强度和持久进行推断，才能以理论方式作出必要的计算。快乐论的方法提供了一个选择的第一人称程序，幸福的标准没有提供这个程序。第二，把快乐看作支配性目的不意味着我们有任何具体的客观目标。我们在最多变的活动中，在追求任何数量的事物中得到快乐。因而，这种旨在最大限度地扩大愉快感的努力虽然规定着一种第一人称选择的合理方法，却似乎至少要避免狂热和非人性的外表。此外，对快乐主义的两种传统解释现在也容易说明了。如果快乐的确是惟一目的，如果追求这个目的使我们能确认合理计划，那么当然快乐主义就显得是惟一的内在的善，而我们就能通过合理的审慎的条件进行论证而达到快乐主义原则。另一种与此不同的心理学的快乐主义也得到了下述解释：因为虽然说合理行为将始终指向快乐离题太远，但是在任何意义上都可以说合理行为是由一个活动的日程表调节的，这个日程表是设计来最大限度地扩大愉快感的最后平衡

---

[1] 《伦理学方法》第 7 版（伦敦，麦克米兰公司 1970 年版），第 405—407 页。

的。追求快乐是审慎的惟一合理方法这一论题引出了人们较熟悉的解释,由于这一点,这个论题似乎是快乐主义的基本观念。

显而易见,快乐主义没有成功地规定一个合理的支配性目的。我们只需指出,一俟快乐以一种充分确定的方式被表达出来——它必然被这样地表达出来——以便它的强度和持久性能当事人加以计算,它应当被看作惟一合理的目的这一点就不再站得住脚。① 对一种情感或感觉的特性的超过其他特性之上的偏爱,当然像最大限度地扩大一个人的超过他人的权力或物质财富一样是不平衡的和非人的。无疑是由于这一原因,西季维克不愿把快乐是情感的一个特性这一点当作前提;然而只要他想把快乐当作衡量知识、美和友谊这些理想价值的相对大小的最终标准,他就必须承认这一点。②

也需要指出下述事实:存在着不同种类的其自身就不可比的愉快感,以及不同种类的量度、强度与持久性。当它们冲突时我们如何权衡它们?我们应当选择一种情感的短暂而强烈的体验而不选择另一种情感的微弱而持久的体验吗?亚里士多德说好人在必要时肯为朋友献身,因为他宁愿选择短暂而强烈的快乐而不愿选择持久而温和的快乐,宁愿过几个月的高尚生活而不愿过许多年的平庸生活。③ 但是他如何决定这一点呢?而且,正如桑塔耶那指出的,我们必须确定快乐和痛苦的相对价值。当彼特拉克说一千种快乐抵不上一种痛苦时,他是采取一种较这两者更根本的标准来比较它们的。人必须自己作出这种抉择,必须把他的全部

---

① 见布罗德:《五种伦理理论》,第187页。

② 在《伦理学方法》第127页,西季维克拒绝快乐是独立于与意志的关系的情感的一种测度的性质。他说这是一部分作者们的见解,但是他不接受这种见解。他规定快乐"是一种情感,这种情感,当为有理性的存在物所体验时,至少被理解为值得向往的或——相比之下——更可取的"。但是他在这里反对的观点似乎正是他在后来为引入目的的一致性而提出的最后标准所依赖的基础。见该书第405—407页。否则快乐主义的选择方法就不再提供可以依循的指示了。

③ 《尼可马克伦理学》,第1169页a17—26。

倾向和欲望；把现在和将来考虑在内。显然我们没有越出审慎的合理性一步。由众多的目的带来的麻烦又一次在主观情感中到处表现出来。[①]

可能有人提出反对意见说，这些麻烦已经在经济学和决策论中解决了。但是这一论点是基于一种误解之上的。例如，在需要理论中，人们假定消费者的偏爱选择满足各种假设条件：它们在选择对象之上规定了一整套次序，并表现着对象的那些突出而持久的性质。根据这些假设，可以表明存在着一种功利函数，当且仅当一个可能的选择对象的函数值比另一个的更大时它才被人们选择；在这个意义上，这种功利函数是和人们的偏爱选择相一致的。这种函数表现着个人选择的特点，并且，假如他的偏爱满足一定之规的话，也表现着他实际偏爱的事物的特点。这种功利函数对一个人如何把他的抉择安排成一个可以从头做起的一致的次序的问题没有确定任何东西。它也不可能明确地作为某个人可以合理地依循的选择的第一人称程序，因为它仅仅记录他的审慎思考的结果。经济学家们假定，有理性的人们的选择所满足的那些原则最多只能作为我们进行抉择时考虑问题的指导准则。但是按照这种理解，这些标准恰恰是合理选择的原则（或与之相似的东西），于是我们又回到审慎的合理性。[②]

---

① 《合乎常识的理性生活》（纽约，查尔斯·斯克里布纳父子公司1905年版），第273页。

② 因此，当人们指出由于价值理论试图预见不可预见的东西，即具有自由意志的人们的抉择，它必然归于失败时，沃尔拉斯反驳说，"实际上，我们从未试图预见在完全自由的条件下作出的抉择；我们仅仅想借助数学表现这些抉择的影响。在我们的理论中每个商人被假定为需要他的功利，或如果他愿意的话，需要数学曲线"。见W.加菲所译的沃尔拉斯的《纯粹经济学基础》（霍姆伍德，伊利诺斯州，理查德·D.欧文公司，1954年版），第256页。另见P. A. 萨缪尔逊的《经济分析基础》（坎布里奇，哈佛大学出版社1948年版），其陈述见第90—92、97页；以及R. D. 卢斯和霍华德·雷法：《博弈与决策》（纽约，约翰·威利父子公司1957年版），第16、21—24、38页。

因此，毋庸置疑，不存在这样的支配性目的：对它的追求和我们所考虑的价值判断一致。实现一项合理生活计划的目的是完全不同的另一种目的。但是快乐主义在提出一项合理的选择程序方面的失败不致令人惊奇。维特根斯坦说明了要求某种特殊经验去解释我们如何从想像中区别记忆，从假设中区别信念及种种其他精神事实是一个错误。与此相似，预先确定某种愉快感能规定一种描述，运用这种描述能解释合理的审慎的可能性也是靠不住的。快乐或其他支配性目的不可能发挥快乐主义者乐于赋予它的这种作用。[①]

哲学家们一直假定存在着特殊的经验，并且这些经验由于许多不同的原因指导我们的精神生活。所以尽管说明快乐主义不提供给我们以任何指导似乎很简单，但要搞清楚为什么一个人会求助于这样一种毫无前途的权宜之计却是一个重要问题。我已经指出过一个可能的原因，即在确定我们的善时缩小纯粹偏爱选择的范围这样一种欲望。在一种目的论理论中，善观念中的任何含糊性或模棱两可都让位给正当的观念。所以如果人们的善是某种，姑且说，该由他们作为个人来决定的东西，那么哪一种选择是正

---

① 见《哲学研究》（牛津，巴兹尔·布莱克韦尔公司1953年版）。反对要求特殊经验提供广泛的解释的论点被用于不同的例子。关于在快乐方面的应用，见 G. E. W. 安斯库姆：《意图》（牛津，巴兹尔·布莱克韦尔公司1957年版）。安斯库姆说："我们愿意接受维特根斯坦关于意义的意见，并且说，快乐不可能是一种印像；因为没有任何印像有快乐的后果，他们（英国经验主义者）是想说他们感觉到的像一种特别的刺痒的东西相当明显地是做任何事的目的的"（第77页）。另见吉尔伯特·赖尔：《快乐》，《亚里士多德学会会刊》增订第28卷（1954年），第4章；安东尼·肯尼：《行为、情感和意志》（伦敦，劳特利奇和基根·保罗公司，1963年版），第6章；以及 C. C. N. 泰勒：《快乐》，载于《分析》（1963年）增订本。这些研究提供了比较正确的观点。在正文中我尽可能从所谓的英国经验论的快乐观念的道德哲学观点来解释动机。这些经验论的快乐观念的错误对我来说是不言而喻的我相信，上面提到的作者们都已经表明了这一点。

当的这一问题同样是在某种界限之内提出的。但是正常的看法是,什么是正当的问题不单单是一个偏爱选择的问题,因此人们才努力地寻求一种明确的善观念。

然而还有另一个原因:一种目的论需要一种方法来比较不同个人的不同的善,以便最大限度地扩大善的总量。这些估价是如何可能的呢?即使某些目的能够组成可单独地考察的各个个人的计划,它们还是不能规定一种正当观念。因此,转向内在的愉快感的标准似乎是一种尝试,它旨在找到众多的个人的一个公分母,一种——可以这样说——人际硬通货;运用它就可以详细地规定善的社会次序。而且,如果说明了一个人,只要他是有理性的,就是以这种标准为目标的,这种目的论学说就更有诱力。

作为本节的结论,我应当说,为了确定一种一致的理论,一种目的论学说必然被驱赶到某种形式的快乐主义之中去。然而这种倾向的确显得具有一定合理性。人们可以说,就其试图表达一种清晰的可应用的道德推理方法而言,快乐主义是目的论的有代表性的倾向。快乐主义的弱点表明不可能把一种恰当的有限的目的规定为最高目的。这说明目的论学说的结构是根本错误的:它们从一开始就以一种错误的方式把正当和善联系起来。我们在试图赋予我们的生活以某种形式时不会首先关心被独立地规定的善。我们愿意接受的,不是那些从根本上展示着我们的本性的目标,而是这样一些原则,这些原则统治着人们借以形成其目标的背景条件,和人们追求这些目标的方式。由于自我优先于目的,目的由自我确认,甚至一种支配性目的也是由自我在大量的可能性中选择的。人们不可能超出审慎的合理性。因此,我们应当把目的论学说提出的正当和善之间的关系翻转过来,把正当看作是优先的。这样就从相反的方向上提出了道德理论。我现在将根据契约学说来解释最后这段陈述。

85. 自我的统一

前面的讨论的结论是，我们不可能借助一个目的合理地作出我们的全部选择。有意义的直觉主义因素在确定善中发挥着作用，在目的论理论中，这些因素肯定影响着正当观念。古典的功利主义者力图通过快乐主义学说来避免这种结果然而一无所获。但我们不能停止在这一点上。对于快乐主义试图回答的选择问题，我们必须找到一种建设性的解决办法。所以我们又一次面对着这个问题：如果不存在决定着种种恰当目标的单一目的，一项合理的生活计划应如何确定？现在已经可以提供这个问题的答案：一项合理计划是根据善的强理论规定的审慎合理性而乐于选择的一项计划，还有待证实的是，在契约学的范围内，这一回答是完满的，而且不会产生困扰快乐主义的那些麻烦。

我曾说过，道德人格以两种能力为其特征：一是获得一种善观念的能力，二是获得一种正义感的能力。当其实现时，前者表现为一项合理的生活计划，后者表现为一种按某种正当原则行为的起调节作用的欲望。所以一个道德的人是一个具有自己选定的目的的主体，他的基本偏爱取决于条件，这些条件使他能去构造一种尽可能充分地——只要环境允许——表现他作为一个自由平等的理性存在物的本性的生活方式。人格的统一表现为他的计划的一致性，这种统一建立在以符合他的正当和正义感的方式遵循合理选择原则这种更高级的欲望的基础之上。当然，一个人的目的不是马上而是慢慢地形成的，但是他能够以正义允许的种种方式表达并遵循一项生活计划，从而塑造他的自我统一。

一种支配性目的观念的独有特点是它所设想的获得自我统一的方式。例如，在快乐主义中，自我是通过力图在它的心理界限之内最大限度地扩大愉快经验的总量成为统一的。一个理性自我必须以此种方式建立它的统一。既然快乐是支配性目的，个人就对他自己的所有方面漠不关心，只把他的心灵和肉体天赋、他的自然倾向和依恋，看作是获得快乐体验的多种物质条件。而且，使自我统一的不是旨在获得作为他的快乐的快乐，而是旨在取得作为快乐本身的快乐这样一种努力。应当去提高的是他的快乐还是别人的快乐提出了一个更进一步的问题，只要我们是在解决一个人的善，这个问题就可以放在一边。但当我们考虑社会选择问题时，以快乐主义形式出现的功利主义原则就是十分合理的。因为，如果说任何个人必须通过追求作为支配性目的的快乐来安排他的审慎思考并且只能以这种而不是其他方式获得他的理性人格，那么，把他们的努力联合起来的许多人就应当寻求通过最大限度地扩大群体的愉快经验来安排他们的共同活动。因此，正如一个独处的圣徒应当为赞美上帝而工作，一个圣徒社团的成员们应当共同合作以便作为达到同一目的所必要的事情。个人的例子和社会的例子之间的差别，在于自我的天资、它的精神与肉体能力以及它的情感与欲望，都处于不同的联系之中。在这两个例子中这些材料都在为那个支配性目的服务。但是这些材料依赖于其他可能因素与之共同发挥作用，应当去最大限度地提高的是自我的或社会群体的快乐。

事实上，如果把作为一种第一人称选择理论的快乐主义的那些根据用于正当理论，功利原则就十分似真。因为，我们若假定（由愉快感规定的）幸福是惟一的善，那么，如真正的直觉主义者承认的，这一假设至少是表面可信的最大限度地扩大幸福的正当原则。如果这一原则不单独地起调节作用，就一定还有某些其他标准；例如，应赋予某种重要性的分配。但是应当根据何种社会行为的支配性来平衡这些标准呢？假如只要正当判断应当合理而不专断，这一目的就必然存在，那么功利原则似乎详细规定着这个必要目的。其他原则都不具有规定这个正当行为的最终目的的必要特征。我相信，这种推理是密尔的所谓的功利的证明的主要基础。①

现在，在作为公平的正义这里，由于正当的优先性和康德式解释，整个观点颠倒过来了。为说明这一点，我们只需回忆一下原初状态的特点及所选择的诸原则的本性。各方把道德人格而不是对苦乐的能力视为自我的基本方面。他们不了解人们有何种最终目标，而且拒绝所有支配性目的观念。因之他们不会想到去承认快乐主义形式的功利原则。他们没有更多的理由赞同这一标准而不去尽可能提高其他具体对象。他们把自己看作能够并确实在选择他们的（经常是多数的）最终目的的存在物。正如一个人应根据充分的知识（在这里没有限度）决定他的生活计划一样，多数的人应当在给每一个人以作为道德的人的公平资格这种境况下确定他们合作的条件。原初状态各方的目标在于为每个人塑造他的自我统一创造公正而有利的条件。他们对自由和公平地运用自由的那些手段的兴趣（利益），是他们把自己视为有选择生活方式的平等权利的道德的人的表现。所以他们承认，正义的两条原则，只要环境许可，就应当按先后顺序来排列。

我们现在必须把这些看法同我们在本节开始时谈到的选择的不确定性问题联系起来。主要的观念是：如果正当具有优先性，我们对善的观念的选择就是在确定的限制之内作出的。正义原则及其在社会形式中的实现规定着界限，我们在此之内进行审慎思考。正当观念已经提供了自我的基本统一。而且，在一个组织良

---

① 见《功利主义》第4章。有必要指出密尔作了详细讨论的这一章，尤其是第3部分，因为密尔似乎认为如果他能证明幸福是惟一的善，他就证明了功利原则是正当的标准。这一章以功利原则的证明为标题，但是提供给我们却是对幸福单独地就是善这一要义的一种论证，而没有引出关于正当观念的任何结论。只有当回过头看第一章，当理解了我在第8节中讨论并在以上正文中概述的密尔关于一种道德理论的结构的概念时，我们才能清楚地阐述出密尔的全部前提，密尔根据这些前提把他的论点当作了一种证明。

好的社会中，这种统一是所有的人都有的；每个人的由其合理计划规定的善观念都是有更大蕴涵的计划中的一部分，这个更大的计划调节着作为诸种社会联合的社会联合的那个共同体。许多规模和目标各异的社团，根据共同的正义观念调节它们的相互关系，它们通过提供确定的理想和由无数个人乃至无数代人发展和检验的生活形式简化抉择。所以，在制订我们的生活计划时，我们不是从头开始。我们不需要从毫无给定结构或确定轮廓的无数可能性中进行选择。因此，尽管没有确定我们的善的算法，没有选择的第一人称程序，正当和正义的优先性却可靠地约束着审慎思考，从而使它们变得更有效。由于基本权利和自由已牢固确立。我们的选择不会歪曲我们的相互要求。

所以，假如正当和正义具有此种优先性，善观念的不确定性就不会产生麻烦。事实上，引导一种目的论去接受一种支配性目的的那些考虑将失去力量。首先，选择中的纯粹偏爱因素虽然不可能消除，却受到已经获得的正当观念的约束。由于人们的相互要求不受偏爱的影响，不确定性就是相对无害的。而且，在正当原则许可的范围之内，没有必要区别正确性和审慎的合理性的不同标准。如果一个人的生活符合审慎的合理性这一标准，如果他成功地实施着他的计划，并同时认为这个计划值得去实现，就没有理由说他要是做了某种其他的事便更好。第二，我们无需为得到一种清晰而有效的正当观念而超出审慎的合理性之外。正义原则有确定的内容，而且支持正义原则的论证仅仅使用对善的弱描述及其基本善的详细表。一俟正义观念得以确立，正当的优先性将保证正义原则在次序上的优先性。因而使支配性目的对目的论理论产生吸引力的两点考虑在契约论中不存在了。这就是理论结构的翻转的影响。

早些时在介绍对公平的正义的康德式解释时，我曾提到，在某种意义上，正义原则的一致同意这一条件甚至表达一个单一的自我的本性（见第40节）。这种意见立即就显得自相矛盾。一致同意的要求何以没有成为一种约束？一个原因是无知之幕保证着每个人都会按同种方式推理，因而一致同意的条件被看作不言而喻的。但更深入的解释在于下述事实：契约论具有一种与功利论相反的结构。在功利论中，每个人在具有充分的知识的条件下无障碍地制订他的合理计划，同时，社会最大限度地提高人们制订出来的计划的总的实现。另一方面，在作为公平的正义这里，所有的人都先一致同意一些原则，他们的相互要求应当依据这些原则来解决。这些原则于是获得了绝对的优先性，以便能不假思索地用它们调节社会制度，每个人也就按照符合这些原则的方式构想他的计划。偶然地违反了正义原则的计划必须修订。所以，优先的共同协议从一开始就规定了每个人的计划的共同的基本结构特点。作为一个自由平等的道德的人，自我的本性是人所共有的，合理计划的基本形式方面的相似性表现着这一事实。而且，如社会——作为诸种社会联合的社会联合——这一概念所表明的，一个共同体的成员们彼此参与着他人的本性：我们欣赏他人所做的事，就好像这些事情是我们所做的而不是他们为我们所做的；而我们所做的事也在他人那里受到同样的评价。由于自我是在许多自我的活动中实现的，和所有的人都会同意的原则相符的正义关系最适合于表达每个人的本性。于是，一个一致的协议的要求最终把人们——作为一个社会联合的成员，他们追求着共同体的价值——的观念联系起来。

可能有这样的看法：一旦正义原则具有次序上的优先性，那就终究存在着一个组织我们生活的支配性目的。然而这种观念是基于一种误解之上的。诚然，正当原则在词典式顺序上优先于效能原则，第一原则优先于第二原则。从这里可以看出，这种优先性树立了一种社会秩序的理想观念，这种观念将调节社会变革的方向和改革的努力（见第41节）。但是，规定着这种理想对人们的要求的是个人的义务和责任的原则，而这些原则并不始终赋予这些理想以控制权。此外，我一直假定人们提出的支配性目的属于一种目的论，在这种理论中根据定义善就是正当的。这种目的的作用部分地是使正当的观念更加精确。在作为公平的正义这里没有这种意义上的支配性目的，如我们已经看到的，也没有人需要这种目的。最后，目的论的支配性目的是如此被规定的，以至我们永远不能实现它，正是因为这一点实现它的命令才始终起作用。我们来回忆一下前面谈到过的对功利原则不适于加以一种词典式顺序的原因：这种顺序将永远不能发挥作用，除非在打破了这种联系本身的特殊场合。另一方面，正义原则却提出一些多少明确的社会目标和限制（见第8节）。一旦我们实现了某种结构的制度，我们就在它的安排允许的界限内自由地决定和追求我们的善。

综上所述，目的论和契约论之间的区别可表述如下：前者狭隘地把善规定为一种多少同质的经验性质或特性，并且把它看作一种应当最大限度地提高使之超过某种总量的重要性质；而后者则与此相反，它确定正义行为的一个越来越具体的结构形式的序列，其中每一种形式都包含在优先于它的那个形式之中，它从一个一般的总结构越来越明确地确定它的各个部分，并通过这种方式发挥着作用。快乐论功利主义是第一种程序的古典形式，它以诱人的简化形式阐发功利主义。作为公平的正义是第二种可能性的例证。所以，四阶段序列（见第31节）表达了协议和法规——它们被设计来有步骤地构筑原则、标准和规则的等级结构——的序列。这个序列一旦被始终如一地应用和坚持，就会产生对于社会行为的一个明确的宪法。

这个序列不是要达到对行为的完全规定。宁可说；这个观念是要近似地确定出个人和社会可以自由地实现他（它）们的目标，以及审慎的合理性可以自由地发挥作用的那个范围的边界，无论确定得多么不清楚。这种近似规定最好能在下述意义上尽可能地集中，即，随着进一步的发展，一些原来没有得到说明的情况会越来越失去其重要性。指导整个过程的概念是原初状态的概念以及对于它的康德式解释。这个概念中包含着这样的因素，它们确定在每个阶段中何种知识是相关的并产生一系列调节形式，这些调节形式是和现存社会的偶然条件相适合的。

86. 正义感的善

既然正义论的各个部分都已展现在我们面前，我们现在就可以完成对一致性的论证了。只要把一个组织良好的社会的各个方面综合起来并在恰当的联系中看清它们就足以达此目的。正义和善的概念和不同的原则相联系，一致性问题就在于这两类标准是否相互适合。更准确地说，每一类标准和与之联系的原则规定着一种观点，制度、行为和生活计划只能根据这种观点作出评价。一种正义感是运用正义原则和按照正义原则即按照正义观点去行动的一种有效欲望。所以有待于论证的是：对一个组织良好的社会的人们来说，肯定他们的正义感使之成为他们的生活计划的调节因素（按照善的弱理论的规定）是合理的。有待于说明的是：发展这种倾向，用正义观点来指导这种倾向是和个人的善一致的。

这两种观点是否一致可能是决定着稳定性的一个关键因素。但一致性甚至在一个组织良好的社会中也不是一个过时的结论。我们必须证明它。当然，在原初状态中选择正义原则的合理性是无可怀疑的。对这一抉择的论证在前面已经作出；如果这种论证是合理的，正义的制度就在总体上是合理的，而且从恰当的一般观点来看是对每个人有利的。每个人要求他人支持这些安排并履行他们的义务和职责也是合理的。问题是，根据那种不存在知识方面的限制的善的弱理论，按照正义观点去行动的调节性欲望是否属于一个人的善。我们想知道它的确是合理的；想知道它作为一种合理的东西，对所有的人也都是合理的；因而不存在不稳定倾向。更准确地说，假设某人生活于一个组织良好的社会之中。我们假定他知道制度是公正的，知道其他人有（并将继续有）一种与他类似的正义感，因而他们也按照（并将继续按照）这些安排去做。我们希望说明在这些假设条件下，一个人肯定他的正义感对他来说是——按照弱理论的规定——合理的。肯定他的正义感的生活计划是他对他的伙伴们的类似计划的最好回答；这种计划由于对任何个人是合理的，因而就对所有的人都是合理的。

重要的是不可把这个问题同证明应当做一公正的人而不是一个利己主义者的问题混淆起来。一个利己主义者是一个局限于自己利益的观点的人。他的最终目标只和他自己相联系：他的财富和地位，他的快乐和社会声望等等。这样一个人可能行动得公正，即可能做一个公正的人乐于做的事；但是只要他还是一个利己主义者，他就不可能出于公正的人的那种理由来做这些事。按照这些理由去做是同做一个利己主义者不协调的。所发生的仅仅是，在某些场合，正义的观点同他自己的利益观点导致了同样的行为过程。因此，我不是要说明在一个组织良好的社会，一个利己主义者可能从正义感出发去从事活动，也不是要说明他可能公正地行动，因为这样做可能最有利于实现他的目的。同时，我们也不是要证明一个利己主义者一旦发现自己身处一个公正的社会之中，假如他有某种目标，他就会接受劝告而转变为一个公正的人。宁可说，我们所关心的，是我们所确定的按照正义观点去行动的欲望本身的善。我假定一个组织良好的社会的成员们已经具有这样的欲望。问题在于，这种起调节作用的情操是否与他们的善一致。我们不是要从某种观点来考察行为的正义或道德价值；我们是要估价采取一种具体的观点即正义本身的观点的欲望的善。我们决不从利己主义的观点估价这种欲望，无论这种观点可能为何，而是依据善的弱理论来做此种估价。

我将假定人们的行为产生于他们现有的欲望，并假定这些欲望只能慢慢地改变。我们不可能在某一特定时刻就决定改变我们的目的系统（见第 63 节）。我们现在是作为我们所是的那种人，是从我们所具有的那些需要出发而行动的；而不是作为假如我们以前做了另一种选择我们就可能成为的那种人，或从在那种情况下我们可能有的那些欲望出发而行动的。调节性目标尤其服从这种约束。所以我们必须努力估价我们较远的将来的境况以便预先决定我们是否应当肯定我们的正义感。我们不能在决定时亦此亦彼。我们不能保持一种正义感，而这句话的含义就是：尽管我们容易不公正，但行为公正就能得到某种利益。一个公正的人有所不愿为，但如果他太易于受诱惑，他毕竟仍有所愿。[1] 所以我们的问题仅仅同那些具有一定心理和欲望系统的人有关。显然，假如提出这样的要求，说稳定性不应当依赖于这方面的明确限制，就是要求得过多。

有一种解释提供了这个问题的明确答案。我们假定如果某人有一种有效的正义感，他就将具有一种按相应的原则去行动的调节性欲望。那么合理选择的标准就必须把这种欲望考虑在内。如果一个人根据审慎的合理性愿意按正义观点而不是按其他观点去行动，那么对他来说这样做就是合理的。因而在这种形式中，问题很平常：作为他们所是的那种人，一个组织良好的社会的成员们对的公正行为的欲望超过其他的欲望，满足这种欲望是他们的善的一部分。一旦我们获得了一种真正终结性的和有效的正义感，由于正义的优先性的要求，我们就会实行——只要我们是理性的——一项引导我们保持和鼓励这种情操的生活计划。由于这个事实是公认的，第一种不稳定性就不再存在，因而第二种不稳

---

[1] 见菲力普·富特：《道德信念》，载于《亚里士多德学会会刊》第 59 卷（1958—1959 年），第 104 页。我极大地受益于该文，虽然我没有完全同意它的观点。

定性也就不再存在。真正的一致性问题在于，如果我们设想某人只在这种程度上，即，仅当他的正义感是用善的弱理论所表达的那些理由来描述的时候，才珍视他的正义感，会发生什么。我们不应当依赖那种纯粹良心行为学说（见第72节）来回答这一问题。因此，假定行为公正的欲望不是一个像避苦、冷淡或实现有蕴涵的利益的欲望那样的最终欲望。假定正义理论提供着关于正义感欲求的对象的其他描述；我们必须用这些描述来说明，一个遵循善的弱理论的人可能实际地巩固这种情操，使之成为他的生活计划的调节因素。

上面是对于问题的规定。现在我想通过已经提出的各种论点来指出一致性的根据。首先，由于契约论的要求，正义原则是公开的：它们描述了一个组织良好的社会的成员们共有的得到普遍承认的道德信念的特征（见第23节）。我们不去研究某人会对这些原则发生怀疑的问题。根据假设，他也像所有其他人一样，承认从原初状态的观点来看，对正义原则的选择是最好的选择（当然，这一点会经常受到怀疑，但这是另外一个问题）。这样，由于其他人被假定为具有（并继续具有）一种有效的正义感，我们假设的个人就将考虑一种实际的策略：即假装有某种道德情操，而同时准备着一有发展他的个人利益的机会出现，就像一个自由骑手那样去做。由于正义观念是公开的，他就将考虑是否要采取一种系统的欺骗和虚伪的作法，就将毫无信念地——这适合于他的目的——伪装接受公开的道德观点。这种欺骗和虚伪是不公正的这一点我想是不会打扰他的；但是他在谋算时不得不付出心理上的代价：他必须采取预防手段，必须保持他的姿态，必须忍受由此带来的自发性和本能方面的损失。[1] 可以说，在大多数社会

---

[1] 见富特：《道德信念》，载于《亚里士多德学会会刊》第59卷（1958—1959），第104页。

中，这种伪装所付的代价可能还不很高，因为制度的非正义和司空见惯的其他人的龌龊行为使一个人的欺骗尚可容忍；但是在一个组织良好的社会中则没有这种安慰。

这种看法得到下述事实的支持：在公正行为和自然态度之间有一种联系（见第74节）。根据正义原则的内容和道德心理的法则，想公正地对待我们的朋友和给我们所关心的人们提供正义的保护的愿望，在很大程度上同与他们相处和为他们分忧的欲望一样，是这些情感的一部分。因而，假如人们需要这些依恋关系，那么，这种谋略就可能仅仅对于同我们有感情和同情以及所珍视的生活方式——这种生活方式是我们为之献身的——的联系的那些人们说来，才是公正行为的谋略。但是在一个组织良好的社会里，假如心理学的三条法则有效地发挥作用，这种联系就会极大的扩大并且把同制度的联系包括进来。此外，我们一般地也无法确定谁应当受我们的不公正的伤害。例如，如果我们在付税时欺骗，或找机会逃避对共同体应尽的职分，那么，我们就伤害了每一个人，伤害了我们的朋友和伙伴以及其他人。诚然，我们可能给我们特别喜欢的人们带来好处并由于这一点而悄悄原谅自己，但是这会成为一种前途未卜的、复杂的事情。所以在一个组织良好的社会——在这里存在对个人对社会都是十分广泛的有效联系纽带，并且我们无法确定谁应当因为我们的欺骗而受损失——中，存在着保持一个人的正义感的强有力的根据。保持正义感以一种正常的简单的方式维护着公正制度及我们所关心的那些人，并引导着我们去迎接新的和更广泛的社会联系。

另一个基本的考虑是：根据亚里士多德主义原则（和它的伴随效果），在一个组织良好的社会中生活是一种极大的善（见第79节）。这一结论依赖于正义原则的意义以及正义原则在每个人的计划中的优先地位，也依赖于我们本性的心理学特征。契约观点的具体内容把这两方面联系起来。由于一个组织良好的社会是一个诸种社会联合的社会联合，它把各种形式的人类活动的实现提高到一个突出的水平；而且，由于人类的社会本性，由于我们的潜能和倾向远远超过任何一个人的生命所表现的程度这一事实，我们不仅由于幸福，而且由于实现我们的潜能的需要而依赖于他人的合作努力。在周围的人们都取得某种成功的情况下，一个人享受着共同活动的更大的丰富性和差异性。而为了充分享受这种生活，我们必须把正义原则作为生活的调节性观念，这意味着我们必须肯定我们的正义感。为了把某种事物作为自己的东西来欣赏，我们必须对它怀有某种忠诚。把一个社会的努力结为一个社会联合的是人们的相互承认和对正义原则的认知；正是这种基本的肯定扩大着对整个共同体的认同并使亚里士多德主义原则产生更广泛的效果。个人和群体的成就不被看作许多彼此分隔的个人的善。而不去肯定我们的正义感则把我们局限于一种狭隘的观点之中。

最后，还有那条和康德式解释相联系的根据：公正的行为是我们作为自由平等的理性存在物乐于去做的行为（见第 40 节）。对公正行为的欲望和表达我们作为自由的道德的人的本性的欲望实际说的是同一个欲望的具体内容。当一个人具有真实的信念和对正义理论的一种正确理解时，这两种欲望以同样的方式推动他。它们都是按照完全相同的原则，即在原初状态中的人们乐于选择的原则去行为的倾向。当然，这个论点是建立在正义理论之上的。如果这个理论不合理，实践上的一致性就不成立。但既然我们只考虑一个以正义理论为其特征的组织良好的社会这个特殊例子，我们就可以假定社会的成员们对公认的正义观念都具有明确的理解，并且他们的关系是建立在这种观念之上的。

我们假设上述这些就是善的弱描述所考虑的维护一个人的正义感的简单的（或典型的）理由。于是就产生了这些根据是不是决定性的这样一个问题。这里我们面临着动机的平衡这一熟悉的困难，它在许多方面类似于各种首要原则之间的平衡的困难。这种平衡的答案常常要靠把那些理由的不同平衡加以比较才能找到。因为，假如在理由的一种平衡中支持这一选择的理由较强而支持另一选择的理由较弱，那么，如果第一种平衡支持一种行为方案，第二种平衡就将支持另一种行为方案。但是依据这些比较所作的论证总是以这些理由的某种结构为假定条件，这些理由明显地以某一种方式而不是其他方式充当水准点。即使撇开上述理由，我们也不可以超过条件的比较：如果条件的第一种平衡支持一种选择，那么第二种平衡就将支持另一种选择。

在条件的比较上，显然可以看出，正义原则的内容是抉择中的关键因素。一个人怀有一种起调节作用的正义感是否有利于他的善取决于正义要求于他的那些内容。正当和善的一致性是由详细规定着每个概念的内容的那些标准决定的。正如西季维克指出的，功利主义比常识更严格，它要求当事人在必要时为所有人的更大幸福而牺牲自己的私人利益。[1] 功利主义也比契约论更准确，因为它认为，尽管超出我们的自然义务的善行是些好行为并引起我们的敬意，但是另一方面它又允许为了另一些已经更幸运的人的更大幸福而给一部分人以较小的福利和自由。一个有理性的人在构想他的计划时，将对给予一个如此严格的原则以优先性犹豫不决。这个原则可能既超出他的同情能力又有害于他的自由。所以无论在作为公平的正义这里正当和善的一致性是多么不可能，它也比在功利观点那里的可能性更大。理由的条件平衡比较支持契约论。

下述的怀疑提示了一种有些不同的问题：尽管我们保持我们

---

[1] 《伦理学方法》，第246—253、499页。

的正义情操的抉择可能是合理的，但是最后我们可能遭受巨大的损失甚至因之而毁灭。我们已经看到，一个公正的人有所不愿为，因此在面对邪恶环境时他会决定宁死也不做恶。然而尽管事情是，一个公正的人可能为了正义而死而另外一个人则可能活下来，这个公正的人却是做了他考虑过的所有事情中他最愿意做的事情。在这个意义上他没有被所预见的厄运打到。爱的危险也是同样，的确，它仅仅是一个特例。彼此相爱的或对人和生活形式有强烈依恋关系的人们同样也易于毁灭：他们的爱使他们成了不幸或他人的非正义的人质。朋友和恋人们在进行着互相帮助的冒险，家庭成员们也乐于做同样的事。他们表现的这种倾向如同任何其他倾向一样依赖于他们的依恋关系。我们一旦在爱就易受伤害：没有任何爱准备去考虑是否应当去爱，爱就是这样。伤害最少的爱不是最好的爱。当我们在爱时我们就在冒伤害和损失之险。从关于可能的生活方案的一般的知识着眼，我们并不认为这些危险大得令人却步。如果发生了恶，它们便是我们厌恶的对像，而且我们抵抗着那些意在带入恶的人们。如果我们正在爱我们就不会因为爱而悔恨。如果这些情况对于爱是真实的，就如世界是真实的一样，或者如果它们对于爱经常是真实的，那么，它们对于一个组织良好的社会中的爱，对于正义感就更是如此。因为，在一个其他人都是公正的社会里，我们的爱主要决定于自然的巧合和环境的偶然性。和这些情感联系在一起的正义情操也与此相似。事情似乎是，如果把支持我们按照爱本身的性质来肯定我们的爱的那些根据的平衡看作一个水准点，那么，在一个公正社会的条件下，一旦我们达到一定的年龄，我们就倾向于维护我们的正义感。

表达我们作为道德的人的本性这一欲望的一个特点加强了这一结论。在自我的其他倾向中还有一种对程度和范围的选择倾向。我们的欺骗和虚伪谋略不必是十分系统的；我们对制度和他人的情感联系可以多少强烈些；我们对更广泛的社会生活的参与可以多少地充分些。存在着一个可能性的连续统一体，而不是一个全有或全无的抉择，尽管为了简明我已经多次使用了这样的术语。但是表达我们作为自由平等的理性存在物的本性这一欲望，只能通过按照具有优先性的正当和正义原则去行动才能满足。这是终结性条件的一个结果：由于这些原则是调节性的，按照它们去行动的欲望仅在它可能对其他欲望是调节性的这种意义上才是令人满意的。按照这种次序上的优先性做出的行为，表达着我们的区别于偶然性和巧合事件的自由。因此，为实现我们的本性，我们除准备保持我们的正义感使之调节我们的其他目标之外别无选择。这种情操如果被调节和平衡得作为所有欲望中惟一的欲望而与其他目的相对立，它就不可能得到实现。正义感是一种以某种方式引导自身的欲望，一种把自己的优先性包含于自身的努力。其他目标能够通过一个把每一个目标都包含在内的计划来实现，它们得到满足的可能性不取决于它们在以先后排列的序列中所居的位次。但是正当和正义感不同于此，因而行为不公正总是倾向于产生负罪恶和羞耻感，这些情感是由于我们的调节性的道德情操遭受失败而引起的。当然，这并不是说实现我们作为自由和理性的存在物的本性本身就是一件全有或全无的事情。相反，我们表现我们本性的程度取决于我们按照作为最终调节因素的正义感行动的一贯程度。若一项计划只把正义感看作惟一的值得重视的欲望，我们便不能依靠这项计划来表现我们的本性。因为，这种情操展现着人格内容，放弃人格内容就不在是在为自我争得自由的统治，而是为世界的偶然性和巧合事件让路。

还必须提到最后一个问题。假定即使在一个组织良好的社会中也有这样一些人，对他们来说肯定其正义感不是一种善。假定由于他们的目标和需要以及他们本性的特有性质，对善的弱描述不能成为使他们保持这种调节性情操的充分根据。有人论证说，人们不可能令其信服地把正义作为一种德性推荐给这些人。[①] 假如令其信服地推荐意味着以（按照善的弱理论规定的）合理根据来劝告这些个人采取合乎正义原则的行为方案，这当然是正确的。但是从这里也产生了进一步的问题；即那些肯定自己的正义感的人们在要这些人按照公正制度去行动时是否在不公正地对待他们的问题。

不幸的是我们现在还不能恰当地回答这个疑问，因为它以一种惩罚理论为前提，而迄今为止我还极少谈到正义论的这一部分（见第 39 节）。我一直假定人们对他们乐于选择的、因而是经过对应在可能的观念表中采取哪一个深思熟虑之后确定的任何观念都是严格服从的。然而，像非暴力反抗的例子一样，我们可以推论出另一种部分服从理论。所以，撇开完全自愿的情况不谈，假如对任何公认的观念的坚持都是不完善的，那么，原初状态中的人们会在何种条件下同意运用制度化的惩罚措施呢？他们是否认为可以要求一个人仅仅去做善的弱理论规定的有利于他的善的事呢？

显然，根据整个契约论的观点，他们不会持这样的看法。因为这种限制实际上相当于普遍利己主义，我们已经看到，这种利己主义站不住脚。此外，正当和正义原则在总体上是合理的，正是为了每个人的利益，人们应当按照公正的安排去做。同时，对正义感的总的肯定是一个极大的社会财富，它建立着相互信任和自信的基础，在正常情况下这对于每个人都有利。所以，在一致同意制订稳定一个合作系统的处罚措施时，各方接受了在确定正义原则的优先地位时承认的对自我利益的同种限制。假如对平等的自由的限制和法规得到充分的承认，那么，一旦依照经过考虑

---

① 见福特：《道德信念》，《亚里士多德学会会刊》第 59 卷（1958—1959 年），第 99—104 页。

的根据接受了这些原则,认可一些维护公正制度所必需的措施就是合理的(见第38—39节)。那些感到习惯于公正地行动对他们不是一种善的人们也不能否认这些论点。当然对他们来说,公正的安排的确不完全符合他们的本性,因而,如其他条件相同,和他们肯定自己的正义感的情况相比,他们的快乐肯定会更少。但是人们对此只能说:他们的本性是他们的不幸。

所以,主要之点是:我们不必为证明正义观念的正当性而主张每个人,不论其能力与欲望如何,都有保持其正义感的(按照善的弱理论规定的)充分根据。因为,我们的善取决于我们人格的种类。取决于我们所有的和所能够有的需要和欲望的种类。甚至有时有许多人都感觉不到一种为着他们的善的正义感;但倘若此,导致稳定性的力量就比较弱。在此种条件下,惩罚手段就将发挥较大作用。如其他条件相同,社会愈缺乏一致性,产生不稳定性连同其伴随的恶的可能性就愈大。然而这不妨碍正义原则在总体上的合理性;人们对这些原则的珍视仍然是对每个人都有利的。至少是当正义观念还没有不稳定到人们意欲选择其他观念的程度时,情况是这样。我一直试图说明的是,在人们对观念的选择中契约论优于它的对手,因而对原初状态中对于原则的选择不需要重新考虑。事实上,根据(对如何获得一种正义感的描述和社会联合的观念所提供的)对人类交往的合理解释,作为公平的正义似乎是充分稳定的观念。被一般化了的囚徒的二难推理的危险也就被正当和善的契合消除了。当然,在正常情况下,公认和信任总是不充分的。所以即使在一个公正的社会中,承认某种限制性安排以确保对正义原则的服从是合理的,但是它们的主要目的是保证公民们的相互信任不致落空。这些结构将极少被诉诸,并将只包括社会系统中的一小部分。

我们现在要结束这段相通冗长的关于公平的正义的稳定性的讨论。需要进一步指出的惟一之点是,一致性使我们得以完成善定义的应用次序。我们首先可以说，在一个组织良好的社会中，作一个好人（而且具体地说具有一种有效的正义感）对一个人的确是一种善；其次可以说，这种形式的社会是一个好社会。第一个论断来自一致性，第二个论断之所以成立，是由于一个组织良好的社会具有人们可以合理地要求于一个社会的那些性质。所以，它满足正义的原则，这些原则从原初状态的观点来看在总体上是合理的；而且，从个人观点来看，肯定公认的正义观念使之成为一个人的生活计划中的调节因素这样一种欲望，是符合合理选择原则的。这些结论强调共同体的价值；一旦达到了这些结论，我对于公平的正义所作的描述也就完成了。

87．对证明的总结

我不再概括对正义论的描述。我愿意对我所作的这种论证作一些评论以作为本书的结束。现在，整个观念已呈现于面前，因此我们能够从总的方面指出属于这个论证的一些问题。这样做将有助于澄清一些仍有疑问之点。

哲学家们通常在两种方式中择其一种来论证伦理理论。有时他们试图找到自明原则，从这些原则中推衍出标准和准则的整体来说明我们的价值判断。这种证明我们可称为笛卡尔式的。它假定第一原则是自明为真的，甚至必须是自明为真的；然后用推理把这个信念从前提转变为结论。第二种方法（由于一种语言上的滥用而被称为自然主义）是用假定为非道德的概念来提出道德概念的定义，然后通过公认的常识和科学程序说明与那些被规定的道德概念相应的陈述是真实的。虽然按照这种观点伦理学中的那些首要原则不是自明的，但证明道德信念的合理性不存在特殊的困难。只要给出定义，道德信念可以用与关于世界的陈述同样的方式确定起来。

我没有采取这两种证明的观念。因为，尽管某些道德原则似乎很自然甚至很明显，但是要说它们是必然地真的，甚至要解释这个命题的含义都面临着极大的障碍。事实上，我一直认为这些原则是在原初状态中借助于一般事实而被选择的，在这种意义上它们是偶然的（见第26节）。必然的道德真理的候选者们毋宁说是在采取原则时不得不面临的那些条件；但实际上，最好把这些条件简单地看作需要最后由它们所属的整个理论来估价的合理规定。没有哪一个条件集合或首要原则可以被说成是对道德起必然的、直接的规定作用的，因而是尤其适于担当证明责任的。另一方面，所谓自然主义方法必须首先区别道德的和非道德的概念，尔后才能使所下的定义被人们接受。为了使这种证明成功，就需要预先确定一种明确的意义理论，而这似乎还没有做到。而且，在任何情况下，定义都起着比通常应起的更大的作用，并实际上成为伦理学说的主要部分。

因此，我想，我们最好像对待其他理论一样地对待道德理论，并把它的苏格拉底方面考虑进来（见第9节）。没有理由认为它的那些首要原则或假设需要是自明的，或者认为它的概念和标准能被其他可被证明为非道德的概念所代替。[1] 所以，比如说，尽管我一直主张某件事是正当的或公正的这一点可以通过作为它的基础的在原初状态中将被承认的有关原则来理解，主张我们可以以此方式用这些原则代替先前的概念，但是，这些定义是建立在理论自身之中的（见第18节）。我不认为原初状态观念本

---

[1] 这里提出的观点和第9节——这一节来自《伦理学纲要》（1951年）——中的阐述是一致的。但是也参考了W. V. 奎因在《词和对象》（坎布里奇，马萨诸塞理工学院出版社1960年版）第1章及其他各章提出的证明观念。也见他的《本体论的相对论及其他》（纽约，哥伦比亚大学出版社1969年版）中的第4篇论文。关于证明观念的把道德思考和判断明确包括进来这一发展，见莫尔顿·怀特的《走向哲学的再次联合》（坎布里奇，哈佛大学出版社1956年版），第3部分，尤其是第254—258、263、266页。

身没有道德力量，或作为它的基础的那些概念在道德上是中立的（见第 23 节）。我只是简单地把这个问题搁置起来。所以，我没有这样推论，似乎那些首要原则或它们依赖的条件或定义具有一些使它们在证明一种道德学说的正当性方面占有一种独特地位的特殊性质。它们是理论中的核心因素和方法，但证明依赖于整个观念，依赖于它在何种程度上适合于我们反思的平衡中的所考虑的判断，并把这些判断组织成一个系统。我们曾指出，证明是许多思考的相互支持，是所有因素都相互适合共同构成一个一致的观点这样一个问题（见第 4 节）。采取这样一种观念，我们就能把意义和定义问题放在一边，并着手发展实质性的正义理论的任务。

这个理论展示的三个部分意在通过下面简述的方式建立一个相互支持的统一整体。第一部分描述理论结构的基础，并在对这些观念的选择作出合理规定的基础上论证正义原则。我强调这些条件的自然性，并阐述它们所以被接受的根据；但是这不意味着它们是自明的，或是分析道德概念或道德术语的意义所必需的。在第二部分我考察正义规定的制度的种类以及正义加给个人的义务和职责的种类。其目的完全是为了说明所提出的理论比其他类似理论更符合于我们所考虑的信念中的那些确定之点，说明这个理论引导我们以在反思中更令人满意的方式修正和推出我们的判断。那些首要原则和具体判断似乎协调合理地结合在一起，至少是在同其他可选择的理论相比较时是这样。最后，在第三部分中我们小心地考察作为公平的正义是不是一个可行的观念。这使我们提出了稳定性问题和所规定的正当与善是否一致的问题。这些考察不决定第一部分论证中阐述的对原则的最初承认，而是进一步证实它（见第 81 节）。它们表明，我们的本性使我们能贯彻在原初状态中的选择。在这个意义上我们可以说人类具有一种道德本性。

有些人可能会指出这种证明面临两种困难。第一，它可能引起那种一般的抱怨，说它只诉诸协议这个惟一的事实。第二，对我提供的证明还会有这样的更具体的反对意见，说它依赖于一个具体的正义观念表，让原初状态中的各方在这个表中选择；说它不仅假定了人们所考虑的判断方面的协议，而且假定了他们视为选择那些第一原则时的合理条件方面的协议。人们会说，我们在所考虑的信念方面的一致意见将随着不同的社会或社会的不同部分而不断改变。某些所谓确定点可能并不确定，人们也不会为填平他们现有判断之间的沟壑而接受同样的原则。而任何正义观念表，或关于原则的合理条件的一致意见，都肯定或多或少地是专断的。如果这一论点是正确的，那么作为公平的正义就逃不脱这些局限性。

对一般反对意见的答复是，证明是对那些不同意我们意见的人们或当我们犹疑不定时对我们自己所作的论证。它假定在人们之间或一个人自身的不同观点之间存在一种冲突，并寻求说服别人或我们自己相信作为我们的要求和判断的基础的那些原则的合理性。证明是被设计来用推理使分歧意见达到一致的，它首先从讨论中所有各方所共有的见解开始。向一个人证明一种正义观念的正当性，合乎理想的是提供给他一个对于从我们都承认的前提中得出的原则——这些原则又产生出许多和我们所考虑的判断一致的结论——的证据。所以，仅仅证据本身还不是证明。一项证据只简单表现着前提之间的逻辑联系。但是，一旦出发点是共同承认的，或者结论如此具有综合性和如此诱人，以至说服我们同意了它们的前提所表达的观念的合理性，证据就成了证明。

对正义原则的证明从一些一致意见开始是十分恰当的。这是证明的本性。然而比较具体的反对意见在指出论证的力量取决于所诉诸的一致意见的种种特点时是正确的。这里有几点应当注意。首先，尽管可以认为任何选择对象的详细表都可能在某种程度上是专断的,但是,假如这种反对意见是说所有的详细表都同样专断,那它就是错误的。一份把主要的传统理论包括进来的详细表比一份把更明显的候选对象排除在外的详细表的专断性要少得多。无疑,表明正义原则是一份比较系统地提出的较为综合性的详细表中的最好的选择对象,将加强对正义原则的论证。我不知道可以在何种程度上作到这一点。但我觉得(按照我规定的)这些正义原则将是某种类似于一个完整的详细表的东西中的较可取的观念(这里我假定,假如在复杂性和其他限制性之间有一种更高的联系,那么合理而可行的这一等级的选择对象就是非常有限的)。即使我所提出的论证是合理的,它也仅表明一个最充分的理论(假如存在这样一个理论的话)将更像契约观点而不是更像我们讨论过的其他学说。而甚至这个结论在严格的意义上也是没有得到证明的。

然而,在把作为公平的正义和其他学说的这些观念加以比较时,就不能简单地说所使用的这个详细表是一个特殊的表了:它包含着来自道德哲学传统的有代表性的理论,这种传统把迄今仍显得比较合理而可行的道德观念的历史地形成的一致意见包括进来。随着时间的发展还可以列出新的可能性,从而,在主要观念经受更严格的考验的过程中,这些可能性提供着证明的更可信的基础。但是对这些事情我们只能期待。在目前,尽可能地把契约学说重新表达出来并把它同几个熟悉的选择对象加以比较是适宜的。这样做并不专断,我们不可能以其他方式取得此种进步。

我们再谈一谈关于合理条件的一致意见方面的那些具体困难。人们应当指出道德哲学的一个目标就是在似乎不存在协议的地方找到它的可能基础。道德哲学必须努力扩大某种现存的一致意见的范围,并努力构想需要我们作更精细的思考的道德观念。证明的根据不是现成的:我们需要时而通过侥幸的猜测,时而通过指出理论的必要条件去发现它们,去恰当地把它们表达出来。

正是抱着这样的目的，我们才把选择那些第一原则的各种条件通过原初状态的观念结合到一起。这个观念在于：通过把足够合理的限制引入一个单一的观念之中，所提供的诸种选择对象中的一种就显然是更可取的。我们所希望的是，（那些众所周知的观点中的）一种具体观点的优先性是新近观察到的一致意见的结果，也许是出乎意料的结果。

其次，共同构成一个原初状态观念的那些条件并非不可加以解释。可以认为这些必要条件是合理的，同时，也可以把它们同道德原则的目的及道德原则在建立共同体的联系方面的作用联系起来。这些条件的有序性和终结性的根据是显而易见的。而且我们可以看到，公开性可以被解释为使证明过程能（在某种限定的意义上）得到完满贯彻而不产生不利影响的保证。因为，公开性使每个人都能向所有其他的人们（当他们的行为是可证明为正当时）证明他的行为的正当性而不致自相矛盾或产生其他纷扰的结果。如果我们严肃审视一个社会联合的观念和一个社会——作为此种社会联合的社会联合——的观念，那么公开性就肯定是一个正常的条件。它有助于保证一个组织良好的社会成为它的成员们相互遵循和相互了解这种意义上的一种活动；有助于保证它的成员们遵循同样的调节性观念，保证每个人都以大家一致同意的方式分享全体人的努力带来的利益。社会不是根据对它的那些第一原则的共同认识来划分的。而如果应当把正义观念和亚里士多德主义原则（及其伴随效果）结合起来，这一点就不可能改变。

诚然，正义原则的作用并不是以一种惟一的方式被规定的，对它可以做多种解释。我们可以通过考察哪一种解释使用最弱的条件集合来描述最初状态的特征来进行选择。这种看法的困难在于：尽管如其他条件相同，的确是越弱的条件越可取，但是却不存在最弱的条件集合。因为，如果不是无条件的话，弱条件的极小量就不存在，而这一点令人不感兴趣。因而，我们必须找到有限制的最小量，找到一个使我们能构造一个有效的正义理论的弱条件集合。我们应当以这种方式来看待作为公平的正义的各个部分。当我单独地考察原则的那些条件时，我不止一次地指出过它们的最弱本性。例如，关于相互冷淡动机的假设就不是一个有要求的规定。它不仅使我们能把理论建立在一个精确得当的合理选择概念之上，而且对于各方不提出什么要求：这样，那些所选择的原则就能调节更广泛而深刻的冲突，即调节一种显明的迫切需要（见第40节）。它还有更大的优点，即用一般条件和无知之幕等等把原初状态的较为明显的道德因素分隔开来，从而使我们能更清楚地看到正义在何种程度上要求我们超出对我们自己的利益的关心。

对良心的自由的讨论最清楚地表明了相互冷淡假设的特点。在这里各方的对立极其尖锐，然而人们仍然可以表明，假如某种协议可能订立，那么它必是建立在平等自由原则之上的。同时，如我们曾指出的，这个观念也可以扩展到道德信条之间的冲突上（见第33节）。假如各方认为他们通过社会安排肯定着某些（其内容尚不了解的）道德观点，这并不妨碍他们去赞同那个第一原则。因此，这个原则似乎在道德观点中占有一种特殊地位；一旦我们强烈地要求广泛的分歧和一种实际的正义观念的某种最低条件相吻合，这个原则就规定着一种最低限度的协议。

我现在来讨论与证明方法无关而仅仅针对正义理论本身的某种特点的一些反对意见。其中一种反对意见，竟把契约观点说成是一种狭隘的个人主义学说。对这种责难，我在前面的陈述中已经作出了充分的回答。因为，一旦相互冷淡这一假设被理解了，这种反对意见就显得是在张冠李戴了。在作为公平的正义这里，我们能够用普遍得当的合理选择观念来重新表达和阐释那些康德式论题。例如，我们找到了对自律和道德法则是我们作为自由平等的理性存在物的本性的表现这一命题的理解；同时，绝对命令，例如绝不可以把人只当作手段或完全作为手段，也有了它的解释。此外，在第三编理论中，正义论也一直被用于说明共同体的价值；这种说明加强前两编中的下述论点，即，在正义原则中包含着一种人格理想，它提供着判断社会基本结构的阿基米德支点（见第41节）。正义理论的这些方面是慢慢地从似乎是完全无视社会价值的失当的理性主义观念的东西中发展起来的。原初状态第一次被用来确定正义的内容和规定这种内容的原则。后来，正义才被看作我们的部分的善，才被同我们的正常的交往联系起来。仅仅盯住原初状态的某一特征就无法估价这一观念的优点。我常常注意到，只有通过建立在这个观念上的整个理论才能对它作出估价。

如果说作为公平的正义比契约学说的原有阐述更令人信服，我相信，这是因为前面所说明的原初状态把一个相当明显的选择问题，同合理地公认的在选择道德原则时面临的条件统一到一个观念之中了。最初状态把在选择时所必要的明晰性和有关的伦理约束结合起来。部分地是为了保持这种明晰性，我一直避免把任何伦理动机归于各方。他们的决定仅仅建立在那些最适于发展他们的利益的东西——就他们能够确定它们而言——的基础之上。这样，我们就能利用合理审慎选择的直觉观念的优点。但是，我们能够通过假定各方将受到道德思考的影响来确定最初状态中的伦理变化。原初协议概念在伦理意义上不再是中立的，否认这一点是一个错误。因为，这个概念已经包括了道德的特点，例如原则的形式条件和无知之幕，而且也必须包括这些特点，我已经简单地划分了对原初状态的描述，使这些因素不出现在对各方的特征描述之中，尽管这样做可能产生这样的问题，即，什么才算是一种道德因素。没有必要去解决这个问题。重要的是，原初状态的各种特点应当以最简单、最诱人的方式来加以表现。

我已间或地涉及了最初状态中的某些可能的伦理变化（见第

17节)。例如，人们可以假定各方持有这样的原则：任何人都不应从不应得的财产和偶然情况中受惠；因而，他们才选择一种减轻自然偶然性和社会侥幸的影响的正义观念。或者可以说，他们接受一项要求按贡献曲线来决定分配安排的互惠原则。而且，某种公平的、自愿的合作概念可能规定着各方准备考虑的正义观念。我们没有先验的根据认为这些变化必无说服力，或它们表现的道德约束力必不广见。此外，刚刚提到的种种可能性似乎肯定着差别原则，并且进一步支持这个原则。虽然我没有提出这样一种观点，但是它们的确值得进一步考察。关键问题是不去运用有争议的原则。所以，靠强加给人们一条反对在原初状态中冒险的规则来拒绝平均功利原则，原初状态方法就会一无所获。因为，一些哲学家已经把一般功利原则看作在某种风险境况下的恰当的非人态度的结果，并力图以此证明这一原则的合理性。我们必须找到其他论证来反对功利标准，冒险的正当性是一个争议的问题(见第27节)。最初协议的观念，仅在它的条件事实上被广泛承认或能够得到广泛承认的情况下，才能够成功。

有人可能争论说，正义理论有另外一个错误，它的原则不是从对人的尊重的概念中，从对人的内在价值和尊严的认识中产生的。由于(我所规定的)原初状态不包括这个观念，人们可能认为对公平的正义的论证不合理。但是我相信，尽管正义原则仅当人们具有一种正义感，并的确相互尊重时才有效，尊重的概念或人的内在价值却并不是提出这些原则的恰当基础。正是这些观念本身需要加以解释。这里的情况相似于仁慈的情况：离开正当和正义的原则，仁慈的目标和尊重的要求就是未经限定的，它们都是以已经独立地产生出来的正当和正义原则为先决条件的(见第30节)。然而，一旦正义观念已经形成，尊重的观念及人的尊严的观念就被赋予了一种更确定的意义。除了一些别的特点之外，对人的尊重还表现在以能被证明为正当的方式去对待人们。不仅

589

如此，它还通过我们所诉诸的原则的要旨而变得清楚明了。所以，尊重人就是承认人们有一种基于正义基础之上的不可侵犯性，甚至作为一个整体的社会的福利也不可以去践踏这种性质。正义的词典式顺序上的优先性表现着康德所说的人的价值是超过一切其他价值的。[①] 正义理论提供着对于这些观念的一种解释，但我们不能从这些观念出发。如果要系统地阐明我们的尊重观念及平等的自然基础，那么，就没有其他方法可以避免原初状态或某种类似结构带来的复杂情况。

这些评述使我们回到了正义是社会制度的首要价值这一常识信念上，我们在本书的开头就指出了这种信念（见第1节）。我试图建立一种使我们能够理解和估价这些对于正义的优先地位的情感的理论。作为公平的正义是这些常识信念与情感的结果：它表达着这些意见，支持着它们的一般倾向。尽管它当然不是一个十分令人满意的理论，但我相信，它提供着一种可代替迄今一直在我们的道德哲学中占统治地位的功利主义观点的选择对象。我试图把这个正义理论作为一种可行的系统的学说呈现出来，以便使最大限度地提高善这一观念不再因缺乏一种正确观念而占居统治地位。对目的论理论的批判不能零打碎敲地进行。我们必须努力构造另外一种观点，这种观点要具有同样的明晰性和同样系统的优点，但又要提供关于我们的道德情感的更精细的解释。

最后，我们可以提醒自己，原初状态的假设性质会提出下述问题：我们为什么应当对它抱有道德的或非道德的兴趣？让我们回想一下答案：包含在对这种状态的描述中的那些条件是我们实际上承认的条件。或即使我们不承认，我们也会被间或提出的哲学思考说服得去承认这些条件。原初状态的每一方面都有其解释。所以，我们所做的只是把我们经过一定反思准备承认为合理

---

① 见《道德形而上学基础》，学院版第4卷，第434—436页。

的全部交往条件结合到一个观念中来（见第4节）。一俟我们理解了这个观念，我们就在任何时候都能够从这个必要的观点看待社会环境。它足以帮助我们以某种方式去推理，并推动我们遵循所得出的结论。这种观点也是客观的和表现着我们的自律的（见第78节）。它无需把所有的人合成一个整体，只需把他们看作一些独特的分别的个人，就使我们能公正无私，甚至对和我们不是同时代的人们——除了其中属于许多代人的那些人们之外——也能不持偏见。所以，从原初状态的观点来看，我们在社会中的地位，也就是从永恒的观点（perspective of eternity）来看待殊相：即不仅从全社会而且也从全时态的观点来审视人的境况。永恒的观点不是一个从世界之外的某个地方产生的观点，也不是一个超越的存在物的观点；毋宁说它是在世界之内的有理性的人们能够接受的某种思想和情感形式。一旦人们接受了这种思想和情感形式，无论他们属于哪一代人，他们就能够把所有个人的观点融为一体，就能够达到那些调节性的原则。每一个人在其依赖这些原则而生活的过程中都肯定着这些原则，并且是根据他自己的观点肯定着它们。心灵的纯洁，如果一个人能得到它的话，也许将看清这一切，并且将根据这种观点把一切做得轻松自如。

术 语 索 引 *

A

阿基米德支点（Archimedean point）251—253，571；
爱（Love）
其规定 182，450；
对许多个人的爱的问题 182；
爱的法则在心理学诸法则中的地位 450—453，457，462，480；
与道德情感相联系的方式 451，471—476；
在解释道德的心理上的可理解性方面的作用 462；
作为各种倾向的组合 473；
用爱来论证一致性时产生的危险 560；
参见
仁慈；人类之爱；分外的道德；分外行为

B

把人们作为目的对待（Treating Persons as ends）171—175；
背景的正义（Background justice）78—85；
与机会的公平平等 78，82；
基本结构在背景的正义方面的作用 79，82；
作为纯粹程序正义的条件 80—84；
作为职责的条件 106，332，364；
与公平的工资（分配份额）293—298；
参见
背景制度
背景制度（Background institutions）265—274；
与对正义的第二原则的解释 66—69；
与完善的和不完善的程序正义 81；
与各个政府部门 266—274；
社会最低受惠值与背景制度中的转让部门 266；
税收与背景制度中的分配部门 267—270；
社会主义政权中的背景制度 271；
背景制度中的交换部门 274；
被尊重的平等（Eguality of Consideration）494；
必然真理（Necessary truth）18，47，565；

＊ 本索引及人名索引均以主条目汉语拼音顺序排列，圆括号内注明该条目原文；子条目仍依原序，不再依汉语拼音顺序重排；并且为了简明，不再注出原文。条目后所注数码均为正文页码，一般只标明有关正文的起端。——译者注

兵役制（Conscription）368；
剥削（Exploitation）298；
博爱（Fraternity）100；
补偿原则（Redress, principle of）95；
部分服从理论（Partial compliance theory）5, 232, 235—238, 339, 562；
不充足理由原则（Principle of insufficient reasons）160, 161, 163；
不公正的人（Unjust man）426；
不可比群体（Noncomparing groups）428, 523, 531, 533；
不满（Resentment）461, 470, 519, 520, 525；
不确定条件下的选择（Uncertainty, choice under）
　被无知之幕排除了的有关不确定条件下的选择的特殊态度的知识 131, 164；
　正义的两个原则与不确定条件下的选择的最大最小规则 146；
　作为不确定条件下的选择的例证的原初状态 148；
　不确定条件的选择的拉普拉斯规则在平均的功利主义中的用处 161—164；
　在古典功利主义及分裂观念中不存在不确定条件下的选择 181；
　不确定条件下的选择的各种规则与善的弱理论 434；

C

差别原则（Difference principle）70—78；
　其规定 71—73；
　在民主的平等中的地位 71；
　与完全正义的方案 74, 77；
　与充分正义的方案 74；
　与效率相联系的方式 75, 77；
　与链式联系 76；
　与紧密啮合性 76；
　与平均功利 78；
　其词典式次序形式 79；
　与人际比较 86；
　与补偿原则的联系 95；
　把自然才能的分配视作共同资产 96, 171, 497, 572；
　与互惠 97—100；
　作为对博爱原则的解释 100；
　与英才统治的社会 101；
　与优生学 101；
　容许过度不平等的反对意见 150；
　与社会最低受惠值 275；
　储存问题的意义 281；
　与公平机会的优先 289—292；
　与混和观念 305—310；
　调节对各种准则的权衡 307；
　作为民主的政治常规 308；
　其相对明晰性 309；
　与妒忌问题 518, 522；
　自尊与期望指标 532；
　与最初状态中的伦理变化 572；
惩罚（Punishment）231, 303, 562；
惩罚的正义（Retributive jutice）303；
承诺的强度（Strains of commitment）138, 168, 409；
诚实德性（Integrity, virtues of）506；
出发点（Starting places）91, 95；
储存（Savings）
　见
　正义的储存原则（Just savings principles）
传统的社会契约论（Social contract, traditional theory of）8, 13, 28, 106；

593

创造伦理学（Ethics of creation）153；
纯粹的程序正义（Procedural justice, pure）
  其规定 81；
  与背景的正义 61，81；
  与机会的公平平等 78—83；
  纯粹程序的优点 82；
  与原初状态 114，130；
  与公平的工资 293—298；
纯粹良心行为学说（Purly conscientious act, doctrine of）463，555；
词典式次序（Lexical order）
  其规定 39；
  作为公平的正义中的词典式次序 40；
  作为简化手段 40，41，84；
  两个正义原则的词典式次序 56，144；
  与差别原则的词典式次序形式 77；
  参见
    几条有关优先性的条目
慈善行为（Good〈beneficent〉act），见
    善行（Beneficence）

D

代表人（Representative persons）
  又见〔注〕
    有代表性的个人 *
代际正义（Justice between generations）
  与优生学 101；
  基于对原初状态的动机假设的代际正义 122，134，278，281；

———————
【注】凡"又见"条目，均系译文中不同译法，注 * 的为该条目索引处，在索引条目上不再注 * 号。——译者注

  与无知之幕 131，133；
  储存问题中的代际正义 134，274—283；
  与良心的自由 197；
  社会联合的历史传统中的代际正义 511；
  参见
    正义的储存原则
道德几何学（Moral geometry）115，120；
道德教育（Moral education）476，501；
道德理论（Moral theory）
  其本质 42—49；
  作为描述我们道德能力的尝试 42；
  与语言学的比较 43，45，477；
  我们所考虑的判断在道德理论中的意义 43，566；
  与反思的平衡 44；
  作为一种道德情操论 47；
  定义在道德理论的地位 47，105，124，143；
  应当期待道德理论什么 49，190，352；
  道德理论中的简化手段 49，84，481；
  道德理论中的一般事实 151—154，255，410，443，449；
  在心理学理论和社会理论中的作用 477，482；
  参见
    正当性证明道德理由（Moral reasons）107，329，337；
道德情操（Moral sentiments）465—476；
  这些情操在何种意义上独立于偶然因素 461；
  道德情操的几个词语释义 465；

与特殊感觉和行为的联系 466；
道德原则在解释道德情操中的意义 467；
解除特定道德情感的方法及其同他人态度的关系 469；
负罪感与羞耻 470；
与自然态度的联系 471；
作为人生的正常特征 473；
利己主义者不可能感受道德情操 474；
道德情操可能表现得不合理 475；
道德人（人格）(Moral person〈personality〉)
  其规定 10，16，491；
  作为平等的基础 16，317，491—496；
  与相互尊重的义务 325；
  与自我的统一 547；
道德态度 (Moral attitudes)
  见
    道德情操 (Moral sentiments)
道德心理学原则 (Moral psychology, principles of) 461—482；
  第一法则 450，476；
  第二法则 457，476；
  第三法则 460，477；
  所涉及的正义原则 477；
  道德观念在心理学理论和社会理论中的意义 477，482；
  作为转换最终目的体系的法则 479；
  作为互惠原则 481；
  与相对稳定性 484—487；
  与进化 489；
道德学习理论 (Moral Learning theory)
  两种传统 445—448；
  以道德理论为前提 448，477，482；
  作为公平的正义中的道德学习理论 476—487；
道德原则的功能 (Moral principles, function of) 125，128，569；
德性 (Virtues)
  其规定 184，423；
  在何种意义上区别于自然资质 423；
  作为美德 430；
  自制的德性 432，464，470；
  权威道德的德性：453：
  社团道德的德性 458；
  司法德性 503；
  正直的德性 506；
笛卡尔式的证明 (Cartesian justification) 565；
地位欲 (Status, disire for) 530—533；
第一人称选择方法 (Method of choice, first-person) 320，538，541—544，548，550；
定义 (Definition)
  在道德理论中的作用 47，105，124，143，190，566；
动物 (Animals) 14，489，498；
妒忌 (Envy) 517—527；
  妒忌的形式的规定 518；
  妒忌问题的规定 518，520；
  与合理性 136，517；
  与对正义原则的两步论证 138，517；
  与特殊心理 517，527；
  妒忌不是一种道德情感 519；
  妒忌的反面 519；
  可原谅的妒忌 520；
  解决妒忌问题的条件 521；
  在由两个正义原则调节的组织良好的社会中的妒忌 522，533；
  与平等 523—527；
  与原初状态的诸条件 524；
  弗洛伊德论妒忌及正义感的产生 525
  与期望的指标 532；

等级和封建制度如何解决妒忌问题 533;
对不宽容者的宽容（Toleration of the intolerant）205—211;
对才能开放的前途（Careers open to talents）61, 67, 101;
对法律的忠诚（Fidelity to law）354, 371;
对非正义的爱（Love of injustice）426
对自己的义务（Duties to self）240;
　　参见
　　义务
对作为公平的正义的康德式解释（Kantian interpretation of justice as fairness）241—247;
　　作为合理选择对象的道德原则 241,
　　康德式解释中的自律概念 242;
　　作为绝对命令的正义原则 243;
　　康德式解释与相互冷淡 243;
　　西季维克的反对意见 244;
　　原初状态是对康德伦理学的程序性解释 246;
　　对道德羞耻所作的说明 432;
　　对道德的心理上的可理解性的解释 462;
　　对社会联合观念的解释 515;
　　对于理解自我的统一的影响 549;
　　康德式解释的一致同意条件 550;
康德式解释在论证一致性中的意义 559;
多数裁决规则（Majority rule）
　　纯粹多数裁决规则的规定 214;
　　与参与原则 213, 217;
　　宪法手段对多数裁决规则的限制 217—220;
　　与欲望的强度 219, 252;
　　与权利法案 220;
　　在正义的宪法制度中多数裁决规则所

获得的论据 341;
　　其局限性 342;
　　其地位 344;
　　其在理想程序中的作用 345;
　　与理想的市场过程的比较 347;
　　与政治解决的原则 349;

E

恶人（Evil man）426;
恶意（Spite）519, 523;

F

法律的恰当程序（Due process of law）229;
法律体系（Legal system）225;
法无明文不为罪准则（No offense without a law, precept of）228;
法治（Rule of law）225—233;
　　法治的规定 225;
　　应当意味着能够准则 226;
　　类似情况类似处理准则 226;
　　法无明文不为罪准则 228;
　　自然的正义诸准则 228;
　　与自由的关系 229;
　　与刑罚及责任原则 231;
　　与表明着自由的优先性的诸例证 232
反思的平衡（Reflective equilibrium）18, 44—47, 114, 419;
反例（Counter-examples）
　　反例的有限的有用性 48;
犯罪意图（Mens rea）231
非暴力反抗（Civil disobedience）351—356, 359—365, 370—379;
　　其规定 352, 356;
　　反对储存政策的非暴力反抗 286,
　　作为民主理论所面临的问题 351,
　　其理论的三个部分 352;
　　与正义感 352, 362, 374;

作为一种政治行为 353；
与对法律的忠诚 354；
与好斗行为的区别 355；
非暴力反抗的恰当对象 369；
其正当性证明的三个条件 360—364；
非暴力反抗中的公平问题 361；
非暴力反抗的明智 364；
在维护民主宪法中的作用 370—374；
基于正义观念之上的非暴力反抗理论 372；
在宪法理论中的地位 373；
与各种类型的一致意见 375；
公民在非暴力反抗方面的责任 376—379；
非理想理论（Nonideal theory）234—238, 292, 339, 379；
其规定 236；
参见
部分服从理论
非通常意义（Illocutionary forces）391；
分工（Division of labor）516, 527；
分裂的观念（Splitting, idea of）182；
分配部门（Distribution branch）267—270；
分配的正义（Distributive justice）
其主要问题 2, 5, 56, 79；
与纯粹程序正义 82；
作为符合德性的幸福 299—302；
并非惩罚的正义的对立面 303；
分外的道德（Supererogation, morality of）464, 470；
分外（的）行为（Supererogation acts）
110, 183, 327, 425, 536；
福利的人际比较（Interpessonal comparisons of wellbeing）
功利主义中的人际福利比较 86, 313；
作为公平的正义中的人际福利比较 87, 90；
基本善在人际福利比较中的作用 87, 90, 203；
与期望的统一 166；
与某些基本功利程序 310—313；
福利的人际比较中的道德前提 312；
福祉（Blessedness）537；
富尔斯标准（Fuchs criterion）93①；
复杂性（Complexity）
对复杂性的限制 41, 126, 136, 503；
负罪感（Guilt）
负罪感的规定 461, 467；
康德伦理学不是一种负罪伦理学 246；
与羞耻的区别 432, 470；
对权威的负罪感 452；
与自然态度 452, 456, 461, 473—476；
对社团的负罪感 456；
对原则的负罪感 460；
合理的负罪感的规定 461；
负罪感的心理上的可理解性 462；
负罪感的解释 468；
精神病患者的负罪感 468；
负罪感的残余 468；
作为一种道德情操的负罪感的特点 468；
与道德的诸方面 470；
与终结性条件 561；

G

个人的道德价值（Moral worth of persons）420—426；

其规定 422；
并非分配正义的一种基础 301；
个人的道德价值系属于善的强理论的问题 382，421；
公认的基本善 420；
　与自然天赋（资质）的区别 423；
　与功能的观念 424；
　扩展到个人道德价值以外的其他例子中的善定义 425；
　个人的道德价值自身即为善，及一致性问题 553—562；
个人的理想（Ideal of the person）251—253；
个人与合理计划（Person, and rational plans）394，407；
根深蒂固的性质（Broadly based properties）422，424；
功利主义（Utilitarianism）
　见
　　古典的功利主义（Utilitarianism, classical），平均的功利主义（Utilitarianism, average）
功利主义的标准假设（standard assumptions of utilitarianism）151，200，270，313；
功利主义中的同情（Sympathy, in utilitarianism）24，170，176—180，486；
公开性（Publicity）
　潜含在契约论中的公开性 13，167；
　各种规则的公开性 50；
　作为形式条件 127，441；
　在论证稳定性中的意义 169—174；
　一般信念的公开性 441，533；
　　与妒忌 533；
　　在论证一致性中的意义 556；
　与社会联合的正当性证明 569；
公平的工资（wages, fair）293—298；

公平的同情的观察者（Impartial sympathetic spectator）
　在正当的定义中的意义 176；
　功利主义中的公平的同情的观察者 24，26，29，176—182；
　休谟对公平的同情的观察者的描述 176—179，181，253；
公平的政治行为的义务（Fair political conduct, dnty of）229①
公平机会的平等（Equality of fair opportunity）78—84，287—292；
　其规定 68；
　与家庭 69，289；
　与纯粹程序的正义 78—84；
　在背景的正义中的作用 79，82；
　与配给正义的比较 83；
　在词典式次序上优先于差别原则 84
　表明着公平机会的平等的优先性的诸例证 288；
　公平机会的平等的优先规则的陈述 291；
　与平等的两个观念 497；
公平机会的优先（Priority of fair opportunity）
　其规定 85；
　其例证 288；
　其规则的陈述 291；
公平原则（Fairness, principles of）105—108，331—339；
　其两个部分的规定 107，331；
　公平原则包括所有的职责 107；
　洛克论背景的正义 107；
　公平原则的特征 107；
　在一般情况下可能未充分体现公平原则的公民的政治职责 107，323，333；
　拒绝把公平原则作为政治联系的惟一基础 323；

公平原则可对诸种社会要求作更细致
　　的描述 332；
公平原则可解释守诺之责 333—
　　337；
对公平原则的论证 335；
不仅仅基于制度的诸社会要求 337；
与普里查德的问题 338；
与对团体成员的政治职责 364；
公共讲坛（Public forum）214，354，
　　362，530；
公共利益（Public goods）256—261，
　　324；
公共善（Public goods）
　　见
　　　公共利益
公正（Impartiality）179—182；
共同利益的原则（Common interest,
　　principle of）
　　其规定 92，236；
　　与平等的公民权 92；
　　与宽容 201—205；
　　作为政治常规 308；
共同善（Common good）
　　其规定 222，236；
共同体的价值（Values of communit-
　　ies）
　　作为公平的正义中的共同体价值问题
　　　254，507，571；
　　社会联合中的正义何以是共同体的价
　　　值的一个例证 514；
　　作为共同体价值的例证的正义是如何
　　　系之于一致同意这一条件的 550；
　　一致性巩固着作为共同体价值的例证
　　　的正义 564；
贡献（Contribution）71，99，294—
　　300；
　　又见
　　　捐助

贡献的准则（Contribution, precept
　　of）294，296，297，300；
贡献曲线（Contribution curve）72，
　　99，572；
孤独问题（Isolation problem）260，
　　324；
古典的功利主义（Utilitarianism,
　　classical）19—29，175—184；
　　其规定 19，22，154；
　　古典功利主义把个人的选择原则扩展
　　　到社会选择上 20，24，25，179；
　　作为目的论 20；
　　其善观念 21；
　　古典功利主义中的分配 23；
　　正义的诸准则在古典功利主义中的地
　　　位 23，25，295；
　　古典功利主义中的公平的观察者
　　　24，26，176—182；
　　古典功利主义中的各个个人的合成，
　　　24，26，177—181；
　　与正当的优先 27—29；
　　对优先问题的解决 36；
　　与配给的正义 84；
　　同不完善的程序正义的联系 84；
　　古典功利主义中的人际比较 85，
　　　313；
　　其标准假设 152，200，270，313，
　　　494；
　　对一般事实的依赖 152—154；
　　根据终结性和稳定性对古典功利主义
　　　的论证 169，174；
　　同情在古典功利主义中的作用 170，
　　　176—180；
　　与把人们作为目的对待的准则 171
　　　—175；
　　正当的定义 177；
　　与公平的同情的观察者 176—179；
　　混淆了非人格性与公正 179—182；

599

与完全的利他主义的联系 180；
从某种观点说在古典功利主义中不存在冒险 181；
分裂的观念 182；
关于储存问题的观点 276，287；
参见
　平均的功利主义
贵人行为理应高尚（Noblesse oblige）70，111；
国际法（Law of nations）5，103，444；
　与自然义务 110；
　国际法的派生原则 366；
　与正义战争及良心拒绝 367—370；
　国家的合法利益（National interest, legitimate）367；

H

好社会（Good society）564；
好斗行为（Militant action）356；
合法期望（Legitimate expectations）299—304；
　与正义法律 225；
　并非以道德应得为基础 299；
　遵循正义诸准则并不奖励道德价值 300；
　合法期望在组织良好的社会中如何产生 302；
　有权获得、应得与道德价值的区别 302；
　分配的正义不是惩罚的正义的对立面 303；
合理选择的计算原则（Counting principles of rational choice）401，402；
　选择的第一人称程序中的计算原则 539；
　与支配性目的 540；

快乐主义中的计算原则 541；
合理选择原则（Rational choice, principles of）
　在生活计划方面的应用 395；
　至多只确定出最优等计划 395，402；
　与时间相关的诸原则的规定 397—401；
　区分出较高序列的欲望 433；
　不确定条件下的选择的合理原则 434；
　与无知之幕 435；
　参见
　　不确定条件下的选择
和平主义（Pacifism）
　无条件的和平主义 358，370；
　有条件的和平主义 370；
合作（Coordination, problem of）4；
衡平法（Equity）228；
互惠（Reciprocity）
　功利主义与互惠的不相容 11，29，485；
　差别原则中的互惠 98；
　在利益的和谐中的互惠 99；
　稳定性与互尊的论证中的互惠 170；
　与正义的储存原则 280；
　一致意见诸条件中的互惠 376；
　作为对心理学法则的描述 480，485；
　与平等的基础 497；
　作为最初状态中的伦理变化 572，
互利（Mutual advantage）
　见
　　互惠（Reciprocity）
互助的义务（Mutual aid, duty of）109，326，392；
坏人（Bad man）426；
悔恨（Regret）408，429，431，467；
混合观念（Mixed conceptions）304—313；

混合观念表 118；
混合观念的诱力 305；
含社会最低受惠值及分配的限制的混合观念 305；
其制度特征 306—309；
与差别原则 307；
其含糊性 308；
基本功利与人际比较 310—313；
活动之链（Chains of activities）416；
或然性概念（Probability, conopt of）164；

J

基本功利（Cardinal utility）85，310—313；
基本规则（Constitutive rules）51，333；
基本善（Primary goods）85—90；
其规定 58，87；
社会基本善与自然基本善的区别 57；
自尊作为最重要的基本善 58，170，382，427；
期望的基本指标 87—90；
在人际比较中的作用 87，90，313；
基本善的指标问题 90；
用基本善来规定期望的理由 89；
基本善和在原初状态下用基本善来规定期望的合理性 136；
以善的弱理论来说明的基本善 381，420，434；
参见
期望
基本自由的内容（Basic liberties, enumerated）56；
机会的形式的平等（Equality of opportunity, formal）
见

对才能开放的前选（Career open to talents）
计划的客观的合理性（Objective rationality of plans）404，408；
计划的主观的合理性（Subjetive rationality of plans）404，409；
计划活动的合理性（planning activities, rationalitig of）409；
家庭制度（Family, institution of）
与机会的公平平等 69，289，497；
与博爱 100；
人们在原初状态中作为家长而考虑问题 122；
权威的道德中的家庭制度 450；
社团的道德中的家庭制度 454；
家长式统治（Paternalism）198，238；496；
价格的配给功能与分配功能（Prices, allocative and distributive function of）264；
交换部门（Exchange branch）273，319；
教育（Education）96，101，240；
紧密啮合（Close-kniteness）75—78；
进化（Evolution）417，488；
近于正义的状态（Near justice, state of）342，343；
其规定 340，351；
角色的理想（Ideals, of roles）449⑧，454，458，459；
较大可能性原则（Greater likelihood, principle of）399；
经济体系（Economic systems）255—265
经济理论的使用 255；
私有制及公有制 256；
公共利益 256—261；
孤独问题与确信问题 260；
囚徒的二难推理 260⑨；

601

市场的功用 262—265；
价格的配给功能和分配功能 264；
在私有制经济和社会主义间的选择不单独取决于正义 264；
竞争裁决（Trial by combat）128；
捐助（Contribution）
又见
贡献 *
绝对命令（Categorical impesatives）243，571；
均衡（Equilibrium）
见
平衡

K

客观性（Objectivity）502—506；
快乐（Pleasure）541—545；
快乐主义（Hedonism）540—547；
其规定 22，541；
作为第一人称选择的支配性目的方法的快乐主义 541；
快乐主义的缺陷 543；
功利主义没有解决快乐主义中存在的问题 544；
目的论中的快乐主义倾向 546；
与自我的统一，与密尔的功利证明 547；

L

拉普拉斯规则（Laplace rule）161；
类似情况类似处理准则（Similar cases, precept of）227；
理想的程序（Ideal procedure）345—349；
理想的观察者（Ideal observer）176；
理想的理论（Ideal theory）
其规定及与非理想理论的对比 6，235，339；

作为正义论的基础部分的理想理论 6，231，379；
与刑罚 231，304，564；
与优先性诸规则 236，292；
参见
严格服从理论
理想的市场过程（Ideal market process）348
理想主义（Idealism）253；
立法阶段（Legislative stage）187；
立法原则（Legality, principle of）
见
法治（Rule of law）
立宪会议阶段（Constitutional convention, stage of）186—188，
立宪民主（Constitutional democracy）
其规定 212，216；
正义的基本结构的例证 185；
立宪民主的宪法手段 213；
其历史缺陷 215；
与正义感 233；
立宪民主的各项自由最好建立在正义的基础之上 233；
与正义的储存原则 285；
立宪民主中的多数裁决规则 342—345；
立宪民主的经济理论 348，478；
非暴力反抗在立宪民主理论中的地位 351，373；
非暴力反抗在立宪民主中的作用 370—374；
参见
平等参与原则
利己主义（Egoism）
其类型表 119；
作为劣于正义原则的诸选择对象 113，130；
被正当的形式限制排除了的利己主

义 126，129；
作为无协议点的一般利己主义 130；
作为公平的正义不是利己主义的一个例证 141；
与道德情感能力 474；
利己主义问题与一致性问题的区别 554；
与惩罚 562；

利他主义（Altruism）
完全的利他主义 181；
有限的利他主义（Altruism, limited）
见
　　相互冷淡（Mutual disinterestedness）

利益的人为统一（Artificial identification of interests）52，188，442①；

礼貌的义务（Duty of civility）344；

连续性原则（Continuity, principle of）407；

链式联系（Chain connection）76—79；

良心（Conscience）
见
　　良心的平等自由（Equal liberty of conscience）

良心的规避（Conscientious evasion）357；

良心的拒绝（Conscientious refusal）357—360；，365—370；
其规定 356；
与良心的规避的区别 357；
与非暴力反抗的比较 357；
良心的宽容与迷失的良心 505；
作为对正确理论的自然偏离的无条件的和平主义 358；
从良心的拒绝推导国际法 365；
具体战争中良心拒绝的正当性证明 367—370；
与兵役制 368；
与有条件的和平主义 369；
有鉴别的良心拒绝较无条件的和平主义更可取 370；

良心的平等自由（Equal liberty of conscience）195—211；
与对正义的第一原则的论证 195；
如何引出平等权利 197；
在考虑下一代时良心的平等自由得到加强 198；
密尔对良心的平等自由的论证 199；
在目的论原则基础上的平等自由的不可靠 201；
国家调节良心自由的根据 202；
在调节中诉诸常识和公共知识 204；
与宽容 204；
对不宽容者的宽容 206—210；
与正义制度的稳定性 209；
平等自由与道德、文化差别 210，570；
与至善主义 315—318；

两种不稳定性（Instability, two kinds of）324，483；

吝惜（Jealousy）520，526；

伦理学理论的结构（Structure of ethical theories）21，547，549①，549—552；

M

美德（Excellences）429—433；民主的经济理论（Economic theory of democracy）348，478；民主的平等（Democratic equality）60，70—78；
参见

603

差别原则
迷失的良心（Erring conscience）505；
目标（Aims）
　　见
　　　　欲望（Desires）目的（Ends）
　　见
　　　　欲望（Desires）
目的论（Teleological theories）
　　其规定 22；
　　其直觉诱力 22；
　　　目的论可以是直觉的，如在至善主义
　　　　中 36；
　　在目的论中平等自由的不安全 200，
　　　　317；
　　目的论中的平等的基础 494；
　　快乐论是目的论的代表性倾向 547；
　　支配性目的在目的论中的作用 551；
　　　目的论结构与契约论结构的对比
　　　　552；
　　见
　　　　欲望（Desires）

N

内在的稳定性（Stability, inherent）
　　484；
纽曼－摩根斯坦的基本功利定义（Neumann－Morgenstern definition of cardincal utility）311；
奴隶制（Slavery）152，238，313；
奴隶主的论据（Slaveholder's argument）150；

P

配给的正义（Allocative justice）60，
　　83；
平等参与原则（Equal participation, principle of）211—223；

平等的基础（Equality, basis of）490
　　—498；
　　作为平等的基础的道德人格 16，
　　　　317，491；
　　与自然权利 492①；
　　与自然特性 493—496；
　　对于平等基础的程序解释的反对意见
　　　　493；
　　目的论中的平等的基础 494；
　　作为一种潜在性 495；
　　平等的基础与其他观点相比具有简明
　　　　性 496；
　　与互惠 497；
　　与两种平等观念 497；
　　与作为公平的正义的诸限制 498；
平等主义（Egalitarianism）523；
平衡（Equilibrium）114，443；
平均的功利主义（Utilitarianism, average）155—167；
　　其规定 155；
　　在契约论中较之古典功利主义更可取
　　　　156；
　　导致平均功利主义的推理和平均功利
　　　　主义中的冒险 157—159；
　　奴隶主的平均功利主义论据 160；
　　反对意见之一：平均功利主义使用不
　　　　充足理由原则 161；
　　埃奇沃思对非现实的或然性的客观解
　　　　释 162；
　　对或然性概念的讨论 164；
　　平均功利主义中不存在期望的统一
　　　　166；
　　根据终结性和稳定性对平均功利主义
　　　　的论证 170—174；
　　同情在平均功利主义中的作用 170，
　　　　486；
　　作为平等自由的根据 197—198；
　　与理想的植人（孕育）252；

折扣方法在储存问题上的使用 287；
与混合观念 306；
平均功利主义的相对含糊性 309；
作为对个人的原则 322，327；
与正当的不确定性 550；
作为心理上可理解的原则 463；
平均功利主义的相对稳定性 485；
与进化 489；
与平等的基础 494；
作为目的论的平均功利主义中的快乐主义倾向 545；
密尔对平均功利主义的证明释义 549
平均平均主义结构与契约论结构的对比 549—552；
平均功利主义显然较之契约论更少一致性 559；
参见
  古典的功利主义

Q

期望（Expectations）
其规定 60；
与有代表性的个人（或代表人）60；
功利主义与对期望的精确测度 85；
期望如何以基本善指标为基础 87—90；
期望指标问题 88；
把基本善用作期望的基础之理由 89；
平均功利主义中不存在期望的统一 165；
参见
  基本善
悭吝（Grudgingness）520，524，527；
强制权力在稳定方面的作用（Sovereign, role in stability）230，260，325，484，563；
强制性的良心（Oppressive conscience）475；
囚徒的二难推理（Prisoner's dilemma）260，564；
权威的道德（Morality of authority）449—454；
作为道德第一阶段 449；
家庭作为权威道德的制度背景 450；
第一心理法则及（对权威的）负罪感 450；
获得权威道德的有利条件 452；
权威道德的特点与德性 453；
参见
  社团的道德，原则的道德
权威决定的原则（Authoritative decision, principle of）228；
劝告（advice）392，435；

R

人口规模（Population size）155；
人类的社会本质（Social nature of humankind）481，509—511，516，550；
人类之爱（Love of mankind）182，462，464，470；
仁爱（Benevolence）
又见
  仁慈 *
仁慈（Benevolence）
仁慈行为的规定 425；
与分外的行为 111，183，
相互冷淡同无知之幕的结合与作为原初状态形式条件的仁慈的比较 142；
仁慈中的爱的冲突 182；
与分裂的观念 182；
作为次级的概念 183；
仁慈行为（Good〈benevolent〉action）425；

参见

　　施善行为

S

善的基于弱理论的定义（Good, definition of, on thin theory）385—393；

　　善的三阶段定义 385；

　　简单例证对定义的说明 387；

　　其道德上的中立性 389；

　　有关善定义中的意义的讨论 390—393；

善的描述理论（Descriptive theory of goodness）391；

善的强理论（Good, full theory of）420—426；

其规定 381，382；

　　与道德价值 390，421—425；

　　与人类的善 411；

　　与一致性 553—562；

　　参见

　　　　善的弱理论

善的弱理论（Good, thin theory of）382—385；

　　其规定 382；

　　对善的弱理论的需要 382，384；

　　对基本善的描述 382，420，434；

　　与善的强理论的对比 382，383；

　　善的弱理论意义上的三阶段定义 385—390；

　　善的弱理论中的意义讨论 390—393；

　　应用于生活计划的善定义 394—397；

　　　　善的弱理论意义上的合理选择原则 397—401；

　　与审慎的合理性 402—410；

　　善的弱理论中的一般事实 410；

　　与亚里士多德主义原则 412—420；

　　与正当概念的比较 433—436；

　　与一致性问题 553—562；

善行（Beneficence）327①

　　施善行为的规定 425；

　　社团的道德（Morality of association）454—458；

　　作为道德第二阶段 454；

　　其制度背景与角色理想 454；

　　社团道德中的理智的发展 454；

　　第二心理法则和（对社团的）负罪感 456；

　　与亚里士多德主义原则 458；

　　社团道德的特点与德性 459；

社会的相互依赖的基本事实（Social interdependency, facts of）410；

社会各种利益的和谐（Harmony of social interests）99；

社会基本结构（Basic structure of society）5—8；

　　其规定 5；

　　组织良好的社会基本结构的规定 2；

　　正义为社会基本结构的首要德性 1；

　　作为正义的主要问题 5—8，50，79；

　　用于社会基本结构的正义原则并非可以普遍地应用 5；

　　社会基本结构的一些德性与社会理想 6；

　　社会基本结构的两个部分 57 189；

　　作为程序正义的背景 82；

　　塑造着人们的需要和个人理想 249—253；

　　与相互稳定性 444；

社会理想（Social ideal）6；

社会联合（Social union）507—516；

　　其规定 510；

　　对正义环境的两种解释 507；

　　私有社会概念的规定 508；

人类的社会本质释义 509—511；
社会联合的示例 511；
作为诸种社会联合的社会联合的组织良好的社会释义 514；
社会联合中的正义的集体活动是共同体的一种价值 516；
社会联合中的劳动分工 516；

社会主义（Socialism）257，261—265，270；

社会最低受惠值（Social minimum）266，275，293，305；

社会合作的稳定性（Stability, of social cooperation）
作为社会问题的社会合作的稳定性概念的规定 4，484；
强制权力在维护社会合作的稳定性方面的作用 230，260，306，484，563；
共同的正义感在维护社会合作的稳定性方面的作用 257，324，336，483；
两种不稳定性的规定 325，484；
从稳定性方面论证正义义务 324；
允诺在社会合作的稳定性中的作用 335；
非暴力反抗在社会合作的稳定性中的作用 371；

社会环境的偶然性（Contingencies of social circumstances）
与正义原则的直觉观念 12；
自然的自由体系中的社会环境的偶然性 67；
平等的自由中的社会环境的偶然性 68；
民主的平等及差别原则中的社会环境的偶然性 70，74，97，572；

审慎的合理性（Deliberative rationality）402—410；

依循西季维克的规定 403—405；
在合理生活计划定义中的意义 395；
与判断欲望强度的诸方法 405；
与时间相联系的原则和连续性原则 406；
作为假设的标准 407，409；
与悔恨和自责 407；
与对自己的责任 408；
不意味着无穷尽地作计划 409；
与快乐主义的缺陷 545；
作为最终方法 547；
与自我的统一 547；

生活计划（Plans of life）394—402；
其规定 88，394；
生活计划的合理性规定 394；
决定着一个人的善 87，394，407；
最优等计划 395；
生活计划的特点 395；
子计划 397；
生活计划的合理选择原则 397—401；
与亚里士多德主义原则 401，414；
在诸计划中选择的可能性 401；
客观或主观上合理的生活计划的规定 403；
满意的计划 404；
生活计划决定着羞耻感 431；

生活前景（Life prospects）
见
期望（Expectations）

施善行为（Good〈beneficent〉act）
见
善行（Beneficence）
参见
仁慈行为

时间的偏爱（Time Proference）283—287；
其规定 283；

607

古典功利主义中的时间偏爱 277，287；

西季维克论时间偏爱 283；

在宪法制度中对系之于时间偏爱的政策的反对 285；

作为特殊调节的方法 298；

实质性的正义（Justice, substantive）53；

市场在经济体系中的作用（Markets, use of in economic systems）261—265；

税收（Taxation）267—270，272；

司法德性（Judical virtues）503；

私有社会（Private society）508；

私有制经济（Private property economy）252，261—265；

四阶段的序列（Four-stage sequence）185—190；

  三种政治问题 185；

  需要四阶段的序列作为应用正义原则的方案 185；

  作为原初状态的详细说明 185；

  立宪会议 185；

  作为正义论的一部分 187①，189；

  立法阶段 187；

  四阶段的序列中正义两原则的分工 188；

  具体案例的阶段 188；

  四阶段的序列中的知识的可获得性 189；

所考虑的判断（Considered judgments）

  其规定 44；

  其确定之点 16，308，567；

  在正当性证明中的作用 16，114，566；

  与反思的平衡 17，44；

    作为应当由道德理论来解释的事实 47；

所考虑的判断的确定之点（Fixed points, of cosidered judgments）16，308，567；

T

讨价还价（Bargaining）133；

特殊心理的问题（Special psychologies, problem of）136，517；

体系的稳定性（Stability of systems）443；

停止点（Stopping points）482，538；

  众多的停止点 480；

推荐（Commending）411；

W

完善的程序正义（Procedure justice, perfect）80，347；

完善性（Completeness）

  大致完善性的规定 328，552；

文化（Culture）

  在作为公平的正义中的文化的要求 96，316，319，428；

  在至善主义中的文化的要求 238，313，316；

  文化的历史传统在社会联合中的作用 33—34；

无差别原则（Indifference, principle of）539；

无差别曲线（Indifference curves）34；

无知之幕（Veil of ignorance）130—136；

  其规定 10，16，131；

  关于被无知之幕所排除的事物的知识 10，15，131，164，189；

  无知之幕不致模糊原初状态的意义 132；

  无知之幕并非不合理 133；

对一致同意条件之影响 133；
排除了讨价还价 134；
储存问题上的无知之幕 134，277；
潜含在康德伦理中的无知之幕 134，242；
在一般事实的复杂性方面的限制 136；
与相互冷淡相结合的无知之幕与仁慈的比较 142；
无知之幕在四阶段的序列中的变化 189；
无知之幕在应用合理选择诸原则方面不适用 485；

X

系列次序（Serial order）
 见
  词典式次序（Lexical order）
宪法（Constitution）
 宪法的正义 186，211—223，345；
 不完善的程序正义的情况 186，211，341，348；
 宪法中的多数裁决规则 218—220，342—345；
 共同慎思的理想程序 347；
相对稳定性（Stability, relative）483—490；
 用于正义观念的相对稳定性的规定 485；
 相对稳定性释义 442，483；
 内在稳定性的规定及与三条心理学法则的联系 485；
 正义原则及功利原则的相对稳定性 486；
 密尔关于相对稳定性的观点不完全是功利主义的 487；
 与进化的倾向 489；
相关的社会地位（Relevant social positions）90—95；
 其规定 91；
 与出发点 91；
 相关的社会地位的两种主要情况 91，94；
 最不利者的规定 93；
 与确定的自然特征 92；
 相关的社会地位需要加以说明 95；
相互冷淡（Mutual disinterestedness）
 其规定 11，122；
 与正义的环境 122—124；
 与利己主义的区别 123；
 与合理性的意义 138；
 与无知之幕相结合的相互冷淡与仁慈的区别 184；
 相互冷淡在描述自律的特征方面的意义 243，571；
效率问题（Efficiency, problem of）4；
效率原则（Efficiency, principle of）
 其规定 62—65；
 与巴莱多最佳原则 62；
 应用于基本结构的效率原则 66；
 效率原则不是一个正义原则 67；
 在自然的自由体系中的作用 68；
 在自由的平等中的作用 67；
 与差别原则的关系 75，78；
新教改革者对宽容的态度（Protestant reformer on toleration）205；
心灵的纯洁（Purity of heart）575；
形式的正义（Justice, formal）54—56，172，225—229；
幸福（Happiness）534—540；
 其规定 88，534；
 作为自给的幸福 535；
 作为自足的幸福 536；
 与福祉 537；
 圣徒与英雄的幸福 536；

幸福不是一个支配性目的 539；
羞耻（Shame）429—433；
　作为对自尊的伤害的羞耻 429；
　自然的羞耻 431；
　道德的羞耻 431；
　作为一种道德情感的羞耻与负罪感的区别 432, 468, 469；
　与自制的道德的关系 432, 470；
　与道德的诸方面及与分外的道德的关系 470；
　与终结性条件的联系 561；
　参见
　　自尊；美德
需要的准则（Need, precept of）267, 298, 301；
选择的不确定性（Indeterminacy of choice）538, 544, 549；
选择对象（Alternatives）
　选择对象的呈现 117—120；
　详细确定诸选择对象的方法及困难 117；
　选择对象的简要表格 119；
　条件的选择对象应加以排除 120；
　正当性证明中的特定简表问题 567；

Y

亚里士多德主义原则（Aristotelian principle）429—420；
　其规定 413；
　与合理选择原则 400, 414；
　作为动机原则 413；
　其伴随效果 414, 457, 515, 558；
　对于合理生活计划的影响 414；
　作为倾向 415；
　与活动之链 416；
　对这一原则的进化论解释 417；
　作为深刻的心理学事实 419；
　　有助于说明人们的价值判断 419；

与自尊和美德的联系 427, 432；
在社团道德中的意义 457；
与社会联合 510, 515；
在一致性论证中的意义 558；
与公开性 569；
言论自由（Freedom of speech）213, 215；
要求（Requirements）105—111；
一般性（Generality）
作为形式条件 125, 175, 241；
　与利己主义的诸变体 126, 129；
一致性（Congruence）
　概念的规定 384, 443；
　问题的规定 500, 553—556；
　一致性的论证 556—562；
　参见
　　正义感的善
一致同意（Unanimity）
　作为形式条件 117；
　作为在无知之幕条件下的合理条件 133；
　与康德伦理学的关系 246；
　在哲学传统中的地位 253；
　不适用于善的弱理论 434；
　与自我的统一的关系 550；
一致意见（Consensus）15, 375, 504, 567,
遗产（Inheritance）268；
义务（Duty）
　考虑了所有条件的义务 329；
　自明义务 330；
　服从的义务
　见
　　政治义务（Political duty）
　参见
　　对自己的义务
义务论（Deonotological theories）27, 36；

610

意义的规约理论（Prescriptive theory of meaning）393；
意义的情感理论（Emotive theory of meaning）393；
意义分析（Analysis of meaning）
　在道德理论中的作用 47，124；
　与正当的契约论定义 105，176；
　与善的弱理论 391—393，438；
　与正当性证明 565；
严格的责任（Strict liability）232；
英才统治的社会（Meritocratic society）101；
应当意味着能够准则（Ought implies can，precept of）226，232；
应得（Desert）
　与分配的正义 12，98，299—304；
永恒的观点（Eternity，perspective of）574；
优点（Excellences）
　见
　　美德
优生学（Eugenics）101；
优先问题（Priourty problem）37—41；
　解决优先问题的三种方法 37—40；
　功利主义和直觉主义中的优先问题 36；
　作为公平的正义中的优先问题 37—41，59；
　与词典式次序 38，41；
　在优先问题上限制对直觉的诉诸 40；
　与自然义务 108；
　对用于正义的优先规则的陈述 240，291；
　与对个人的原则 327；
游戏（Games）
　见
　　作为社会联合的示例的游戏（Games as examples of social unions）
有代表性的个人的规定（Representative persons）60；
　又见
　　代表人
有权获得之物（Entitlements）302；
有效手段原则（Effective means，principle of）398，542；
与时间有关的原则（Time-related principles）396，406；
语言学理论（Linguistic theory）43，45，46，477；
欲望（Desires）
　合理的（作为兴趣〈利益〉的）欲望 395；
　与合理计划 476；
　欲望体系的选择 401，554；
　估价欲望的相对强度 405，537；
　按照合理选择原则行动的、起调节作用的欲望 400；
　支配着欲望体系的变化的诸法则 413，426；
　作为调节性因素的正义感 477，547，553，561；
　最终的并总是表现为多数的诸欲望 479，538，549；
　派生的欲望与最终的欲望的区别 480；
　与自我的统一 547；
　最终的欲望和终结性条件 555，561；
　又见
　　愿望
原初状态（Original position）15—19；
　作为最初状态的有利条件下的解释的原初状态的规定 15，115；
　与社会契约论 8；
　作为假设的状态 9，18，114，159，

574；
作为公平的最初状况 9，114，129①；
与正当性证明 17，570—573；
作为引至直觉的向导 18；
原初状态的诸论据的本质 113—116；
原初状态中诸选择对象的呈现 116，120；
与正义的环境 120—124；
原初状态中的正当概念的形式限制 124—130；
与无知之幕 131—136；
以原初状态观点来解释的现时 132，282；
原初状态中的一致同意 133，254；
原初状态各方的推理的合理性 136—143；
原初状态诸因素表 139；
不确定条件下的选择与最大最小规则 148；
原初状态诸条件与公平的同情的观察者之比较 179；
对原初状态的康德式解释 241—247；
作为对康德的程序性解释的原初状态 246，254；
与储存问题 134，281；
从原初状态中派生国际法的形式 366；
与对自己的责任 409；
与自律和客观性 502；
原初状态诸条件与妒忌问题 524；
原初状态各方的推理的合理性（Rationality of the parties）136—143；
其规定 137；
与妒忌 137；
与相互冷淡 138；

与严格服从条件相联系的方式 138；
最初状态诸因素及变化详释 139；
一个从理论上加以规定的个人的方面 141；
与利己主义和仁慈 141；
与道德的内容 143；
原因之链（Chains of reasona）480，482；
原则的道德（Morality of principle）459—465；
作为道德的最后阶段 459；
其制度背景 460；
第三心理法则和（对原则的）负罪感 460；
正义感与具体的依恋关系 462；
其心理上的可理解性 463；
原则道德的两种形式及其特点与德性 465；
原则的完整体系（Full system of principles）329，337，482；
又见
　　欲望 *
允诺（Promises）107，333—337，338；
允许（Permissions）110；
蕴涵原则（Inclussiveness, principle of）398；
孕育（Embedding）28，153，252—253，278，313，314；
又见
　　植入

Z

赞许（Approval）392，411；
责任原则（Responsibility, principle of）231，377，575；
参见
　　职责
正当的完整观念（Right, complete

conception of) 103, 329, 338;
正当的优先（Priority of right）
　其规定 28;
　在作为公平的正义中的地位 28, 39①, 436, 550;
　与善的不确定性 435;
　与自我的统一 549;
　其影响选择的不确定性的方式 549;
正当概念的形式限制（Formal constraints of concept of right）124—130;
　意义分析不提供正当概念的形式限制 124;
　从道德原则的功能中派生的性质 125;
　一般性 125;
　普遍性 126;
　公开性 128;
　次序 127;
　终结性 129;
　排除利己主义的诸变体 129;
正当观念的内容（Content of conceptions of right）
　无意义之点的排除 143;
　与心理上的可理解性 462, 473;
正当性证明（Justification）14—18, 564—573;
　作为合理选择的一个问题 15, 567;
　在所考虑的判断与原则中的作用 16, 114, 567—570;
　作为许多思考的相互支持 18, 566;
　对笛卡尔式的正当性证明及自然主义的正当性证明的反对意见 564;
　作为正当性证明的正义论说明的三个部分 566;
　对所考虑的正当性证明方法的反对意见 567—570;
　对所讨论的作为公平的正义的一些反对意见 570—573;
　与最初状态中的伦理变化 572;
正义的不确定性（Indeterminacy of justice）191, 351, 538;
正义的储存原则（Just savings principle）276—283;
　用于正义的储存原则的动机假设 122, 134, 279, 281;
　需要这种原则来确定社会最低受惠值 274;
　与时间偏爱 276, 283, 287;
　古典功利主义中的正义的储存原则 276, 287;
　契约论的正义的储存原则的构思 277—280;
　与互惠 280;
　与差别原则的关系 281;
　公共储存政策与民主原则 285;
　与优先问题 287;
　在两个正义原则的最后陈述中的地位 291;
　与政治解决的原则 350;
　参见
　　时间偏爱
正义的第二原则（Second principle of justice）60—70;
　第一陈述 56;
　第二陈述 79;
　最后陈述 292;
　其解释 61—71;
　与自然的自由体系 60, 67, 70;
　与效率原则 61—66;
　与自由的平等 68;
　与自然的贵族制 70;
　与民主的平等和差别原则 71—78;
　与立法阶段 188;
正义的第一原则（First principle of justice）

613

第一陈述 56；
最后陈述 241，292；
应用于基本结构的第一部分 56，188；
作为在立宪会议阶段使用的标准 188；
与良心的平等自由 195—211；
与政治的正义 211—223；
与法治 225—233；
正义的第一原则的优先性的意义 233—241；
混合观念肯定着正义的第一原则 305；
与至善主义 314—319；
作为非暴力反抗恰当对象的对正义的第一原则的违反 360；
参见
　　良心的平等自由；政治的正义
正义的环境（Circumstances of justice）；121—124
其规定 121；
其客观因素 121；
其主观因素 122；
原初状态中的假设的正义环境的存在 122；
正义环境中的动机假设 122；
正义环境假设了理想的冲突 124；
正义环境在康德式解释中的作用 243，247；
对正义环境的两种解释 567；
正义的主要问题（Justice, primary subject of）5—8；
参见
　　社会基本结构
正义的一般观念（Justice, general conception of）
其原则的陈述 58，292；
与（作为专门观念的）正义两原则的关系 57，144，527；
正义的一般观念中缺乏明确的结构 59，292；
与差别原则 78；
正义的一般观念的论证 143；
正义的优先（Priority of justice）33，74，287；
关于储存问题的正义优先规则的陈述 291；
正义的战争（Just war）367—370；
正义的专门观念的两个原则（Justice, two principles of special conception of）55—60，143—154，167—175；
第一陈述 56；
最后陈述 292；
作为处于词典式次序中的专门观念的规定 57，144；
作为一般观念的专门情况 57；
作为正义的长期倾向 57，144，527；
基本善在正义两原则中的地位 57，87—90；
正义两原则应用于制度的结果 59；
代表人（有代表性的个人）在正义两原则中的地位 60，90—95；
正义两原则的最初论证 143；
作为最大最小值解决方法 145—150；
一般事实在论证正义两原则中的地位 150—154；
根据终结性和承诺的强度对正义两原则的论证 167；
根据公开性和对契约的限制条件对正义两原则的论证 171—175；
参见
　　正义的第一原则；正义的第二原则；正义的诸准则（Precepts of justice）292—299；

其规定 32；
功利主义中的正义准则 23，25，293；
在法治中的作用 226—229；
正义准则的平衡 266，295，307；
在纯粹程序正义和公平的工资中的地位 293；
正义准则的从属地位 296；
与竞争的不完善性 298；
与道德价值 300；
正义的自然义务（Justice, natural duty of）
其规定 109，322；
与政治职责 110，324，342①；
与对不宽容者的宽容 206；
对正义的自然义务的论证 322—325；
与对于一种正义宪法的义务 339—343；
正义的自然义务的重要性与非暴力反抗 371；
正义的作用（Justice, role of）1—4；
作为制度的首要价值的正义的作用 1，573；
分配基本权利和调节冲突的要求 2；
正义概念与正义观念的区别 3；
与其他社会问题 4；
正义概念（Justice, concept of）
作为与正义观念相区别的概念的规定 3，6；
作为制度的首要价值的正义的概念 1，573；
分配基本权利、义务并调节冲突的要求的正义原则 2，7，123；
正义的主要问题是基本结构 5—8，50，79；
正义概念只是一种社会理想的一部分 6；
参见
　正义观念
正义感（Sense of justice）
其规定 43，301，492；
在所考虑的判断中表现出来的正义感 42—46；
与严格服从条件的关系 138；
与人类之爱的关系 183，462；
公共的正义感稳定着社会合作 257，324，336，483；
用于规定道德价值 301；
在非暴力反抗中被诉诸的多数的正义感 352，362，374；
在道德发展第三阶段人们是如何获得正义感的 459；
作为心理上可理解的情感的正义感 462；
正义感的能力是人类社会交往的条件 481；
为何在作为公平的正义中正义感会变得强大有力 485；
密尔论正义感 488；
与进化 488；
作为平等之基础的正义感的能力 491—496；
正义感的发生与正义感的命令的合理性 502；
正义感规定着作为诸种社会联合的社会联合的社会的共有的终极目的 514；
弗洛伊德论正义感的发生 526；
参见
　正义感的善
正义感的善（Sense of justice, good of）553—564；
正义感的善问题属于善的弱理论 384；
问题的规定 500，553—556；
与对正义感的善的表面的解释 556；

615

从正义感与自然态度的联系方面所作
的论证 556；
从亚里士多德主义原则和人类交往方
面所作的论证 558；
从康德式解释方面所作的论证 559；
根据的平衡亦有利于正义感的善
559；
与爱的危险 560；
从终极性方面所作的论证 561；
对于那些正义感对其不是一种善的人
们的公正行为 562；
与作为公平的正义的稳定性的联系
563；
正义观念（Justice, conceptions of）
作为与正义概念相区别的正义观念的
规定 3, 6；
正义观念诸原则的作用 2, 7；
与社会诸理想的区别 7；
正义观念的内容 143；
正义观念的合理性程度 340；
参见
正义观念的稳定性；正义概念
正义观念的论证（Arguments for co-
nceptions of justice）113—116：
契约论的第二部分 13；
论证的直觉观念 113；
与社会理论的程序 113；
理想地演绎的论证 115；
最初状态的各种解释 115；
正义观念的稳定性（Stability, of
conceptions of justice）
其规定 441；
关于正义观念的稳定性的知识涉及一
般事实 132；
在论证正义两原则中与公开性条件的
关系 169—174；
在对不宽容者的宽容中对稳定性的依
赖 209；

与一致性问题 384, 553—562；
与不变的基本结构的区别 444；
正义观念的内在稳定性与心理法则
484；
正义观念的相当稳定性与心理法则
484—487；
与进化倾向 489；
正直的德性（Integrity, virtues of）
506；
正值的贡献的范围（Region of posi-
tive contributions）74, 77, 99；
政府的四个部门（Government, four
branches of）266—270, 272；
政治（的）经济（Political economy）
249—255；
其观念的规定 249；
与福利经济学 250；
在政治的经济中需要个人理想 250；
阿基米德支点和理想的孕育问题
251—253；
与关于一致同意的假设 253；
与共同体的价值 254；
政治（的）正义（Political justice）
其规定 211；
参见
平等参与原则
政治解决的原则（political settle-
ment, principle of）349；
政治义务（Political duty）339—343；
一般公民的政治义务 110, 342①,
364；
对正义的法律的政治义务 339；
理想的服从理论和部分服从理论的区
别 339；
不正义的法律的两种背景 340；
当具有对正义的宪法的义务时的对不
正义的法律的义务 341；
与多数裁决规定 342—345；

政治职责（Political obligation）
 见
  公平原则（Fairness, principle of）
支配性目的（Dominant end）
 其规定 539；
 作为公平的正义中不使用支配性目的 515，551；
 支配性目的不可能是幸福 539；
 作为支配性目的的示例的洛约拉和阿奎那的观点 540；
 支配性目的的极端本性 540；
 支配性目的在快乐主义中的使用 541—545；
 选择支配性目的的必然性 547；
 与自我的统一 547；
直觉主义（Intuitionism）30—36；
 泛义的直觉主义及传统意义的直觉主义的规定 30；
 根据一般性水平来区分的各种直觉主义 31；
 直觉主义以无差别曲线为代表 33；
 与优先问题 34，36；
 直觉主义不完善但并非不合理 35，37；
 直觉主义可能或为目的论的或为义务论的 36；
 直觉主义在混合观念中的地位 306—309；
 直觉主义在较普通的至善主义中的地位 313，318；
植入（Embedding）
 又见
  孕育 *
职责（Obligation）
 见
  公平的原则（Fairness, principle of）

参见
 责任原则
制度（Institutions）50—55；
 其规定 55；
 主要的社会安排及正义原则的首要对象 5，50；
 制度的实存及其规则的公开性 50；
 基本规则与策略的区别 51；
 与利益的人为统一 52；
 与形式的正义 53；
 制度规定着职责的内容 107；
至善论（Perfectionism）
 又见
  至善主义 *
至善主义（Perfectionism）313—320；
 至善主义作为一种目的论的规定性 22；
 至善主义中直觉的范围 36，313，318；
 至善主义中的文化要求 238，313；
 与注重需求的和注重理想的诸原则的关系 314；
 从平等的自由方面反对严格观点的论证 315—318；
 从至善主义观点对原初状态的解释 316；
 至善主义中的标准假设 318；
 反对温和的至善主义的论据 318；
 作为公平的正义中的文化要求 319，522；
 对作为政治原则的至善主义的拒绝与社团的民主 400，514；
 作为心理上可理解的观点的至善主义 463；
忠诚原则（Fidelity, principle of）
 见
  允诺（Promissions）
中等的匮乏（Moderate scarcity）120，

246;
转让部门（Transfer branch）266;
注重理想的原则（Ideal-regarding principles）314;
注重需求的原则（Want-regarding principles）314;
准纯粹程序正义（Procedural justice, quasi-pure）190, 349;
准稳定性（Quasi-stability）443①;
自保（Self-protection）208;
自律（Autonomy）500—507;
    其规定 503;
    康德对自律的解释 242—246;
    与非暴力反抗中的公民责任 377;
    与道德教育 501;
    与原初状态 503—505;
    与客观性的关系 503;
    与迷失的良心 505;
    与正直的德性 506;
自明（Self-eridence）18, 503;
自然的贵族制（Natural aristocracy）61, 70;
自然的惠赠
    见
        自然资质的分配（Distribution of natural assets）
自然的自由体系（Systems of natural liberty）61, 67, 69;
自然特性与平等的基础（Natural attributes and basis of equality）493—496;
自然天赋（Natural assets）
    见
        自然资质的分配（Distribution of natural assets）
自然权利（Natural rights）25, 28, 492①;
自然态度（Natural attitudes）

与道德情操 450, 456, 459—464, 471—476;
在一致性论证中与正义感的关系 496;
自然天赋的偶然性（Accidents of natural endowment）
    见
        自然资质的分配（Distribution of natural assets）
自然义务（Natural duties）108—111, 322—331;
    其规定 109;
    对自然义务的选择次序 103;
    正义义务与自然义务的其他例证 109;
    与分外行为的关系 111;
    对其他世代的自然义务 197, 283;
    对正义义务的论证 322—325;
    互尊义务 326;
    互助义务 327;
    自明义务与考虑了所有条件的义务 328;
自然正义的准则（Natural justice, precepts of）326;
自然主义（Naturalism）565;
自然资质（Natural assets）
    见
        自然资质的分配（Distribution of natural assets）
自然资质的分配（Distribution of natural assets）
    与正义原则的直觉观念 9, 12;
    在自然的自由体系中的地位 67;
    在平等的自由中的地位 68;
    在民主的平等和差别原则中的地位 96, 170, 497, 572;
    既非正义又非不正义的自然资质分配 97;

与道德价值 98, 300;
与优生学 101;
与平等的基础关系 493—497;
与两种平等观念 497;
自然资质的分配以何种方式描述人类交往和社会联合的特征 510;
自利 (Self-interest)
与终结性条件 129;
自我的统一 (Self, unity of) 547—552;
按照支配性目的观点的自我统一 547;
按照快乐主义观点的自我统一和密尔的功利证明 547;
按照作为公平的正义的观点的自我统一 549;
与一致同意的条件 550;
契约论结构与目的论结构的对比 552;
由我利益 (Seif-interest)
见
自私
自由的概念 (Liberty, concept of) 191—194;
作为社会形式的样式 59, 191, 195①, 229;
自由概念的三种形式 191;
肯定的自由和否定的自由的问题 191;
自由的总体系 192, 218, 233, 240;
从平等的公民权的观点来估价的自由 193, 196;
自由的价值和社会正义的目的 193;
自由的政治的、公平的价值 213—216;
与法治 229—233;
与家长式统治 238;
自由的平等 (Liberal equality) 61,
69;
自由的优先 (Priority of liberty) 233—241;
自由联合体的原则 (Free association, principle of) 299, 316, 364;
自由骑手或逃票乘客 (Free-riber)
自由骑手问题 258—261;
自由骑手利己主义 113, 130, 343, 377, 556;
自责 (Remorse) 468;
自制的道德 (Self-command, morality of) 464, 470;
自治的价值 (Self-government, value of) 223;
自尊 (Self respect) 427—433;
作为最重要的基本善的自尊的规定 427;
在论证正义原则方面的意义 170;
功利主义对自尊的影响 172—175;
从自治的价值来看自尊 223;
自尊描述着康德伦理学之特征 246;
社团环境支持着人们的自尊 427;
自尊是如何与羞耻和美德相联系的 429—432;
自尊是如何与妒忌相联系的 520, 521;
在论证自由的优先方面的意义 529—533;
在期望的指标中须考虑自尊的地位 532;
在封建的和等级的制度中的自尊 533;
参见
美德;羞耻
组织良好的社会 (Well-ordered society) 440—449,
其规定 440;
其正义观念的稳定性 209, 441;

平衡观念与稳定观念的规定 443；
其准稳定性 443①；
道德学习的两种传统理论 444—448；
对系于一种正义理论的组织良好的社会中的道德发展的描述 448，477，482；
最不利者（Least advantaged class）
又见
　最少受惠者 *
最初状态（Initial situation）
其规定 5，116；
与原初状态的关系 15，115；
对最初状态的多种解释 116，120；
作为比较各种正义观念的分析方法 116，181；
最初状态中的诸变化和诸因素简表 139；
最初状态中的伦理变化 572；
最大最小值规则（Maximin rules）
其规定 146；
作为组织对正义原则的论证的有启发性的方法 145—150；
能合理地使用这一规则的场合 147；
与原初状态 148；
最少受惠者（Least advantaged class）
其规定 92；
又见
　最不利者
最优等计划（Maximal class of plans）395，403；
作为规则的正义（Justice as regula ritg）
见
　形式的正义（Justice, formal）
作为公平的正当（Rightness as fairness）14，105；
作为公平的正义（Justice as fairness）8—14；
作为合理性的善（Goodness as rationality）
见
　善（Good）
作为社会联合的示例的游戏（Games as examples of social unions）512；
作为形式条件的传递性次序（Transitivity, as formal condition）128；
作为形式条件的次序（Ordering, as formal condition）134，128；
作为形式条件的普遍性（Universality, as formal condition）126，175，241；
作为形式条件的严格服从理论（Strict compliance theory, as formal condition）138；
作为形式条件的终结性（Finality, as formal condition）129；
　在论证正义两原则方面的意义 167—170；
　在论证一致性方面的意义 555，561；
总和—划分的二分法（Aggregative-distributive dichotomy）33，40，306。

人名索引

A

阿尔斯顿（W. P. Alston）467①；
阿克顿勋爵（Lord Acton）206①；
阿奎那，圣·托马斯（St. Thomas Aquinas）204，386①，540；
阿罗（K. J. Arrow）128①，137①，186①，250①，254①，312②，343①，347①；
阿姆杜尔，罗伯特（Robert Amdur）110①；
阿什比（W. R. Ashby）443①；
阿维勒，施洛墨（Shlomo Avineri）511①；
埃奇沃思（F. Y. Edgeworth）20①；26，28，29，61①；
艾布-艾贝斯费尔德，伊雷诺伊斯（Irenäus Eibl-Eibesfeldt）418①，419①，490①；
艾肯（H. D. Aiken）503①，505①；
安斯库姆（G. E. M. Anscombe）52②，467①，546①；
奥尔布里顿（R. G. Albritton）369①；
奥尔森，曼柯（Mancur Olson）258①；
奥斯汀（J. L. Austin）391②；

B

巴莱多，维尔弗雷多（Vilfredo Pareto）61，113；

巴里，布赖恩（Brian Barry）31①，34①，250②，315②，320①；
巴特勒主教（Bishop Butler）520①；
班杜拉，阿尔伯特（Albert Bandura）445①；
鲍曼（M. J. Bowman）93①；
鲍莫尔（W. J. Baumol）34①，146①，258②，260②，263，311②；
保罗（G. A. Paul）199①；
贝多（H. A. Bedau）349①，357①；
贝恩（S. I. Benn）494①；
贝尔，库尔特（Kurt Baier）125①，127①，363①；
贝克（L. W. Beck）242①，255①；
贝尼特，乔纳森（Jonathan Benneth）137①；
比尔德斯莫（R. W. Beardsmore）143①；
比克尔（A. M. Bickel）378①；
彼特拉克（Petrarch）544；
边沁，杰里米（Jeremy Bentham）20①，26，27①，314，442；
伯克，埃德蒙（Edmund Burke）237，289；
伯格森，艾布拉姆（Abram Bergson）250①，262②；
柏拉图（Plato）441①，508①；
伯林，艾赛亚（Isaiah Berlin）192①，219①，281①；
伯利克里（Pericles）126；

布坎南（J. M. Buchanan）66①，186①，257①，258②；
布尔曼斯各特（Scott Boorman）94①；
布拉德雷（F. H. Bradley）105①，386①；
布劳格，马克（Mark Blaug）262①，299①；
布莱克，邓肯（Duncan Black）346；
布赖尔利（J. L. Brierly）367①；
布雷斯韦特（R. B. Braithwaite）129①；
布兰特（R. B. Brandt）20①，31①，108①，110①，155①，406①；
与公开性条件 174①；
布朗，罗杰（Roger Brown）446①，456①，482①；
布罗德（C. D. Broad）177②，363①，542①，544①；

C

查克瓦蒂，苏科莫伊（Sukamoy chakravarty）276①，287①；

D

达尔文，查尔斯（CharleS Darwin）490①；
戴维森，达纳尔德（Donald Davidson）137①，331①；
德夫林，帕特里克（Patrick Devlin）320①；
德雷布恩，伯顿（Burton Dreben）357②；
德罗福（R. A. DeRoover）268①；
德沃金，杰拉尔德（Gerald Dworkin）239①；
德沃金，罗纳德（Ronald Dworkin）320①，338①，375①；
邓肯—琼斯（A. E. Duncan—Jones）389①；
迪格斯（B. J. Diggs）52①；
杜威，约翰（John Dewey）386①，394①；
多布金斯基，西奥多西斯（Theodosius Dobzhansky）102①；
多尔（R. A. Dahl）349①；

F

弗拉斯托，格雷戈里（Gregory Vlastos）8①；

H

哈迪（W. F. R. Hardie）8①，48①，413①，536①，539①；
哈奇逊，弗朗西斯（Francis Hutcheson）20①，39①；
哈里森，乔纳森（Jonathan Harrison）20①；
哈罗德（R. F. Harrold）20①；
哈曼（G. H. Harman）159①，161①；
哈特（H.L.A.Hart）3①，51①，87①，106②，108①，121①，195①，228②，229①，231①，304①，320①，332①；
豪森克（H. S. Hou hakker）39①；
赫曾，亚历山大（Alexander Herzen）280；
黑尔（R. M. Hare）180①，242①，421①，424①；
黑格尔（G.W.F.Hegel）289，508①；
亨普尔（C. G. Hempel）137①；
洪堡，威廉·冯（Wilhelm Von Humboldt）510；
怀特（R. W. White）413①，430①；
怀特，莫尔顿（Morton White）566①；
怀特莱（C. H. Whiteley）108①；
霍布士，托马斯（Thomas Hobbes）

9①，230，260，335；
霍夫曼（M. L. Hoffman）445①，447①，452①；
霍林斯戴尔（J. R. Hollingsdale）314①；
霍曼斯（G. C. Homans）478①；

J

杰文斯（W. S. Jevens）39①；
金，马丁·路德（Martin Luther King）353①；

K

卡尔多，尼古拉斯（Nicholas Kaldor）269①；
卡维尔，斯坦利（Stanley Cavell）430①；
卡西尔，恩斯特（Ernst Cassirer）255①；
凯伯格（H. E. Kyburg）164①；
凯恩斯（J. M. Keynes）162①，287；
柯切恩海姆，奥托（Otto Kirchenheimer）225①；
克拉克（J. M. Clarke）298①，298②；
坎贝尔（B. G. Campbell）418①；
坎贝尔（C. A. Campbell）412①，421①；
坎托，乔治（George Cantor）47；
康道塞特，马奎斯·德（Marquis de Condorcet）346；
康斯坦特，本杰明（Benjamin Constant）190，212；
考夫曼，沃尔特（Walter Kaufmann）522①；
康德，伊曼努尔（Immanual Kant）
　在传统社会契约论中的地位 8；
　论正当的优先 28①，39①，573①；
　关于善的理论 87，386①；
　康德学说中的公开性的条件 127，241，327①；
　康德学说潜含的无知之幕 134，242；
　康德的学说不是利己主义的 141；
　"把人们作为目的对待"释义 171—175；
　与对作为公平的正义的康德式解释 241—247；
　他的伦理学是一种互尊的伦理学 246；
　与卢梭 246，254；
　康德学说中的互助义务 326；
　论储存 331；
　论道德学习 445；
　论社会联合 510①；
　对妒忌的规定 518；
克拉克（J. B. Clark）298①，298②；
克内尔（W. K. Kneale）177②；
科恩，马歇尔（Marshall Cohen）353；②；
科尔伯格，劳伦斯（Lawrence Kohlberg）447①，449②；
肯尼，安东尼（Anthony Kenny）535①，537①，546①；
库柏（J. M. Cooper）413①；
库普曼（T. C. Koopmans）62①，62②，263①，276①；
奎因（W. V. Quine）106①，126①，566①；

L

拉菲尔（D. D. Raphael）96①；
拉蒙特（W. D. Lamont）386①；
拉姆齐（F. P. Ramsey）276①，284①；
拉姆齐，保罗（Paul Ramsey）367①；
拉普拉斯，马奎斯·德（Masquis de Laplace）160；
拉什多尔，黑斯廷斯（Hastings Rash-

dall) 315①;

莱昂斯,大卫(David Lyons) 20①, 363①;

莱布尼兹(G. W. Von Leibniz) 300①;

莱斯诺夫,迈克尔(Michael Lossonoff) 289①;

赖尔,吉尔伯特(Gilbert Ryle) 546①;

朗西曼(W. G. Runciman) 497②;

劳伦兹,康拉德(Konrad Lorenz) 489②;

劳奇(A. R. Louch) 320①;

勒弗乔伊(A. O. Lovejoy) 510①;

雷法,霍华德(Howard Raiffa) 80①, 146①, 166①, 260②, 311②, 434①, 546①;

里谢尔,尼古拉斯(Nicholas Rescher) 31①, 306①;

利特尔(I. M. D. Little) 67①, 87①, 137①, 163①, 343①;

刘易斯(C. I. Lewis) 180①, 181①, 386①;

刘易斯(D. K. Lewis) 127①;

卢克斯(J. R. Lucas) 121①, 129①, 225①;

卢斯(R. D. Luce) 80①, 146①, 166①, 260②, 311②, 434①, 545①;

卢梭(J. J. Rousseau) 8, 134①, 204, 254, 445, 450①, 527①;

吕杰罗,吉多(Guido Ruggiero) 191①;

罗伊斯,乔赛亚斯(Josiah Royce) 386①, 394;

罗斯(W. D. Ross) 31①, 36, 39①, 300①, 329①, 385①, 389①, 463;

罗兹,罗伯特(Robert Rodes) 70①;

洛弗,杰拉尔德(Gerald Loev) 355①;

洛克,约翰(John Locke) 8, 28, 106, 126, 205;

洛约拉,圣伊格内修斯(St. Ignatiuo Loyola) 539;

M

马博特(J. D. M. Mabbott) 20①, 137①, 397①;

马格林(S. A. Marglin) 151①, 285①;

马克思,卡尔(Karl Marx) 249, 272①, 295①, 298②, 510①;

马斯格雷夫(R. A. Musslave) 266①, 270①;

马歇尔,阿尔弗雷德(Alfred Marshall) 249;

麦卡勒姆(G. G. MacCallum) 192①;

麦科比(E. E. Maccoby) 452①;

麦克杜格尔,威廉(William McDougall) 430①, 449②;

麦克洛斯基(H. J. McClosky) 31①;

麦克洛斯基,赫伯特(Herbert Mc-Closky) 345①;

梅因(H. S. Maine) 313;

米德(G. H. Mead) 482①;

米德(J. E. Meade) 264①, 265①, 268①;

米尔达尔,冈纳(Gunner Myrdal) 155①;

米克尔约翰,亚历山大(Alexander Meiklejohn) 193①;

米勒(G. A. Miller) 394①;

密尔(J.S.Mill) 20①, 119, 174, 195①, 214, 413①, 445①, 476①, 510①;

密尔,詹姆斯(James Mill) 445①;

摩根(G. A. Morgen) 314①;

墨菲(J. G. Murphy) 10①, 242①;

穆尔（G. E. Moore）31①, 36, 315①;

N

纳什（J. F. Nash）128①;
内格尔，托马斯（Thomas Nagel）183①, 409①;
尼采，弗里德里希（Friedrich Nietzsehe）22, 313, 522①;
诺齐克，罗伯特（Robert Nozick）31①;

P

帕特奈克（D. K. Pattanaik）155①;
培里（R.B.Perry）21①, 100②, 394①;
　他的观点与作为公平的正义的比较135, 142;
　与蕴含原则398;
佩顿（H. J. Paton）242①, 386①;
佩雷尔曼（Ch. Perelman）54②;
佩齐（A. N. Page）62①;
彭加勒，亨利（Henri Poincar'e）19①;
彭诺克（J.R.Pennock）100①, 345①;
皮彻尔，乔治（George Pitcher）466①;
皮尔斯（I. F. Pearce）39①;
皮尔斯，格哈特（Gerhart Piers）430②;
皮古（A. C. Pigou）20①, 28, 299③;
皮亚杰，琼（Jean Piaget）447①, 449②;
皮特金，汉纳（Hannah Pitkin）107①, 110①, 217①, 237①;
波尔（J. R. Pole）222①;
波特（R. B. Potter）367②;
普拉门拉兹（J. P. Plamenatz）110①;
普赖斯，理查德（Richard Price）31①;

普里布拉姆（K. H. Pribram）394①;
普里查德（K. A. Prichard）31①, 336, 338;

Q

齐夫，保罗（Paul Ziff）386①, 388①, 391①;
乔姆斯基，诺姆（Noam Chomsky）43①;

S

萨克斯，大卫（David Sachs）472①;
萨缪尔逊（P. A. Samuelson）545①;
萨维奇（L. J. Savage）104①;
塞尔（J.R.Searle）52①334①, 391①;
桑塔耶那，乔治（George Santayana）70①, 543;
沙尔，约翰（John Schaar）101②;
舍勒，麦克斯（Max Scheler）522①, 533①;
施皮格尔伯，赫伯特（Herbert Spiegelberg）96①, 96②;
施奈温（J. B. Schneewind）48①;
史蒂文森（C. L. Stevenson）466①;
叔本华，阿瑟（Arthur Schopenhauer）141;
舒尔兹（R. A. Schultz）525②;
斯坎伦（T. M. Scanlon）422①;
斯恩（A. K. Sen）39①, 62①, 67①, 79①, 128①, 129①, 137①, 250①, 260①, 276①, 284③, 285①, 310①, 311①, 312①, 345①;
斯马特（J. J. C. Smart）20①, 155①, 180①;
斯密，亚当（Adam Smith）20①, 52, 176, 253, 466①, 508①, 510①;
斯坦，沃尔特（Walter Stein）370①;
斯坦豪斯，雨果（Hugo Steinhaus）

625

80①；
斯特劳森（P. F. Strawson）125①；
斯特斯（W. T. Stace）124①；
苏格拉底（Socrates）313；
索罗（H. D. Thoreau）356；
索洛（R. M. Solow）276①，287①；
索普（W. H. Thorpe）418①；

T

塔克（A. W. Tucker）260②；
塔克（R. C. Tucker）272①；
塔洛克，戈登（Gordon Tullock）66①，187①；
泰勒（C. C. W. Taylor）546①；
唐斯，安东尼（Anthony Downs）349①，479①；
特罗希，厄恩斯特（Ernst Troeltsch）533①；
特雷尔，亨廷顿（Huntington Terrell）503①；
特利弗斯（R. B. Trivers）490①，490②；
廷伯根，简（Jan Tingbergen）407①；
托宾，詹姆斯（James Tobin）276①；
托勒（R. H. Tawney）69①；
陀斯妥耶夫斯基，法约多尔（Fyodor Dostoevsky）441①；
图斯曼，约瑟夫（Joseph Tussman）110①；

W

瓦诺克（G. F. Warnock）143①；
瓦伊纳，雅克布（Jacob Viner）442①；
威克塞尔，克努特（Knut Wicksell）155①，272；
威廉斯（B. A. O. Williams）69①，144①，326①，466①，497②，498①；
威廉斯（G. C. Williams）490①；
维克里（W. S. Vickrey）157①，213①；

维特根斯坦（Ludwig Wittgenstein）467①，544；
韦伯，麦克斯（Max Weber）533①；
韦克斯勒，赫伯特（Herbert Wechsler）225①；
韦内科，加罗斯莱弗（Jaroslav Vanek）262②；
文图里，弗兰科（Franco Venturi）281①，
沃尔海姆，理查德（Richard Wollheim）195①，229①；
沃尔拉斯，利昂（Leon Walras）545①；
沃尔泽，迈克尔（Michael Walzer）110①，365①，370②；
沃伦德，霍华德（Howard Warrender）230①；

X

西季维克，亨利（Hanry Sidgwick）23①，26，28，29，87，386①，444；
作为古典功利主义的代表19；
论优先问题37；
道德理论的观念48①；
论形式的正义53，491①；
对公认的机会平等的规定69①；
拒绝平均功利176①；
关于〈所有〉个人融为一个整体的观点180①；
对康德的反对意见244；
论时间偏爱283，
论审慎的合理性402，407；
论功利主义的心理上的可理解性463；
西季维克的快乐主义542，543；
论功利主义在要求牺牲方面的严格性559；

626

希克拉（J. N. Shklar）225①，527①；
希克斯（J. R. Hicks）163①；
西蒙（H. A. Simon）137①，405①；
席勒，弗里德里希（Friedrich Schiller）510①；
夏普（F. C. Sharp）176①；
香德（A. F. Shand）474①；
辛格，米尔顿（Milton Singer）430①；
熊彼特（J. A. Schumpeter）349①；
休谟，大卫（David Hume）5，20①；
　对洛克的批评 28；
　与正义环境 121；
　与公平的同情的观察者 176—179，181，253；

Y

亚里士多德（Aristotle）48①，87，233，386①，543；
　对正义的规定 7；
　与至善论 22，313；
　与亚里士多德主义原则 413①；
　与幸福 536①；
　论妒忌与恶意 519①，520②；
扬，迈克尔（Michael Young）101①；

Z

詹姆斯，威廉（William James）431①；
津恩，霍华德（Howard Zinn）353①，355②。

627